Schriftenreihe
der Juristischen Schulung

Band 75

Die ZPO-Klausur

Eine Anleitung zur Lösung von Fällen aus dem
Erkenntnisverfahren und der Zwangsvollstreckung

Hinweise zur Bearbeitung der Hauptprobleme
des Zivilprozessrechts

von

Dr. Dr. h. c. (Athen) Ekkehard Schumann
Univ.-Professor em. an der Universität Regensburg

und

Dr. Michael Heese, LL.M. (Yale)
Univ.-Professor an der Universität Regensburg

4., neu bearbeitete Auflage 2024

Zitiervorschlag: Schumann/Heese ZPO-Klausur § 1 Rn. 1

www.beck.de
ISBN Print 978 3 406 79598 5
ISBN E-Book 978 3 406 79599 2

© 2024 Verlag C.H.Beck oHG
Wilhelmstraße 9, 80801 München
Druck und Bindung: Beltz Grafische Betriebe GmbH
Am Fliegerhorst 8, 99947 Bad Langensalza

Umschlag und Satz: Druckerei C.H.Beck, Nördlingen

Gedruckt auf säurefreiem, alterungsbeständigem Papier
(hergestellt aus chlorfrei gebleichtem Zellstoff)
Alle urheberrechtlichen Nutzungsrechte bleiben vorbehalten.

Der Verlag behält sich auch das Recht vor, Vervielfältigungen dieses Werkes
zum Zwecke des Text and Data Mining vorzunehmen.

Vorwort

Dieses Buch stellt das Zivilprozessrecht fallbezogen dar. Es versucht hierbei, die Hauptprobleme des Erkenntnisverfahrens und der Zwangsvollstreckung aus der Sicht derjenigen zu behandeln, die in Studium, Examen oder Praxis einen Fall zu lösen haben. Von besonderer Bedeutung sind daher die Hinweise auf Schwierigkeiten und Fehler, die bei der Fallbearbeitung immer wieder auftreten. Es ist ratsam, sich frühzeitig mit der Lösung prozessualer Fälle zu beschäftigen. Das Buch sollte deshalb bereits als begleitende Lektüre zu den Pflichtvorlesungen ZPO I (Erkenntnisverfahren) und ZPO II (Zwangsvollstreckungsrecht) zur Hand genommen werden. Das Buch ist aber auch für fortgeschrittene Leserinnen und Leser geschrieben, die im Rahmen des Schwerpunktstudiums, des Referendariats oder der praktischen Tätigkeit Prozessrechtsfälle zu bearbeiten haben und ihr prozessuales Wissen wiederholen oder vertiefen wollen.

Das Buch ist aus den Aufsatzreihen „Die Zivilprozeßrechtsklausur" und „Examensprobleme der örtlichen Zuständigkeit im Zivilprozeß" hervorgegangen, die Ekkehard Schumann in der „Juristischen Schulung" veröffentlicht hat. Diese Aufsatzreihen und die ersten drei Auflagen des Buches beruhen auf dem „Prozeßrechtskurs", den er an der Universität Regensburg für Examenskandidaten über viele Jahre gehalten hat. Beginnend mit der vierten Auflage wird das Buch gemeinsam mit Michael Heese fortgeführt, der das Zivilprozessrecht sowohl im Pflichtfach als auch im Schwerpunktstudium (Deutsches und Internationales Zivilverfahrensrecht) an der Universität Regensburg lehrt.

Die jetzt vorgelegte vierte Auflage hat an der didaktischen Konzeption des Buches nichts geändert. Die zahlreichen Änderungen der letzten Jahre in Gesetzgebung, Rechtsprechung und Wissenschaft haben uns allerdings gezwungen, das Buch erheblich zu überarbeiten. Das Gesetz zur Modernisierung des Personengesellschaftsrechts (MoPeG) (BGBl. 2021 I 3436) reformierte das Personengesellschaftsrecht grundlegend und änderte vor allem BGB, HGB und ZPO. Das Buch berücksichtigt durchgehend nur noch das ab dem 1.1.2024 geltende neue Recht.

Unser herzlicher Dank für Kritik, Diskussion, Rat und Hilfe bei der Vorbereitung der vierten Auflage gilt vor allem den Assessoren Lukas Schneider, Nikolaus Schröder, LL.M. (Stanford) und Kathrin Sundermann, LL.M. (College of Europe) sowie Herrn Referendar Michael Basche, der die Last der Betreuung der elektronischen Druckvorlage getragen hat.

Viele Verbesserungen beruhen auch auf Hinweisen der Leserinnen und Leser der vorhergehenden Auflagen. Dass Sie uns auch bei der vierten Auflage schreiben, wenn sie auf Fehler, Unklarheiten, Lücken oder Überflüssiges stoßen, hoffen wir sehr. Schreiben Sie uns hierzu gerne eine E-Mail (schumann.heese.jus@ur.de).

Regensburg, im September 2023 *Ekkehard Schumann* und *Michael Heese*

Inhaltsverzeichnis

Vorwort	V
Abkürzungsverzeichnis	XVII
Verzeichnis der abgekürzt zitierten Literatur	XXI

§ 1. Einleitung	1
I. Die „spröde" Materie Zivilprozessrecht	1
II. Das Pflichtfach Zivilprozessrecht	1

1. Teil. Klausurarten und Bearbeitungstechnik

§ 2. Allgemeine Arbeitshinweise für den Prozessrechtsfall	3
I. Der Bearbeitervermerk	3
II. Stoff- oder Merkzettel	3
III. Das Markieren des Aufgabentextes	4
IV. Die Prozessskizze („Prozesszeichnung")	4
V. Die Zeittabelle (Reihenfolge der Ereignisse)	5
VI. Digitales schriftliches Staatsexamen	5
VII. Die Konzepterarbeitung (Gliederung)	5
VIII. Der Aufbau von Konzept und Reinschrift	6
IX. Die Reinschrift	8
X. „Technische" Ausrüstung	8
§ 3. Die Klausurarten	9
I. Die Anwaltsklausur	9
II. Die Richterklausur	10
III. Der Rechtsbehelfsfall (Rechtsmittelfall)	11
IV. Der Rechtslagenfall	12
V. Der Kautelarfall	13
VI. Die gemischte Klausur	13
§ 4. Die Bearbeitungstechnik prozessualer Fälle	15
I. Die Sachverhaltsproblematik	15
II. Die Dauer des Prozesses	16
III. Prozessuale Überholung	17
IV. Das Weiterverfolgen der Aufgabe in die Zukunft	18
V. Hilfsgutachten	20
VI. Das Prinzip prozessordnungsgemäßen Verhaltens	21
VII. Die Klausurtaktik bei kontroversen Meinungen	21
VIII. Die Beachtung prozessualer Regelungen in Sondergesetzen	22

2. Teil. Hinweise zur Bearbeitung der Hauptprobleme des Erkenntnisverfahrens

§ 5. Der Einfluss der Sachprobleme auf die Klausurmethodik 23

1. Kapitel. Antragsgrundsatz und Dispositionsmaxime

§ 6. Die Bedeutung des Klageantrags 24
§ 7. Zugangsgesuch und Zugangsanspruch 24
I. Dispositionsmaxime – Antragsgrundsatz 24
II. Justizgewährungsanspruch (Rechtsschutzanspruch) – Grundrecht auf effektiven Rechtsschutz 25
III. Überlange Gerichtsverfahren – Verzögerungsrüge (§ 198 III GVG) 26

§ 8. Ne ultra petita: § 308 I ZPO 26
I. § 308 ZPO in der Anwaltsklausur 27
II. § 308 ZPO in der Richterklausur 27

§ 9. Grenzen des Antragsgrundsatzes 29
I. Kostenentscheidung, vorläufige Vollstreckbarkeit 30
II. § 308a ZPO – Soziales Mietprozessrecht 30

§ 10. Sonderformen des Antrags 30
I. Die Stufenklage 30
II. Der unbezifferte Klageantrag 30
III. Haupt- und Hilfsantrag (Prinzipal- und Eventualantrag) 31

2. Kapitel. Klagearten

§ 11. Die Klagearten und ihre Bedeutung 32
I. Die Leistungsklage 32
II. Die Feststellungsklage 33
III. Die Gestaltungsklage 35

§ 12. Klageart und Vollstreckbarkeit 36

3. Kapitel. Der Gegenstand des Rechtsstreits: Der Streitgegenstand

§ 13. Die sechs Bedeutungen des Streitgegenstands 37
I. Rechtsweg und Zuständigkeit 37
II. Rechtshängigkeit 37
III. Klageänderung 38
IV. Anspruchshäufung 38
V. Materielle Rechtskraft 39
VI. Verjährung 39

§ 14. Der uneinheitliche Sprachgebrauch beim Streitgegenstand 40
§ 15. Der Streitgegenstand als prozessualer Anspruch 41
§ 16. Der Streit um den Streitgegenstand 41
I. Streitgegenstand als Schlüsselbegriff: Klageantrag und Lebenssachverhalt 41
II. Extremfälle 42
III. Problemfälle 43

4. Kapitel. Die Prozessparteien

§ 17. Die Trennung von Streitgegenstand und Prozesspartei 45
§ 18. Wer ist Partei? 45
§ 19. Die unrichtige Parteibezeichnung 45
§ 20. Partei ist nicht gleichzusetzen mit Parteifähigkeit 46
§ 21. Der „formelle" Parteibegriff 46
    I. „Formelle" – „materielle" Gesichtspunkte 46
    II. In der Richterklausur 47
    III. In der Anwaltsklausur 47

5. Kapitel. Die Mehrheit von Parteien: Die Streitgenossenschaft

§ 22. Der Begriff der Streitgenossenschaft 49
§ 23. Die Trennung der einzelnen Prozessrechtsverhältnisse 49
§ 24. Die notwendige Streitgenossenschaft 50
    I. Zwang zu gemeinsamer Klage von mehreren oder gegen mehrere (2. Alternative des § 62 I ZPO) – Verbot der Einzelklage 51
    II. Notwendig einheitliche Sachentscheidung für den Fall einer Streitgenossenschaft (1. Alternative des § 62 I ZPO) 52

6. Kapitel. Streitverkündung, Nebenintervention, Beiladung

§ 25. Die Beteiligung Dritter: Streitverkündung, Nebenintervention, Beiladung 54
    I. Streitverkündung 54
    II. Nebenintervention (Streithilfe) 57
    III. Beiladung 58

7. Kapitel. Rechtsweg

§ 26. Rechtsweg 59
    I. Die Vielzahl der Rechtswege 59
    II. Welcher Rechtsweg? 59
    III. Typische Fehlerquellen bei der Rechtswegprüfung 59

8. Kapitel. Verfahrensarten

§ 27. Die Verfahrensarten und das Prinzip der Verfahrenskonkurrenz 61
§ 28. Einstweiliger (vorläufiger) Rechtsschutz 61
§ 29. Selbständiges Beweisverfahren 64
§ 30. Prozesskostenhilfe 65
§ 31. Mahnverfahren 66
    I. Zuständigkeit für den Erlass des Mahnbescheids 66
    II. Verfahren 67
    III. Widerspruch gegen den Mahnbescheid (§ 694 ZPO) 67

IV.	Vollstreckungsbescheid	68
V.	Der Einspruch gegen den Vollstreckungsbescheid (§ 700 ZPO)	68

§ 32. Urkunden- und Wechselprozess 68

9. Kapitel. Klageerhebung und Vorbereitung des Haupttermins

§ 33. Klage und Vorbereitung des Haupttermins 70
    I. Die Klageschrift 70
    II. Klageerhebung im laufenden Prozess 72
    III. Früher erster Termin oder schriftliches Vorverfahren als Vorbereitung des Haupttermins 72

§ 34. Der frühe erste Termin und der Haupttermin 72
    I. Güteverhandlung 72
    II. Mündliche Verhandlung 72
    III. Haupttermin 73

§ 35. Das schriftliche Vorverfahren 73

§ 36. Hinweispflicht, Anhörungsrüge, Recht auf Gehör 75
    I. Richterliche Hinweispflicht 75
    II. Anhörungsrüge (§ 321a ZPO) 76
    III. Recht auf Gehör 77

§ 37. Prozessförderungspflicht der Parteien 77

10. Kapitel. Die Sachurteilsvoraussetzungen

1. Unterkapitel. Einführung

§ 38. Sachurteilsvoraussetzungen und Klausurschema 78

§ 39. Sachurteilsvoraussetzungen und Klausurtypen 79
    I. Rechtsmittelklausur (Rechtsbehelfsklausur) 79
    II. Versäumnisverfahren und Verfahren beim Vollstreckungsbescheid .. 79
    III. Anspruchsänderung, Parteiänderung 80
    IV. Rechtshängigkeitsprobleme 81

2. Unterkapitel. Die einzelnen Sachurteilsvoraussetzungen

§ 40. Deutsche Gerichtsbarkeit und ordentlicher Rechtsweg 82
    I. Deutsche Gerichtsbarkeit: §§ 18–20 GVG 82
    II. Zulässigkeit des Zivilrechtsweges – § 13 GVG 83

§ 41. Parteibezogene Sachurteilsvoraussetzungen 84
    I. Prüfungsprinzip und Aufbaugrundsatz: Trennung der Personen 84
    II. Wer ist Partei? 85
    III. Die Existenz der Parteien 85
    IV. Parteifähigkeit: § 50 ZPO 86
    V. Prozessfähigkeit: §§ 51 ff. ZPO 87
    VI. Handeln anderer Personen für die Partei – Postulationsfähigkeit – Anwaltsprozess 89

VII. Prozessführungsbefugnis – Prozessstandschaft – Partei kraft Amtes 89
VIII. Auslegung – Umdeutung – Heilung 93

§ 42. Gerichtsbezogene Sachurteilsvoraussetzungen: Die Zuständigkeit 94
I. Trennungsgrundsatz. Arten der Zuständigkeit 94
II. Die Gesetzlichkeit des Richters (Art. 101 I 2 GG) 95
III. Sachliche Zuständigkeit: § 1 ZPO, §§ 23, 71 GVG 95
IV. Örtliche Zuständigkeit: Der Gerichtsstand (§§ 12 ff. ZPO) 97
V. Folgen der sachlichen oder örtlichen Unzuständigkeit 111
VI. Zuständigkeitsvereinbarung (Prorogation): §§ 38, 40 ZPO 111
VII. Zuständigkeitsbegründung infolge rügeloser Verhandlung: §§ 39, 40 ZPO 112
VIII. Verweisung (§§ 281, 506 ZPO) und Abgabe (§§ 696, 700 ZPO) 113
IX. Die Prüfung des Gerichtsstandes 114
X. Funktionelle Zuständigkeit 117
XI. Internationale Zuständigkeit 117
XII. Einrede der Schiedsgerichtsbarkeit 118

§ 43. Streitgegenstandsbezogene Sachurteilsvoraussetzungen 118
I. Die einzelnen streitgegenstandsbezogenen Sachurteilsvoraussetzungen .. 118
II. Die Sachurteilsvoraussetzung des Versuchs der außergerichtlichen Streitbeilegung (§ 15a EGZPO) 118

§ 44. Sachurteilsvoraussetzungen für die besonderen Verfahrensarten 119

3. Unterkapitel. Arbeitstechnik

§ 45. Prüfung der Sachurteilsvoraussetzungen – Punktuelle Methode? 119
§ 46. Prüfung der Sachurteilsvoraussetzungen – Zur „dramatischen" Lösungsmethode 119
§ 47. Kontrollfrage: Möglichst geringe Präjudizierung 120
§ 48. Prozess- und zugleich Sachabweisung? 122
§ 49. Dahinstellen von Sachurteilsvoraussetzungen? 122

11. Kapitel. Prozesshandlungen

§ 50. Prozesshandlungen und Fallbearbeitung 123
§ 51. Grundsätze für die Fallbearbeitung bei Prozesshandlungen 124
I. Klarheit über die Prozesshandlungen! 124
II. Wichtig: Klare prozessuale Terminologie 124
§ 52. Bedeutung der Prozesshandlungen für den Klausuraufbau 128
I. Ausgangspunkt jeder Fallbearbeitung ist die in der Klausur oder Hausarbeit gestellte Frage „Bearbeitervermerk" 128
II. Ein historischer Aufbau ist auch beim Prozessrechtsfall unzulässig 129
III. Wenn sich aus dem Bearbeitervermerk nichts anderes ergibt, muss man von den Anträgen der Parteien ausgehen 129
IV. Oftmals ist nicht der Klageantrag entscheidend, sondern ein sonstiger Antrag der Parteien. Dann ist Ausgangspunkt der Bearbeitung dieser Antrag 130

V. Hilfsanträge (Eventualanträge) dürfen nur geprüft werden, wenn die Bedingung eingetreten ist. Prozesshandlungen können aber nicht ohne weiteres bedingt werden 130

§ 53. Arten der Prozesshandlungen 131

12. Kapitel. Klageänderung

§ 54. Probleme bei der Bearbeitung der Klageänderung 132
    I. Vor allem: Anpassen des Antrags an Änderungen im materiellen Recht .. 132
    II. Klageänderung: Streitgegenstandsänderung – Anspruchsänderung 132

13. Kapitel. Prozessaufrechnung

§ 55. Probleme bei der Prozessaufrechnung 135
    I. Die Vorrangprüfung des Bestehens der Klageforderung 135
    II. Prozessprobleme der Aufrechnung 136

14. Kapitel. Die Parteiänderung

§ 56. Die Motive zur Parteiänderung 140

§ 57. Die Probleme bei der Parteiänderung 140
    I. Parteiänderung oder Parteiberichtigung? 140
    II. Parteistellung? 141
    III. Parteiwechsel oder Parteibeitritt? 141
    IV. Gesetzliche, gesetzlich geregelte oder gewillkürte Parteiänderung? 141
    V. Die gewillkürte Parteiänderung 141

15. Kapitel. Die Widerklage

§ 58. Die Regelung der Widerklage – Waffengleichheit 145
    I. Die lückenhafte Regelung der Widerklage 145
    II. Widerklage als Ausdruck prozessualer Waffengleichheit 145

§ 59. Typische Examensfehler bei der Widerklage 146
    I. Klage und Widerklage werden nicht strikt getrennt 146
    II. Widerklage und Aufrechnung werden verwechselt 146
    III. Die allgemeinen Sachurteilsvoraussetzungen der Widerklage werden nicht geprüft 146
    IV. Die sachliche Zuständigkeit wird falsch behandelt 146
    V. Gerichtsstand und Konnexität der Widerklage werden nicht auseinandergehalten 147
    VI. Die Sonderformen der Widerklage sind unbekannt 149

16. Kapitel. Beweisfragen

§ 60. Das Beweisrecht in der Fallbearbeitung 153
    I. Prüfungsordnungen 153
    II. Beweis und Verhandlungsgrundsatz 153
    III. Beweis und Rechtsfolge 154
    IV. Beweis und Behauptung 155
    V. Beweis und einfaches oder substantiiertes Bestreiten 156

Inhaltsverzeichnis XIII

    VI. Beweislast und Beweiserleichterungen 157
    VII. Sekundäre Darlegungslast 164
    VIII. Beweismittel – Beweisarten 165
    IX. Beweisvereitelung und Beweisverbote 167
    X. Strengbeweis, Freibeweis, Vollbeweis und Glaubhaftmachung 167

17. Kapitel. Versäumnisverfahren

§ 61. Säumnis des Klägers im Prozess (§ 330 ZPO) 169
    I. Antrag des Beklagten? 169
    II. Säumnis? 169
    III. Ordnungsgemäße Ladung? 169
    IV. Einhaltung der Ladungsfrist? 170
    V. Zulässigkeit der Klage 170
    VI. Keine Prüfung der „Begründetheit der Klage" bei Klägersäumnis 171

§ 62. Säumnis des Beklagten im Prozess (§ 331 ZPO) 171
    I. Säumnis des Beklagten in einem Termin zur mündlichen
    Verhandlung 171
    II. Voraussetzungen für den Erlass eines Versäumnisurteils bei „Säumnis"
    des Beklagten im schriftlichen Vorverfahren 175
    III. Typische Fragen zur Schlüssigkeitsprüfung 176

§ 63. Einspruch gegen das Versäumnisurteil (§§ 338 ff. ZPO) 178

§ 64. „Technisch zweites" Versäumnisurteil 178
    I. § 345 ZPO: „Technisch zweites" Versäumnisurteil 178
    II. Die Voraussetzungen des technisch zweiten Versäumnisurteils 179
    III. Der Begriff des „technisch zweiten" Versäumnisurteils 180
    IV. Berufung gegen das technisch zweite Versäumnisurteil (§ 514 II ZPO) .. 180

18. Kapitel. Beendigung des Rechtsstreits

§ 65. Klagerücknahme und Wegfall des Klageanlasses (§ 269 ZPO) 182
    I. Klagerücknahme 182
    II. Klagerücknahme nach Wegfall des „Anlasses zur Einreichung der Klage"
    (§ 269 III 3 ZPO) 182

§ 66. Prozessvergleich (§§ 794 I Nr. 1, 278 VI ZPO) 183
    I. Gerichtlicher oder außergerichtlicher Vergleich? 183
    II. Prozessvergleich: „Zur Beilegung des Rechtsstreits" 185
    III. Prozessuale Voraussetzungen des Prozessvergleichs 186
    IV. Folgen des Fehlens der prozessualen Voraussetzungen des Prozessvergleichs 187
    V. Die materiell-rechtliche Seite des Prozessvergleichs 188

§ 67. Erledigung der Hauptsache 188
    I. Beiderseitige (übereinstimmende) Erklärungen der Erledigung (§ 91a
    ZPO) 188
    II. Einseitige Erklärung der Erledigung der Hauptsache 189

19. Kapitel. Urteilsarten

§ 68. Versäumnisurteil (§§ 330 ff. ZPO) 192

§ 69. Anerkenntnis- und Verzichtsurteil (§§ 306, 307 ZPO) 192

§ 70. Sonstige Urteile 192

20. Kapitel. Rechtskraft, Rechtsbehelfe

§ 71. Formelle und materielle Rechtskraft; Rechtskraftdurchbrechung 194
    I. Formelle Rechtskraft (§ 705 ZPO) 194
    II. Materielle Rechtskraft (§§ 322, 325 ZPO) 194
    III. Materielle Rechtskraft von Vollstreckungsbescheiden 196
    IV. Rechtskraftdurchbrechung 197

§ 72. Rechtsbehelfe und Rechtsmittel 198
    I. Terminologie 198
    II. Aufbaufragen bei Rechtsbehelfen 199
    III. Rechtsbehelfsbelehrung (§ 232 ZPO) 200
    IV. Meistbegünstigung bei Verlautbarungsmängeln. Inkorrekte Entscheidungen 200

3. Teil. Hinweise zur Bearbeitung der Hauptprobleme des Vollstreckungsrechts

1. Kapitel. Schwierigkeiten der Fallbearbeitung

§ 73. Besonderheiten beim Zwangsvollstreckungsrecht 203
    I. Die Vielzahl der Beteiligten 203
    II. Die andere Terminologie 203
    III. Die besondere Bedeutung des materiellen Rechts im Zwangsvollstreckungsfall 205

§ 74. Die „Unübersichtlichkeit" des Zwangsvollstreckungsrechts 207
    I. Liegen die Voraussetzungen für eine Zwangsvollstreckung vor? 208
    II. Weswegen wird vollstreckt? 208
    III. In welches Recht des Vollstreckungsschuldners soll durch welche Vollstreckungsmaßnahmen eingegriffen werden, und welches Vollstreckungsorgan ist für sie zuständig? 209
    IV. Welche Rechtsbehelfe gegen welche Maßnahmen können von welcher Person erhoben werden? 210

2. Kapitel. Arbeitshinweise

§ 75. Allgemeine Arbeitshinweise für den Vollstreckungsfall 211
    I. Trennung nach Personen; Klarheit über die Parteien 211
    II. Trennung der zu vollstreckenden Ansprüche 211
    III. Unterscheiden der Beziehungen im Vollstreckungsverfahren, im Erkenntnisverfahren und nach materiellem Recht 212
    IV. Lösungsskizze 213

3. Kapitel. Voraussetzungen und Arten der Zwangsvollstreckung

§ 76. Die allgemeinen Voraussetzungen der Zwangsvollstreckung 214
  I. Nicht nur gerichtliche Entscheidungen sind Titel 214
  II. Die Vollstreckbarkeit setzt nicht immer die Rechtskraft voraus 214
  III. Vollstreckungsklausel 214
  IV. Zustellung 215
  V. Heilungsfragen 215

§ 77. Die Arten der Zwangsvollstreckung 216

4. Kapitel. Die Bearbeitung der Vollstreckung nach dem Dritten Abschnitt des Achten Buches der ZPO: Herausgabe von Sachen und Erwirkungen von Handlungen oder Unterlassungen (Individualvollstreckung)

§ 78. Fiktion der Abgabe einer Willenserklärung: § 894 ZPO 218

§ 79. Herausgabe einer bestimmten Sache: § 883 ZPO 219

§ 80. Handlungen und Unterlassungen: §§ 887 ff. ZPO 220
  I. Vollstreckung nach § 887 ZPO: Die Handlung kann durch Dritte erfolgen („vertretbare Handlungen") 221
  II. Vollstreckung nach § 888 ZPO: Die Handlung kann durch Dritte nicht erfolgen („nicht vertretbare Handlungen") 221
  III. § 890 ZPO: Unterlassungen und Duldungen 222

§ 81. Verbindungslinien zwischen verschiedenen Vollstreckungsarten 223
  I. Mehrere Ansprüche – gleichzeitig verschiedene Vollstreckungsarten ... 223
  II. Ineinandergreifen der Vollstreckungsverfahren – hintereinandergeschaltete verschiedene Vollstreckungsverfahren 223
  III. Analoge Anwendung von Vorschriften aus dem Zweiten Abschnitt 226

5. Kapitel. Die Bearbeitung der Vollstreckung nach dem Zweiten Abschnitt des Achten Buches der ZPO: „wegen Geldforderungen"

1. Unterkapitel. Allgemeine Fragestellungen

§ 82. Der Zweck der Vollstreckungsart „wegen Geldforderungen" 228

§ 83. Zugriff auf bewegliches oder unbewegliches Vermögen? 228

§ 84. Zugriff auf körperliche Sachen 229
  I. Die Pfändung körperlicher Sachen 229
  II. Die Verwertung körperlicher Sachen 231

§ 85. Zugriff auf Forderungen und andere Vermögensrechte 232
  I. Der Umkreis der unter §§ 828–863 ZPO fallenden Rechte 232
  II. Die Pfändung von Forderungen und anderen Vermögensrechten 232
  III. Die Verwertung gepfändeter Forderungen und anderer Vermögensrechte 233

2. Unterkapitel. Typische Fragestellungen und Schwierigkeiten bei der Vollstreckung wegen Geldforderungen

§ 86. Die Rechtszuständigkeiten in der Zwangsvollstreckung 234

§ 87. Die Pfändungspfandrechtstheorien 236

§ 88. Anwartschaftsrecht 237
    I. Klarheit über die schuld- und sachenrechtliche Lage 238
    II. Der Unterschied zwischen Ratenkauf und fremdfinanziertem Kauf 238
    III. Die Pfändung des Anwartschaftsrechts 239

§ 89. Die Pfändung der eigenen Sache des Vollstreckungsgläubigers 241
    I. Ausgangslage 241
    II. Die versteckte Zentralnorm des § 508 S. 5 BGB: Rücktrittsfiktion bei Wiederansichnahme 241
    III. Sonderprobleme 243

§ 90. Das Treuhandverhältnis in der Zwangsvollstreckung 244
    I. Uneigennützige Treuhand (Verwaltungstreuhand) 245
    II. Eigennützige Treuhand (Sicherungstreuhand) 245
    III. Der Rückübertragungsanspruch als Pfändungsobjekt 247

6. Kapitel. Die Rechtsbehelfe im Vollstreckungsfall

§ 91. Die Bedeutung der Rechtsbehelfe 250

§ 92. Die einzelnen Rechtsbehelfe 250
    I. Fehlen der Vollstreckungsvoraussetzungen. Vollstreckungserinnerung (§ 766 I ZPO) 250
    II. Beseitigung der Vollstreckungsvoraussetzungen 251
    III. Angriff gegen einzelne Vollstreckungsmaßnahmen 253
    IV. Rechtsbehelfe zur Herbeiführung der Vollstreckungsvoraussetzungen und einzelner Vollstreckungsmaßnahmen 254

§ 93. Allgemeine Ratschläge zur Behandlung einzelner Rechtsbehelfe 255

§ 94. Die Arbeitstechnik bei Rechtsbehelfen im Vollstreckungsrecht 256
    I. Schwierigkeiten bei der Richterklausur 256
    II. Schwierigkeiten bei der Anwaltsklausur 258

§ 95. Typische Fehler bei Rechtsbehelfsfragen 264
    I. Übersehen der Besonderheiten des Vollstreckungsrechts 264
    II. Übersehen anderer als vollstreckungsrechtlicher Rechtsbehelfe 266
    III. Beispiel zur Wiedereinsetzung in den vorigen Stand (§ 233 ZPO) 267

Sachverzeichnis 269

Abkürzungsverzeichnis

aA	anderer Ansicht
abl.	ablehnend
aE	am Ende
AG	Amtsgericht/Aktiengesellschaft
AGG	Allgemeines Gleichbehandlungsgesetz
AktG	Aktiengesetz
Alt.	Alternative
AnfG	Anfechtungsgesetz
Anm.	Anmerkung
ArbGG	Arbeitsgerichtsgesetz
Art.	Artikel
Aufl.	Auflage
BAG	Bundesarbeitsgericht
BayGZVJu	Gerichtliche Zuständigkeitsverordnung Justiz (Bayern)
BayJAPO	Ausbildungs- und Prüfungsordnung für Juristen (Bayern)
BaySchlG	Bayerisches Schlichtungsgesetz
beA	besonderes elektronisches Anwaltspostfach
BeckOK	Beck´scher Online-Kommentar
BeckRS	beck-online Rechtsprechung
Beschl.	Beschluss
BGB	Bürgerliches Gesetzbuch
BGBl.	Bundesgesetzblatt
BGH	Bundesgerichtshof
BGHZ	Entscheidungen des Bundesgerichtshofs in Zivilsachen
BRAO	Bundesrechtsanwaltsordnung
BRRG	Beamtenrechtsrahmengesetz
BT-Drs.	Bundestags-Drucksache
BVerfG	Bundesverfassungsgericht
BVerfGE	Entscheidungen des Bundesverfassungsgerichts
BVerfGG	Bundesverfassungsgerichtsgesetz
bzgl.	bezüglich
bzw.	beziehungsweise
ders.	derselbe
dh	das heißt
diff.	differenzierend
EFZG	Entgeltfortzahlungsgesetz
EGMR	Europäischer Gerichtshof für Menschenrechte
EGVP	elektronisches Gerichts- und Verwaltungspostfach
EGZPO	Gesetz, betreffend die Einführung der Zivilprozeßordnung
eIDAS-VO	Verordnung (EU) Nr. 910/2014 des Europäischen Parlaments und des Rates vom 23.7.2014 über elektronische Identifizierung und Vertrauensdienste für elektronische Transaktionen im Binnenmarkt und zur Aufhebung der Richtlinie 1999/93/EG
Einl.	Einleitung
EMRK	Europäische Menschenrechtskonvention
EuGVVO	Verordnung (EU) Nr. 1215/2012 des Europäischen Parlaments und des Rates vom 12.12.2012 über die gerichtliche Zuständigkeit

	und die Anerkennung und Vollstreckung von Entscheidungen in Zivil- und Handelssachen
FamFG	Gesetz über das Verfahren in Familiensachen und in den Angelegenheiten der freiwilligen Gerichtsbarkeit
FamRZ	Zeitschrift für das gesamte Familienrecht
f.	folgende
ff.	folgende
FGO	Finanzgerichtsordnung
Fn.	Fußnote
GBO	Grundbuchordnung
GBV	Grundbuchverfügung
GebrMG	Gebrauchsmustergesetz
GG	Grundgesetz
GKG	Gerichtskostengesetz
GmbH	Gesellschaft mit beschränkter Haftung
GmbHG	Gesetz betreffend die Gesellschaften mit beschränkter Haftung
grds.	grundsätzlich
GRUR	Gewerblicher Rechtsschutz und Urheberrecht (Zeitschrift)
GVG	Gerichtsverfassungsgesetz
HGB	Handelsgesetzbuch
hL	herrschende Lehre
hM	herrschende Meinung
HPflG	Haftpflichtgesetz
Hs.	Halbsatz
idF	in der Fassung
iHv	in Höhe von
insbes.	insbesondere
InsO	Insolvenzordnung
iSd	im Sinne des
iSv	im Sinne von
iVm	in Verbindung mit
JA	Juristische Arbeitsblätter
JAG NRW	Juristenausbildungsgesetz Nordrhein-Westfalen
JURA	Juristische Ausbildung
JuS	Juristische Schulung
JZ	Juristenzeitung
KapMuG	Kapitalanleger-Musterverfahrensgesetz
KG	Kammergericht/Kommanditgesellschaft
krit.	kritisch
LG	Landgericht
lit.	litera
LuftVG	Luftverkehrsgesetz
mAnm	mit Anmerkung
MDR	Monatsschrift für Deutsches Recht
MüKo	Münchener Kommentar
mwN	mit weiteren Nachweisen
mzustAnm	mit zustimmender Anmerkung
NJW	Neue Juristische Wochenschrift
NJW-RR	NJW-Rechtsprechungsreport

Abkürzungsverzeichnis

NVwZ	Neue Zeitschrift für Verwaltungsrecht
NZA	Neue Zeitschrift für Arbeitsrecht
NZG	Neue Zeitschrift für Gesellschaftsrecht
NZM	Neue Zeitschrift für Miet- und Wohnungsrecht
OHG	Offene Handelsgesellschaft
OLG	Oberlandesgericht
ParteiG	Parteiengesetz
PartGG	Partnerschaftsgesellschaftsgesetz
PatG	Patentgesetz
PBefG	Personenbeförderungsgesetz
PflVG	Pflichtversicherungsgesetz
RA	Rechtsanwalt
RAin	Rechtsanwältin
RDG	Rechtsdienstleistungsgesetz
RGZ	Entscheidungen des Reichsgerichts in Zivilsachen
Rn.	Randnummer
RPflG	Rechtspflegergesetz
Rspr.	Rechtsprechung
RVG	Rechtsanwaltsvergütungsgesetz
S.	Seite
s.	siehe
SächsJAPO	Sächsische Juristenausbildungs- und -prüfungsordnung
SGB	Sozialgesetzbuch
SGG	Sozialgerichtsgesetz
sog.	sogenannt(e/r)
StGB	Strafgesetzbuch
StPO	Strafprozessordnung
StVG	Straßenverkehrsgesetz
u. a.	unter anderem, und andere
UKlaG	Unterlassungsklagegesetz
umstr.	umstritten
UWG	Unlauterer Wettbewerb-Gesetz
v.	vom
Var.	Variante
VersR	Versicherungsrecht (Zeitschrift)
VVG	Versicherungsvertragsgesetz
VwGO	Verwaltungsgerichtsordnung
VwVfG	Verwaltungsverfahrensgesetz
WEG	Wohnungseigentumsgesetz / Wohnungseigentumsgemeinschaft
WM	Wertpapiermitteilungen (Zeitschrift)
WRP	Wettbewerb in Recht und Praxis (Zeitschrift)
zB	zum Beispiel
ZPO	Zivilprozessordnung
zutr.	zutreffend
ZVG	Zwangsversteigerungsgesetz
ZZP	Zeitschrift für Zivilprozess

Verzeichnis der abgekürzt zitierten Literatur

Anders/Gehle/Bearbeiter	Anders/Gehle, ZPO, 81. Aufl. 2023
Baur/Stürner/Bruns ZVR	Baur/Stürner/Bruns, Zwangsvollstreckungsrecht, 14. Aufl. 2022
BeckOK BGB/Bearbeiter	Hau/Poseck, BeckOK BGB, 66. Edition, Stand: 1.5.2023
Braun ZivilProzR	Braun, Lehrbuch des Zivilprozeßrechts, Erkenntnisverfahren, 2014
Brox/Walker ZwangsVollstrR	Brox/Walker, Zwangsvollstreckungsrecht, 12. Aufl. 2021
Gaul/Schilken/Becker-Eberhard ZVR/Bearbeiter	Gaul/Schilken/Becker-Eberhard, Zwangsvollstreckungsrecht, 12. Aufl. 2010
Grüneberg/Bearbeiter	Grüneberg, Bürgerliches Gesetzbuch, 82. Aufl. 2023
Jauernig/Berger/Kern ZwangsVollstrR	Jauernig/Berger/Kern, Zwangsvollstreckungs- und Insolvenzrecht, 24. Aufl. 2021
Jauernig/Hess ZivilProzR	Jauernig/Hess, Zivilprozessrecht, 30. Aufl. 2011
Medicus/Petersen BürgerlR	Medicus/Petersen, Bürgerliches Recht, 28. Aufl. 2021
MüKoBGB/Bearbeiter	Münchener Kommentar zum BGB, 8. Aufl. 2018 ff., 9. Aufl. 2021 ff.
MüKoZPO/Bearbeiter	Münchener Kommentar zur ZPO, 6. Aufl. 2020
Musielak/Voit/Bearbeiter	Musielak/Voit/Bearbeiter, ZPO, 20. Aufl. 2023
Rosenberg/Schwab/Gottwald ZivilProzR	Rosenberg/Schwab/Gottwald, Zivilprozessrecht, 18. Aufl. 2018
Stein/Jonas/Bearbeiter	Stein/Jonas, Kommentar zur Zivilprozessordnung, 23. Aufl. 2014 ff.
Thomas/Putzo/Bearbeiter	Thomas/Putzo, ZPO, 44. Aufl. 2023
Wieczorek/Schütze/Bearbeiter	Wieczorek/Schütze, ZPO, 5. Aufl. 2022
Zöller/Bearbeiter	Zöller, ZPO, 34. Aufl. 2022

§ 1. Einleitung

I. Die „spröde" Materie Zivilprozessrecht

Das Zivilprozessrecht – wie jedes Prozessrecht – löst im Studium und Examen häufig Furcht und Schrecken aus. Dies steht in einem merkwürdigen Widerspruch zur Freude an Verfahrensfragen und am Prozess, die bei Jurist und Nichtjurist, in und außerhalb der Universität zu beobachten ist. Wer zum ersten Mal eine studentische Versammlung besucht, ist erstaunt über die Kenntnisse in Verfahrensfragen („zur Geschäftsordnung") und über die Diskussionen um diese Fragen. Er merkt, wie bedeutsam den Beteiligten ein geordnetes Verfahren ist („Was sagt denn die Geschäftsordnung?") und mit welcher Genauigkeit solchen Fragen nachgegangen wird („Was ist der Antrag? Sind wir beschlussfähig? Ist die Ladungsfrist eingehalten?"). Die Medien bedienen sich Woche für Woche des Mittels des Prozesses, um eine Dramatik zu gestalten. Ein Blick in die Weltliteratur zeigt, welche Anziehungskraft für Dramatiker wie Epiker die Form des Prozesses seit Jahrhunderten geboten hat.

Ein großes Missverständnis ist deshalb die Vorstellung, Prozess und Prozessrecht seien eine lebensfremde und wenig anschauliche Materie. Sehr schnell merkt schon der Anfänger des Prozessrechts, dass „die – sehr zu Unrecht – als spröde und trocken verschriene Materie" (*Wilhelm Kisch*, Praktikum des Zivilprozessrechts, Leipzig 1909, S. IV) außerordentlich spannend ist und von ganz besonderem Reiz sein kann. Nicht zuletzt deshalb sind die Moot-Courts immer beliebter, in denen Studierende die Rolle der Prozessbeteiligten übernehmen.

II. Das Pflichtfach Zivilprozessrecht

Das Zivilprozessrecht gehört zu den Pflichtfächern im Sinn der Ausbildungs- und Prüfungsordnungen für Juristen. So lautet die Regelung in Bayern:[1]

„Aus dem Prozessrecht in Grundzügen:
a) Rechtswege; Zuständigkeiten im Zivil-, Straf-, Verfassungs- und Verwaltungsprozess;
b) aus dem Zivilprozessrecht:
   Verfahrensgrundsätze, Klagearten, allgemeine Verfahrensvorschriften und Verfahren im ersten Rechtszug ohne Beweiswürdigung, Wirkungen gerichtlicher Entscheidungen, gütliche Streitbeilegung, Arten und Voraussetzungen der Rechtsbehelfe, Zwangsvollstreckung der Zivilprozessordnung (nur allgemeine Vollstreckungsvoraussetzungen, Arten der Zwangsvollstreckung, Rechtsbehelfe) und vorläufiger Rechtsschutz;"

Bereits im Ersten Staatsexamen müssen Prüflinge damit rechnen, in mindestens einer der zivilrechtlichen Klausuren mit Problemen aus dem Erkenntnisverfahren und/oder der Zwangsvollstreckung konfrontiert zu werden. Wer das Zivilprozessrecht bei der Examensvorbereitung „auf Lücke" setzt, wird es deshalb in aller Regel bereuen, ganz zu schweigen davon, dass solche Vorbereitungslücken erfahrungsgemäß bis in das Zweite Staatsexamen fortwirken.

---

[1] § 18 II Nr. 7 BayJAPO idF v. 17.11.2022: Pflichtfach der Ersten Juristischen Staatsprüfung.

1. Teil. Klausurarten und Bearbeitungstechnik

§ 2. Allgemeine Arbeitshinweise für den Prozessrechtsfall

I. Der Bearbeitervermerk

Bei keiner anderen Fallbearbeitung ist die genaue Beachtung des Bearbeitervermerks so wichtig wie bei der Prozessrechtsaufgabe. Dies hängt damit zusammen, dass ein Prozessrechtsfall häufig erst dann anschaulich wird, wenn er auch unwichtige Dinge im Sachverhalt enthält. Damit sich der Bearbeiter nicht in der Prüfung von Nebensächlichkeiten verliert, ist beim Prozessrechtsfall meist ein präziser Bearbeitervermerk vorhanden. Auch wenn dieser Vermerk beim ersten Lesen nicht aus sich heraus verständlich ist, sollte er *zuerst* gelesen werden. Denn was in einem Prozessrechtsfall relevant und was nebensächlich ist, wird vor allem vom Bearbeitervermerk bestimmt. Nebensächlich können etwa Terminbestimmungen, Ladungen, Zustellungen, die Einhaltung von Formen und Fristen sein – aber dieselben Fragen sind möglicherweise in einem *anderen* Fall von zentraler Bedeutung. Gerade weil es keinen Katalog an sich nebensächlicher Probleme gibt, muss strikt auf den Bearbeitervermerk geachtet werden. Der Bearbeiter weiß dann nämlich schon, ob seine schriftliche Arbeit eine gerichtliche Entscheidung (Richterklausur, → Rn. 21) oder ein anwaltschaftliches Vorgehen (Anwaltsklausur, → Rn. 20) betrifft, und kann sich bei der nachfolgenden Lektüre des Aufgabentextes auf die Fragestellung einrichten. Um sich bei der Bearbeitung auf den Vermerk zu fixieren, hat es sich bewährt, ihn mit einem Textmarker gleich zu Beginn der Lektüre deutlich zu kennzeichnen oder ihn stichwortartig auf den Anfang des Merkzettels (→ Rn. 4) zu schreiben.

Die aus dem Bearbeitervermerk ersichtliche Fragestellung gibt dem Bearbeiter ein gutes Kontrollinstrument in die Hand, die Erforderlichkeit seiner Ausführungen für die Klausurlösung zu prüfen: Er muss sich stets fragen, ob seine Ausführungen die Beantwortung der gestellten Frage fördern. Ist das nicht der Fall, sind die betreffenden Ausführungen überflüssig und damit in der Lösung fehl am Platz. *Überflüssige Ausführungen werden meist als Fehler gewertet.*

II. Stoff- oder Merkzettel

Nach der Lektüre des Bearbeitervermerks beginnt das Durcharbeiten des Aufgabentextes. Zweckmäßigerweise hat der Bearbeiter einen Merkzettel (Konzeptpapier) neben sich liegen, auf dem er *sofort* alle ihm einfallenden Probleme kurz notiert.

> **Beispiel 1:** In einer Unfallklausur geht es darum, dass der freiberufliche Journalist *Pech* von *Fahrer* beim Überqueren des Fußgängerüberwegs angefahren wurde. Der Wagen gehört *Halter*, der bei der *Insolventia AG* haftpflichtversichert ist. *Pech* ist verletzt worden; sein Anzug und sein Fahrrad, das er schob, sind unbrauchbar. Seine RAin *Dr. Klug* erhebt Klage gegen *Fahrer*, *Halter* und die *Insolventia AG* auf Zahlung von Schadensersatz für den Anzug und für das Fahrrad, auf Verdienstausfall, auf Ersatz der ärztlichen Behandlungskosten sowie auf Schmerzensgeld.

Auf dem Merkzettel wird der Bearbeiter *untereinander* und *einseitig beschrieben* folgende Bestimmungen oder Begriffe aufnotieren, die ihm bereits bei der kurzen Lektüre eingefallen sind:

„§§ 7, 18 StVG, § 823 I, II BGB und Schutzgesetz (StVO?), § 253 II BGB, direkte Klage gegen Versicherer (§ 115 I VVG), EntgeltfortzahlungsG?, § 116 SGB X?, Streitgenossenschaft, § 62 ZPO?

Ein solcher Stoff- und Merkzettel soll die später gefundene Lösung noch einmal kontrollieren helfen, bevor sie niedergeschrieben wird. Möglicherweise übersieht nämlich der Bearbeiter in der „Hitze des Gefechts" einen Gesichtspunkt, der ihm am Anfang eingefallen war. Deshalb wird dieser Zettel nach Abschluss des Konzepts (→ Rn. 9) durchgesehen. Alle erledigten oder als irrelevant erkannten Punkte sind durchzustreichen. Zwei Hinweise dürfen aber bei der Verwendung eines solchen Zettels nicht unbeachtet bleiben:

Erstens darf er keinesfalls mit der Lösung abgegeben werden (sofern nicht die Prüfungsordnung auch die Ablieferung solcher Blätter vorschreibt). Auf dem Zettel stehen ja rein „assoziativ" notierte Dinge, die dem Bearbeiter „so gerade bei der ersten Lektüre" eingefallen sind. Beim späteren systematischen Durcharbeiten erweist sich manches notierte Problem als ganz fernliegend und weitere Vorschriften sind offensichtlich nicht einschlägig (in dem oben angeführten Merkzettel etwa die Position „Entgeltfortzahlungsgesetz?", da *Pech* kein Arbeitnehmer ist). Wenn ein Prüfer diesen „Assoziations-Katalog" liest, ist er vielleicht doch erstaunt über die „abseitigen" Probleme und bringt sein Erstaunen dann (freilich unzulässigerweise) in die Bewertung der Lösung ein.

Zweitens ist nichts gefährlicher, als sich in einem Prozessrechtsfall aufgrund dieses Zettels ein „vorläufiges Ergebnis" zu bilden. Solche „gefühlsmäßig" getroffenen Ergebnisse stimmen häufig nicht, ja oft ist der Fall gerade darauf angelegt, zu einem erstaunlichen, weil auf den ersten Blick nicht sichtbaren Resultat zu kommen. Der Bearbeiter darf sich durch einen Merkkatalog *nicht einengen* lassen und etwa nur die dort aufnotierten Probleme oder Normen untersuchen, ohne sich zu überlegen, ob nicht andere Fragen eine Rolle spielen. Der Stoffzettel soll den Blick für Probleme offenhalten, nicht aber eingrenzen.

III. Das Markieren des Aufgabentextes

5   Beim Durchlesen des Aufgabentextes sollen wichtige Angaben – am besten mit Textmarkern – markiert werden. Dies betrifft vor allem die *Personen,* weil sie es sind, die klagen oder verklagt werden; ferner sind die von den Parteien gestellten *Anträge* zu kennzeichnen, da über sie in der Regel zu entscheiden ist. Wichtig sind vielfach *Zeitangaben* und *Geldbeträge,* aber auch *Vorgänge im Prozess* (zB ein Anerkenntnis des Beklagten, sein rügeloses Einlassen oder sein sonstiges Schweigen). Solche Markierungen haben aber nur einen Sinn, wenn sie sparsam verwendet werden. Deshalb sollte der Bearbeiter beim ersten Durchlesen sehr zurückhaltend mit dem Markieren sein und erst beim zweiten Durchgang systematisch vorgehen. Bisweilen ist es sinnvoller, den Begriff auf den Merkzettel (→ Rn. 4) zu schreiben, als ihn nur im Text anzustreichen.

IV. Die Prozessskizze („Prozesszeichnung")

6   Erst wenn der Bearbeiter den Aufgabentext *mindestens das zweite Mal* durchgelesen hat und sich mit dem Fall vertraut machen konnte, beginnt die systematische Lösungsarbeit. Nur selten kann er hierbei ohne eine Skizze (Zeichnung) auskommen. Für die Skizze wird ein eigener Zettel angelegt: Links wird die Klägerseite, rechts die Beklagtenseite aufgeführt. In dieser Skizze werden die prozessualen Anträge der Parteien – am besten durch Pfeile –, die Veränderungen während des Prozesses und eventuell auch – bei einer gemischten Klausur – die materiell-recht-

lichen Rechtsbeziehungen untergebracht. Erst durch eine solche Skizze wird der Prozessrechtsfall strukturiert und auf die wesentlichen Vorgänge reduziert.

Im Beispiel 1 (→ Rn. 4) wird daher auf der *linken* Seite des Blattes *„Pech"* stehen. Die Personen, gegen die sich sein Vorgehen wendet, sind *rechts* vermerkt: *„Fahrer", „Halter"* und die *„Insolventia AG",* und zwar *untereinander* und mit *ausreichendem Zwischenraum* (sonst lässt sich zwischen den Namen nichts mehr unterbringen). Die Namen der Personen werden *eingekreist,* sodass aus der Skizze klar hervorgeht, wer die beteiligten Personen sind. Nunmehr werden die verschiedenen *Streitgegenstände* in die Skizze eingetragen; zum Unterschied zu den Personen stehen sie in einem *Kästchen.* Im Beispiel 1 müssten in die Skizze eingefügt werden: Anzug, Fahrrad, Verdienstausfall, Behandlungskosten, Schmerzensgeld. Denn diese fünf Schadensposten sind zu berücksichtigen.

V. Die Zeittabelle (Reihenfolge der Ereignisse)

Seltener ist es notwendig, sich außerdem eine Tabelle über die „Reihenfolge der Ereignisse" anzulegen. Fälle aus dem Zwangsvollstreckungsrecht, in denen der Zeitpunkt der Pfändung häufig über den Erfolg der Vollstreckung entscheidet, und Aufgaben aus dem Sachen- und Insolvenzrecht erfordern zumeist die Erstellung einer derartigen Übersicht. Sie anzulegen, sollte man sich nicht scheuen, sobald man sieht, dass die Zeit in der Aufgabe eine Rolle zu spielen scheint. Der Gewinn durch solche Zeittabellen ist regelmäßig weit größer als der Aufwand für ihre Herstellung.

VI. Digitales schriftliches Staatsexamen

Da handgeschriebene Schriftsätze im Rechtsleben seit langem der Vergangenheit angehören, ist auch das handschriftliche Examen überholt. Die Digitalisierung hätte längst die juristischen Prüfungen erreichen müssen. Immerhin gibt es erste Schritte in diese Richtung. Ein digitales Examen verlangt vom Prüfungsteilnehmer gründliche Kenntnis der elektronischen Textverarbeitung und möglichst die Beherrschung des Zehnfingersystems. Nicht anders als beim herkömmlichen Examen müssen zahlreiche Probeklausuren geschrieben worden sein – allerdings durchweg digital –, bevor man in die Prüfung geht. Auch beim digitalen Examen ist es unerlässlich, erst einmal ein Konzept und vor allem eine Gliederung zu erarbeiten, sei es auf dem PC oder auf einem Merkzettel. Bei der Ausfüllung der Gliederung zeigt sich ein Vorteil der digitalen Prüfungsform, weil der Bearbeiter unter Verzicht eines Entwurfs sogleich in die „Reinschrift" geht. Er kann seinen Text immer wieder ergänzen und korrigieren oder einzelne Passagen verschieben. Auch Ausführungen, die bei der weiteren Bearbeitung als überflüssig oder falsch erscheinen, verschwinden – unlesbar für den Prüfer – aus der Lösung.

VII. Die Konzepterarbeitung (Gliederung)
1. Niemals wörtlicher Entwurf

Ohne ein schriftliches Konzept lässt sich ein Prozessrechtsfall kaum lösen. Aber die Herstellung des Konzepts darf nicht zu Lasten der Lösungsniederschrift („Reinschrift") gehen. Der wichtigste Grundsatz ist deshalb: *Das Konzept darf niemals ein wörtlicher Entwurf sein.* Prüfungsleistung ist nicht das Abschreiben von Texten, sondern die Fähigkeit, aus einer klaren gedanklichen Konzeption *sofort* die treffende Formulierung zu finden. Im Konzept stehen daher lediglich die maßgeblichen Gesichtspunkte (die gedankliche „Konzeption") in systematischer Reihenfolge mit Stichworten und Paragraphen: Es ist ein Gliederungskonzept, sozusagen ein detailliertes Inhaltsverzeichnis. *Die wörtliche Ausarbeitung geschieht nur einmal, und zwar erst und nur bei der Reinschrift!*

Die Technik, aus dem Konzept ins Reine zu schreiben, *kann nur durch Routine* erworben werden. Wer nicht mehrere Dutzend Klausuren auf solche Weise geschrieben hat, sollte nicht ins Examen gehen. Sonst wird er zunächst in Zeitnot und dann in Nervosität, vielleicht sogar in Panik geraten. Fälle zu lösen, ist in erster Linie eine Frage der Übung.

2. „Rückseitenverbot" des Konzepts

10 Die Konzeptseiten sollten nur *einseitig* beschrieben werden. Zwei Gründe sind hierfür maßgebend:

Erstens lässt sich ein neuer Gedanke in das Konzept später mühelos einfügen: Der Bearbeiter braucht es nur zu zertrennen, um die Änderung zwischen die zertrennten Teile (wie bei einer Loseblattsammlung) einzufügen. Er muss dann nicht zwischen lauter Verweisungen hin- und herwandern, gar noch Rückseiten lesen und dauernd umblättern. Vor allem zerstört er beim Zertrennen des einseitigen Konzepts keine Ausführungen auf der Rückseite. *Zweitens* übersieht man in der Eile der späteren Ausarbeitung immer wieder eine beschriebene Rückseite.

VIII. Der Aufbau von Konzept und Reinschrift
1. Das Verbot des historischen Aufbaus

11 Beim Prozessrechtsfall ist ein historischer Aufbau unzulässig. Unter einem solchen Aufbau versteht man die Gliederung des juristischen Gutachtens in Anlehnung an den historischen Ablauf des im Sachverhalt (in der Klausurangabe) geschilderten Vorgangs. Eine historische Gliederung würde bedeuten, dass sich die prozessuale Bearbeitung nach der Prozessgeschichte richtet. Schon weil die Prozessgeschichte zum Teil unwesentliche, vor allem aber immer wieder prozessual überholte Dinge enthält (zur prozessualen Überholung → Rn. 34), ist ein *historischer Aufbau unzulässig*. Wer ihm folgt, kommt zu keiner brauchbaren Lösung.

Die Versuchung zu einem historischen Aufbau ist vor allem dann sehr groß, wenn die Klausurangabe die Prozessgeschichte eingehend schildert, und sie steigert sich, falls der Verfasser eine Fülle von Fragen erkennt, die er schnell beantworten könnte (etwa die Zuständigkeit oder die Beweislast), obwohl der Bearbeitervermerk auf die Beantwortung gerade dieser Fragen nicht abzielt. *Weil die Versuchung zu einem historischen Aufbau so groß ist, kann nicht genug vor ihm gewarnt werden.*

Eine Klausurangabe schildert den Prozess der Uhrmacherin *Zeiger* gegen ihre *Kundin* auf Zahlung des Restkaufpreises. Nach mehreren Terminen mit Streit um die örtliche Zuständigkeit sowie um die Beweislast und die Verjährung verurteilt das AG die *Kundin* zur Zahlung. Das Urteil wird rechtskräftig; die *Kundin* begleicht ihre Schulden. Gleichwohl betreibt der *Rechtsanwalt* der Uhrmacherin die Zwangsvollstreckung gegen die *Kundin*. „Was ist der *Kundin* zu raten?", fragt der Bearbeitervermerk. Die Antwort: Sie muss Vollstreckungsabwehrklage (§ 767 ZPO, → Rn. 282, → Rn. 501) erheben. Auf die übrigen während des Prozesses aufgeworfenen Fragen kommt es nicht an; sie sind prozessual überholt.

2. Maßgeblich ist meist der zuletzt gestellte Antrag

12 Wenn überhaupt die Prozessgeschichte die Gliederung beeinflusst, dann stets im Rückwärtsgang. In aller Regel ist für die prozessuale Untersuchung der *letzte prozessuale Vorgang*, meist also der *letzte Antrag* maßgeblich. Mit ihm muss dann begonnen werden.

Zwar bestimmt der Klageantrag den Streitgegenstand (§ 253 II Nr. 2 ZPO, → Rn. 43). Falls das Gericht aber ein Versäumnisurteil erlassen hat und die verurteilte Partei dagegen Einspruch (§ 338 ZPO) einlegt, muss zuerst die Zulässigkeit des Einspruchs (etwa die Wahrung der Einspruchsfrist des § 339 I ZPO) geprüft werden. Völlig verfehlt wäre es hingegen, in der Lösung der Klausur historisch mit der Klageerhebung anzufangen. Noch deutlicher wird das

Abstellen auf den letzten Antrag bei der Antragsänderung: Wenn der Kläger seinen Klageantrag auf Herausgabe der Sache nach deren Zerstörung auf Schadensersatz ändert, muss als erstes geprüft werden, ob diese Antragsänderung zulässig ist. Da sie dies ist (§ 264 Nr. 3 ZPO), kommt es auf den ursprünglichen Antrag nicht mehr an (Beispiel 30, → Rn. 78).

3. Trennungsgrundsatz

Sind *mehrere Kläger* oder *Beklagte* in den Prozess verwickelt, muss eine deutliche Trennung bereits im Konzept erfolgen, damit der Bearbeiter nicht vergisst, bei jedem einzelnen Beteiligten die Sachurteilsvoraussetzungen zu prüfen. 13

Werden *mehrere Streitgegenstände* geltend gemacht, empfiehlt sich abermals für jeden einzelnen prozessualen Antrag eine eigene Seite. Dies zwingt zur Trennung der Streitgegenstände und damit auch zu der (zumindest gedanklich) notwendigen, gesonderten Prüfung der Zulässigkeit für jeden einzelnen Streitgegenstand.

> **Beispiel 2:** Der Verfasser des Konzepts im Beispiel 1 (→ Rn. 4) trennt die drei verschiedenen Prozessrechtsverhältnisse und legt dementsprechend auf drei verschiedenen Blättern an: *„Pech gegen Fahrer"*, *„Pech gegen Halter"* und *„Pech gegen Insolventia AG"*. Auf diese Weise ist schon sichergestellt, dass der Bearbeiter die einzelnen Prozessrechtsverhältnisse nicht durcheinanderbringt. Jetzt wendet sich der Blick auf die *Streitgegenstände*. Streitgegenstände können prozessual wie materiell-rechtlich sehr verschieden zu behandeln sein. In den meisten Fällen ist es deshalb am sichersten, wenn der Bearbeiter für jeden einzelnen Streitgegenstand ein eigenes Blatt anlegt, das er kurz mit dem Streitgegenstand bezeichnet. Im Beispiel 1 erkennt der Bearbeiter die fünf unterschiedlichen Streitgegenstände (Anzug, Fahrrad, Verdienstausfall, Behandlungskosten, Schmerzensgeld). In diesem Fall besteht die Besonderheit, dass es sich bei den Streitgegenständen lediglich um verschiedene Schadensposten einer einheitlichen unerlaubten Handlung handelt. Für jeden einzelnen Streitgegenstand ein eigenes Blatt anzulegen, ist in solch einem Fall kaum erforderlich. Es reicht aus, die fünf Streitgegenstände unter jedem Prozessrechtsverhältnis zu konzipieren.

4. „Personen vor Sachen"

Am Beispiel 2 (→ Rn. 13) wird auch deutlich, dass der Bearbeiter zunächst die Prozessrechtsverhältnisse („Personen") trennen muss und anschließend innerhalb der Prozessrechtsverhältnisse die Streitgegenstände („Sachen"). Es ist zwar nicht falsch, die Gliederung zunächst nach den Streitgegenständen (zB „Schadensersatz wegen des beschädigten Anzugs") vorzunehmen und dann erst nach den Prozessrechtsverhältnissen zu trennen (zB *„Pech gegen Fahrer"*) – aber ein solcher Aufbau verleitet fast immer zum Übersehen der prozessualen Besonderheiten und ist besonders im Zweiten Staatsexamen unbrauchbar, weil sich die dort meist geforderte gerichtliche Entscheidung nach Personen gliedert. Deshalb sollte das Aufbauprinzip heißen: *„Prozessrechtsverhältnisse vor Streitgegenständen"* oder „Personen vor Sachen". 14

5. „Anträge vor Ansprüchen"

Damit sind die Aufbauprobleme nicht abgehandelt. Jetzt fragt es sich, wie innerhalb der Prozessrechtsverhältnisse zu gliedern ist. Die richtige Antwort zeigt das soeben gebildete Beispiel 2: Es ist nach Streitgegenständen („Anträgen") zu gliedern und innerhalb der Streitgegenstände nach den Anspruchsgrundlagen (die durchaus identisch sein können) zu unterteilen. Somit gilt jetzt der Satz: *„Streitgegenstände vor Anspruchsgrundlagen"* oder „Anträge vor Ansprüchen". 15

> Im Rahmen des Prozessrechtsverhältnisses *„Pech gegen Fahrer"* des Beispiels 2 ist also der Antrag auf Schadensersatz wegen des ruinierten Anzugs (der Streitgegenstand „Anzug") der erste Untergliederungspunkt. *Innerhalb* dieses Untergliederungspunktes werden jetzt die einzelnen Anspruchsgrundlagen systematisch behandelt, also §§ 18, 7 StVG, § 823 I BGB und sodann § 823 II BGB in Verbindung mit einem Schutzgesetz. Beim nächsten Untergliederungspunkt (Streitgegenstand „Fahrrad") verweist der Bearbeiter dann einfach auf diese Ausführungen, soweit die Anspruchsgrundlagen identisch sind.

Wenn – wie im Beispiel 2 – bereits bei den dort genannten fünf Schadensposten der Aufbau „Anträge vor Ansprüchen" gilt, ist dieses Aufbauprinzip umso mehr zu beachten, wenn etwa die Klage die Kaufpreiszahlung aus dem Abschluss mehrerer Kaufverträge geltend macht oder der Kläger Schmerzensgeld wegen verschiedener tätlicher Angriffe verlangt.

IX. Die Reinschrift

16 Mit der Reinschrift sollte möglichst schnell begonnen werden. Erfahrungsgemäß bemerkt man häufig erst beim Ausformulieren, dass etwas noch nicht „stimmt". Es sollte also genügend Zeit bleiben, notfalls noch Überlegungen ohne Hast vorzunehmen. Im Allgemeinen ist mehr als die Hälfte der Zeit für die Reinschrift notwendig. Die angemessene Zeiteinteilung lässt sich allerdings nur durch zahlreiche Übungsklausuren erfahren (→ Rn. 9). Die Reinschrift muss lesbar, aber kein kalligraphisches Meisterstück sein. Eines sollte der Bearbeiter jedoch niemals übersehen: *Eine gut lesbare, gut gegliederte, übersichtliche und nicht zu lange Lösung ist der unordentlichen, schwer zu entziffernden und langatmigen Bearbeitung überlegen.* Der Jurist soll klar, verständlich und kurz schreiben.

Eine *Gliederung* voranzustellen, ist überflüssig. Vielmehr soll die Reinschrift so gut und übersichtlich gegliedert sein, dass die Gliederung von selbst auffällt. Deshalb sind *Überschriften* und *Zwischenüberschriften* mit entsprechenden Abständen sehr zu empfehlen. Als Gliederungspunkte sind Kennzeichnungen mit Zahlen und Buchstaben üblich: A., I., 1., a), aa).

17 Im Ersten Juristischen Staatsexamen wird kaum ein Entscheidungsentwurf gefordert, sondern meist ein *Gutachten,* das die gestellte Frage beantwortet. Beim *Gutachtenstil* (als Gegensatz zum *Urteilsstil*) wird zunächst eine mögliche Antwort auf die gestellte Frage genannt. Dann wird dargelegt, welche Voraussetzungen erfüllt sein müssen, damit die genannte Antwort zutrifft, und im Anschluss daran wird untersucht, ob die Voraussetzungen nach dem Sachverhalt gegeben sind. Der Gutachtenstil braucht aber nicht durchgehend verwendet zu werden. Er wirkt dort ungeschickt und erfordert unnötige Schreibarbeit, wo die Antwort auf eine Frage keiner eingehenden Begründung bedarf, da sie völlig unproblematisch ist. In einem solchen Fall sollte man daher sogleich das festgestellte Ergebnis mitteilen und die Begründung, sofern deren Mitteilung überhaupt sinnvoll erscheint, in einem Zusatz oder Nebensatz anfügen: „Der Unfallort Leipzig begründet den dortigen Gerichtsstand (§ 32 ZPO, § 20 StVG)."

X. „Technische" Ausrüstung

18 Wer prozessuale Klausuren schreibt, soll „technisch" genauso ausgerüstet sein, wie bei allen anderen Klausuren. *Sämtliche* von den jeweiligen Prüfungsämtern zugelassenen *Hilfsmittel* muss der Bearbeiter bei sich haben. Dies gilt insbes. auch für *Gesetzesausgaben,* so für den Sartorius und für bei den Prüfungen zugelassene

§ 3. Die Klausurarten

landesrechtliche Textsammlungen. Gerade die zivilprozessuale Klausur macht es häufig erforderlich, auf die im Grundgesetz verbürgten Prozessgrundrechte oder auch auf andere öffentlich-rechtliche Vorschriften einzugehen oder etwa landesrechtliche Ausführungsgesetze hinzuzuziehen.

> **Beispiel 3:** In einer Unfallklausur war auch ausgeführt, dass der Taxifahrer mit seinem Kunden einen Haftungsausschluss vereinbart hatte. Es kam durch Verschulden des Taxifahrers zu einem Verkehrsunfall, bei dem der Kunde verletzt wurde. Im Prozess berief sich der beklagte Taxifahrer auf den vereinbarten Haftungsausschluss. Wer den Sartorius dabei hatte, fand über dessen Stichwortverzeichnis das Personenbeförderungsgesetz (Nr. 950), das in § 23 PBefG nur in bestimmten Fällen einen Haftungsausschluss für Sachschäden bis 1.000 EUR zulässt, jedoch nicht für Personenschäden.

Außer mit allen zugelassenen Gesetzestexten sollte der Bearbeiter aber auch mit allen für das Klausurschreiben sonstigen technischen Hilfsmitteln ausgestattet sein. Hierzu gehören zur Markierung der Klausurangabe *Textmarker*. Soweit die Prüfungsämter dies nicht verbieten, sollten zahlreiche *Lesezeichen* aus festem Karton in den Gesetzestexten bereitliegen, um bei dem vielen „Hin und Her" zwischen den anzuwendenden Gesetzen oder innerhalb der Gesetze jeweils gleich an der richtigen Stelle ein Lesezeichen einfügen zu können sowie mindestens vom laufenden Jahr ein *Kalender* für die Berechnung von Fristen, die nun einmal im Prozessrecht immer wieder eine Rolle spielen. 19

Da der äußere Eindruck der Reinschrift von sehr großer Bedeutung ist und sich deshalb Überschriften empfehlen, sollte zur Klausurausrüstung auch ein *Lineal* gehören, um die betreffenden Überschriften sauber zu unterstreichen.

§ 3. Die Klausurarten

I. Die Anwaltsklausur

Als *Anwaltsklausur* ist diejenige Klausurart zu bezeichnen, die vom Bearbeiter verlangt, ähnlich wie ein Anwalt vorzugehen. Es handelt sich bei diesen prozessualen Fallbearbeitungen insbes. um solche Klausuren, die eine materiell-rechtliche Ausgangslage schildern und vom Bearbeiter nunmehr fordern, die notwendigen *prozessualen* Schritte zu überlegen und darzustellen. Es geht also bei der Lösung vor allem um die Antwort auf die Frage, welche prozessualen Schritte einer Partei – regelmäßig durch deren Anwalt – zu raten sind. 20

> **Beispiel 4:** Aus dem Beispiel 1 (→ Rn. 4) lässt sich etwa folgende Anwaltsklausur bilden:
> „Der freiberuflich tätige und nicht sozialversicherte Journalist *Pech* ist von *Fahrer* beim Überqueren des Fußgängerüberwegs angefahren worden. Halter des Wagens ist *Halter*. Eine Haftpflichtversicherung für den Wagen besteht bei der *Insolventia AG*. *Pech* hat schwere Verletzungen erlitten und bleibt zu 100% erwerbsunfähig; Vermögen hat er keines.
> **Bearbeitervermerk:** RAin *Dr. Klug* soll für *Pech* das Beste erreichen, nachdem freiwillige Zahlungen von *Halter*, *Fahrer* und der *Insolventia AG* abgelehnt wurden. Was wird sie tun?"
> **Lösungsweg:** RAin *Dr. Klug* wird zunächst die materiell-rechtliche Situation klären und zum Ergebnis kommen, dass *Pech* gemäß §§ 7 I, 11 StVG, § 253 II BGB von *Halter* Schadensersatz und Schmerzensgeld, gemäß § 18 I StVG, §§ 823 I, II, 253 BGB von *Fahrer* Schadensersatz und Schmerzensgeld sowie über § 115 I VVG von der Versicherung Schadensersatz und Schmerzensgeld verlangen kann. Fälle der cessio legis nach § 116 SGB X und nach § 6 EFZG liegen nicht vor, weil *Pech* kein Arbeitnehmer und nicht

> sozialversichert ist (eingehend Beispiel 22, → Rn. 52). RAin *Dr. Klug* wird auf jeden Fall die Versicherung verklagen[1], typischerweise auch *Fahrer* und *Halter*, um diesen dadurch die Möglichkeit zu nehmen, in dem Prozess als Zeuge aufzutreten. Diese Mehrheit von Prozessparteien bilden eine *Streitgenossenschaft* (§§ 59 ff. ZPO, → Rn. 95–100). Neben der Klage wird RAin *Dr. Klug* auch eine einstweilige Verfügung beantragen, um schon jetzt eine Rente für ihren Mandanten zu erhalten. Es handelt sich hierbei um eine „Leistungsverfügung" oder „Befriedigungsverfügung" (→ Rn. 126). Da Klage und Antrag auf Erlass einer einstweiligen Verfügung zulässig und begründet sind – also volle Erfolgsaussichten haben –, wird RAin *Dr. Klug* für ihren mittellosen Mandanten für beide Verfahren (Klage und einstweilige Verfügung) Prozesskostenhilfe beantragen. Diese regeln die §§ 114–127a ZPO (→ Rn. 130). Zeitlich wird RAin *Dr. Klug* dabei so vorgehen, dass sie zunächst nur das Gesuch um Prozesskostenhilfe stellt und erst nach der Bewilligung der Prozesskostenhilfe die beiden Verfahren einleitet.[2]

Bereits diese skizzierte Lösung zeigt, welche Chancen der Bearbeiter hat, der im Prozessrecht einigermaßen bewandert ist: Er kann sowohl das Hauptsacheverfahren als auch das summarische Verfahren der einstweiligen Verfügung und deren Verhältnis zueinander darlegen und ferner auf den Sinn der Prozesskostenhilfe eingehen. Außerdem tauchen auf: Probleme des Streitgegenstands (Klage *neben* Antrag auf einstweilige Verfügung) und der Streitgenossenschaft (wenn RAin *Dr. Klug* auch *Halter* und *Fahrer* verklagt). In große Schwierigkeiten gerät aber jeder Bearbeiter, der noch nie eine Anwaltsklausur gelöst hat und dem deshalb auch das praktische Verständnis für die anwaltschaftliche Arbeitsweise fehlt. Mit Sicherheit wird er etwa die Möglichkeiten der Leistungsverfügung und der Prozesskostenhilfe übersehen.

II. Die Richterklausur

21 Als eine einfachere Klausurart sehen Examenskandidaten die *Richterklausur* an. Derartige Klausuren und Hausarbeiten verlangen vom Bearbeiter eine richterliche Arbeitsweise: Der Prozess hat schon begonnen, ein bestimmtes Gericht ist mit einem Antrag angerufen worden, und es gilt, die gerichtliche Entscheidung zu finden. Bei der Richterklausur wird der Bearbeiter im Gegensatz zur Anwaltsklausur viel deutlicher auf die zu untersuchenden prozessualen und materiellen Rechtsfolgen hingewiesen. Die Thematik ist umgrenzter, und dem Aufgabentext lassen sich leichter „Fingerzeige" auf die richtige Antwort entnehmen.

---

[1] In Fällen der Kfz-Haftpflicht wird häufig die Haftung des Versicherers (der Versicherung) *direkt gegenüber dem Geschädigten* übersehen (§ 115 I VVG iVm § 1 S. 1 PflVG). Dieser direkte Anspruch hat in der Praxis eine große Bedeutung und muss deshalb dem Examenskandidaten bekannt sein; er soll vor allem das Risiko der Vermögenslosigkeit oder des Vermögensverfalls (das sog. „Insolvenzrisiko") des Schädigers *(Fahrer)* oder des Versicherungsnehmers *(Halter)* dem Geschädigten *(Pech)* nehmen. *Beispiel:* Die Haftpflichtversicherung überweist an den Versicherungsnehmer *Halter* die Schadenssumme, die *Pech* geltend gemacht hat. *Halter* hebt das Geld ab, übergibt es aber nicht dem *Pech,* sondern macht damit eine Mittelmeerreise. Wenn er „insolvent" ist, ginge *Pech* trotz seines vorhandenen Anspruchs leer aus. Diese Probleme werden durch die Direkthaftung des Kfz-Haftpflichtversicherers vermieden, wenn *Pech* den Schaden innerhalb von 2 Wochen (§ 119 I VVG) der Versicherung in Textform anzeigt und sich dann direkt an sie hält, evtl. sie sogar verklagt.
[2] Das Abwarten der Entscheidung über den Antrag auf Bewilligung der Prozesskostenhilfe (→ Rn. 130) ist geboten, um zu vermeiden, dass *Pech* im Falle der Klageerhebung den Kostenvorschuss an das Gericht (§§ 6, 12 I GKG [Habersack Nr. 115]) und den Anwalt (§ 9 RVG [Habersack Nr. 117]) zu zahlen hat. Wird der Antrag auf Bewilligung der Prozesskostenhilfe abgelehnt, kann sich *Pech* immer noch überlegen, ob er trotzdem Klage erheben will.

§ 3. Die Klausurarten

> **Beispiel 5:** Das Beispiel 4 (→ Rn. 20) lässt sich als Richterklausur etwa folgendermaßen formulieren:
> „RAin *Dr. Klug* hat im Namen ihres Mandanten *Pech* beim *LG* Antrag auf Bewilligung der Prozesskostenhilfe für eine Klage gegen die *Insolventia AG* und für einen Antrag auf Erlass einer einstweiligen Verfügung zur Zahlung einer monatlichen Rente gegen diese Versicherung gestellt. Erklärung und Belege gemäß § 117 II ZPO, aus denen sich ergibt, dass *Pech* die Kosten der Prozessführung nicht aufbringen kann, liegen bei. Ferner sind beigefügt je ein Entwurf der Klageschrift und der Antragsschrift, in denen ausgeführt ist, dass *Pech* von *Fahrer* auf einem Fußgängerüberweg schuldhaft angefahren worden sei; Halter des Kraftfahrzeugs sei *Halter*, die *Insolventia AG* sei dessen Haftpflichtversicherer.
> **Bearbeitervermerk:** Wie wird das Gericht entscheiden, wenn die *Insolventia AG* die tatsächlichen Behauptungen des Antragstellers nicht bestreitet?
> **Lösungsweg:** Da die Mittellosigkeit des *Pech* feststeht, kommt es lediglich auf die Erfolgsaussichten der beiden beabsichtigten Verfahren an. Ist die Klage erfolgversprechend und der Antrag auf Erlass einer einstweiligen Verfügung aussichtsreich, wird die Prozesskostenhilfe bewilligt. Deshalb sind zunächst die Zulässigkeit und Begründetheit der beabsichtigten Klage, sodann die Erfolgsaussichten einer einstweiligen Verfügung zu prüfen. Da diese Prüfung positiv ausfällt, wird der Bearbeiter darlegen, dass das Gericht die Prozesskostenhilfe bewilligen wird.

An diesem Beispiel wird deutlich, weshalb die Bearbeiter eine Richterklausur regelmäßig für „leichter" als eine Anwaltsklausur halten. Weil das Gericht nur über die von den Prozessparteien *gestellten Anträge* zu entscheiden hat, ist der Bearbeitung ein fester Rahmen vorgegeben, innerhalb dessen der Verfasser die Klausur aufzubauen hat. Überflüssige Ausführungen lassen sich hier leichter vermeiden, sofern sich der Bearbeiter nur streng an die Anträge der Parteien hält.

Richterklausur und Anwaltsklausur sind allerdings keine sich ausschließenden Grundsätze. Beide Aufgabentypen können in einer Klausur oder Hausarbeit verbunden werden, wenn nämlich einerseits nach der gerichtlichen Entscheidung gefragt ist, andererseits die Frage gestellt wird, welche Schritte einer Partei anzuraten sind. 22

> **Beispiel 6:** Eine Aufgabe ist wie im Beispiel 5 (→ Rn. 21) abgefasst. Der Bearbeitervermerk lautet aber nicht nur „*Frage 1:* Wie wird das Gericht entscheiden?", sondern enthält auch eine „*Frage 2:* Was wird RAin *Dr. Klug* tun, wenn ihr Antrag auf Bewilligung der Prozesskostenhilfe erfolgreich ist?"

Hier muss der Bearbeiter *nach* der Beantwortung der Frage 1 im Rahmen der Antwort auf die Frage 2 eine *Lösung* geben wie bei einer Anwaltsklausur. Er wird etwa ausführen, dass RAin *Dr. Klug* die Klage erheben und die einstweilige Verfügung beantragen wird (→ Rn. 115).

III. Der Rechtsbehelfsfall (Rechtsmittelfall)

Fast alle Prüfungsordnungen schließen die klassischen Rechtsmittel der Berufung und Revision von der Ersten Juristischen Staatsprüfung aus (zum Begriff „Rechtsmittel" → Rn. 492). *Rechtsbehelfsfälle*, in denen das Verfahren „im ersten Rechtszug" verbleibt (→ Rn. 2), sind aber zulässig. Im Mittelpunkt derartiger Fälle steht die Frage nach den Erfolgsaussichten eines Rechtsbehelfs gegen eine erstinstanzliche gerichtliche Entscheidung. Die Schwierigkeit der Rechtsbehelfsklausur liegt insbes. im Aufbau, da der Bearbeiter zunächst die Voraussetzungen des Rechtsbehelfs, nämlich Statthaftigkeit, Form und Frist zu bedenken hat. Erst wenn dies geschehen 23 ist, kann auf die Sachurteilsfragen eingegangen werden (→ Rn. 162). Der Rechtsbehelfsfall kann eine *anwaltliche* oder *richterliche* Arbeitsweise erfordern.

> **Beispiel 7 zum Einspruch:** Im Prozess des *Pech* gegen *Fahrer, Halter* und die *Insolventia AG* (Beispiel 1, → Rn. 4) ist im frühen ersten Termin für die Beklagtenseite niemand erschienen. Auf Antrag von RAin *Dr. Klug* ergeht Versäumnisurteil.
> **Frage:** Haben die Beklagten gegen das Versäumnisurteil einen Rechtsbehelf?
> **Antwort:** Gegen das Versäumnisurteil steht *Fahrer, Halter* und der *Insolventia AG* der Einspruch (§ 338 ZPO) zur Verfügung.

> **Beispiel 8 zur Anhörungsrüge:** *Traveller* klagt gegen die *Reisebüro-GmbH* auf Rückerstattung einer Anzahlung in Höhe von 150 EUR für eine von der Beklagten abgesagten Reise. Das AG weist die Klage ab und lässt die Berufung nicht zu. Der Tatbestand des Urteils führt aus, *Traveller* habe dem Gericht eine Quittung über 150 EUR vorgelegt. Die Entscheidungsgründe gehen von der Unbegründetheit der Klage aus, weil hinsichtlich der Tatsache einer erfolgten Anzahlung „Aussage gegen Aussage" stünde.
> **Frage:** Kann *Traveller* gegen das Urteil erfolgreich vorgehen?
> **Antwort:** Eine Berufung scheidet wegen des geringen Streitwerts und der fehlenden Zulassung aus (§ 511 II ZPO). Aber die Anhörungsrüge (§ 321a ZPO) könnte begründet sein. Der Widerspruch zwischen den Feststellungen des Tatbestands und den Entscheidungsgründen zeigt, dass sich das AG nicht mit dem Vorbringen des Klägers *Traveller* (Vorlage der Quittung) auseinandergesetzt hat; es hat diese Tatsache „aus den Augen verloren"[3]. Darin liegt eine Verletzung von dessen Grundrecht auf Gehör (Art. 103 I GG).[4] Eine Anhörungsrüge des *Traveller* ist daher erfolgreich. Das AG muss nunmehr das Verfahren fortführen (§ 321a V 1 ZPO) und wird der Klage des *Traveller* unter Aufhebung des früheren Urteils stattgeben (§ 321a V 3 ZPO iVm § 343 S. 2 ZPO, zur Anhörungsrüge → Rn. 155).

IV. Der Rechtslagenfall

24 Seltener sind im Prozessrecht *Rechtslagenfälle*, bei denen der Bearbeitervermerk nur die Frage nach der Rechtslage aufwirft. Sie bieten besondere Schwierigkeiten, weil die Bearbeiter häufig die Probleme, die behandelt werden müssen, nicht erkennen. Es werden dann oft nur Selbstverständlichkeiten erörtert, und die eigentliche Thematik wird völlig verfehlt.

> **Beispiel 9:** Im Namen des *Pech* klagt RAin *Dr. Klug* gegen *Fahrer*. Sie erhebt Klage zum LG und beantragt die Zahlung von Schadensersatz und Schmerzensgeld wegen eines von *Fahrer* verschuldeten Verkehrsunfalls (Überfahren des *Pech* auf dem Fußgängerüberweg). Im frühen ersten Termin erscheinen auf der Beklagtenseite weder *Fahrer* noch ein Rechtsanwalt.
> **Bearbeitervermerk:** Wie ist die Rechtslage?
> **Lösungsweg:** Der Bearbeiter hat darzulegen, dass *Fahrer* säumig ist. Deshalb kann gegen ihn ein Versäumnisurteil (§ 331 ZPO) ergehen, sofern es RAin *Dr. Klug* beantragt. Bei einem Versäumnisurteil gegen den Beklagten muss ferner die Zulässigkeit

---

[3] Vgl. BVerfGE 54, 86 (92) = BeckRS 1980, 3388.
[4] Zur Verletzung des Art. 103 I GG durch „tatbestandswidrige" Entscheidungsgründe zB BGH NJW-RR 2014, 381 Rn. 8; NJW 2014, 1529 Rn. 5.

und, wegen § 331 II ZPO, die Schlüssigkeit der Klage vorliegen (zum Versäumnisverfahren → Rn. 336–367).

Der Rechtslagenfall kann Elemente der Richterklausur und der Anwaltsklausur vereinigen. Da im Gegensatz zur Anwaltsklausur ein bestimmtes Ziel eines anwaltlichen Vorgehens nicht angegeben wird, ist die Bearbeitung eines Rechtslagenfalls meist besonders schwierig.

V. Der Kautelarfall

Ratschläge zum Verhalten beider Parteien müssen auch im *Kautelarfall* gegeben werden. Bei ihm steht zur Beantwortung, in welcher Weise durch ein gleichgerichtetes oder vertragsmäßiges Verhalten beider Parteien ein bestimmter Erfolg erreicht wird. Im Examen ist er selten. Die Leistung des Bearbeiters besteht hierbei in erster Linie in dem Herausarbeiten des angestrebten Zieles, in zweiter Linie in dem Darstellen des einzuschlagenden rechtlichen Weges.

25

Beispiel 10: Im Namen des *Pech* hat RAin *Dr. Klug* die *Insolventia AG, Fahrer* und *Halter* verklagt. Bei der Beweisaufnahme zeigt sich, dass *Pech* die geltend gemachten Ansprüche voll zustehen. Nach der mündlichen Verhandlung (vgl. § 370 ZPO) sind sich die Anwälte aller Beteiligten einig, dass der Prozess möglichst schnell beendigt werden sollte: Die *Insolventia AG* will die Ansprüche erfüllen und die gesamten Prozesskosten übernehmen.
Bearbeitervermerk: Welche prozessualen Schritte werden die Parteien erwägen und welche Vereinbarungen sind ihnen zu empfehlen?
Die **Lösung** wird eine Reihe verschiedener prozessualer Möglichkeiten untersuchen, etwa einen außergerichtlichen Vergleich verbunden mit einem Klagerücknahmeversprechen (→ Rn. 376 aE) des *Pech* und der vorherigen Zustimmung der drei Beklagten zur Klagerücknahme sowie den Abschluss eines Prozessvergleichs (→ Rn. 374 ff.) oder die gemeinsame (beiderseitige, übereinstimmende) Erklärung der Erledigung der Hauptsache (→ Rn. 381) in einem neuen Termin. Vor- und Nachteile dieser verschiedenen Prozessinstitute für die Parteien müssten dargelegt und eine Empfehlung über die abzuschließenden Vereinbarungen oder die vorzunehmenden Schritte ausgesprochen werden. Hierbei wird man sich davon leiten lassen, dass eine gerichtliche Entscheidung *zur Sache* wegen der außergerichtlichen Einigung nicht mehr nötig ist und dass – wenn überhaupt – eine Kostenentscheidung erfolgt, die der außergerichtlichen Einigung entspricht.

Schon an diesen Lösungsgedanken wird verständlich, weshalb der prozessuale Kautelarfall als sehr schwierig gilt. Er verlangt vom Bearbeiter ein besonderes praktisches prozessuales Verständnis. Andererseits ist gerade der Kautelarfall geeignet, den Studierenden auf die zukünftige prozessuale Praxis vorzubereiten und ihm klarzumachen, dass die Kenntnis des Prozessrechts nicht im Einlernen zum Teil jahrzehntealter Theorien besteht, sondern aus einer gesunden Mischung zivilprozessualer Kenntnisse mit einer Vorstellung über Prozessablauf und Prozessbetrieb und nicht zuletzt verbunden mit prozessualer Phantasie – nämlich der Gabe, sich die zukünftige Prozesssituation vorzustellen und in die gegenwärtigen Erwägungen einzubeziehen.

VI. Die gemischte Klausur
1. Begriff und Schwierigkeiten der gemischten Klausur

Als *gemischte Fälle* bezeichnet man diejenigen Aufgaben, die materiell-rechtliche Fragen mit Prozessproblemen verbinden. In der späteren Praxis wird dem Juristen in

26

der Regel eine solche gemischte Fragenstellung begegnen, und deshalb ist sie bereits im Ersten Staatsexamen sehr häufig.

Besonders der Aufbau bereitet Examenskandidaten Schwierigkeiten. Sie wissen nicht, ob sie die Zulässigkeit der Klage (die Prozessprobleme) *vor* der Erörterung der materiell-rechtlichen Fragen behandeln sollen oder ob es besser ist, umgekehrt zu verfahren. Verwirrend ist hierbei ein in Examenskreisen immer wieder kolportiertes Dogma vom „Vorrang prozessualer Fragen". Viele Bearbeiter halten sich an dieses „Dogma" und merken zu spät, dass es gerade für ihren Fall nicht zutrifft. Zu einer Umkehr ist es dann oft zu spät.

2. Der Aufbau des gemischten Falles in einer Anwaltsklausur

27 Bei dieser Art eines gemischten Falles steht das materielle Recht *vor* dem Prozessrecht. Erst wenn der Anwalt weiß, welche Rechtsfolgen das materielle Recht vorsieht, ist er in der Lage, den richtigen prozessualen Weg einzuschlagen.

> **Beispiel 11:** Wenn RAin *Dr. Klug* in einem Unfallprozess erkannt hat, dass sich *Fahrer* nach § 18 I 2 StVG exkulpieren kann und mangels Verschuldens auch nicht aus unerlaubter Handlung haftet, wird sie nur *Halter* und die *Versicherung* verklagen. Der Klageerhebung ist also die materiell-rechtliche Frage *vorgelagert*. Diese Frage muss daher im Gutachten *vor* den prozessualen Problemen behandelt werden.

Zu unlösbaren Problemen kommt der Bearbeiter, wenn er das „Dogma" vom steten Vorrang der Prozessfragen bei einem Fall mit mehreren möglichen Beklagten und alternativen Rechtsfolgen beachten will:

> **Beispiel 12:** *Klein* hat der Unternehmerin *Herz* einen Rasenmäher geliehen. Deren Mitarbeiter *Saubermann* bringt den Mäher nicht zurück, sondern verkauft ihn an den gutgläubigen Vater *Sanft*, der ihn seinem Sohn zum Geburtstag schenkt. Sohn *Sanft* verweigert *Klein* die Herausgabe, die anderen Beteiligten bestreiten jegliche Haftung.
> **Bearbeitungsvermerk:** Welche prozessualen Schritte sind *Klein* zu raten?
> **Lösungsweg:** Hier muss selbstverständlich erst die materielle Rechtslage geprüft werden, ehe der Ratschlag erfolgt, gegen wen und mit welchem Antrag Klage zu erheben ist. Es kommen Zahlungs- oder Herausgabeklagen gegen die verschiedenen Beteiligten in Betracht.[5]

Als Faustregel für die gemischte Anwaltsklausur gilt deshalb: „BGB vor ZPO".

3. Der Aufbau des gemischten Falles in einer Richterklausur

28 Da bei dieser Art einer Klausur richterliches Arbeiten verlangt wird, folgt die Lösung der Arbeitsweise des Richters. Der Aufbau beginnt mit den prozessualen

---

[5] Zur Auffrischung die Lösung in Stichworten: Sohn *Sanft* ist nicht Eigentümer: Unfreiwilliger Besitzverlust von Frau *Herz* als der unmittelbaren Besitzerin (§ 935 I 2 BGB); Herr *Saubermann* hatte keinen Besitz (§ 855 BGB). Guter Glaube an Eigentum (§ 932 BGB) hilft weder *Sanft* noch dessen Sohn. Gegen Sohn *Sanft* also § 985 BGB. Aber *Klein* kann nach § 185 II 1 Var. 1 BGB das schwebend unwirksame Rechtsgeschäft zwischen *Saubermann* und *Sanft* genehmigen. Rechtsfolge: § 816 I 1 BGB. Dies wird er unter zwei Voraussetzungen tun: Wenn der Rasenmäher weniger wert ist als das Erlangte (*Saubermann* hat geschickt verhandelt und den Vater *Sanft* „übers Ohr gehauen") und wenn er bei *Saubermann* zu seinem Geld kommt. Erst nach diesen Überlegungen steht fest: Entweder Herausgabeklage gegen Sohn *Sanft* oder Zahlungsklage (Erlangtes) gegen *Saubermann*.

§ 4. Die Bearbeitungstechnik prozessualer Fälle

Fragen, also in der Regel mit der Zulässigkeit der Klage, erst danach wird die Begründetheit der Klage, dh die materielle Seite, untersucht.

Dieses Prinzip ist selbstverständlich, wenn man sich überlegt hat, wie die Praxis vorgeht: Dort wird der Richter den Antrag erst auf die Einhaltung der prozessualen Voraussetzungen hin prüfen. Ist das angerufene Gericht nicht zuständig, wird es sich nicht um die Frage kümmern, ob zB überhaupt ein Rücktritt des Vorbehaltsverkäufers vorliegt. Wird vom Bearbeiter die „Entscheidung des Gerichts" in solch einem Fall verlangt, wird er sich auf die Feststellung der Unzuständigkeit des Gerichts beschränken. Ob er daneben noch auf die materiell-rechtlichen Fragen einzugehen hat, hängt vom Bearbeitervermerk (der Fragestellung) ab. Bisweilen sind sie in einem *Hilfsgutachten* zu bearbeiten (→ Rn. 38).

Das Prinzip des Vorrangs der Zulässigkeitsfrage bei der Richterklausur sollte nicht verabsolutiert werden. Es gibt häufig Bearbeitervermerke, die schon erkennen lassen, dass eine andere Reihenfolge gewünscht wird, etwa wenn in dieser Reihenfolge gefragt ist: Ist die Klage begründet? Ergeben sich gegen die Zulässigkeit Bedenken?

Als Faustregel für die gemischte Richterklausur sollte der Bearbeiter aber von der Formel ausgehen: „ZPO vor BGB".

§ 4. Die Bearbeitungstechnik prozessualer Fälle

Gegenüber dem „BGB-Fall" bieten weder der „reine" Prozessrechtsfall noch der gemischte Fall (→ Rn. 26) grundlegende Unterschiede. Aufgabe des Bearbeiters ist es, wie in einem „reinen" BGB-Fall, eine Rechtsfolge zu untersuchen. Die Arbeitstechnik bei prozessualen Fällen unterscheidet sich daher in der juristischen Methode nicht von materiell-rechtlichen Aufgaben. Deshalb sind die Hinweise auf die richtige juristische Arbeitsweise in den Anleitungsbüchern des materiellen Rechts von größtem Nutzen auch für die Bearbeitung einer Prozessrechtsklausur, und die Erfahrungen bei der Korrektur von Übungs- und Examensarbeiten zeigen immer wieder, dass diejenigen Bearbeiter, die eine BGB-Frage richtig anpacken können, keine *methodischen* Schwierigkeiten bei der Erfassung eines ZPO-Falles haben. 29

I. Die Sachverhaltsproblematik

Auch wer nur ein wenig Ahnung vom Zivilprozess hat, weiß allerdings, dass im Prozess eine Dimension eine Rolle spielt, die im „normalen" BGB-Fall keine Bedeutung hat: *der Streit um die Tatsachen*. Die Aufgaben aus dem materiellen Zivilrecht, die in den Übungen und auch meistens im Examen gestellt werden, sind „unstreitige Sachverhalte". Der Aufgabentext berichtet über das vergangene Geschehen sozusagen aus der Sicht des allwissenden Betrachters: Alles wird so dargestellt, wie es tatsächlich geschehen ist. Nur in der *Rechtsfrage* sind die Meinungen kontrovers. 30

1. Unklarheit über die Tatsachenlage

Die Prozesspraxis sieht freilich anders aus. Gerade die Unklarheit über die *Tatsachenlage* kennzeichnet manchen Prozess: „Hat der Beklagte Gebrauchtwagenhändler gewusst, dass der Motor 150.000 km statt der angegebenen 50.000 km Fahrleistung aufweist oder nicht?" Das ist nicht selten *die* Frage in einem Prozess. Kann der Käufer dieses Wissen des Beklagten beweisen und hat er den Kaufvertrag rechtzeitig angefochten (§ 124 I, II BGB), so wird er mit einer Klage auf Rückzahlung des Kaufpreises Erfolg haben. 31

Wenn eine Universitätsausbildung auf die Prozesspraxis vorbereiten will, muss sie diesen wichtigen prozessualen Aspekt betonen und ihn auch in die Prüfung einführen. Aus diesem Grunde können im Rahmen eines Prozessrechtsfalles Probleme der

Beweislast, des Beweises des ersten Anscheins (des prima-facie-Beweises) und auch der Behauptungslast eine Rolle spielen (eingehend → Rn. 316 ff.).

> **Beispiel 13:** *Frosch* hat von der Uhrmacherin *Zeiger* eine Uhr gekauft und dabei behauptet, in Vollmacht des *Schön* zu handeln. Einen Restkaufpreis von 50 EUR blieb er schuldig. Nachdem *Schön* auf eine Mahnung *Zeigers* geantwortet hat, er könne sich nicht erinnern, dem *Frosch* Vollmacht erteilt zu haben, verklagt *Zeiger* den *Frosch* auf Zahlung von 50 EUR. Ohne *Schön* als Zeugen zu benennen, behauptet *Frosch* wiederum, Vollmacht gehabt zu haben, was *Zeiger* bestreitet.
>
> **Frage 1:** Wie wird das Gericht entscheiden?
>
> **Frage 2:** Wie wird das Gericht entscheiden, wenn auf Antrag des *Frosch* der *Schön* als Zeuge aussagt, er könne weder eine Vollmachterteilung ausschließen noch bejahen, und er wisse auch nicht, ob *Frosch* die fehlende Vertretungsmacht kannte oder nicht; wegen eines inzwischen erlittenen Verkehrsunfalls fehle ihm die Erinnerung an diese Zeit?
>
> Bei der Beantwortung der *Frage 1* wird der Bearbeiter sich fragen müssen, wer die Beweislast für die Vollmacht trägt. Da sie bei *Frosch* liegt (§ 179 I BGB) und dieser keinen Zeugenbeweis anbietet (§ 373 ZPO), ist *Frosch* antragsmäßig zu verurteilen. Bei der *Frage 2* hat *Frosch* den Beweis zwar angetreten, aber die von ihm behauptete Tatsache nicht beweisen können. Wegen des „non liquet" (→ Rn. 320 aE), das nunmehr vorliegt, wird er wiederum zur Erfüllung verurteilt.

2. Wahre Tatsachenlage anders als prozessuale Tatsachensituation

32 Noch deutlicher wird die Eigenheit des Prozessrechtsfalls, wenn der im Prozess vorgetragene Sachverhalt nicht dem wirklichen Geschehen entspricht und dies im Aufgabentext mitgeteilt wird. Der Bearbeiter wird dann zu einem Rückgriff auf das wahre Geschehen verleitet, obwohl (vor allem mit Rücksicht auf den Verhandlungsgrundsatz, → Rn. 317) für das Gericht und damit auch für die vom Bearbeiter zu findende Lösung *allein der vorgetragene Sachverhalt* maßgebend ist.

> **Beispiel 14:** Wenn man das Beispiel 13 etwas ergänzt, zeigen sich diese Schwierigkeiten: Im Aufgabentext ist zunächst der Sachverhalt aus der Sicht des allwissenden Betrachters dargestellt: *Schön* hat *Frosch* bevollmächtigt, für ihn bei *Zeiger* eine Uhr zu kaufen. Nach seinem Verkehrsunfall antwortet *Schön* der Uhrmacherin *Zeiger*, dass er sich an nichts mehr erinnern könne. *Zeiger* verklagt *Frosch*. *Schön* macht seine Zeugenaussage wie im Beispiel 13: Er könne sich an nichts mehr erinnern.
>
> **Bearbeitervermerk:** Wie wird das Gericht entscheiden?
>
> Für die **Lösung** kommt allein die Tatsachensituation in Betracht, die dem Gericht vorliegt. Dass der Bearbeiter durch den Aufgabentext über das wahre Geschehen informiert wurde, ändert nichts daran, dass vor Gericht *Frosch* die Vollmachterteilung nicht beweisen konnte und deshalb zu behandeln ist, als ob er keine Vollmacht gehabt habe. Es wäre also ein schwerer Fehler, wenn der Bearbeiter die Klage abweisen würde, weil *Frosch* bevollmächtigt gewesen sei. Die Entscheidung des Gerichts darf sich allein auf die vorgetragenen Tatsachen und das im Sachverhalt mitgeteilte Beweisergebnis gründen. Durch die unklare Zeugenaussage *Schöns* ist die Vollmachterteilung aber nicht nachgewiesen worden.

II. Die Dauer des Prozesses

33 Zu den weiteren Besonderheiten des Prozessrechts und damit auch des Prozessrechtsfalls gehört die Betrachtung der Dauer eines Prozesses. Er ist nicht punktuell

§ 4. Die Bearbeitungstechnik prozessualer Fälle

wie ein Vertragsschluss oder ein Verkehrsunfall, sondern schreitet (lat. procedere) von der Vorbereitung des Rechtsstreits über Zustellungen, Termine, Fristen, gerichtliche Entscheidungen bis hin zur Rechtskraft der Entscheidung. Eine Vielzahl von prozessualen Entwicklungen kann eintreten. Zahlreiche Prozessinstitute sind nur wegen dieser Dauer von Prozessen zu begreifen: So hat das Prozessrecht einzukalkulieren, dass der Kläger oder der Beklagte stirbt; es gibt also ein „prozessuales Erbrecht", das bestimmt, ob überhaupt und unter welchen Personen der Prozess fortgesetzt wird (§ 239 ZPO). Das Prozessrecht muss ferner den Veränderungen hinsichtlich der materiellen Rechtsinhaberschaft während des Verfahrens Rechnung tragen: Denn nur, weil ein Prozess über sein Grundstück anhängig ist, kann man dem Eigentümer nicht den Verkauf und die Übereignung seines Grundstücks verbieten: Daher ist zu regeln, wer den Prozess um das Grundstück weiterführt (§§ 265 ff. ZPO). Ebenso muss das Prozessrecht regeln, welche Rechtsfolgen eintreten, falls der Beklagte während des Verfahrens seine Verpflichtungen erfüllt oder wenn sich erst durch die Beweisaufnahme zeigt, dass der geltend gemachte Anspruch nicht besteht, dafür aber ein anderer Anspruch gegeben ist.

> **Beispiel 15:** *Klein* verlangt von Sohn *Sanft* die Herausgabe des Rasenmähers (Beispiel 12, → Rn. 27). Während des Prozesses gibt Sohn *Sanft* freiwillig den Rasenmäher an *Klein* zurück.
>
> **Frage:** Welche Schritte sind *Klein* anzuraten?

> **Beispiel 16:** *Klein* verlangt von Sohn *Sanft* Herausgabe des Rasenmähers. Bei der Beweisaufnahme stellt sich heraus, dass Sohn *Sanft* den Rasenmäher während des Prozesses in einem Wutanfall zerstört hat. Daraufhin ändert *Klein* den Klageantrag auf Schadensersatz. Der Änderung widerspricht Sohn *Sanft*.
>
> **Frage:** Wie wird das Gericht entscheiden?
>
> Die **Lösung beider Fälle** wird jedem Bearbeiter schwerfallen, der nicht erkennt, dass hier mit speziellen prozessualen Instituten auf außerprozessuale Veränderungen zu reagieren ist. Im Beispiel 15 wird die Empfehlung auf eine *Erledigungserklärung* lauten, die dazu führt, dass die Kosten des Rechtsstreits dem Sohn *Sanft* auferlegt werden (→ Rn. 381). Im Beispiel 16 lautet die Entscheidung des Gerichts auf Verurteilung des Sohnes *Sanft* zum Schadensersatz, und in der Lösung muss ausgeführt werden, dass wegen § 264 Nr. 3 ZPO nicht von einer Klageänderung auszugehen ist, sodass es weder der Zustimmung des Beklagten noch einer Sachdienlicherklärung durch das Gericht (§ 263 ZPO) bedurfte, nachdem *Klein* den Antrag geändert hatte (→ Rn. 264 ff.).

III. Prozessuale Überholung

Häufigster und zugleich gefährlichster Aufbaufehler bei einem Prozessrechtsfall ist die Nichtbeachtung des Grundsatzes der *prozessualen Überholung*. Dieser Fehler ist deshalb so häufig, weil der zeitliche Ablauf jedes Prozesses eine Fülle von Vorgängen mit sich bringt, die in einem späteren Zeitpunkt nicht mehr relevant („überholt") sind. Besonders der Unerfahrene glaubt, jeder bisherige Vorgang sei wichtig und deshalb untersuchungswürdig.

> **Beispiel 17:** Im Namen des *Pech* klagt RAin *Dr. Klug* gegen *Fahrer*. Sie erhebt Klage zum AG und beantragt die Zahlung von Schadensersatz und Schmerzensgeld in Höhe von 6.000 EUR wegen des von *Fahrer* verschuldeten Verkehrsunfalls. Der Richter belehrt den

> beklagten *Fahrer*, dass die Klage den amtsgerichtlichen Streitwert übersteige und dem AG daher die sachliche Zuständigkeit fehle (§ 23 Nr. 1 GVG, → Rn. 187). *Fahrer* erklärt, zur Sache verhandeln zu wollen und bestreitet sein Verschulden, „weil der Fußgängerüberweg schlecht ausgeleuchtet gewesen sei".
> **Frage:** Wie wird das Gericht entscheiden?
> Bei der **Lösung** dieser „gemischten" Klausur beachtet der Bearbeiter das Verbot des historischen Aufbaus (→ Rn. 11) und hat daher davon auszugehen, dass das angerufene AG – nachdem *Fahrer* gemäß § 504 ZPO belehrt worden war – sachlich zuständig geworden ist (§ 39 S. 2 ZPO). Die Frage der sachlichen Unzuständigkeit des angerufenen AG ist somit „prozessual überholt". Wenn überhaupt, darf der Bearbeiter auf die Zuständigkeitsfrage nur in einem Hilfsgutachten eingehen (→ Rn. 38).

Um die Erörterung prozessual überholter Dinge zu vermeiden, muss der Bearbeiter die „Standardvorschriften" kennen, die eine prozessuale Überholung bewirken. Dies sind außer dem soeben genannten § 39 ZPO zB die §§ 43, 91a I 2, 267, 269 II 4, 282 III, 295 ZPO. Hier tritt die prozessuale Überholung durch *Untätigkeit der Partei* ein. Aber auch durch *positives Tun* kann ein prozessualer Mangel beseitigt werden, oder sonst eine solche „Verfestigung" der Prozessrechtslage eintreten, sodass die Klausurlösung auf die frühere Situation nicht mehr eingehen darf (gegebenenfalls in einem Hilfsgutachten → Rn. 38). Bei zahlreichen Prozessvoraussetzungen ist dem Kläger die Möglichkeit eingeräumt worden, Mängel zu beseitigen. Die Bearbeitung geht dann nur äußerst kurz auf den ehemals bestehenden Mangel ein und führt lediglich aus, dass er bis zur letzten mündlichen Verhandlung – dem für die meisten Sachurteilsvoraussetzungen maßgeblichen Zeitpunkt – ausgeräumt wurde.

So können das Fehlen der Vollmacht (→ Rn. 173) durch nachträgliche Vollmachterteilung, der Mangel der Prozessfähigkeit (→ Rn. 172) durch Auftreten eines Prozessfähigen oder durch Genehmigung der Prozessführung durch den gesetzlichen Vertreter, das Fehlen der Prozessführungsbefugnis (→ Rn. 174 ff.) durch Erteilung dieser Befugnis durch den Berechtigten geheilt werden. Hat die falsche Partei geklagt, kann durch eine Parteiänderung (→ Rn. 283 ff.) auf die richtige Partei eine Heilung eintreten. Wenn der Kläger den unrichtigen Klageantrag gestellt hat, kann er mittels einer Klageänderung den Fehler korrigieren (→ Rn. 264–272).

Schließlich können sich *Parteiverhalten* und *Gerichtstätigkeit* verbinden, um eine verfestigte Prozesssituation eintreten zu lassen, etwa bei der Verweisung an das sachlich oder örtlich zuständige Gericht oder in den anderen Rechtsweg. Dann tritt für das Gericht, an das verwiesen wurde, eine Bindungswirkung selbst dann ein, wenn sich das verweisende Gericht geirrt hat (§ 281 II 4 ZPO, § 17a II 3 GVG, → Rn. 232 und → Rn. 112).

Aus den vorstehenden Ausführungen lässt sich eine wichtige Erkenntnis ziehen: *Wie kein anderes Rechtsgebiet bemüht sich das Prozessrecht, Mängel und Fehler der Prozessbeteiligten heilen zu lassen.* Diese Heilungsfreundlichkeit darf der Bearbeiter eines Prozessrechtsfalles niemals aus den Augen verlieren.

IV. Das Weiterverfolgen der Aufgabe in die Zukunft

35   Mit dem Prinzip der prozessualen Überholung und mit der Vielfalt der Heilungs- und Stabilisierungsmöglichkeiten hängt ein weiterer Bearbeitungsgrundsatz für den Prozessrechtsfall zusammen, der häufig auch von guten Bearbeitern übersehen wird: Sie bleiben bei der Feststellung eines bestimmten prozessualen Mangels oder einer Prozesssituation stehen, obwohl bei prozessgerechtem Verhalten der Prozess vorangetrieben und der Mangel geheilt werden könnte.

§ 4. Die Bearbeitungstechnik prozessualer Fälle

Im Ersten Juristischen Staatsexamen taucht diese Thematik immer wieder auf, besonders bei den genannten „gemischten Aufgaben" (→ Rn. 26 ff.). Im Anschluss an Fragen aus dem Sachenrecht heißt es etwa: „Welche prozessualen Schritte sind X anzuraten, um wieder in den Besitz seines PKW zu kommen?" In dieser prozessualen Fragestellung wird auch ein wichtiger Unterschied zum materiell-rechtlichen (BGB-)Fall sichtbar. Vom Bearbeiter wird nämlich nicht (nur) die Begutachtung eines vor ihm liegenden („statischen") Sachverhalts gefordert, sondern er muss – wie bei einem Planspiel – nunmehr den BGB-Fall oder andere materiell-rechtliche Aufgaben in den Prozess („dynamisch", „final") „verlängern". Zwar sind auch beim reinen materiell-rechtlichen Fall solche Fragen möglich, aber sie sind seltener. Im Prozessrecht ist diese Frageform sehr häufig. Ihre Bearbeitung verlangt planendes, systematisches Vorausdenken und damit auch Phantasie. Es müssen die möglichen prozessualen Situationen und die eventuellen Reaktionen des Prozessgegners überlegt und in die Prozessakte einbezogen werden.

Besonders beim Fehlen einer Sachurteilsvoraussetzung (→ Rn. 160–250) muss der Bearbeiter an die Möglichkeit einer Heilung des Fehlers denken, etwa durch Verweisung des Rechtsstreits an das zuständige Gericht (§ 281 ZPO, → Rn. 232). Ein weiteres Beispiel wurde schon oben bei der Säumnis in einem Rechtslagenfall genannt (Beispiel 9, → Rn. 24). Es ist nicht nur unvollständig, sondern falsch, das Gutachten in diesem Beispiel mit dem Ergebnis enden zu lassen, dass der *Beklagte* säumig ist. Der Bearbeiter hat vielmehr auszuführen, dass bei vernünftiger Prozessführung vom Kläger ein Antrag auf Erlass eines Versäumnisurteils gestellt werden wird und damit der Weg für eine Verurteilung des *Fahrer* frei ist.

Freilich verlangt die „Verlängerungstechnik" ein gewisses Geschick des Bearbeiters. 36
Denn auch für die Prozessrechtsklausur gilt das *Verbot der Unterstellung*. Es ist deshalb falsch, wenn man in der Lösung des soeben genannten Beispiels 8 etwa ausführt, „es wird unterstellt, dass der Kläger den Antrag auf Erlass eines Versäumnisurteils gestellt hat". Im Gutachten muss vielmehr zunächst dargelegt werden, wie die konkrete Prozesssituation zu beurteilen ist. Der Grund für eine derartige Arbeitsweise liegt in der Besonderheit des Prozessrechts: Bei zahlreichen prozessualen Mängeln gibt es nicht nur eine, sondern mehrere Heilungsmöglichkeiten: Der Mangel der Unzuständigkeit des Gerichts kann durch Prorogation (→ Rn. 226 ff.), durch Verweisung (→ Rn. 232), aber auch durch Klagerücknahme (→ Rn. 369) und neue Klage beim zuständigen Gericht beseitigt werden. Der Einwand der Rechtshängigkeit (→ Rn. 74) fällt durch Zurücknahme der zweiten oder aber auch der ersten Klage weg. Fehlt einem notwendigen Streitgenossen (→ Rn. 98 ff.) die Prozessführungsbefugnis (→ Rn. 174 ff.) für die Einzelklage, kann Parteibeitritt (→ Rn. 286) des anderen Prozessführungsberechtigten oder unter Umständen die Zustimmung dieses Prozessführungsbefugten zur Prozessführung des Einzelklägers helfen. Der Einwand der Rechtskraft (→ Rn. 77) kann durch Klagerücknahme oder auch durch Klageänderung (→ Rn. 264 ff.) auf einen nicht bereits rechtskräftig entschiedenen Streitgegenstand beantwortet werden. Wählt bei solchen unterschiedlichen Wegen der Verfasser eine der Möglichkeiten, indem er einfach eine Unterstellung vornimmt, bringt er sich um die Chance, die verschiedenen Lösungen miteinander zu vergleichen und auf deren Vor- und Nachteile hin zu untersuchen.

Sodann ist auszuführen, dass bei Erfüllung der richterlichen Hinweispflicht (§ 139 I ZPO, → Rn. 154) oder bei vernünftiger Prozessführung der Mangel geheilt werden könnte. Nach dieser Feststellung ist dann darzulegen, wie aufgrund der Prozesshandlung, durch die der Mangel geheilt wird, zu entscheiden ist.

Falsch also: „Angesichts der notwendigen Prozessabweisung wird unterstellt, dass der Kläger einen Verweisungsantrag gemäß § 281 ZPO gestellt hat. Diesem Antrag wird das AG entsprechen und den Rechtsstreit an das LG verweisen."

Richtig vielmehr: „Ohne einen Verweisungsantrag des Klägers müsste die Klage als unzulässig abgewiesen werden. In der Praxis wird es allerdings zu einem solchen Ergebnis kaum kommen. Vielmehr wird der Kläger versuchen, die Klageabweisung dadurch zu vermeiden, dass er neben dem Klageantrag hilfsweise den Antrag auf Verweisung an das LG stellt. Ihm wird das AG entsprechen und den Rechtsstreit an das LG verweisen."

37 Wichtig ist bei einer solchen *„Verlängerung der Aufgabe in die Zukunft"*, dass der Verfasser niemals vergisst, diejenige Prozesssituation darzulegen, die *ohne* die Verlängerung entstehen würde. Gerade bei einer Richterklausur darf er über diese Situation keine Unklarheit aufkommen lassen, da es stets zur Lösung des Falls gehört, wie das Gericht in der vorgegebenen Situation zu entscheiden hat. Denn auch das künftige Prozessgeschehen hängt von der richtigen Beurteilung der jetzigen Lage ab. Erst in einem deutlich zu trennenden zusätzlichen Teil bringt der Bearbeiter sein praktisches Prozessverständnis ein und zeigt die möglichen Lösungswege.

In zwei Fällen ist eine solche Verlängerung aber *nicht zulässig:*

1. Sie darf dann nicht vorgenommen werden, wenn aus dem Aufgabentext ersichtlich ist, dass die Parteien oder das Gericht die bestehenden Heilungsmöglichkeiten nicht nutzen wollen.
2. Fehlerhaft ist es ferner, die Aufgabe dadurch zu verändern, dass man ein nach dem Aufgabentext vorliegendes, prozessual aber verfehltes Verhalten als nicht geschehen unterstellt und damit ein „alternatives Prozessverhalten" annimmt.

> **Beispiel 18:** *Klein* klagt im Beispiel 12 (→ Rn. 27) auf Herausgabe seines Rasenmähers sowohl gegen Vater *Sanft* als auch gegen den anderswo wohnenden Sohn *Sanft.* *Lösungshinweis:* Bei Bearbeitung der Klagen des *Klein* gegen *beide* Personen erkennt man sehr schnell, dass das Vorgehen des Klägers fehlerhaft ist (der Herausgabeanspruch aus § 985 BGB ist nur gegen den Besitzer gegeben). Der (unmittelbare) Besitz steht vorliegend nur dem Sohn *Sanft* zu und folglich muss die Klage gegen den Vater als unbegründet abgewiesen werden. Der Bearbeiter darf nun nicht davon ausgehen, dass *Klein* nur gegen den Sohn Klage erhoben hat, und dadurch das Prozessgeschehen besserwissend korrigieren. Vielmehr hat er darzulegen, dass die Klage gegen den nicht besitzenden Vater als unbegründet abzuweisen ist oder dass der Kläger sinnvollerweise eine der Klagen zurücknimmt (§ 269 ZPO) und dadurch insoweit eine Klageabweisung und höhere Kosten vermeidet.

Eine Verlängerung der gestellten Aufgabe ist also nur dann zulässig, wenn auf der Grundlage des Aufgabentextes der Prozess durch sachgerechte prozessuale Maßnahmen weiterentwickelt wird.

V. Hilfsgutachten

38 Häufig steht der Bearbeiter vor der Frage, ob er der Lösung ein Hilfsgutachten beizufügen hat. Diese Frage ist klar beantwortet, wenn der Bearbeitervermerk ausdrücklich verlangt, dass die im Sachverhalt aufgeworfenen Probleme, soweit sie in der Lösung nicht behandelt werden, in einem Hilfsgutachten zu erörtern sind. Dann kann der Bearbeiter etwa im Beispiel 17 auf die sachliche Unzuständigkeit des AG eingehen, die die Lösung wegen der rügelosen Einlassung des *Fahrer* nicht ansprechen musste. Schwierig hingegen ist immer wieder die Situation, falls der Bearbeitervermerk zur Abfassung eines Hilfsgutachtens schweigt. Daraus lässt sich keinesfalls der Schluss ziehen, ein Hilfsgutachten sei unerwünscht. So ist es in der gemischten Klausur (→ Rn. 26) angebracht, wenn der Bearbeiter zur Prozessabweisung der Klage wegen deren Unzulässigkeit kommt; hilfsweise prüft er die Begründetheit der Klage. Ähnlich verfährt man bei der gemischten Rechtsbehelfsklausur: Der Darstellung der Unzulässigkeit des Rechtsbehelfs folgen Hilfsausführungen zu dessen Begründetheit (→ Rn. 162). Das Weiterverfolgen der Aufgabe in die Zukunft (→ Rn. 37) geschieht häufig im Wege des Hilfsgutachtens (→ Rn. 232). Bei den vielfältigen Konstellationen der prozessualen Überholung (→ Rn. 34) ist Vorsicht geboten. Wenn ein prozessualer Fehler geheilt wurde, dann ist regelmäßig keine Reservedarstellung geboten, wie der Prozess ohne die Heilung ablaufen würde. Der Bearbeiter muss sich hüten, überholten Problemen hilfsweise nachzugehen, ohne dass ihn der Aufgabensteller hierzu aufgefordert hat (Beispiel 100, → Rn. 259). So bedarf es, falls eine Bedingung für eine Prozesshandlung nicht eingetreten ist, im Allgemeinen keines Hilfsgutachtens darüber, wie die Prozesslage bei Bedingungseintritt wäre (→ Rn. 262 mit Beispiel 101).

VI. Das Prinzip prozessordnungsgemäßen Verhaltens

Der Bearbeiter sollte stets auch eine Grundregel der prozessualen Fallbearbeitung beachten, *im Zweifel den Aufgabentext so zu interpretieren, dass von den Parteien und dem Gericht keine Fehler begangen wurden.* Wenn der Text also über bestimmte Fragen keinerlei Angaben enthält, hat der Bearbeiter ein prozessordnungsgemäßes Vorgehen anzunehmen; er muss zB beim Schweigen über die Prozessfähigkeit, über die Zuständigkeit oder über eine ordnungsgemäße Ladung davon ausgehen, dass diese Umstände ohne weiteres vorliegen. *Die Vermutung spricht deshalb stets für eine fehlerfreie Abwicklung des Prozesses.*

39

Wenn in einer Klausur gesagt ist, dass *Pech* „Klage zum Landgericht erhoben hat", darf der Bearbeiter sich nicht in dieser wörtlichen Formulierung verbeißen. Es ist ein prozessordnungsgemäßes Vorgehen des *Pech* anzunehmen. Der Bearbeiter hat also davon auszugehen, dass wegen des beim Landgericht bestehenden Anwaltszwangs (§ 78 ZPO) diese Klage durch einen *Rechtsanwalt* eingereicht wurde.

Anders ist es hingegen, wenn der Aufgabentext tatsächlich darauf hindeutet, dass *Pech* selbst die Klage verfasst und auch selbst, ohne Anwalt zu sein, beim Landgericht eingereicht hat. Dann müsste etwa im Aufgabentext stehen, dass *Pech* die Klageschrift selbst verfasst, unterschrieben und beim Landgericht abgegeben hat.

VII. Die Klausurtaktik bei kontroversen Meinungen

Vielfach bereitet selbst sehr guten Bearbeitern die Frage erhebliche Schwierigkeiten, welcher Meinung sie folgen sollen, wenn ein Problem in Wissenschaft und Praxis kontrovers gelöst wird. So gibt es im Zivilprozessrecht eine Reihe von Bereichen, in denen sehr unterschiedliche Ansichten bestehen, etwa bei der Parteiänderung (→ Rn. 283), bei der parteierweiternden Widerklage (→ Rn. 312), beim maßgeblichen Zeitpunkt des Bestehens der Einwendungen der Vollstreckungsabwehrklage (→ Rn. 282). Bei derartigen und bei allen anderen kontroversen Rechtsansichten kann der Ratschlag nur lauten, dass es sehr gefährlich ist, als „Anhänger" einer bestimmten Meinung ins Feld zu ziehen. Richtig ist es vielmehr, jeweils derjenigen Ansicht zu folgen, die in der *konkreten* Klausur eine abgerundete Lösung garantiert. Für den Prüfungskandidaten sollte der Anwalt Vorbild sein, der sich in seiner Tätigkeit auch nicht auf *eine* Lehre festlegt, sondern für jeden einzelnen Rechtsstreit diejenige Lehrmeinung, Rechtsprechung oder Theorie heraussucht, die für seinen Mandanten am günstigsten ist. So wird er bei einem Arbeitsrechtsstreit, den er für einen Arbeitnehmer führt, natürlich ganz anders argumentieren als in dem anschließenden Prozess, bei dem er die Arbeitgeberseite vertritt: Was er um 9 Uhr als einzig richtige Ansicht gepriesen hat, muss er unter Umständen vor demselben Gericht in einem anderen Verfahren um 11 Uhr als für den jetzt verhandelten Fall nicht zutreffende oder nicht haltbare Theorie ablehnen. Da es sich bei Klausuren ohnehin

40

nur um gedachte Sachverhalte handelt, soll sich der Kandidat von Klausur zu Klausur entscheiden, welcher Lehre er folgt, und er braucht sich nicht zu scheuen, einmal der *einen* Theorie und vielleicht in der nächsten Klausur oder in der Hausarbeit der gegensätzlichen *anderen* Ansicht den Vorzug zu geben. Der Bearbeiter sollte sich überall dort, wo der Theorienstreit noch nicht ausgetragen ist, in seiner Meinung „offen" halten und im konkreten Fall dann derjenigen Ansicht folgen, die ihm *klausurtechnisch* die beste Möglichkeit gibt, sein Wissen in einer abgerundeten Lösung darzulegen und etwaige Wissenslücken zu verbergen.

Solch eine Arbeitstechnik setzt freilich voraus, dass man die Argumente der verschiedenen Lehren einigermaßen kennt. Hier wird im Übrigen auch deutlich, weshalb es sehr sinnvoll ist, bei umstrittenen Rechtsfragen die verschiedenen Antworten zu wissen, um dann – genauso wie der Anwalt – jeweils die günstigste Meinung zur Lösung des Falles zugrunde zu legen.

VIII. Die Beachtung prozessualer Regelungen in Sondergesetzen

41 In zahlreichen Spezialgesetzen finden sich immer wieder prozessuale Regelungen. Dies hat sich bereits in Beispiel 4 (→ Rn. 20) gezeigt, als bei der Klage gegen die *Insolventia AG* § 115 I VVG eine wichtige Rolle spielte. Gerichtsstandsregelungen enthalten zB § 215 VVG, § 20 StVG, § 14 HPflG (→ Rn. 209). Sobald in einer Klausur ein Spezialgesetz eingreift, sollte der Bearbeiter deshalb prüfen, ob dort nicht auch prozessuale Sonderregelungen bestehen.

2. Teil. Hinweise zur Bearbeitung der Hauptprobleme des Erkenntnisverfahrens

§ 5. Der Einfluss der Sachprobleme auf die Klausurmethodik

Wie in anderen anwendungsbezogenen Wissenschaften bleiben auch in der Jurisprudenz alle Hinweise über Arbeitsmethoden blutleer und alle Ratschläge über Lösungsstrategien leblos, wenn sie nicht im Zusammenhang mit einem Sachproblem dargelegt werden. Besonders in dem praktisch orientierten Prozessrecht lassen sich Bearbeitungshinweise nur an der konkreten Verfahrensfrage entwickeln. Drei Ziele verfolgt dieser Teil mit seiner „problembezogenen Methodik" des Zivilprozessrechtsfalles:

In *erster* Linie soll dem Leser gezeigt werden, wie die immer wiederkehrenden Prozessprobleme am besten „angepackt" werden; hierbei geht es vor allem um Arbeitsanleitungen, Aufbauhinweise und um die Technik der Argumentation.

Zweitens werden die typischen Fehler dargelegt, die in Prüfung und Praxis bei den einzelnen Fragen häufig begangen werden. Wie etwa auch im Straßenverkehr ist die Kenntnis von typischen Gefahrenquellen der beste Schutz vor eigenen Fehlern.

Drittens will dieser Teil den im Prozessrecht nicht selten gepflegten „Schemata-Kult" bekämpfen. Denn nicht das Kennen von Aufbauschablonen und Formeln über die Prüfungsreihenfolge führt zum richtigen Ergebnis. *Nur die Kenntnis der einzelnen Prozessprobleme garantiert die sachgemäße Lösung.* Die hierbei auftauchenden Aufbau-, Reihenfolge- und Gliederungsfragen hängen jeweils von dem einzelnen Prozessproblem ab. Die Antworten auf solche Fragen ergeben sich aus der gesetzlichen Regelung und nicht aus abstrakten Lehrsätzen. Eine prozessuale Fallmethodik muss deshalb auf diese Prozessprobleme durchgreifen, es sei denn, sie begnügt sich mit ganz allgemeinen Arbeitshinweisen, wie sie bereits im *Ersten* Teil dieses Buches dargestellt wurden.

1. Kapitel. Antragsgrundsatz und Dispositionsmaxime

§ 6. Die Bedeutung des Klageantrags

43 Bei den Hinweisen zur Gestaltung des Konzepts (→ Rn. 9 ff.) wurde deutlich, welche Bedeutung der Klageantrag besitzt. Er umreißt den prozessualen Streitstoff, strukturiert das Prozessgeschehen und er beschreibt den konkreten Handlungsauftrag für das Vollstreckungsorgan in einer sich anschließenden Zwangsvollstreckung. Bei der *Anwaltsklausur* (→ Rn. 20) besteht die Leistung des Bearbeiters im Finden des richtigen Klagebegehrens. Dabei wird in der Ersten Juristischen Staatsprüfung nur selten die genaue Formulierung des Klageantrags verlangt. Aber bei den zu empfehlenden prozessualen Schritten muss die Lösung sehr häufig angeben, was Gegenstand des Streits sein soll und wer als Kläger bei welchem Gericht und in welcher Verfahrensart gegen welchen Beklagten den *Prozess* einzuleiten hat. In der *Richterklausur* (→ Rn. 21) ist der Bearbeiter insofern günstiger gestellt, als der Klageantrag schon vorliegt; Fehler ergeben sich hier jedoch regelmäßig, wenn sich der Bearbeiter nicht strikt am Klageantrag orientiert und etwa Rechtsfolgen behandelt, die nicht beantragt worden sind, oder – umgekehrt – den Klageantrag nicht erschöpft, also Probleme zu behandeln vergisst.

Die Klage eines Eigentümers aus § 985 BGB muss auf *„Herausgabe"* einer *ganz genau bestimmten* Sache lauten und sich gegen den *Besitzer* wenden. Hat der frühere Besitzer die Sache an einen Dritten veräußert, so darf bei einer Klage gegen den früheren Besitzer nicht die *Herausgabe der Sache* beantragt werden: Der Antrag geht vielmehr *auf Zahlung einer Geldsumme* (Herausgabe des Erlangten [§ 816 I 1 BGB] oder *Schadensersatz* [§§ 989, 990, 992, 823 I, II BGB in Verbindung mit zB § 858 BGB oder §§ 242, 249 StGB]). Ist der Dritte nicht Eigentümer geworden, so ist für einen dinglichen Herausgabeantrag dieser *Dritte* (er ist ja der Besitzer!) die zu verklagende Partei.

44 Bei der prozessualen Fallbearbeitung muss sich der Bearbeiter bewusst sein, dass der Klageantrag drei Aussagen des Klägers enthält:

Aussage 1: Ich will eine Entscheidung des Gerichts. – Hier wird der Antragsgrundsatz (ein Ausfluss der Dispositionsmaxime, → Rn. 45) bedeutsam.

Aussage 2: Gegenstand der Entscheidung soll die Rechtsfolge X sein (zB Herausgabe des PKW oder Zahlung von Schadensersatz in Höhe von 2.000 EUR). Dies bestimmt, zusammen mit dem zugrunde liegenden Lebenssachverhalt, den „Streitgegenstand" des Prozesses (→ Rn. 72–87).

Aussage 3: Mein Gegner soll Y sein. – Dies betrifft die Frage nach der Prozesspartei (→ Rn. 88–100).

§ 7. Zugangsgesuch und Zugangsanspruch

I. Dispositionsmaxime – Antragsgrundsatz

45 In der Klageschrift fordert der Kläger eine gerichtliche Entscheidung. Von Amts wegen findet grds. kein Prozess statt. Diese alte prozessuale Weisheit schlägt sich in vielen Rechtssprichwörtern nieder: *„Wo kein Kläger, da kein Richter." „Nemo judex sine actore." „Ne procedat* [oder *eat*] *judex ex officio."* Man nennt dies *Antragsgrundsatz* als Ausfluss der *Dispositionsmaxime*. Der Gegensatz ist die Offizialmaxime: Sie bedeutet richterliche Tätigkeit ohne Antrag. Im Zivilprozess gilt im Allgemeinen die Dispositionsmaxime.

> **Beispiel 19:** Richterin am AG *Eifrig* hört im Fitnessstudio, dass der Untermieter *Unger* der Mieterin *Mahler* seit drei Monaten die Miete nicht gezahlt hat. *Mahler* will aber mit den Gerichten nichts zu tun haben und klagt deshalb nicht. *Eifrig* darf nicht „von Amts wegen" einen Prozess gegen *Unger* einleiten.

Die *Dispositionsmaxime* ist Ausdruck wichtiger Wertvorstellungen: Erstens soll es dem einzelnen Bürger überlassen bleiben, ob und wie er Rechtsschutz haben will; sie ist Ausdruck der Privatautonomie und einer *freiheitlichen Prozessauffassung*. Zweitens lässt sie erkennen, dass der Zweck des Zivilprozesses vor allem im *Schutz subjektiver (individueller) Rechte* liegt. Drittens soll der Richter neutral und unparteiisch sein, was er nicht mehr ist, wenn er über ein von ihm *selbst* begonnenes Verfahren entscheidet; die Dispositionsmaxime ist deshalb der Ausdruck einer *unparteilichen Rechtspflege*.

II. Justizgewährungsanspruch (Rechtsschutzanspruch) – Grundrecht auf effektiven Rechtsschutz

Im Antragsgrundsatz verwirklicht sich der Anspruch auf Justizgewährung. Wenn der Staat das Gewaltmonopol für sich beansprucht und dem einzelnen Bürger grds. die Selbsthilfe verwehrt (Ausnahmen zB § 859 BGB), muss er ihm Rechtsschutz gewähren. In Art. 19 IV GG ist dieser Justizgewährungsanspruch ausdrücklich als Grundrecht verankert, wenn es um den Rechtsschutz gegen die öffentliche Gewalt geht. Das BVerfG hat, im Rahmen seiner Entwicklung prozessualer Grundrechte, den Justizgewährungsanspruch als Grundrecht auch für den Privatrechtsbereich anerkannt. Es leitet ihn aus Art. 20 III GG (Rechtsstaatsprinzip) iVm Art. 2 I GG ab und bezeichnet ihn überwiegend als *Rechtsschutzanspruch*. Auch Art. 6 I 1 EMRK garantiert den Justizgewährungsanspruch als Menschenrecht. Der Justizgewährungsanspruch sichert den ersten Zugang zum Gericht[1] sowie „die grundsätzlich umfassende tatsächliche und rechtliche Prüfung des Streitgegenstandes und eine verbindliche Entscheidung durch einen Richter";[2] umstritten ist, ob es auch ein Recht auf einen Instanzenzug *(Recht auf Rechtsmittel)* gibt. Der Justizgewährungsanspruch gibt den Prozessparteien die *Grundrechte auf einen sachlich* und *vor allem auf einen zeitlich effektiven Rechtsschutz*.[3] Art. 6 I 1 EMRK kodifiziert ausdrücklich den menschenrechtlichen Anspruch auf ein Verfahren innerhalb einer angemessenen Frist[4] (→ Rn. 47). 46

Obwohl diese grund- und menschenrechtlichen Positionen vor allem in der Gerichtspraxis eine große Bedeutung haben, sind sie in der ZPO-Klausur der Juristischen Staatsprüfungen kaum ein *selbständiges* Thema. Denn jeder Verstoß gegen die genannten Grundrechte ist in der Regel gleichzeitig eine Verletzung einfachgesetzlicher prozessualer Vorschriften. Aber als *Zusatzargument* hat der Hinweis auf ein prozessuales Grundrecht großes Gewicht. Wenn also zB ein Gericht eine Klage abgewiesen hat, weil es wegen seiner Arbeitsbelastung für Klagen mit geringen EUR-Beträgen das Rechtsschutzbedürfnis verneint, ist nicht nur der (einfachgesetzliche) zivilprozessuale Justizgewährungsanspruch, sondern auch der grundrechtliche Rechtsschutzanspruch verletzt. Ein Amtsrichter, der in seinem Urteil die Berufung nicht zugelassen hat, obwohl die Rechtssache eine grundsätzliche Bedeutung hat,

---

[1] BVerfG (Fall Pechstein) NJW 2022, 2677 Rn. 38.
[2] BVerfGE (Plenarbeschluss) 54, 277 (291); einführend Voßkuhle/Kaiser JuS 2014, 312.
[3] BVerfG NJW-RR 2010, 207 f.
[4] Hierzu EGMR NVwZ 2008, 289 (291).

verstößt gegen § 511 II Nr. 1, IV 1 Nr. 1 ZPO und missachtet zugleich das Grundrecht auf effektiven Rechtsschutz.[5]

III. Überlange Gerichtsverfahren – Verzögerungsrüge (§ 198 III GVG)

47 Die Rechtsprechung des EGMR zur angemessenen Verfahrensdauer (Art. 6 I 1 EMRK) hat zur Einführung von Regelungen über den Rechtsschutz bei überlangen Gerichtsverfahren geführt (§§ 198 ff. GVG), die für alle fünf Rechtswege und nicht nur für den Zivilprozess gelten[6] und einen Entschädigungsanspruch der Partei bei unangemessener Dauer des Prozesses vorsehen (§ 198 I GVG). Gleichzeitig wurde die *Verzögerungsrüge* in das deutsche Prozessrecht eingeführt, mit der sich eine Partei gegen die Verschleppung ihres Prozesses wehren kann (§ 198 III GVG). Diese Rüge hat eine Doppelfunktion, die leicht übersehen wird. Einerseits soll sie das Gericht zur Tätigkeit anhalten, andererseits ist sie Voraussetzung für den Entschädigungsanspruch (§ 198 III 1 GVG);[7] wer die Verzögerungsrüge nicht erhoben hat, wird nicht entschädigt. Wann ein Prozess zu lange dauert, hängt vom Einzelfall ab. Im Eilrechtsschutz und bei drohender Gefahr für Leib und Leben sind über sieben Monate natürlich viel zu lang.[8]

Die Bedeutung der grundrechtlichen Prozessgarantien ist aber nicht auf die hier dargestellten Grundrechte beschränkt. Es werden noch anzusprechen sein: die klassischen Justizgrundrechte des Art. 101 I 2 GG auf den *gesetzlichen Richter* (→ Rn. 186) und des Art. 103 I GG auf *rechtliches Gehör*, besonders in Gestalt der *Anhörungsrüge* (→ Rn. 155). Grundrechtliche Dimensionen haben ferner die *richterliche Hinweispflicht* (→ Rn. 154) und die *prozessuale Waffengleichheit* (→ Rn. 297).[9] Aus Art. 2 I GG iVm dem Rechtsstaatsprinzip leitet das BVerfG zudem das Grundrecht auf ein *faires Verfahren* ab,[10] aus Art. 3 I GG das *Willkürverbot*.[11] Dass in einer ZPO-Klausur die zum Schutz der Grund- und Menschenrechte eingerichteten Rechtsbehelfe der Verfassungs- und der Menschenrechtsbeschwerde zu prüfen sind, ist nicht zu erwarten. Zulässig sind solche Fragestellungen allerdings, wenn die entsprechende Prüfungsordnung den Prüfungsstoff auf diesen Bereich erstreckt.[12]

§ 8. Ne ultra petita: § 308 I ZPO

48 Die Dispositionsmaxime gilt nicht nur für die Einleitung des Verfahrens, sondern auch für dessen Durchführung und besonders auch für fast *jede einzelne vom Gericht ausgesprochene Rechtsfolge („ne procedat iudex ultra petita partium")*. Während kaum ein Examenskandidat auf die Idee kommt, ein Gericht ohne Klage entscheiden zu lassen, wird häufig die Dispositionsmaxime übersehen, wenn der Prozess nur irgendwie begonnen hat. Eine der *wichtigsten Vorschriften des deutschen Prozessrechts,* § 308 I ZPO, scheint oft unbekannt zu sein: Nach geltendem Prozessrecht darf der Richter nicht über die Anträge der Parteien *("ultra petita partium")* hinausgehen.

---

[5] BVerfG NJW 2009, 572 f.; BVerfG FamRZ 2010, 1235 f.
[6] MüKoZPO/Pabst GVG § 198 Rn. 6–8 mwN.
[7] Zum Entschädigungsanspruch des § 198 III 1 GVG und zur Bewertung der Angemessenheit der Entschädigung eingehend BGH WM 2023, 236.
[8] BVerfG Beschl. v. 25.5.2022 – 2 BvR 167/22, BeckRS 2022, 14113.
[9] Weiterführend zu der Schutzfunktion der Prozessgrundrechte gegenüber einer gesteigerten Richtermacht Tolani, Parteiherrschaft und Richtermacht, 2019, 297 ff. und zu Grundrechtsverstößen im Zivilprozess: Braun ZivilProzR S. 1057 ff.
[10] BVerfG NJW 1991, 3140.
[11] BVerfG NJW-RR 2009, 1141; BVerfG Beschl. v. 8.2.2023 – 1 BvR 311/22, BeckRS 2023, 4048.
[12] So zB § 14 III Nr. 9d SächsJAPO: Verfassungsbeschwerde, § 14 IV SächsJAPO: Bezüge zur EMRK, ebenso § 11 II Nr. 10, § 11 III JAG NRW.

§ 8. Ne ultra petita: § 308 I ZPO

§ 308 ZPO hat eine überragende Bedeutung für die richtige Bearbeitung einer ZPO-Aufgabe. Wird er übersehen, sind meist Ergebnis und Begründung falsch.

I. § 308 ZPO in der Anwaltsklausur

Die Leistung des Bearbeiters liegt hier im Finden des richtigen prozessualen Weges. Von ihm wird also ein *anwaltschaftliches* Vorgehen verlangt. So wie er später seinem Mandanten den richtigen Weg durch den Prozess aufzeigen soll, hat er jetzt in seinem Gutachten die einzelnen prozessualen Schritte darzulegen. Weil aber das Gericht wegen § 308 I ZPO nur das Beantragte zusprechen kann, muss er den *richtigen* Antrag stellen. Dieser Antrag hängt seinerseits von der Rechtsfolge ab, die das Prozessrecht oder das materielle Recht vorsieht. Da es sich meist um eine materiell-rechtliche Rechtsfolge handeln wird (gemischte Klausur, → Rn. 26), muss regelmäßig vor dem Prozessrecht das materielle Recht geprüft werden (→ Rn. 27).

II. § 308 ZPO in der Richterklausur

Hier wird vom Bearbeiter *richterliches* Denken verlangt. Wegen § 308 I ZPO muss er sich an die gestellten Anträge halten. „Ne ultra petita partium" bedeutet die strenge Bindung an den Willen des Klägers. In der Hitze des Examens übersehen viele Bearbeiter diesen bedeutsamen Unterschied zur materiell-rechtlichen Klausur. Sie prüfen ohne Ziel und Richtung die materielle Rechtslage, wo sie die *Anträge* zu untersuchen hätten. Oberstes Prinzip bei der Richterklausur ist deshalb das *Ausrichten des Aufbaus und des Gedankengangs am Antrag*.

1. Was nicht beantragt ist, wird nicht behandelt

> **Beispiel 20:** RAin *Dr. Klug* macht in ihrer Klage für den bei einem Verkehrsunfall verletzten *Pech* kein Schmerzensgeld geltend. Auch wenn der Bearbeiter im Gegensatz zur Rechtsansicht von RAin *Dr. Klug* zum Ergebnis kommt, der verklagte Fahrer hafte, darf er nicht zu einer Entscheidung über ein Schmerzensgeld kommen.

Diese prozessuale „Enthaltsamkeit" fällt ganz besonders dort schwer, wo der Bearbeiter erkennt, wie der Antrag eigentlich richtig lauten müsste. Manche Aufgaben wollen aber gerade durch nicht (ganz) richtige oder bewusst unvollständige Anträge den Bearbeiter testen, ob ihm die strikte Einhaltung des Antragsgrundsatzes geläufig ist. Der Bearbeiter muss sich deshalb darüber im Klaren sein, dass er (ebenso wie der Richter) nicht der Vormund der Partei ist. Es ist *deren* Prozess, nicht sein eigener.

> **Beispiel 21:** *Klein* verklagt im Beispiel 12 (→ Rn. 27) den Sohn *Sanft* auf Herausgabe des Rasenmähers. Bei der Zeugenaussage von Herrn *Saubermann* stellt sich heraus, dass er außerdem noch einen Schubkarren und weiteres Gartengerät, das der Eigentümer *Klein* verliehen hatte, an *Sanft* veräußerte, der es ebenfalls seinem Sohn schenkte. Der Bearbeiter darf sich in der Freude über die richtige Lösung nicht auch noch auf diese Gegenstände stürzen und Sohn *Sanft* zusätzlich noch zu deren Herausgabe verurteilen. Blinder Eifer schadet nur und führt zum Fehlurteil!

Aber Vorsicht: Übertriebener Formalismus ist fehl am Platz! Anträge sind analog §§ 133, 157 BGB der Auslegung zugänglich und der Richter muss diese Auslegung ohne Weiteres von sich aus vornehmen. Dabei ist „zugunsten der Prozeßpartei stets davon auszugehen, daß sie im Zweifel mit ihrer Prozeßhandlung das bezweckt, was nach Maßstäben der Rechtsordnung vernünftig ist und was der recht verstandenen Interessenlage der Prozeßpartei entspricht".[1] Hält das Gericht einen Antrag für unpassend und nicht auslegungsfähig, trifft den Richter nach § 139 I ZPO überdies die Pflicht, auf die Stellung „sachdienlicher Anträge" hinzuwirken (→ Rn. 154). Ist ein solcher Hinweis erfolgt und reagiert der Kläger auf eine vom Gericht für erforderlich gehaltene Anpassung nicht, muss er sich aber an seinem unzulänglichen Antrag festhalten lassen.[2]

2. Was beantragt ist, muss vollständig behandelt („verbeschieden", „abgeurteilt") werden

52   Auch gegen diesen Grundsatz wird häufig verstoßen. Die Parteien haben einen Anspruch darauf, dass *alle* gestellten Anträge *erschöpfend* behandelt werden. Besonders in der schadensersatzrechtlichen Klausur verwirren die zahlreichen Schadensposten den Bearbeiter. Er muss sich hier zu größter Genauigkeit erziehen, sonst vergisst er die Krankenhauskosten oder den Verdienstausfall, den Nutzungsausfall oder den merkantilen Minderwert.

Hinweis: Um dies zu vermeiden, ist es am besten, für jeden einzelnen Antrag eine eigene Konzeptseite zu verwenden (→ Rn. 13). Oben steht der Antrag (zB Verdienstausfall: 125 EUR). Dann wird die Zulässigkeit, schließlich die Begründetheit geprüft. Auf diese Weise wird nicht nur jeder Antrag „verbeschieden", sondern er wird auch, wie vorgeschrieben, für sich gesondert behandelt. Liegen bei einzelnen Anträgen mehrere umstrittene Fragen vor (zB cessio legis oder Abtretung, Mitverschulden, Vorteilsausgleich, Verjährung oder – aus dem Prozessrecht – Unzulässigkeit des Zivilrechtswegs, Rechtskraft, Prozessfähigkeit des Klägers), ist sogar dringend zu empfehlen, für *jeden* einzelnen Gesichtspunkt eine eigene Konzeptseite zu verwenden.

Der häufigste Verstoß gegen das Gebot vollständiger Entscheidung liegt im Vergessen einer Aussage über das Schicksal unzulässiger oder unbegründeter Anträge oder eines Antragsteils:

Beispiel 22: Der angestellte Journalist *Pech* hat durch RAin *Dr. Klug* gegen *Fahrer* 3.000 EUR geltend gemacht, nämlich 1.250 EUR für häusliche Pflegekosten, für Reparatur eines Fahrrads und für den Ersatz des beschädigten Anzugs und des zerrissenen Mantels. Hiervon sind nach Ansicht des Gerichts 1.000 EUR begründet. Daneben begehrt *Pech* Zahlung von 1.000 EUR Krankenhauskosten und Ersatz des Verdienstausfalles in Höhe von 750 EUR. Bei den Krankenhauskosten fehlt nach Ansicht des Gerichts die Aktivlegitimation des *Pech*, weil der Anspruch auf die Krankenkasse übergangen sei.[3] Den geltend gemachten Verdienstausfall sieht das Gericht nur in Höhe von 500 EUR als gegeben an.[4]

Folge: Es genügt nicht, den für begründet erachteten Teil zuzusprechen und im Übrigen von der Unbegründetheit der Klage hinsichtlich der genannten Schadensposten zu reden.

---

[1] BGH NJW-RR 1995, 1183 f.
[2] BGH NJW-RR 1998, 1005 f.
[3] In den bisherigen Beispielen über den Unfallprozess des *Pech* wurde davon ausgegangen, dass *Pech* freiberuflich tätig und nicht sozialversichert ist (Beispiel 4, → Rn. 20). In der überwiegenden Zahl von Unfallprozessen ist jedoch der Geschädigte sozialversichert. In Abwandlung der bisherigen Beispiele wird daher von jetzt an angenommen, dass *Pech* als angestellter Journalist sozialversichert ist. Hinsichtlich seiner Krankenhauskosten greift deshalb § 116 SGB X ein. Diese Bestimmung wird häufig übersehen, obwohl sie einen der wichtigsten Fälle einer cessio legis enthält. § 116 SGB X ist im *Habersack* in den Fußnoten zu § 823 BGB abgedruckt.
[4] Etwa wegen § 6 EFZG, der eingreift, wenn *Pech* Arbeitnehmer ist. Diese cessio legis wird im Examen noch häufiger übersehen als § 116 SGB X!

§ 9. Grenzen des Antragsgrundsatzes

> Wenn nach der Entscheidung des Gerichts gefragt ist, muss die Lösung genau angeben, was mit denjenigen Anträgen geschehen soll, die nicht oder nur zum Teil begründet sind. Sie sind „im Übrigen abzuweisen".

3. Das Abweisen der Klage oder eines Teils der Klage setzt einen entsprechenden Antrag des Beklagten nicht voraus

Im Gegensatz zum Kläger wird vom Beklagten kein Antrag gefordert. Andererseits verlangt die ZPO eine irgendwie geartete Verteidigung, will der Beklagte nicht in die Gefahr geraten, nach § 333 ZPO als „säumig" behandelt zu werden (zum Versäumnisverfahren → Rn. 336 ff.). In der Praxis stellt deshalb der Beklagte regelmäßig den Antrag auf Klageabweisung, wenn er sich gegen die Klage verteidigt.

4. Dem Kläger weniger zuzusprechen, als er beantragt hat, verbietet § 308 I ZPO dem Gericht nicht

Weniger zuzusprechen, ist dann geboten, wenn der Klageantrag nicht in vollem Umfang gerechtfertigt ist. 150 EUR statt der geforderten 250 EUR Schadensersatz darf das Gericht, weil weniger *(minus)*, zuerkennen. Eine beliebte Examensfrage zielt auf die Wirkung der *Einrede des nichterfüllten Vertrages* (§ 320 BGB) oder der Geltendmachung eines *Zurückbehaltungsrechtes* (§ 273 BGB). In diesen Fällen wird die Klage nicht etwa abgewiesen, sondern – wie § 274 I BGB und § 322 BGB anordnen – der Beklagte *Zug-um-Zug* gegen die Leistung des Klägers verurteilt. Da dies *kein aliud*, sondern ein *minus* ist, steht § 308 I ZPO nicht entgegen. Soweit der Kläger nicht selbst schon die Zug-um-Zug-Leistung angeboten, sondern die uneingeschränkte Verurteilung des Beklagten begehrt hat, ist seine Klage nicht voll erfolgreich. Der Bearbeiter darf deshalb nicht übersehen, dass die Klage – auch im Tenor des Urteils – *teilweise (dh „im Übrigen") abgewiesen* werden muss. Für die Zwangsvollstreckung ist dann § 756 ZPO zu beachten: Der Gerichtsvollzieher muss dem Vollstreckungsschuldner (Beklagten) die ihm gebührende Leistung in einer den Annahmeverzug begründenden Weise anbieten.

In solchen Zusammenhängen ist häufig auch der Unterschied zwischen dem *Zurückbehaltungsrecht* des § 273 BGB und der *Aufrechnung* bedeutsam. Voraussetzung für das Zurückbehaltungsrecht sind die Gegenseitigkeit der Ansprüche, ein wirksamer und fälliger Gegenanspruch und die Konnexität der Ansprüche. Damit unterscheidet es sich von der Aufrechnung nach §§ 387 ff. BGB, die eine Konnexität nicht erfordern. Das im Prozess geltend gemachte Zurückbehaltungsrecht führt zu der beschriebenen Zug-um-Zug-Verurteilung des Beklagten. Die Aufrechnung hingegen ist ein viel stärkeres Verteidigungsmittel, da sie schuldtilgende Wirkung hat und (soweit die Aufrechnung wirkt) zur Abweisung der Klage führt. Zur Prozessaufrechnung → Rn. 273 ff.; im Übrigen zum Zurückbehaltungsrecht → Rn. 359.

5. Der Aufbau folgt dem Bearbeitervermerk: Zulässigkeit vor Begründetheit in der Richterklausur

Dieser Aufbaugrundsatz ist bereits bei der Darstellung der gemischten Klausur behandelt und begründet worden (→ Rn. 26).

§ 9. Grenzen des Antragsgrundsatzes

Wer sich mit dem Zivilprozessrecht beschäftigt, ist in der Ausbildung so weit, dass ihm schon längst geläufig ist: „Keine Regel ohne Ausnahme." Diese Relativität juristischer Prinzipien begegnet ihm auch bei der Dispositionsmaxime (dem Antragsgrundsatz). Zwar kennt das deutsche Zivilprozessrecht keine Verfahrens*einleitung* ohne Antrag; insoweit gilt diese „Prozessmaxime" uneingeschränkt. Hat aber das Verfahren begonnen, gibt es gesetzliche oder durch die Interpretation des § 308 I ZPO entwickelte Begrenzungen.

I. Kostenentscheidung, vorläufige Vollstreckbarkeit

57 Die ZPO kennt Entscheidungen ohne Antrag über die *Prozesskosten* in § 308 II ZPO und über die *vorläufige Vollstreckbarkeit* in §§ 708, 709 ZPO (→ Rn. 427); in diesen Fällen ist das Gericht verpflichtet, eine Rechtsfolge auszusprechen, ohne dass sie der Kläger beantragt hat.

Im Ersten Staatsexamen werden diese Vorschriften kaum bedeutsam sein. Wichtig ist aber, dass für *materiell-rechtliche* Nebenentscheidungen das *Antragsprinzip* sogar ausdrücklich in der ZPO betont ist (§ 308 I 2 ZPO: Früchte, Zinsen und andere Nebenforderungen!).

II. § 308a ZPO – Soziales Mietprozessrecht

58 Rechtspolitisch und rechtsdogmatisch interessant ist die Ausnahme des § 308a ZPO, die im Zusammenhang mit dem *„sozialen Mietrecht"* in die ZPO aufgenommen worden ist. Diese Ausnahme darf vor allem bei einem gemischten Fall aus dem Mietrecht und Mietprozessrecht nicht übersehen werden. § 308a ZPO eröffnet dem Gericht folgende Entscheidungsmöglichkeiten: Neben der *Abweisung*[1] der Räumungsklage des Vermieters (Klägers) spricht das Gericht ohne Widerklage, ohne sonstigen Antrag oder sonstige Erklärungen des Beklagten *von Amts wegen* aus, wie lange der Mieter (Beklagte) noch in der Wohnung (mindestens) wohnen darf. Der Mieter soll nicht das Damoklesschwert einer sofortigen neuen Räumungsklage über sich schweben haben.

§ 10. Sonderformen des Antrags

I. Die Stufenklage

59 Der Antrag muss gemäß § 253 II Nr. 2 ZPO bestimmt sein. In einigen Fällen wird bei Geldansprüchen auf die *Bezifferung* zeitweilig oder vollständig verzichtet. Die in § 254 ZPO geregelte Stufenklage ermöglicht es dem Kläger, *zunächst* mit einem unbezifferten Klageantrag vorzugehen, bis er vom Beklagten die erforderlichen Auskünfte erhalten hat. Das Gesetz lässt diese Ausnahme zu, weil die Unkenntnis des Klägers über die zu fordernde Summe nur vom Beklagten beseitigt werden kann. Ohne diese Regelung müsste der Kläger mehrere Prozesse führen, zB erst auf Auskunft, dann auf eidesstattliche Versicherung, dann auf Zahlung. § 254 ZPO ermöglicht also ein gleichzeitiges Anhängigmachen mehrerer Streitgegenstände (§ 260 ZPO), von denen der Zahlungsanspruch zunächst noch *unbeziffert* ist. Am Ende des Prozesses (auf der letzten Stufe) muss der Kläger aber einen bezifferten Antrag stellen; er ist also nur *zeitweilig* vom Antragszwang befreit und darf nicht vergessen, rechtzeitig die Bestimmtheit herbeizuführen! Anderenfalls müsste seine Klage als unzulässig abgewiesen werden.

Hinweis: Der Anspruch auf Auskunft kann sich aus § 260 I BGB, § 105 III HGB iVm § 717 I BGB oder etwa auch aus § 242 BGB ergeben. Grds. entscheidet das Gericht zunächst über die erste Stufe und wendet sich erst dann den weiteren Stufen zu. Wenn sich allerdings bereits auf der ersten Stufe zeigt, dass kein Zahlungsanspruch besteht, ist die Klage insgesamt abzuweisen.

---

[1] Also *nicht* beim *Erfolg der Räumungsklage* (was häufig übersehen wird). § 308a ZPO hat deshalb auch nichts mit der Räumungsfrist des § 721 ZPO zu tun, die gerade den Erfolg der Räumungsklage voraussetzt!

II. Der unbezifferte Klageantrag

Ausgehend vom Gedanken der Stufenklage des § 254 ZPO wird der Kläger in Ausnahmefällen überhaupt (nicht nur zeitweilig) von der Stellung eines bezifferten Klageantrags befreit, etwa wenn ihm bei einem Schmerzensgeldanspruch die genaue Festlegung der Höhe der „billigen Entschädigung in Geld" (§ 253 II BGB) nicht möglich oder unzumutbar ist. Die fehlende Bezifferung des Antrags darf aber nicht dazu führen, dass der Beklagte in seiner Verteidigung behindert wird, weil er sich über Höhe und Grund des Klagebegehrens im Unklaren ist. Deshalb muss der Kläger *erstens* die genauen tatsächlichen Angaben vortragen, aus denen er seinen Anspruch ableitet (zB beim Schmerzensgeldanspruch: Art und Schwere der Verletzung, Dauer des Krankenhausaufenthaltes, Zahl, Art und Schwere der Operationen, Heilungsaussichten, Dauerschäden), und *zweitens* die Größenordnung des geforderten Betrages „so genau wie möglich" angeben[1]. 60

Problematisch ist der unbezifferte Klageantrag für das Rechtsmittelverfahren, weil eine Partei, die alles erhalten hat, kein Rechtsmittel eingeräumt erhält – sie ist ja nicht beschwert. Wenn aber eine Partei nicht sagt, was „alles" ist, kann auch ihre *Beschwer* nicht festgestellt werden (zur Beschwer → Rn. 405). Empfehlenswert ist deshalb stets die Angabe eines *Mindestbetrages*. Unterschreitet das Urteil diesen Mindestbetrag, ist der Kläger insoweit beschwert.[2]

III. Haupt- und Hilfsantrag (Prinzipal- und Eventualantrag)

Der Kläger kann einen Antrag auch nur für den Fall in den Prozess einführen, dass eine bestimmte innerprozessuale Voraussetzung (nicht) gegeben ist. Der Kläger begehrt zB Erfüllung und für den Fall, dass diese unmöglich ist, Schadensersatz. Das in *erster* Linie *(„principaliter")* gestellte Begehren, der *Hauptantrag*, muss in diesen Fällen beschieden werden, ehe man auf den *weiteren* Antrag, den *Hilfsantrag*, eingehen darf, der nur hilfsweise *(„eventualiter")* gestellt ist. Greift dagegen der Hauptantrag durch, so wird der Hilfsantrag als nicht gestellt behandelt. Er darf also, wenn nicht die Fragestellung dazu zwingt („Wie wäre zu entscheiden, wenn der Hauptantrag unbegründet ist?"), auch in einer Klausur nicht behandelt werden. 61

Das soeben dargestellte Grundmodell des Haupt- und Hilfsantrags darf nicht den Blick dafür verstellen, dass der Wunsch der Partei, einen Antrag nur *hilfsweise* zu erheben, auch von anderen Voraussetzungen als der Unbegründetheit eines Hauptantrags abhängig gemacht werden kann. So wird zB der Prozessantrag auf Verweisung des Rechtsstreits an ein anderes Gericht (§ 281 I 1 ZPO) häufig hilfsweise gestellt. In diesem Fall ist die Verweisung nicht für den Fall der *Unbegründetheit* des Hauptantrags gewollt – ein solcher Wunsch wäre sinnwidrig –, sondern für den Fall, dass das angerufene Gericht zu dem Ergebnis gelangt, es sei *nicht zuständig* (zu solchen *„bedingten"* Anträgen → Rn. 262).

---

[1] BGHZ 132, 341 (350) = NJW 1996, 2425 (2427) sub 4a; vgl. BGHZ 230, 224 = NJW 2021, 3041 Rn. 10.
[2] Vgl. Stein/Jonas/Roth ZPO § 253 Rn. 47; BGH NZM 2019, 65 Rn. 4 mwN.

2. Kapitel. Klagearten

§ 11. Die Klagearten und ihre Bedeutung

62 Besonders in der Anwaltsklausur spielt die richtige Wahl unter den Klagearten eine Rolle; manche Prüfungsordnungen zählen die Klagearten als Prüfungsstoff besonders auf (→ Rn. 2): Drei Arten von Klagen gibt es: Leistungsklage, Feststellungsklage und Gestaltungsklage. Diese Einteilung geht von der beantragten gerichtlichen Rechtsschutzhandlung aus, die ein Leistungsurteil, Feststellungsurteil oder Gestaltungsurteil sein kann.

Allerdings ist schon jetzt das Missverständnis zu beseitigen, der Prozess müsse immer mit dem Urteil der beantragten Art enden. Die Klassifizierung geht vom *Antrag* des Klägers aus, der aber möglicherweise unzulässig oder unbegründet ist (dann ergeht jeweils klagabweisendes Feststellungsurteil) oder nur teilweise Erfolg haben kann (dann ergeht Teilleistungs- und klagabweisendes Teilfeststellungsurteil). Die Prozessabweisung („Die Klage wird abgewiesen") erfolgt durch ein Feststellungsurteil, auch wenn eine Leistung beantragt war. Enthält das Feststellungsurteil, wie regelmäßig, eine Kostenentscheidung, ist dieser Teil („Die Kosten des Rechtsstreits trägt der Kläger") eine Verurteilung, dh insoweit ist das Urteil auch ein Leistungsbefehl.

I. Die Leistungsklage

63 Leistungsklage ist die auf ein Tun, Dulden oder Unterlassen des Beklagten gerichtete Klage.

> **Klage auf Tun:** Die Leistungsklage ist uns schon in mehreren Beispielen dieses Buches begegnet: Die Zahlungsklage des *Pech* gegen *Fahrer* (Beispiel 1, → Rn. 4), die Herausgabeklage des *Klein* gegen Sohn *Sanft* (Beispiel 12, → Rn. 27) oder die Klage auf den Erlös gegen Mitarbeiter *Saubermann* (ebenfalls im Beispiel 12) sind sämtlich Leistungsklagen.
> **Klage auf Duldung (Beispiel 23):** Landwirt *Bauer* kann eines seiner Felder nur über den Privatweg des Geflügelfarminhabers *Vogel* erreichen. Eines Tages sperrt *Vogel* den Weg. *Bauer* klagt gegen *Vogel* auf *Duldung* der Durchfahrt (Leistungsklage).
> **Klage auf Unterlassung (Beispiel 24):** Konzertmeister *Geiger* wird durch die täglichen Schlagzeugübungen seines Nachbarn, des Amateurmusikers *Laut*, gestört. Er klagt deshalb gegen *Laut* auf Unterlassung (Leistungsklage).

> **Wichtig:** Bei Unterlassungs- und Duldungsansprüchen liegt es sehr häufig nahe, auch die einstweilige Verfügung zu prüfen (→ Rn. 115)!

Besondere prozessuale Schwierigkeiten bietet die Leistungsklage nicht. Zu beachten ist aber, dass der Bearbeiter bei den *vor Fälligkeit zulässigen* Leistungsklagen (den „Zukunftsklagen" der §§ 257, 258, 259 ZPO) den geltend gemachten materiell-rechtlichen Anspruch nicht an der derzeit noch fehlenden Fälligkeit scheitern lassen darf;[1] es erfolgt vielmehr Verurteilung *zum Tage der Fälligkeit*, wenn die Voraussetzungen der §§ 257 ff. ZPO erfüllt sind.[2] Fehlen diese prozessualen Voraussetzungen, erfolgt

---

[1] Instruktiv: Rosenberg/Schwab/Gottwald ZivilProzR § 90 Rn. 14 ff.; Arz JuS 2021, 745.
[2] § 257 ZPO wird in der Eile des Examens häufig falsch gelesen. Der dort genannte „Raum, der anderen als Wohnzwecken dient", meint: die anderen *Zwecken* als Wohnzwecken gewidmete Räumlichkeit. Nicht ist der Raum gemeint, der anderen *Personen* zum Wohnzweck dient. § 257 ZPO betrifft also nicht den Wohnraum. Auf Räumung eines Wohnraums darf vor Fälligkeit nur über die Besorgnisklage des § 259 ZPO geklagt werden!

§ 11. Die Klagearten und ihre Bedeutung

*Prozess*abweisung wegen Unzulässigkeit. Zur *Sach*abweisung kommt es, wenn die nach §§ 257 ff. ZPO zulässige Zukunftsklage einen *materiell-rechtlichen* Anspruch geltend gemacht hat, der nicht besteht.

II. Die Feststellungsklage

Die in § 256 ZPO geregelte Feststellungsklage ist eine besondere prozessuale Möglichkeit, eine richterliche Entscheidung über das Bestehen oder Nichtbestehen eines Rechtsverhältnisses zu erhalten, ohne dass mit ihr ein Anspruch auf ein Tun, Dulden oder Unterlassen geltend gemacht wird. Solch ein Anspruch kann zwar Gegenstand der Feststellungsklage sein (Feststellung des Bestehens eines Schadensersatzanspruchs), muss es aber nicht (Feststellung des Bestehens eines Vertrages). Angesichts der Vielzahl von Rechtsverhältnissen kann das Prozessrecht freilich diese Klageart nur dann zulassen, wenn der Kläger „*ein rechtliches Interesse*" (§ 256 I ZPO) an der richterlichen Entscheidung hat; sie muss einerseits für ihn *notwendig* und andererseits *geeignet* sein, eine Rechtsunsicherheit zu beseitigen.

64

> **Beispiel 25:** Hauseigentümer *Häuslein* und die Mieterin *Mahler* sind sich einig, dass ein Mietvertrag besteht; beide Vertragsparteien erfüllen ihre Verpflichtungen korrekt. Deshalb besteht keine Notwendigkeit für ein Feststellungsurteil, sodass eine Feststellungsklage des *Häuslein* gegen *Mahler* oder eine Feststellungsklage der *Mahler* gegen *Häuslein* auf Feststellung des Bestehens eines Mietvertrags unzulässig ist. Einer solchen Klage fehlt das in der ZPO ausdrücklich geforderte „rechtliche Interesse" (Feststellungsinteresse). Anders, wenn *Häuslein* fortgesetzt behauptet, *Mahler* sei mit ihrer Mietzinszahlung Monate im Rückstand. Hält *Mahler* das für unzutreffend, kann sie *Häuslein* zulässig auf Feststellung verklagen, dass der behauptete Mietzinsanspruch nicht besteht.

1. Klausurschwierigkeiten
a) Grundsätzlicher Vorrang der Leistungsklage

Der Bearbeiter muss vor allem den Streit um das Verhältnis von Feststellungs- und Leistungsklage kennen.[3] Weil die Leistungsklage im Gegensatz zur Feststellungsklage zu einem vollstreckbaren Urteil führen kann, wird dieses Verhältnis in der Regel dahin gelöst, dass die Möglichkeit der Leistungsklage die Feststellungsklage ausschließt; dann ist eine Feststellungsklage unzulässig, weil ihr das Feststellungsinteresse fehlt. Ausnahmsweise besteht das Feststellungsinteresse etwa bei Klagen gegen den Fiskus oder gegen andere zahlungsfähige Beklagte;[4] denn man nimmt an, sie werden ein Feststellungsurteil befolgen.

65

Die Feststellungsklage ist ferner zulässig, wenn dem Kläger die Erhebung der Leistungsklage *nicht zuzumuten* ist, zB bei noch nicht abgeschlossener Schadensentwicklung oder falls der Schaden insgesamt noch nicht hinreichend bezifferbar ist (auch bei bereits teilweiser Bezifferbarkeit muss der Kläger keine Leistungsklage erheben). In diesem Fall muss die Feststellungsklage auch möglich sein, weil andernfalls der Anspruch zu verjähren droht (zur Verjährungshemmung durch Feststellungsklage → Rn. 67).

Der grundsätzliche Vorrang der Leistungsklage kann auch zum Wegfall des Feststellungsinteresses während des Prozesses führen. Ein typischer Examensfall schildert, dass der Kläger beantragt hatte festzustellen, er schulde dem Beklagten nichts; dessen Forderung von 500 EUR sei unbegründet. Erhebt der Beklagte nun Leis-

---

[3] Hierzu Rosenberg/Schwab/Gottwald ZivilProzR § 91 Rn. 19 ff.
[4] Vgl. Stein/Jonas/Roth ZPO § 256 Rn. 65a.

tungswiderklage auf Zahlung dieser 500 EUR, setzt sich der Vorrang der Leistungsklage durch, weil seine Widerklage als Leistungsklage zur abschließenden Klärung der zwischen den Parteien bestehenden Rechtsbeziehungen führt. Somit ist durch die Erhebung der Leistungswiderklage das rechtliche Interesse für die negative Feststellungsklage des Klägers weggefallen; sie ist unzulässig geworden, und dem Kläger muss man raten, im Kosteninteresse die Hauptsache für erledigt zu erklären (zur Erklärung der Erledigung der Hauptsache → Rn. 381 ff.).

b) Bestehen oder Nichtbestehen eines konkreten Rechtsverhältnisses, grds. keine Feststellung abstrakter Rechtsfragen und von Tatsachen

66 Mit der Feststellungsklage soll das Bestehen oder das Nichtbestehen eines *Rechtsverhältnisses* festgestellt werden. Der Streit geht also um das Bestehen oder Nichtbestehen einer *konkreten* rechtlichen Beziehung in der Regel *zwischen zwei Personen* (Kläger und Beklagtem),[5] beispielsweise das Bestehen oder Nichtbestehen schuldrechtlicher Vertragsverhältnisse (Miete, Kauf, Arbeitsvertrag) oder einzelner vertraglicher Pflichten oder *zwischen einer Person und einer Sache,* insbes. das Bestehen absoluter Rechte (zB des Eigentums) sowie das Bestehen eines Erbrechts (§ 27 ZPO).[6] Hingegen ist eine Klage auf Feststellung *abstrakter Rechtsfragen* (ohne Bezug zu einem konkreten Rechtsverhältnis) grds. unzulässig.

Da sich die Klage auf Feststellung eines *Rechtsverhältnisses* richtet, ist eine Klage auf Feststellung von *Tatsachen* unzulässig (zB über die Wahrheit einer Behauptung). Allerdings lässt § 256 I ZPO ausnahmsweise die Klage auf Feststellung der Echtheit oder Unechtheit einer Urkunde (stammt die Urkunde vom Aussteller?) zu.

c) Verknüpfungen mit dem materiellen Recht

67 Bei der „Feststellungsklausur" muss das „Denken in Anspruchsgrundlagen" bei der Bearbeitung des materiell-rechtlichen Teils der Klausur versagen, da kein Anspruch *geltend* gemacht wird, auch dann nicht, wenn ein Anspruch streitbefangen ist. Vielfach geht es auch nicht einmal um Ansprüche (sondern zB um die Feststellung des Eigentums oder des Nichtbestehens eines Mietvertrages). Die Verfasser müssen bei solchen gemischten Klausuren (→ Rn. 26 f.) den materiell-rechtlichen Teil von der festzustellenden Rechtsbeziehung her aufbauen, etwa die Klage auf Feststellung des Eigentums von der Frage her, ob der Kläger Eigentum erworben und es möglicherweise durch gutgläubigen Erwerb des Beklagten verloren hat.

Ebenso von großer Bedeutung für die Klausur ist die Verknüpfung von materiellem Recht und Feststellungsklage in Betreff der *Verjährungshemmung.* Denn weder die *negative* Feststellungsklage noch die *Verteidigung* hiergegen bewirken eine Hemmung der Verjährung des betroffenen Anspruches. Lediglich die *positive* Feststellungsklage vermag diese Hemmungswirkung zu bewirken (§ 204 I Nr. 1 BGB).[7] Dies beruht einerseits auf dem Gedanken, dass § 204 I Nr. 1 BGB voraussetzt, dass der *Gläubiger* die Durchsetzung seines Anspruches *aktiv* anstrengt, andererseits darauf, dass es dem *Anspruchsgegner nicht zugemutet werden kann,* zur Verjährungshemmung eines *gegen ihn* gerichteten Anspruches beizutragen.

---

[5] Rosenberg/Schwab/Gottwald ZivilProzR § 91 Rn. 6 ff.
[6] Mit weiteren Beispielen Rosenberg/Schwab/Gottwald ZivilProzR § 91 Rn. 8 ff.
[7] Vgl. Grüneberg/Ellenberger BGB § 204 Rn. 2 f.; näher Tolani NJW 2019, 2751.

§ 11. Die Klagearten und ihre Bedeutung

2. Negative Feststellungsklage – negative Feststellungswiderklage

Dass die Feststellungsklage als *positive* oder als *negative Feststellungsklage* auftritt, ist nichts Besonderes. Ausdrücklich nennt § 256 I ZPO auch die Feststellung des „Nichtbestehens eines Rechtsverhältnisses".

3. Zwischenfeststellungsklage

§ 256 II ZPO ermöglicht es, neben der Klage einen eigenen Feststellungsantrag zu stellen, ohne dass ein rechtliches Interesse explizit geltend gemacht werden muss. Nicht selten lässt sich eine mangels Feststellungsinteresses unzulässige Klage in diese *Zwischenfeststellungsklage* nach § 256 II ZPO umdeuten. Dies wird im Examen oft übersehen! Voraussetzung ist allerdings, dass die mit der Zwischenfeststellungsklage begehrte Feststellung *vorgreiflich* für den Streitgegenstand der Klage (der „Hauptklage") ist. Die Voraussetzung der *Vorgreiflichkeit* ersetzt das Feststellungsinteresse. Die Zwischenfeststellungsklage zielt darauf an, die engen Grenzen der materiellen Rechtskraft des Urteils zu erweitern, die § 322 I ZPO setzt.[8] Deshalb darf die Zwischenfeststellungsklage zugleich mit der Hauptklage erhoben werden, auch wenn der Wortlaut des § 256 II ZPO anders verstanden werden kann.

> **Beispiel 26:** Wenn *Klein* auf Herausgabe seines Rasenmähers klagt (→ Rn. 27), darf er mit einer Zwischenfeststellungsklage die Feststellung des Eigentums an dem Rasenmäher beantragen, selbst wenn die Gegenseite das Eigentum des *Klein* nicht bestreitet, sondern nur ein Zurückbehaltungsrecht geltend macht.

Von großer praktischer Bedeutung ist die *Zwischenfeststellungswiderklage* des Beklagten, wenn er mit einer Teilklage überzogen wurde (→ Rn. 308).

III. Die Gestaltungsklage

Die Gestaltungsklage unterscheidet sich von den soeben behandelten Klagen durch ihr *konstitutives* Ziel: Während die Feststellungs- und die Leistungsklagen auf ein Urteil zielen, das den Rechtszustand, so wie er besteht, *(deklaratorisch)* ausspricht, ist die Gestaltungsklage ein Mittel der *Rechtsänderung*. Die Wahl zwischen Leistungs- und Gestaltungsklage ist also danach zu treffen, ob der Kläger eine Rechtsänderung will.

Man muss unterscheiden: Gestaltungsklagen, bei denen den Parteien verwehrt ist, die Rechtsänderung selbst herbeizuführen, von solchen Gestaltungsklagen, die nur eröffnet sind, *wenn* sich die Parteien nicht auf eine Rechtsfolge einigen. Im ersten Fall fehlt den Beteiligten die Gestaltungsmacht (zB Ehescheidung), im zweiten Fall haben sie sie zwar, können sich aber nicht auf eine Rechtsänderung einigen und rufen daher das Gericht an. Vor allem die personengesellschaftlichen Gestaltungsklagen gehören zur letztgenannten Gruppe, zB Auflösung der OHG gemäß § 139 HGB, Ausschluss eines OHG-Gesellschafters (§ 134 HGB), Entziehung der Befugnis zur Geschäftsführung (§ 116 V HGB) oder der Vertretungsmacht gemäß § 124 V HGB.

Neben diesen *materiell-rechtlichen Gestaltungsklagen* stehen die *prozessualen Gestaltungsklagen*, zB die *Vollstreckungsabwehrklage* (§ 767 ZPO, → Rn. 501) und die *Drittwiderspruchsklage* (§ 771 ZPO, → Rn. 504).

Gestaltungsklagen lassen sich ferner von den Rechtswirkungen her unterscheiden: Entweder zielen sie (wie meistens) auf Rechtsänderung für die Zukunft (*ex nunc*, zB

---

[8] Vgl. Schumann, Lebendiges Zivilprozessrecht, 2016, S. 654 ff.; → Rn. 394 (Kleindruck).

die Klagen nach dem HGB) oder auf rückwirkende Änderung (*ex tunc*, zB die Wiederaufnahmeklage [§ 578 ZPO, → Rn. 399] oder die Anfechtungsklagen gegen Beschlüsse im Kapitalgesellschaftsrecht).

Bei der Bearbeitung von Fällen mit Gestaltungsklagen ergeben sich immer wieder typische Fehler. Häufig wird übersehen, dass eine Gestaltungsklage nur zulässig ist, wenn sie im Gesetz ausdrücklich vorgesehen ist *("numerus clausus der Gestaltungsklagen")*, und nur begründet ist, falls die im Gesetz genannten Voraussetzungen vorliegen.

> **Beispiel 27:** *Tom, Dick* und *Harry* haben sich als Gesellschafter einer OHG auseinandergelebt. *Tom* und *Dick* klagen auf Ausschluss von *Harry*, weil sie sich in ihm getäuscht hätten. *Frage:* Werden sie mit ihrer Klage erfolgreich sein? *Antwort:* Nein. – Das Auseinanderleben und die Enttäuschung sind kein *wichtiger Grund* (§§ 134, 139 HGB) für einen Ausschluss. Anders wäre es, wenn etwa *Harry* Zahlungen von Kunden der OHG auf sein Privatkonto umgeleitet oder sonst Geld der OHG veruntreut hätte.

Fehler können Bearbeiter auch begehen, wenn sie ein materiell-rechtliches Gestaltungsrecht mit dem *prozessualen* Recht zur Gestaltungsklage („Gestaltungsklagerecht") verwechseln. Zum Eintritt der Rechtsfolgen eines materiell-rechtlichen Gestaltungsrechts bedarf es lediglich der Ausübung des Rechts in einer Gestaltungserklärung (zB § 143 BGB); auch ohne Prozess tritt die Gestaltung ein (zB § 142 I BGB). Hingegen bedarf das „Gestaltungsklagerecht" eines Prozesses, weil die Rechtsordnung die gerichtliche Entscheidung vorschreibt. Der Bearbeiter erkennt eine Gestaltungsklage immer daran, dass sie auf eine Rechtsänderung abzielt, die eines Richterspruchs bedarf.

§ 12. Klageart und Vollstreckbarkeit

71 Die Wahl zwischen den verschiedenen Klagearten muss bei einer Fallbearbeitung auch unter dem Gesichtspunkt der Vollstreckbarkeit gesehen werden. Oft kommt der Gläubiger erst durch Vollstreckungsmaßnahmen des Gerichtsvollziehers oder des Vollstreckungsgerichts zur Durchsetzung seines materiell-rechtlichen Anspruchs. Voraussetzung hierfür ist jedoch ein vollstreckungsfähiges Urteil. Vollstreckungsfähig sind nur die Leistungsurteile, sodass überall dort, wo Vollstreckungsmaßnahmen möglicherweise notwendig sind, nur zur Leistungsklage geraten werden darf.

Es ist also falsch, bei Fällen wie in den Beispielen 23 und 24 (→ Rn. 63) den Rat zu erteilen, *Geiger* oder *Bauer* sollten Feststellungsklage erheben. Aus einem Feststellungsurteil könnten sie nicht vollstrecken.

Bei der Wahl des Antrags im Rahmen der Leistungsklage ist wiederum zu beachten, dass sich die Art der Zwangsvollstreckung nach dem Inhalt des im Urteil enthaltenen Leistungsbefehls richtet, der durch den Antrag bestimmt wird.

Insbesondere muss sich ein Verkäufer klar werden, ob er seine unter Eigentumsvorbehalt (§ 449 I BGB) gelieferte Sache zurückhaben will *(Klage auf Herausgabe)* oder ob er den Kaufpreis geltend machen möchte *(Klage auf Zahlung)*. Mit dem Herausgabeurteil kann er nämlich nicht den Kaufpreis eintreiben lassen, mit dem Zahlungsurteil vermag er nicht die Herausgabe durchzusetzen. Näheres hierzu im Rahmen des Zwangsvollstreckungsrechts → Rn. 417, Beispiel 144 („Lösungsweg") und → Rn. 483.

3. Kapitel. Der Gegenstand des Rechtsstreits: Der Streitgegenstand

Die bisherige Darstellung hat gezeigt, dass der Kläger mit seinem Antrag den Gegenstand des Rechtsstreits bestimmt (→ Rn. 44 Aussage 2). Was *er* will, wird zum Streitgegenstand – mag sein Antrag auch unvollständig sein (er übersieht den Schmerzensgeldantrag, Beispiel 20, → Rn. 51) oder sogar der Rechtslage widersprechen (er verlangt vom Nicht-mehr-Besitzer Herausgabe statt Schadensersatz oder Erlös). Dieser vom Kläger gewählte Streitgegenstand ist in mehrfacher Beziehung für den weiteren Verfahrensablauf wichtig.[1]

§ 13. Die sechs Bedeutungen des Streitgegenstands
I. Rechtsweg und Zuständigkeit

Auch der Nicht-Jurist weiß, dass ein *Sozialgericht* kein Strafurteil fällen darf und dass die *Finanzgerichte* keine Ehen scheiden. Wenn man diesen „quivis ex populo" fragt, wonach sich wohl die Abgrenzung richtet, wird er antworten: „nach der Sache". Tatsächlich ist der Streitgegenstand für Rechtsweg und Zuständigkeit der Gerichte bedeutsam.

> **Beispiel 28:** *Polizist P* hat *Vergesslichs* Wagen „beschlagnahmt", weil dieser seinen Führerschein zu Hause gelassen hatte. Als *Vergesslich* am nächsten Tag den Führerschein vorweist, erklärt *P*, dass die Beschlagnahme „zur Strafe" 14 Tage andauere. *Vergesslich* muss einen Mietwagen nehmen, um seinen Geschäften nachzugehen. Er will Schadensersatz (Mietwagenkosten) sowie die Aufhebung der „Beschlagnahme". Der Streitgegenstand bei einer Staatshaftungsklage (Art. 34 GG, § 839 BGB) ist ein anderer als bei einer Klage auf Aufhebung der „Beschlagnahme" des Wagens (Folgenbeseitigungsanspruch). Je nach dem Gegenstand des Begehrens ist das ordentliche Gericht oder das Verwaltungsgericht zuständig (zum Rechtsweg → Rn. 109).

II. Rechtshängigkeit

Durch die Erhebung der Klage (§ 253 I ZPO) wird die Rechtshängigkeit begründet (§ 261 I ZPO). Sie hat zur Folge, dass zwischen denselben Parteien dieselbe „Streitsache" nicht mehr anhängig gemacht werden darf (§ 261 III Nr. 1 ZPO). Wird sie trotzdem anhängig gemacht, muss die spätere Klage als unzulässig abgewiesen werden (→ Rn. 243). Diese Regelung ist wichtig, weil sonst der Gläubiger den Schuldner zugleich an mehreren Gerichten oder sogar vor demselben Gericht mit mehreren Klagen überziehen und damit den Schuldner (Beklagten) zu einem „Mehrfrontenkrieg" zwingen könnte. Die Rechtshängigkeit verbietet aber auch das zweite Anhängigmachen derselben Sache in vertauschter Parteirolle: Beispiel: Nachdem *Klein* gegen Sohn *Sanft* Herausgabeklage erhoben hat, verklagt sofort Sohn *Sanft* den *Klein* auf Feststellung (§ 256 I ZPO), dass er nicht zur Herausgabe verpflichtet sei. Dies ist eine „negative Feststellungsklage" (→ Rn. 68). Die zweite Klage ist als gegenüber der ersten Klage *kontradiktorisches* Begehren unzulässig, da sie denselben Streitgegenstand hat. Man spricht auch vom „kontradiktorischen Gegenteil". Die Leistungsklage verhindert die negative Feststellungsklage des Gegners, die den Antrag verfolgt festzustellen, er sei nicht zur Leistung verpflichtet. Damit bindet die Rechtshängigkeit auch den Beklagten, was manchmal übersehen wird. Wenn man

---

[1] Weiterführend: Stein/Jonas/Roth ZPO Vor § 253 Rn. 3 ff.

III. Klageänderung

75 Die im Erfordernis eines bestimmten Antrags liegende Fixierung des Rechtsstreits auf einen Streitgegenstand ist besonders für den Beklagten wichtig, weil er seine Prozessführung auf dieses klägerische Streitprogramm einrichtet.

> **Beispiel 29:** Wenn der Kläger X die Übereignung eines Grundstücks will, weiß der Beklagte, dass es um den „Lebenssachverhalt" aus dem notariellen Vertrag vom 1.8. geht und nicht um die kürzliche Karambolage, als er auf den Wagen des Klägers fuhr.

Dem „Privileg" des Klägers, den Streitgegenstand zu bestimmen, entspricht die „Last", an diesem Begehren während der Dauer des Prozesses festgehalten zu werden. Nur in engen Grenzen ist deshalb eine Klageänderung (§§ 263 ff. ZPO, → Rn. 164, → Rn. 264–272) oder Klagerücknahme (§ 269 ZPO, → Rn. 369) ohne Zustimmung des Beklagten zulässig, sodass im soeben gebrachten Beispiel 29 der Beklagte sicher sein kann, nicht plötzlich statt um das Grundstück um den Unfall zu prozessieren.

IV. Anspruchshäufung

76 Der Kläger kann, um im Beispiel 29 zu bleiben, *zunächst* über den Grundstücksfall und in einem *späteren* (anderen) Prozess wegen des Unfalls prozessieren. Statt solcher sukzessiver „Prozessiererei" kann er auch in zwei getrennten Prozessen mit zwei verschiedenen Klagen gleichzeitig (parallel) seine beiden Verfahrensziele verfolgen. Daneben ermöglicht § 260 ZPO auch die Verbindung mehrerer Streitgegenstände („Ansprüche") in einer einzigen Klage, und zwar regelmäßig als *ursprüngliche* Anspruchshäufung. So kann man das Beispiel 12 (→ Rn. 27) dahin abwandeln, dass *Klein* von Sohn *Sanft* nicht nur die Herausgabe des Rasenmähers begehrt, sondern auch die Herausgabe eines geliehenen Fahrrads sowie die Rückzahlung eines Darlehens. All diese Ansprüche kann *Klein* in *einem* Prozess geltend machen.[1] Aber auch in der Form der *nachträglichen* Anspruchshäufung tritt die Verbindung mehrerer Streitgegenstände auf, wenn neben den ursprünglichen Anspruch später (im Laufe des Rechtsstreits) ein weiterer Streitgegenstand eingeführt wird. Dies ist eine Kombination von Anspruchshäufung und Klageänderung (→ Rn. 267 sub 2). Im Übrigen kann es zu einer Anspruchshäufung auch kommen, wenn das Gericht nach § 147 ZPO bei ihm anhängige Prozesse verbindet. Im Beispiel 29 (→ Rn. 75) liegen die Voraussetzungen der Verbindung aber nicht vor, weil die beiden Streitgegenstände nicht in „rechtlichem Zusammenhang" stehen.

Der Überschrift und dem Wortlaut des § 260 ZPO folgend, sollte der Bearbeiter stets von „Anspruchshäufung" und nicht von „Klagenhäufung" sprechen. Mit dieser Wortwahl vermeidet er den Irrtum, es liege hier eine Mehrheit von „Klagen" vor. Im Gegenteil zeigt § 260 ZPO deutlich, dass nur *eine* Klage, wohl aber mehrere Ansprüche (Streitgegenstände) gegeben sind.

---

[1] Zur Anspruchshäufung: Rosenberg/Schwab/Gottwald ZivilProzR § 98; Stein/Jonas/Roth ZPO § 260 Rn. 1 ff.; Thomas/Putzo/Seiler ZPO § 260 Rn. 1–20; lesenswert auch BGH NJW 2016, 3235; NJW 2018, 786.

§ 13. Die sechs Bedeutungen des Streitgegenstands

Seltener sind Fälle, in denen eine *Anspruchshäufung unzulässig* ist. So ist die Verbindung einer Zahlungs- oder Herausgabeklage mit einer Ehesache unzulässig (§ 126 II 1 FamFG). Dann ist allerdings nicht etwa die Klage unzulässig, sondern nur die Verbindung der Ansprüche; das Gericht trennt die Prozesse (§ 145 I 1 ZPO).[2]

V. Materielle Rechtskraft

Jeder Prozess zielt auf eine *endgültige* Klärung. Diese prozessuale Kategorie ist jedermann als „Rechtskraft" bekannt. Sie *versperrt das nochmalige Prozessieren,* aber auch nur „insoweit", als „über den durch die Klage oder durch die Widerklage erhobenen Anspruch entschieden ist" (§ 322 I ZPO, → Rn. 394). Mit „Anspruch" ist hier (wie in § 260 ZPO) der Streitgegenstand gemeint: Nur das, was Gegenstand des Streits war, steht am Prozessende für die Parteien fest oder – wie es das Gesetz sagt – „wirkt für und gegen die Parteien" (§ 325 I ZPO). Der genaue Umfang der materiellen Rechtskraft – in objektiver, subjektiver und zeitlicher Hinsicht – zählt allerdings zu den anspruchsvollsten Themen des Prozessrechts – und damit auch zu den schwierigsten Klausurgegenständen (zur materiellen Rechtskraft → Rn. 394).

77

VI. Verjährung

1. Hemmung der Verjährung durch Rechtsverfolgung (§ 204 I Nr. 1 BGB)

Die Reichweite des Streitgegenstands ist auch für die Verjährungshemmung maßgeblich. Gemäß § 204 I Nr. 1 BGB wird die Verjährung des Anspruches durch Leistungs- oder (positive) Feststellungsklage gehemmt. Gegenstand der Verjährungshemmung ist jeweils der gesamte Streitgegenstand. Zum Klausurproblem wird der Umfang der Verjährungshemmung daher, wenn nur *Teilklage* erhoben ist. Wegen § 308 I 1 ZPO ist Streitgegenstand der Klage nur der geltend gemachte Teilbetrag der Forderung – nur insoweit tritt auch Verjährungshemmung ein.

78

Grundlegend: Der Streitgegenstand – und damit die Verjährungshemmung – umfasst allerdings *nicht nur* den vom Kläger geltend gemachten materiell-rechtlichen Anspruch, sondern vielmehr *sämtliche* einschlägigen Ansprüche (Anspruchsgrundlagen sowie die ihnen zugrunde liegenden Tatsachen, unabhängig davon, ob der Kläger sie vorgetragen hat oder nicht).

Beispiel 30: Aufgrund eines Verkehrsunfalls vom 1.4.2016 klagt RA *Dr. Besser* gegen die *Insolventia AG* als Haftpflichtversicherung des Unfallfahrers (§ 115 I VVG) auf Zahlung von 1.000 EUR Nutzungsausfallentschädigung und stützt die Klage lediglich auf § 823 I BGB. Nachdem sich der Prozess aufgrund verspäteter Sachverständigengutachten über mehrere Jahre hingezogen hat und das Gericht nunmehr meint, eine unerlaubte Handlung des Unfallfahrers sei fraglich, macht RA *Dr. Besser* am 1.5.2020 geltend, dass die Klage auch auf §§ 7 I, 18 I StVG gestützt werde. Die *Insolventia AG* erhebt Verjährungseinrede (§ 214 I BGB), weil der im April 2016 möglicherweise entstandene Anspruch im Mai 2020 verjährt sei.

Frage: Hat die *Insolventia AG* Recht?

Antwort: Nein. Zwar wäre die Verjährungsfrist bereits abgelaufen; sie begann mit dem Schluss des Jahres 2016 zu laufen und endete mit Ablauf des Jahres 2019 (§ 14 StVG,

---

[2] Nachdem das Gericht den Trennungsbeschluss erlassen hat, bestehen zwei getrennte Prozesse. Falls es für einen dieser Prozesse unzuständig ist, verweist es ihn auf Antrag des Klägers gemäß § 281 I 1 ZPO (→ Rn. 232) an das zuständige Gericht. Wenn der Zivilrechtsweg nicht eröffnet ist, verweist es den Prozess *von Amts wegen* gemäß § 17a II 1 GVG (→ Rn. 112) in den zulässigen Rechtsweg, vgl. Stein/Jonas/Althammer ZPO § 145 Rn. 9, 22.

§§ 195, 199 I BGB). Allerdings bewirkte die Klage des RA *Dr. Besser* die Hemmung der Verjährung (§ 204 I Nr. 1 BGB). Diese Hemmung erfasste den gesamten Streitgegenstand mit *sämtlichen* denkbaren Anspruchsgrundlagen (§§ 7 I, 18 I StVG, § 823 I, II BGB) und nicht etwa beschränkt auf den in der Klage geltend gemachten materiellrechtlichen Anspruch nach § 823 I BGB.

2. Hemmung der Verjährung über den Streitgegenstand hinaus (§ 213 BGB)

79   Eine Erweiterung der Verjährungshemmung *über den Streitgegenstand hinaus* bewirkt ausnahmsweise § 213 BGB. Hiernach erstreckt sich die Hemmung auch auf Ansprüche, die „aus demselben Grunde" wahlweise neben oder anstelle des geltend gemachten Anspruches bestehen.

Beispiel 31: Am 30.4.2018 verkauft *Sorglos* an *Pech* eine Briefmarkensammlung für 6.000 EUR. Beide wissen, dass die Sammlung dem *Halter* gehört, *Sorglos* behauptet aber, von *Halter* bevollmächtigt zu sein, was allerdings nicht zutrifft. Als *Halter* von dem Vorgang erfährt, erklärt er, nichts mit dem Kaufvertrag zu tun zu haben. Nach längeren erfolglosen Verhandlungen erhebt *Pech* am 7.12.2021 Klage gegen *Sorglos* auf Übergabe und Übereignung der Sammlung. Am 10.1.2022 ändert *Pech* seine Klage auf Zahlung von 1.000 EUR entgangenen Gewinnes, da er die Sammlung für 7.000 EUR hätte weiterveräußern können. *Sorglos* beruft sich auf Verjährung des Zahlungsanspruches, da Streitgegenstand bislang nur der Erfüllungsanspruch gewesen sei. Die Verjährungshemmung erstrecke sich nicht auf andere Ansprüche, das müsse *Pech* doch wissen.

Frage: Hat *Sorglos* Recht?

Antwort: *Nein. Pech* kann gemäß § 179 I Alt. 1 BGB (Schadensersatzanspruch statt der Leistung) verlangen, so gestellt zu werden, wie er bei ordnungsgemäßer Vertragserfüllung stünde (sog. positives Interesse) und seinen entgangenen Gewinn von 1.000 EUR geltend machen, § 252 BGB.

Die mit Ablauf des 31.12.2018 in Gang gesetzte Verjährungsfrist endete mit Ablauf des 31.12.2021, §§ 195, 199 I BGB. Die Verjährung wurde aufgrund der Erhebung der Klage durch *Pech* nicht gemäß § 204 I Nr. 1 BGB gehemmt, da die Hemmung nur den Streitgegenstand erfasst (Beispiel 30, → Rn. 78). Zahlungs- und Erfüllungsantrag stellen jedoch unterschiedliche Anträge – mithin daher unterschiedliche Streitgegenstände – dar. Zugunsten *Pechs* bewirkt hier jedoch § 213 BGB eine Hemmung der Verjährung. Denn Erfüllungs- und Schadensersatzanspruch beruhen auf demselben Lebenssachverhalt *und* sind wahlweise nebeneinander gegeben.

Gegenbeispiel: § 213 BGB würde hingegen nicht greifen, wenn in Beispiel 30 RA *Dr. Besser* jetzt auch noch einen Substanzschaden geltend machen wollte. Hierbei handelt es sich um einen neuen Streitgegenstand, der nicht in alternativer oder elektiver Konkurrenz, sondern kumulativ neben dem Nutzungsausfallschaden steht.

§ 14. Der uneinheitliche Sprachgebrauch beim Streitgegenstand

80   Die ZPO hat einen sehr uneinheitlichen Sprachgebrauch. Obwohl sie immer dasselbe (den Streitgegenstand) meint, spricht sie in §§ 253 II Nr. 2, 254, 257 ff., 260, 261 I, II, III Nr. 1, 263, 264 ZPO teils von „Klage", teils von geforderter „Leistung", teils von „Anspruch", teils von „Streitsache". Im Gegensatz zum BGB mit seiner meist einheitlichen Terminologie ist die Sprache der ZPO häufig unklar und nicht selten inkonsequent. Dies muss bei einer ZPO-Fallbearbeitung ganz allgemein – nicht nur beim Streitgegenstand – berücksichtigt werden. Zweierlei ist zu beachten:

(1) Eine *automatische* Übernahme von Begriffen des BGB ins Prozessrecht ist fehlerhaft. **Beispiele:** Die *Verfügung* des BGB hat nichts mit der einstweilgen Verfügung nach §§ 935ff. ZPO und diese wiederum nichts mit den gerichtlichen Verfügungen nach §§160 III Nr. 6, 329 I, II ZPO zu tun. BGB-*Verzicht* (zB § 1165 BGB oder § 1614 I BGB) ist nicht gleich ZPO-Verzicht (§ 306 ZPO). Der *Widerspruch* in § 899 I BGB (gegen die Richtigkeit des Grundbuchs) ist etwas anderes als der Widerspruch in § 694 I ZPO (gegen den Mahnbescheid) oder der Widerspruch nach §§ 924, 936 ZPO (gegen Arrestbeschluss oder Einstweilige Verfügung). Die schon im BGB unterschiedliche *Anfechtung* (einerseits Willenserklärung: §§ 119f. BGB, andererseits Klageform: §§ 1600ff. BGB) gibt es im Prozess als Rechtsbehelf (§ 99 ZPO), als die im BGB vorgesehene Klageform (§ 169 Nr. 4 FamFG) oder als besondere Form des Gläubigerschutzes (§§ 1ff. AnfG, §§ 129ff. InsO).

(2) Derselbe Begriff innerhalb der ZPO muss nicht immer dasselbe meinen (sog. *Relativität der Rechtsbegriffe*), verschiedene Begriffe können aber auch dasselbe bedeuten. Dasselbe meinen zB § 308 I 2 ZPO mit „Nebenforderung" und § 321 I ZPO mit „Nebenanspruch". Etwas Verschiedenes je nach Verfahrenslage bedeutet der Begriff der „Hauptsache".

§ 15. Der Streitgegenstand als prozessualer Anspruch

Der Streitgegenstand stellt sich somit als der „prozessuale" Anspruch dar (§ 253 II Nr. 2 ZPO). Vielfach spricht man auch vom prozessualen Begehren, vom Verfahrensgegenstand oder – bezogen auf die ergangene Entscheidung – vom Urteilsgegenstand[1]. Wenn der Streitgegenstand als „prozessualer" Anspruch bezeichnet wird, muss er – so schließt man sogleich – etwas anderes sein als der „materielle" Anspruch.

81

> **Beispiel 32:** *Klein* klagt (im Beispiel 12, → Rn. 27) gegen Frau *Herz* auf Herausgabe des Rasenmähers. Das Gericht weist die Klage zutreffend als unbegründet ab, weil Frau *Herz* weder schuldrechtlich noch dinglich zur Herausgabe verpflichtet ist. Die Erfüllung der Rückgabepflicht ist ihr unmöglich geworden, und sie ist nicht Besitzerin. Das Gericht führt aus: „Der Kläger hat keinen Anspruch gegen die Beklagte." Gäbe es nur einen „materiellen" Anspruch, müsste man jetzt feststellen, dass der Prozess eigentlich „keinen Streitgegenstand" gehabt hat, da der geltend gemachte materiell-rechtliche Anspruch nicht besteht. Ein solches Ergebnis wäre grotesk.

„Prozessualer Anspruch" bedeutet also lediglich die *Behauptung* oder das *Begehren* einer Rechtsfolge. Dieser prozessuale Anspruch umfasst sämtliche einschlägigen materiellen Ansprüche (→ Rn. 78). Um Verwechslungen mit dem materiellen Anspruchsbegriff zu vermeiden, empfiehlt es sich deshalb, immer vom „Streitgegenstand" zu sprechen.

§ 16. Der Streit um den Streitgegenstand

I. Streitgegenstand als Schlüsselbegriff: Klageantrag und Lebenssachverhalt

Stellt sich der Streitgegenstand als ein Schlüsselbegriff des Prozessrechts dar, so verwundert es nicht, wenn sich um ihn eine Fülle von Problemen ranken und sich die Wissenschaft immer wieder mit ihm beschäftigt.[1*] Einzelfragen werden in der Ersten Juristischen Staatsprüfung kaum gestellt. Grundkenntnisse zum Streitgegenstand sind jedoch unumgänglich.

82

---

[1] Urteilsgegenstand und Streitgegenstand sind nicht notwendigerweise identisch. Dies zeigt sich etwa an den Beispielen 20 und 21 (→ Rn. 51). Wenn dort der Richter (unter Verletzung des § 308 I ZPO) mehr oder etwas anderes zuspricht, als vom Kläger beantragt und das Zugesprochene deshalb kein Streitgegenstand war, ist der Urteilsgegenstand *anders*.

[1*] Vgl. Zöller/G. Vollkommer ZPO Einl. Rn. 60ff.; Stein/Jonas/Roth ZPO Vor § 253 Rn. 4ff.

Der Streitgegenstand ergibt sich aus Klageantrag *und* Lebenssachverhalt. Daher hat sich die Bezeichnung *„zweigliedriger Streitgegenstand"* eingebürgert. Von seiner Geltung gehen die Rechtsprechung und die ganz überwiegende Literatur aus. Vor allem verwendet die ZPO seit dem Jahr 2018 selbst den Begriff des Lebenssachverhalts, und zwar ausdrücklich bzgl. des Streitgegenstands (zB in §§ 606 II 2, 610 I, II und III ZPO). *„Lebenssachverhalt"* ist das tatsächliche Geschehen, das dem Klageantrag zugrunde liegt. Er umfasst den gesamten Bereich, der bei natürlicher Betrachtungsweise und nach der Verkehrsauffassung zu einem vergangenen („historischen") Geschehen gehört, und meint den dem Prozess zugrunde liegenden Tatsachenkomplex oder Lebensvorgang. Daher sind zum Lebenssachverhalt „alle Tatsachen zu rechnen, die bei einer natürlichen, vom Standpunkt der Parteien ausgehenden und den Sachverhalt seinem Wesen nach erfassenden Betrachtung zu dem zur Entscheidung gestellten Tatsachenkomplex gehören, den der Kläger zur Stützung seines Rechtsschutzbegehrens dem Gericht vorträgt"[2]. Den Begriff „Lebenssachverhalt" sollte der Bearbeiter verwenden und zB nicht vom „Sachverhalt" sprechen, zumal da dieser Ausdruck sowohl mit dem Tatbestand des Urteils (§ 313 I Nr. 5, II ZPO) als auch mit dem Text der Klausurangabe verwechselt werden könnte. *Von diesem aus Antrag und Lebenssachverhalt gebildeten zweigliedrigen Streitgegenstand hat der Bearbeiter eines Prozessrechtsfalls auszugehen.*

Natürlich muss man auf die Prüfungsfrage vorbereitet sein, was denn ein *eingliedriger* Streitgegenstand sei, und wissen, dass diese früher teilweise vertretene Lehre beim Streitgegenstand lediglich auf den Antrag abstellte.[3] Diese Lehre würde daher im Beispiel 35 (→ Rn. 83) die zweite Klage der Uhrmacherin *Zeiger* wegen Identität mit der ersten Klage als unzulässig ansehen. An diesem Beispiel wird übrigens deutlich, wie richtig es ist, dem zweigliedrigen Streitgegenstand zu folgen und den Lebenssachverhalt als zweites Element des Streitgegenstandes anzusehen.

II. Extremfälle

83 Aus der Sicht von Prüfung und Praxis sind die Extremfälle wieder einmal unproblematisch:

> **Beispiel 33:** *Kleins* Klage gegen Sohn *Sanft* (Beispiel 12, → Rn. 27) auf Herausgabe des Rasenmähers ist mit der Begründung abgewiesen worden, dass Sohn *Sanft* Eigentümer sei; die Sache sei *Klein* nicht abhandengekommen. *Klein* legt kein Rechtsmittel ein. Nach dem Ablauf der Rechtsmittelfrist entnimmt *Klein* einem BGB-Kommentar, dass das Gericht die Frage falsch entschieden habe. Er klagt nochmals. Sohn *Sanft* hat den Sieg in der Tasche: Es erfolgt Klageabweisung (als unzulässig) wegen entgegenstehender Rechtskraft: Geltend gemacht wird derselbe Klageantrag und derselbe Lebenssachverhalt zwischen denselben Parteien *(„Eadem res inter easdem partes")!*

> **Beispiel 34:** *Pechs* Klage gegen *Fahrer* (Beispiel 1, → Rn. 4) auf Schmerzensgeldzahlung ist rechtskräftig abgewiesen worden. Kurz nach dem Prozess sieht *Fahrer* den *Pech* am Straßenrand stehen. Aus Wut über diesen „Querulanten" fährt *Fahrer* den *Pech* um. *Pech* klagt abermals auf Schmerzensgeld. Derselbe Streitgegenstand? Sicher nicht: Trotz „derselben Rechtsfolge" und trotz „derselben Parteien" liegt ein *anderer Streitgegenstand* vor. Die Lebenssachverhalte sind verschieden.

---

[2] BGH (Hinweisbeschluss) BeckRS 2020, 42398 Rn. 11 mwN.
[3] Näher Althammer, Streitgegenstand und Interesse, 2012, S. 60 ff.

§ 16. Der Streit um den Streitgegenstand

> **Beispiel 35:** Uhrmacherin *Zeiger* klagt gegen *Frosch* auf Zahlung des Kaufpreises in Höhe von 250 EUR aufgrund des am 1.3. abgeschlossenen Kaufvertrags über eine Uhr. Wenig später erhebt sie eine weitere Klage gegen *Frosch* auf abermals 250 EUR und trägt hierzu vor, dass sie aus einem von *Frosch* am 1.4. akzeptierten Wechsel klage; dem Wechsel liege die Forderung aus dem Kaufvertrag vom 1.3. zugrunde.
> **Frage:** Ist die zweite Klage wegen anderweitiger Rechtshängigkeit unzulässig?
> Die **Antwort** hängt davon ab, ob Kaufpreisklage und Wechselklage denselben Streitgegenstand betreffen. Zwar ist der Klageantrag identisch (jeweils 250 EUR), doch der Lebenssachverhalt ist verschieden: Der Vorgang „Kauf" ist hier vom Geschehen „Wechselakzept" deutlich getrennt[4]. Also ist die zweite Klage zulässig.

III. Problemfälle
Zwischen den Extremfällen liegen die Schwierigkeiten der Streitgegenstandsfragen im Examen.

1. Die nachträglichen Argumente
Wird der gestellte *Antrag* nicht geändert, gilt die Faustregel, dass nachträgliche Argumente den Streitgegenstand nicht verändern. Dabei spielt es in der Regel keine Rolle, ob es sich um neue Tatsachen, neue Rechtsargumente oder neue materiellrechtliche Anspruchsgrundlagen handelt, wenn nur durch das „Nachschieben" von Tatsachen oder Gründen nicht der Lebenssachverhalt verändert wird. Diese Prozesslage ergibt sich aus dem Begriff des Streitgegenstands, der – wie bereits dargelegt (→ Rn. 78) – nicht nur den geltend gemachten materiell-rechtlichen Anspruch umfasst, sondern *sämtliche* einschlägigen Anspruchsgrundlagen sowie die ihnen zugrunde liegenden Tatsachen, unabhängig davon, ob sie der Kläger bereits vorgetragen hat. 84

> **Beispiel 36:** Im Fall der Klage *Kleins* gegen Sohn *Sanft* (Beispiel 12, → Rn. 27) trägt *Klein* erst während des Prozesses vor:
> (a) dass Mitarbeiter *Saubermann*, und nicht Frau *Herz*, mit Vater *Sanft* kontrahiert habe;
> (b) dass Mitarbeiter *Saubermann* Besitzdienerin (§ 855 BGB) gewesen sei;
> (c) dass er den Herausgabeanspruch nicht nur auf §§ 812 ff. BGB, sondern auch auf § 985 BGB stütze.
> Anderer Streitgegenstand? Nein: Antrag und Lebenssachverhalt sind durch die nachträglichen Argumente nicht geändert worden.

2. Der andere Antrag
Umgekehrt sind diejenigen Fälle zu lösen, in denen zwar *derselbe* Lebenssachverhalt beurteilt werden soll, aber ein *anderer* Antrag vorliegt. Hier liegen verschiedene Streitgegenstände vor, wenn eine andere Rechtsfolge begehrt wird. 85

> **Beispiel 37:** Im vorigen Fall ist die Klage *Kleins* auf Herausgabe des Rasenmähers abgewiesen worden. Nunmehr klagt er auf Feststellung seines Eigentums. Derselbe Streitgegenstand? Nein: Herausgabe ist etwas anderes als Feststellung des Eigentums. Nicht

---
[4] Hierzu Stein/Jonas/Roth ZPO Vor § 253 Rn. 18.

> jeder Eigentümer kann jederzeit Herausgabe vom Besitzer verlangen (§ 986 BGB!), nicht jeder Herausgabeanspruch beruht auf dem Eigentum (§§ 812, 823, 861, 1007 BGB!).

3. Präjudizialität („Vorgreiflichkeit")

86 Im Examen machen Fälle der Präjudizialität Schwierigkeiten. Die Bearbeiter meinen, eine Klage abweisen zu müssen, wenn für sie eine rechtskräftige Entscheidung präjudiziell („vorgreiflich") ist. Das Gegenteil ist richtig!

> **Beispiel 38:** Im vorigen Beispiel ist *Klein* den umgekehrten Weg gegangen: Er hat gegen Sohn *Sanft* auf Feststellung geklagt, dass der Rasenmäher sein Eigentum sei. Die Klage war erfolgreich; das Urteil ist rechtskräftig. Nachdem Sohn *Sanft* auch jetzt nicht den Rasenmäher herausgibt, erhebt *Klein* Herausgabeklage. Sohn *Sanft* hält sie für unzulässig, weil die Eigentumsfrage schon rechtskräftig geklärt sei. Der Kläger *Klein* könne nicht dieselbe Rechtsfolge noch einmal geltend machen. *Klein* ist gegenteiliger Ansicht.
>
> **Frage:** Wer hat recht?
>
> **Antwort:** *Klein* hat recht. Erstens liegt ein anderer Antrag vor (Herausgabe gegenüber Feststellung, Beispiel 37, → Rn. 85), zweitens war es ja gerade Sinn und Zweck der Feststellungsklage, die streitige Rechtsbeziehung zwischen *Klein* und Sohn *Sanft* zu klären: Das Feststellungsurteil ist präjudiziell für den Herausgabeantrag, und zwar mit der Folge, dass im zweiten Verfahren wegen der Bindungswirkung des Feststellungsurteils das Eigentum von *Klein* nicht mehr in Zweifel gezogen werden kann (§ 322 I ZPO).

4. Konkurrierende materiell-rechtliche Ansprüche

87 Da der Streitgegenstand sämtliche einschlägigen Anspruchsgrundlagen umfasst (→ Rn. 78 und → Rn. 84), kann derselbe *eine* Klageantrag auf unterschiedliche materiell-rechtliche Grundlagen gestützt werden. Dies sind die Fälle der Anspruchskonkurrenz, der Mehrheit der Anspruchsgrundlagen („Anspruchsnormenkonkurrenz") sowie der Gesetzeskonkurrenz[5]. Keinesfalls liegt in solchen Fällen eine Anspruchshäufung iSv § 260 ZPO vor; sie besteht nur bei einer Mehrheit von Streitgegenständen (→ Rn. 76), nicht aber bei einer Mehrheit von Anspruchsgrundlagen.

---

[5] Zu diesen Konkurrenzen Neuner, Allgemeiner Teil des Bürgerlichen Rechts, 12. Aufl. 2020, § 21 Rn. 4 ff.

4. Kapitel. Die Prozessparteien

§ 17. Die Trennung von Streitgegenstand und Prozesspartei

Streitgegenstand und Partei sind scharf zu trennen. *Dieselben* Parteien können über höchst *unterschiedliche* Streitgegenstände Prozesse führen.

> **Beispiel 39:** Jeder kennt die Vielfalt von Streitgegenständen zwischen denselben Parteien, etwa zwischen den im Beispiel 27 (→ Rn. 70) genannten, nunmehr zerstrittenen Gesellschaftern: *Tom* und *Dick* klagen gegen *Harry* auf Rückzahlung von 2.000 EUR zu viel erhaltenen Gewinn (vgl. §§ 120 ff., 105 III HGB iVm § 709 III BGB), auf 1.250 EUR Schadenersatz gemäß § 118 HGB, auf Feststellung, dass *Harry* keinen Anspruch auf Ersatz von Aufwendungen (vgl. § 105 III HGB iVm § 716 I BGB) wegen angeblicher Inanspruchnahme durch einen Gläubiger der Gesellschaft (§ 126 S. 1 HGB) hat sowie auf Ausschluss von *Harry* aus der OHG (§ 134 HGB), hilfsweise auf Entziehung seiner Befugnis zur Geschäftsführung (§ 116 V HGB), hilfsweise auf Auflösung der OHG (§ 139 HGB).

Ein Rechtsstreit über *denselben* Streitgegenstand kann andererseits auch zwischen *verschiedenen* Personen anhängig sein.

> **Beispiel 40:** *Klein* klagt im Beispiel 12 (→ Rn. 27) auf Herausgabe (§ 985 BGB) des Rasenmähers erst gegen Frau *Herz*, dann gegen den Vater *Sanft* und schließlich gegen Sohn *Sanft*. Erst in diesem Prozess bekommt er recht.

Schließlich können zwischen *verschiedenen* Personen viele *unterschiedliche* Streitgegenstände in *einem* Prozess dem Gericht unterbreitet sein.

Ein Prozessrechtsfall mit mehreren Streitgegenständen und mit mehreren Parteien kann nur dann richtig gelöst werden, wenn der Bearbeiter schon bei der *Prozessskizze* (→ Rn. 6), sodann beim *Konzept* (→ Rn. 9) und schließlich auch in der *Lösung* peinlich genau die Streitgegenstände von den Parteien unterscheidet. Eine richtige Zuordnung der einzelnen Streitgegenstände zu den Prozessparteien ist nur möglich, wenn vorher die Streitgegenstände erst einmal für sich – losgelöst von den Prozessparteien – betrachtet werden („Trennungsgrundsatz", → Rn. 13).

§ 18. Wer ist Partei?

Die Frage nach der Partei beantwortet sich wegen der Geltung des Antragsgrundsatzes (→ Rn. 45) *nach dem Willen des Klägers*. Wie es der *Kläger* ist, der den Streitgegenstand bestimmt, ist er es auch, der die Prozessparteien festlegt. *Kläger* ist demnach derjenige, der eine gerichtliche Entscheidung haben will; gegen seinen Willen kann niemand Kläger sein (Beispiel 19, → Rn. 45). *Beklagter* ist derjenige, den der Kläger als Prozessgegner bezeichnet; keinem Kläger kann ein Beklagter aufgezwungen werden: niemand hat zum Beklagten, wen er nicht haben will. Der *Beklagte* kann sich dagegen den *Kläger* nicht aussuchen.

§ 19. Die unrichtige Parteibezeichnung

Unrichtige Parteibezeichnungen kommen in Prüfung und Praxis nicht selten vor: *„Meyer"* statt richtig *„Meier"*, *„Schmidt"* statt *„Schmied"*. Vielfach sind die Vornamen falsch, die Handelsfirma stimmt nicht oder die Anschrift ist lückenhaft oder doppeldeutig. Im Ersten Juristischen Staatsexamen sollte der Kandidat die Grundfragen dieses Problemkreises kennen.

(1) Trotz seiner sonstigen Formenstrenge lässt es das Prozessrecht zu, dass die Klageschrift aus ihrem Gesamtzusammenhang interpretiert wird (Beispiel 77, → Rn. 182). Lässt sich dadurch die Partei feststellen, ist sie Prozesspartei geworden, auch wenn Unrichtigkeiten vorliegen. Entscheidend ist jedoch, was *objektiv erklärt* ist. Auf einen nicht erkennbaren inneren Willen des Klägers kommt es nicht an. Ist durch eine derartige Auslegung die richtige (dh die vom Kläger gemeinte) Prozesspartei ermittelt worden, empfiehlt sich aber trotzdem immer eine *Berichtigung* oder *Klarstellung*, damit im Rubrum des Urteils (§ 313 I Nr. 1–3 ZPO) eine zweifelsfreie Parteibezeichnung enthalten ist. Solche „Nachbesserungen" von Angaben sind jederzeit möglich.

(2) Ist jedoch aufgrund der fehlerhaften Bezeichnung eine andere Person Partei geworden (Herr *Schmidt* – wie in der Klageschrift geschrieben – in der Gartenstraße 5 statt des vom Rechtsanwalt gemeinten Herrn *Schmied* in demselben Haus), kann mit der Parteiberichtigung nicht mehr geholfen werden. Herrn *Schmidt* bekommt man nur im Wege der *Parteiänderung* aus dem Prozessrechtsverhältnis heraus und damit Herrn *Schmied* in den Prozess hinein (zur Parteiänderung → Rn. 283 ff.).

(3) *Unmaßgeblich für die Parteistellung ist jeweils die Zustellung.* Wird Herrn *Schmidt* die Klage zugestellt, obwohl in der Klage Herr *Schmied* genannt ist, liegt eine fehlerhafte Zustellung vor. Partei ist aber Herr *Schmied*, wie in der Klage genannt. Mit anderen Worten: Die unrichtige Zustellung hat auf die Parteistellung keinerlei Einfluss. Entscheidend ist immer nur die Bezeichnung in der Klageschrift.

§ 20. Partei ist nicht gleichzusetzen mit Parteifähigkeit

91 Mit der Frage, wer Partei ist, wird häufig die Frage der Parteifähigkeit (→ Rn. 171) vermengt. Dies ist ein schwerer Fehler, weil Partei auch jemand sein kann, der nicht parteifähig ist (zB der Nachlass). Bei der Vorbereitung der Klage ist von Bedeutung, ob das Subjekt, das klagt oder verklagt wird, auch parteifähig ist (§ 50 ZPO). Wenn der Rechtsstreit schon anhängig ist, muss zunächst geprüft werden, wer Kläger und wer Beklagter ist. Erst wenn dies feststeht, wird bei *beiden* untersucht, ob die Parteifähigkeit vorliegt – fehlt sie auch nur auf einer Seite, ist die Klage unzulässig und wird durch Prozessurteil abgewiesen.

§ 21. Der „formelle" Parteibegriff

I. „Formelle" – „materielle" Gesichtspunkte

92 Nach den Ausführungen über den „prozessualen" Anspruchsbegriff (→ Rn. 81) verwundert es selbst den Anfänger nicht mehr, dass auch der Parteibegriff „formell" (dh prozessual, prozessrechtlich) gebildet wird. Unerheblich sind deshalb die materiell-rechtlichen Gesichtspunkte, ob der Kläger Inhaber des materiellen Rechts und ob der Beklagte der wahre Verpflichtete ist. Diese materiell-rechtlichen – „materiellen" – Parteibegriffe erlangen erst Bedeutung, wenn es zur Sachprüfung kommt.

> **Beispiel 41:** *Pech* macht in seiner Klage gegen *Fahrer* in eigenem Namen Forderungen geltend, die auf die Krankenkasse wegen § 116 SGB X (→ Rn. 52 Fn. 3) oder auf den Arbeitgeber wegen § 6 EFZG (→ Rn. 52 Fn. 4) übergegangen sind.
>
> Hinsichtlich dieser Forderungen fehlt ihm die „Aktivlegitimation" („Sachlegitimation", „Sachbefugnis"). Im Rahmen der Begründetheitsprüfung wird dies festgestellt und die Klage insoweit als *unbegründet* abgewiesen.[1] Weder Krankenkasse noch Arbeitgeber

---

[1] BGH NJW 2021, 2808 Rn. 15 (keine Abweisung als unzulässig).

§ 21. Der „formelle" Parteibegriff

> sind Parteien des Rechtsstreits, obwohl sie durch die gesetzlichen Forderungsübergänge „Beteiligte" am Schuldverhältnis (Gläubiger des *Fahrer*) geworden sind (Beispiel 22, → Rn. 52).

Nur, wenn *Pech* durch seine Rechtsanwältin demgegenüber hätte erklären lassen, er wisse, dass die Ansprüche auf Krankenkasse und Arbeitergeber übergegangen seien, mache sie aber trotzdem im eigenen Namen geltend, wäre das Problem der prozessualen Geltendmachung fremder Rechte im eigenen Namen (der Prozessführungsbefugnis) aufgetreten (→ Rn. 176). Fehlt diese, ist die Klage bereits als *unzulässig* abzuweisen.

II. In der Richterklausur

In der Richterklausur (→ Rn. 21) darf sich der Bearbeiter nicht zum Vormund der Partei aufschwingen und statt der prozessual Beteiligten die materiell richtigen Parteien in den Prozess aufnehmen, etwa im soeben genannten Beispiel 41 einfach Krankenkasse und Arbeitgeber in den Prozess hineinnehmen. Es mag zwar meist ein Fehler des Anwalts sein, wenn die tatsächliche Prozesspartei von der materiell richtigen Partei abweicht. Aber gerade solche „pathologischen" Fälle kommen vor und sind ein beliebtes Klausurthema. 93

> **Beispiel 42:** Wenn *Vergesslich* gegen den Polizisten *P*, der seinen Wagen „beschlagnahmte", klagt (Beispiel 28, → Rn. 73), darf der Bearbeiter nicht besserwissend ausführen, „eigentlich" meine *Vergesslich* doch den *Staat* als Träger der öffentlichen Gewalt.

III. In der Anwaltsklausur

Jetzt zeigt sich wiederum die andere Arbeitsweise in der Anwaltsklausur (→ Rn. 20). Bei ihr fragt sich der Bearbeiter, wer materiell-rechtlich die richtige Partei ist. Weiß er dies, macht er diese „materielle" Partei auch zur Prozesspartei, indem er sie als Klägerin oder Beklagte benennt. Im Beispiel 41 (→ Rn. 92) wird also die Anwältin neben *Pech* auch den *Arbeitgeber* und die *Krankenkasse* als Kläger auftreten lassen. Besonders klausurrelevant ist die richtige Auswahl der Prozessparteien im Falle einer *Räumungsklage*: 94

> **Beispiel 43:** Hätte in Beispiel 25 (→ Rn. 64) Hauseigentümer *Häuslein* der Mieterin *Mahler* aufgrund mehrmonatigen Zahlungsrückstandes wirksam gekündigt (§§ 543 II 1 Nr. 3 lit. a und b, 569 III Nr. 1 S. 1 BGB), so müsste in der Anwaltsklausur beachtet werden, dass die Räumung (§ 885 ZPO, Beispiel 150, → Rn. 434) bzw. Herausgabe (§ 885a ZPO, sog. „Berliner Räumung") nur gegen Besitzer („Gewahrsamsinhaber") der Wohnung vollstreckt werden kann, die *im Titel namentlich bezeichnet* sind (§ 750 I ZPO).[2]
>
> Wohnt Mieterin *Mahler* daher in der gemieteten Wohnung zusammen mit ihrer 15-jährigen Tochter *Melanie*, ihrem 22-jährigen Sohn *Florian* (der Untermiete an die Mutter zahlt und einen eigenen Hausstand führt), ihrem Lebensgefährten *Karsten* sowie (mit Einverständnis des *Häuslein*, § 553 I BGB) dessen Bruder *Maximilian*, so darf die Klage keinesfalls nur gegen Mieterin *Mahler* gerichtet werden. Denn (Mit-)Besitz an der Wohnung üben neben dieser jedenfalls auch *Karsten* und *Maximilian* aus. Ebenso ist auch das erwachsene Kind *Florian* aufgrund Mietzahlung und Führung eines eigenen Hausstandes wohl (Mit-)Besitzer und sollte zur Sicherheit ebenso verklagt werden.

---

[2] Hierzu Zöller/Seibel ZPO § 885 Rn. 6 ff.; Stein/Jonas/Bartels ZPO § 885 Rn. 7 ff.

Lediglich *Melanie* ist als minderjähriges Kind wohl noch nicht als Gewahrsamsinhaber zu sehen; die Räume der elterlichen Wohnung sind ihr nicht zum selbständigen Gebrauch überlassen. Selbiges gilt für einen bei der späteren Räumung etwaig anwesenden Besucher oder Hausangestellten. Sie müssen daher im Vollstreckungstitel nicht namentlich benannt (§ 750 I ZPO) und Prozesspartei sein.[3]

---

[3] Zum Ganzen BGH NJW 2008, 1959.

5. Kapitel. Die Mehrheit von Parteien: Die Streitgenossenschaft

§ 22. Der Begriff der Streitgenossenschaft

Genauso wie es mehrere Streitgegenstände zwischen denselben Parteien geben kann (*Anspruchshäufung*, → Rn. 76), können in einer Klage auch mehrere Personen klagen oder verklagt werden. Dann liegt eine *Streitgenossenschaft* vor.

> **Beispiel 44:** RAin *Dr. Klug* empfiehlt *Pech* die Klage gegen *Fahrer* und die *Versicherung* (Streitgenossenschaft auf der Beklagtenseite). Um eine Abweisung der Klage hinsichtlich der gesetzlichen Forderungsübergänge (Beispiel 41, → Rn. 92) zu vermeiden, lässt sie sich von *Krankenkasse* und *Arbeitgeber* bevollmächtigen, auch deren Ansprüche in der Klage geltend zu machen. Kläger sind dann *Pech*, *Krankenkasse* und *Arbeitgeber* (Streitgenossenschaft auf der Klägerseite).

Hinweis: Um eine teilweise Abweisung mangels Aktivlegitimation zu verhindern, dürfen die *Krankenkasse* nur die 750 EUR Krankenhauskosten, der *Arbeitgeber* nur die 125 EUR fortgezahlten Lohn und *Pech* nur 1.125 EUR (1.050 EUR Pflegekosten und Sachschadensersatz + 75 EUR Verdienstausfall = 1.125 EUR) geltend machen (Beispiel 22, → Rn. 52).

§ 23. Die Trennung der einzelnen Prozessrechtsverhältnisse

Die Streitgenossenschaft bietet bei der Fallbearbeitung keine Schwierigkeiten, wenn man sich zum Prinzip *absoluter Trennung der einzelnen Prozessrechtsverhältnisse* entschließt (→ Rn. 14 sowie Beispiel 2, → Rn. 13). Dieses Prinzip gilt genauso für die Streitgenossenschaft wie für die Anspruchshäufung (→ Rn. 88 aE). Letztlich ist die Streitgenossenschaft eine Art „Anspruchshäufung", sodass man sie auch als *„subjektive"* Anspruchshäufung (Mehrheit von Prozess*subjekten*) bezeichnen − im Gegensatz zur *„objektiven"* Anspruchshäufung des § 260 ZPO (Mehrheit von Objekten des Prozesses, dh von Streitgegenständen).

Erster Hinweis: Streitgenossenschaft bedeutet die Mehrheit von Prozessparteien. Wer also als Prozessbeteiligter nicht *Partei* ist, nimmt am Verfahren nach anderen Vorschriften teil, etwa als Streitverkündungsempfänger (→ Rn. 101), als Nebenintervenient (→ Rn. 105), als streitgenössischer Nebenintervenient (→ Rn. 106), als Zeuge, Sachverständiger oder als Anwalt. Die erste Frage richtet sich also danach, ob die betreffenden Subjekte Prozess*parteien* sind.

Zweiter Hinweis: Vorliegen und Zulässigkeit der Streitgenossenschaft sind strikt zu trennen. Auch dort, wo eine Streitgenossenschaft *unzulässig* ist, liegt sie (zunächst einmal) vor, sofern nur mehrere Personen Prozess*parteien* sind. Die unzulässige Streitgenossenschaft führt zur Prozesstrennung.

Dritter Hinweis: Besteht eine Streitgenossenschaft, müssen zunächst die Voraussetzungen der Streitgenossenschaft geprüft werden (§ 59 ZPO und § 60 ZPO). Wenn sie fehlen, ist die Klage nicht etwa unzulässig, sondern es sind die Prozessrechtsverhältnisse genauso zu trennen (§ 145 ZPO), wie wenn mehrere Streitgegenstände unzulässig in einer Klage verbunden sind (→ Rn. 76 aE).

> **Beispiel 45:** Autohändler *Beule* hat im Januar an *X*, im Februar an *Y* einen Wagen verkauft. *X* und *Y* kennen sich nicht; zwischen ihnen bestehen keine Rechtsbeziehungen. Als sie sich mit unterschiedlichen Begründungen gegen die Zahlung des Kaufpreises

wehren, verklagt sie *Beule* in einer einzigen Klageschrift gemeinsam. Die Verbindung ist unzulässig, weil die Voraussetzungen der §§ 59 ff. ZPO nicht vorliegen.
Folge: Trennung der prozessualen Ansprüche (§ 145 ZPO).
Falsch: Abweisung der Klage(n) als unzulässig.

Beispiel 46: *Anna Fink* klagt gegen ihren Ehemann *Stefan Fink* auf Herausgabe ihrer Schallplatten- und CD-Sammlung und stellt gleichzeitig Antrag auf Ehescheidung (§ 133 FamFG).
Folge: Trennung der prozessualen Ansprüche (→ Rn. 76 aE).
Falsch: Abweisung der Klage als unzulässig.

Vierter Hinweis: Ist die Streitgenossenschaft zulässig, müssen *für jedes einzelne Prozessrechtsverhältnis* gesondert die *Sachurteilsvoraussetzungen* geprüft werden.

Beispiel 47: *Klein* verklagt vor dem AG die Unternehmerin *Herz* und Herrn *Saubermann* auf Zahlung, Vater *Sanft* und Sohn *Sanft* auf Herausgabe des Rasenmähers. Für jeden einzelnen Streitgenossen wird die Zulässigkeit der Klage geprüft. Es kann sich dann herausstellen, dass Frau *Herz* nicht prozessfähig ist. Bei der Klage gegen Herrn *Saubermann* kann die örtliche Zuständigkeit fehlen. Vater *Sanft* wendet entgegenstehende Rechtskraft ein, weil *Klein* schon früher dasselbe Begehren gegen ihn erfolglos verfolgt habe. Sohn *Sanft* rügt die sachliche Unzuständigkeit des angegangenen AG; er habe mit *Klein* nach dem Entstehen des Streits (§ 38 III Nr. 1 ZPO) schriftlich vereinbart, dass – da es zu einem Prozess komme – vor dem LG prozessiert werden soll. So ist *Klein* mit seiner Klage gegen alle Streitgenossen prozessual erfolglos – aber jeweils aus ganz verschiedenen Gründen.

Fünfter Hinweis: Bei der Streitgenossenschaft empfiehlt es sich – wie bei der Anspruchshäufung – für jedes einzelne Prozessrechtsverhältnis ein eigenes Konzeptblatt anzulegen (→ Rn. 14 sowie Beispiel 2, → Rn. 13 und → Rn. 88 aE).

§ 24. Die notwendige Streitgenossenschaft

98 Die Vorschriften über die notwendige Streitgenossenschaft in § 62 ZPO sind rudimentär. Sie enthalten zwar die wichtige Aussage, dass, *falls* eine notwendige Streitgenossenschaft vorliegt, die in § 62 ZPO enthaltenen Rechtsfolgen eintreten. Keine Aussage treffen sie aber für die wichtige Frage, *wann* eine solche Streitgenossenschaft vorliegt. Sie lässt sich vom Zweck des § 62 ZPO her klar beantworten: Er sichert, dass *einheitliche Rechtsverhältnisse im Prozess ihre Einheitlichkeit nicht verlieren.* Wenn also (wie im Beispiel 27, → Rn. 70) eine OHG drei Gesellschafter hat, garantiert § 62 ZPO die Prozessbeteiligung *sämtlicher* drei Gesellschafter, sei es als Kläger, sei es als Beklagte. Nur falls diese drei Gesellschafter am Prozess beteiligt sind, ist die Klage zulässig. Damit verhindert die Vorschrift etwa den Erfolg einer Klage des Gesellschafters *Tom* gegen *Harry* auf Ausschließung aus der Gesellschaft §§ 134, 130 I Nr. 5 HGB), ohne dass der dritte Gesellschafter *Dick* am Prozess beteiligt ist.

Bei der Fallbearbeitung muss sich der Verfasser erst einmal klar werden, welche Variante der notwendigen Streitgenossenschaft vorliegt. § 62 I ZPO regelt nämlich zwei verschiedene Arten der notwendigen Streitgenossenschaft. Auch die Rechtsfolgen sind nicht identisch.

§ 24. Die notwendige Streitgenossenschaft

I. Zwang zu gemeinsamer Klage von mehreren oder gegen mehrere (2. Alternative des § 62 I ZPO) – Verbot der Einzelklage

Falls das materielle Recht (oder bisweilen auch das Prozessrecht) anordnet, dass Personen nur gemeinsam Rechtsstreitigkeiten führen dürfen, verhindert § 62 ZPO durch das Verbot der Einzelklage eine Umgehung. Bei dieser Fallgruppe hat sich der Bearbeiter zu fragen, ob diese sämtlichen Personen geklagt haben oder verklagt werden. Wenn ja, ist insoweit prozessual nichts zu beanstanden. Wenn nein, muss die Klage des Einzelklägers oder gegen den Einzelbeklagten als *unzulässig* abgewiesen werden. Dadurch wird verhindert, dass ein *einzelner* Beteiligter den Prozess führt, obwohl die jeweilige gesetzliche Regelung die Beteiligung *mehrerer* Personen vorschreibt.[1]

99

In diesen Fällen fehlt dem *Einzelkläger* oder dem *Einzelbeklagten* die *Prozessführungsbefugnis!* Sie kann sowohl auf der Klägerseite als auch auf der Beklagtenseite fehlen, sodass möglicherweise auf beiden Seiten die Problematik zu untersuchen ist. Häufig wird das hier behandelte Verbot der Einzelklage als eine Streitgenossenschaft „*aus materiell-rechtlichen Gründen*" bezeichnet. Dies ist jedoch zu eng, weil ein Einzelklage-Verbot auch aus *prozessualen* Erwägungen aufgestellt werden kann, wie etwa § 129 I FamFG beweist. Es ist deshalb besser und im Übrigen auch anschaulicher, nur vom „*Verbot der Einzelklage*" zu sprechen.

Von Bedeutung sind folgende Fallgruppen:

1. Aktivprozesse von Gesamthandsgemeinschaften

> **Beispiel 48:** Zwischen *Anna* und *Stefan Fink* besteht Gütergemeinschaft (§§ 1415 ff. BGB). Die Verwaltung des Gesamtguts wird von beiden geführt (§§ 1450 ff. BGB). *Anna* bemerkt eines Tages, dass Untermieter *Listig* seit Monaten die Miete nicht bezahlt hat. Sie verklagt ihn. Die Klage ist unzulässig, weil *Anna* nicht allein zur Prozessführung befugt ist (§ 1450 I 1 BGB). Es liegt eine notwendige Streitgenossenschaft iSd 2. Alternative des § 62 I ZPO vor: Verbot der Einzelklage.

Weitere Fälle notwendiger Streitgenossenschaft enthalten §§ 747 S. 2, 1066 II, 1082, 1258 II, 2038, 2040, 2224 BGB. Wenn allerdings die Prozessführungsbefugnis beim einzelnen Gesamthänder liegt, darf er auch einzeln klagen und ein Verbot der Einzelklage gemäß § 62 I Alt. 2 ZPO besteht nicht, zB bei §§ 432, 1422, 1472 III Hs. 2, 2038 I 2 Hs. 2, 2039 S. 2, 2224 II BGB.

2. Passivprozesse von Gesamthandsgemeinschaften

Sie führen *nur ausnahmsweise* zu einer notwendigen Streitgenossenschaft, wenn eine *Gesamthandsschuld* besteht, vgl. §§ 747 S. 2, 2059 II BGB. Meistens liegt jedoch eine *Gesamtschuld* vor, die nicht zu gemeinsamer Klage gegen *alle* Gesamtschuldner zwingt, vgl. §§ 421 S. 1, 425 BGB.

3. Gestaltungsklagen

Eine notwendige Streitgenossenschaft besteht, wenn die Gestaltung nur durch Urteil vollzogen werden kann und an dem zu gestaltenden Rechtsverhältnis mehrere Personen beteiligt sind. Das Verbot der Einzelklage stellt auch hier sicher, dass *alle materiell-rechtlich Beteiligten* im Prozess (sei es auf der Kläger-, sei es auf der Beklagtenseite) mitwirken. Als Aktivprozesse sind hier vor allem die gesellschaftsrechtlichen Auseinandersetzungen gemäß §§ 116 V, 124 V HGB (Entzug der Geschäftsführungsbefugnis und der Vertretungsmacht), §§ 134, 130 I Nr. 5 HGB (Aus-

---

[1] Vgl. Zöller/Althammer ZPO § 62 Rn. 11 ff.

schluss aus der Gesellschaft), §§ 139, 138 I Nr. 3 HGB (Auflösung der Gesellschaft), § 161 II HGB (Anwendung auf die KG) zu nennen.

> **Beispiel 49:** *Tom* klagt gegen *Harry* (Beispiel 27, → Rn. 70) auf Auflösung der OHG, nachdem *Harry* der Veruntreuung von Gesellschaftsgeldern überführt worden war (§§ 139, 138 I Nr. 3 HGB). Der dritte Gesellschafter, *Dick*, ist am Prozess nicht beteiligt. Deshalb ist die Klage unzulässig. Würde ein Gericht gleichwohl der Klage des *Tom* stattgeben, bestände die Unklarheit, ob gegenüber dem am Auflösungsprozess nicht beteiligten Gesellschafter *Dick* die OHG doch noch besteht.
>
> **Frage:** Was ist *Tom* zu raten, um eine Auflösung der OHG durch das Gericht zu erreichen?
>
> **Antwort:** *Tom* muss *Dick* auf Zustimmung zur Auflösungsklage verklagen; dies kann aus prozessökonomischen Gründen zugleich mit der Auflösungsklage gegen *Harry* erfolgen (Streitgenossenschaft und Anspruchshäufung, §§ 59 ff. und § 260 ZPO). *Tom* hat also nicht erst *Dick* zu verklagen, um nach dessen Verurteilung die Auflösungsklage zu erheben.[2]

II. Notwendig einheitliche Sachentscheidung für den Fall einer Streitgenossenschaft (1. Alternative des § 62 I ZPO)

100 Anders ist die Behandlung der *1. Alternative* des § 62 I ZPO: der Fallgruppe notwendig einheitlicher Sachentscheidung. Hier schadet die Einzelklage nicht; sie ist zulässig. Nur *wenn* mehrere Kläger oder Beklagte auftreten, muss das Gericht zu einer einheitlichen Entscheidung gegenüber allen notwendigen Streitgenossen kommen.

Haben zB mehrere Gläubiger eine Geldforderung des Vollstreckungsschuldners gegen den Drittschuldner gepfändet (→ Rn. 455 f.) und klagen sie gegen ihn auf Hinterlegung des gepfändeten Betrages (§ 853 ZPO), sind sie notwendige Streitgenossen (§ 856 IV ZPO). Ein weiterer Fall ist die *actio pro socio* des § 715b IV BGB (→ Rn. 178). Hauptsächlich handelt es sich um die Fälle der Rechtskrafterstreckung bei Feststellungsklagen (zB § 249 AktG [Nichtigkeitsklage gegen Hauptversammlungsbeschluss], §§ 179, 183 InsO [Streit um das Bestehen von Forderungen] und bei Gestaltungsklagen § 113 VI HGB [Anfechtungsklage gegen einen Beschluss der Gesellschafter], § 248 AktG [Anfechtungsklage gegen Hauptversammlungsbeschluss], § 2342 BGB [Erbunwürdigkeit]).[3]

Hinweis zur Passivlegitimation bei Beschlussmängelklagen in Personengesellschaften: Wenn ein Gesellschafter einer BGB-Gesellschaft einen Gesellschafterbeschluss für nichtig hält, muss er die Klage auf Feststellung der Nichtigkeit (§ 256 I ZPO) gegen die anderen (widersprechenden) Gesellschafter richten; die BGB-Gesellschaft ist nicht passivlegitimiert. Anders ist es bei der OHG: Passivlegitimiert für eine Anfechtungs- oder Nichtigkeitsklage (§§ 113 f. HGB) gegen einen Gesellschafterbeschluss ist die OHG (§ 113 II 1 HGB); die bislang nicht am Prozess beteiligten Gesellschafter können dem Prozess aber als streitgenössische Nebenintervenienten beitreten (Beispiel 57, → Rn. 106). Wie häufig im Gesellschaftsrecht kann auch hier die Rechtslage aufgrund der Regelungen des Gesellschaftsvertrages anders sein.

---

[2] Vgl. Zöller/Althammer ZPO § 62 Rn. 39 ff.
[3] Weitere Fälle bei Zöller/Althammer ZPO § 62 Rn. 3 ff.

§ 24. Die notwendige Streitgenossenschaft

Beispiel 50: *Tom, Dick* und *Harry* haben *Hinz* und *Kunz* als weitere Gesellschafter in die OHG aufgenommen. Zur ersten gemeinsamen Gesellschafterversammlung am 3.7. erscheinen *Hinz* und *Kunz* nicht; eine Einladung hätten sie nicht erhalten (vgl. § 109 II HGB). *Tom, Dick* und *Harry* führen die Gesellschafterversammlung gleichwohl durch. *Hinz* und *Kunz* erheben zum Landgericht (§ 113 I HGB) durch eine Rechtsanwältin Klage gegen die OHG (§ 113 II 1 HGB) und beantragen die Nichtigkeitserklärung sämtlicher am 3.7. gefasster Gesellschafterbeschlüsse, weil sie nicht eingeladen worden seien und die Gesellschafterbeschlüsse der Zustimmung aller Gesellschafter bedürften (§ 109 HGB). *Hinz* und *Kunz* bilden eine notwendige Streitgenossenschaft in der Alternative notwendig einheitlicher Entscheidung (§ 62 I [Alt. 1] ZPO: „nur einheitlich"), weil § 113 VI HGB eine *Rechtskrafterstreckung* eines gegen die OHG ergehenden Nichtigkeitsurteils auf alle Gesellschafter anordnet. Denn wenn das Gericht gegenüber *Hinz* die Gesellschafterbeschlüsse für nichtig erklären und gegenüber *Kunz* deren Gültigkeit bejahen würde, hätte es die Nichtigkeit der Beschlüsse sowohl für die beklagte OHG als auch für deren Gesellschafter *gleichzeitig bejaht und verneint*. Ein solches Ergebnis verhindert die Rechtsfigur der notwendigen Streitgenossenschaft.

Beispiel 51: Wenn zwei Gesellschafter gegen einen dritten Gesellschafter einer BGB-Gesellschaft gemäß § 715b BGB im Wege der „actio pro socio" klagen, so liegt – wie im Beispiel 50 – ebenfalls ein Fall der Rechtskrafterstreckung vor (§ 715b IV BGB). Die klagenden Gesellschafter bilden eine notwendige Streitgenossenschaft in der Alternative notwendig einheitlicher Entscheidung (§ 62 I [Alt. 1] ZPO: „nur einheitlich"). Der Grund hierfür ist auch hier die Kombination von Streitgenossenschaft und Rechtskrafterstreckung. Denn wenn das Gericht gegenüber dem einen Gesellschafter den Klageanspruch bejahen, gegenüber dem anderen aber verneinen würde, träte gegenüber der Gesellschaft eine sich widersprechende Rechtskrafterstreckung ein: Der Anspruch wäre gleichzeitig bejaht und verneint.

Keine notwendige Streitgenossenschaft liegt vor im Falle der einseitigen Rechtskrafterstreckung gemäß § 124 VVG:

Beispiel 52: *Pech* klagt gegen *Fahrer* und die *Versicherung* (Beispiel 1, → Rn. 4). Im Termin erscheint außer *Pech* nur ein Rechtsanwalt für die *Versicherung; Fahrer* ist nicht vertreten. Kann gegen ihn ein Versäumnisurteil ergehen oder gilt § 62 I Alt. 1 ZPO?
Antwort: Das Versäumnisurteil darf ergehen, da keine notwendige Streitgenossenschaft vorliegt,[4] *Fahrer* und *Versicherung* sind zwar Gesamtschuldner (§§ 115 I 4, 116 VVG, § 425 BGB), doch kann ein Prozess gegen sie, wenn der Geschädigte sie gemäß §§ 115 I 1 Nr. 1, 124 VVG gemeinsam verklagt hat, unterschiedlich ausgehen (→ Rn. 99, 2. Fallgruppe des § 62 I ZPO). Etwa kann die Versicherung Risikoausschlussgründe (zB § 103 VVG) vorbringen.[5]

---

[4] Zur Vertretungsfunktion des notwendigen Streitgenossen → Rn. 339.
[5] Weiterführend zur Rechtskrafterstreckung des § 124 VVG: BGH NJW 2021, 2008 sowie K. Schmid JuS 2021, 1193.

6. Kapitel. Streitverkündung, Nebenintervention, Beiladung

§ 25. Die Beteiligung Dritter: Streitverkündung, Nebenintervention, Beiladung
I. Streitverkündung

101 Streitverkündung[1] (§§ 72–74 ZPO) ist die von einer Prozesspartei ausgehende förmliche Benachrichtigung eines *Dritten* über das Schweben des Prozesses. Von anderen Parteihandlungen unterscheidet sich die Streitverkündung durch zwei wichtige Eigenheiten: *Erstens* richtet sie sich *nicht gegen den Prozessgegner;* sie dient vielmehr dem Angriff oder der Verteidigung gegen einen Dritten. *Zweitens* will sie *nicht den Streitgegenstand des gegenwärtigen Prozesses* beeinflussen, sondern ein Fundament für einen etwa nachfolgenden Prozess (den „Regressprozess") bereiten.

> **Beispiel 53:** Seinen Rasenmäher (Beispiel 47, → Rn. 97) hatte *Klein* im Geschäft des *Grün* gekauft. *Klein* meint, der Rasenmäher habe einen Sachmangel (§ 434 BGB) und klagt deshalb gegen *Grün*. Für den Fall eines Prozessverlustes will sich *Grün* gegenüber dem Hersteller, der *Maschinen-AG*, absichern.
> **Frage:** Wie kann er dies?
> **Antwort:** *Grün* verkündet der *Maschinen-AG* den Streit. Verliert *Grün* (weil der Sachmangel besteht), kann die *Maschinen-AG* in einem nachfolgenden Regressprozess des *Grün* nicht einwenden, es habe doch keinen Sachmangel gegeben: Interventionswirkung (§§ 72, 74 III, 68 ZPO).

Sinn der Streitverkündung ist es daher, gegenüber einem Dritten die in § 68 ZPO näher beschriebene Bindung (die „Interventionswirkung") herbeizuführen (→ Rn. 104). Hieraus folgt ein grundlegender Satz der *Prozesstaktik:* Immer, wenn die *Haftung* oder der *Anspruch eines Dritten* in einem materiell-rechtlichen Fall eingreifen kann, ist an die Streitverkündung zu denken.[2]

1. Die vier Fallgruppen der Streitverkündung
a) Gewährleistung

102 Als erste Konstellation nennt § 72 I ZPO den Anspruch des Prozessverlierers auf „Gewährleistung". Gemeint sind alle Fälle, in denen ein Dritter für Rechts- oder Sachmängel einzustehen hat, zB §§ 433 I 2, 437 ff., 633 ff., 2182 f. BGB und §§ 377 ff. HGB.

b) Schadloshaltung

Sodann nennt § 72 I ZPO den Anspruch des Prozessverlierers auf „Schadloshaltung". Hier handelt es sich vor allem um *Rückgriffsansprüche*.

> **Beispiel 54:** Frau *Credit* hat Herrn *Debtor* ein Darlehen in Höhe von 5.000 EUR gewährt. *Bürger* hat für die Erfüllung der Darlehensschuld eine selbstschuldnerische Bürgschaft übernommen (§§ 765, 773 I Nr. 1 BGB). Als *Credit* aus der Bürgschaft gegen *Bürger* gerichtlich vorgeht, verkündet dieser dem *Debtor* den Streit. Denn bei der Erfüllung der Darlehensschuld durch *Bürger* geht die Darlehensforderung gemäß § 774 I BGB auf ihn über.

---

[1] Näher Stein/Jonas/Jacoby ZPO § 72 Rn. 1 ff.
[2] Vgl. K. Schmid JuS 2021, 887 (890).

§ 25. Die Beteiligung Dritter: Streitverkündung, Nebenintervention, Beiladung 55

c) Alternative Haftung

Von der Rechtsprechung der soeben behandelten zweiten Fallgruppe der „Schadloshaltung" zugeordnet, aber richtigerweise als eigene Konstellation zu betrachten sind die Fälle *alternativer Haftung*.

> **Beispiel 55:**[3] *Fahrer* bemüht sich bei der *Tiefbau-AG* um Aufträge für die An- und Abfuhr von Sand. Diese schickt *Fahrer* zur *Transport-GmbH*. Deren Geschäftsführer erklärt dem *Fahrer,* er dürfe Sand und Kies fahren. Nach Beendigung der Arbeiten lehnen sowohl die *Tiefbau-AG* als auch die *Transport-GmbH* die Bezahlung des geforderten Fuhrlohns ab. Die *Transport-GmbH* bringt vor, sie sei lediglich Vermittlerin für die Aufträge gewesen. *Fahrer* erhebt daraufhin Klage gegen die *Transport-GmbH* und verkündet zugleich der *Tiefbau-AG* den Streit.

Die Streitverkündung bei alternativer Haftung setzt demgemäß voraus, dass *entweder* der mit der Klage geltend gemachte Anspruch *oder* der Anspruch gegen den Dritten besteht. Bei *kumulativer* Haftung (zB Gesamtschuld) versagt jedoch die Streitverkündung des Gläubigers; dann kommt nur eine Klage auch gegen diejenige Person in Betracht, die kumulativ haftet. Verklagt der Gläubiger nur einen Gesamtschuldner kann dieser jedoch seinen Mitgesamtschuldnern den Streit verkünden, um sich die Ergebnisse des Prozesses für seinen Innenregressanspruch zu sichern (§ 426 BGB). Das ist dann ein Fall der zweiten Fallgruppe (Schadloshaltung).

Alternative Haftungssituationen kommen in der Praxis häufig vor und sind deshalb auch beliebte Examensthemen: So etwa (wie im Beispiel 55) die Frage, wer *Vertragspartner* des Klägers ist. Bei der *Verkehrssicherungspflicht* taucht zB immer wieder das Problem auf, wem der verkehrswidrige Zustand zuzurechnen ist (Beispiel 108, → Rn. 285).

d) Befürchtung eines Anspruchs

Nach § 72 I ZPO ist die Streitverkündung ferner möglich, wenn der Prozessverlierer „den Anspruch eines Dritten besorgt" (dh befürchtet). Gemeint sind hiermit diejenigen Fälle, in denen eine Partei den Prozess *über ein fremdes Recht führt,* sei es *im eigenen Interesse* (zB als Pfandgläubiger, § 1227 BGB), sei es im *fremden Interesse* (zB als Kommissionär, §§ 383, 392 HGB), und befürchtet, einem Schadensersatzanspruch ausgesetzt zu werden.

2. Examensschwierigkeiten
a) Voraussetzungen der Streitverkündung

Hält sich der Bearbeiter die beiden wichtigen Eigenheiten der Streitverkündung 103 (→ Rn. 101) vor Augen, ist die Abgrenzung der Streitverkündung von anderen prozessualen Schritten nicht schwierig. Eine weitere Hürde ist genommen, wenn man die soeben dargestellten vier Fallgruppen der Streitverkündung deutlich unterscheidet. Für alle vier Fallgruppen gilt ferner: Ob die Voraussetzungen für eine Streitverkündung eingehalten sind, wird niemals im laufenden Prozess geprüft. Diese Frage stellt sich erst im nachfolgenden Prozess, wenn es um die Interventionswirkung geht. Da die Streitverkündung keinen eigenen Streitgegenstand geltend macht (→ Rn. 101), ist es gleichgültig, ob das Gericht für die möglichen Ansprüche gegen den Dritten oder des Dritten zuständig wäre.

---

[3] BGHZ 85, 252 = NJW 1983, 820 nachgebildet.

b) Terminologie

Die *Parteien* des Prozesses sind von dem *Dritten* (§§ 72 I, 73 S. 2, 3, 74 I, II, III ZPO) auch begrifflich zu trennen. Dieser Dritte wird durch die Streitverkündung zum *„Streitverkündungsempfänger"* (weniger gut sind die Ausdrücke: *„Streitverkündungsgegner"* oder *„Streitverkündungsbenachrichtigter",* sprachlich unzutreffend: *„Streitverkündeter").* Diejenige Partei, die den Streit verkündet, heißt *„Streitverkünder".*

Der „Dritte" kann auch Streitgenosse des Streitverkünders oder der Gegenpartei sein. *Credit* hat dem *Debtor* ein Darlehen gewährt. *Bürger* hat sich für *Debtor* verbürgt. Anders als im Beispiel 54 verklagt *Credit* nicht nur *Bürger,* sondern auch *Debtor.* Wiederum verkündet *Bürger* dem *Debtor* den Streit. Dass *Debtor* Streitgenosse des *Bürger* ist, hindert dessen Streitverkündung nicht.

c) Weiterer Fortgang des Prozesses

Der Streitverkündungsempfänger kann dem Prozess beitreten (§ 74 I ZPO); dann hat er die Stellung eines Nebenintervenienten (→ Rn. 105). Welcher Partei er beitritt, ist ihm übrigens freigestellt – sofern nur die Voraussetzungen der Nebenintervention vorliegen. So könnte im Beispiel 55 (→ Rn. 102) die *Tiefbau-AG* entweder der *Transport-GmbH* als Nebenintervenient beitreten, weil sie überhaupt die Tatsache eines Vertragsschlusses des *Fahrer* (mit wem auch immer) leugnet, oder dem *Fahrer* beitreten, weil sie einen Vertragsschluss des *Fahrers* mit der *Transport-GmbH* behauptet.

3. Insbesondere die Interventionswirkung

104 Das Institut der Streitverkündung *lebt von der Interventionswirkung des § 68 ZPO* (zur Taktik → Rn. 101 aE); sie greift gemäß § 74 III ZPO stets ein, ob nun der Streitverkündungsempfänger dem Prozess beitritt oder nicht. Maßgebend ist vor allem der 1. Halbsatz des § 68 ZPO: Gegenüber dem Streitverkünder wird im Folgeprozess der Streitverkündungsempfänger nicht mit dem Einwand gehört, der Erstprozess sei tatsächlich oder rechtlich falsch entschieden worden. Die Interventionswirkung tritt aber *nur zu Gunsten, nicht zu Lasten des Streitverkünders* ein;[4] der Streitverkündungsempfänger kann sich also nicht auf sie berufen.[5] „Die Interventionswirkung kommt nicht nur dem Entscheidungsausspruch, sondern auch den tatsächlichen und rechtlichen Grundlagen, auf denen das Urteil im Vorprozess beruht zugute"[6] und geht somit über die Rechtskraftwirkung des § 322 ZPO (→ Rn. 77) hinaus.

Im Beispiel 53 (→ Rn. 101) ist es deshalb der *Maschinen-AG* nicht möglich, mit Erfolg die Beweiswürdigung des Erstrichters anzugreifen, der einen Sachmangel feststellte. Im Beispiel 54 (→ Rn. 102) bleibt der Einwand des *Debtor* erfolglos, *Credit* habe ihm die 5.000 EUR geschenkt, es läge kein Darlehen vor.

---

[4] BGHZ 221, 363 = NJW 2019, 1748 Rn. 26 (Wortlaut § 74 III ZPO „gegen den Dritten"); vgl. Zöller/Althammer ZPO § 68 Rn. 6.

[5] Die Interventionswirkung ist unteilbar (Zöller/Althammer ZPO § 68 Rn. 6). Wenn sich der Streitverkünder auf sie beruft, erstreckt sie sich auch auf die für ihn ungünstigen Teile, BGHZ 221, 363 = NJW 2019, 1748 Rn. 27 f.

[6] BGH NJW 2021, 1242 Rn. 39 mAnm Tolani; hierzu auch K. Schmid JuS 2021, 887. Die Interventionswirkung gilt aber nicht für Feststellungen des Erstgerichts, auf denen dessen Urteil nicht beruht (sog. *überschießende Feststellungen*).

II. Nebenintervention (Streithilfe)

Die Nebenintervention („*Streithilfe*", §§ 66–71 ZPO) ist die aktive Teilnahme an einem Prozess, ohne selbst Partei zu sein. Wie die Streitverkündung (→ Rn. 101) beeinflusst sie nicht den anhängigen Streitgegenstand und macht deshalb auch nicht prozessuale Ansprüche geltend. Ihr *Ziel* ist vielmehr die *Unterstützung der Partei* (die ZPO nennt sie „Hauptpartei", vgl. §§ 67, 68 ZPO). Eine derartige Unterstützung ist zulässig, wenn der *Nebenintervenient* („*Streithelfer*", „*Streitgehilfe*") ein „rechtliches Interesse daran hat, dass" ... „die eine Partei obsiege" (§ 66 I ZPO). Man muss daher prüfen, ob ein für die „Hauptpartei" günstiges Urteil die Rechtsstellung des Nebenintervenienten verbessert, eine ungünstige Entscheidung sie verschlechtert. Durch die Nebenintervention ist der Streitgehilfe in der Lage, auf einen fremden Prozess, der auf seine eigene Rechtsstellung Einfluss haben kann, einzuwirken, zB verhindert er durch Erscheinen im Termin das Versäumnisurteil gegen die säumige Hauptpartei, vgl. § 67 ZPO. Die unmittelbare Nebenintervention ist in der Praxis selten; meist erfolgt sie nach einer Streitverkündung (→ Rn. 103).

105

> **Beispiel 56:** Wie im Beispiel 53 (→ Rn. 101) klagt *Klein* gegen *Grün* wegen des angeblichen Sachmangels. Die *Maschinen-AG* erfährt vom Prozess und tritt dem *Grün* als Nebenintervenient bei. Ihr „rechtliches Interesse" (§ 66 I ZPO) ist nicht zu bezweifeln: Sie würde – falls ein Sachmangel vorläge – dem *Grün* gegenüber haften (§§ 434, 437, 445a, 478 BGB). Verliert freilich *Grün* den Prozess, weil der Sachmangel besteht, dann kann sich die *Maschinen-AG* ihm gegenüber nicht auf den Standpunkt stellen, dies sei ein Fehlurteil und es liege kein Sachmangel vor: § 68 ZPO.

Mit der Einreichung der Beitrittserklärung wird der Nebenintervenient *ohne weiteres* zum Beteiligten des Prozesses, selbst wenn er das in § 66 ZPO erforderliche rechtliche Interesse nicht glaubhaft machen kann (vgl. § 71 I 2 ZPO) oder es sogar erkennbar nicht vorliegt. Erst mit Rechtskraft des gerichtlichen Ausspruchs der Unzulässigkeit der Nebenintervention endet die Beteiligtenstellung (§ 71 III ZPO). Diese Regelung hat die häufig übersehene Folge, dass die Prozesshandlungen des Nebenintervenienten (zB Einlegung des Einspruchs gegen ein Versäumnisurteil oder der Berufung) wirksam bleiben, auch wenn danach das Gericht die Nebenintervention für unzulässig erklärt.[7]

Von einer *streitgenössischen* Nebenintervention (§ 69 ZPO) spricht man, wenn ein Nebenintervenient – wäre er Partei – als notwendiger Streitgenosse gemäß § 62 I Alt. 1 ZPO (→ Rn. 100) anzusehen wäre. Dann fingiert („gilt") die ZPO die *Parteistellung* dieses Nebenintervenienten. Für ihn bestehen vor allem nicht die Grenzen des letzten Teils von § 67 ZPO: Er darf sich in Widerspruch zur Hauptpartei setzen!

106

> **Beispiel 57:** Anders als im Beispiel 50 (→ Rn. 100) hat nur *Hinz* die Klage gegen die OHG auf Nichtigerklärung von Gesellschafterbeschlüssen erhoben. Auch *Kunz* hat Bedenken gegen die Gültigkeit dieser Beschlüsse und tritt zur Unterstützung des *Hinz* dem Prozess als Nebenintervenient bei. Daraufhin erklären *Tom, Dick* und *Harry* den Beitritt als Nebenintervenienten auf Seiten der OHG. Obwohl nur Nebenintervenienten werden alle vier Gesellschafter gemäß § 69 ZPO *als Partei* angesehen. Dadurch ist ihnen der volle Einfluss auf ein Prozessgeschehen gesichert, an dessen Ende möglicherweise ein Urteil ergeht, das gemäß § 113 VI HGB eine Rechtskrafterstreckung auf sie als Gesellschafter der OHG anordnet. In den Fällen der Rechtskrafterstreckung ermöglicht das

---

[7] BGH NJW-RR 2020, 942; Schumann ZZP 133 (2020) 401 ff.

> Prozessinstitut der streitgenössischen Nebenintervention also den Prozesseintritt, ohne dass die Regelungen des Parteibeitritts (→ Rn. 285 ff.) einzuhalten sind.

III. Beiladung

107 Anders als die VwGO (§ 65) kennt die ZPO keine allgemeine Vorschrift über die Beiladung eines Dritten[8]. Aus dem Grundrecht auf Gehör (→ Rn. 158) hat das BVerfG im Wege der Lückenfüllung den Anspruch eines Dritten auf Beteiligung an einem Prozess abgeleitet, sofern er von der gerichtlichen Entscheidung rechtlich betroffen ist.[9] Wenn eine solche Betroffenheit vorliegt, muss das Gericht die betreffende Person beiladen[10]. Die lückenfüllende Gerichtspflicht besteht aber nur, sofern die ZPO die betreffende prozessuale Situation nicht bereits erfasst hat. So verbietet die ZPO bei gemeinsamer materieller Berechtigung die Einzelklage (notwendige Streitgenossenschaft: § 62 I Alt. 2 ZPO, → Rn. 99), nicht etwa darf das Gericht den Nichtbeteiligten beiladen. Ebenso wenig ist das Gericht zu einer Beiladung derjenigen Personen verpflichtet, auf die sich möglicherweise die Rechtskraft erstreckt. Diesem Personenkreis stellt die ZPO die streitgenössische Nebenintervention und damit der Eintritt in den Prozess zur Verfügung (→ Rn. 106 mit Beispiel 57).

---

[8] § 856 III ZPO sieht allerdings bei der Klage wegen mehrfacher Pfändung vor, dass weitere Pfändungspfandrechtsgläubiger beigeladen werden. Die zivilgerichtliche Beiladung ist ferner geregelt in: § 9 III KapMuG, § 148 III 3 AktG, § 7 IV FamFG [Beteiligte].

[9] Vgl. BVerfGE 60, 7 (14 ff.) = NJW 1982, 1635 (1636); BGHZ 199, 207 = NJW 2014, 1018 Rn. 27.

[10] Weiterführend Zöller/Althammer ZPO Vor § 64 Rn. 2 f.; Musielak/Voit/Weth ZPO Vor § 64 Rn. 3 ff.

7. Kapitel. Rechtsweg

§ 26. Rechtsweg

I. Die Vielzahl der Rechtswege

Das Problem des Rechtswegs war früher auf die Frage beschränkt, ob überhaupt ein Richter zur Entscheidung des Streitfalls berufen war; es gab nur *einen* Rechtsweg, die „ordentliche" Gerichtsbarkeit in Zivil- und Strafsachen (die „Justiz"). Neben der ordentlichen Gerichtsbarkeit haben sich im Laufe der letzten hundert Jahre mehrere andere Rechtswege entwickelt. Fragt man heute nach dem Rechtsweg, will man wissen, welcher dieser Rechtswege zur Verfügung steht: Rechtsweglose Streitfälle gibt es kaum (vgl. Art. 10 II 2 GG).

Die Vielzahl der Rechtswege wird aus dem GG deutlich (Art. 95 I GG): Jeder der dort genannten fünf obersten Gerichtshöfe des Bundes ist die Spitze eines Rechtswegs. Unter dem jeweils höchsten Gerichtshof (in Zivilsachen: BGH) gibt es mehrere Ebenen (in Zivilsachen: OLG, LG, AG). Die horizontale Gliederung der Gerichte (die Rechtswege) und der vertikale Aufbau (der Instanzenweg) werden deutlich, wenn sie sich der Leser anhand der im Internet verfügbaren Schaubilder über den Gerichtsaufbau optisch vergegenwärtigt.

108

II. Welcher Rechtsweg?

Im Gegensatz zur öffentlich-rechtlichen Fallbearbeitung spielt bei der ZPO-Klausur die Rechtswegfrage eine geringere Rolle. Nur wenn sich wirklich ernsthafte Zweifel an dem Vorliegen einer bürgerlich-rechtlichen Streitigkeit erheben, ist deshalb auf diesen Punkt einzugehen.

109

> **Beispiel 58:** Die *Kläger* sind teils Eigentümer, teils Mieter von Grundstücken und verlangen von der beklagten *Stadt* wegen des „unerträglichen Lärms" das Unterlassen von Kirmesveranstaltungen auf dem gemeindeeigenen Grundstück. *Anspruchsgrundlage:* §§ 862, 906, 1004 BGB. Da es um einen Anspruch wegen *nicht-hoheitlicher* Tätigkeit der öffentlichen Hand geht, liegt eine *bürgerliche Rechtsstreitigkeit* (§ 13 GVG) vor und der Zivilrechtsweg ist gegeben. Demgegenüber sind die Verwaltungsgerichte zuständig, wenn sich der Abwehranspruch gegen eine *hoheitliche* Tätigkeit richtet (§ 40 I VwGO).

III. Typische Fehlerquellen bei der Rechtswegprüfung

1. Unterscheide Vor- und Hauptfrage

Der Bearbeiter übersieht den Unterschied zwischen Vor- und Hauptfrage. Im Prinzip hat jedes Gericht die *Vorfragenkompetenz*,[1] dh es darf auch solche Vorfragen entscheiden, die – als Hauptfrage (als Streitgegenstand) – nicht zu seinem Rechtsweg oder seiner Zuständigkeit gehören, § 17 II 1 GVG.

110

> **Beispiel 59:** Im Schadensersatzprozess *Pech* gegen *Fahrer* können sich als Vorfragen zB folgende öffentlich-rechtlichen Probleme ergeben: Ist die von *Fahrer* befahrene Straße für Kraftfahrzeuge gesperrt (als Hauptfrage: Verwaltungsrechtsweg!)? Fallen die dem *Pech* von seiner Krankenkasse gewährten Leistungen unter das SGB VII (als Hauptfrage: Sozialrechtsweg!)? Da die Entscheidung über diese Vorfragen nicht den Streitgegenstand

---

[1] Vgl. Stein/Jonas/Jacobs GVG § 13 Rn. 23; Thomas/Putzo/Hüßtege GVG § 13 Rn. 24.

bilden (→ Rn. 84) und daher nicht in Rechtskraft erwächst, wird auch nicht in die Kompetenz anderer Rechtsweg eingegriffen.

2. Qualifikation der Streitigkeit ist Rechtsfrage

111 Der Verfasser weiß nicht, dass die Behauptung des Vorliegens einer bürgerlich-rechtlichen Streitigkeit *nicht* genügt.

> **Beispiel 60:** *Vergesslich* klagt gegen den Staat (als Träger der Polizei) vor dem Zivilgericht auf Herausgabe seines „beschlagnahmten" Wagens (Beispiel 28, → Rn. 73). Er selbst qualifiziert seinen Anspruch als bürgerlich-rechtlich (§ 985 BGB). Der Rechtsweg zum Zivilgericht ist jedoch unzulässig: Die richtige Qualifikation der vom Kläger begehrten Rechtsfolge zeigt, dass es sich um einen öffentlich-rechtlichen Streitfall handelt, nämlich um den Antrag auf Aufhebung des Verwaltungsakts der Beschlagnahme.

Zwar kommt es für die Frage des Rechtswegs vor allem auf den *Tatsachenvortrag* des Klägers an; die *rechtliche Bewertung* durch den Kläger ist für die Frage der Zulässigkeit jedoch unbeachtlich. Das Gericht unterstellt also bei der Prüfung der Zulässigkeit des Rechtswegs den Tatsachenvortrag des Klägers als richtig, qualifiziert aber *selbst* die aus dem Tatsachenvortrag abgeleitete Rechtsfolge; erst bei der Begründetheitsfrage hat es dann zu prüfen, ob der Tatsachenvortrag zutreffend ist.

3. Klage im falschen Rechtsweg führt automatisch zur Verweisung

112 Ist der gewählte Rechtsweg nicht gegeben, darf die Verweisungspflicht des Gerichts in den richtigen Rechtsweg (§ 17a II 1 GVG) niemals übersehen werden. Hält das Gericht den eingeschlagenen Rechtsweg für unzulässig, hat es darüber zu entscheiden und *ohne entsprechenden Antrag* der Partei den Rechtsstreit bindend (§ 17a II 2 GVG) an das zuständige Gericht des zulässigen Rechtswegs zu verweisen. § 17a GVG gilt entsprechend in den anderen Gerichtsbarkeiten für die Rechtswegverweisung (§ 48 ArbGG, § 173 VwGO, § 202 SGG, § 155 FGO). Entsprechend gilt er darüber hinaus auch für die örtliche und sachliche Unzuständigkeit (§ 48 ArbGG, § 83 VwGO, § 98 SGG, § 70 FGO) – anders als im Zivilprozess, der hierfür in § 281 ZPO eine besondere Regelung enthält (→ Rn. 232).

> **Beispiel 61:** Im Beispiel 28 (→ Rn. 73) macht *Vergesslich* Staatshaftungsansprüche auf Schadensersatz in Geld (Mietwagenkosten) vor dem VG geltend. Das Gericht verurteilt antragsgemäß. Die *Frage* lautet, welche Fehler begangen wurden. Bei der *Antwort* darf sich der Bearbeiter nicht auf die begangenen Fehler beschränken (auf den Fehler des Anwalts, zum VG zu gehen, und den Fehler des Gerichts, den Verwaltungsrechtsweg zu bejahen). Er muss vielmehr im Wege der Verlängerungstechnik (→ Rn. 35) auch darstellen, dass das Verwaltungsgericht *von Amts wegen* die Unzulässigkeit des Rechtswegs hätte feststellen und den Rechtsstreit in den Zivilrechtsweg (§ 17a II 1 GVG iVm § 173 VwGO) und zwar an das Landgericht (§ 71 II Nr. 2 GVG, Beispiel 80 Antwort 3, → Rn, 189) verweisen müssen.

8. Kapitel. Verfahrensarten

§ 27. Die Verfahrensarten und das Prinzip der Verfahrenskonkurrenz

Stehen Streitgegenstand und Parteien fest und ist geklärt, welcher Rechtsweg für den Streitfall zulässig ist, erhebt sich die Frage nach der Verfahrensart. Sie beantwortet sich nach dem „Angebot", das die jeweilige Prozessordnung den Beteiligten unterbreitet. Die ZPO ist hierbei großzügig und gibt dem Kläger oft mehrere Möglichkeiten. Die Bearbeitung einer Anwaltsklausur ist daher manchmal schwierig, wenn sie vom Bearbeiter das Aufzeigen der vielfältigen Verfahrensmöglichkeiten verlangt. Einfacher ist es bei der Richterklausur: Bei ihr ist meist nur zu prüfen, ob der eingeschlagene Weg zulässig war; ob mit ihm andere Wege konkurrieren, spielt nur manchmal eine Rolle und ist selten gefragt. 113

Die zivilprozessuale Fallbearbeitung wird erleichtert, wenn man sich von vornherein auf die Möglichkeit verschiedener (konkurrierender) Verfahrensarten einstellt; das bewahrt vor dem voreiligen Schluss, mit der ersten gefundenen Verfahrensart bereits alle Möglichkeiten erschöpft zu haben. Dabei gibt es zwei Typen der Verfahrenskonkurrenz: Alternativität (Wahl *zwischen* mehreren Verfahren) oder Kumulation (Wahl mehrerer Verfahren). Eine Alternativität liegt zB bei der Wahl zwischen Mahn- *oder* Klageverfahren vor (→ Rn. 131). Kumulativ kann der Kläger beim einstweiligen Rechtsschutz (→ Rn. 115) oder dem selbständigen Beweisverfahren (→ Rn. 129) vorgehen. 114

§ 28. Einstweiliger (vorläufiger) Rechtsschutz[1]

Es ist erstaunlich, wie häufig Bearbeiter vergessen, dass es auch die einstweilige Verfügung (§§ 935, 940 ZPO) und den Arrest (§§ 916 ff. ZPO) gibt. Vielfach liegt dies daran, dass den Kandidaten diese Verfahren unbekannt sind, weil sie glauben, es handele sich um unwesentliche Einzelheiten aus der Zwangsvollstreckung. Wenn auch in dem Achten Buch der ZPO geregelt, stellt der einstweilige Rechtsschutz ein (summarisches) *Erkenntnis*verfahren dar, um dem *Antragsteller vorläufig zu helfen*. Angesichts der oft jahrelangen Prozessdauer (mit drei Instanzen) ist deshalb bei *jedem* Verfahren zu prüfen, ob nicht auch *neben* der Klage oder vielleicht (zunächst) an deren Stelle einstweilige Regelungen beantragt werden sollten. In der Praxis hat dieser vorläufige Rechtsschutz eine wesentliche Bedeutung.[2] 115

Deshalb reicht es keineswegs, wenn der Klausurbearbeiter zB ausführt, dass gegen die ständigen Lärmbelästigungen eine Unterlassungsklage erfolgreich ist. Diese Auskunft genügt den im Beispiel 58 (→ Rn. 109) um ihre Ruhe gebrachten Mandanten sicher nicht: Sie wollen wissen, ob sie mit Aussicht auf Erfolg – neben der Unterlassungs- und Schadensersatzklage – schon *jetzt* die Einstellung des Kirmeslärms verlangen können und welchen Weg sie hierzu beschreiten müssen. 116

Folgende Besonderheiten gegenüber dem Klageverfahren sind zu beachten:

Erste Besonderheit: Neben dem Klageverfahren. Der einstweilige (vorläufige) Rechtsschutz (Arrest und einstweilige Verfügung) ist *neben* dem ordentlichen *Klageverfahren* zulässig, sodass es zur *Doppelspurigkeit* kommen kann. Das Klageverfahren nennt man in solchen Fällen „Hauptsache", weil es zur endgültigen Klärung 117

---

[1] Die Prüfungsordnungen erwähnen den „vorläufigen Rechtsschutz" häufig ausdrücklich (→ Rn. 2).
[2] Vgl. M. Huber JuS 2021, 204.

der Rechtsbeziehungen zwischen den Parteien führt. Damit der Antragsteller aber schon jetzt vorläufige (einstweilige) Hilfe erhält, muss er den Weg des einstweiligen Rechtsschutzes beschreiten.

118 *Zweite Besonderheit: Zwei Arten: Arrest und einstweilige Verfügung.* Beim einstweiligen Rechtsschutz gibt es zwei unterschiedliche Verfahren: einerseits den Arrest, andererseits die einstweilige Verfügung. Worin besteht nun der Unterschied? Der Arrest dient der Sicherung von Geldforderungen (§ 916 I ZPO), die einstweilige Verfügung der Sicherung anderer Ansprüche, sog. H-D-U-Ansprüche (gerichtet auf Handlung, Duldung, Unterlassung), zB von Ansprüchen auf Herausgabe von Sachen, auf Unterlassung beleidigender Behauptungen, auf Übertragung von Rechten, auf Abgabe einer Willenserklärung, also Ansprüche, die der Individualvollstreckung (→ Rn. 432–447) unterliegen. § 916 I ZPO spricht auch von einem Anspruch, der in eine Geldforderung übergehen kann. Dies ist jeder vermögensrechtliche Anspruch im Fall seiner Nicht- oder Schlechterfüllung. Solange also die Leistung (zB Herausgabe einer bestimmten Sache) möglich ist, hat der Gläubiger die Wahl, ob er diesen Anspruch durch einstweilige Verfügung oder aber den Geldanspruch im Wege des Arrestes geltend machen will. Mit anderen Worten gesagt, soll der Arrest den Vermögenswert einer Leistung, die einstweilige Verfügung aber die Leistung selbst sichern.

Als *Faustregel* sollte man sich merken, dass bei Unterlassungs- und Duldungsansprüchen (§§ 12 S. 2, 862 I 2, 1004 I 2 BGB) die Frage nach der *einstweiligen Verfügung* besonders naheliegt, während bei Geldforderungen die Beantragung des *Arrestes* häufig nicht anzuraten ist, weil die Arrestgründe seltener vorliegen, etwa reicht die schlechte Vermögenslage des Schuldners – anders als das Beiseiteschaffen von Vermögen oder Falschauskünfte des Schuldners – noch nicht für einen Arrest. Weiterhin ist im Rahmen der *einstweiligen Verfügung* stets an die *Leistungsverfügung (Befriedigungsverfügung,* → Rn. 126) zu denken, wenn der Kläger die Erfüllung des geltend gemachten Anspruches für seinen Lebensunterhalt dringend benötigt.

119 *Dritte Besonderheit: Wahlweise Zuständigkeiten.* Beim *Arrestverfahren* hat der Antragsteller eine über § 35 ZPO hinausgehende Wahlmöglichkeit. Neben dem Gericht der Hauptsache kann er auch das nach § 919 ZPO zuständige *Amts*gericht anrufen, und zwar ohne Rücksicht auf den Streitwert. Eine Definition für das Gericht der Hauptsache gibt § 943 ZPO. Im Verfahren *der einstweiligen Verfügung* ist gemäß § 937 I ZPO zunächst nur das Hauptsachegericht berufen. Daneben eröffnet § 942 ZPO in dringenden Fällen wiederum eine Zuständigkeit des Amtsgerichts der belegenen Sache. Es muss also eine besondere Dringlichkeit gegeben sein, die über die Eilbedürftigkeit, die dem Verfahren des einstweiligen Rechtsschutzes ohnehin zu eigen ist, hinausgeht. Anders als beim Arrest ist das Amtsgericht der belegenen Sache nur für die in § 942 ZPO genannten Maßnahmen zuständig. Diese Zuständigkeiten sind gemäß § 802 ZPO ausschließlich (→ Rn. 203 aE, → Rn. 228).

120 *Vierte Besonderheit: Eigene Terminologie.* Der Bearbeiter einer Klausur aus dem einstweiligen Rechtsschutz muss die besondere *Terminologie* kennen, die sich auf die Voraussetzungen des einstweiligen Rechtsschutzes bezieht. Einstweiliger Rechtsschutz wird nur gegeben, wenn die besondere Voraussetzung der *Dringlichkeit* (oder anders gewendet: die Gefahr einer Rechtsdurchsetzungsvereitelung) vorhanden ist; man nennt sie „*Arrestgrund*" oder „*Verfügungsgrund*", also die Tatsache, die ein schnelles Handeln des Gerichtes erforderlich macht. Die gesetzlichen Regelungen hierfür sind die §§ 917, 918 ZPO und §§ 935, 940 ZPO. Vom Arrestgrund (Verfügungsgrund) ist der „*Arrestanspruch*" oder „*Verfügungsanspruch*" zu trennen. Arrest*anspruch* (Verfügungs*anspruch*) ist der zu sichernde materiell-rechtliche Anspruch. Die Beteiligten heißen „*Antragssteller*" und „*Antragsgegner*".

Fünfte Besonderheit: Glaubhaftmachung genügt. Arrestgrund (Verfügungsgrund) 121
und Arrestanspruch (Verfügungsanspruch) müssen nicht voll bewiesen werden; es
genügt vielmehr *Glaubhaftmachung* (§§ 920 II, 936 ZPO). Glaubhaftmachung ist
eine erleichterte Art der Beweisführung (§ 294 ZPO → Rn. 335). Der Antragsteller
muss dem Gericht nicht den vollen Beweis erbringen; es genügt vielmehr die überwiegende Wahrscheinlichkeit. Der Gläubiger ist nicht an die in der ZPO genannten
Beweisformen gebunden; vor allem die eidesstattliche Versicherung (vgl. § 294 I
ZPO) spielt eine große Rolle.

Da der Antragsteller insbes. den Arrestanspruch (Verfügungsanspruch) nicht voll beweisen
muss, sondern bloß glaubhaft zu machen hat, erhält er in aller Regel sehr schnell eine Entscheidung. Dies ist ja auch der Zweck des vorläufigen Rechtsschutzes: Der Antragsteller soll
einstweilen einen Arrest oder eine Verfügung erhalten. Dies wäre unmöglich, wenn er (wie im
Hauptsacheverfahren) voll den Beweis erbringen müsste.

Sechste Besonderheit: Ohne mündliche Verhandlung: Das Gericht kann ohne mündliche Verhandlung sowohl den Arrest anordnen (§ 922 I 1 ZPO) als auch die einstweilige Verfügung erlassen, allerdings nur „in dringenden Fällen" (§ 937 II ZPO, 122
Rechtsbegriff, kein Ermessen[3]). Es muss also neben der ohnehin erforderlichen
Dringlichkeit (→ Rn. 120) zusätzlich eine Eilbedürftigkeit bestehen, die nicht einmal
einen kurzfristigen Gerichtstermin erlaubt. Ferner darf es nicht zu einem *Geheimverfahren* gegenüber dem Antragsgegner kommen, in dem das Gericht zB dem
Antragsteller Hinweise gibt, die dem Antragsgegner vorenthalten werden.[4] Vielmehr hat sich das Gericht auch in diesen Verfahren vom Gebot der *Waffengleichheit*
(Art. 3 I GG, → Rn. 297) leiten zu lassen.[5]

Siebte Besonderheit: Arrest dient nur der Sicherung. Der *Arrest* dient stets nur der 123
Sicherung, niemals der Befriedigung. Die aufgrund eines Arrestbeschlusses erfolgte
Pfändung kann also niemals zur Verwertung führen. Diese wichtige Regel ist konsequent; denn mit dem Arrest soll durch einstweilige Maßnahmen nur verhindert
werden, dass dem Antragsteller ein Nachteil entsteht. Die Sicherstellung (Pfändung
= Arrest) der Sachen bietet hinreichenden Schutz. Eine Verwertung ist nicht möglich. Will der Antragsteller die Verwertung, muss er im Hauptsacheprozess klagen
und dort ein obsiegendes Urteil erhalten.

Achte Besonderheit: Dinglicher und persönlicher Arrest. Der Arrest spaltet sich auf in 124
den persönlichen Arrest und den dinglichen Arrest. Der Normalfall ist der *dingliche
Arrest* (§ 917 ZPO). Seine Vollziehung richtet sich nach §§ 928–932 ZPO, vor allem
durch Pfändung (§ 930 I ZPO). Der weitergehende *persönliche Arrest* ist demgegenüber nur unter strengen Voraussetzungen zulässig (§ 918 ZPO); es darf kein anderes
Sicherungsmittel, insbes. der dingliche Arrest, ausreichend sein. Er kann zu Haft
oder weniger einschneidenden Maßnahmen führen, zB Hausarrest, Meldepflicht,
Wegnahme von Ausweispapieren (§ 933 ZPO).

Neunte Besonderheit: Einstweilige Verfügung dient grds. nur der Sicherheit. Auch 125
die *einstweilige Verfügung* ist wie der Arrest nur auf *Sicherung*, nicht auf Befriedigung gerichtet. Ebenso hier gilt zunächst der Grundsatz, dass derjenige Antragsteller, der die Befriedigung seines Anspruches will, im Hauptsacheverfahren zu
klagen hat und erst aufgrund eines vollstreckbaren Titels die Befriedigung durchzusetzen vermag. Doch zeigen sich hier bereits fließende Grenzen. So ist eine einst-

---

[3] Musielak/Voit/Huber ZPO § 937 Rn. 4.
[4] BVerfG JZ 2019, 407 und 409, hierzu Schumann JZ 2019, 398.
[5] BVerfG NJW 2021, 2020; JA 2020, 790 mAnm Muckel; Thomas/Putzo/Seiler ZPO § 139
Rn. 3.

weilige Verfügung, die dem Antragsgegner das Aufstellen einer Behauptung verbietet, für die Zeit ihrer Geltung insoweit eine Befriedigung, als während dieser Zeit tatsächlich der Antragsgegner die Behauptung nicht aufstellen darf.

126 *Zehnte Besonderheit: Drei Arten der einstweiligen Verfügung.*

a) *Sicherungsverfügung (§ 935 ZPO):* Hierunter fallen vor allem Ansprüche auf eine individuelle Leistung, zB Herausgabe einer Sache.

b) *Regelungsverfügung (§ 940 ZPO):* Voraussetzung ist ein „streitiges Rechtsverhältnis". Beispiele bilden die einstweilige Regelung gesellschaftsrechtlicher Vertretungs- und Geschäftsführungsbefugnisse oder der Modalitäten bei miet- oder nachbarrechtlichen Beziehungen oder eines Arbeitsverhältnisses.

> Wenn sich der Bearbeiter einer Klausur nicht sicher ist, welche dieser beiden Verfügungsarten vorliegt, sollte er zur Klärung nicht allzu viel Zeit verwenden. Die Grenzziehung ist unscharf und ohne praktische Relevanz, da sich der Inhalt in jedem Fall nach § 938 ZPO richtet.

c) *Leistungsverfügung (Befriedigungsverfügung):* Diese – gesetzlich nicht geregelte – dritte Art der einstweiligen Verfügung ist in Rechtsfortbildung und in Analogie zu verschiedenen gesetzlichen Vorschriften (zB §§ 247, 49, 246, 248 FamFG, § 85 PatG, § 20 GebrMG, § 25 UWG) entwickelt worden. Sie spielt vor allem bei Unterhaltszahlungen eine Rolle. Die Besonderheit liegt darin, dass hier das Verfahren des einstweiligen Rechtsschutzes bereits zur Befriedigung (und nicht nur zur Sicherung) des Gläubigers führt. Daher ist hier eine genauere Prüfung der Rechtslage erforderlich.

127 *Elfte Besonderheit: Hauptsacheverfahren nicht übersehen!* Sowohl der Arrest als auch die einstweilige Verfügung sind als einstweilige Verfahren nicht geeignet, eine endgültige Klärung der Streitfragen zwischen den Parteien herbeizuführen. Wenn es auch viele Fälle gibt, in denen bereits im einstweiligen Verfahren die Kontroversen zwischen den Parteien beseitigt werden, so ist stets an das Hauptsacheverfahren zu denken. Nach Erlass des Arrestes oder der einstweiligen Verfügung kann das Gericht auf Antrag anordnen, dass Klage erhoben wird, damit im normalen streitigen Verfahren zwischen den Parteien die Rechtsfrage endgültig geklärt wird (§ 926 I ZPO).

128 *Zwölfte Besonderheit: Verursachungshaftung nach § 945 ZPO.* Diese Vorschrift bestimmt als materielle Anspruchsgrundlage eine rigorose Verursachungshaftung, dh eine Haftung ohne Verschulden. Wird eine *ungerechtfertigte* Maßnahme angeordnet, kann dieser vorläufige Erfolg mit hohen Schadensersatzansprüchen erkauft sein, wenn dem Gegner ein Schaden entstanden ist.[6]

§ 29. Selbständiges Beweisverfahren

129 Wie es den soeben dargestellten einstweiligen Rechtsschutz zur schnellen Sicherung von Ansprüchen gibt, ermöglicht die ZPO mit dem selbständigen Beweisverfahren (§§ 485 ff. ZPO) eine vorsorgliche Tatsachenfeststellung außerhalb des Urteilsverfahrens, besonders *vor* einem solchen Verfahren.[1] Auf diese Weise können Beweise

---

[6] Ähnlich auch § 302 IV 3 ZPO bei der Vollstreckung aus einem Vorbehaltsurteil, § 600 II iVm § 302 IV 3 ZPO beim Vorbehaltsurteil im Urkunden- und Wechselprozess, § 717 II ZPO für die Vollstreckung aus dem nur vorläufig vollstreckbaren Urteil. In die Verbindungslinien von Prozessrecht und materiellem Recht führt die Frage, wann überhaupt die Inanspruchnahme prozessualer Mittel zum Schadensersatz verpflichtet: Hierzu zB BGHZ 154, 269 (271 ff.) = NJW 2003, 1934 ff.; Emmerich JuS 2003, 817.

[1] Ausführlich hierzu Rosenberg/Schwab/Gottwald ZivilProzR § 118.

möglichst frühzeitig gesichert werden. Zur Beweisaufnahme sind alle Beweismittel außer dem Urkundenbeweis und die Parteivernehmung zugelassen. Das selbständige Beweisverfahren ist vor allem vorgesehen, wenn zu besorgen ist, dass das Beweismittel verloren geht oder seine Benutzung erschwert wird (§ 485 I Alt. 2 ZPO); so etwa bei drohendem Verderb einer Sache oder drohendem Tod eines Zeugen. Typisch sind Schäden bei Errichtung von Häusern oder sonstigen Bauwerken. Hier verhindert eine Beweisaufnahme im Rahmen des selbständigen Beweisverfahrens, dass die Bautätigkeit für längere Zeit bis zu einer Beweiserhebung im Urteilsverfahren unterbrochen werden muss.

Weiterhin kann nach § 485 II 1 ZPO die *schriftliche Begutachtung durch einen Sachverständigen* beantragt werden, wenn die beantragende Partei hieran ein *rechtliches Interesse* hat. Der Begriff des rechtlichen Interesses ist dabei weit zu verstehen und nur zu verneinen, wenn der behauptete Anspruch evident nicht bestehen kann.[2] Insbesondere ist das rechtliche Interesse gegeben, wenn die Feststellung der *Vermeidung eines Rechtsstreits* dienen kann (§ 485 II 2 ZPO). So etwa, wenn infolge eines Verkehrsunfalles lediglich über Ursachen und Umfang von Personen- oder Sachschäden gestritten wird.

Für das Verfahren können verschiedene Gerichte zuständig sein (§ 486 ZPO). Das Ergebnis des selbständigen Beweisverfahrens *steht einer Beweisaufnahme vor dem Prozessgericht erfolgten Beweisaufnahme gleich (§ 493 I ZPO).*[3] Materiell-rechtlich bewirkt die Zustellung des Antrags auf Durchführung eines selbständigen Beweisverfahrens an den Antragsgegner die *Hemmung der Verjährung (§ 204 I Nr. 7 BGB).*

§ 30. Prozesskostenhilfe

Wie schon erwähnt, gewährt die ZPO der finanziell schwachen Partei (gleichgültig, ob Kläger oder Beklagter) die Prozesskostenhilfe (zB Beispiel 4, → Rn. 20). Die Prozesskostenhilfe wird vom Gericht bewilligt, wenn eine Partei die Kosten der Prozessführung nicht aufbringen kann und wenn die beabsichtigte Rechtsverfolgung (oder Verteidigung) „hinreichende Aussicht auf Erfolg bietet und nicht mutwillig erscheint" (§ 114 I 1 ZPO).[1]

130

Kommt der Bearbeiter einer Anwaltsklausur zum Ergebnis, dass die Voraussetzungen der Prozesskostenhilfe gegeben sind, wird er dazu raten, das Verfahren auf Bewilligung der Prozesskostenhilfe einzuleiten. Im *Aufbau* empfiehlt es sich, erst nach der Behandlung der Zulässigkeit und Begründetheit der Klage auf die Prozesskostenhilfe einzugehen. Das hat zwei Gründe:

(1) Die Bewilligung von Prozesskostenhilfe setzt hinreichende Erfolgsaussichten der Klage voraus (§ 114 I ZPO). Nachdem diese Aussichten aber bereits vorher behandelt wurden, kann sich der Verfasser hier auf die weiteren Voraussetzungen der Prozesskostenhilfe konzentrieren. Bei einem anderen Aufbau müsste inmitten der Behandlung der Prozesskostenhilfe jetzt die gesamte Zulässigkeit und Begründetheit der Klage geprüft werden, womit letztlich die Bearbeitung nur als „Prozesskostenhilfeklausur" erschiene.

---

[2] BGH NJW 2004, 3488.
[3] § 411a ZPO wird demgegenüber für die Verwertung von Sachverständigengutachten aus einem selbständigen Beweisverfahren nur relevant, sofern die Parteien des selbständigen Beweisverfahrens (dessen Ergebnisse verwertet werden sollen) und des Hauptsacheprozesses, in dem die Ergebnisse verwertet werden sollen, nicht identisch sind.
[1] Zur Vertiefung: Klose JuS 2021, 131. Neben der Prozesskostenhilfe spielen zur Verminderung der Kostenbelastung der Parteien auch *Streitwertherabsetzungen* eine große Rolle. Sie kommen nur in handelsrechtlichen Fällen in Betracht. Zur Vertiefung: Stein/Jonas/Bork ZPO Vor § 114 Rn. 18; Hahn JA 2021, 1021.

(2) Bei der Prozesskostenhilfeentscheidung findet keine volle Prüfung der Erfolgsaussichten statt. Die Rechtsprechung von „hinreichenden Erfolgsaussichten" bereits dann aus, wenn es „auf Grund summarischer Prüfung der Sach- und Rechtslage zumindest möglich erscheint, dass die antragstellende Partei mit ihrem Begehren durchdringen wird"[2]. Um den Zugang zur Rechtsdurchsetzung nicht übermäßig zu erschweren, darf die Prüfung der Erfolgsaussichten „nicht dazu dienen, die Rechtsverfolgung oder Rechtsverteidigung selbst in das Nebenverfahren der Prozesskostenhilfe vorzuverlagern"[3]. In einer klausurmäßigen Falllösung wäre es aber kaum praktikabel so zu verfahren, wie in der Praxis üblich, dh zuerst nur eine summarische Prüfung vorzunehmen und über die Prozesskostenhilfe zu entscheiden und sodann die Hauptsacheprüfung vorzunehmen und die Erfolgsaussichten abermals und nunmehr „voll" zu prüfen. Wichtig ist: Der Bearbeiter darf nicht übersehen, dass mit der Abweisung eines Antrags auf Bewilligung der Prozesskostenhilfe nur die Nichtbewilligung feststeht. Über die *Hauptsache* ist damit nicht entschieden, und zwar selbst dann nicht, wenn der Antrag auf Bewilligung der Prozesskostenhilfe wegen fehlender Erfolgsaussichten der Klage oder der Verteidigung des Beklagten abgewiesen wurde.

Der Bearbeiter sollte ferner wissen, dass in der Praxis der Antrag auf Bewilligung der Prozesskostenhilfe und die Klage häufig *gleichzeitig* eingereicht werden (damit das Gericht aus der Klageschrift die Erfolgsaussichten entnehmen kann und sich der Antrag auf Bewilligung der Prozesskostenhilfe deshalb auf die Klage beziehen kann). Da aber eine bedingte Klageerhebung unzulässig ist, führt die richtige Behandlung dieses gleichzeitigen Einreichens immer zu Schwierigkeiten, weil der Kläger häufig die Klage nur erheben will, wenn er Prozesskostenhilfe erhält, andererseits aber mit seiner Klage Fristen wahren will.

§ 31. Mahnverfahren

131 Jährlich werden in Deutschland viele Millionen Mahnverfahren (§§ 688 ff. ZPO) eingeleitet. Die Grundzüge dieses Verfahrens sollten Examenskandidaten kennen.

Das Mahnverfahren ist für Antragsteller (so heißt in diesem Verfahren der „Kläger" – es ist ja keine Klage) und Antragsgegner (so heißt der „Beklagte") *schneller* (keine mündliche Verhandlung) und *billiger* und verursacht keine oder jedenfalls geringere Anwaltsgebühren. Zum Mahnbescheid wird man tendenziell raten, wenn die Rechtslage eindeutig ist und vom Antragsgegner keine Gegenwehr zu erwarten ist. Andernfalls wird dieser sogleich den Widerspruch einlegen und dem Antragsteller wiederum bleibt nur der Klageweg. Auch kann das Mahnverfahren sinnvoll sein, wenn die Gefahr der Insolvenz droht. Bis ein Urteil ergeht, aus dem der Kläger endlich vollstrecken kann, ist längst das Insolvenzverfahren eröffnet oder die wertvollen Gegenstände sind schon von anderen Gläubigern gepfändet. Im Mahnverfahren erhält der Gläubiger sehr schnell einen vorläufig vollstreckbaren Titel, den *Vollstreckungsbescheid* (§ 794 I Nr. 4 ZPO), der einem für vorläufig vollstreckbar erklärten Versäumnisurteil gleichsteht (§ 700 I ZPO), sodass aus ihm regelmäßig ohne vorherige Erteilung einer Vollstreckungsklausel (§ 796 I ZPO) und ohne Sicherheitsleistung (§ 708 Nr. 2 ZPO) vollstreckt werden kann.

I. Zuständigkeit für den Erlass des Mahnbescheids

132 Hier bestehen zwei bedeutsame Abweichungen gegenüber dem normalen streitigen Verfahren: *Sachlich* ist das *Amtsgericht ausschließlich* zuständig (§ 689 I, II ZPO), also ohne Rücksicht auf den Wert des Streitgegenstandes. *Örtlich* ist grds. das Heimatgericht (Wohnsitzgericht) des *Antragstellers* zuständig (§ 689 II ZPO), während sich sonst in der ZPO (→ Rn. 199) regelmäßig die örtliche Zuständigkeit nach dem Wohnsitz des Beklagten richtet (§§ 12, 13 ZPO). Soweit allerdings ein Bundesland die Mahnsachen einem *überörtlichen (zentralen) Mahngericht* zugewiesen hat,

---

[2] OLG Frankfurt NJW 2005, 3726 f.
[3] OLG Frankfurt NJW 2005, 3726 f.

§ 31. Mahnverfahren

ist dieses Gericht zuständig, § 689 III 1 ZPO. Als zentrales Mahngericht in Bayern ist zB das Amtsgericht Coburg eingerichtet, § 5 I BayGZVJu.[1]

> **Beispiel 62:** Autohändler *Beule* aus Hamburg verkauft einen PKW an Kaufmann *Raser* aus München. Die Vertragsparteien vereinbaren Zahlung des Kaufpreises nach zwei Monaten sowie als Gerichtsstand (in zulässiger Weise, § 38 I ZPO, → Rn. 229 sub 3: „Kaufleute") Hamburg. Da *Raser* nicht bezahlt, beantragt *Beule* über den Kaufpreis von 15.000 EUR einen Mahnbescheid. Da § 689 II 2, III BGB auf den allgemeinen Gerichtsstand des Antragstellers rekurriert, kann er diesen Antrag in zulässiger Weise *nur* beim ausschließlich zuständigen Zentralen Mahngericht Hamburg (AG Hamburg-Altona) als *seinem* Heimatgericht stellen (unabhängig von der Gerichtsstandvereinbarung, trotz des Streitwerts, trotz des Wohnsitzes des *Raser* in München)! Das Mahnverfahren bietet sich vor allem dann an, wenn nicht anzunehmen ist, dass *Raser* die Forderung bestreitet und *Beule* schnell einen Vollstreckungstitel erhalten will.

II. Verfahren

Der vorgeschriebene Inhalt des Mahnantrags ergibt sich aus § 690 ZPO. Der funktionell zuständige Rechtspfleger (§ 20 Nr. 1 RPflG) prüft nur die Zulässigkeit des Mahnverfahrens gemäß § 691 I ZPO. Eine *Schlüssigkeitsprüfung* findet *nicht* statt, § 692 I Nr. 2 ZPO. Bei zulässigem Mahnantrag (§§ 688, 690, 702 II 2 ZPO) ergeht ein Mahnbescheid, dessen Inhalt sich nach § 692 ZPO richtet.

133

III. Widerspruch gegen den Mahnbescheid (§ 694 ZPO)

Dem Antragsgegner steht als Rechtsbehelf gegen den Mahnbescheid der *Widerspruch* zur Verfügung (§ 694 ZPO). Bei rechtzeitigem und formgerechtem (§ 702 II 2 ZPO) Widerspruch verliert der Mahnbescheid seine Kraft, und ein Vollstreckungsbescheid darf nicht mehr ergehen (§ 694 I ZPO). Jetzt kann jede der beiden Parteien das Verfahren weiterbetreiben mit dem Antrag auf Durchführung des streitigen Verfahrens (§ 696 I ZPO).

134

Im Beispiel 62 ist davon auszugehen, dass *Beule* – aufgrund der Gerichtsstandsvereinbarung – als Streitgericht im Sinne von § 690 I Nr. 5 ZPO das LG Hamburg benannt hat. Dann würde das AG Hamburg-Altona die Akten an das LG Hamburg abgeben (§ 696 I 1 ZPO) schicken. Da es sich bei dieser Weiterleitung des AG Hamburg-Altona an das LG Hamburg um eine Abgabe (→ Rn. 233) und keine Verweisung (→ Rn. 232) handelt, ist das LG Hamburg nicht zuständig geworden, sondern muss seine Zuständigkeit prüfen (§ 696 V ZPO, vgl. § 692 I Nr. 6 ZPO) und gegebenenfalls auf einen entsprechenden Antrag an das zuständige Gericht verweisen (§ 281 I und II ZPO). Übrigens ist mit dem Eingang der Akten beim Empfangsgericht (Adressatgericht) LG Hamburg das *Mahnverfahren* beendet, und der *Rechtsstreit* gilt als dort anhängig (§ 696 I 4, III ZPO).

Der Widerspruch gegen den Mahnbescheid hat zwei *Besonderheiten:*
(1) *Keine echte Widerspruchsfrist:* Da das Gesetz eine zweiwöchige Frist nennt, innerhalb der zu widersprechen ist (§ 692 I Nr. 3 ZPO), könnte man meinen, ein später eingelegter Widerspruch sei „unzulässig". Es gilt aber die Sonderregelung des § 694 I ZPO: Nach ihr ist der Widerspruch zulässig, „solange der Vollstreckungsbescheid nicht verfügt ist", dh die Frist für den Widerspruch endet nicht nach zwei Wochen, sondern erst mit dem Erlass des Vollstreckungsbescheids.
(2) *Verspäteter Widerspruch ist Einspruch.* Zu dieser Besonderheit gesellt sich eine zweite Eigentümlichkeit: Falls der Widerspruch deshalb verspätet ist, weil der

---

[1] Im Habersack § 689 ZPO Fn. 1 sind die zentralen Mahngerichte der Bundesländer aufgeführt.

Vollstreckungsbescheid schon erlassen war, wird er ebenfalls nicht etwa als „unzulässig" angesehen, sondern gemäß § 694 II 1 ZPO von Gesetzes wegen in einen *Einspruch* gegen den Vollstreckungsbescheid *umgedeutet.* Einen wegen Verspätung „unzulässigen" Widerspruch gegen den Mahnbescheid gibt es daher nicht!

IV. Vollstreckungsbescheid

135 Hat der Antragsgegner keinen Widerspruch gegen den Mahnbescheid erhoben und stellt der Antragsteller innerhalb von 6 Monaten (§ 701 ZPO) einen Antrag auf Erlass eines Vollstreckungsbescheids (§ 699 I 1, 2 ZPO), erlässt diesen das Mahngericht antragsgemäß. Der von Amts wegen zuzustellende Vollstreckungsbescheid (§ 699 IV 1 ZPO) steht in seinen Wirkungen einem für vorläufig vollstreckbar erklärten Versäumnisurteil gleich (§ 700 I ZPO).

V. Der Einspruch gegen den Vollstreckungsbescheid (§ 700 ZPO)

136 Der Vollstreckungsbescheid kann (wie ein Versäumnisurteil) *innerhalb von zwei Wochen* ab Zustellung mit dem *Einspruch* angefochten werden (§§ 700 III, 340 I, II ZPO). Zur Rechtskraft von Vollstreckungsbescheiden → Rn. 396.

Geht ein Einspruch gegen den Vollstreckungsbescheid ein, läuft das Verfahren ähnlich wie beim Widerspruch gegen den Mahnbescheid ab (→ Rn. 134). Allerdings erfolgt die Abgabe (→ Rn. 233, *keine Verweisung* → Rn. 232) des Rechtsstreits durch das Mahngericht an das im Mahnbescheid bezeichnete Empfangsgericht (Streitgericht) nach § 700 III 1 ZPO *von Amts wegen* – ohne dass es eines ausdrücklichen Antrags einer der Parteien bedarf. Damit ist die Sache beim Empfangsgericht anhängig und das streitige Verfahren eröffnet. Das Empfangsgericht stellt dem bisherigen Antragsteller – jetzt „Kläger" – die Einspruchsschrift von Amts wegen zu und teilt ihm mit, wann der Vollstreckungsbescheid dem Beklagten zugestellt worden ist, und wann der Einspruch des Beklagten bei Gericht eingegangen ist, damit der Kläger seinerseits die Zulässigkeit des Einspruchs überprüfen kann (§ 340a ZPO). Sofern das Empfangsgericht den Einspruch nicht gemäß § 341 II ZPO als unzulässig verwirft, fordert es zugleich den Kläger auf, seinen Anspruch zu begründen (§§ 700 III 2, 697 I ZPO). Das weitere Verfahren ist das gleiche wie bei Einlegung eines Widerspruchs gegen den Mahnbescheid (→ Rn. 134). *Sehr wichtig* ist: Die Abgabe des Rechtsstreits durch das Mahngericht hat auch hier keine zuständigkeitsbegründende Wirkung. Das Empfangsgericht muss vielmehr seine Zuständigkeit prüfen (§ 700 III 2 ZPO iVm § 696 V ZPO, vgl. § 692 I Nr. 6 ZPO) und gegebenenfalls, sofern ein entsprechender Antrag gestellt wird, an das zuständige Gericht verweisen (§ 281 I und II ZPO).

Im *Aufbau* folgt die Klausurbearbeitung derselben Technik wie bei einem Fall aus dem Versäumnisverfahren (→ Rn. 361). An der *Spitze* steht deshalb die Frage nach der *Zulässigkeit des Einspruchs* gegen den Vollstreckungsbescheid. Da der Einspruch das Verfahren in die Lage *vor* Erlass des Vollstreckungsbescheides zurückversetzt (§§ 700 I, 342 ZPO), findet – wie beim Einspruch gegen das Versäumnisurteil (→ Rn. 361) – *keinesfalls eine Prüfung der „Begründetheit des Einspruchs"* statt (dies wird immer wieder übersehen). Vielmehr folgt sogleich die Prüfung der Zulässigkeit der Klage (Sachurteilsvoraussetzungen), hierauf die Untersuchung der Begründetheit der Klage. Durch die Einlegung des Einspruchs wird der Vollstreckungsbescheid nicht etwa kraftlos (wie der Mahnbescheid nach Widerspruchseinlegung), sondern existiert als Vollstreckungstitel fort.

§ 32. Urkunden- und Wechselprozess

137 Der Urkunden- und Wechselprozess (§§ 592–605a ZPO) bietet dem Inhaber von privaten Urkunden (zB Verträgen), Schuldurkunden (zB nach §§ 780, 781 BGB), Wechseln oder Schecks die Möglichkeit, in einem beschleunigten Verfahren, in dem

die Parteien für streitige Tatsachen auf die *Beweismittel des Urkundenbeweises* und der *Parteivernehmung* beschränkt sind (§ 595 II ZPO), schnell zu einem vorläufig vollstreckbaren Titel zu kommen. Der Beklagte wird in diesem Verfahren nur mit solchen Einwendungen gehört, die er mit den soeben genannten Beweismitteln beweisen kann (§ 598 ZPO). Seinen auf andere Beweismittel gestützten Einwendungen wird aber dadurch Rechnung getragen, dass das Gericht lediglich ein *Vorbehaltsurteil* erlässt (§ 599 I ZPO). Das ist zwar ein Endurteil, es ergeht aber unter der auflösenden Bedingung einer anderweitigen Entscheidung im Nachverfahren (§ 600 I, II ZPO).[1]

Der Inhaber einer Schuldurkunde kann auch in dem besonders ausgestalteten Mahnverfahren nach § 703a ZPO einen *Urkunden-, Wechsel- oder Scheckmahnbescheid* erlangen. Erhebt der Antragsgegner dagegen rechtzeitig Widerspruch, so wird die Streitsache im Urkunden-, Wechsel- oder Scheckprozess anhängig (§ 703a II Nr. 1 ZPO).

---

[1] Eine gute Einführung geben Rosenberg/Schwab/Gottwald ZivilProzR § 164 sowie Eickmann/Oellerich JA 2007, 43; vertiefend Hövelberndt JuS 2003, 1105 ff. Zum Übergang vom ordentlichen Verfahren in den Urkundenprozess BGH NJW 1977, 1883.

9. Kapitel. Klageerhebung und Vorbereitung des Haupttermins

§ 33. Klage und Vorbereitung des Haupttermins
I. Die Klageschrift

138 Da der Prozess vom Antragsgrundsatz (→ Rn. 43) beherrscht ist, verlangt er eine Einleitung. Beim Klageverfahren spricht man von der *Klage* (Klageschrift), bei anderen Verfahren vom *Gesuch* (Arrestgesuch [§ 920 ZPO], Gesuch um einstweilige Verfügung [§§ 936, 944 ZPO]) oder auch nur vom *Antrag* (Mahnantrag [§ 690 ZPO], Antrag auf Bewilligung der Prozesskostenhilfe [§ 117 ZPO], Antrag auf gerichtliche Entscheidung [§ 24 EGGVG: Überprüfung von Justizverwaltungsakten iSv § 23 EGGVG]).

1. Formalisierung der Verfahrenseinleitung

139 Die Verfahrenseinleitung ist – um der Rechtssicherheit und Rechtsklarheit willen – formalisiert *(„förmliche Einleitung")* und erfolgt durch Einreichung einer *Klageschrift* bei Gericht (§ 253 V ZPO) und deren Zustellung an den Gegner (§ 253 I ZPO). Lediglich im Verfahren vor dem Amtsgericht können die Klage und sonstige Erklärungen, die dem Gegner zugestellt werden sollen, auch *mündlich* zu Protokoll der Geschäftsstelle – nicht nur des zuständigen, sondern eines *jeden* Amtsgerichts (§ 129a ZPO) – angebracht werden (§ 496 ZPO). In der Praxis kommt dies allerdings nur selten vor.

a) Schriftform

Für die daher in aller Regel maßgebliche *Klageschrift* bestimmt § 253 V 1 ZPO die Schriftform als gesetzliche Regel. Dies dient insbes. dem Zweck, sämtliche Prozessbeteiligten darüber in Kenntnis zu setzen, wer Kläger und Beklagter und was Streitgegenstand des Prozesses ist. Damit Zweifel über Herkunft und Wirksamkeit der Klageschrift (Abgrenzung zum bloßen Entwurf) verhindert werden, muss sie vom Kläger oder dessen Vertreter (im Anwaltsprozess von einem zugelassenen Anwalt, § 78 I 1 ZPO) unterzeichnet werden (§§ 253 IV, 130 Nr. 6 ZPO).[1] Die Erhebung der Klage ist zudem bedingungsfeindlich, da das Bestehen des Prozessrechtsverhältnisses feststehen muss.[2]

b) Elektronische Klageerhebung als Regelform für Rechtsanwälte

Insbesondere Rechtsanwälte können Klagen wirksam nur noch als elektronisches Dokument einreichen (§ 130d ZPO). Dieses elektronische Dokument muss entweder mit einer qualifizierten elektronischen Signatur (vgl. Art. 3 Nr. 12 eIDAS-VO) der verantwortenden Person versehen sein (§ 130a III 1 Alt. 1 ZPO) oder einfach signiert auf einem sicheren Übermittlungsweg eingereicht werden (§ 130a III 1 Alt. 2 ZPO). Den praktisch bedeutsamsten sicheren Übermittlungsweg stellt das besondere elektronische Anwaltspostfach (beA) dar (§ 130a IV 1 Nr. 4 ZPO iVm § 31a BRAO). Diese Regelungen bereiten die ab dem Jahr 2026 obligatorische elektronische Aktenführung vor (vgl. §§ 298a, 299a ZPO).

---

[1] Zur Vertiefung Stein/Jonas/Kern ZPO § 129 Rn. 1 ff., 4 ff.; s. auch Thomas/Putzo/Seiler ZPO § 129 Rn. 1–14.
[2] MüKoZPO/Becker-Eberhard § 253 Rn. 17 ff. (→ Rn. 262).

§ 33. Klage und Vorbereitung des Haupttermins

(1) Im Falle *elektronischer* Klageeinreichung bedarf es keiner Beifügung von Abschriften (§ 253 V 2 ZPO), ebenso wenig bei einer *elektronischen Einspruchsschrift* (§ 340a S. 4 ZPO).
(2) *Einfache Signatur* ist jede auch nur maschinenschriftliche Wiedergabe des ganzen oder teilweisen Namens der den schriftsätzlichen Inhalt verantwortenden Person. Insbesondere genügt auch die bloße Angabe des Nachnamens; weder bedarf es des Vornamens noch des Zusatzes „Rechtsanwalt".[3]
(3) Es muss die *Identität* der die Klageschrift verantwortenden Person feststehen (§ 130a III ZPO).
(4) Nach Sendung der Klageschrift hat der Rechtsanwalt deren Eingang bei Gericht zu prüfen. Fehlt dessen Eingangsbestätigung (§ 130a V 2 ZPO), muss der Rechtsanwalt gegebenenfalls eine erneute Sendung vornehmen.[4] Ansonsten scheidet eine Wiedereinsetzung in den vorigen Stand (→ Rn. 530) aufgrund der Partei zurechenbaren Verschuldens (§§ 233, 85 II ZPO) aus.
(5) Bei Gericht eingegangen ist ein per besonderes elektronische Anwaltspostfach gesendetes elektronisches Dokument, wenn es auf der für den Empfang bestimmten Einrichtung des Gerichts, mithin dem Empfänger-Intermediär des Netzwerks für das elektronische Gerichts- und Verwaltungspostfach (EGVP) gespeichert worden ist.[5] Eines *Ausdruckes* bedarf es nicht.

2. Inhaltliche Anforderungen der Verfahrenseinleitung

Daneben enthält die ZPO über die Verfahrenseinleitung unterschiedliche, aber jeweils sehr genaue Vorschriften, die im Examen stets genau nachgelesen werden sollten. Teils sind es obligatorische (§§ 253 II, 117 I 2, II, 690, 340 I, II ZPO), teils fakultative Anforderungen (so etwa §§ 253 III, V, 340 III ZPO). Werden obligatorische Vorschriften nicht eingehalten, ist die Einleitungsschrift „nicht ordnungsgemäß". Zum Klageantrag → Rn. 43–61.

140

Geht es um Fragen nicht ordnungsgemäßer Verfahrenseinleitung, muss man für einen Augenblick in die Lehre von den Prozesshandlungen (→ Rn. 251 ff.) einsteigen. Ein häufiger Fehler ist nämlich das Übersehen der zahlreich bestehenden *Heilungsmöglichkeiten*, so etwa die Nachholung der Unterschrift oder der Konkretisierung eines Antrags; auch der Verlust des Rügerechts gemäß § 295 I ZPO vermag eine „Heilung" von Mängeln zu bewirken.

> **Beispiel 63:** In seiner Klage verlangt der Rechtsanwalt des *Klein* von Sohn *Sanft* „die Herausgabe des Rasenmähers".
>
> Der Bearbeiter wird **gefragt**, welche Fehler der Anwalt gemacht hat.
>
> **Einfache (unvollständige) Antwort:** Sohn *Sanft* schuldet nicht die Herausgabe „eines" Rasenmähers, sondern die Herausgabe eines ganz *bestimmten,* nämlich des *Klein* gehörenden Rasenmähers. Der Antrag ist unbestimmt und auch materiell-rechtlich ungenau (man könnte an eine Gattungsschuld denken, § 243 BGB), er entspricht nicht der Form des § 253 II Nr. 2 ZPO und ist deshalb unzulässig.
>
> **Qualifizierte (vollständige) Antwort:** Wenn die Antwort mit diesem Ergebnis endet, zeigt der Verfasser, dass er den dynamischen Charakter des Prozessrechts nicht verstanden hat. Er offenbart auch ein fehlendes praktisches Verständnis. *Es genügt nämlich nicht immer, ein Ergebnis einfach so zu konstatieren.* Vielmehr ist als echte Prüfungsleistung jetzt die weitere Antwort gefordert, ob denn nicht dieser Mangel geheilt werden kann (zu dieser „Verlängerungstechnik" → Rn. 35 ff.). Und dies ist hier leicht möglich (vgl. § 264 Nr. 1 ZPO): *Klein* braucht nur in einem Schriftsatz zu präzisieren, dass er „die

---

[3] BAG NZA 2020, 1501 Rn. 17 ff.; Bacher NJW 2015, 2753.
[4] BGH NJW 2021, 2201; BAG NJW 2019, 2793.
[5] BGH GRUR 2020, 980 Rn. 7 ff.

> Herausgabe des Rasenmähers Marke Rotor, Fabrikat Teufel, Serien-Nr. 7623, Farbe Rot" fordert. Erst bei Ausbleiben dieser Präzisierung auch in der mündlichen Verhandlung (§ 297 I 2 ZPO) wird die Klage mangels Zulässigkeit abgewiesen.

II. Klageerhebung im laufenden Prozess

141 Kläger und Beklagter können während des Prozesses neue Ansprüche im Wege der Klageänderung oder Widerklage geltend machen. Dafür stehen ihnen grds. zwei Wege zur Verfügung:

(1) Durch *Einreichung eines Schriftsatzes* bei Gericht, der dem Gegner von Amts wegen zugestellt wird (§ 261 II Alt. 2 ZPO).

(2) Oder durch *Erhebung in der mündlichen Verhandlung* (§ 261 II Alt. 1 ZPO), wobei die Formen des § 297 I 3 ZPO gewahrt werden müssen: Verlesung des Antrags aus einem (mitgebrachten) Schriftsatz und dessen Beifügung als Anlage zum Protokoll oder Erklärung des Antrags zu Protokoll, wenn dies der Vorsitzende gestattet.

III. Früher erster Termin oder schriftliches Vorverfahren als Vorbereitung des Haupttermins

142 Das Verfahren soll nach Möglichkeit in einem einzigen Haupttermin zur Entscheidungsreife gelangen (so ausdrücklich § 272 I ZPO). Zur umfassenden Vorbereitung dieses Termins stehen gemäß § 272 II ZPO dem Vorsitzenden oder dem Einzelrichter bei AG (§ 22 I GVG) und LG (§§ 348, 348a ZPO) zwei Wege zur Verfügung: Er bestimmt entweder einen *frühen ersten Termin* (§ 275 ZPO) zur mündlichen Verhandlung oder veranlasst ein *schriftliches Vorverfahren* (§ 276 ZPO).

§ 34. Der frühe erste Termin und der Haupttermin

Der frühe erste Termin hat eine mehrfache Funktion.

I. Güteverhandlung

143 Wie jeder anderen mündlichen Verhandlung geht dem frühen ersten Termin grds. eine *Güteverhandlung* „zum Zwecke der gütlichen Beilegung des Rechtsstreits oder einzelner Streitpunkte" voraus (§ 278 I ZPO). Erst wenn die Güteverhandlung nicht zu dieser Beilegung führt, kommt es möglichst unmittelbar zur *mündlichen Verhandlung* (§ 279 I ZPO).

Hinweis: Die Güteverhandlung als Teil des gerichtlichen Termins darf nicht verwechselt werden mit dem Einigungsverfahren vor einer *außergerichtlichen Gütestelle*, das der Landesgesetzgeber aufgrund der Ermächtigung in § 15a EGZPO eingerichtet hat (→ Rn. 244) Ist ein solcher außergerichtliche Einigungsversuch allerdings erfolglos verlaufen, findet keine Güteverhandlung statt und der Termin beginnt sogleich mit der mündlichen Verhandlung (§ 278 II 1 ZPO). Eine Güteverhandlung findet übrigens auch nicht statt, wenn sie „erkennbar aussichtslos" ist (§ 278 II 1 ZPO).

II. Mündliche Verhandlung

144 Da nach dem Grundsatz des § 272 I ZPO jeder Rechtsstreit in der Regel in *einem* Termin zur mündlichen Verhandlung zu erledigen ist, zielt die Abhaltung des *frühen ersten Termins* ebenfalls auf die Beendigung des Prozesses ab. Die mündliche Verhandlung im frühen ersten Termin ist also kein bloßer „Vortermin", vielmehr ist der *frühe erste Termin* als vollwertiger Haupttermin gedacht: Er läuft daher wie ein

§ 35. Das schriftliche Vorverfahren

Haupttermin (§ 279 ZPO) ab, und in ihm können alle Entscheidungen wie in einem Haupttermin ergehen.

Der Vorsitzende wird den Weg des *frühen ersten Termins* dann wählen, wenn die Sache besonderer Eile bedarf (wie zB bei Anträgen auf einstweilige Verfügung oder auf Arrest, → Rn. 115) oder wenn eine umfangreiche schriftliche Vorbereitung nicht erforderlich ist (wie zB im Urkundenprozess, → Rn. 137) oder wenn sich eine unstreitige Erledigung durch Vergleich oder Klagerücknahme anbietet.

Hat sich der Vorsitzende für den *frühen ersten Termin* entschieden, trifft er *eine Reihe von Vorbereitungsmaßnahmen* mit dem Blick darauf, den Rechtsstreit möglichst in diesem Termin beenden zu können.   145

1. *Terminsbestimmung:* Sie erfolgt von Amts wegen (§ 216 I ZPO) und unverzüglich (§ 216 II ZPO).
2. *Zustellung der Klageschrift an den Beklagten:* Sie erfolgt ebenso von Amts wegen und unverzüglich (§ 271 I ZPO). Mit der Zustellung der Klageschrift wird der Beklagte in Prozessen *vor dem Landgericht* aufgefordert, einen Rechtsanwalt zu bestellen (§ 271 II ZPO). Da vor dem *Amtsgericht* grds. kein Anwaltszwang besteht, bedarf es dort keiner Aufforderung nach § 271 II ZPO (zum Anwaltszwang → Rn. 173 [Kleindruck]). Diese Abweichung gegenüber dem landgerichtlichen Verfahren erlaubt § 495 ZPO.
3. *Ladung der Parteien:* An den Beklagten erfolgt die Zustellung der Ladung gleichzeitig mit der Zustellung der Klageschrift (§ 274 II ZPO).
4. *Vorbereitende Verfügungen nach § 275 ZPO:* Dem *Beklagten* kann der Vorsitzende entweder eine Frist zur schriftlichen Klageerwiderung setzen, oder er muss ihn auffordern, etwa vorzubringende Verteidigungsmittel unverzüglich (durch den zu bestellenden Rechtsanwalt) in einem Schriftsatz dem Gericht mitzuteilen.
5. *Vorbereitende Verfügungen nach § 273 ZPO:* Die speziellen Vorbereitungsmaßnahmen des § 275 ZPO können mit den allgemeinen Maßnahmen nach § 273 ZPO verbunden und ergänzt werden, wie zB Anordnung der Vorlegung von Urkunden, Einholen amtlicher Auskünfte, Ladung von Zeugen.
6. *Beweisbeschluss gemäß § 358a ZPO:* Das Gericht – beim Landgericht entweder die *Kammer* oder der *Einzelrichter* (§§ 348, 348a ZPO) – kann schon vor der mündlichen Verhandlung einen Beweisbeschluss (§ 359 ZPO) erlassen und darf diesen Beschluss zum Teil auch schon vor der mündlichen Verhandlung ausführen.[1]

III. Haupttermin

Kann das Verfahren im *frühen ersten Termin* nicht abgeschlossen werden, ist der *Haupttermin* möglichst unverzüglich anzuberaumen (vgl. § 279 I 2 ZPO).   146

Zur Vorbereitung des Haupttermins trifft das Gericht alle noch erforderlichen Anordnungen (§ 275 II ZPO). So kann das Gericht, sofern dem Beklagten noch keine Klageerwiderungsfrist gesetzt war, im frühen ersten Termin eine solche Frist festsetzen (§ 275 III ZPO). Daneben kann es weitere vorbereitende Maßnahmen gem. §§ 273, 358a ZPO treffen.

§ 35. Das schriftliche Vorverfahren

Der Vorsitzende wird sich (statt für den frühen ersten Termin) für das *schriftliche Vorverfahren* etwa in folgenden Situationen entscheiden: wenn die mündliche Verhandlung umfassender Vorbereitung bedarf oder wenn (vor dem Amtsgericht) die Parteien schriftgewandt oder durch Rechtsanwälte vertreten sind oder wenn es sich   147

---

[1] Beweisbeschlüsse sind unanfechtbar. Nur bei „einer irreversiblen Verletzung von Grundrechten" ist die sofortige Beschwerde im Interesse eines effektiven Rechtsschutzes (→ Rn. 46) statthaft, BGHZ 233, 258 = NJW 2022, 2622 Rn. 14 ff.

um eine sehr umfangreiche Sache mit vielen einzelnen Streitgegenständen handelt (sog. *Punktesachen*[1]).

148 Hat der Vorsitzende das *schriftliche Vorverfahren* gewählt, muss er zunächst noch keinen Termin bestimmen. Er hat aber einen umfangreichen Katalog an vorbereitenden Verfügungen zu treffen:
1. *Zustellung der Klageschrift* an den Beklagten (→ Rn. 145 Nr. 2).
2. *Aufforderung nach § 276 ZPO:* Gleichzeitig mit der Zustellung der Klageschrift wird der *Beklagte* aufgefordert, innerhalb einer *Notfrist*[2] von zwei Wochen anzuzeigen, ob er sich gegen die Klage verteidigen wolle (§ 276 I 1 ZPO). Weiterhin wird ihm eine Frist zur schriftlichen Klageerwiderung gesetzt, die vom Ablauf der genannten Notfrist an mindestens zwei weitere Wochen betragen muss (§ 276 I 2 ZPO).
3. *Belehrungen des Beklagten:* Diese Aufforderungen müssen jeweils mit der Belehrung über die einzuhaltenden Formvorschriften und über die Folgen von Versäumnissen verbunden werden. Der Beklagte wird also darauf hingewiesen, dass bei Versäumung der Notfrist ein schriftliches Versäumnisurteil gegen ihn ergehen kann (§ 331 III ZPO) und dass die Verteidigungsanzeige (beim Landgericht) durch einen Rechtsanwalt erfolgen muss (§ 276 II ZPO). Desgleichen wird er auf die Folgen der Versäumung der Klageerwiderungsfrist hingewiesen (§§ 277 II, 296 I ZPO).
4. *Unterrichtung des Klägers:* Der Vorsitzende teilt dem Kläger mit, dass das schriftliche Vorverfahren durchgeführt wird und welche Aufforderungen und Fristen dem Beklagten gesetzt wurden, damit der Kläger seinerseits die Einhaltung dieser Anordnungen überprüfen kann.

149 Das weitere Verfahren richtet sich nach dem *Verhalten des Beklagten:*

150 *Erste Verhaltensweise des Beklagten:* Innerhalb der Notfrist des § 276 I 1 ZPO (→ Rn. 148 Nr. 2) geht keine Verteidigungsanzeige des Beklagten ein.
(1) Dann ergeht *auf Antrag des Klägers* ein *schriftliches Versäumnisurteil,* wenn alle sonstigen Voraussetzungen hierfür gegeben sind (§ 331 III ZPO). Dieser Antrag kann – und wird in der Praxis regelmäßig – *bereits in der Klageschrift* gestellt werden (§ 331 III 2 ZPO, → Rn. 352).
(2) Stellt der Kläger *keinen Antrag* auf Erlass eines Versäumnisurteils oder liegt zwar ein solcher Antrag vor, erweist sich jedoch die Klage als unzulässig oder unschlüssig, ist nach dem Grundsatz des § 272 III ZPO alsbald ein Termin zur mündlichen Verhandlung zu bestimmen und es sind die Parteien hierzu zu laden (§ 274 I ZPO). Ist bei gestelltem Antrag auf Erlass eines schriftlichen Versäumnisurteils die Klage unzulässig oder unschlüssig, darf nicht etwa ein schriftliches „unechtes" Versäumnisurteil gegen den Kläger ergehen. Bei diesem handelt es sich nämlich um ein streitiges Urteil, das nur aufgrund einer mündlichen Verhandlung ergehen kann, während im schriftlichen Vorverfahren ausschließlich „echte" Versäumnisurteile erlassen werden können, die allein auf dem Schweigen des Beklagten beruhen.

151 *Zweite Verhaltensweise des Beklagten:* Erklärt der Beklagte, dass er den Anspruch des Klägers anerkenne, ergeht ein *schriftliches Anerkenntnisurteil* (§§ 307 S. 2, 310 III 1 ZPO).

152 *Dritte Verhaltensweise des Beklagten:* Geht eine wirksame Verteidigungsanzeige des Beklagten ein, kann das Verfahren folgende Gestalt annehmen:
(1) Wenn der Beklagte *keine Klageerwiderung* innerhalb der gemäß § 276 I 2 ZPO gesetzten Frist abgibt, wird – so früh wie möglich – ein Termin zur Güteverhandlung und zur mündlichen Verhandlung bestimmt (Grundsatz des § 272 III ZPO), und es werden die Parteien hierzu geladen (§ 274 I ZPO). Der Beklagte ist allerdings mit seinen Verteidigungsmitteln nach § 296 I ZPO präkludiert (→ Rn. 159).

---

[1] Dann kann der Beklagte Punkt für Punkt mit Unterlagen und Gegenbeweisantritten erwidern, vgl. MüKoZPO/Prütting § 272 Rn. 7.
[2] *Notfrist:* Bei Versäumung dieser Frist ohne Verschulden kann Wiedereinsetzung gewährt werden (§ 233 ZPO, → Rn. 530, Beispiel 177).

(2) Bei *Eingang einer Klageerwiderung* des Beklagten innerhalb der gesetzten Frist oder zumindest vor der Terminsbestimmung stehen dem Vorsitzenden nach seiner Wahl *verschiedene Verfahrensweisen* zur Verfügung: Er kann
- sofort einen Termin zur Güteverhandlung und zur mündlichen Verhandlung bestimmen und die Parteien hierzu laden (§§ 272 III, 274 I ZPO) *oder*
- sofort einen Termin bestimmen, gleichzeitig aber dem Kläger eine Frist zur schriftlichen Stellungnahme auf die Klageerwiderung des Beklagten (zur sog. *Replik*) setzen (§ 276 III ZPO) *oder*
- zunächst von einer Terminsbestimmung absehen und dem Kläger lediglich eine (mindestens zwei Wochen betragende, § 277 IV, III ZPO) Frist für seine Replik setzen (§ 276 III ZPO). Ist der Prozessstoff mit der Replik des Klägers genügend vorgeklärt, wird der Vorsitzende den Termin zur Güteverhandlung und zur mündlichen Verhandlung bestimmen und die Parteien hierzu laden (§§ 272 III, 274 I ZPO). Ist dies nicht der Fall, kann der Vorsitzende weitere Schriftsatzwechsel in Gang setzen, bis der Prozessstoff „terminsreif" ist. Terminologisch beschreibt die *Duplik* die sodann auf die Replik folgende Stellungnahme des Beklagten, die *Triplik* die Erwiderung des Klägers, die *Quadriplik* die wiederum hierauf folgende Stellungnahme des Beklagten usw.

In allen Fällen der Terminsbestimmung muss der Vorsitzende die Ladungsfrist des § 217 ZPO beachten. 153

§ 36. Hinweispflicht, Anhörungsrüge, Recht auf Gehör
I. Richterliche Hinweispflicht

Zur materiellen Prozessleitung (§ 139 ZPO) des Gerichts gehören dessen Pflichten zur 154 Aufklärung (§ 139 I ZPO) und zu Hinweisen an die Parteien (§ 139 II–V ZPO).[1] Diese Pflichten stehen zwar im Spannungsverhältnis zum Gebot richterlicher Unparteilichkeit; der Richter ist nicht Vormund oder Berater einer Partei (→ Rn. 51), weil er sonst nach § 42 ZPO wegen Befangenheit abgelehnt werden könnte.[2] Gleichwohl haben in den letzten Jahrzehnten Rechtsprechung und Lehre den Umfang insbes. der Hinweispflicht erheblich erweitert. Die Hinweise sind „so früh wie möglich zu erteilen" (§ 139 IV ZPO).[3] Weist das Gericht eine Partei auf einen Gesichtspunkt hin, muss es die Gegenseite hiervon informieren (Gebot der Waffengleichheit, → Rn. 297).[4]

> **Beispiel 64:** In Beispiel 63 (→ Rn. 140) muss das Gericht auf eine Konkretisierung des unbestimmten Antrags auf „die Herausgabe des Rasenmähers" hinwirken.[5] Erst wenn der Rechtsanwalt des *Klein* auf diesen Hinweis hin nichts unternimmt, darf es die Klage als unzulässig abweisen.

Kommt ein Gericht seinen Pflichten aus § 139 ZPO nicht nach, begeht es einen Verfahrensfehler,[6] der der durch Berufung oder Revision gerügt werden kann (§§ 513 I, 545 I ZPO), sofern sie zulässig sind. Daher vermag eine Partei bei einem Streitwert unter 600 EUR diesen Verfahrensfehler nur zu rügen, wenn das Gericht die Berufung zugelassen hat (§ 511 II ZPO).[7]

---

[1] Zur absoluten richterlichen Hinweispflicht Schumann, Lebendiges Zivilprozessrecht, 2016, S. 595; eingehend auch Nober/Ghassemi-Tabar NJW 2017, 3265.
[2] Vgl. K. Schmid JuS 2021, 270; Schumann, Lebendiges Zivilprozessrecht, 2016, S. 605.
[3] Nober/Ghassemi-Tabar NJW 2017, 3265; Stein/Jonas/Kern ZPO § 139 Rn. 8 ff., 92.
[4] Schumann JZ 2019, 398 f.; BVerfG JZ 2019, 407 Rn. 24 sowie JZ 2019, 409 Rn. 36.
[5] Vgl. BGH NJW-RR 2010, 70.
[6] S. nur Stein/Jonas/Kern ZPO § 139 Rn. 118 f.
[7] Dann ist aber an die Anhörungsrüge (→ Rn. 155) und die Verfassungsbeschwerde (→ Rn. 401) wegen der Verletzung des Rechts auf Gehör zu denken, vgl. BVerfG NJW 2023, 599 Rn. 24.

II. Anhörungsrüge (§ 321a ZPO)
1. Anhörungsrüge als Auffangrechtsbehelf gegen rechtskräftige Entscheidungen

155 Genau für die soeben geschilderte Situation ist die in § 321a ZPO eingeführte *Anhörungsrüge* geschaffen worden.[8] Als Auffangrechtsbehelf gegen *rechtskräftige* Entscheidungen (§ 321a I 1 Nr. 1 ZPO) steht sie bei Verletzung des Grundrechts auf Gehör (Art. 103 I GG, Art. 6 I EMRK) zur Verfügung (Beispiel 8, → Rn. 23). Da die Hinweispflicht des § 139 ZPO das Recht auf Gehör konkretisiert,[9] kann eine Partei mit der Anhörungsrüge gegen ein Urteil vorgehen, das mit Berufung oder Revision nicht angreifbar ist, und geltend machen, das Gericht sei seiner Hinweispflicht nicht nachgekommen, etwa es habe eine *Überraschungsentscheidung* getroffen und auf rechtliche Gesichtspunkte abgestellt, „mit denen auch ein gewissenhafter und kundiger Prozessbeteiligter nach dem bisherigen Prozessverlauf nicht zu rechnen brauchte".[10] Auch bei anderen Verletzungen des Grundrechts auf Gehör können die Parteien zur Anhörungsrüge greifen, zB beim Übersehen eines Klageantrags, bei der Nichtzulassung eines Rechtsmittels trotz Abweichen von der ständigen Rechtsprechung des BGH.

2. Verfahren

156 Das Verfahren der Anhörungsrüge ist dem Einspruch gegen das Versäumnisurteil nachgebildet (→ Rn. 361). Ist die Anhörungsrüge berechtigt, wird der Prozess *automatisch* zurückversetzt und fortgeführt; die Gehörsrüge wirkt also rechtskraftdurchbrechend (§ 321a V 2 ZPO). Für die nunmehr neu zu treffende Entscheidung gilt § 343 ZPO entsprechend (§ 321a V 3 ZPO).

Bei der *Anhörungsrüge* muss sich der Bearbeiter vergegenwärtigen, dass sie zur Entlastung des Bundesverfassungsgerichts eingeführt wurde. Sie gehört zur Erschöpfung des Rechtsweges (§ 90 II 1 BVerfGG; sog. *Rügeobliegenheit*). Erhebt eine Partei die Anhörungsrüge nicht, ist eine auf der Verletzung des Rechts auf Gehör gegründete Verfassungsbeschwerde unzulässig.

3. Anwendung der Anhörungsrüge analog auf andere Prozessgrundrechte?

157 Immer wieder erheben Prozessparteien die Anhörungsrüge, um mit ihr die Verletzung nicht des Grundrechts auf Gehör, sondern anderer prozessualer Grundrechte zu rügen. Auch wenn eine solche analoge Anwendung nicht unvertretbar erscheint, im Examen ist sie nicht zu empfehlen. Vielmehr sollte der Bearbeiter versuchen, den Grundrechtsverstoß als Verletzung des Grundrechts auf Gehör darzustellen. Tatsächlich sind vielfach richterliche Missachtungen des Grundrechts auf den gesetzlichen Richter (Art. 101 I 2 GG), auf fairen Prozess (Art. 2 I GG iVm Art. 20 III GG) oder der Waffengleichheit (Art. 3 I GG iVm Art. 20 III GG) sowie des Justizgewährungsanspruchs (Art. 2 I GG iVm Art. 20 III GG) zugleich Verstöße gegen das Recht auf Gehör. Im Übrigen zeigt auch die Kammerrechtsprechung des BVerfG zu den Prozessgrundrechten eine Austauschbarkeit sowohl bei den Prüfungsmaßstäben[11] als auch in der Terminologie.[12]

---

[8] Die Anhörungsrüge ist von großer praktischer Bedeutung und hat in manchen Gerichtsbezirken hohe Erfolgsaussichten, vgl. auf der Heiden NJW 2023, 480.

[9] So schon RGZ 81, 321 (324); vgl. Schumann, Lebendiges Zivilprozessrecht, 2016, S. 616 sowie BVerfG NZG 2023, 187 Rn. 24; BGH NJW-RR 2022, 853 Rn. 10, 25, 29.

[10] BGH WM 2014, 1786 Rn. 7; BGH NZV 2017, 226 Rn. 6; BGH Beschl. v. 23.8.2016 – VIII ZR 219/14, BeckRS 2016, 17236 Rn. 31.

[11] Vgl. Roth ZZP 131 (2018) 19: vielfach „beliebige" verfassungsrechtliche Herleitung.

[12] Vgl. Schumann JZ 2020, 33.

III. Recht auf Gehör

Die Anhörungsrüge als ein Rechtsbehelf eigens zum Schutz des Grundrechts auf rechtliches Gehör (Art. 103 I GG, Art. 6 I EMRK) zeigt, welche Bedeutung diesem Grundrecht im Zivilprozess zukommt. Das BVerfG bezeichnet es als ein „prozessuales Urrecht des Menschen"[13]; es steht in engem Zusammenhang mit der Menschenwürde (Art. 1 I GG) und ist unverzichtbarer Bestandteil einer rechtsstaatlichen Justiz. Die Gewährung rechtlichen Gehörs fordert, dass das Gericht den Parteien Gelegenheit gibt, sich zu sämtlichen entscheidungserheblichen Sach- und Rechtsfragen zu äußern, die Anträge und das Vorbringen der Parteien zur Kenntnis nimmt und in Erwägung zieht.[14] Nur auf diejenigen Tatsachen und Beweisergebnisse, zu denen eine vorherige Stellungnahme der Parteien möglich war, darf das Gericht seine Entscheidung gründen.[15]

158

§ 37. Prozessförderungspflicht der Parteien

§ 282 ZPO verpflichtet die Parteien, das Verfahren zügig zu betreiben. Kraft dieser *Prozessförderungspflicht* sind sie zu einem rechtzeitigen Vorbringen angehalten. Sofern sie diese Verpflichtungen nicht erfüllen, treten – wie bei einer Obliegenheit – prozessuale Nachteile ein. So unterliegt das Versäumen gerichtlich bestimmter Fristen – der Klageerwiderungsfrist des Beklagten, der Frist für die Replik des Klägers und sonstiger vom Gericht gesetzter Schriftsatzfristen[1] – der strengen Sanktion (der *Präklusion*) des § 296 I ZPO. Der etwas „mildere" – aber immer noch gefährliche – § 296 II ZPO greift hingegen ein, wenn zwar keine Frist gesetzt war, aber eine Partei Angriffs- oder Verteidigungsmittel (zB Behauptungen, Bestreiten, Einreden, Beweisanträge, vgl. § 146 ZPO) nicht rechtzeitig vorbringt, sodass eine Verzögerung des Prozesses droht. Ist nach einem der beiden Absätze des § 296 ZPO die Präklusion eingetreten, ist die betreffende Prozesspartei mit einer wahren tatsächlichen Behauptung ausgeschlossen *(„präkludiert")*. Der Klausurbearbeiter muss dann diese Behauptung – trotz ihrer Wahrheit! – unberücksichtigt lassen.

159

---

[13] Vgl. BVerfGE 107, 395 (Plenarbeschluss) = NJW 2003, 1924 sub C. II.; BVerfG NJW 2023, 759 Rn. 19 (Kammerbeschluss).
[14] BVerfG NZG 2023, 187 Rn. 21.
[15] Hierzu mit weiteren Beispielen Zöller/G. Vollkommer ZPO Einl. Rn. 16 ff., insbes. Rn. 18, 21 f.
[1] Vgl. die Aufzählung in § 296 I ZPO!

10. Kapitel. Die Sachurteilsvoraussetzungen

1. Unterkapitel. Einführung

§ 38. Sachurteilsvoraussetzungen und Klausurschema

160 Die Prozessvoraussetzungen oder (Sachentscheidungsvoraussetzungen)[1] bereiten in der prozessualen Fallbearbeitung immer wieder Schwierigkeiten. Kandidaten, die an solchen Schwierigkeiten scheitern, schieben die Schuld häufig der mangelnden Beherrschung eines „Klausurschemas" zu. Dies ist Selbstbetrug. Gerade die schlechteren Bearbeitungen von Problemen der Sachurteilsvoraussetzungen beruhen nicht selten auf dem Gebrauch solcher Checklisten: Geistlos und ohne jedes Nachdenken werden diese Schablonen abgehakt.

> **Beispiel 65:** In einer „gemischten" Klausur (→ Rn. 26 ff.) ging es um die außerordentliche fristlose Kündigung eines Wohnraummietvertrages durch den Vermieter wegen mehrmonatig rückständigen Mietzinses (§§ 543 II Nr. 3 lit. a, b, 569 III Nr. 1 BGB). Die Mietwohnung war in Leipzig belegen, der Vermieter wohnte in Dresden. Der Mieter hatte Klage auf Feststellung des Fortbestandes des Mietverhältnisses vor dem LG Dresden erhoben. Der beklagte Vermieter wandte sowohl die sachliche als auch die örtliche Unzuständigkeit des LG Dresden ein.
> Der **Bearbeitervermerk** fragte u.a., ob diese Bedenken gegen die Zulässigkeit der Klage zuträfen (zum Bearbeitervermerk → Rn. 3).
> Viele Bearbeiter sahen die Stunde ihrer eingelernten Schablonen gekommen und führten in der schriftlichen Ausarbeitung so ungefähr alles an, was an überflüssigen Ausführungen zu den gestellten Fragen gesagt werden kann: Die deutsche Gerichtsbarkeit sei gegeben und der Rechtsweg zu den ordentlichen Gerichten eröffnet, die Parteien seien existent und partei- und prozessfähig. Über die Hälfte aller Arbeiten machte in dieser oder ähnlicher Weise überflüssige Ausführungen zu der gestellten Frage. Die beste Darstellung hingegen war eine Lösung auf wenige Zeilen, die ausführte, dass es sich um eine Streitigkeit über den Fortbestand eines Mietverhältnisses über Wohnraum handelt und daher wegen § 23 Nr. 2 lit. a GVG nicht das angerufene *Landgericht,* sondern das *Amtsgericht* ausschließlich *sachlich* sowie wegen § 29a I ZPO das AG Leipzig ausschließlich *örtlich* zuständig ist.

Die Kenntnis von Checklisten kann sicher nicht schaden. In der Praxis haben viele Rechtsanwälte und Richter solche Listen entwickelt, um in der Eile nicht Gesichtspunkte zu übersehen. Solche Listen sollen von Selbstverständlichkeiten entlasten und dem Bearbeiter den Kopf für wirkliche Mängel und Probleme freimachen. Deshalb sind diese Listen gründlich missverstanden, wenn sie als „Gliederungspunkte" aufgefasst werden. Ihre Berechtigung liegt einzig in der Kontrollfunktion, damit man keinen Gesichtspunkt übersieht.[2]

---

[1] Diese beiden Begriffe sind nicht ganz deckungsgleich. Vgl. einerseits Rosenberg/Schwab/Gottwald ZivilProzR § 94 Rn. 2–5 und andererseits Stein/Jonas/Brehm ZPO Einleitung Rn. 242 ff. Für die Klausurbearbeitung ist dieser terminologische Streit kaum bedeutsam. Wichtig ist nur, dass der Bearbeiter durchgängig denselben Begriff verwendet, damit nicht durch unterschiedliche Wortwahl der Eindruck verschiedener Sachaussagen erweckt wird.

[2] Zur Behandlung der einzelnen Sachurteilsvoraussetzungen Rosenberg/Schwab/Gottwald ZivilProzR § 94 Rn. 32 ff.

§ 39. Sachurteilsvoraussetzungen und Klausurtypen

Grds. sind die Sachurteilsvoraussetzungen (die Zulässigkeit der Klage) vor der Begründetheit der Klage zu untersuchen.[1] Bereits bei Erörterung der gemischten Klausur hat sich aber gezeigt, dass das Dogma vom Vorrang der Zulässigkeitsfrage unzutreffend ist. Besonders die Anwaltsklausur (→ Rn. 20 und → Rn. 27) lässt sich kaum zutreffend bearbeiten, wenn *vor* den materiell-rechtlichen Fragen die Prozessprobleme erörtert werden. Aber auch bei der Richterklausur (→ Rn. 21 und → Rn. 28), bei der regelmäßig die Zulässigkeit vor der Begründetheit zu prüfen ist, ergeben sich wichtige Einschränkungen der Regel, dass zuerst die Sachurteilsvoraussetzungen zu prüfen sind. 161

I. Rechtsmittelklausur (Rechtsbehelfsklausur)

Die Rechtsmittelklausur (→ Rn. 23) verlangt, dass *vor* den Sachurteilsvoraussetzungen der Klage zunächst die Zulässigkeit des Rechtsmittels geprüft wird. Wenn also nach der Entscheidung eines Berufungsgerichts gefragt ist, muss der Bearbeiter erst einmal die Zulässigkeit der Berufung prüfen (zB Statthaftigkeit, Form und Frist); erst wenn er die Berufung für zulässig hält, kommt er innerhalb der Begründetheitsstation der Rechtsmittelklausur zu den Sachurteilsvoraussetzungen der Klage (→ Rn. 406). 162

Wenn nämlich die Berufung verspätet war, trat die formelle Rechtskraft des Urteils ein (§ 705 ZPO, § 19 I EGZPO, → Rn. 393). Es wäre töricht, die Sachurteilsvoraussetzungen der Klage zu prüfen, wo doch der Rechtsstreit bereits rechtskräftig beendet ist. In solch einem Fall ist die Einhaltung der Berufungsfrist zu untersuchen (§ 517 ZPO) und festzustellen, dass die Berufung wegen verspäteter Einlegung unzulässig ist. Deshalb muss sie verworfen werden (§ 522 I 2 ZPO). Nur wenn in diesem Fall der Bearbeitervermerk ein Hilfsgutachten verlangt, müssen auch eine die Sachurteilsvoraussetzungen der Klage erörtert werden. Der Bearbeiter sollte entsprechend der „Verlängerungstechnik" (→ Rn. 35 ff.) auch an Wiedereinsetzung in den vorigen Stand denken (§ 233 ZPO), da es sich bei der Berufungsfrist um eine Notfrist handelt (→ Rn. 530).

II. Versäumnisverfahren und Verfahren beim Vollstreckungsbescheid

Der Einspruch gegen das Versäumnisurteil (§ 338 ZPO) und gegen den Vollstreckungsbescheid (§§ 700 I, 338 ZPO) sowie der Widerspruch gegen den Mahnbescheid (§ 694 I ZPO) und gegen Arrest und einstweilige Verfügung (§§ 924, 936 ZPO) sind zwar aufgrund fehlenden Devolutiveffekts keine Rechtsmittel (→ Rn. 492); die prozessuale Situation ist aber mit der Rechtsmittelklausur vergleichbar. Aus diesem Grund muss auch hier *vor* den Sachurteilsvoraussetzungen erst einmal auf den Einspruch oder Widerspruch eingegangen werden. 163

Der *verspätete Einspruch* vermag das Eintreten der (formellen) Rechtskraft (§ 705 ZPO) des Versäumnisurteils oder des Vollstreckungsbescheids nicht zu verhindern. Ob die Sachurteilsvoraussetzungen vorlagen oder nicht, darf – außer durch den Bearbeitervermerk verlangt – nicht geprüft werden.

Beim *rechtzeitigen Widerspruch* gegen den *Mahnbescheid* (§ 694 I ZPO) ist die Situation wegen der gesetzlichen Lage anders (→ Rn. 134). Es kommt dann nicht mehr zum Erlass eines Vollstreckungsbescheids; denn das Verfahren mündet sogleich in das Klageverfahren (§ 696 I ZPO) ein. Beim *verspäteten Widerspruch* – mithin nicht bereits mit Ablauf der Widerspruchsfrist (§ 692 I Nr. 3 ZPO), sondern erst, wenn der Vollstreckungsbescheid „verfügt" worden ist (§ 694 I ZPO aE) – erfolgt Umdeutung des Widerspruchs in den Einspruch (→ Rn. 134). Dann gilt wieder der Aufbau der Rechtsmittelklausur.

---

[1] Zur Prüfungsreihenfolge bei der Zulässigkeit der Klage Arz JuS 2022, 321.

III. Anspruchsänderung, Parteiänderung

164 Klageänderung (→ Rn. 75) und Parteiänderung (→ Rn. 283 ff.) verlangen eine Vorwegprüfung der für diese Prozessrechtsinstitute normierten Voraussetzungen. Hingegen ist die Zulässigkeit der Streitgegenstandshäufung (→ Rn. 76) und Streitgenossenschaft (→ Rn. 95 ff.) in der Regel *erst im Anschluss an die Zulässigkeit der Klage* zu prüfen. Diese Reihenfolge ergibt sich aus der Anwendung des Trennungsprinzips (→ Rn. 96, → Rn. 168 sowie → Rn. 185). So muss für jeden einzelnen prozessualen Anspruch festgestellt werden, ob die gerichtsbezogenen Sachurteilsvoraussetzungen vorliegen (→ Rn. 185 ff.). Bei mehreren Klägern oder Beklagten ist für jeden der Beteiligten zu prüfen, ob die parteibezogenen Sachurteilsvoraussetzungen gegeben sind (→ Rn. 168 ff.). Erst dann kann entschieden werden, ob eine Verbindung zu einer Klage möglich ist. Im Übrigen führt die Unzulässigkeit einer Verbindung nicht etwa zur Unzulässigkeit der Klage. Vielmehr werden die Prozessrechtsverhältnisse gemäß § 145 ZPO getrennt.[2] Bei ganz einfachen Fällen kann man die Anspruchshäufung oder die Streitgenossenschaft auch innerhalb des Prozessrechtsverhältnisses prüfen. Der Anfänger sollte aber vorsichtshalber so nicht vorgehen.

1. Klageänderung

> **Beispiel 66:** *X* hat gegen *Y* auf Übereignung geklagt. Als *X* nach der ersten mündlichen Verhandlung des *Y* zur Hauptsache merkt, dass die Klage keinen Erfolg verspricht, ändert er schnell die Klage auf Schadensersatz wegen eines Verkehrsunfalls (vgl. Beispiel 29, → Rn. 75). *Vor der Erörterung von Sachurteilsvoraussetzungen muss die Zulässigkeit der Klageänderung geprüft werden.* Eine Klageänderung liegt vor, weil der Antrag geändert wurde. Da *Y* nicht zustimmt (§ 263 Alt. 1 ZPO), wird also die Sachdienlichkeit untersucht (§ 263 Alt. 2 ZPO). Sie wäre zu bejahen, wenn die Klageänderung des *X* gegenüber einer neuen selbständigen Klage prozessökonomische Vorteile hätte, insbes. wenn der bisherige Prozessverlauf für den *neuen* Streitgegenstand von Bedeutung wäre, dh der bisherige Streitstoff (zB Beweisaufnahmen) verwertbar bliebe und damit ein neuer Prozess vermieden werden könnte. Jedoch ist dies hier nicht der Fall. Damit ist die Sachdienlichkeit der Klageänderung zu verneinen. Wegen der dadurch vorhandenen Unzulässigkeit der Klageänderung ist der *neue* Antrag unzulässig; er darf überhaupt nicht auf seine Sachurteilsvoraussetzungen hin geprüft werden. Der unzulässige neue Antrag (auf Schadensersatz) wird zweckmäßigerweise im Endurteil über den ursprünglichen Klageantrag (auf Übereignung) abgewiesen. Es kann aber auch erst einmal ein Teilurteil (§ 301 ZPO) über den neuen Antrag ergehen, falls die Entscheidung über den ursprünglichen Antrag noch nicht möglich ist. Wie immer auch entschieden wird, die Abweisung des neuen Antrags ist eine Prozessabweisung wegen Unwirksamkeit der Klageänderung, nicht wegen Fehlens einer Sachurteilsvoraussetzung!
>
> Der Bearbeiter muss sich jetzt dem *ursprünglichen* Antrag zuwenden; denn die Klageänderung ist gescheitert. In der Klageänderung des *X* liegt aber möglicherweise die Rücknahme des *ursprünglichen* Antrags auf Übereignung, dh eine Klagerücknahme. Da auch hier *Y* nicht zustimmt, ist die Klage auf Übereignung nicht zurückgenommen. Nach dem „Beginn der mündlichen Verhandlung des Beklagten zur Hauptsache" bedarf die Rücknahme der Klage der Einwilligung des Beklagten (§ 269 I ZPO), vgl. aber ergänzend § 54 II 1 ArbGG.
>
> **Folge:** Erst jetzt beginnt die Untersuchung der Sachurteilsvoraussetzungen und eventuell der Begründetheit des Anspruchs auf Übereignung, dh des *ursprünglichen* Antrags. Dass der Beklagte die Entscheidung über den ursprünglichen Klageantrag durch seine Weigerung erzwingen kann, zeigt den Anspruch des Beklagten auf gerichtliche Entscheidung

---

[2] Vgl. Zöller/Greger ZPO § 260 Rn. 2; § 145 Rn. 2 sowie Zöller/Althammer ZPO § 60 Rn. 8; Thomas/Putzo/Hüßtege ZPO § 60 Rn. 7; Thomas/Putzo/Seiler ZPO § 260 Rn. 13.

über den gestellten Antrag und verdeutlicht damit seine sehr starke Stellung nach dem Beginn seiner mündlichen Erörterung zur Hauptsache.³

2. Parteiänderung

Die Parteiänderung ist möglich auf der Kläger- oder auf der Beklagtenseite und bedeutet entweder das Hinzutreten weiterer Parteien in den Prozess (Parteibeitritt) oder das Auswechseln bisheriger Parteien (Parteiwechsel). Wenn aber zB eine Partei mangels wirksamer Parteiänderung nicht aus dem Prozessrechtsverhältnis ausgeschieden ist, muss ihr Prozessrechtsverhältnis weiter erörtert werden. Umgekehrt darf ein Prozessrechtsverhältnis mit einer „neuen Partei" nicht geprüft werden, wenn das Hinzutreten dieser neuen Partei unzulässig ist: sie ist nicht Partei! Allenfalls ist darzulegen, aus welchen Gründen die „neue Partei" nicht Prozesspartei wurde. Im Rahmen des Klausuraufbaus ist bei der Änderung der Parteien während des Prozesses ähnlich wie bei der Klageänderung zu verfahren. Die Zulässigkeit der Parteiänderung ist vorab zu erörtern.

Beispiel 67: *Klein* verklagt Vater *Sanft* auf Herausgabe des Rasenmähers, den der Mitarbeiter *Saubermann* an Vater *Sanft* verkauft hatte, statt ihn, wie Frau *Herz* es wollte, dem Eigentümer *Klein* zurückzugeben (Beispiel 12, → Rn. 27). *Klein* weiß nicht, dass Vater *Sanft* den Rasenmäher seinem Sohn geschenkt und übergeben hat. Im ersten Termin rügt Vater *Sanft* die Unzuständigkeit des Gerichts (es sei nicht sein Wohnsitzgericht [§ 13 ZPO], sondern das seines Sohnes) und behauptet ferner, dass nicht er, sondern sein Sohn im Besitz des Rasenmähers sei. *Klein* erklärt daraufhin, dass er statt gegen Vater *Sanft* nunmehr gegen Sohn *Sanft* klage. Damit ist Vater *Sanft* einverstanden. Im nächsten Termin erscheint Sohn *Sanft;* er hält den Parteiwechsel für unzulässig und die Klage für unbegründet.

Gefragt ist, wie das Gericht entscheiden wird.

Lösungsweg: Der Bearbeiter muss sich erst klar werden, ob die Parteiänderung zulässig ist. Das ist zu bejahen: Die Zustimmung des *neuen* Beklagten ist in erster Instanz nicht erforderlich und Zustimmung des *Klägers* und des *ausscheidenden* Beklagten liegen vor (näher → Rn. 283 ff.). Folglich ist Vater *Sanft* nicht mehr am Prozess beteiligt; für Sohn *Sanft* ist das Gericht aber (da es sein Wohnsitzgericht ist) zuständig. Die Klage ist auch begründet.⁴

Hier wird übrigens der Grundsatz der „prozessualen Überholung" bedeutsam (→ Rn. 34): Das Problem, ob das Gericht für die Klage gegen Vater Sanft zuständig war, ist prozessual überholt, wenn die Parteiänderung zulässig war. Es darf deshalb nicht mehr erörtert werden, es sei denn, es ist ausdrücklich nach diesem Problem gefragt.

IV. Rechtshängigkeitsprobleme

Vorrang haben auch die Fragen eines Wegfalls der Rechtshängigkeit (§ 261 ZPO) des Verfahrens.

165

Beispiel 68: *Pech* klagt gegen *Fahrer* auf Schmerzensgeld in Höhe von 125 EUR (§§ 823 I, 253 II BGB). *Fahrer* rügt die örtliche Unzuständigkeit des Gerichts. In der

---

³ Vgl. → Rn. 46.
⁴ → Rn. 27 Fn. 5. Voraussetzung: *Klein* hat die Verfügung des Mitarbeiters *Saubermann* nicht genehmigt (§ 185 II 1 Var. 1 in Verbindung mit § 816 I BGB).

> anschließenden Beweisaufnahme (§§ 355 ff. ZPO) zeigt es sich, dass ein Verschulden des *Fahrer* nicht zu beweisen ist. Daraufhin erklärt *Pech* zu Protokoll (§ 160 III Nr. 2 ZPO): „Ich nehme die Klage zurück". Auf Befragen des Richters sagt *Fahrer:* „Mir ist die Sache gleichgültig". Am nächsten Tag schreibt er in einem Schriftsatz an das Gericht, er stimme der Zurücknahme nicht zu, weil er nicht riskieren wolle, dass *Pech* ihn noch einmal verklage. *Pech* erwidert, *Fahrer* habe doch durch sein Schweigen schon zugestimmt; ein Verfahren sei nicht mehr anhängig. Im daraufhin anberaumten Termin streiten sich die Parteien außerdem noch um die örtliche Zuständigkeit.
>
> *Vor* der Erörterung der Sachurteilsvoraussetzung der örtlichen Zuständigkeit muss erst einmal geprüft werden, ob der Prozess noch anhängig ist. Da § 267 ZPO für § 269 ZPO nicht gilt, ist das Problem nicht einfach zu lösen. Liegt im Verhalten des *Fahrer* eine Einwilligung, ist kein Prozess mehr anhängig: Die Prüfung von Sachurteilsvoraussetzungen und damit auch der Zuständigkeit wäre unsinnig[5]. Anders ist es, wenn *Fahrer* keine Einwilligung erklärt hat; dann ist noch ein Verfahren anhängig und es muss jetzt zB die rechtzeitig (§ 39 S. 1 ZPO) gerügte örtliche Zuständigkeit geprüft werden.
>
> Hier sieht man in der Erklärung des *Fahrer* richtigerweise eine Einwilligung im Sinn von § 269 I, II 1 ZPO. Anders als bei der Klageänderung (§ 267 ZPO) muss der Beklagte bei der Klagerücknahme nicht widersprechen; es genügt in den Grenzen des § 269 II 4 ZPO sein Schweigen, um die Rücknahme scheitern zu lassen. Wenn er aber – wie *Fahrer* – sagt, dass ihm die Sache „gleichgültig" sei, erklärt er indirekt, er sei auch mit der Rücknahme einverstanden. Damit ist der Prozess beendet.
>
> *Pech* kann jedoch – wie zutreffend von diesem befürchtet – den *Fahrer* erneut verklagen.[6] Diesem steht unter den dort genannten Voraussetzungen lediglich die Einrede nach § 269 VI ZPO zu.

Die vorrangige Behandlung von Rechtshängigkeitsproblemen ist besonders bei den im Examen beliebten Fällen des Widerrufs (der Anfechtung) von prozessbeendigenden Handlungen wichtig, etwa beim Prozessvergleich (→ Rn. 377) und bei der beiderseitigen Erledigungserklärung (→ Rn. 380) sowie bei Fragen der Wiedereinsetzung in den vorigen Stand nach Ablauf von Rechtsmittelfristen (→ Rn. 529 f.). Erst wenn feststeht, dass das Verfahren weiterläuft, können die einzelnen Sachurteilsvoraussetzungen behandelt werden.

2. Unterkapitel. Die einzelnen Sachurteilsvoraussetzungen

§ 40. Deutsche Gerichtsbarkeit und ordentlicher Rechtsweg

I. Deutsche Gerichtsbarkeit: §§ 18–20 GVG

166 Diese Sachurteilsvoraussetzung spielt im Zivilprozessrecht nur selten eine Rolle.[1] Maßgeblich sind vor allem §§ 18–20 GVG, sodann zahlreiche bilaterale und multilaterale Abkommen. Im schriftlichen Examen werden Probleme der deutschen Gerichtsbarkeit kaum auftauchen. Die Kandidaten, die eine der international- oder völkerrechtlichen Wahlfachgruppen wählen, können jedoch mit Problemen der Exterritorialität (Exemtion) sowie der Staatenimmunität konfrontiert werden. Wichtig ist, dass man das Bestehen deutscher Gerichtsbarkeit nicht mit der Frage der internationalen Zuständigkeit durcheinanderwirft, die in → Rn. 241 behandelt wird.

---

[5] Vgl. auch RGZ 108, 135–137; BAG NJW 2019, 3101; Zöller/Greger ZPO § 269 Rn. 15.
[6] Rosenberg/Schwab/Gottwald ZivilProzR § 130 Rn. 35; Stein/Jonas/Roth ZPO § 269 Rn. 67.
[1] Zur *deutschen Gerichtsbarkeit:* Jauernig/Hess ZivilProzR § 5; zur Vertiefung: Stein/Jonas/Jacobs GVG §§ 18 ff.

II. Zulässigkeit des Zivilrechtsweges – § 13 GVG

Die Prüfung der *Zulässigkeit des Zivilrechtsweges*[2] erfolgt nicht nach den Vorschriften der ZPO, sondern aufgrund der Regelung in § 17 GVG bis § 17b GVG. Das Zivilgericht erster Instanz (AG oder LG) prüft diese Zulässigkeitsfrage an vorrangiger Stelle (vgl. auch § 17a III GVG: „vorab"). Auch der Bearbeiter eines Prozessfalles sollte so vorgehen. Hierbei muss er sich die in Art. 95 I GG niedergelegte Vielzahl der Rechtswege vergegenwärtigen (→ Rn. 108) und sich im Klaren sein, dass in der ZPO-Klausur die Rechtswegfrage nur eine geringere Rolle spielt (→ Rn. 109). Daher ist sie nur anzusprechen, wenn ernsthafte Zweifel an der Zulässigkeit des Zivilrechtsweges bestehen oder in der Klausuraufgabe geäußert werden. Unter Umgehung der typischen Fehlerquellen bei Rechtswegfragen (→ Rn. 110 f.) hat der Verfasser die Frage zu beantworten, ob der Weg zu den Zivilgerichten eröffnet ist. Für die Ziviljustiz ist § 13 GVG maßgeblich, der ihr „alle bürgerlichen Rechtsstreitigkeiten" zuweist. Der Begriff „bürgerliche Rechtsstreitigkeiten" ist *historisch* zu verstehen. Er umfasst nicht nur das heutige Bürgerliche Recht (BGB mit seinen Nebengesetzen). Unter ihm sind auch *alle anderen privatrechtlichen Streitigkeiten* zu verstehen, also zB auch das Handels-, Gesellschafts-, Versicherungsrecht oder das Recht des gewerblichen Rechtsschutzes. Ferner gehören zur Ziviljustiz und damit zu den von der ZPO erfassten Verfahren alle diejenigen *öffentlich-rechtlichen* Streitigkeiten, die den Zivilgerichten ausdrücklich „zugewiesen" sind, so zB die Prozesse um die Höhe der Enteignungsentschädigung (Art. 14 III 4 GG) und um die Staatshaftung (Art. 34 S. 3 GG) sowie Aufopferungsstreitigkeiten (§ 40 II VwGO).

167

Kommt der Bearbeiter zum Ergebnis, es liegt *weder* ein zivilrechtlicher Streitfall („bürgerliche Rechtstreitigkeit") vor *noch* besteht eine Zuweisung einer öffentlich-rechtlichen Frage in die Ziviljustiz, ist der beschrittene Rechtsweg nicht gegeben. Die Klausurlösung wird daher darlegen, dass das Gericht den Rechtsstreit *von Amts wegen*[3] in den anderen (richtigen) Rechtsweg verweist (sog. *Rechtswegverweisung*), § 17a II 1 GVG. Das durch eine solche Rechtswegverweisung „angewiesene" Empfangsgericht (Adressatgericht) des anderen Rechtswegs ist an die Verweisung gebunden (§ 17a II 3 GVG) und darf daher die Zulässigkeit des eigenen Rechtsweges nicht mehr in Frage stellen. Damit werden negative Kompetenzkonflikte vermieden, auch wenn die Rechtswegverweisung unrichtig war und selbst wenn deshalb zB das Verwaltungsgericht nach einer Rechtswegverweisung des LG auf die bei ihm nunmehr anhängige Klage Zivilrecht anzuwenden hat. So etwa, wenn das LG einen Kaufvertrag des *Landratsamtes* mit der *Allerlei GmbH* irrtümlich als *öffentlich-rechtlichen* Vertrag (§§ 54 ff. VwVfG) angesehen und deshalb in die Verwaltungsgerichtsbarkeit verwiesen hat.

---

[2] Man kann auch von der „Zulässigkeit des *ordentlichen* Rechtsweges" oder von der „Zulässigkeit des Rechtsweges zu den *ordentlichen Gerichten*" oder.... „zu den *Zivilgerichten*" sprechen. Unzutreffend ist es jedoch, bei der Unterscheidung der fünf im Art. 95 I GG genannten Rechtswege den Ausdruck „Zuständigkeit" zu verwenden, weil „Zuständigkeit" die Kompetenzverteilung *innerhalb* der Rechtswege, aber nicht *zwischen* den Rechtswegen meint. Erst wenn die Zulässigkeit des Rechtsweges feststeht, stellt sich die Frage nach der (sachlichen, örtlichen, internationalen und funktionellen) *Zuständigkeit* (näher auch → Rn. 185).
[3] Dies ist die einzige *amtswegige* Verweisung. In allen anderen Fällen muss die Verweisung *beantragt* werden (→ Rn. 232). Unterbleibt ein solcher Antrag, ist in diesen Fällen die Klage *unzulässig* und durch Prozessurteil abzuweisen.

Eine weitere Eigenheit besteht im *Rechtsmittelverfahren:* Nach § 17a V GVG ist dem Rechtsmittelgericht die Befugnis verwehrt, im Rahmen des *Hauptsacheverfahrens*[4] die Zulässigkeit des beschrittenen Rechtsweges zu überprüfen. Deshalb darf der Bearbeiter einer Klausur einer Prozesspartei nicht raten, gegen ein Endurteil Berufung nur deshalb einzulegen, weil eigentlich ein anderer Rechtsweg zulässig sei, § 513 II ZPO (vgl. auch §§ 545 II, 571 II 2, 576 II ZPO).

Vereinzelt wird die Ansicht vertreten, wegen dieser Sonderregelungen sei die Zulässigkeit des Rechtsweges keine Zulässigkeitsvoraussetzung der Klage, sondern eine eigene Kategorie neben der Zulässigkeit und der Begründetheit der Klage.[5] Dies ist allerdings ein Irrtum.[6] Denn die Zulässigkeit des beschrittenen Rechtsweges muss stets vorliegen, damit ein Gericht in der Sache entscheiden kann, ist also eine Sachurteilsvoraussetzung. Die Besonderheit der in den §§ 17a f. GVG enthaltenen Regelungen besteht allerdings in der *amtswegigen Verweisung* bei fehlender Zulässigkeit des Rechtsweges und in der *fehlenden Kognition* sowohl des Empfangsgerichts (Adressatgerichts) als auch des Rechtsmittelgerichts hinsichtlich der Rechtswegfrage. Dass die Zulässigkeit des beschrittenen Rechtsweges eine echte Sachurteilsvoraussetzung ist, zeigt sich ferner in denjenigen Fällen, in denen ein Zivilgericht die Zulässigkeit des Zivilrechtsweges verneint, für den Streitgegenstand aber ausnahmsweise kein anderer Rechtsweg besteht, sodass nicht dorthin verwiesen werden kann. Wenn etwa vor einem Zivilgericht eine zur Kompetenz des BVerfG oder eines Landesverfassungsgerichts gehörende Streitigkeit oder ein der kirchlichen Gerichtsbarkeit unterliegender Streitfall anhängig gemacht ist, bleibt dem Gericht mangels Verweisungsmöglichkeiten an diese Gerichtsbarkeiten[7] nur die Abweisung der Klage mit Prozessurteil als unzulässig.

§ 41. Parteibezogene Sachurteilsvoraussetzungen

Der Prozess findet zwischen verschiedenen Personen statt. Eine Reihe von Sachurteilsvoraussetzungen knüpft an diese im Prozessrechtsverhältnis verbundenen Personen an.

I. Prüfungsprinzip und Aufbaugrundsatz: Trennung der Personen

168 Der Trennungsgrundsatz spielt auch hier eine große Rolle. Die personenbezogenen Sachurteilsvoraussetzungen sind für den Kläger *und* für den Beklagten *gesondert* zu untersuchen. Bei mehreren Klägern oder Beklagten (Streitgenossenschaft, §§ 59 f. ZPO) muss für jede *einzelne* Partei diese Untersuchung erfolgen. Die Missachtung

---

[4] Die Frage der Zulässigkeit des Rechtsweges ist vielmehr vom Hauptsacheverfahren scharf zu trennen. Bekämpft eine der Prozessparteien den gerichtlichen Beschluss, der die Zulässigkeit des Rechtsweges bejaht (§ 17a I, III GVG) oder sie verneint (§ 17a II GVG), spaltet sich der Streit um die Zulässigkeit des Rechtsweges vom Hauptsacheverfahren ab. In einem gesonderten Beschwerdeverfahren wird lediglich die sofortige Beschwerde der Partei über die Entscheidung in der Rechtswegfrage geklärt (§ 17a IV 3 GVG).
[5] Vgl. Bühler JURA 2022, 276; dagegen zutr. Sauer, Klausurtraining. Allgemeines Verwaltungsrecht und Verwaltungsprozessrecht, 3. Aufl. 2023, Rn. 38, der an der „klassischen Unterscheidung zwischen Zulässigkeit und Begründetheit" festhält; so zB auch die verwaltungsgerichtlichen Klausurlösungen JURA 2022, 1344; JA 2022, 55; 331; 653; 752 sowie JuS 2021, 241 f.; 762 f.; 862 f.; 970 (971); JuS 2022, 55 (56); 514 (515); 658 (659).
[6] So auch die hM, zB Musielak/Voit/Wittschier ZPO § 17a Rn. 5; Rosenberg/Schwab/Gottwald ZivilProzR § 94 Rn. 8.
[7] Nur zwischen den fünf im Art. 95 I GG genannten Rechtswegen gibt es die Verweisung. *Keine Verweisung* (→ Rn. 225 Fn. 39) ist daher möglich an das BVerfG und die Landesverfassungsgerichte, an kirchliche Gerichte (vgl. BAG NZA 2014, 1223 Rn. 24; Thomas/Putzo/Hüßtege GVG § 17a Rn. 22) und andere nicht-staatliche Gerichte (zB Schiedsgerichte, → Rn. 242) sowie an internationale oder ausländische Gerichte). Zum Teil können allerdings diese Gerichtsbarkeiten in besonderen Verfahren zur Klärung *einzelner* Rechtsfragen (aber nicht zur Entscheidung des [gesamten] Rechtsstreites) angerufen werden, etwa durch Richtervorlagen im Rahmen der konkreten Normenkontrolle gemäß Art. 100 GG.

§ 41. Parteibezogene Sachurteilsvoraussetzungen

des Trennungsgrundsatzes führt zu typischen Fehlern bei den Sachurteilsvoraussetzungen, weil zB der Bearbeiter vergisst, die Prozessfähigkeit des Beklagten oder die Prozessführungsbefugnis eines zweiten Klägers zu prüfen, oder weil er nicht beachtet, dass zwischen dem Erstkläger und dem Drittbeklagten schon ein rechtskräftiges Urteil vorliegt.

> **Beispiel 69:** Im Rechtsstreit um den Kirmesplatz treten eine Reihe von Klägern gegen die Gemeinde auf (Beispiel 58, → Rn. 109). Für jeden einzelnen der Kläger müssen die Sachurteilsvoraussetzungen und die sonstigen prozessualen Fragen nachgeprüft werden: Der eine Kläger ist minderjährig (Folge: Prozessfähigkeit fehlt). Während des Prozesses veräußert einer der Kläger sein Grundstück und zieht weg (fehlt ihm jetzt die Prozessführungsbefugnis?). Der dritte Kläger stirbt über den Aufregungen des Prozesses (was ist mit seinem Prozessrechtsverhältnis? Sind seine Erben jetzt Kläger geworden?). Dem vierten Kläger wird es zu bunt; er nimmt die Klage zurück (kann er das so ohne weiteres, wenn die anderen Kläger widersprechen, aber die beklagte Gemeinde zustimmt? Ja; zur Einwilligung des Beklagten s. Beispiel 68, → Rn. 165). Ein fünfter Bürger möchte sich dem Prozess noch schnell anschließen und lässt durch seinen Rechtsanwalt den „Parteibeitritt" erklären (hinsichtlich seines Prozessrechtsverhältnisses muss die Zulässigkeit eines solchen Beitritts geprüft werden). Sodann ist festzustellen, ob die Streitgenossenschaft zulässig ist (→ Rn. 97).[1]

Wie bei einem Baukasten lassen sich diese Probleme auch auf der Beklagtenseite konstruieren und schließlich durch die Geltendmachung verschiedener Streitgegenstände verkomplizieren. Zur Trennung der Parteien muss dann *zusätzlich* noch die klare Unterscheidung der einzelnen Streitgegenstände treten (und zwar schon im Konzept, → Rn. 13).

II. Wer ist Partei?

Eine saubere Trennung ist nur möglich, wenn sich der Bearbeiter im Klaren ist, *wer* die Parteien des Rechtsstreits sind. Vor jeder Erörterung von personenbezogenen Sachurteilsvoraussetzungen ist deshalb die Frage nach den Parteien zu stellen (→ Rn. 89 und → Rn. 92–94). Hierbei darf nicht vergessen werden, dass die Parteibezeichnung auch berichtigt werden kann (→ Rn. 90). Abermals wird vor jeder Besserwisserei gewarnt: Der *Kläger* bestimmt die Parteien, nicht der Bearbeiter – es sei denn, es ist gerade (bei einer Anwaltsklausur) gefragt, wer nach der Ansicht des Bearbeiters Partei sein soll.

169

III. Die Existenz der Parteien

Nur zwischen existierenden Parteien ist der Prozess möglich.

170

> **Beispiel 70:** RA *Weise* erhält ein Schreiben mit Vollmacht des *Jens Uwe Stolzing*, sofort wegen 1.000 EUR gegen das Modehaus *Titus Schick* einen Mahnbescheid zu beantragen. Am Nachmittag desselben Tages ruft ein Herr „*Stolzing*" bei RA *Weise* an, bespricht mit ihm den Fall und bittet um die sofortige Einreichung eines Mahnantrages (→ Rn. 131 ff.). Als auf Widerspruch des Modehauses *Schick* die mündliche Verhandlung anberaumt wird, stellt sich heraus, dass RA *Weise* einem üblen Streich aufgesessen ist: *Jens Uwe Stolzing* existiert nicht. *Folge:* Die Klage wird (durch Prozessurteil) als unzulässig wegen fehlender Parteiexistenz abgewiesen.

---

[1] Umfassend hierzu Pieroncyk/Pieroncyk JuS 2020, 319.

Kommt ein Spaßvogel, wie der U.S. State Senator *Ernie Chambers* im Jahr 2008, auf die Idee, Gott zu verklagen, wird das Gericht die Klage auch hier wegen „fehlender Parteiexistenz" abweisen. Der im Fall *Chambers* am Douglas County District Court in Nebraska zur Entscheidung berufene Richter *Polk* wollte es offenbar vermeiden, gläubigen Lesern seiner Entscheidung auf den Schlips zu treten und hat die Klage stattdessen gestützt auf die Unmöglichkeit der Zustellung an den Beklagten abgewiesen. Das erscheint auf den ersten Blick nicht unelegant. Vergleichbar § 185 Nr. 1 ZPO gibt es aber auch in den USA die Möglichkeit der öffentlichen Zustellung bei unbekanntem Aufenthalt (service by publication).

Unter der Rubrik „Existenz der Partei" ist auch der Problemkreis des *Wegfalls der Existenz der Partei* zu erörtern, also besonders die Probleme des Todes von Kläger oder Beklagtem oder der Beendigung der Existenz einer juristischen Person.[2]

Eine beliebte Examensfrage ist ferner das Problem, welcher Rechtsbehelf gegen ein rechtskräftiges Urteil zur Verfügung steht, wenn am Rechtsstreit eine nicht existente Partei beteiligt war. Hier wird vom Bearbeiter erwartet, dass er die entsprechende Anwendung des § 579 I Nr. 4 ZPO erörtert.[3]

IV. Parteifähigkeit: § 50 ZPO

171 Während die Frage nach der Existenz einer Partei auf deren *tatsächliches* Vorhandensein abzielt, erfolgt die Untersuchung auf der *normativen* Ebene, wenn die Parteifähigkeit zu erörtern ist. Nun gilt es zu klären, ob die *tatsächlich* vorhandene „Person" als Rechtsträger in Betracht kommt, dh ob sie fähig ist, Subjekt eines Prozessrechtsverhältnisses zu sein.[4] Diese Parteifähigkeit (die „aktive" Parteifähigkeit des Klägers und die „passive" des Beklagten) fehlt grds. allen nicht-rechtsfähigen Gebilden, zB dem Nachlass, dem Betrieb, der Firma. Zwar kann der Kaufmann „unter seiner Firma klagen und verklagt werden" (§ 17 II HGB). Aber die *Firma* ist dadurch nicht Partei; sie ist nur der *Name* des Kaufmanns.[5]

Parteifähig sind alle natürlichen Personen (§§ 50, 1 BGB), die *OHG* (§ 105 II HGB), *KG* (§§ 161 II, 105 II HGB), *Partnerschaftsgesellschaft* (§ 1 IV PartGG iVm § 705 II BGB) sowie die *Gesellschaft bürgerlichen Rechts,* soweit sie durch Teilnahme am Rechtsverkehr eigene Rechte und Pflichten begründet *(BGB-Außengesellschaft).*[6] § 705 II, III BGB regelt dies nunmehr ausdrücklich. Aufgrund der Verweisung in § 54 S. 2 BGB muss dies nun auch für den *Verein ohne Rechtspersönlichkeit* gelten. Ebenso parteifähig sind *Parteien* (§ 3 ParteiG), *Gewerkschaften* (§ 10 ArbGG) sowie die *Wohnungseigentümergemeinschaften* (§ 9a I 1 WEG). Weiterhin sind etwa auch juristische Personen des Privatrechts, so etwa die *GmbH* (§ 13 I GmbHG) und die *AG* (§ 1 AktG) parteifähig. Die Rechts- und Parteifähigkeit dieser Organisationen erlischt typischerweise mit Vollbeendigung nach Abwicklung. Ausnahmsweise besteht die Parteifähigkeit jedoch auch nach Löschung einer juristischen Person des

---

[2] Der *Tod einer Partei* bewirkt die Unterbrechung des Rechtsstreits (§ 239 I ZPO). Dann darf keine Entscheidung getroffen werden (§ 249 ZPO) – es sei denn, die (häufig übersehene) Ausnahme des § 246 ZPO liegt vor. Deshalb müssen die Unterbrechungs- und Aussetzungsfragen *vor* den Sachurteilsvoraussetzungen geprüft werden (auch → Rn. 165). Ganz anders ist es, wenn der Prozess sich von vornherein gegen eine nichtexistente Partei richtete; hier ist der Prozess nicht unterbrochen oder ausgesetzt; die Klage wird mit Prozessurteil als unzulässig abgewiesen (soeben Beispiel 70, → 170).
[3] Zur Vertiefung: Stein/Jonas/Jacoby ZPO § 50 Rn. 57.
[4] Vgl. Rosenberg/Schwab/Gottwald ZivilProzR § 43 Rn. 1.
[5] Stein/Jonas/Jacoby ZPO § 50 Rn. 15.
[6] BGH NJW 2001, 1056; dazu K. Schmidt JuS 2001, 509; ders. NJW 2001, 993 ff.; Timme/Hülk JuS 2001, 536 ff.; zum Streitstand Steinbeck JuS 2012, 10 (11 f.).

§ 41. Parteibezogene Sachurteilsvoraussetzungen

Privatrechts fort, sofern Anhaltspunkte für vorhandenes verwertbares Vermögen (sog. *Nachgesellschaft*) bestehen.[7]

Wenn dem Bearbeiter die einzelnen Probleme der Parteifähigkeit geläufig sind, bietet die Fallbearbeitung keine Schwierigkeiten. Er darf nur nicht außer Acht lassen, dass die Parteifähigkeit wegen § 56 I ZPO stets *von Amts wegen* zu berücksichtigen ist[8] und dass bei fehlender Parteifähigkeit einer Personengruppe die *Umdeutung* (→ Rn. 183) *in eine Parteistellung der Mitglieder dieser Gemeinschaft* in Betracht zu ziehen ist, wenn es sich um einen überschaubaren, nicht ständig wechselnden Kreis handelt.

V. Prozessfähigkeit: §§ 51 ff. ZPO

Die Prozessfähigkeit als die „prozessuale Geschäftsfähigkeit" oder als die Fähigkeit, einen Prozess zu führen, bietet häufig Anlass zu schweren Fehlern in der Prozessrechtsklausur. Ihr materiell-rechtliches Gegenstück, die Geschäftsfähigkeit, ist allerdings viel differenzierter geregelt. Möglicherweise ist es gerade die fehlende Parallelität zum Minderjährigenrecht des BGB, die die Bearbeiter verwirrt: Eine „beschränkte Prozessfähigkeit" gibt es nicht.[9] Die Partei ist *entweder* prozessfähig *oder* nicht prozessfähig. Das Prozessrecht verträgt auch nicht die Schwebezustände und Heilungsmöglichkeiten der §§ 108–111 BGB, die zur beschränkten Geschäftsfähigkeit gehören. So kann nach dem BGB ein von einem Minderjährigen abgeschlossener Vertrag infolge der Einwilligung des gesetzlichen Vertreters von vornherein wirksam sein oder durch dessen Genehmigung wirksam werden, während der Minderjährige selbst aus diesen Fällen keinen Rechtsstreit über den Vertrag führen darf. Dazu gehört auch ein nach § 110 BGB („Taschengeldparagraf") wirksamer Vertrag. Führt der Minderjährige dennoch einen Rechtsstreit, kann dessen Prozessführung durch den inzwischen Prozessfähigen (§ 108 III BGB) oder den gesetzlichen Vertreter genehmigt werden, sofern er die Prozessvertretung übernimmt; eine Genehmigung des Prozessführung des Minderjährigen, ohne dass der gesetzliche Vertreter die Prozessvertretung übernimmt, ist unzulässig. Nur wenn der Minderjährige unter § 112 BGB oder § 113 BGB fällt und *insoweit* (hinsichtlich der dort genannten Rechtsgeschäfte) voll geschäftsfähig ist, steht ihm in den dortigen Grenzen die volle Prozessfähigkeit zu (§ 52 I ZPO).

In derartigen Fällen muss der Bearbeiter untersuchen, ob jeder Streitgegenstand von § 112 BGB bzw. § 113 BGB gedeckt ist („streitgegenständlich" eingegrenzte Prozessfähigkeit). Wenn nicht (zB ein Minderjähriger verklagt seinen Arbeitgeber sowohl auf Zahlung des Lohns [Fall des § 113 BGB] als auch auf Schadensersatz wegen eines nicht mit dem Arbeitsverhältnis zusammenhängenden Verkehrsunfalls [kein Fall des § 113 BGB]), erfolgt hinsichtlich der nicht unter §§ 112 f. BGB fallenden Teile Klageabweisung als unzulässig, sofern die Hinzuziehung des gesetzlichen Vertreters scheitert.

Zwei typische Fehlergruppen gehören zum Thema „Minderjähriger im Prozess":

172

---

[7] Stein/Jonas/Jacoby ZPO § 50 Rn. 42 ff.; Thomas/Putzo/Hüßtege ZPO § 50 Rn. 3.
[8] Der häufig verwendete Ausdruck „*Prüfung* von Amts wegen" ist ungenau: Das Gericht ermittelt nicht *selbst* die Tatsachen (also kein Untersuchungsgrundsatz). Vielmehr müssen die *Parteien* die Tatsachen vorbringen (Beibringungsgrundsatz); das Gericht kann sie hierzu lediglich gemäß § 139 ZPO auffordern. Die Tatsachen berücksichtigt das Gericht dann *von sich aus*, dh ohne dass ein Antrag der Parteien gestellt sein muss, Rosenberg/Schwab/Gottwald ZivilProzR § 77 Rn. 46 f., 48 ff.
[9] Zur Prozessfähigkeit: Rosenberg/Schwab/Gottwald ZivilProzR § 44.

1. Eltern klagen statt Kind

> **Beispiel 71:** Das neunjährige Kind *Clemens* wird von *Raser* angefahren. *Raser* und *Rasers* Versicherung lehnen die Zahlung ab, weil der Unfall durch höhere Gewalt verursacht worden sei (§ 7 II StVG). Daraufhin klagen *Clemens* Eltern gegen *Raser* und gegen dessen Versicherung.[10]
>
> **Fehler:** Die Eltern dürfen *nicht* Partei sein! Da sie nicht angefahren wurden, haben sie keinen eigenen Schaden – insbes. keinen *Schockschaden* – erlitten. Wenn sie einen Schaden, den *Clemens* erlitten hat, geltend machen wollen, muss *Clemens* Partei sein, gesetzlich vertreten durch seine Eltern, dh *Clemens* muss, vertreten durch seine Eltern, Klage erheben. Eine Klage der Eltern als Partei im eigenen Namen wäre mangels Sachlegitimation unbegründet.

2. Bearbeiter übersieht Parteiänderung

> **Beispiel 72:** Immer wieder enthalten Prozessrechtsfälle das in Beispiel 71 aufgeführte fehlerhafte Vorgehen. Es wäre aber falsch, wenn der Bearbeiter nun sofort die Abweisung der Klage empfiehlt, etwa mit der Begründung: Die Eltern sind nicht geschädigt, also haben sie keinen Anspruch; wenn *Clemens* geschädigt sein sollte, kann dies nicht geprüft werden: Er ist nicht Partei. Vielmehr muss der Bearbeiter vorgehen wie in der Praxis (→ Rn. 35 ff.). Zuerst wird man fragen, ob nicht die Klageschrift so auszulegen ist, dass *Clemens* Partei und seine Eltern nur Vertreter sein sollen („Auslegung" vor „Änderung", → Rn. 181). Erst wenn eine solche Deutung an den vorliegenden Erklärungen scheitert, tritt die Frage auf, ob man den Fehler heilen kann. Der Bearbeiter wird empfehlen, eine Parteiänderung vorzunehmen. Im Wege des Parteiwechsels tritt dann *Clemens* in den Prozess ein, und die Eltern scheiden aus dem Prozessrechtsverhältnis aus. Wenn *Raser* und *Rasers* Versicherung zustimmen, entstehen keine Probleme.
>
> Könnte auch ohne Parteiänderung eine Begründetheit der Klage der Eltern erreicht werden? Ja, durch Abtretung der Schadensersatzforderung des Clemens an seine Eltern. Wegen des Verbots des Selbstkontrahierens („Insichgeschäft") sind die Eltern jedoch gehindert, selbst als Vertreter ihres Kindes anlässlich des Abtretungsvertrages (§ 398 BGB) zu handeln (§§ 1626, 1629, 1824 II, 181 BGB). Vielmehr muss zur Vertretung des Clemens bei Abschluss des Abtretungsvertrages ein Ergänzungspfleger gemäß § 1809 BGB bestellt werden, der dann mit den Eltern kontrahiert.

Letztlich darf der Verfasser bei der prozessualen Fallbearbeitung nicht übersehen, dass die Prozessfähigkeit nur natürlichen Personen zukommt. Jede *juristische* Person sowie die Personengesellschaften brauchen deshalb eine *natürliche* Person, die für sie handelt (zB die Aktiengesellschaft einen Vorstand oder mehrere Vorstandsmitglieder, § 78 AktG; die GmbH einen Geschäftsführer, § 35 GmbHG; die Gesellschaft bürgerlichen Rechts, OHG, KG und die Partnerschaftsgesellschaft einen vertretungsberechtigten Gesellschafter, §§ 715, 720 BGB, §§ 124, 161 II HGB, § 7 II PartGG. Erst eine solche Person kann dem Anwalt die Prozessvollmacht erteilen. Das Auftreten eines Anwalts ersetzt also nicht die Prozessfähigkeit, weil sich auch *seine* Legitimation auf ein Handeln eines Prozessfähigen zurückführen lassen muss.

---

[10] Zum gemeinsamen Verklagen von Schädiger und dessen Versicherung → Rn. 20 Fn. 2 sowie Beispiel 52 (→ Rn. 100).

VI. Handeln anderer Personen für die Partei – Postulationsfähigkeit – Anwaltsprozess

Sofern die am Verfahren beteiligte Person partei- und prozessfähig ist und selbst im Prozess auftreten kann und auftritt, ergeben sich normalerweise keine Besonderheiten. Die Regel ist jedoch, dass die Partei nicht selbst im Prozess tätig ist, sondern eine andere Person für die Partei auftritt Dies führt zu zahlreichen Problemen, die unter dem Begriff der Postulationsfähigkeit diskutiert werden. Hierbei geht es um die Frage, ob eine prozessfähige Partei oder deren prozessfähiger Vertreter (§ 79 II ZPO) in eigener Person rechtswirksam prozessual handeln kann oder sich hierzu eines Anwalts bedienen muss (§ 78 I ZPO). 173

In der Klausur ist unbedingt darauf zu achten, dass es sich bei der Postulationsfähigkeit nicht um eine eigenständige Sachentscheidungsvoraussetzung handelt. Die Frage der Postulationsfähigkeit stellt sich vielmehr stets im Rahmen einer konkreten Prozesshandlung und wird deshalb richtigerweise im Rahmen der Ordnungsgemäßheit der Klageerhebung abgehandelt.[11]

Vielfach wird der *Anwaltszwang* (§ 78 I ZPO) übersehen (→ Rn. 145 Nr. 2). Er gilt im Zivilprozess für alle Verfahren außer den Prozessen vor dem *AG*; dort allerdings auch für die in § 114 I FamFG genannten familiengerichtlichen Verfahren (*„Anwaltsprozess"*). Selbst wenn eine Partei tätig werden will: Im *Anwaltsprozess* fehlt ihr die *„Postulationsfähigkeit"*. Wenn eine Partei im Termin vor dem LG ohne Rechtsanwalt erscheint, ist sie – obschon erschienen – juristisch „säumig" (§§ 330 f. ZPO), und trotz ihres Protestes kann Versäumnisurteil gegen sie ergehen.[12] Lediglich im normalen Amtsgerichtsprozess (§§ 78 I, 79 ZPO, *„Parteiprozess"*) sowie in Fällen des § 78 III ZPO (insbes. §§ 920 III, 936 ZPO) kann die Partei den Rechtsstreit ohne Rechtsanwalt selbst betreiben. Zudem sind im Parteiprozess die in § 79 II ZPO genannten Personen – vorbehaltlich einer Zurückweisung im Einzelfall, § 79 III ZPO – befugt, als Prozessbevollmächtigter der Partei aufzutreten. Allerdings untersagt § 6 RDG die *entgeltliche* Rechtsberatung durch andere Personen als durch Angehörige der rechtsberatenden Berufe.

Der Anwaltszwang verleitet viele Bearbeiter zu übersteigerter Wortklauberei bei der Behandlung von Klausuren und Hausarbeiten. Als in einer Klausur die Wendung erschien „Darauf klagt *A* beim LG Hamburg gegen *B*", nahmen viele Verfasser an, dass er dies ohne Rechtsanwalt getan hätte, und verneinten eine wirksame Klageerhebung. Hier wurde gegen die Grundregel verstoßen, dass im Zweifel der Aufgabentext so zu interpretieren ist, dass keine prozessualen Fehler gemacht wurden (→ Rn. 39). Allenfalls ist die Bemerkung angebracht, dass der Verfasser wegen § 78 I ZPO von der Vertretung durch Anwälte ausgeht.

Wo immer statt der Partei (oder weil sie als juristische Person nicht prozessfähig ist) eine Nicht-Partei im Prozess auftritt, muss das Gericht die *Legitimation* dieses Vertreters prüfen. Dies schreibt § 56 ZPO (→ Rn. 171) im Interesse der Partei zwingend vor. Fehlt die Prozessvollmacht oder sonst die notwendige Legitimation, darf nicht sogleich die Klage abgewiesen, sondern es muss an die Heilung dieses Mangels gedacht werden (→ Rn. 181).

Sollte doch einmal ein Prozess ohne Vertretungsmacht geführt worden sein, darf § 579 I Nr. 4 ZPO niemals übersehen werden. Er gibt die Möglichkeit, die rechtskräftige Entscheidung zu beseitigen (→ Rn. 170).

VII. Prozessführungsbefugnis – Prozessstandschaft – Partei kraft Amtes

Die Probleme der Prozessführungsbefugnis, der Prozessstandschaft und der Partei 174
kraft Amtes werden entschärft, wenn sich der Bearbeiter zu einem exakten Vorgehen entschließt.

---

[11] Zur *Postulationsfähigkeit* als Prozesshandlungsvoraussetzung: Rosenberg/Schwab/Gottwald ZivilProzR § 45.

[12] Wenn im Anwaltsprozess eine Partei ohne anwaltliche Vertretung selbst auftritt oder Prozesshandlungen vornimmt, wird sie häufig als „Naturalpartei" bezeichnet, vgl. BGH NJW 2019, 3727 Leitsatz 2.

1. Partei oder Vertreter der Partei?

175 Damit kehrt die zentrale Frage „Wer ist Partei?" (→ Rn. 89) in einer neuen Variation wieder.[13] Der Bearbeiter muss sich darüber klar werden, ob die handelnde Person Prozesspartei sein soll oder nur deren Stellvertreter. Wie im BGB bei der Abgrenzung zwischen § 164 und § 185 kommt es dabei darauf an, ob diese Person im *eigenen Namen als Partei* oder im *fremden Namen für eine andere Partei* auftritt. Handelt sie im *fremden Namen,* liegt die in der vorletzten Randnummer besprochene Prozesssituation vor: Sie ist *nicht* selbst Partei; es wäre ein schwerer Fehler, hier von „Prozessführungsbefugnis", „Prozessstandschaft" oder einer „Partei kraft Amtes" zu sprechen.

2. Eigenes oder fremdes Recht?

176 Erst wenn sich zeigt, dass diese handelnde Person selbst Partei und nicht Stellvertreter der Partei ist, erhebt sich das Problem, ob sie (als Kläger) *eigene* oder *fremde* Rechte geltend macht und ob sie (als Beklagter) aus *eigener* oder *fremder* Verpflichtung in Anspruch genommen wird.[14] Dabei stellt sich nicht die Frage, ob solche Rechte und Pflichten bestehen (dies ist eine Frage der Begründetheit), sondern ob für die prozessuale *Geltendmachung* oder *Verteidigung* der jeweiligen Partei eine Befugnis eingeräumt ist. Dies ist die Frage nach der *Prozessführungsbefugnis:*

> **Wichtig:** Die Frage der Prozessführungsbefugnis betrifft nicht die tatsächliche materielle Befugnis (= *Sachlegitimation* und damit Frage der *Begründetheit*), sondern lediglich die Frage, ob die Geltendmachung eines eigenen oder fremden Rechts *behauptet* wird.

Der Bearbeiter muss sich nunmehr die Funktion der Prozessführungsbefugnis vergegenwärtigen: Sie hängt eng mit der Privatautonomie und dem Antragsgrundsatz zusammen, weil sie dem Träger des behaupteten materiellen Rechts zugleich auch die prozessuale Befugnis verleiht, über dieses behauptete Recht einen Rechtsstreit zu führen. Negativ bedeutet sie den Ausschluss desjenigen von der Prozessführungsbefugnis, der nicht an der behaupteten materiellen Rechtsbeziehung beteiligt ist.

> **Beispiel 73:** Die *Mutter* von *Stefan Fink* erfährt, dass *Anna Müller,* die frühere Freundin ihres Sohnes, diesem noch 1.000 EUR aus einem Darlehen schuldet. Aufgrund der Untätigkeit ihres konfliktscheuen Sohnes reicht die *Mutter* von *Stefan Fink* als Klägerin eine Klage gegen *Anna Müller* ein und macht *Stefan Finks* Anspruch auf Rückzahlung der 1.000 EUR (§ 488 I 2 BGB) geltend. Da sie nicht im fremden Namen (als Bevollmächtigte) klagt, ist die *Mutter* von *Stefan Fink* Partei (→ Rn. 175).
> Das Problem ist jetzt, ob sie für die Leistungsklage prozessführungsbefugt ist.
> **Antwort:** Nein. Es ist nicht *ihr* eigener Anspruch, den sie geltend macht.
> **Folge:** Abweisung der Klage als *unzulässig* durch *Prozessurteil.*

Im Grundsatz ist der Streit um fremde Rechte im *eigenen* Namen im Prozess nicht zulässig. Es geht letztlich um den Ausschluss von Popularklagen; grds. soll sich niemand eigenmächtig zum Sachwalter fremder Angelegenheiten aufschwingen. Wie es jedermanns eigene Angelegenheit ist, Ansprüche geltend zu machen oder nicht, ist es seine Sache, ob er klagt oder nicht (→ Rn. 45), und es ist stets Sache des angeblichen Rechtsinhabers, als Beklagter das Recht zu verteidigen. Macht also der Kläger

---

[13] Vgl. Schreiber JURA 2010, 750.
[14] Über die Schwierigkeiten der Abgrenzung Schreiber JURA 2010, 750.

eigene Rechte im *eigenen* Namen geltend und wird der Beklagte ebenfalls als Beteiligter am *eigenen* materiellen Rechtsverhältnis verklagt, muss man *im Prinzip* davon ausgehen, dass die Prozessführungsbefugnis auf Kläger- und Beklagtenseite vorliegt.[15] Normalerweise verliert man deshalb nach einer kurzen gedanklichen Untersuchung in der *schriftlichen Lösung kein einziges Wort* über die Prozessführungsbefugnis. Aber es gibt Ausnahmen:

3. Ausnahmsweises Fehlen der Befugnis bei Geltendmachung eigener Rechte? – Sachlegitimation ohne Prozessführungsbefugnis

In manchen Fällen ist dem sachlegitimierten Inhaber des Rechts die Befugnis *entzogen* worden, über das Recht einen Prozess zu führen. So ist dem Schuldner, über dessen Vermögen das Insolvenzverfahren eröffnet wurde, die Befugnis zur Prozessführung genommen (§ 80 I InsO); an seiner Stelle handelt die „Partei kraft Amtes":[16] der Insolvenzverwalter (vgl. zur Aufnahme anhängiger Prozesse § 240 S.1 ZPO iVm §§ 85, 86 InsO). Beliebtes Beispiel ist ferner die Prozessführungsbefugnis des verwaltenden und die fehlende Befugnis des nichtverwaltenden Ehegatten bei Gütergemeinschaft (Beispiel 48, → Rn. 99).[17]

177

In diesen Zusammenhang gehört auch der sehr examensrelevante, häufig im Zusammenhang mit §§ 932 ff. BGB geprüfte § 265 ZPO:[18]

> **Beispiel 74:** Während des Prozesses *Klein* gegen Sohn *Sanft* auf Herausgabe des Rasenmähers verkauft und übereignet (§§ 929 S. 1, 931 BGB) *Klein* den Rasenmäher an seinen Nachbarn. Jetzt behält *Klein* die Prozessführungsbefugnis (§ 265 I, II 1 ZPO), obwohl er nicht mehr Rechtsinhaber ist. In diesem Falle spricht man von *gesetzlicher Prozessstandschaft* – möglich auf Kläger- und Beklagtenseite – (→ Rn. 178): Der Nachbar hat keine Prozessführungsbefugnis, obwohl er sachlegitimiert ist! Der Kläger *Klein* muss allerdings – um eine Abweisung als unbegründet zu vermeiden – den Klageantrag der veränderten materiellen Rechtslage anpassen und Leistung an den *Nachbarn* als jetzigen Rechtsinhaber verlangen (sog. Relevanztheorie), was nach § 264 Nr. 2 oder 3 ZPO zulässig ist (zur Streitfrage, ob in der Klageänderung eine Klagezurücknahme liegt, → Rn. 272).[19]

Erst wenn es sich zeigt, dass die Ausnahmen nicht vorliegen, kann bei der Geltendmachung *eigener* Rechte vom Bestehen einer Prozessführungsbefugnis ausgegangen werden.

Zu einer anderen Fragestellung kommt man jedoch, wenn sich auf die → Rn. 176 genannte zweite Frage die Antwort ergab, dass die Partei *fremde* Rechte geltend macht oder den Beklagten nicht als Rechtsträger in Anspruch nimmt:

4. Ausnahmsweise Prozessführungsbefugnis bei der Geltendmachung fremder Rechte? – Prozessführungsbefugnis ohne Sachlegitimation

Bereits bei der soeben behandelten dritten Frage hat sich gezeigt, dass die Prozessführungsbefugnis Personen zustehen kann, die nicht (sachlegitimierte) Inhaber des Rechts sind. *Die dem Rechtsinhaber entzogene Befugnis wird dann auf diese Personen übertragen.* Wenn der Bearbeiter festgestellt hat, dass eine Partei *fremde*

178

---

[15] Rosenberg/Schwab/Gottwald ZivilProzR § 46.
[16] Zu anderen „Parteien kraft Amtes" (zB Testamentsvollstrecker, Zwangs- und Nachlassverwalter) und zu dem (in der Praxis bedeutungslosen) Theorienstreit: Jauernig/Hess ZivilProzR § 18 V 4 sowie Rosenberg/Schwab/Gottwald ZivilProzR § 40 II 1.
[17] Böhnert JuS 1997, 1124 (1127).
[18] Hierzu Jauernig/Hess ZivilProzR § 87; Rosenberg/Schwab/Gottwald ZivilProzR § 101.
[19] Zur Vertiefung: Stein/Jonas/Roth ZPO § 265 Rn. 17 ff., insbes. 21 ff.

Rechte im *eigenen Namen* geltend macht, muss er prüfen, ob Rechtsgründe vorliegen, nach denen dies ausnahmsweise zulässig ist (etwa §§ 2039, 432, 1011 BGB).

Der Katalog gleicht fast spiegelbildlich der dritten Frage, weil fast immer der *Entzug* der Prozessführungsbefugnis bei der einen Person dem *Zuwachs* der Befugnis bei einer anderen Person entspricht: Die *Partei kraft Amtes* und der *gesetzliche Prozessstandschafter* machen diejenigen Rechte geltend, die eine andere Person wegen der ihr genommenen Prozessführungsbefugnis nicht geltend machen darf. So ist der Vollstreckungsgläubiger, der eine Forderung seines Vollstreckungsschuldners gepfändet hat, Prozessstandschafter, wenn er diese Forderung gegenüber dem Schuldner des Vollstreckungsschuldner (Drittschuldner) gemäß § 836 ZPO geltend macht. Anders ist es aber, wenn *nur mehrere* Personen prozessführungsberechtigt sind (notwendige Streitgenossenschaft, § 62 I Alt. 2 ZPO, vgl. Beispiel 48, → Rn. 99) oder wo eine Person *zusätzlich* die Prozessführungsbefugnis hat. Wichtige Fälle der letztgenannten Konstellation sind etwa § 1368 BGB sowie die nunmehr in § 715b BGB kodifizierte *actio pro socio*, die unter den dort genannten Voraussetzungen die Geltendmachung von Sozial- (§ 715b I 1 BGB) sowie Drittansprüchen (§ 715b I 2 BGB) der Gesellschaft durch einen Gesellschafter ermöglicht.[20]

5. Prozessführungsbefugnis aufgrund Parteiwillens? – Gewillkürte Prozessstandschaft (Prozessermächtigung)

179 Bei der Geltendmachung *fremder* Rechte im *eigenen* Namen darf der Bearbeiter niemals die Frage der *„gewillkürten Prozessstandschaft"* vergessen. Sie ist die rechtsgeschäftliche Übertragung der Prozessführungsbefugnis auf eine andere Partei. Besonders bei gemischten Klausuren mit Eigentumsvorbehalt hat das Zusammenspiel von Einziehungsermächtigung und gewillkürter Prozessstandschaft eine große Bedeutung.[21]

Beispiel 75: Uhrmacherin *Zeiger* ist nicht sehr liquide. Von der Uhrenfabrik *Glocken-AG* erhält sie die Armbanduhren unter der Vereinbarung des verlängerten Eigentumsvorbehalts: *Zeiger* tritt schon jetzt die künftigen Kaufpreisforderungen aus dem Verkauf der Uhren an die *Glocken-AG* ab. Diese erteilt *Zeiger* die Einziehungsermächtigung und die Befugnis, im eigenen Namen zu klagen (gewillkürte Prozessstandschaft). Am 2.5. verkauft *Zeiger* an *Frosch* eine Armbanduhr zum Preis von 175 EUR. *Frosch* zahlt 100 EUR an und erhält die Uhr unter Eigentumsvorbehalt; der Rest ist am 2.6. fällig. *Frosch* zahlt jedoch nicht. Wenn nunmehr *Zeiger* den Restkaufpreis gerichtlich gegen *Frosch* geltend macht, entsteht das Problem von Einziehungsermächtigung (als der *materiell-rechtlichen* Befugnis, fremde Forderungen im eigenen Namen *materiell-rechtlich* geltend zu machen, § 185 BGB analog) und der Prozessführungsbefugnis (als der *prozessualen* Befugnis, fremde Forderungen im eigenen Namen *prozessual* geltend zu machen). Lässt man Einziehungsermächtigung und Prozessführungsbefugnis zu, muss *Zeiger* im Prozess nicht offenbaren, dass sie unter Eigentumsvorbehalt und – vor allem – unter Vorausabtretung die Uhr von der *Glocken-AG* erworben hat.[22] Auch wenn *Frosch* einen verlängerten

---

[20] Ausführlich hierzu BT-Drs. 19/27635, 154 f.
[21] Die gewillkürte Prozessstandschaft (auch „Prozessermächtigung" genannt) ist meist die prozessuale Fortsetzung der materiell-rechtlichen *Einziehungsermächtigung*. Deshalb muss der Bearbeiter die Diskussion um die Einziehungsermächtigung beherrschen. Hierzu Schumann, Lebendiges Zivilprozessrecht, 2016, S. 483 ff.; Schreiber JURA 2010, 750; Schmitt-Gaedke/Arz JA 2016, 770.
[22] Schmitt-Gaedke/Arz JA 2016, 770. In diesem Zusammenhang werden auch die Begriffe der *offenen* und *verdeckten Prozessstandschaft* verwendet. Ersterer meint den Fall, dass die Partei ihre Prozessstandschaft offenlegt. Die *verdeckte Prozessstandschaft* liegt vor, wenn er verschweigt, dass er ein fremdes Recht geltend macht und selbst als Rechtsinhaber auftritt. Der Kläger ist in diesem Fall dennoch prozessführungsbefugt, da hierfür die bloße Behauptung des Rechts ausreicht. Da der Kläger kein fremdes Recht geltend macht, ist es begrifflich ungenau hier von Prozessstandschaft zu sprechen. Allgemein zur Terminologie bei der Prozessermächtigung und zur Selbstbetroffenheit Schumann, Lebendiges Zivilprozessrecht, 2016, S. 481 ff.

Eigentumsvorbehalt behauptet, muss *Zeiger* Einziehungsermächtigung und Prozessstandschaft nicht offenlegen, weil *Frosch* die Beweislast dafür trägt, dass *Zeiger* nicht Inhaberin der Kaufpreisforderung ist; *Frosch* macht nämlich eine anspruchsvernichtende Einrede geltend und trägt hierfür die Beweislast. *Zeiger* braucht solche Behauptungen des *Frosch* nur zu bestreiten (§ 138 III ZPO); der Beweis wird dem *Frosch* kaum gelingen, weil er keinerlei Einblick in das Geschäftsgebaren der *Zeiger* hat und etwaige als Zeugen benannte Angestellte der *Zeiger* das Zeugnis verweigern werden (§§ 138 III, 384 Nr. 3 ZPO: „Gewerbegeheimnis"). Selbst wenn ihm der Beweis gelingt, vermag nunmehr *Zeiger* über Einziehungsermächtigung und gewillkürte Prozessstandschaft immer noch den Prozess weiterzuführen. Insbesondere ergeben sich gegen die Zulässigkeit der gewillkürten Prozessstandschaft keine Bedenken, da ihre drei Voraussetzungen vorliegen: *Erstens* Zustimmung des Rechtsinhabers *(Glocken-AG)* zur Prozessführung der Prozessstandschafterin *(Zeiger)* in deren eigenem Namen; *zweitens* ein eigenes rechtsschutzwürdiges Interesse der Prozessstandschafterin *(Zeiger)*, das fremde Recht geltend zu machen; *drittens* grds. die Abtretbarkeit des Anspruchs.[23]

6. Sind die materiell-rechtlichen Fragen von den prozessualen Problemen und die einzelnen Prozessbegriffe deutlich unterschieden worden?

Der Untersuchung der hier behandelten Rechtsinstitute muss immer die *Kontrollfrage* folgen, ob der Bearbeiter die einzelnen Begriffe getrennt hat, da häufig Verwechslungen vorkommen. Dies gilt vor allem für das Verwechseln der Sachlegitimation (der Aktiv- und Passivlegitimation) mit der Prozessführungsbefugnis. 180

Beispiel 76: A, B, C und D sind Erben des X. X hatte vor seinem Tod von Y einen VW gekauft, dessen Lieferung noch aussteht. Wenn A jetzt gegen Y auf Lieferung und Übereignung des VW klagt, ist seine Prozessführungsbefugnis scharf von seiner Aktivlegitimation zu trennen. § 2039 S. 1 BGB gibt ihm zwar die *Prozessführungsbefugnis.* Da ihm aber die *Aktivlegitimation* (§ 2032 I BGB) fehlt, muss er Leistung und Übereignung an sämtliche Erben (A, B, C und D) fordern (Beispiel 74, → Rn. 177).

VIII. Auslegung – Umdeutung – Heilung

Besonders bei den parteibezogenen Sachurteilsvoraussetzungen muss der Bearbeiter wissen, dass bei deren Fehlen nicht immer die Prozessabweisung richtig ist. Häufig kann der Mangel im Wege der „Verlängerungstechnik" (→ Rn. 35) behoben werden. 181

1. Auslegung des Prozessverhaltens

Beispiel 77: *Hilf* war von *Pech* gebeten worden, für ihn den Prozess gegen *Fahrer* zu führen, §§ 79 ff. ZPO (→ Rn. 173). *Hilf* hatte in der Klageschrift ausgeführt, dass er gegen *Fahrer* Klage erhebe, weil dieser *Pech* angefahren habe. Eine sinngemäße Auslegung ergibt, dass *Pech* Partei sein soll und *Hilf* im Namen des *Pech* Klage erhoben hat. Es wäre falsch, die „Klage des *Hilf"* mangels Prozessführungsbefugnis abzuweisen. – Noch deutlicher ist die Parteistellung des *Pech,* wenn Hilf die nach § 88 II ZPO erforderliche Vollmacht des *Pech* „seiner" Klage beigelegt hat. 182

---

[23] BGH NJW 1988, 1210 f.; NJW-RR 2011, 1690; NJW 2017, 487; Zöller/Althammer ZPO Vor § 50 Rn. 40 ff.; Thomas/Putzo/Hüßtege ZPO § 51 Rn. 31 ff.; vertiefend zu den Voraussetzungen gewillkürter Prozessstandschaft Schumann, Lebendiges Zivilprozessrecht, 2016, S. 484 ff.; zur Unübertragbarkeit der gewillkürten Prozessstandschaft BGH NJW 1998, 3205 und Anm. K. Schmidt JuS 1999, 83.

2. Umdeutung des Prozessverhaltens

183 Die Umdeutung eines unzutreffenden prozessualen Vorgehens in ein richtiges Prozessverhalten gehört zur „Heilungsfreundlichkeit" (→ Rn. 34 aE) des Prozessrechts (vgl. auch § 300 StPO).[24] So wird der unzulässige Widerspruch in einen Einspruch umgedeutet (→ Rn. 134, → Rn. 163 aE). Der unzulässige selbständige Feststellungsantrag kann in eine Zwischenfeststellungsklage umgedeutet werden (→ Rn. 69). Der BGH hat eine von einer mittellosen Partei ohne anwaltlich Vertretung eingelegte „Berufung" in einen Prozesskostenhilfeantrag umgedeutet.[25]

Beispiel 78: Die *„Bürgerinitiative Ruhe"*, ein nicht-rechtsfähiger, loser Zusammenschluss von dreizehn namentlich aufgeführten Mietern des Hauses am Kirmesplatz (Beispiel 58, → Rn. 109) erhebt Unterlassungsklage gegen die Gemeinde. Da diese Bürgerinitiative weder als rechtsfähige Gesellschaft noch als Verein anzusehen ist, muss die Klage mangels aktiver Parteifähigkeit der klagenden Partei (§ 50 ZPO, → Rn. 171) umgedeutet werden in eine Klage der dreizehn Mieter – sofern nicht aus den Umständen ersichtlich ist, dass unbedingt die Parteistellung der „Bürgerinitiative" gewollt ist (umdeuten kann man nur, wenn dies dem tatsächlichen oder mutmaßlichen Parteiwillen entspricht, vgl. § 140 BGB).

3. Heilung des Prozessfehlers

184 **Beispiel 79:** Statt *Clemens* klagen dessen Eltern (Beispiele 71 und 72, → Rn. 172). Weder Auslegung noch Umdeutung helfen, weil die Eltern der festen Auffassung sind, sie selbst seien die materiell Berechtigten. Am Ende hilft aber die Parteiänderung (Beispiel 72).

§ 42. Gerichtsbezogene Sachurteilsvoraussetzungen: Die Zuständigkeit

I. Trennungsgrundsatz. Arten der Zuständigkeit

185 Auch bei den gerichtsbezogenen Sachurteilsvoraussetzungen muss der *Trennungsgrundsatz* (→ Rn. 13) strikt beachtet werden. Für jeden einzelnen Streitgegenstand muss deshalb die Zuständigkeit des Gerichts geprüft werden. Fehlt nur für *einen* von mehreren Streitgegenständen (§ 260 ZPO, → Rn. 76) die Zuständigkeit, ist die Klage hinsichtlich *dieses* prozessualen Anspruchs unzulässig; nicht etwa ist die gesamte Klage unzulässig. Fehler in solcher Hinsicht werden vermieden, wenn der Bearbeiter *schon im Konzept* (→ Rn. 9 ff.) den Trennungsgrundsatz beachtet. Dann übersieht er nicht Gesichtspunkte, die nur für *einen* der prozessualen Ansprüche einschlägig sind (zB die sachliche Zuständigkeit des AG nach § 23 Nr. 2 lit. a GVG, weil einer der vor dem LG geltend gemachten verschiedenen Geldansprüche einem Wohnraummietverhältnis entspringt). Andererseits lässt der Bearbeiter bei der Beachtung des Trennungsgrundsatzes dann eine Klage mit mehreren prozessualen Ansprüchen nicht *insgesamt* scheitern, obwohl nur bei einem der Streitgegenstände diese Zuständigkeit fehlt (zB bei *einem* der vor einem AG erhobenen Ansprüche steht die ausschließliche örtliche Zuständigkeit eines anderen AG nach § 29a ZPO entgegen).

Der Verfasser hat aber nicht nur zwischen den verschiedenen Streitgegenständen und zwischen den verschiedenen am Prozess beteiligten Personen streng zu unterscheiden, er muss ferner auch die verschiedenen prozessualen Begriffe strikt trennen:

---

[24] Vgl. Rosenberg/Schwab/Gottwald ZivilProzR § 65 Rn. 23, § 67 Rn. 4.
[25] BGH NJW 2019, 3727 Rn. 10 mzustAnm Tolani.

§ 42. Gerichtsbezogene Sachurteilsvoraussetzungen: Die Zuständigkeit

Erstens gehören nach herkömmlichem prozessualem Sprachgebrauch die Sachurteilsvoraussetzungen der *Deutschen Gerichtsbarkeit* (→ Rn. 166) und des *Rechtswegs* (→ Rn. 167 und → Rn. 108 ff.) *nicht* zum Problemkreis der Zuständigkeit.

Zweitens unterteilt sich die Frage nach der Zuständigkeit eines Gerichts in die vier Arten der Zuständigkeit: *Sachliche* Zuständigkeit (→ Rn. 187), *örtliche* Zuständigkeit (→ Rn. 192), *internationale* Zuständigkeit (→ Rn. 241) und *funktionelle* Zuständigkeit (→ Rn. 240). Erst wenn sämtliche vier Arten der Zuständigkeit vorliegen, kann man sagen, dass das Gericht zuständig ist; fehlt auch nur *eine* der vier Zuständigkeitsarten, ist das Gericht unzuständig.

Bei *mehreren Streitgegenständen* müssen für jeden einzelnen Streitgegenstand die vier Zuständigkeitsarten vorliegen und deshalb gegebenenfalls geprüft werden. Ob in der *schriftlichen* Ausarbeitung auf die vier Zuständigkeitsarten, ob überhaupt auf die Zuständigkeitsfrage näher eingegangen werden muss, hängt von der Aufgabenstellung ab. Nicht alles, was gedanklich geprüft wird, gehört in die *schriftliche* Lösung (vgl. auch hier die Warnung vor Schablonen, → Rn. 160).

Für die *Reihenfolge* der Prüfung der vier Arten der Zuständigkeit gibt es keine Regel. Es empfiehlt sich, nach der „dramatischen Methode" (→ Rn. 247) vorzugehen. Die *internationale* Zuständigkeit sollte aber *nach* der *örtlichen* Zuständigkeit behandelt werden, da sie sich meistens aus der örtlichen Zuständigkeit ergibt (→ Rn. 241).

II. Die Gesetzlichkeit des Richters (Art. 101 I 2 GG)

Das Justizgrundrecht des Art. 101 I 2 GG, dass niemand seinem gesetzlichen Richter entzogen werden darf, verbürgt neben einem Recht auf einen unabhängigen und neutralen (rechtsstaatlichen) Richter sowohl Schutz vor externer Einflussnahme durch Legislative und Exekutive (Entscheidung durch „genehmen" Richter), als auch Schutz vor willkürlicher Richterentziehung durch Verletzung der Zuständigkeitsordnung durch die Justiz selbst. Dieses Grundrecht beherrscht die Auslegung und Anwendung auch der zivilprozessualen Zuständigkeitsvorschriften. Trifft ein Zivilgericht trotz fehlender Zuständigkeit eine Sachentscheidung, verstößt es nicht nur gegen die betreffende „einfachgesetzliche" Vorschrift, sondern verletzt zugleich auch das Grundrecht des Prozessbeteiligten auf den gesetzlichen Richter.[1] Insbesondere wenn diese Verletzung als *willkürlich* anzusehen ist, kann eine Verfassungsbeschwerde zum BVerfG (→ Rn. 401) erfolgreich sein.[2]

186

III. Sachliche Zuständigkeit: § 1 ZPO, §§ 23, 71 GVG

Die Normen über die sachliche Zuständigkeit verteilen die Kompetenz in bürgerlichen Rechtsstreitigkeiten zwischen verschiedenen erstinstanziellen Gerichten.[3] Die sachliche Zuständigkeit betrifft also regelmäßig die Wahl zwischen *AG* oder *LG*. Man kann auch die Zuständigkeit des *OLG* bei Justizverwaltungsakten (§§ 23 ff. EGGVG) als eine sachliche Zuständigkeit ansehen.

187

Nach § 1 ZPO wird die sachliche Zuständigkeit der Gerichte durch das GVG bestimmt. Diese Vorschrift ist Quelle typischer Fehler.

Erste Fehlergruppe: Die bedenklichsten Fehler liegen in der Unkenntnis des § 1 ZPO. Immer wieder wissen Kandidaten nicht, dass die *sachliche Zuständigkeit im GVG* geregelt ist. Sie versuchen, über die für die *örtliche* Zuständigkeit (§§ 12 ff. ZPO) geltenden Vorschriften die *sachliche* Zuständigkeit zu lösen. Nicht deutlich genug kann deshalb auf § 1 ZPO hingewiesen

---

[1] BVerfGE 3, 359 (364 f.); 4, 412 (416 ff.).
[2] BVerfGE 3, 359 (364).
[3] Zur sachlichen Zuständigkeit: Stein/Jonas/Roth ZPO § 1 Rn. 45–57; Rosenberg/Schwab/Gottwald ZivilProzR § 32; M. Huber JuS 2012, 593.

und betont werden, dass §§ 12 ff. ZPO grds. nur den Gerichtsstand – und das ist die *örtliche Zuständigkeit* – regeln![4]

Zweite Fehlergruppe: Nicht weniger gefährlich ist diejenige Ansicht, die § 1 ZPO wörtlich nimmt. Denn tatsächlich ist das GVG nicht das einzige Gesetz, das die sachliche Zuständigkeit regelt. Vor allem bestimmt sogar die ZPO selbst an einigen Stellen die sachliche Zuständigkeit – im Widerspruch zu ihrem ersten Paragraphen!

Um diese beiden Fehler zu vermeiden, empfiehlt sich regelmäßig folgender Gedankengang: Zunächst im GVG nach einer Regelung suchen, sodann in Betracht ziehen, dass möglicherweise außerhalb des GVG Bestimmungen vorhanden sind.

1. Regelungen im GVG prüfen

188 Bei der Betrachtung des GVG geht der Bearbeiter von der Frage aus, ob eine *streitwertunabhängige Zuweisung* entweder an das AG oder an das LG vorliegt oder ob eine *streitwertabhängige Zuständigkeit* entweder des AG oder des LG gegeben ist.

a) Streitwertunabhängige Zuweisungen

189 Streitwertunabhängige Zuweisungen finden sich in § 23 Nr. 2 GVG und § 23a GVG sowie in § 71 II GVG; der Katalog der genannten drei Paragraphen sollte stets überprüft werden, wenn es in einer Klausur um die sachliche Zuständigkeit geht. In diesen drei Fallgruppen wird der Prozess nicht nach der Höhe des Streitwerts, sondern nach der Art des Streitgegenstandes *einem* der beiden Eingangsgerichte zugewiesen. Das Gesetz selbst verwendet die Formulierung „*ohne Rücksicht auf den Wert des Streitgegenstandes*" (§ 23 Nr. 2 GVG und § 71 II GVG). Demgemäß ist zu prüfen, ob

(1) die *streitwertunabhängigen Zuweisungen an das AG* eingreifen (§§ 23 Nr. 2, 23a GVG). Klausurrelevant ist insbes. § 23 Nr. 2 lit. a GVG, der Wohnraum-Mietstreitfälle betrifft. Häufig geht es um sog. *Mischmietverhältnisse*, mithin einen einheitlichen Mietvertrag, der nur teilweise Wohnraum betrifft, etwa wenn das Mietobjekt ein Haus ist, dessen Erdgeschoss für gewerbliche Zwecke und dessen erstes Stockwerk für Wohnzwecke genutzt werden sollen. § 23 Nr. 2 lit. a GVG ist auf diesen Mietvertrag anwendbar, da dessen Schutzzweck entsprechend auch bei 50 % das „Übergewicht" des Mietverhältnisses auf der Wohnnutzung zu sehen ist (sog. „*Übergewichtstheorie*").[5]

(2) die *streitwertunabhängigen Zuweisungen an das LG* zutreffen (§ 71 II GVG). Hier ist lediglich § 71 II Nr. 2 GVG (Staatshaftungsfälle) von Interesse, da für Klagen gemäß Nr. 1 der Verwaltungsrechtsweg gegeben ist (vgl. § 126 BRRG).

Beispiel 80:
(1) *Stefan Fink* und *Anna Fink* sind in Geldnöten. Da bemerkt *Anna Fink*, dass Untermieter *Listig* (→ Rn. 99, Beispiel 48) Mietrückstände in Höhe von 5.500 EUR hat.
(2) Sohn *Sanft* (Beispiel 12, → Rn. 27) erhält, da er im 20. Semester Rechtswissenschaft studiert, keine Unterhaltszahlung von seinen Eltern. Er ist der Meinung, dass seine Eltern ihm 5.500 EUR schulden.
(3) *Vergesslich* (Beispiel 28, → Rn. 73, sowie Beispiele 60, 61, → Rn. 111, 112), will wegen der Beschlagnahme seines Wagens durch Polizist P die Kosten für seinen Mietwagen (210 EUR) ersetzt erhalten.

Alle Personen bitten RAin *Dr. Klug* um Auskunft, bei welchem Gericht sie klagen müssen.

---

[4] Deshalb sollte auch der Ausdruck „Gerichtsstandsvereinbarung" vermieden werden, weil es sich hierbei gerade auch um Vereinbarungen über die sachliche oder internationale Zuständigkeit handeln kann. Zutreffender ist deshalb die Bezeichnung „Zuständigkeitsvereinbarung" oder „Prorogation", → Rn. 226.

[5] MüKoZPO/Pabst GVG § 23 Rn. 12.

> **Antwort:**
> (1) Trotz der Höhe der Mietrückstände müssen *Stefan Fink* und *Anna Fink* beim AG klagen, da es sich um einen Anspruch aus einem Mietverhältnis über Wohnraum handelt, § 23 Nr. 2 lit. a GVG.
> (2) Sohn *Sanft* hat Klage zum AG (Familiengericht) zu erheben – trotz eines Streitwertes von 5.500 EUR (§ 23a Nr. 2 GVG).
> (3) *Vergesslich* muss zum LG klagen, obwohl er einen Schadensersatzanspruch lediglich in Höhe von 210 EUR geltend macht (§ 71 II Nr. 2 GVG).

b) Streitwertabhängige Zuweisung

Erst wenn feststeht, dass eine streitwertunabhängige Zuweisung weder an das AG noch an das LG gegeben ist, stellt sich die *Frage nach der Höhe des Streitwerts*. Jetzt ist zu fragen, ob der Streitwert   190

(1) *innerhalb* der amtsgerichtlichen Grenzen (derzeit bis einschließlich 5.000 EUR, § 23 Nr. 1 GVG) liegt *oder*
(2) sie übersteigt und deshalb zum *landgerichtlichen* Zuständigkeitsbereich gehört (§ 71 I GVG).

2. Regelungen außerhalb des GVG prüfen

Für die sachliche Zuständigkeit sind nicht selten die in der ZPO enthaltenen Regelungen bedeutsam. Dies sind vor allem § 34 ZPO (einschließlich §§ 35,[6] 36 ZPO) und die Vorschrift über die bindende Entscheidung über die sachliche Unzuständigkeit (§ 11 ZPO) sowie die Normen über die Prorogation (§§ 38 ff. ZPO), die Verweisung (§§ 281, 506 ZPO) bei fehlender sachlicher Zuständigkeit und die Zuständigkeit des *AG* im Mahnverfahren (§ 689 I ZPO) und bei Arrest und einstweiliger Verfügung (§§ 919, 937, 942 ZPO). Auch durch § 486 ZPO wird für das selbständige Beweisverfahren die sachliche Zuständigkeit geregelt. Weiterhin finden sich im Zwangsvollstreckungsrecht Regelungen über die sachliche Zuständigkeit (u.a. §§ 731, 764 II, 766 I 1, 767 ZPO). Außerhalb der ZPO sind Zuständigkeitsvorschriften im EGGVG (→ Rn. 187) enthalten.   191

IV. Örtliche Zuständigkeit: Der Gerichtsstand (§§ 12 ff. ZPO)

Der Gerichtsstand – die örtliche Zuständigkeit – ist wegen der übersichtlichen Regelung in den §§ 12 ff. ZPO meist leichter zu bearbeiten als die sachliche Zuständigkeit. Bei der Anwaltsklausur muss besonders darauf geachtet werden, dass sehr häufig für einen Streitfall mehrere Gerichtsstände gegeben sind, die sämtlich zu erörtern sind, weil der Kläger unter ihnen die Wahl hat (§ 35 ZPO); nicht selten besteht ein Teil der Prüfungsleistung in der richtigen Empfehlung eines der zuständigen Gerichte. So kann es für den Kläger aus Rostock günstiger sein, am Erfüllungsort Rostock (§ 29 ZPO) zu klagen als im allgemeinen Gerichtsstand des Beklagten Berlin (§ 13 ZPO): keine Reisekosten, kein fremder Rechtsanwalt in Berlin, Kenntnis der „Mentalität" des heimischen Gerichts.   192

---

[6] Die in § 35 ZPO vorausgesetzte Wahlmöglichkeit besteht zB, wenn die Parteien wirksam sowohl das *AG* als auch das *LG* prorogiert haben, oder wenn die ordentliche Gerichtsbarkeit und über § 2 III ArbGG auch die Arbeitsgerichtsbarkeit angerufen werden kann oder schließlich bei der Wahl zwischen *AG* oder *LG* beim Arrest und bei der einstweiligen Verfügung.

1. Der Begriff „Gerichtsstand"

193 Auch bei der örtlichen Zuständigkeit ist eine klare Terminologie erforderlich, um Missverständnisse zu vermeiden. Die ZPO spricht vom „Gerichtsstand", wenn sie die *örtliche* Zuständigkeit meint: So lautet die Überschrift des Zweiten Titels des Ersten Buchs der ZPO (vor § 12 ZPO). Dieser Terminologie sollte sich der Bearbeiter anschließen, weil dann sogleich aus dem Begriff deutlich wird, dass er nicht eine der drei *anderen* Zuständigkeitsarten (*sachliche* Zuständigkeit, *internationale* Zuständigkeit, *funktionelle* Zuständigkeit) untersucht. Umgekehrt ist es ein Fehler, vom „Gerichtsstand" zu sprechen, wenn eine dieser Zuständigkeiten gemeint ist.

2. Allgemeiner Gerichtsstand und besonderer Gerichtsstand
a) Die Regelung der ZPO

194 Die ZPO trennt zwischen *allgemeinen* Gerichtsständen, die in §§ 12–19 ZPO enthalten sind, und den *besonderen* Gerichtsständen in den Vorschriften der §§ 20–35 ZPO.

b) Die Funktion des allgemeinen Gerichtsstandes

195 Der Text des § 12 ZPO erschließt die *Funktion* des allgemeinen Gerichtsstandes: Im allgemeinen Gerichtsstand können gegen eine Person *alle* Klagen erhoben werden („Das Gericht, bei dem eine Person ihren allgemeinen Gerichtsstand hat, ist für alle gegen sie zu erhebenden Klagen zuständig"). Der *Vorteil* des allgemeinen Gerichtsstandes besteht also in der Möglichkeit, dort die unterschiedlichsten Streitgegenstände anhängig zu machen, wenn sie sich nur sämtlich gegen denselben Beklagten richten:

> **Beispiel 81:** Die Ehe zwischen Frau *Engelmann* und *Anna Fink* ist rechtskräftig geschieden. Frau *Engelmann* will *Anna Fink* wegen folgender Ansprüche verklagen:
> 1. *Anna Fink* habe die Behauptung zu unterlassen, Frau *Engelmann* hätte ihr Leben lang nicht gearbeitet;
> 2. *Anna Fink* sei verpflichtet, an Frau *Engelmann* 2.500 EUR zu zahlen;
> 3. *Anna Fink* solle die ihr geliehene Briefmarkensammlung der Frau *Engelmann* herausgeben;
> 4. *Anna Fink* habe der Frau *Engelmann* an ihrem Grundstück eine Auflassungsvormerkung zu bestellen.
>
> **Frage:** Wo soll Frau *Engelmann* klagen?
>
> **Antwort:** Frau *Engelmann* ist zu raten, am Wohnsitz (§ 7 I BGB) der *Anna Fink* die Klageanträge zu stellen. Dieses Gericht ist örtlich zuständig, weil sich nach § 13 ZPO der allgemeine Gerichtsstand der *Anna Fink* durch deren Wohnsitz bestimmt und nach § 12 ZPO das Gericht, bei dem eine Person ihren allgemeinen Gerichtsstand hat, für alle gegen sie zu erhebenden Klagen zuständig ist.

3. Gespaltene Zuständigkeit und Zuständigkeit kraft Sachzusammenhangs
a) Gespaltene Zuständigkeit und Trennungsgrundsatz

196 Bei mehreren Ansprüchen oder bei mehreren Anspruchsgrundlagen muss sich der Bearbeiter streng vom Trennungsgrundsatz (→ Rn. 13) leiten lassen. Er hat klar die verschiedenen materiell-rechtlichen Rechtsgrundlagen zu trennen (→ Rn. 185, Beispiel 85, → Rn. 208 sowie → Rn. 96, → Rn. 420–422 und → Rn. 439). Den Anspruch auf Herausgabe eines Grundstücks (§ 985 BGB) kann der Kläger nur im ausschließlichen dinglichen Gerichtsstand der Belegenheit (§ 24 ZPO) geltend machen. Er darf

dann dort gegen denselben Beklagten auch andere materiell-rechtliche Ansprüche rechtshängig machen, soweit sie unter die Vorschriften der § 24–26 ZPO fallen. Wenn aber dort der Beklagte nicht wohnt, besteht nicht auch ein Gerichtsstand für eine Kaufpreisklage (§ 433 II BGB); der Kläger muss das Wohnsitzgericht des Beklagten wählen (§§ 12, 13 ZPO, § 7 BGB). Umgekehrt gilt dies genauso: Am Wohnort des Beklagten wäre gegen ihn die Klage auf Grundstücksherausgabe wegen § 24 ZPO unzulässig. Ähnlich muss man bei (Wohnraum-)Mietstreitigkeiten die ausschließliche Zuständigkeit des Amtsgerichts der belegenen Sache beachten (§ 29a ZPO für den Gerichtsstand und § 23 Nr. 2 lit. a GVG für die sachliche Zuständigkeit). Dort kann der Mieter gegen den an einem anderen Ort wohnenden Vermieter zB auf Feststellung des Mietverhältnisses klagen, nicht aber zulässigerweise eine Kaufpreisklage erheben. Der Bearbeiter vermeidet in solchen Fällen nur dann Fehler, wenn er sich strikt an den *Trennungsgrundsatz* hält. Genauso muss er diesen Grundsatz beachten, wenn *ein und derselbe* prozessuale Anspruch *unterschiedlich materiell-rechtlich begründet* wird (aus Gefährdungshaftung, aus Vertrag, aus Delikt), weil die Gerichtsstände bisweilen nur *eine* dieser Anspruchsgrundlagen (zB § 20 StVG: nur Gefährdungshaftung) ergreifen. Man spricht insoweit von einer „gespaltenen" Gerichtszuständigkeit.

b) Zuständigkeit kraft Sachzusammenhangs

So unverzichtbar diese klare Trennung der Zuständigkeitsnormen in der Klausurbearbeitung ist, so wichtig ist es aber auch, in der weiteren Klausurlösung darzulegen, dass das für eine einzelne Anspruchsgrundlage örtlich zuständige Gericht auch berufen ist, den Streitgegenstand *unter allen in Betracht kommenden rechtlichen Gesichtspunkten* zu entscheiden. 197

Dies folgt aus einem *Erst-recht-Schluss* zu § 17 II GVG, nach dem das Gericht sogar befugt ist, über rechtswegfremde Anspruchsgrundlagen zu entscheiden („unter *allen* in Betracht kommenden *rechtlichen* Gesichtspunkten"). *Erst recht* hat das Gericht den Streitgegenstand daher unter Prüfung *aller Anspruchsgrundlagen desselben Rechtswegs* zu entscheiden (Zuständigkeit kraft Sachzusammenhangs).[7]

Der Bearbeiter sollte (wie auch das Schrifttum)[8] den Begriff „*Zuständigkeit kraft Sachzusammenhangs*" verwenden. Da das Gericht auch bei der sachlichen Zuständigkeit sämtliche Anspruchsgrundlagen zu prüfen hat,[9] ist der auf die örtliche Zuständigkeit beschränkte Begriff „*Gerichtsstand* kraft Sachzusammenhangs" zu eng. Auch die Bezeichnung Zuständigkeit „*des*" Zusammenhangs ist ungenau, weil es keine Einzelnorm mit ausdrücklicher Zuständigkeitsvorschrift des Sachzusammenhangs gibt – anders als etwa § 25 ZPO bei dinglichen Streitigkeiten. Vielmehr leitet sich aus § 17 II GVG der ungeschriebene Grundsatz[10] ab, dass jedes Gericht – gleich aufgrund welcher Zuständigkeitsnorm es zur Entscheidung berufen ist – „kraft" Sachzusammenhangs eine umfassende Zuständigkeit für den gesamten Streitgegenstand besitzt.[11]

Besonders klausurrelevant zeigt sich die Bedeutung der Zuständigkeit kraft Sachzusammenhangs am Beispiel des § 32 ZPO (→ Rn. 222). Sofern der besondere Gerichtsstand der un-

---

[7] BGHZ 153, 173 (176) = NJW 2003, 828 (829) heute ganz hM, vgl. Stein/Jonas/Roth ZPO § 1 Rn. 10. Mit dieser Entscheidung gab der BGH die Spaltungstheorie auf, nach der zB der Gerichtsstand der unerlaubten Handlung (§ 32 ZPO) dem Gericht nicht erlaubte, auch vertragliche Ansprüche (vgl. § 29 ZPO) zu prüfen; näher Stein/Jonas/Roth ZPO § 1 Rn. 7 mwN.
[8] Vgl. zB Musielak/Voit/Heinrich ZPO § 1 Rn. 13; Stein/Jonas/Roth ZPO § 1 Rn. 10.
[9] Vgl. Stein/Jonas/Roth ZPO § 1 Rn. 8, 10.
[10] Stein/Jonas/Roth ZPO § 1 Rn. 10.
[11] Vgl. Althammer, Streitgegenstand und Interesse, 2012, S. 191 f.

erlaubten Handlung gegeben ist, darf das Gericht neben den §§ 823 ff. BGB daher *auch sonstige Anspruchsgrundlagen,* etwa Ansprüche aus der Verletzung eines Vertrages (einschließlich der Haftung aus culpa in contrahendo, § 280 BGB iVm § 311 II, III BGB) prüfen. Diese Anspruchsgrundlagen unterfallen zwar grds. § 29 ZPO (Beispiel 85, → Rn. 208), dürfen durch das nach § 32 ZPO zuständige Gericht jedoch ebenfalls geprüft werden (*Zuständigkeit kraft Sachzusammenhangs*). Das Gericht ist daher sogar befugt der Klage stattzugeben, wenn zwar eine unerlaubte Handlung *nicht* begangen wurde, *aber* das Begehren zB auf § 280 BGB iVm §§ 311 II, III, 241 II BGB gestützt werden kann.

c) Anwendung in der Klausur

198 In der *ZPO-Klausur* muss der Bearbeiter daher in zwei Schritten vorgehen:

(1) *Zunächst* muss unter Beachtung des *Trennungsgrundsatzes jedes* für den konkreten Streitgegenstand *zuständige Gericht ermittelt* werden.

(2) *Sodann* muss klargestellt werden, dass das zuständige Gericht den konkreten Streitgegenstand zu prüfen hat, *Zuständigkeit kraft Sachzusammenhangs.* Diese hat der Bearbeiter sodann vollumfänglich zu prüfen.

4. Klausurprobleme des allgemeinen Gerichtsstandes

a) „Actor sequitur forum rei"

199 Das Modell des allgemeinen Gerichtsstandes wird beherrscht vom Grundsatz *„actor sequitur forum rei"* (der Kläger folgt dem Gerichtsstand des Beklagten).[12] Deshalb ist es ein schlimmer Fehler, wenn ein Klausurbearbeiter bei der Frage nach der örtlichen Zuständigkeit für eine Klage den allgemeinen Gerichtsstand des *Klägers* untersucht, dh etwa im Beispiel 81 prüft, wo Frau *Engelmann* wohnt. Vielmehr muss nach unserem Prozesssystem grds. der Angreifer dasjenige Gericht anrufen, an dem der *Beklagte* seinen allgemeinen Gerichtsstand hat. Nur *ausnahmsweise* gibt es „Klägergerichtsstände", so in § 29c I 1 ZPO (Klagen des Verbrauchers aus Haustürgeschäften), in § 215 I 1 VVG (Klagen des Versicherungsnehmers gegen den Versicherer) und in § 689 II ZPO beim Antrag auf Erlass des Mahnbescheids.

200 aa) Beim *allgemeinen Gerichtsstand der natürlichen Person* (§ 13 ZPO) wird auf den *Wohnsitz* abgestellt, sodass der Bearbeiter auf §§ 7–11 BGB verwiesen wird. Insbesondere entspricht dem *abgeleiteten* Wohnsitz von Kindern (§ 11 BGB) der Begriff des *abgeleiteten* allgemeinen Gerichtsstands prozessunfähiger Personen.

Wie aus § 13 ZPO hervorgeht, wird der allgemeine Gerichtsstand einer natürlichen Person nach deutschem Prozessrecht immer durch den *Wohnsitz* bestimmt; es ist nicht von einem „Wohnsitz im Inland" die Rede. Deshalb hat eine Person, die *im Ausland* ihren Wohnsitz hat und im Inland nicht ebenfalls einen Wohnsitz besitzt (*mehrere Wohnsitze* sind gemäß § 7 II BGB möglich), im Inland keinen allgemeinen Gerichtsstand. Nur wenn eine Person überhaupt keinen Wohnsitz hat (*weder* im Inland *noch* im Ausland), greift die *Auffangregel des § 16 ZPO* ein: Es kommt auf ihren *Aufenthaltsort* im Inland an. Ist ein solcher nicht bekannt, entscheidet nach § 16 ZPO der *letzte* Wohnsitz (sei es im Inland, sei es im Ausland).

Beispiel 82: Nachdem sich Frau *Engelmann* entschlossen hat, *Anna Fink* in deren allgemeinem Gerichtsstand zu verklagen (Beispiel 81, → Rn. 195), erfährt sie, dass *Anna Fink* ihren Wohnsitz aus *Deutschland* in die *Schweiz* verlegt hat. Allerdings befindet sie sich während der gesamten Festspielzeit in *Bayreuth*.
Frage: Ist Frau *Engelmann* zu raten, ihre Klage in *Bayreuth* zu erheben?

---

[12] Zu dieser wichtigen Sentenz: Liebs, Lateinische Rechtsregeln und Rechtssprichwörter, 7. Aufl. 2007, S. 28 (A 32).

> **Antwort:** Nein! Zwar begründet gemäß § 16 ZPO auch der bloße Aufenthaltsort im Inland den allgemeinen Gerichtsstand, sodass es nicht ausgeschlossen ist, eine Person zu verklagen, die sich nur zum Besuch von Festspielen innerhalb *Deutschlands* aufhält. Doch setzt § 16 ZPO voraus, dass die betreffende Person überhaupt keinen Wohnsitz hat. Da *Anna Fink* in der Schweiz wohnt, kann § 16 ZPO nicht angewendet werden; ein allgemeiner Gerichtsstand in *Bayreuth* besteht also nicht.
>
> Frau *Engelmann* muss also entweder in der Schweiz Klage erheben oder aber versuchen, für die im Beispiel 81 genannten vier Streitgegenstände jeweils einen besonderen Gerichtsstand an einem Ort in Deutschland zu finden (hierzu Beispiel 83, → Rn. 204). Wenn das der Fall ist, wäre eine Zustellung der Klage an den Schweizer Wohnsitz der *Anna Fink* immerhin entbehrlich. Die Zustellung könnte allerdings auch durch persönliche Übergabe in *Bayreuth* erfolgen, § 177 ZPO.

bb) Bei *juristischen Personen* wird der allgemeine Gerichtsstand nach ihrem *Sitz* bestimmt; in aller Regel nach demjenigen Ort, an dem die Verwaltung geführt wird (§ 17 I 1 und 2 ZPO). *Daneben* ist – nach § 17 III ZPO – auch ein durch den Gesellschaftsvertrag („Statut") festgelegter („statutarischer") allgemeiner Gerichtsstand zulässig. Bei juristischen Personen ist also nicht ausgeschlossen, dass sie am Verwaltungssitz *oder* am statutarischen Sitz verklagt werden können. Zwischen diesen beiden allgemeinen Gerichtsständen hat dann der Kläger gemäß § 35 ZPO die Wahl. 201

Hinweis: § 17 ZPO verwendet alte, heute überholte Begriffe. Die *Korporationen* in § 17 I ZPO meinen Körperschaften und nicht die studentischen Korporationen; die *Gewerkschaften* in § 17 II ZPO beziehen sich auf *bergrechtliche* Gewerkschaften, nicht auf Arbeitnehmervereinigungen.

Wie der Wortlaut von § 17 ZPO ferner zeigt, ist er nicht auf juristische Personen begrenzt, da er den Gerichtsstand all denjenigen Gesellschaften, Vereinen und Vermögensmassen gibt, „die als solche verklagt werden können", sodass § 17 ZPO etwa auch zutrifft auf die Klage gegen die Gesellschaft bürgerlichen Rechts (→ Rn. 171), die OHG und die KG (vgl. §§ 105 II, 161 II HGB), gegen den Verein ohne Rechtspersönlichkeit (→ Rn. 171), gegen die politische Partei (vgl. § 3 ParteiG) oder gegen die Arbeitnehmervereinigung („Gewerkschaft" im arbeitsrechtlichen Sinn, vgl. § 10 ArbGG).

cc) *Klagen gegen den Fiskus* richten sich gemäß § 18 ZPO nach den Vorschriften, die die Vertretung des Fiskus regeln. Hier handelt es sich um öffentlich-rechtliche Normen, die dem jeweiligen Landesrecht oder (bei Klagen gegen die *Bundesrepublik Deutschland*) den entsprechenden bundesrechtlichen Rechts- und Verwaltungsvorschriften zu entnehmen sind. 202

b) Die Derogation des allgemeinen Gerichtsstandes durch einen ausschließlichen Gerichtsstand

Bevor sich ein Bearbeiter den allgemeinen Gerichtsständen zuwendet, darf er niemals übersehen, ob ein ausschließlicher Gerichtsstand einschlägig ist. § 12 ZPO sagt ausdrücklich, dass ein *ausschließlicher Gerichtsstand* den allgemeinen Gerichtsstand *derogiert* („... sofern nicht für eine Klage ein ausschließlicher Gerichtsstand begründet ist"). Die trotz eines ausschließlichen Gerichtsstandes im allgemeinen Gerichtsstand erhobene Klage ist daher unzulässig. 203

Diese Frage vermag ein Bearbeiter nur zu beantworten, wenn er weiß, welche ausschließlichen Zuständigkeiten möglicherweise in Frage kommen. Aus der ZPO sind vor allem zu nennen: Der Gerichtsstand des § 24 ZPO für die *dinglichen Klagen in Grundstücksangelegenheiten*, der *wohnraummietrechtliche* Gerichtsstand des § 29a ZPO, der *verbraucherschützende* Gerichtsstand des § 29c I 2 ZPO für *Klagen aus Haustürgeschäften gegen Verbraucher* sowie die Vorschrift des § 802 ZPO, die für alle Gerichtsstände des Achten Buchs der ZPO (klausurrelevant sind insbes. die §§ 731, 766 I, 764 II, 767, 771 I, 796 III, 805 II, 890 I, II, 893 II ZPO) die Ausschließlichkeit anordnet. Die Ausschließlichkeit findet sich übrigens auch bei der *sachlichen Zuständigkeit:* Bedeutsam sind die ausschließliche amtsgerichtliche Kompetenz für *wohnraumrechtliche Streitigkeiten* gemäß § 23 Nr. 2 lit. a GVG und die ausschließliche landgerichtliche Zuständigkeit für die in § 71 II GVG genannten Klagen. Der Bearbeiter muss also darauf achten, ob die Ausschließlichkeit für die örtliche *oder* für die sachliche Zuständigkeit angeordnet ist. Nur selten betrifft die Ausschließlichkeit beide Zuständigkeiten (vgl. über § 802 ZPO die §§ 731, 767 ZPO).

5. Klausurprobleme der besonderen Gerichtsstände
a) Die Funktion der besonderen Gerichtsstände

204   Die besonderen Gerichtsstände[13] gewähren *zusätzlich* zum allgemeinen Gerichtsstand weitere örtliche Kompetenzen und ermöglichen daher einen Prozess gegen den Beklagten auch *außerhalb seines Wohnsitzgerichts*. Sie bieten damit dem Kläger häufig die Möglichkeit, an einem für ihn günstigeren Ort zu klagen als gerade im allgemeinen Gerichtsstand (am Wohnsitz) des Beklagten.

> **Beispiel 83:** Im Beispiel 82 hat sich gezeigt, dass kein allgemeiner Gerichtsstand der *Anna Fink* innerhalb *Deutschlands* besteht.
> **Frage:** Muss Frau *Engelmann* nunmehr den Rechtsstreit in der *Schweiz* führen oder gibt es für ihre im Beispiel 81 (→ Rn. 195) genannten vier Klageanträge doch innerhalb *Deutschlands* örtlich zuständige Gerichte?
>
> **Antwort:**
> a) für den Antrag auf Unterlassung etwa § 32 ZPO (→ Rn. 222),
> b) hinsichtlich des Antrags auf Zahlung der Gerichtsstand des Erfüllungsortes gemäß § 29 ZPO (→ Rn. 213 ff.),
> c) hinsichtlich des Antrags auf Herausgabe der Briefmarkensammlung ebenfalls gemäß § 29 ZPO der Erfüllungsort der Herausgabeverpflichtung aus Leihe und
> d) hinsichtlich des vierten Klageantrags dort, wo in Deutschland das Grundstück belegen ist, an dem *Anna Fink* die Auflassungsvormerkung bestellen soll (§ 29 ZPO). *Hinweis:* Die Bezeichnung für die §§ 24, 25, 26 ZPO als dingliche Gerichtsstände ist irreführend. Für Streitigkeiten über bewegliche Sachen begründen sie keinen eigenen Gerichtsstand. Deswegen sollte man besser von den Grundstücksgerichtsständen sprechen. Zu beachten ist, dass § 24 ZPO kein besonderer, sondern ein ausschließlicher Gerichtsstand ist.[14] Zu dem Verhältnis der ausschließlichen zu den besonderen Gerichtsständen vgl. → Rn. 211. Im vorliegenden Fall ist für den vierten Antrag § 24 ZPO nicht einschlägig, da mit dem Verlangen auf Eintragung kein dingliches Recht, sondern ein Forderungsrecht geltend gemacht wird.[15]

Besonders bei der Klage *gegen* mehrere Personen (Streitgenossenschaft auf der Beklagten- oder Passivseite, §§ 59 ff. ZPO) gelingt es vielfach, *sämtliche* Personen mit unterschiedlichen Wohnsitzen vor *demselben* Gericht zu verklagen, weil dort ein besonderer Gerichtsstand besteht.

---

[13] Rosenberg/Schwab/Gottwald ZivilProzR § 36.
[14] Dazu ausführlich Schumann JuS 1985, 39 (40 ff.).
[15] Vgl. Schumann JuS 1985, 39 (41 Fn. 17); Musielak/Voit/Heinrich ZPO § 24 Rn. 9.

§ 42. Gerichtsbezogene Sachurteilsvoraussetzungen: Die Zuständigkeit

> **Beispiel 84:** Mit dem PKW hat *Fahrer* den *Pech* angefahren. Halter des Wagens ist *Halter*, der ihn bei der *Insolventia AG* haftpflichtversichert hat. *Fahrer* wohnt in Frankfurt, *Halter* in München; die *Insolventia AG* hat ihren Sitz in Mainz, der Unfall ereignete sich in Dresden.
>
> **Frage:** *Pech* will *Fahrer*, *Halter* und die *Insolventia AG* vor demselben Gericht verklagen. Ist dies möglich?
>
> **Antwort:** Da die Beklagten ihren allgemeinen Gerichtsstand jeweils an verschiedenen Orten haben (§§ 12, 13 ZPO: Frankfurt und München; §§ 12, 17 I ZPO: Mainz), muss ein besonderer Gerichtsstand gefunden werden, der für alle gemeinsam gegeben ist. Für die Ansprüche des *Pech* aus § 823 I und II BGB, aus §§ 7, 18 StVG und nach § 115 I 1 Nr. 1 VVG (Direktanspruch gegen die *Insolventia AG*) gelten die besonderen Gerichtsstände des § 32 ZPO (wegen der Ansprüche aus unerlaubter Handlung) und § 20 StVG (für die Ansprüche nach StVG). Deswegen kann *Pech* alle Beklagten in Dresden als dem Ort des Unfalls verklagen.

b) Gelten die besonderen Gerichtsstände auch gegenüber Dritten?

Das Beispiel 84 wirft die wichtige Frage auf, ob die besonderen Gerichtsstände auch für eine dritte Person gelten, also hier gegenüber der *Insolventia AG*, obwohl sie den Unfall keineswegs verursacht hat. Der Leser muss sich hier einen wichtigen Grundsatz des Prozessrechts einprägen: Eine gerichtliche Kompetenz (Rechtsweg, Gerichtsstand, sachliche und internationale Zuständigkeit), die sich nach dem geltend gemachten Anspruch richtet (hier: Haftung aus unerlaubter Handlung und aus Gefährdung), ändert sich *nicht* bei einem Wechsel der Personen (zB *Halter* stirbt und wird von seinem Sohn beerbt, §§ 1922, 1967 BGB) oder beim Hinzutreten weiterer Verpflichteter (zB gemäß § 115 I 1 Nr. 1 VVG haftet auch die *Insolventia AG*). Die *Insolventia AG* kann daher in Dresden verklagt werden, weil sie für den geltend gemachten Anspruch haftet und für diesen Anspruch in Dresden die örtliche Zuständigkeit besteht. Genauso begründen Gerichtsstände für Klagen gegen die Personengesellschaft aufgrund der akzessorischen Haftung der Gesellschafter gemäß §§ 126, 161 II HGB die örtliche Zuständigkeit für Klagen gegen die Gesellschafter.[16]

Dass sich durch den Wechsel von Personen an der Qualifikation eines Rechtsverhältnisses üblicherweise nichts ändert, ist den meisten Bearbeitern einer Klausur selbstverständlich. Nur bereitet die „prozessuale Umsetzung" dieses Gedankens immer wieder nicht unerhebliche Schwierigkeiten: Wer einen Arbeitnehmer beerbt und, da der Arbeitgeber den restlichen Lohn nicht mehr zahlt, Lohnklage erheben will, muss zum *Arbeitsgericht* klagen, weil er einen Anspruch „*aus dem Arbeitsverhältnis*" zwischen einem Arbeitnehmer und einem Arbeitgeber geltend macht (§ 2 I Nr. 3 lit. a ArbGG); übrigens kodifiziert § 3 ArbGG den genannten Grundsatz ausdrücklich, ohne dass dies an sich notwendig wäre. Ähnlich muss das *Finanzgericht* anrufen, wem ein Anspruch auf Lohnsteuerrückzahlung abgetreten wurde, mag die Abtretung auch zur Erfüllung einer privatrechtlichen Forderung vorgenommen worden sein. Da auch die Überleitung von Unterhaltsansprüchen (nach § 93 SGB XII [Sozialhilfe] durch konstitutive Überleitungsanzeige oder nach § 37 BAföG im Wege der cessio legis) nichts an der *unterhaltsrechtlichen* Qualifikation des Anspruchs ändert, muss der übergegangene Anspruch klageweise, zB durch das Amt für Ausbildungsförderung beim *Familiengericht* geltend gemacht werden.

c) Gefahrenpunkte bei den besonderen Gerichtsständen

Bei der Bearbeitung der besonderen Gerichtsstände gibt es typische Schwierigkeiten, die ein Bearbeiter kennen sollte, um den dadurch auftretenden Gefahren zu ent-

---

[16] Vgl. Stein/Jonas/Roth ZPO § 29 Rn. 15 sowie ZPO § 32 Rn. 24.

gehen. Die folgenden fünf Hinweise erleichtern den Umgang mit den besonderen Gerichtsständen:

aa) Für dieselbe Streitsache kann es mehrere besondere Gerichtsstände geben

207 Hat ein Bearbeiter einen besonderen Gerichtsstand gefunden, vergisst er vielfach, nach *weiteren* besonderen Gerichtsständen zu suchen. Dies kann zu einer lückenhaften, bisweilen sogar zur falschen Lösung führen, denn für eine Reihe von Streitigkeiten gibt es nicht nur einen, sondern *mehrere* besondere Gerichtsstände.

Es muss deshalb stets die *Kontrollfrage* gestellt werden: „Gibt es innerhalb der ZPO möglicherweise noch einen weiteren besonderen Gerichtsstand?" Diese Frage nach möglichen weiteren besonderen Gerichtsständen ist von besonderem Gewicht, wenn der weitere besondere Gerichtsstand an einem *anderen* Ort liegt und dieser Ort für den Kläger angenehmer ist.

208 **Beispiel 85:** *Eilig* aus Bonn hat das Oktoberfest in München besucht. Sie verpasst die Abendmaschine nach Köln/Bonn. Deshalb fliegt sie mit der letzten Maschine nach Düsseldorf. Dort besteigt sie das Taxi des in Düsseldorf wohnenden *Tegetmeier* und gibt als Ziel Bonn an. Im Amtsgerichtsbezirk von Köln kommt es durch ein Verschulden *Tegetmeiers* zu einem Verkehrsunfall, bei dem *Eilig* verletzt wird. *Eilig* verlangt Behandlungskosten, Verdienstausfall und Schmerzensgeld.

Eilig fragt, bei welchen Gerichten sie ihre Ansprüche geltend machen kann.

Antwort:
(1) Ein *ausschließlicher Gerichtsstand* greift vorliegend nicht ein (→ Rn. 203).
(2) *Allgemeiner Gerichtsstand:* Als allgemeiner Gerichtsstand kommt der Wohnsitz (§ 7 BGB) *Tegetmeiers* in Frage (§§ 12, 13 ZPO); hier ist dies Düsseldorf. *Eilig* kann also sämtliche Ansprüche in Düsseldorf geltend machen.
(3) An *besonderen* Gerichtsständen sind zu prüfen: der Gerichtsstand der Gefährdungshaftung nach § 20 StVG, der Gerichtsstand der unerlaubten Handlung gemäß § 32 ZPO sowie der Gerichtsstand des Erfüllungsortes gemäß § 29 ZPO.
  (a) *§ 20 StVG:* Der Verkehrsunfall („das schädigende Ereignis" im Sinn von § 20 StVG) fand in Köln statt, sodass in Köln ein Gerichtsstand für Klagen aufgrund des StVG besteht. Bei einer Klage in Köln (gemäß § 20 StVG) kommt eine Haftung gemäß §§ 7, 8a StVG (entgeltliche, geschäftsmäßige Personenbeförderung) sowie gemäß § 18 StVG in Frage.
  (b) *§ 32 ZPO:* Das Kölner Gericht ist aber auch für Ansprüche zuständig, die „aus unerlaubten Handlungen" abgeleitet werden, weil in seinem Bezirk „die Handlung begangen ist" (§ 32 ZPO).
  (c) *§ 29 ZPO:* Zwischen *Eilig* und *Tegetmeier* ist ein Beförderungsvertrag (Werkvertrag, §§ 631 ff. BGB) abgeschlossen worden. Deshalb muss schließlich geprüft werden, ob der Gerichtsstand des Erfüllungsortes eingreift. § 29 ZPO, der diesen Gerichtsstand regelt, gibt eine örtliche Kompetenz nicht nur für die reine Erfüllungsklage, sondern auch für sämtliche vertragliche Ansprüche, einschließlich der Ansprüche aus §§ 311 II, 280 I BGB. *Tegetmeier* hat durch sein schuldhaftes Verhalten eine Nebenpflicht des Beförderungsvertrages verletzt (§ 241 II BGB). Daher stehen der *Eilig* Schadensersatzansprüche (Heilungskosten, entgangener Gewinn, Schmerzensgeld) zu. Um jetzt festzustellen, welches Gericht gemäß § 29 ZPO örtlich zuständig ist, muss gefragt werden, wo der Erfüllungsort (§ 269 I BGB) dieses Beförderungsvertrages liegt. Dies ist im vorliegenden Fall Bonn, da dort das Endziel der Fahrt war. Für die vertraglichen Ansprüche auf Heilungskosten, Verdienstausfall und Schmerzensgeld kann *Eilig* also auch in Bonn klagen.
(4) **Ergebnis:** *Eilig* darf nun zwischen verschiedenen, unter Anwendung des *Trennungsgrundsatzes* (→ Rn. 196) ermittelten, zuständigen Gerichten wählen (§ 35 ZPO): Sie kann in Düsseldorf als dem allgemeinen Gerichtsstand des *Tegetmeier* sämtliche Ansprüche geltend machen. Sie mag sich aufgrund der *Zuständigkeit kraft Sach-*

§ 42. Gerichtsbezogene Sachurteilsvoraussetzungen: Die Zuständigkeit

> zusammenhangs (→ Rn. 197) aber auch Köln oder ihren eigenen Wohnort Bonn heraussuchen. Das jeweils angerufene Gericht hat den Streitgegenstand sodann unter *allen* in Betracht kommenden *Anspruchsgrundlagen* zu entscheiden.

bb) Besondere Gerichtsstände sind auch außerhalb des Titels „Gerichtsstand" geregelt

Der Zweite Titel des Ersten Buchs der ZPO widmet sich, wie schon in → Rn. 193 gesagt, dem Gerichtsstand. Die bisherige Darstellung hat aber bereits gezeigt, dass besondere Gerichtsstände nicht etwa nur innerhalb dieses Titels enthalten sind. Für die unfallrechtliche Klausur ist, wie im Beispiel 85 dargelegt, § 20 StVG von Bedeutung. Wichtig sind ferner die besonderen Gerichtsstände des § 215 VVG, des § 56 LuftVG, des § 14 HPflG und des § 6 UKlaG. Ferner enthält die ZPO etwa in § 486 ZPO und § 689 II ZPO weitere Regelungen über die örtliche Zuständigkeit.[17]

209

cc) §§ 38 ff. ZPO dürfen nicht übersehen werden

Durch rügeloses Einlassen des Beklagten zur Hauptsache (§ 39 ZPO) oder durch wirksame Zuständigkeitsvereinbarungen (§ 38 ZPO) kann die örtliche Zuständigkeit des Gerichts begründet werden. Dies ist in → Rn. 226 näher dargelegt. Die örtliche Unzuständigkeit des Gerichts wird in solchen Fällen *prozessual überholt* (Beispiel 17, → Rn. 34).

210

dd) Auch die besonderen Gerichtsstände werden durch ausschließliche Zuständigkeiten verdrängt

Wie beim allgemeinen Gerichtsstand (→ Rn. 203) kann auch ein besonderer Gerichtsstand durch eine *ausschließliche* örtliche Zuständigkeitsregelung verdrängt werden. Deshalb muss ein Bearbeiter vorrangig prüfen, ob ein ausschließlicher Gerichtsstand in Betracht kommen könnte. So wird häufig die Kompetenz für Vertragsansprüche (§ 29 ZPO) durch ausschließliche Zuständigkeiten beseitigt, besonders bei *Haustürgeschäften* nach § 29c I 2 ZPO oder in *Miet- und Pachtsachen* gemäß § 29a ZPO.

211

6. Typische Einzelprobleme der besonderen Gerichtsstände

Die besonderen Gerichtsstände (§§ 20–35 ZPO) werfen eine Fülle von Einzelproblemen auf. Jedem wird dies deutlich, der einen Kommentar zur ZPO mit den Erläuterungen von § 20 ZPO bis § 35 ZPO durchsieht. Weder im Assessorexamen noch gar im Referendarexamen wird die Kenntnis derartiger Einzelprobleme verlangt. Es gibt jedoch eine Reihe von sehr typischen Fragestellungen, die in Klausuren immer wieder drankommen.[18]

212

a) Der Gerichtsstand des Erfüllungsorts (§ 29 ZPO)

In Examen und Praxis hat es sich bewährt, fünf Regeln zu beachten, wenn in dem praktisch so wichtigen Gerichtsstand des Erfüllungsortes vertragliche Ansprüche geltend gemacht werden sollen:

213

---

[17] Gerade dann, wenn ein Spezialgesetz zur Anwendung gelangt, sollte man dieses Gesetz bis zum Ende durchblättern, da der Gesetzgeber dazu neigt, prozessuale Regelungen gleich dort anzufügen, vgl. → Rn. 41.
[18] Weitere Klausurprobleme bei Schumann JuS 1985, 39 ff.

aa) Alle vertraglichen Ansprüche fallen unter § 29 ZPO

214 Als häufiger Fehler bei der Behandlung des Gerichtsstands des Erfüllungsorts gemäß § 29 ZPO erscheint immer wieder die viel zu enge Interpretation des Gesetzes. Sicher fällt die Klage auf *Erfüllung* unter die Gesetzesformulierung „Streitigkeiten aus einem Vertragsverhältnis", aber auch alle anderen *vertraglichen* Ansprüche leiten sich „aus einem Vertragsverhältnis" ab, sodass unter § 29 ZPO auch die Klagen aus den Rückabwicklungsverhältnissen fallen, etwa nach Ausübung eines vertraglichen oder eines gesetzlichen Rücktrittsrechts. Ebenso gehören zu § 29 ZPO die wegen Leistungsstörungen ausgelösten Streitigkeiten, etwa auf Schadensersatz statt der (ganzen) Leistung, nicht weniger Streitfälle nach Erklärung des Rücktritts oder der Minderung bei einem Kauf- oder Werkvertrag. *Vertragsmäßige* Klagen sind auch Klagen auf Aufhebung, Abänderung oder Konkretisierung (Ausfüllung) eines Vertrages und – wie schon angedeutet – Klagen auf Schadensersatz statt der Leistung und Klagen auf Schadensersatz neben der Leistung nach § 280 I BGB, aber auch Klagen aus *culpa in contrahendo* (§ 311 II, III BGB), obschon es hier nicht zum Vertragsschluss gekommen sein muss.[19]

bb) Bei bereicherungsrechtlichen Ansprüchen ist zu differenzieren

215 Bei *bereicherungsrechtlichen* Ansprüchen (§ 812 BGB) ist nach hL[20] zu differenzieren: Bei der Leistungskondiktion (§ 812 I 1 Alt. 1 BGB) handelt es sich um das Rückabwicklungsinstrument gescheiterter (vertraglicher) Austauschverhältnisse. Nach zutreffender Ansicht gehört die Leistungskondiktion deshalb zum Recht der Güterbewegung.[21] Verlängert man diese funktionale Zuordnung folgerichtig in das Prozessrecht, ist die Leistungskondiktion § 29 ZPO zuzuordnen.[22] Hingewiesen sei darauf, dass es auch eine Gegenauffassung gibt. So hat der BGH in einer vereinzelt gebliebenen Entscheidung scheinbar generalisierend erklärt, dass Ansprüche aus Bereicherung nicht unter § 29 ZPO fallen würden.[23] Die Eingriffskondiktion (§ 812 I 1 Alt. 2 BGB) fällt nach allgemeiner Auffassung jedenfalls nicht unter § 29 ZPO. Diese ist in funktionalem Zusammenhang mit dem rechtsgüterschützenden Deliktsrecht (§§ 823 ff. BGB) und der Geschäftsanmaßung (§ 687 II BGB) zu sehen. § 29 ZPO hier anzuwenden, wäre ganz falsch.

cc) Ausschließliche Gerichtsstände gehen auch hier vor

216 Vor allem bei der Zuständigkeit nach § 29 ZPO wird häufig übersehen, dass auch sie durch einen ausschließlichen Gerichtsstand verdrängt wird (→ Rn. 203).

dd) Nicht der Vertrag insgesamt, sondern die einzelne Verpflichtung des Vertragsteils hat je ihren Erfüllungsort

217 Bei der *konkreten Bestimmung des Erfüllungsorts* für einen vertraglichen Anspruch werden immer wieder Fehler gemacht, die vor allem auf dem weitverbreiteten Irrtum

---

[19] Dass Ansprüche aus *culpa in contrahendo* im Gerichtsstand des Erfüllungsortes (§ 29 ZPO) erhoben werden können und nicht in den Deliktsgerichtsstand (§ 32 ZPO) gehören, ist ganz hM, vgl. Stein/Jonas/Roth ZPO § 29 Rn. 18; Thomas/Putzo/Hüßtege ZPO § 29 Rn. 4 sub dd); sowie Schumann JuS 1985, 42 Fn. 24.
[20] Grundlage hierfür ist die bereicherungsrechtliche Konzeption von Walter Wilburg und Ernst v. Caemmerer, die der „Einheitslehre" zB von Fritz Schulz gegenübersteht, vgl. hierzu eingehender Löwenheim, Bereicherungsrecht, 3. Aufl. 2007, S. 9 ff.
[21] Hierzu Löwenheim, Bereicherungsrecht, 3. Aufl. 2007, S. 10.
[22] Vgl. nur Stein/Jonas/Roth ZPO § 29 Rn. 6 mwN.
[23] Vgl. im Kontext der Rückforderung von Verlöbnisgeschenken BGH NJW 1996, 1411. Dem folgend Thomas/Putzo/Hüßtege ZPO § 29 Rn. 3.

beruhen, ein Vertragsverhältnis habe nur *einen* Erfüllungsort. Wer dies meint, muss bereits am Wortlaut von § 29 I ZPO verzweifeln, weil dort ja nicht die Rede vom Gericht des Erfüllungsortes „*des Vertrages*" ist, sondern in einer scheinbar komplizierten Ausdrucksweise vom „Gericht des Ortes", „an dem die streitige Verpflichtung zu erfüllen ist", gesprochen wird. Anders ist es allerdings, wenn es einen einheitlichen Erfüllungsort für die beiderseitigen Pflichten der Vertragsparteien gibt, etwa bei v*ertraglichen Rückgewährschuldverhältnisse und Arbeitsverhältnissen.*

Tatsächlich gibt es meistens nicht „den" Erfüllungsort *des* Vertrages, sondern immer nur den *konkreten* Erfüllungsort für die *einzelne* streitige Verpflichtung des jeweiligen Schuldners. Liegt, wie beim gegenseitigen Vertrag, die *eine* Verpflichtung (zB des Käufers) im Synallagma mit der *anderen* Verpflichtung (zB des Verkäufers), bestehen *zwei* sich korrespondierende Verpflichtungen, für die möglicherweise *unterschiedliche* Erfüllungsorte existieren. Denn nicht der *Vertrag* hat einen Erfüllungsort, sondern die *einzelne Vertragsverpflichtung*, die es vom jeweiligen Schuldner zu erfüllen gilt.[24]

218

Beispiel 86: Uhrmacherin *Zeiger* aus *Leipzig* ist Spezialistin für Turmuhren und deren Reparatur. Unternehmerin *Herz* hat am Stadtrand von *Kiel* ein burgähnliches älteres Anwesen. Sie beauftragt *Zeiger*, die dortige Turmuhr wieder instand zu setzen. Als Vergütung bietet sie der *Zeiger* zwei Wochen unentgeltliches Wohnen in einem Ferienhaus in der Nähe von *Husum* an. *Zeiger* setzt die Turmuhr der Unternehmerin *Herz* ordnungsgemäß wieder in Betrieb; sie verursacht allerdings schuldhaft einen Schaden in der kostbaren Inneneinrichtung des Turmes: Trotz ausdrücklichen Rauchverbots raucht *Zeiger* während der Reparaturarbeiten und setzt durch ein von ihr achtlos auf den Fußboden geworfenes Streichholz die Einrichtung in Brand. Der Unternehmerin *Herz* entsteht ein Schaden von 1.250 EUR. Aber auch *Zeiger* bleibt von Unannehmlichkeiten nicht verschont: Unternehmerin *Herz* hat ihr zu sagen vergessen, dass das Garagentor des Ferienhauses wegen eines Konstruktionsfehlers immer wieder von selbst zugeht. *Zeiger* öffnet die Garage. Während sie mit ihrem Wagen einfahren will, schlägt die Tür zu und beschädigt ihren Kraftwagen. *Zeiger* entsteht ein Schaden in Höhe von 875 EUR.

Frage: Welche besonderen Gerichtsstände bestehen für die jeweiligen vertraglichen Schadensersatzansprüche?

Antwort: Da *Zeiger* einen Schadensersatzanspruch aus einem Mietvertrag (hier über einen Wohnraum) geltend macht, könnte § 29a ZPO eingreifen; als ausschließlich würde der Gerichtsstand des § 29a ZPO die Zuständigkeit nach § 29 ZPO verdrängen. Aber der Wohnraummietvertrag über eine *Ferienwohnung* fällt nicht unter § 29a ZPO (→ Rn. 220).[25] Deshalb kommt eben doch der Gerichtsstand des Erfüllungsorts gemäß § 29 ZPO in Betracht. Maßgeblich ist, wo die „streitige Verpflichtung zu erfüllen ist". Dies ist für jeden der Beteiligten getrennt zu beantworten:

(1) *Erfüllungsort* für die Verpflichtung der *Zeiger: Zeiger* hat für ihre Verpflichtung als Erfüllungsort Kiel. Dementsprechend kann sie vor dem Kieler Gericht auf Schadensersatz neben der Leistung nach §§ 280 I, 631, 241 II BGB (wegen positiver Vertragsverletzung ihres Werkvertrags) verklagt werden.

(2) *Erfüllungsort* für die Verpflichtung der Unternehmerin *Herz*: Mit der Bejahung des Erfüllungsortes Kiel für die „streitige Verpflichtung" der *Zeiger* ist nicht auch gesagt, dass hinsichtlich der „streitigen Verpflichtung" der Unternehmerin *Herz* derselbe Ort in Frage

---

[24] So zB RGZ 140, 67 (69); vgl. Grüneberg/Grüneberg BGB § 269 Rn. 1, 5. Beliebt ist die Frage, wo der Erfüllungsort nach Erklärung des *Rücktritts* liegt. Nach hM besteht er dort, wo sich die herauszugebende Ware vertragsgemäß befindet (sog. „*Austauschort*"), vgl. BGHZ 87, 104 (109) = NJW 1983, 1479 (1480 f.); Grüneberg/Grüneberg BGB § 269 Rn. 14; Stein/Jonas/Roth ZPO § 29 Rn. 45; diff. MüKoBGB/Krüger § 29 Rn. 42.

[25] Zöller/Schultzky ZPO § 29a Rn. 7; Thomas/Putzo/Hüßtege ZPO § 29a Rn. 3.

kommt. Vielmehr gilt der Satz, dass bei Mietverträgen der Ort der Mietsache Erfüllungsort für die Vermieterpflichten ist.[26] Dementsprechend ist Husum der Ort „der streitigen Verpflichtung", wenn *Zeiger* gegen Unternehmerin *Herz* aus §§ 280 I, 535, 549 II Nr. 1, 241 II BGB (wegen positiver Vertragsverletzung des Mietvertrages über das Ferienhaus) vorgeht.

(3) *Allgemeiner Gerichtsstand* der *Zeiger* und der Unternehmerin *Herz:* Nachdem schon in → Rn. 199 f. Ausgeführten darf nicht übersehen werden, dass Unternehmerin *Herz* gegen *Zeiger* auch in Leipzig als dem allgemeinen Gerichtsstand der *Zeiger* klagen kann. Ebenso ist es *Zeiger* unbenommen, die Unternehmerin *Herz* in deren allgemeinem Gerichtsstand in Kiel zu verklagen. Doch ist in unserem Beispiel auf den *Bearbeitervermerk* zu achten. Die Frage lautet nicht, wo die *jeweiligen* Vertragspartner klagen können, sondern wo besondere Gerichtsstände liegen. Würde der Bearbeitervermerk allgemeiner fragen, wo die beiden (*Zeiger* bzw. die Unternehmerin *Herz*) klagen können, müsste zusätzlich auf den jeweiligen allgemeinen Gerichtsstand beider Personen eingegangen werden.

(4) In der schriftlichen Lösung ist ferner nicht auf den *Gerichtsstand der unerlaubten Handlung* (§ 32 ZPO) einzugehen; denn der Bearbeitervermerk fragt nur nach der Zuständigkeit für *vertragliche* Schadensersatzansprüche.

ee) § 29 II ZPO verhindert die Umgehung des Prorogationsverbots

219 *(1) § 29 II ZPO berührt nicht die Wirksamkeit bürgerlich-rechtlicher Erfüllungsortvereinbarungen.*

Der zweite Absatz des § 29 ZPO bietet für den Anfänger häufig Schwierigkeiten. Gemäß § 29 II ZPO kann eine Vereinbarung über den Erfüllungsort die Zuständigkeit nur begründen, wenn sie von Kaufleuten, juristischen Personen des öffentlichen Rechts oder öffentlich-rechtlichen Sondervermögen (*prorogationsbefugte Personen* → Rn. 229 sub 3) abgeschlossen wurde. Diese von der Gerichtsstandsnovelle im Jahr 1974 eingeführte Vorschrift bedeutet jedoch nicht, dass es den sonstigen Parteien eines bürgerlich-rechtlichen Vertrages verboten sei, den Erfüllungsort zu vereinbaren.[27] Nach § 269 BGB ist es zunächst der Wille der Parteien, der festlegt, wo der Erfüllungsort liegt (§ 269 I BGB). In erster Linie „bestimmen" also die Parteien (dh vereinbaren die Parteien) den Erfüllungsort des 29 ZPO.[28] So ist bei einer vereinbarten Bringschuld der Wohnsitz des Käufers der Erfüllungsort.[29]

(2) Umstritten ist, ob § 29 II ZPO für jede Art von Erfüllungsortvereinbarungen oder nur für „abstrakte" Erfüllungsortvereinbarungen gilt.

§ 29 II ZPO will verhindern, dass über die Vereinbarung eines Erfüllungsorts das Prorogationsverbot des § 38 ZPO (→ Rn. 226) umgangen wird. In der Wissenschaft ist umstritten, ob § 29 II ZPO wörtlich zu verstehen ist[30] oder teleologisch reduziert werden muss.[31] Bei einem wörtlichen Verständnis ist jede Erfüllungsortvereinbarung nicht prorogationsbefugter Personen ohne prozessuale Bedeutung. Enger und mate-

---

[26] Nicht aber ohne weiteres für die *Mieter*pflicht auf Zahlung des Mietzinses, vgl. MüKoZPO/Patzina § 29 Rn. 68; RGZ 140, 67 (70 ff.); LG Trier NJW 1982, 286.
[27] Thomas/Putzo/Hüßtege ZPO § 29 Rn. 10: „Die bürgerl-rechtl Erfüllungsortsvereinbarung (…) wird in ihrer Wirksamkeit durch Abs. 2 nicht berührt." Ähnlich Zöller/Schultzky ZPO § 29 Rn. 30 aE.
[28] Stein/Jonas/Roth ZPO § 29 Rn. 26, 32.
[29] Beispiel bei Stein/Jonas/Roth ZPO § 29 Rn. 33.
[30] So zB Anders/Gehle/Bünnigmann ZPO § 29 Rn. 21; Zöller/Schultzky ZPO § 29 Rn. 26a; Musielak/Voit/Heinrich ZPO § 29 Rn. 42.
[31] So zB Schumann, Lebendiges Zivilprozessrecht, 2016, S. 188; Braun ZivilProzR S. 294.

riellrechtsfreundlich ist die Gegenmeinung, die § 29 II ZPO nur auf „abstrakte Erfüllungsortvereinbarungen"[32] bezieht, nicht aber auf „ernsthafte Vereinbarungen"[33]; für diese Fälle – insbes. wenn am Erfüllungsort bereits geleistet wurde – entfalle der Zweck des § 29 II ZPO, die Parteien vor der Vereinbarung eines „vom gesetzlichen bzw. wirklichen Leistungsort abweichenden Leistungsort" zu schützen.[34] In den vielen Jahrzehnten seit Inkrafttreten der Gerichtsstandsnovelle musste sich der BGH nicht zwischen den beiden Meinungen entscheiden; soweit er sich äußerte, handelte es sich um obiter dicta.[35] Auch bei dieser Kontroverse soll der Bearbeiter klausurtaktisch vorgehen und derjenigen Ansicht folgen, die ihm die beste Lösung verspricht (→ Rn. 40).

b) Die ausschließliche Zuständigkeit bei der Wohnraummiete (§ 29a ZPO)

Da § 29a ZPO für die Streitigkeiten über Ansprüche aus Miet- oder Pachtverhältnissen einen *ausschließlichen* Gerichtsstand enthält, wird in solchen Streitigkeiten auch der allgemeine Gerichtsstand derogiert (→ Rn. 203). Unverzichtbar ist es deshalb, bei diesen Streitigkeiten an § 29a ZPO zu denken. Anders als § 23 Nr. 2 lit. a GVG (→ Rn. 189) ist § 29a ZPO gerade *nicht* auf Wohnraummietverhältnisse beschränkt.   220

Wie immer sind die Ausnahmen wichtig: § 29a ZPO betrifft – weil insoweit sein zweiter Absatz eine Ausnahme vorsieht – nicht die in § 549 II Nr. 1–3 BGB erwähnten Räume. Er gilt also zB nicht für nur zum vorübergehenden Gebrauch vermieteten Wohnraum (§ 549 II Nr. 1 BGB: *Hotelzimmer, Ferienwohnung*). Deshalb ist es ein Fehler, wenn etwa bei einem Streit um eine Ferienwohnung die Regelung des § 29a ZPO angewandt wird. Hier bleibt es bei den allgemeinen Vorschriften sowohl über den Erfüllungsort (§ 29 ZPO) als auch über den allgemeinen Gerichtsstand des Beklagten (§§ 12, 13 ZPO), so auch im Beispiel 86 (→ Rn. 218).

Hinweis: Verwirrend sind die unterschiedlichen Kompetenzvorschriften in Mietsachen. Während § 29a ZPO die *örtliche* Zuständigkeit für Miet- und Pachtverhältnisse in dem soeben dargestellten Umfang regelt, erfasst § 23 Nr. 2 lit. a GVG für die *sachliche* Zuständigkeit zwar sämtliche Mietverhältnisse, aber nur über Wohnraum und außerdem nicht Pachtverhältnisse. Immerhin gemeinsam ist die Ausschließlichkeit beider Vorschriften.

c) Die (ausschließliche) Zuständigkeit bei Haustürgeschäften (§ 29c ZPO)

Für Fälle des § 312b BGB normiert § 29c I 1 ZPO für Klagen des Verbrauchers (§ 29c II ZPO) einen besonderen Gerichtsstand am Wohnsitz des Verbrauchers. Für Klagen gegen den Verbraucher ist dieses Gericht gemäß § 29c I 2 ZPO *ausschließlich* zuständig. Für die Klausurbearbeitung ist zu beachten, dass das Vorliegen der Voraussetzungen des § 312b BGB sowie die Verbraucher- und Unternehmereigenschaft sog. *doppelrelevante Tatsachen* (→ Rn. 239) sind, die ebenso für die Begründetheit der Klage relevant sind. Sie werden daher auf Basis des für die Zulässigkeitsprüfung als wahr unterstellten Klägervortrages geprüft. Für die Begründung des   221

---

[32] MüKoZPO/Patzina § 29 Rn. 97; Stein/Jonas/Roth ZPO § 29 Rn. 34 nennt sie „nur auf den Gerichtsstand bezogene, isolierte (‚abstrakte') Vereinbarungen des Erfüllungsorts, die materiellrechtlich keine Wirkung entfalten sollen".

[33] Vgl. zB Schumann, Lebendiges Zivilprozessrecht, 2016, S. 188 f.; Stein/Jonas/Roth ZPO § 29 Rn. 33 ff.; vgl. „wirklicher Leistungsort" (Begründung der Gerichtsstandsnovelle, BT-Drs. 7, 268, 5). „tatsächliche Erfüllungsortvereinbarungen" (Zöller/Schultzky ZPO § 29 Rn. 26a).

[34] Begründung der Gerichtsstandsnovelle, BT-Drs. 7/268, 5.

[35] BGHZ 157, 20 (27 aE) = BGH NJW 2004, 54 (56); BGH NJW-RR 2010, 891 Rn. 8 aE. Für das erstgenannte wörtliche Verständnis § 29 II ZPO: OLG München NJW-RR 2010, 139.

Gerichtsstandes genügt somit die bloße schlüssige Behauptung des Vorliegens der Voraussetzungen des § 29c I ZPO durch den Kläger.

d) Der Gerichtsstand der unerlaubten Handlung (§ 32 ZPO)

222 Von großer praktischer Bedeutung ist der Gerichtsstand der unerlaubten Handlung (Beispiele 84 und 85, → Rn. 204 und → Rn. 208). Der Begriff der „unerlaubten Handlung" ist weit zu verstehen und bezieht sich nicht nur auf die §§ 823 ff. BGB, sondern insbes. auch auf die gesetzliche Gefährdungshaftung außerhalb des BGB und die funktional dem Recht der unerlaubten Handlung zuzurechnende Eingriffskondiktion.[36] Hierbei ist es gleichgültig, welche Rechtsfolgen aus einer unerlaubten Handlung geltend gemacht werden, ob sich also die Klage auf eine Naturalrestitution, auf Geldersatz, auf Schmerzensgeld oder auf Rückgabe des Erlangten, auf Auskunft oder Widerruf, auf Unterlassen oder auf das Verbot einer Handlung richtet.

Im Zentrum der Auslegung des § 32 ZPO steht die Frage, wo die unerlaubte Handlung als „begangen" anzusehen ist. Das ist nach allgemeiner Auffassung überall dort der Fall, wo ein tatbestandlicher Teilakt der unerlaubten Handlung begangen wurde, dh alle tatbestandsmäßigen Handlungs- und Erfolgsorte. Hier spricht man vom *Ubiquitätsprinzip*, mithin von einer alternativen Anknüpfung an den bzw. die Handlungs- und Erfolgsorte, was zu mehrfachen bis „fliegenden" Gerichtsständen führen kann, insbes. bei Rechtsverletzungen durch Presseerzeugnisse[37] und mittels Internet. Dahinter steht die Vorstellung, dass Handlungs- und Erfolgsorte als gleichwertige Anknüpfungspunkte für die örtliche Zuständigkeit zu sehen sind. Das Ubiquitätsprinzip hat für den Kläger ein Wahlrecht innerhalb des Gerichtsstands der unerlaubten Handlung zur Folge, § 35 ZPO.

Wichtig ist: Der Schadensort, also der Ort, an dem lediglich Folgeschäden entstanden sind (zB Heilbehandlungskosten im Krankenhaus), ist kein tatbestandsbegründender Begehungsort; er begründet die deliktische Zuständigkeit deshalb nicht. Bei unfallrechtlichen Klausuren ist ferner an die schon in → Rn. 209 genannten Gerichtsstände des § 20 StVG und des § 14 HPflG zu denken. *Besondere Klausurbedeutung* kommt bei § 32 ZPO der *Zuständigkeit kraft Sachzusammenhangs* zu (→ Rn. 197).

e) Der besondere Gerichtsstand der Erbschaft (§ 27 ZPO)

223 Klausurrelevant ist auch die Vorschrift des § 27 ZPO, der für die in § 27 I ZPO genannten Konstellationen einen besonderen Gerichtsstand bei dem Gericht begründet, bei dem der *Erblasser* zur Zeit seines Todes seinen allgemeinen Gerichtsstand gehabt hat. In der Ersten Juristischen Staatsprüfung erlangt diese Vorschrift insbes. Bedeutung, wenn materiell-rechtlich die §§ 2018 ff. BGB thematisiert werden.

f) Der Gerichtsstand der Widerklage (§ 33 ZPO)

224 Zu den beliebten prozessualen Rechtsinstituten gehört die Widerklage (→ Rn. 296–315). Wichtig ist im Rahmen der Erörterung der *örtlichen* Zuständigkeit, dass § 33 ZPO nur den Gerichtsstand regelt, nicht aber allgemein etwas über die zulässige Erhebung einer Widerklage aussagt (→ Rn. 303 ff.).

---

[36] Vgl. Stein/Jonas/Roth ZPO § 32 Rn. 19.
[37] Bei Presseerzeugnissen ist der Begehungsort der unerlaubten Handlung zum einen am Erscheinungsort des Druckwerks und zum anderen in dessen Verbreitungsgebiet belegen, vgl. BGH NJW 1977, 1590; s. auch NJW 1996, 1128 – Caroline von Monaco.

§ 42. Gerichtsbezogene Sachurteilsvoraussetzungen: Die Zuständigkeit

V. Folgen der sachlichen oder örtlichen Unzuständigkeit

Auch wenn die sachliche Zuständigkeit oder der Gerichtsstand fehlt, ist es bis zur Prozessabweisung meist noch ein weiter Weg. *Erstens* muss geprüft werden, ob nicht das sachlich unzuständige Gericht durch Prorogation oder rügeloses Einlassen zuständig wurde (→ Rn. 226 ff.). Ist dies nicht der Fall, muss *zweitens* untersucht werden, ob nicht durch eine Gerichtsentscheidung die Zuständigkeit begründet wurde.[38] Ergibt auch diese Untersuchung keine Zuständigkeit, öffnet sich als *dritte* Frage das Problem der Verweisung des Rechtsstreits durch das unzuständige Gericht an das zuständige Gericht (→ Rn. 232). Nur wenn die Verweisung nicht möglich ist,[39] kommt als *vierte* Möglichkeit die Prozessabweisung in Betracht.

Entscheidet ein Gericht trotz fehlender Zuständigkeit liegt hierin – sofern nicht nur ein bloßer Verfahrensirrtum, sondern *Willkür* vorliegt – eine Verletzung des Rechts auf den gesetzlichen Richter, Art. 101 I 2 GG (→ Rn. 186).

VI. Zuständigkeitsvereinbarung (Prorogation): §§ 38, 40 ZPO

Die ZPO enthält ein *Prorogationsverbot*. Nur in engen Ausnahmen sind Zuständigkeitsvereinbarungen vor Entstehung der Streitigkeit zulässig.

1. Nichtvermögensrechtliche Streitigkeit?

Da eine Prorogation bei *nichtvermögensrechtlichen*[40] Streitigkeiten, die den Amtsgerichten ohne Rücksicht auf den Wert des Streitgegenstandes zugewiesen sind, *unzulässig* ist (§ 40 II 1 Nr. 1 ZPO), wird zuerst die Frage gestellt, ob ein solcher nichtvermögensrechtlicher Streitfall vorliegt.

2. Ausschließliche Zuständigkeit?

Wird die Frage des 1. Prüfungsschritts verneint, stellt sich das Problem, ob für den Prozess eine *ausschließliche Zuständigkeit* begründet ist; denn auch dann ist eine Prorogation unzulässig (§ 40 II 1 Nr. 2 ZPO). Auf dieser Stufe der Untersuchung ist insbes. an § 23 Nr. 2 lit. a GVG (Wohnraummiete), § 29a ZPO (Miet- und Pachtverhältnisse) und § 29c I 2 ZPO (Haustürgeschäfte) zu denken, die für sozialpolitisch wichtige Streitigkeiten jeweils ausschließliche Zuständigkeiten vorsehen.

3. Unterscheidung nach der jeweiligen Prozesssituation

Diese Unterscheidung nach der jeweiligen Prozesssituation ist deshalb wichtig, weil die ZPO zeitliche Zäsuren setzt, die für die Vereinbarung der Zuständigkeit von Bedeutung sind:
– „*friedlicher*" Zeitraum vor dem „Entstehen der Streitigkeit" (§ 38 I ZPO),
– „*streitiger*" Zeitraum „nach dem Entstehen der Streitigkeit" (§ 38 III Nr. 1 ZPO),

---

[38] Dies können sein: Verweisungswirkung (aufgrund § 281 II 4 ZPO, § 17a II 3 GVG), rechtskräftige Entscheidung eines LG oder AG, es sei sachlich nicht zuständig, mit der Folge der Zuständigkeit der jeweils anderen Gerichtsart (§ 11 ZPO) oder die Bindung an die Entscheidung eines höheren Gerichts, sei es nach § 36 ZPO, sei es nach Zurückweisung durch das Berufungs- oder Revisionsgericht (§§ 538 II; 563 II ZPO).

[39] Wenn zB der Antrag des Klägers fehlt oder wenn an das zuständige Gericht (zB BVerfG, ein ausländisches oder ein Schiedsgericht, → Rn. 167 Fn. 7) nicht verwiesen werden darf.

[40] Nichtvermögensrechtliche Streitigkeiten sind solche um die Ehre, vgl. etwa BGH NJW 1996, 999 (Recht am eigenen Bild) oder BGH WM 2016, 96 Rn. 13 (Ausschluss aus Idealverein); Mit weiteren Beispielen Zöller/Herget ZPO § 3 Rn. 16 („Nichtvermögensrechtliche Streitigkeit"), s. auch Thomas/Putzo/Seiler ZPO Einl. IV.

– *„prozessualer"* Zeitraum bis zur Verhandlung des Beklagten zur Hauptsache (§§ 39 S. 1, 282 III ZPO).

Je nach dem einschlägigen Zeitraum ergeben sich unterschiedliche Fragestellungen:

(1) *Erste Unterfrage:* Für die Situation *vor Prozessbeginn* sollte als Erstes gefragt werden, ob die Zuständigkeitsvereinbarung *bestimmt* genug ist (§ 40 I ZPO).

(2) *Zweite Unterfrage:* Wenn sie dies ist, sollte sich der Bearbeiter dem Zeitpunkt des Prorogationsabschlusses und der Form der Prorogation zuwenden (§ 38 III Nr. 1 ZPO). Ist die Vereinbarung *„nach dem Entstehen der Streitigkeit"* abgeschlossen worden und *„ausdrücklich und schriftlich"* abgefasst, ist die Prorogation wirksam und das Gericht ist kraft der Vereinbarung zuständig. „Streitigkeit" meint dabei auch jede *außergerichtliche* Meinungsverschiedenheit zwischen den Parteien. Sie „entsteht" in dem Zeitpunkt, in dem einer Partei eine entgegengesetzte Rechtsansicht der anderen Partei oder auch nur Zweifel an der gegnerischen Rechtsauffassung zugegangen sind. „Ausdrücklichkeit" verlangt, dass aus der Formulierung eindeutig hervorgeht, dass die Zuständigkeit eines bestimmten Gerichts begründet werden soll.[41]

(3) *Dritte Unterfrage:* Schwieriger wird jedoch die Bearbeitung, wenn man § 38 III Nr. 1 ZPO nicht anwenden kann, etwa weil die Schriftform nicht eingehalten wurde oder weil die Zuständigkeit schon *vor* dem Entstehen der Streitigkeit vereinbart war. Dann muss sich der Bearbeiter den weiteren Ausnahmen vom Prorogationsverbot widmen: Er hat zu prüfen, ob *beide Parteien Kaufleute* oder juristische Personen des öffentlichen Rechts oder öffentlich-rechtliche Sondervermögen sind (§ 38 I ZPO), dh ob den Parteien die *„Prorogationsbefugnis"* zusteht *("prorogationsbefugte Personen")*. Hierbei darf der Bearbeiter nicht übersehen, dass erstens die Prorogation zwischen den genannten Personen keiner Schriftform bedarf und zweitens auch über solche Rechtsgeschäfte die Zuständigkeitsvereinbarung zulässig ist, die keine Handelsgeschäfte iSv § 343 HGB sind. Häufig kommen in Klausuren an dieser Stelle die Handelsgesellschaften (§ 6 I HGB) vor, insbes. auch die GmbH, § 13 I, III GmbHG.

(4) *Vierte Unterfrage:* Fehlt auch nur *einer* der beiden Parteien die Prorogationsbefugnis, kann eine gültige Zuständigkeitsvereinbarung nur zustande gekommen sein, wenn eine der zwei weiteren Ausnahmen nach § 38 II ZPO (Internationaler Streitfall) oder § 38 III Nr. 2 ZPO (ausländischer oder unbekannter Beklagtenwohnsitz, sog. Gastarbeiterklausel) vorliegen. Hier ist zu beachten, dass bei § 38 II ZPO bloße Schriftform und sogar bloße schriftliche Bestätigung ausreichend ist, es also keiner „Ausdrücklichkeit" bedarf. Im Ersten Staatsexamen werden diese Ausnahmen aber kaum wichtig werden.[42]

4. Erfüllungsortvereinbarung?

230   Im letzten Prüfungsschritt ist zu prüfen, ob die Zuständigkeit durch eine Erfüllungsortvereinbarung begründet ist, die § 29 II ZPO entspricht (→ Rn. 219).

VII. Zuständigkeitsbegründung infolge rügeloser Verhandlung: §§ 39, 40 ZPO

231   Die Zuständigkeit (also auch die örtliche) eines Gerichts des ersten Rechtszugs kann auch dadurch begründet werden, dass der Beklagte, ohne die Unzuständigkeit des Gerichts zu rügen, „zur Hauptsache mündlich verhandelt", § 39 S. 1 ZPO. Maß-

---

[41] Stein/Jonas/Bork ZPO § 38 Rn. 39; Zöller/Schultzky ZPO § 38 Rn. 40; Thomas/Putzo/Hüßtege ZPO § 38 Rn. 27.

[42] Zu diesen Unterfragen M. Huber JuS 2012, 974.

§ 42. Gerichtsbezogene Sachurteilsvoraussetzungen: Die Zuständigkeit

geblich ist hier die *Unterscheidung zwischen amtsgerichtlichem und landgerichtlichem Prozess:*

(1) *Erste Unterfrage:* Hat sich in der mündlichen Verhandlung vor dem LG der *Beklagte* auf die Klage sachlich eingelassen, ohne die Zuständigkeit zu rügen, dann ist das angerufene LG zuständig geworden (§ 39 S. 1 ZPO). Hilfsweise Ausführungen sind in der Praxis üblich und schaden nicht („unter Verwahrung gegen die Zuständigkeit"). Wichtig ist allerdings, dass eine Zuständigkeit dann nicht begründet wird (§ 40 II 2 ZPO), wenn es sich um eine nichtvermögensrechtliche Streitigkeit (→ Rn. 227 Fn. 40) handelt oder wenn eine ausschließliche Zuständigkeit (→ Rn. 228) besteht.

(2) *Zweite Unterfrage:* Im Verfahren vor dem AG ist die Regelung anders. Der Amtsrichter hat nämlich die Verpflichtung, den Beklagten auf die örtliche oder sachliche Unzuständigkeit hinzuweisen (§ 504 ZPO). Unterlässt er diesen Hinweis, bewirkt das rügelose Einlassen des Beklagten nicht die Zuständigkeit (§ 39 S. 2 ZPO). Der Bearbeiter eines amtsgerichtlichen Falles darf deshalb die Wirkung des § 39 S. 1 ZPO nur annehmen, wenn der Richter nach § 504 ZPO belehrt hat.

VIII. Verweisung (§§ 281, 506 ZPO) und Abgabe (§§ 696, 700 ZPO)
1. Die Verweisung an ein anderes Gericht

Ist ein Gericht sachlich oder örtlich unzuständig, darf der Bearbeiter nicht einfach diesen prozessualen Zustand hinnehmen und die Klage als unzulässig abweisen (→ Rn. 225). Wie in der Praxis muss er im Wege der „Verlängerungstechnik" (→ Rn. 35) an die Heilung des Verstoßes durch Verweisung des Rechtsstreits an das zuständige Gericht denken. Gegebenenfalls erörtert der Bearbeiter in einem *Hilfsgutachten* diese in der Praxis übliche Überwindung des Zuständigkeitsmangels. Bei den Verweisungsvorschriften wird nicht selten übersehen, dass sie in der ZPO[43] einen *Antrag* voraussetzen und *wer* jeweils antragsberechtigt ist: So ist bei § 281 I 1 ZPO nur der *Kläger* antragsberechtigt, bei § 506 I ZPO sind es *beide Parteien*.

232

Vielfach ist den Examenskandidaten der Sinn der Verweisung unklar. Sie will, wie eingangs betont, die Prozessabweisung verhindern und damit zu einer schnellen Entscheidung durch das zuständige Gericht führen. Diesen Zweck kann sie aber nur erfüllen, wenn die Verweisung eine *Bindungswirkung* für das neue Gericht hat. Hier muss man sich vor Augen halten, dass das angewiesene Empfangsgericht (Adressatgericht) die Sache entscheiden muss, selbst wenn die Verweisung falsch ist: Es wird aufgrund der Verweisungswirkung zuständig (§ 281 II 4 ZPO). Dem verweisenden Gericht kommt insofern eine „Kompetenzkompetenz" zu: Obwohl selbst unzuständig, macht es das Empfangsgericht kompetent; eine *Ausnahme* besteht nur im Falle von *willkürlicher Falschverweisung*.[44]

2. Die Abgabe an ein anderes Gericht

Von der Verweisung ist die Abgabe an ein anderes Gericht scharf zu trennen. Auch sie erfolgt, weil das abgebende Gericht unzuständig ist. Jedoch nimmt sie das Gericht *von Amts wegen* vor (zB § 696 I 1 ZPO) und vor allem ist das Empfangsgericht (Adressatgericht) – anders als in § 281 II 4 ZPO – „in seiner Zuständigkeit nicht

233

---

[43] Anders in anderen Verfahrensordnungen, insbes. in der VwGO und im ArbGG (→ Rn. 112). Bei der Rechtswegverweisung ist auch im Zivilprozess kein Antrag erforderlich (→ Rn. 112).

[44] Stein/Jonas/Thole ZPO § 281 Rn. 43 ff., 48 ff.

gebunden" (zB § 696 V ZPO, vgl. § 692 I Nr. 6 ZPO); die Abgabe hat also grds. keine zuständigkeitsbegründende Wirkung *(wichtiger Unterschied!)*,[45] nur wenn der Gesetzgeber „ausdrücklich" eine Bindung anordnet, ist dies anders.[46] Wegen fehlender Bindung darf daher ein Empfangsgericht den Rechtsstreit an das zuständige Gericht verweisen. Die Abgabe ist zum Teil ausdrücklich gesetzlich vorgesehen (zB § 4 FamFG und im Mahnverfahren → Rn. 134, 136), teilweise gewohnheitsrechtlich üblich, etwa beim Fehlen der funktionellen Zuständigkeit (→ Rn. 240). *Nur* wo die Abgabe gesetzlich geregelt ist, kann sie auch an ein anderes Gericht erfolgen (zB §§ 696 I S. 1, 700 III S. 1 ZPO); sonst nur innerhalb des Spruchkörpers.

IX. Die Prüfung des Gerichtsstandes
1. Keine Rangfolge der allgemeinen und besonderen Gerichtsstände

234 Die meisten Gerichtsstandsklausuren stellen den Bearbeiter vor die Frage, in welcher Reihenfolge er in der schriftlichen Lösung die verschiedenen Gerichtsstände behandeln soll. Zunächst gilt auch hier der allgemeine Ratschlag zu den Sachurteilsvoraussetzungen, keine feste Rangfolge zu beachten. Soweit es die allgemeinen und besonderen Gerichtsstände betrifft, lässt sich nämlich auch für die örtliche Zuständigkeit nicht sagen, der eine Gerichtsstand müsse *vor* einem anderen geprüft werden. So mag man § 32 ZPO vor § 29 ZPO oder umgekehrt untersuchen oder auch zuerst § 20 StVG erörtern.

2. Dramatische Methode bei allgemeinen und besonderen Gerichtsständen

235 Der Bearbeiter sollte sich deshalb von *klausurtaktischen* Überlegungen leiten lassen. Dabei kommt auch hier der *dramatischen Methode* eine wichtige Bedeutung zu (zu dieser Methode → Rn. 247): Der Verfasser steigert das Interesse des Lesers, wenn er zunächst solche Gerichtsstände behandelt, die *nicht* vorliegen (freilich darf er nur wirklich problematische Fragen aufwerfen), und sodann erst zu derjenigen Zuständigkeit gelangt, die er bejaht. Baut der Verfasser seine Lösung umgekehrt auf, ändert sich zwar sicher nichts am Inhalt, wohl aber wirkt jetzt sein Gedankengang uninteressant und häufig gequält; denn er hat die „Katze aus dem Sack" gelassen, ja er riskiert bei solch undramatischer Darstellung, dass der Korrektor die späteren Gedanken als „überflüssig" („daher falsch") ansieht.

3. Ausschließliche Gerichtsstände, Gerichtsstandsvereinbarungen und prozessuale Überholung infolge bindender Verweisung

236 Von der dramatischen Methode ist aber abzuraten, wenn nach dem Sachverhalt der Klausuraufgabe ausschließliche Gerichtstände (zB § 24 ZPO) oder eine Gerichtsstandsvereinbarung (§ 38 ZPO) in Betracht kommen. Greifen diese Tatbestände ein, ist der Rückgriff auf den allgemeinen Gerichtsstand oder besondere Gerichtsstände versagt und deren Prüfung wäre überflüssig und praxisfern. Deshalb ist die Prüfung in solchen Fällen immer mit den ausschließlichen Gerichtsständen bzw. mit der Gerichtsstandsvereinbarung zu beginnen.

---

[45] Für Abgaben zwischen den land- und oberlandesgerichtlichen Spezialspruchkörpern (§§ 72a, 119a GVG) hat der BGH im Fehlen einer Bindungswirkung eine „planwidrige Regelungslücke" festgestellt (NJW 2022, 2936 Rn. 49); solche Abgaben seien deshalb „entsprechend § 281 II 4 ZPO" für den anderen Spruchkörper bindend (Rn. 38 ff.). Diese Rechtsprechung (vgl. abl. Vossler NJW 2022, 2940, krit. Vollkommer WUB 2022, 481 [483]) lässt sich nicht auf die sonstigen Abgaben zwischen Spruchkörpern übertragen.

[46] BGHZ 71, 264 (273) = NJW 1978, 1531 (1533).

§ 42. Gerichtsbezogene Sachurteilsvoraussetzungen: Die Zuständigkeit

Noch mehr ist von der dramatischen Methode abzuraten, wenn nach dem Sachverhalt der Klausuraufgabe eine bindende Verweisung in Betracht kommt: Nach § 281 II 4 ZPO ist der Beschluss, mit dem sich das zuerst angerufene Gericht für unzuständig und ein anderes Gericht für zuständig erklärt, für das zweite Gericht bindend. Die Bindungswirkung greift gerade auch dann, wenn das erste Gericht seine Unzuständigkeit fehlerhaft ablehnt (Ausnahme nach hM: Willkür, → Rn. 232) und selbst, wenn dieses Gericht ausschließlich zuständig wäre. Hier handelt es sich um einen Fall der prozessualen Überholung (→ Rn. 34). Folglich wäre es unsinnig und falsch, die Gerichtsstände der §§ 12 ff. ZPO einschließlich der ausschließlichen Gerichtsstände zu prüfen, die aufgrund einer bindend gewordenen Verweisung nicht mehr in Betracht gezogen werden dürfen. Dies gilt auch für Ausführungen in einem Hilfsgutachten (→ Rn. 38). Ein sehr guter Bearbeiter wird zu den Gerichtsständen der §§ 12 ff. ZPO in diesem Fall lediglich noch inzidenter im Rahmen des § 281 II 4 ZPO (knapp) Stellung beziehen, um den Sonderfall einer willkürlichen – und damit ausnahmsweise nicht bindend gewordenen – Verweisung auszuschließen.

4. Dahinstellen des Gerichtsstandes?

Ein Dahinstellen der örtlichen Zuständigkeit ist unzulässig. Wie auch bei den anderen Sachurteilsvoraussetzungen (→ Rn. 250) muss also feststehen, ob ein Gericht zur Entscheidung berufen ist. Demgemäß hat der Bearbeiter einer Klausur klar zu beantworten, ob nun der Gerichtsstand vorliegt oder nicht. Unzulässig ist es ferner, den Gerichtsstand zu verneinen, gleichwohl aber zur Sache zu entscheiden (→ Rn. 249). 237

5. Wahlfeststellung

Allerdings ist es den Gerichten durchaus erlaubt, die Zuständigkeitsfrage im Wege der Wahlfeststellung zu beantworten.[47] Die Wahlfeststellung kann sowohl zum *Bejahen* der Zuständigkeit als auch zum *Verneinen* des Gerichtsstands führen. Bei einer solchen Wahlfeststellung trifft ein Gericht eine klare Aussage zur Zuständigkeit (es bejaht oder verneint sie deutlich); nur die *Begründung* dieser Aussage bleibt offen, weil sämtliche möglichen Gründe zu ein und demselben Ergebnis führen. Die Wahlfeststellung hat also nichts mit dem (unzulässigen) Dahinstellen des Gerichtsstands zu tun. 238

> **Beispiel 87:** In Abwandlung des Beispiels 83 (→ Rn. 204) ist *Anna Fink* zwar aus Deutschland weggezogen, hat aber weder in der Schweiz noch sonst im Ausland einen neuen Wohnsitz begründet. Nunmehr hält sie sich längere Zeit in Bayreuth auf, um die Festspiele zu genießen.
>
> **Frage:** Kann sie dort von Frau *Engelmann* verklagt werden, wenn nicht feststeht, ob sie in Bayreuth einen Wohnsitz oder nur einen Aufenthaltsort hat?
>
> **Antwort:** In Bayreuth ist die örtliche Zuständigkeit im Wege der Wahlfeststellung zu bejahen: Entweder hat *Anna Fink* dort ihren Wohnsitz (§ 13 ZPO) oder ihren Aufenthaltsort (§ 16 Alt. 1 ZPO); anders als im Beispiel 83 (→ Rn. 204) ist jetzt § 16 ZPO durch einen anderen Wohnsitz nicht ausgeschlossen, sodass *hier* die Wahlfeststellung zulässig ist. Das Gericht kann also die örtliche Zuständigkeit durchaus bejahen, ohne sich nun auf § 13 ZPO (Wohnsitz) oder § 16 ZPO (kein Wohnsitz, aber Aufenthalt) festlegen zu müssen.

---

[47] Stein/Jonas/Roth ZPO § 1 Rn. 33 f.

6. Doppelrelevante Tatsachen im Gerichtsstandsrecht

239 Doppelrelevante Tatsachen treten besonders im Gerichtsstandsrecht auf.[48] Damit ist folgendes gemeint: Ein und dieselbe Tatsache ist sowohl bedeutsam für den Gerichtsstand als auch für die Begründetheit des Anspruchs.

> **Beispiel 88:** Bei seiner Schmerzensgeldklage gegen *Tegetmeier* im Gerichtsstand der unerlaubten Handlung (§ 32 ZPO) trägt *Eilig* (Beispiel 85, → Rn. 208) folgendes vor: Sie behauptet, *Tegetmeier* habe innerhalb des Gerichtsbezirks (Köln) eine unerlaubte Handlung begangen. Die Tatsachenbehauptung zur unerlaubten Handlung als solcher ist *sowohl* für den Gerichtsstand bedeutsam *als auch* für die Begründetheit relevant. Denn das Gericht ist örtlich nur berufen, wenn vom Kläger schlüssig behauptet wird, es sei eine unerlaubte Handlung begangen worden. Gleichfalls hat *Eilig* nur einen Schmerzensgeldanspruch, falls *Tegetmeier* ihr gegenüber eine unerlaubte Handlung beging, sodass gleichermaßen für Zuständigkeit und Begründetheit die Tatsache wichtig ist, ob *Tegetmeier* eine unerlaubte Handlung vornahm.

Behauptet ein Kläger schlüssig das Vorliegen einer doppelrelevanten Tatsache, dann wird für die *Zulässigkeit* das Vorliegen der Tatsache *unterstellt* (→ Rn. 221). Keinesfalls darf das Gericht im Rahmen der Zulässigkeits- (Zuständigkeits-)Prüfung das tatsächliche Vorliegen der doppelrelevanten Tatsache untersuchen, weil sich nämlich dann die Begründetheitsprüfung in die Zulässigkeitsuntersuchung vorverlagern würde.[49] So genügt für den Gerichtsstand der unerlaubten Handlung, dass der Kläger das Vorliegen eines Delikts innerhalb des Gerichtsbezirks *behauptet* – ob diese unerlaubte Handlung tatsächlich begangen wurde, wird erst im Rahmen der Begründetheit untersucht.

Aus dieser Situation ergeben sich weitere wichtige Folgerungen, falls eine doppelrelevante Tatsache vom Kläger nicht bewiesen werden kann. Da die doppelrelevante Tatsache erst im Rahmen der *Begründetheit* geprüft wird, ist – falls durch ihre Nichtbeweisbarkeit der Klage der Erfolg genommen worden ist – eine *Sach*abweisung (als unbegründet) vorzunehmen, nicht etwa die Klage durch *Prozess*urteil (als *unzulässig*) abzuweisen. Wer also im Gerichtsstand des Erfüllungsortes (§ 29 ZPO) einen vertraglichen Anspruch auf Erfüllung geltend gemacht hat, wird *sachlich* abgewiesen, falls sich herausstellt, dass gar kein Vertrag abgeschlossen wurde. Mit *Sach*urteil entscheidet das Gericht über die Klage aus § 7 I StVG, die im Gerichtsstand des § 20 StVG erhoben wurde, wenn sich zeigt, dass der Beklagte an dem Unfall überhaupt nicht beteiligt war.

Will ein Bearbeiter das Vorliegen einer doppelrelevanten Tatsache bejahen, sollte er sich stets zur Kontrolle fragen, ob die von ihm im Rahmen der Zulässigkeit unterstellte Tatsache *zwingend* bei der Begründetheit zu prüfen ist. Im Beispiel 88 ist dies der Fall: Die Unterstellung („*Tegetmeier* hat eine unerlaubte Handlung begangen") muss *notwendigerweise* bei der Begründetheit untersucht werden. Gleichermaßen gilt dies aber nicht für den Unfallort. Ist fraglich, ob der *behauptete* Unfallort innerhalb oder außerhalb des Gerichtsbezirks liegt, muss dies vom Gericht im Rahmen der Zulässigkeit geprüft werden: denn für die Begründetheit ist diese Frage grds. ohne Bedeutung. Ob der Unfall dann *tatsächlich* dort stattfand, wird hingegen bei der Begründetheit untersucht.[50]

---

[48] Näher Stein/Jonas/Roth ZPO § 1 Rn. 24 ff. mwN.
[49] Diese Unterstellung von Tatsachen hat keine die Zuständigkeit erweiternde Wirkung; das Gericht darf nur solche Ansprüche sachlich prüfen, für die es kompetent ist, vgl. Stein/Jonas/Roth ZPO § 1 Rn. 31 aE.
[50] Vgl. eingängig Stein/Jonas/Roth ZPO § 1 Rn. 25.

X. Funktionelle Zuständigkeit

Probleme der funktionellen Zuständigkeit betreffen Fragen der Verteilung unterschiedlicher Funktionen in derselben Sache unter verschiedenen Rechtspflegeorganen. Sofern diese in der Ersten Juristischen Prüfung überhaupt vorkommen, sind sie bei Fällen aus dem Erkenntnisverfahren der ZPO relativ einfach zu lösen, wenn der Bearbeiter in der ZPO, im GVG und im RPflG genau nachliest. So ist etwa die Abgrenzung zwischen dem *Vollstreckungsgericht* und den *anderen Abteilungen des AG* ein Problem der funktionellen Zuständigkeit: So ist die Kompetenz des Vollstreckungsgerichts für die Forderungspfändung in §§ 828 I, 764 ZPO geregelt.

240

Fehlt die funktionelle Zuständigkeit, kommt die Verweisung gemäß § 281 ZPO (→ Rn. 232) nicht in Betracht, da sie nur bei sachlicher oder örtlicher Unzuständigkeit möglich ist. Stattdessen kommt es beim Fehlen der funktionellen Zuständigkeit im Verhältnis zwischen den Spruchkörpern der Familiengerichtsbarkeit, der freiwilligen Gerichtsbarkeit und der übrigen Zivilgerichtsbarkeit zur entsprechenden Anwendung der Rechtswegvorschriften (§ 17a VI ZPO), sodass etwa die fehlende funktionelle Zuständigkeit des Familiengerichts zur Verweisung an das Zivilgericht führt (§ 17a IV iVm II GVG), und zwar *von Amts wegen* (→ Rn. 167). Innerhalb der genannten Gerichtsbarkeiten wird jedoch der Rechtsstreit formlos an das funktionell zuständige Organ abgegeben („Abgabe" statt Verweisung, → Rn. 233), falls es demselben Gericht angehört (zB eine an das Wohnungseigentumsgericht des AG gerichtete Klage gibt es an das Streitgericht ab).[51] Zwischen verschiedenen Gerichten findet nur dann eine Abgabe statt, wenn dies im Gesetz vorgesehen ist (→ Rn. 233 aE); fehlt eine solche Regelung, ist die Klage an das funktionell unzuständige Gericht als unzulässig abzuweisen (zB bei einer Klage zum BGH, der keine Eingangszuständigkeit in Zivilsachen hat).

XI. Internationale Zuständigkeit

Fragen der internationalen Zuständigkeit werden im Rahmen des prozessualen Pflichtfachstoffs ebenfalls sehr selten gestellt. Sie dürfen nur angesprochen werden, wenn ein Fall mit *Auslandsberührung* vorliegt. Eine allgemeine Regelung der internationalen Zuständigkeit fehlt im deutschen Zivilprozessrecht. Vielmehr gilt der Satz, dass die *„örtliche Zuständigkeit die internationale Zuständigkeit indiziert"*, dh falls die *örtliche* Kompetenz eines Gerichts zu bejahen ist, dann spricht im Zweifel die Vermutung auch für seine *internationale* Zuständigkeit.[52] Fehlt die internationale Zuständigkeit der deutschen Gerichte, muss die Klage als unzulässig abgewiesen werden, da eine Verweisung ins Ausland nicht möglich ist (→ Rn. 167 Fn. 7). Dieses Zusammentreffen von örtlicher und internationaler Zuständigkeit ist allerdings im Bereich des europäischen Zivilprozessrechts beseitigt worden. Die *EuGVVO*,[53] die *Brüssel IIb-VO*[54] und weitere EU-Verordnungen regeln die internationale Zuständigkeit (und weitere Fragen) eigenständig.

241

---

[51] Zur Abgabe mit Bindungswirkung bei fehlender funktioneller Zuständigkeit in den Fällen der § 72a und § 119a GVG → Rn. 233 Fn. 45.

[52] Umfassend hierzu: Stein/Jonas/Roth ZPO Vor § 12 Rn. 25 ff.; vgl. auch Thomas/Putzo/Hüßtege ZPO Vor § 1 Rn 6; BGH NJW 1975, 114; BGH NJW 2011, 2518. Zur internationalen Zuständigkeit Jauernig/Hess ZivilProzR § 6 I; vertiefende Hinweise: Stein/Jonas/Roth ZPO Vor § 12 Rn. 25 ff.

[53] Verordnung (EG) Nr. 1215/2012 vom 12.12.2012 über die gerichtliche Zuständigkeit und die Anerkennung und Vollstreckung gerichtlicher Entscheidungen in Zivil- und Handelssachen, Habersack Ergänzungsband Nr. 103. Neben der EuGVVO steht das sehr ähnliche *Lugano Übereinkommen*, das Gerichtsstands- und Vollstreckungsregelungen für diejenigen Länder enthält, für die die EuGVVO nicht gilt. Der Text dieses Übereinkommens stimmt mit der EuGVVO in den Grundzügen überein.

[54] Verordnung (EU) 2019/1111 des Rates vom 25.6.2019 über die Zuständigkeit, die Anerkennung und Vollstreckung von Entscheidungen in Ehesachen und in Verfahren betreffend die elterliche Verantwortung und über internationale Kindesentführungen, Habersack Ergänzungsband Nr. 103b.

XII. Einrede der Schiedsgerichtsbarkeit

242 Die staatliche Gerichtsbarkeit ist ausgeschlossen, wenn ein wirksamer Schiedsvertrag vorliegt (§§ 1025 ff. ZPO). Kommt es trotzdem zum Prozess vor dem staatlichen Gericht, muss der Beklagte die Einrede der Schiedsgerichtsbarkeit rechtzeitig vorbringen (§ 1032 I ZPO iVm § 282 III ZPO), erhebt sie nicht beizeiten, riskiert er, dass das staatliche Gericht zur Sache entscheidet (§ 296 III ZPO)[55]. Greift die Einrede des Beklagten durch, erfolgt Prozessabweisung; eine Verweisung an das Schiedsgericht ist nicht zulässig.

§ 43. Streitgegenstandsbezogene Sachurteilsvoraussetzungen

I. Die einzelnen streitgegenstandsbezogenen Sachurteilsvoraussetzungen

243 Die streitgegenstandsbezogenen Sachurteilsvoraussetzungen der *Rechtshängigkeit* (→ Rn. 74) und der *Rechtskraft* (→ Rn. 77) sowie der *fehlenden Klagbarkeit* des Anspruchs versperren den Weg zum Sachurteil und führen zur Prozessabweisung. Zu ihnen kommen eine Reihe anderer Sachurteilsvoraussetzungen, die seltener eine Rolle spielen: Die besonderen Voraussetzungen für die Leistungsklage vor Fälligkeit des Anspruchs („*Zukunftsklagen*" → Rn. 63 aE), die *Einreden*[1] der *fehlenden Kostenerstattung* (§ 269 VI ZPO) und *Sicherheitsleistung* (§ 113 S. 2 ZPO). Bedeutsamer sind jedoch die besonderen Voraussetzungen für die Feststellungsklage: festzustellendes *Rechtsverhältnis* (→ Rn. 64) und *Feststellungsinteresse* sowie für die Gestaltungsklage die *Klageberechtigung* (→ Rn. 70 sowie → Rn. 160, Beispiel 65).

Das allgemeine *Rechtsschutzbedürfnis*[2] liegt regelmäßig vor, wenn die Prozessführungsbefugnis bei der *Leistungsklage* oder das Gestaltungsklagerecht bei der *Gestaltungsklage* gegeben sind; bei der *Feststellungsklage* (§ 256 I ZPO) wird ohnehin das Feststellungsinteresse geprüft, soweit nicht die Vorgreiflichkeit der Zwischenfeststellungsklage (§ 256 II ZPO) das Interesse ersetzt. Nur bei ganz besonderen Umständen ist daher ein Rückgriff auf das Rechtsschutzbedürfnis geboten. Der Bearbeiter darf nicht vergessen, dass es Aufgabe der Gerichte ist, Rechtsstreitigkeiten zu entscheiden und dass sich die Gerichte dieser Aufgabe nicht unter Berufung auf ein „mangelndes Rechtsschutzbedürfnis" entziehen dürfen.

II. Die Sachurteilsvoraussetzung des Versuchs der außergerichtlichen Streitbeilegung (§ 15a EGZPO)

244 Das Landesrecht kann vorschreiben, dass der Kläger eine Klage zulässigerweise erst erheben darf, wenn er versucht hat, den Streit vorher *außergerichtlich vor einer Gütestelle* beizulegen (§ 15a EGZPO). Diese landesrechtlich geprägte Sachurteilsvoraussetzung betrifft vermögensrechtliche Streitigkeiten vor dem Amtsgericht bis 750 EUR, bestimmte nicht-gewerbliche Nachbarstreitigkeiten, Streitigkeiten über Ansprüche wegen Verletzung der persönlichen Ehre außerhalb von Presse und Rundfunk und über Ansprüche nach dem dritten Abschnitt des AGG. Zwar wird dadurch der Allgemeine Justizgewährungsanspruch (→ Rn. 46) ausgeschlossen, aber nur zeitweilig, was das BVerfG als nicht unverhältnismäßig ansieht.[3] Immerhin machen die landesrechtlichen Regelungen[4] von der Bagatellklausel (Streitigkeiten vor dem Amtsgericht bis 750 EUR) heute kaum noch Gebrauch, vgl. für Bayern Art. 1 BaySchlG.

---

[55] Stein/Jonas/Brehm ZPO Vor § 1 Rn. 251 ff.
[1] Echte „Einreden" sind nur die Fälle der §§ 1032, 269 VI ZPO und § 113 S. 2 ZPO, vgl. → Rn. 360.
[2] Stein/Jonas/Roth ZPO Vor § 253 Rn. 133 ff.
[3] BVerfG Beschl. (Kammer) v. 14.2.2007 – 1 BvR 1351/01, NJW-RR 2007, 1073.
[4] Zu den landesrechtlichen Regelungen näher die Fußnoten im Habersack bei § 15a EGZPO.

§ 44. Sachurteilsvoraussetzungen für die besonderen Verfahrensarten

Wählt der Kläger (Antragsteller, Gläubiger) ein besonderes Verfahren, müssen meist auch die für dieses besondere Verfahren aufgestellten Voraussetzungen erfüllt sein.[1]

3. Unterkapitel. Arbeitstechnik

§ 45. Prüfung der Sachurteilsvoraussetzungen – Punktuelle Methode?

Das Fehlen auch nur *einer* Sachurteilsvoraussetzung versperrt die Sachprüfung und führt regelmäßig[1*] zum Prozessurteil, wenn der Mangel bis zum Zeitpunkt der letzten mündlichen Verhandlung nicht beseitigt („geheilt") wird.

> **Beispiel 89:** *Pech* klagt vor dem LG gegen *Fahrer* auf Zahlung von 500 EUR Schadensersatz. *Fahrer* ist der zutreffenden Ansicht, dass das LG sachlich nicht zuständig sei, weil der landgerichtliche Streitwert nicht erreicht sei (§ 1 ZPO, §§ 71 I, 23 Nr. 1 GVG). Er rügt deshalb die Unzuständigkeit des Gerichts *vor* der Verhandlung zur Hauptsache (vgl. § 39 S. 1 ZPO). Dem *Pech* nützt nichts, dass alle anderen Sachurteilsvoraussetzungen gegeben sind. Dieser *eine* Mangel verhindert bereits die Sachprüfung.

Sieht das *Gericht*, dass eine Sachurteilsvoraussetzung fehlt, wird es meist zielstrebig auf diesen Punkt zusteuern und, ohne andere Sachurteilsvoraussetzungen geprüft zu haben, die Klage mit Prozessurteil (dh als unzulässig) abweisen. Vorher hat es den Kläger allerdings auf den Mangel hinzuweisen (→ Rn. 154) und ihm dadurch rechtliches Gehör zu gewähren – und ggf. die Möglichkeit zur Beseitigung des Mangels, § 139 III ZPO.

§ 46. Prüfung der Sachurteilsvoraussetzungen – Zur „dramatischen" Lösungsmethode

Steuert man in der Prüfung zu sehr auf das Fehlen einer bestimmten Sachurteilsvoraussetzung zu, verbaut man sich den Weg, andere Sachurteilsvoraussetzungen, bei denen vielleicht „delikate" prozessuale Probleme vorliegen, zu erörtern. Deshalb empfiehlt es sich *klausurtaktisch* oftmals, zunächst diese Fragen zu erörtern, und erst danach das Fehlen einer *später* geprüften Sachurteilsvoraussetzung festzustellen („*dramatische Methode*"). Diese Taktik darf den Bearbeiter aber nicht dazu verleiten, *Sachurteilsvoraussetzungen zu prüfen, die einwandfrei vorliegen*. Bei jedem Kläger die Prozessfähigkeit zu untersuchen, ist überflüssig. *Stets darf nur das geprüft werden, was zweifelhaft ist;* denn schon die Erwähnung von Selbstverständlichkeiten ist fehlerhaft!

Bei der Prüfung der Sachurteilsvoraussetzungen kann man etwa folgende Reihenfolge einhalten, wobei das Prinzip der möglichst geringen Präjudizierung zu berücksichtigen ist (→ Rn. 248) und man sich hüten muss, dem Schema blind und hörig zu folgen, → Rn. 160.

1. *Ordnungsgemäße Klageerhebung* ist erforderlich, damit das Gericht einen frühen ersten Termin anberaumt oder das schriftliche Vorverfahren wählt und die Zustellung der Klageschrift veranlasst (→ Rn. 142 ff.). Hat das Gericht aber den Mangel der Klageschrift – es fehlt zB die Unterschrift des Anwalts – zunächst

---

[1] Zu den Besonderheiten einzelner Verfahrensarten → Rn. 115–137.
[1*] Es wird nochmals an die *Verweisung* erinnert → Rn. 232.

nicht erkannt und ist es somit zum Prozess gekommen, ist die Klage durch Prozessurteil abzuweisen, wenn nicht der Fehler behoben wird.[1] Die anderen Sachurteilsvoraussetzungen sind erst zu prüfen, wenn eine ordnungsgemäße Klage vorliegt.[2]

2. Um völkerrechtliche Schwierigkeiten zu verhindern, muss dann die *deutsche Gerichtsbarkeit* geprüft werden (→ Rn. 166).
3. Zweckmäßig ist sodann die Behandlung der *Rechtswegfrage* (→ Rn. 167 und → Rn. 108 ff.) Der Grund liegt in der unterschiedlichen Regelung (besonders der parteibezogenen Sachurteilsvoraussetzungen) in den verschiedenen Verfahrensordnungen, sodass nur das Gericht des richtigen Rechtswegs über diese Sachurteilsvoraussetzungen entscheiden sollte.
4. Von dort kommt man zu den Sachurteilsvoraussetzungen, die zur *Sphäre der Gerichte* gehören (→ Rn. 185 ff.): *Sachliche, örtliche, funktionelle* und *internationale* Zuständigkeit, eventuell die Einrede des Schiedsvertrags.
5. Es ist vertretbar, sich danach den Sachurteilsvoraussetzungen zuzuwenden, *welche die Partei betreffen*, da die meisten dieser Sachurteilsvoraussetzungen im Interesse der Parteien aufgestellt sind und deshalb bei einem Prozessrecht, das den Rechtsschutz des einzelnen in den Vordergrund rückt, von entscheidender Bedeutung sind. Hier wird in der Reihenfolge wie → Rn. 168 ff. geprüft: *Wer ist Partei?*, *Existenz der Partei, Parteifähigkeit, Prozessfähigkeit, Vollmacht, Prozessführungsbefugnis* (gesetzliche und gewillkürte Prozessstandschaft) auf Kläger- *und* auf Beklagtenseite!
6. Als nächste Gruppe bieten sich dann die Sachurteilsvoraussetzungen an, welche den *Streitgegenstand* betreffen (→ Rn. 243): *Fehlen* anderweitiger *Rechtshängigkeit*, *Fehlen rechtskräftiger* Entscheidung über den Streitgegenstand, prozessuale *Klagbarkeit* des Anspruchs, eventuell das *Rechtsschutzbedürfnis* sowie die anderen in → Rn. 243 aufgeführten Voraussetzungen.

Es ist nicht falsch, die Unzulässigkeit der Klage durch das *Fehlen mehrerer Sachurteilsvoraussetzungen* zu rechtfertigen (in der Praxis ist dies sogar häufig); zu den Einschränkungen → Rn. 248 ff. Verboten ist allerdings, nach Verneinung der Zulässigkeit die Begründetheit zu prüfen (→ Rn. 249), ausgenommen, es ist ausdrücklich nach der Begründetheit (nach der materiellen Rechtslage) gefragt, wie dies bei gemischten Klausuren bisweilen vorkommt.

§ 47. Kontrollfrage: Möglichst geringe Präjudizierung

248 Wenn es wegen des Fehlens einer Sachurteilsvoraussetzung zur Prozessabweisung kommen soll, kann unter Umständen die im Wege der „punktuellen Methode" (→ Rn. 246) vorgezogene Prüfung einer Sachurteilsvoraussetzung zur Verweigerung des Rechtsschutzes führen. Der Grund hierfür liegt darin, dass auch das Prozessurteil materielle Rechtskraft erlangt.[1*] Der *Umfang* der Rechtskraftwirkung (und damit der Grad der Präjudizierung) ist davon abhängig, aus welchen Gründen das Gericht eine Klage als unzulässig abweist.

Beispiel 90: Vor dem örtlich und sachlich *unzuständigen AG* macht ein Kläger eine Feststellungsklage (§ 256 ZPO) anhängig. Auch das Feststellungsinteresse ist zweifelhaft. Wenn nunmehr mangels Feststellungsinteresses die Klage abgewiesen wird, ist dem Feststellungskläger die Möglichkeit genommen, vor dem örtlich und sachlich zuständigen

---

[1] Zur Heilung → Rn. 140 aE und → Rn. 184 Beispiel 79.
[2] RGZ 105, 275 (279).
[1*] Zur *Rechtskraft des Prozessurteils:* Stein/Jonas/Althammer ZPO § 322 Rn. 55 ff., 126 ff.

§ 47. Kontrollfrage: Möglichst geringe Präjudizierung

Gericht diese Frage nachprüfen zu lassen. Nach dem Grundsatz möglichst geringer Präjudizialität bei einer Prozessabweisung hat in einem solchen Fall die Abweisung aus *Zuständigkeitsgründen* zu erfolgen, damit der Kläger das zuständige Gericht anrufen kann.

Beispiel 91: Kläger *Klenck* klagt gegen seinen Nachbarn *Beck* auf Herausgabe eines Fahrrads. *Beck* wendet Rechtskraft (§§ 322, 325 ZPO) ein: *Klenck* habe in einem früheren Prozess den *Beck* auf Zahlung des Kaufpreises für das Fahrrad verklagt. In diesem Prozess sei die Gültigkeit sowohl des Kaufvertrages als auch des Übereignungsvertrages durch das Gericht festgestellt und *Beck* zur Zahlung des Kaufpreises verurteilt worden. Während des Prozesses stellt sich heraus, dass *Klenck* einen Betreuer hat (§ 1814 I BGB) und unter Einwilligungsvorbehalt steht (§ 1825 I 1 BGB). Der Betreuer genehmigt die Prozessführung nicht (§ 1825 I 3 BGB iVm § 108 I BGB).
Frage: Wie wird das Gericht entscheiden?
Lösung: *Richtigerweise* wird es die Klage wegen fehlender Prozessfähigkeit (§§ 53 I, 52 ZPO) durch *Prozessurteil* abweisen. Sollten die Voraussetzungen der Betreuung später wegfallen (§ 1871 I BGB), dann hat *Klenck* die Möglichkeit, *denselben* Antrag erneut vor die Gerichte zu bringen. Denn die materielle Rechtskraft beschränkt sich bei einer solchen Entscheidung des Gerichts nur auf seine damals fehlende Prozessfähigkeit. Wenn *Klenck* nunmehr erneut klagt, ist dieser Mangel beseitigt und die Rechtskraft steht nicht entgegen.
Demnach wäre es also *falsch* gewesen, wenn das Gericht die Rechtskraftwirkung des Urteils im Vorprozess bejaht und die Klage deshalb durch *Prozessurteil* abgewiesen hätte. Allerdings ist zu beachten, dass in diesem Fall – anders als in dem soeben behandelten Beispiel 90 – der Fehler des Gerichts selbst nach Rechtskraft des Urteils noch korrigierbar gewesen wäre und dem *Klenck* somit unter Umständen noch hätte geholfen werden können. Nach § 579 I Nr. 4 ZPO liegt nämlich in den Fällen, in denen eine Partei nicht ordnungsgemäß vertreten ist, ein *Nichtigkeitsgrund* vor, der zu einer Wiederaufnahme des rechtskräftig abgeschlossenen Verfahrens führen kann (§ 578 I ZPO). Es zeigt sich also, dass der Fehler des Gerichts nicht zwangsläufig dazu führt, dass der *Klenck* mit seinem Antrag für immer ausgeschlossen bleibt. Die Folge ist aber in jedem Fall eine *verfahrensmäßige Erschwerung* für die Partei.
Zusatzfrage: Wie hätte das Gericht entschieden, wenn die fehlende Prozessfähigkeit des *Klenck* schon aus der Klageschrift erkennbar gewesen wäre?
Lösung: Dann wäre wegen fehlender ordnungsgemäßer Klage eine Terminsanberaumung unterblieben. Eine Entscheidung des Gerichts wäre dann nicht ergangen.
Weitere Zusatzfrage: Wird das Gericht die Klage sogleich abweisen, wenn sich im Termin herausstellt, dass *Klenck* bislang unerkannt prozessunfähig ist?
Lösung: Es ist daran zu denken, ob das Gericht das Verfahren so lange aussetzt, bis ein Betreuer für den *Klenck* bestellt worden ist, damit dieser sich zur Genehmigung der Prozessführung entscheiden kann. Die Grundlage für ein solches Handeln ergibt sich aus § 148 ZPO, der auch dann herangezogen wird, wenn die externe Entscheidung wie hier in einem Verfahren der Freiwilligen Gerichtsbarkeit (§§ 271 ff., 22a I FamFG) erfolgt und nicht von einer Verwaltungsbehörde.[2] Wenn *Beck* einverstanden ist, kann das Gericht auch das *Ruhen des Verfahrens* anordnen (§ 251 I ZPO).

---

[2] OLG Karlsruhe FamRZ 2010, 1762; Stein/Jonas/Roth ZPO § 148 Rn. 51 f.; Anders/Gehle/Bünnigmann ZPO § 148 Rn. 16 aE; und zum alten Recht: BGH NJW 1964, 1855 (1856 f.).

§ 48. Prozess- und zugleich Sachabweisung?

249 Eine Klage darf nicht gleichzeitig als unzulässig *und* als unbegründet abgewiesen werden.[1] Fehlt nämlich die Voraussetzung für ein Sachurteil (und nur dann wird als unzulässig abgewiesen), darf das Gericht nicht *gleichzeitig* ein Sachurteil fällen.

> **Beispiel 92:** Wie soeben im Beispiel 91 klagt *Klenck* (diesmal vollständig prozessfähig) gegen *Beck* auf Herausgabe eines Fahrrads. Das Gericht hält (anders als im Beispielsfall 91) die Klage wegen sachlicher und wegen örtlicher Unzuständigkeit für unzulässig, nachdem sich *Klenck* weigerte einen Verweisungsantrag (→ Rn. 225 Fn. 39) zu stellen. Dementsprechend weist es die Klage (mit Prozessurteil) als unzulässig ab. Da das Gericht auch zum Ergebnis gekommen ist, dass ein Herausgabeanspruch des *Klenck* gegen *Beck* nicht besteht, weist es gleichzeitig die Klage (mit Sachurteil) als unbegründet ab. Eine solche Entscheidung ist fehlerhaft. Wie ist sie aber im Examen zu behandeln? Die Lösung ist einfach: Ausführungen zur Begründetheit gelten als nicht vorhanden.[2] Falsch wäre es, solche Urteile überhaupt als „nichtig" anzusehen. *Nichtige Urteile*[3] sind noch seltener als nichtige Verwaltungsakte (vgl. § 44 VwVfG). Es besteht also keine Notwendigkeit, diesen schweren Mangel anzunehmen. Geht man davon aus, dass dieses Urteil nur ein Prozessurteil darstellt, ist genau die Reihenfolge hergestellt, die die ZPO erreichen will: keine Sachaussage ohne das Vorliegen aller Sachurteilsvoraussetzungen.

§ 49. Dahinstellen von Sachurteilsvoraussetzungen?

250 Auch der Mittelweg, der manchmal gegangen wird, ist falsch: Das Gericht stellt das Vorliegen von Prozessvoraussetzungen „dahin".

> **Beispiel 93:** Im Beispiel 89 (→ Rn. 246) kommt das LG nach der Rüge der *Fahrer* zu folgender Entscheidung: Die Klage wird „auf jeden Fall" abgewiesen. Ob das LG zuständig ist, bleibe dahingestellt, weil der Anspruch *Pechs* auf jeden Fall unbegründet sei: „Wenn schon der Anspruch materiell-rechtlich nicht besteht, konnte das LG dahingestellt sein lassen, ob es sachlich zuständig ist. Auf jeden Fall hat der Kläger keinen Anspruch gegen den Beklagten". Eine solche Entscheidung ist prozessordnungswidrig.

Rechtsprobleme kann man nur dahinstellen (offen, unbeantwortet lassen), wenn ihre Beantwortung nicht entscheidungserheblich ist. Ein Richter darf deshalb eine Sachurteilsvoraussetzung nur dann ungeprüft lassen, wenn es *gleichgültig* ist, ob sie vorliegt oder nicht. Dies darf er machen, wenn er nach der „punktuellen" Methode (→ Rn. 246) verfährt und wegen des Fehlens *einer* Sachurteilsvoraussetzung die Klage abweist; bei solcher *Prozess*abweisung kann er dahinstehen lassen, ob noch *weitere* Sachurteilsvoraussetzungen erfüllt sind oder nicht. Denn das Ergebnis – die Unzulässigkeit der Klage und damit die Prozessabweisung – wird dadurch nicht berührt. Fehlerhaft ist aber die gedankenlose Übertragung dieses Vorgehens auf die *Sach*abweisung. Weil eine Sachabweisung voraussetzt, dass *sämtliche* Sachurteilsvoraussetzungen vorliegen, darf der Richter nicht offenlassen, ob die Voraussetzungen für ein Sachurteil vorliegen.[1*]

---

[1] Stein/Jonas/Brehm ZPO Einleitung Rn. 270 ff; BGH NJW 1954, 310.
[2] BGH NJW 1954, 310, vgl. auch BGH NJW 1984, 128 (129).
[3] Jauernig/Hess ZivilProzR § 60 III.
[1*] BGH NJW 2008, 1227.

11. Kapitel. Prozesshandlungen

§ 50. Prozesshandlungen und Fallbearbeitung

Der Prozess setzt nicht nur die Prozesshandlung der Klageerhebung voraus; vielmehr werden während seines Ablaufs von beiden Parteien und vom Gericht zahlreiche weitere Prozesshandlungen vorgenommen. Schon ein relativ „einfacher" Rechtsstreit enthält die unterschiedlichsten solcher Handlungen:

> **Beispiel 94:** Frau *Herz* gibt Herrn *Klein* den geliehenen Rasenmäher nicht zurück (vgl. Beispiel 12, → Rn. 27). Nachdem er ihr mehrfach geschrieben hat (Mahnung, § 286 I BGB), geht er zu RA *Dr. Gut* und beauftragt ihn mit seiner Vertretung vor Gericht (Erteilung der Prozessvollmacht, § 81 ZPO[1]). *Dr. Gut* erhebt Klage[2] beim LG Köln. Der Vorsitzende der nach dem Geschäftsverteilungsplan (§ 21e I 1 GVG) zuständigen 5. *Zivilkammer* (§ 60 GVG) entscheidet sich für die Durchführung eines frühen ersten Termins zur mündlichen Verhandlung (§ 272 II Alt. 1 ZPO), bestimmt unverzüglich Termin (§ 216 II ZPO) und veranlasst die Ladung beider Parteien durch die Geschäftsstelle (§ 214 ZPO iVm § 274 I ZPO, § 153 GVG), wobei Frau *Herz* aufgefordert wird, einen Rechtsanwalt zu bestellen (§ 215 II ZPO). Beiden Parteien werden jetzt die Ladungen, der Frau *Herz* zusätzlich noch die Klageschrift (§ 274 II ZPO) und die genannte Aufforderung nach den Vorschriften über die Zustellung (§§ 166 ff. ZPO) zugestellt (näher → Rn. 142 ff.). Nunmehr erteilt Frau *Herz* dem RA *Dr. Besser* Prozessvollmacht. *Dr. Besser* rügt in dem Klageerwiderungsschriftsatz (§ 277 I ZPO) die Unzuständigkeit (§ 1 ZPO, §§ 71 I, 23 Nr. 1 GVG: Streitwert bis zu 5.000 EUR). Die Verhandlung eröffnet der Vorsitzende (§ 136 ZPO). *Dr. Besser* rügt die Unzuständigkeit (vgl. § 39 ZPO).[3] Hierauf beantragt *Dr. Gut* die Verweisung an das AG Köln (§ 281 I 1 ZPO). Nach Beratung (§§ 192 ff. GVG) mit den beiden Beisitzern (§ 75 GVG) verkündet (§ 329 I ZPO) der Vorsitzende (§ 136 IV Hs. 2 Alt. 2 ZPO) den Beschluss: „Der Rechtsstreit wird an das AG Köln verwiesen."

Bereits ein solch einfacher Fall zeigt das Fortschreiten eines Rechtsstreits: Schritt für Schritt wird er mit jeder Prozesshandlung vorangetrieben. Fehlt ein Zwischenschritt – etwa die Zustellung der Klageschrift[4] –, ist möglicherweise das weitere Vorgehen gefährdet und – wie bei einem Spiel – muss man zurück zu der Stelle, wo der Fehler begangen wurde. Um den Prozess weiterzuführen, wird die Zustellung wiederholt werden müssen. Wer den falschen Weg eingeschlagen hat – wie *Dr. Gut* –, muss den Fehler erkennen und nunmehr die richtige Richtung wählen (zB den Verweisungsantrag stellen).

Der Prozess ist nicht nur ein lineares Fortbewegen, er geht *Stufe für Stufe* voran. Damit meint man, dass sich in gewissen Situationen eine feste Grundlage für das weitere Verfahren bildet, selbst wenn vorher ein Fehler begangen wurde. Dieses

---

[1] Die Erteilung der Prozessvollmacht ist eine Prozesshandlung, Stein/Jonas/Jacoby ZPO Vor § 80 Rn. 6; BGH NJW 1993, 1926. Der Vertrag zwischen Partei (Mandat) und RA ist ein bürgerlich-rechtliches Rechtsgeschäft (§ 675 BGB).
[2] Zur Klageschrift → Rn. 138.
[3] Genügt die schriftsätzliche Äußerung? Nein! *In der mündlichen Verhandlung* muss die Unzuständigkeit gerügt werden. Hätte dies *Dr. Besser* vergessen, nützte ihm sein ganzer Schriftsatz nichts, vgl. Stein/Jonas/Kern ZPO § 128 Rn. 33 f. Dies ist die Folge des Mündlichkeitsprinzips. In der Praxis wird häufig schlicht auf das schriftsätzliche Vorbringen Bezug genommen, § 137 III ZPO; nicht alles muss wiederholt werden.
[4] Ohne Zustellung ist die Klage nicht erhoben (BGH NJW 1952, 1375). Zustellungsmängel können eventuell gemäß § 189 ZPO geheilt werden.

Prinzip ist bei § 39 ZPO deutlich geworden (→ Rn. 231). Rügt der Beklagte nicht die Unzuständigkeit, so wird das unzuständige LG[5] zuständig: Die „Stufe" der Zuständigkeit ist erreicht.

Ähnlich ist es bei den unter § 296 III ZPO fallenden verzichtbaren Unzulässigkeitsrügen, die ebenfalls „ins Leere" gehen, wenn sie verspätet vorgebracht werden.[6] Wichtig ist ferner § 295 ZPO: Das rügelose Weiterprozessieren bewirkt die Heilung des Verfahrensfehlers: Später kann die Partei ihren „Trumpf" nicht mehr ausspielen. Nur schwerwiegende Mängel, auf deren Geltendmachung die Partei nicht verzichten kann, werden nicht geheilt (§ 295 II ZPO). Nicht verzichten kann die Partei auf Vorschriften, die das Gericht von Amts wegen beachten muss, zB entgegenstehende materielle Rechtskraft oder anderweitige Rechtshängigkeit.

So zeigt es sich, dass für den Rechtsstreit nicht nur die Prozesshandlungen eine überragende Bedeutung haben. Gerade auch das *Unterlassen von Prozesshandlungen* kann für das weitere Verfahren bedeutsam sein. Bei der Bearbeitung einer *Anwaltsklausur* ist deshalb genau darauf zu achten, dass die richtige Prozesshandlung rechtzeitig vorgenommen wird. Bei der *Richterklausur* muss sich der Bearbeiter hüten, eine Prozesshandlung in den Fall hineinzuinterpretieren, wenn der Sachverhalt deutlich zeigt, dass sie nicht vorgenommen wurde.[7]

Wenn soeben im Beispiel 94 *Dr. Besser* die Unzuständigkeit nur im Schriftsatz, nicht in der mündlichen Verhandlung rügt und sofort zur Hauptsache verhandelt, muss der Bearbeiter von der Wirkung des § 39 S. 1 ZPO ausgehen: Das LG Köln ist sachlich und örtlich zuständig geworden (→ Fn. 3).

§ 51. Grundsätze für die Fallbearbeitung bei Prozesshandlungen

I. Klarheit über die Prozesshandlungen!

252 Für eine prozessuale Fallbearbeitung ist es sehr wichtig, dass sich der Bearbeiter über die vorgenommenen oder die zu empfehlenden Prozesshandlungen im Klaren ist. Letztlich hängt dies mit einer der Grundvorstellungen des Prozessrechts zusammen: mit dem *Antragsgrundsatz* und der *Dispositionsmaxime*. Zwar können die Parteien das gerichtliche Verfahren nicht nach ihrem Belieben gestalten,[1] aber der konkrete Fortgang des Prozesses innerhalb des gesetzlichen Rahmens ist weitgehend abhängig von der Vornahme oder dem Unterlassen von Prozesshandlungen und den sich daran jeweils anknüpfenden Rechtsfolgen.

Um sich Klarheit über die Prozesshandlungen zu verschaffen, muss der Bearbeiter zwischen zwei verschiedenen Ebenen deutlich unterscheiden: Zuerst hat er die Frage zu beantworten, was die Partei mit ihrer Erklärung bezweckt *(Inhaltsauslegung)*. Davon ist die Frage zu unterscheiden, ob der von der Partei mit der Erklärung angestrebte Erfolg eintreten kann *(Geltungsauslegung)*.[2]

II. Wichtig: Klare prozessuale Terminologie

253 Zur richtigen Bearbeitung der Prozesshandlungen ist die Unterscheidung zwischen Erwirkungs- und Bewirkungshandlungen notwendig.

---

[5] Nicht aber ohne weiteres das AG, → Rn. 231 aE.
[6] → Rn. 242 Fn. 55 und → Rn. 243 Fn. 1.
[7] Schweigt der Sachverhalt, ist prozessordnungsgemäßes Prozedieren anzunehmen, → Rn. 38.
[1] Das ist das Verbot des sog. *Konventionalprozesses*.
[2] Vgl. Diederichsen/Wagner, Die BGB-Klausur, 9. Aufl. 1998, S. 142.

1. Erwirkungshandlungen

Erwirkungshandlungen[3] sind diejenigen Prozesshandlungen einer Partei, die eine Entscheidung des Gerichts begehren: also Anträge zur Hauptsache (zB § 23 EGGVG) oder zu Zwischenentscheidungen (zB § 281 I 1 ZPO), Gesuche (zB § 920 ZPO), vor allem ist es die Klage (zB § 253 ZPO). Sie sind entweder „zulässig" oder „unzulässig". Wenn sie zulässig sind, können sie „begründet" oder „unbegründet" sein.[4]

254

Falsch ist es, mit der Nomenklatur des BGB oder anderer Rechtsgebiete an diese Handlungen heranzugehen. Man sagt deshalb bei ihnen niemals, dass sie „gültig", „ungültig", „anfechtbar", „nichtig" oder „rechtskräftig" sind.

2. Bewirkungshandlungen

Bewirkungshandlungen sind diejenigen Prozesshandlungen, die unmittelbar eine prozessuale Wirkung auslösen: Sie *bewirken die Prozessrechtsfolge*. Beispiele für Bewirkungshandlungen sind etwa die Klagerücknahme, die vor dem Beginn der mündlichen Verhandlung des Beklagten zur Hauptsache (§ 269 I ZPO) die Rechtshängigkeit ohne dessen Zustimmung beseitigt. Bewirkungshandlungen sind auch die Einwilligung des Beklagten in die Klagerücknahme nach Beginn der mündlichen Verhandlung zur Hauptsache (§ 269 I, II ZPO) und die Zustimmung zur Klageänderung (§ 263 Alt. 1 ZPO). Sie entfalten ihre Wirkung und gestalten damit die Prozessrechtslage, sofern sie den gesetzlichen Voraussetzungen entsprechen; zu diesen Voraussetzungen gehören auch die allgemeinen Prozess*handlungs*voraussetzungen.[5] Falls die gesetzlichen Voraussetzungen nicht vorliegen, sind die Bewirkungshandlungen *ohne weiteres* unwirksam. Die terminologischen Kategorien sind deshalb: „wirksam" oder „unwirksam" und (aus der Sicht des weiteren prozessualen Geschehens) „beachtlich" oder „unbeachtlich".

255

Falsch sind auf andere Handlungen bezogene Begriffe: „zulässig", „unzulässig", „anfechtbar", „rechtskräftig", „bestandskräftig".

Ein häufiger Fehler ist das Übersehen des *unmittelbaren* Eintritts der Prozessrechtsfolge, sofern die Bewirkungshandlung den gesetzlichen Anforderungen genügt. Immer wieder prüft manch ein Bearbeiter die „Begründetheit" einer Bewirkungshandlung.

> **Beispiel 95:** *Pech* beantragt gegen *Fahrer* den Erlass eines Mahnbescheids[6]. *Fahrer* erhebt keinen Widerspruch. Daraufhin wird der Vollstreckungsbescheid erlassen und *Fahrer* zugestellt. Jetzt legt *Fahrer* form- und fristgerecht Einspruch ein.
> **Folge:** Die wirksame Bewirkungshandlung des Einspruchs versetzt den Prozess zurück (§§ 342, 700 I ZPO iVm § 338 ZPO). Eine „Begründetheit" des Einspruchs darf keineswegs untersucht werden![7]

Deshalb bedarf es keiner gerichtlichen Entscheidung, damit die (wirksame) Bewirkungshandlung ihre Rechtsfolge auslöst; dies wird häufig übersehen. Andererseits ist es aber auch nicht ausgeschlossen, dass eine gerichtliche Entscheidung sich (deklara-

---

[3] Hierzu: Rosenberg/Schwab/Gottwald ZivilProzR § 64 Rn. 1 ff.
[4] Zur Trennung zwischen Zulässigkeit und Begründetheit → Rn. 249 f.
[5] Nachweise zu diesem Begriff → Rn. 256 Fn. 9.
[6] Zu den *Einzelheiten des Mahnverfahrens* und den im folgenden Beispiel nicht einzeln aufgeführten Bestimmungen → Rn. 131 ff.
[7] Zur Behandlung des Versäumnisurteils → Rn. 361.

torisch) mit der Beachtlichkeit oder Unbeachtlichkeit einer Bewirkungshandlung befasst. Auch dies ist beim *Einspruch gegen Versäumnisurteil* und Vollstreckungsbescheid ausnahmsweise vorgesehen: Der unzulässige Einspruch wird aus Gründen der Rechtssicherheit nicht einfach als unbeachtlich behandelt, sondern wird ausdrücklich durch einen gerichtlichen Ausspruch verbeschieden: § 341 I 2 ZPO! Anders ist dies beim *zulässigen* Einspruch: Über ihn macht das Gericht allenfalls in den Entscheidungsgründen des Endurteils eine Aussage.

> **Beispiel 96:** Als im Beispiel 94 (→ Rn. 251) RA *Dr. Gut* den Schriftsatz des RA *Dr. Besser* liest, erkennt er den prozessualen Fehler (Übersehen der sachlichen Unzuständigkeit) und nimmt noch vor der mündlichen Verhandlung durch einen Schriftsatz (§ 269 II 2 ZPO) die Klage zurück.
> Dieses Verhalten des RA *Dr. Gut* ist freilich auch wieder fehlerhaft. Erstens hat er immer noch die Chance, dass RA *Dr. Besser* die nach § 39 S. 2 ZPO erforderliche Rüge nicht erhebt (→ Rn. 251 Fn. 3), zweitens muss der Kläger jetzt die Kosten des Rechtsstreits tragen (§ 269 III 2 ZPO), während er sonst (bei Antrag auf Verweisung und nachfolgender Verweisung) nur diejenigen Kosten zu tragen hat, die sich durch das Anrufen des unzuständigen LG Köln ergeben haben (§ 281 III 2 ZPO).
> **Rechtsfolge seines Antrags:** § 269 III 1 ZPO. Damit Klarheit über diese Situation besteht, kann RA *Dr. Besser* die gerichtliche Feststellung dieser Rechtsfolge durch Beschluss beantragen (§ 269 IV ZPO).

Dieser Beschluss ist rein deklaratorisch und spricht nur aus, was ohnehin schon prozessual gilt. Wenn allerdings umstritten ist, ob eine wirksame Klagerücknahme vorliegt, bedarf es einer konstitutiven Entscheidung. Sie kann nach der Rechtsprechung des BGH durch Beschluss nach § 269 IV ZPO erfolgen, wenn das Gericht die Wirksamkeit der Klagerücknahme bejaht. Verneint das Gericht die Wirksamkeit, geht der Prozess weiter; die Gründe hierfür kann das Gericht in einem (unanfechtbaren) Zwischenurteil (§ 303 ZPO) oder im Endurteil darlegen. Nach anderer Meinung muss das Gericht auch bei bejahter Wirksamkeit ein Urteil erlassen (Feststellungsurteil nach § 256 I ZPO). Dies ist aber kein „Urteil außerhalb des Prozesses", weil die Auseinandersetzung um die Wirksamkeit prozessbeendigender Handlungen ein Teil des Rechtsstreits ist.

Nicht selten verstricken sich Bearbeiter bei der Frage der Wirksamkeit von prozessbeendigenden Handlungen in begrifflich-logische Überlegungen.

> **Beispiel 97:** In einem Examensfall hatten die Parteien einen Prozessvergleich geschlossen. Einige Tage nach Vergleichsabschluss stellte der Kläger Antrag auf Terminsbestimmung; er hielt (grundlos) den abgeschlossenen Vergleich für unwirksam.
> Der **Bearbeitervermerk** fragte u. a., wie das Gericht sich verhalten müsse. Viele Bearbeiter nahmen bei ihrer Antwort das Ergebnis vorweg: Da ja der Prozessvergleich wirksam sei, könne auch kein Rechtsstreit mehr anhängig sein. Also dürfe das Gericht nichts tun. Aber dies war ein schwerer Fehler. Es ist ähnlich wie bei der soeben dargestellten Situation beim Streit um die Wirksamkeit einer Klagerücknahme. Denn ob der Prozessvergleich wirksam ist oder nicht, muss erst geprüft werden. Da es beim Prozessvergleich an einer speziellen Vorschrift – wie bei der Klagerücknahme (§ 269 IV ZPO) – fehlt, ist eine mündliche Verhandlung erforderlich; die Parteien müssen sich zu den Umständen äußern können. Also muss Termin anberaumt werden. Stellt sich hierbei heraus, dass der Prozessvergleich wirksam ist, muss der Richter eine Feststellung treffen (§ 256 I ZPO), dass der Rechtsstreit durch den Prozessvergleich wirksam beendet worden ist. Wie beim Streit um die Wirksamkeit der Klagerücknahme kommt es auch hier nur scheinbar zu einem Urteil außerhalb des Prozesses.

In diesem Buch wurde schon öfter auf ähnliche Fälle hingewiesen, die sich mit den Mitteln der Begrifflichkeit nicht lösen lassen: Wenn eine nicht existente Person klagt, ist sie Partei des Rechtsstreits, obwohl sie nicht Partei sein darf – diese Frage entscheidet sich erst im Urteil (Beispiel 70, → Rn. 170). Wenn eine Klage nicht ordnungsgemäß erhoben wurde, ist ein Rechtsstreit nicht anhängig; aber wenn mündlich verhandelt wurde, muss mit Urteil über die nicht ordnungsgemäße Klage entschieden werden (→ Rn. 247 sub 1). Wenn zwei Personen als Streitgenossen auftreten, dann sind sie Streitgenossen, auch wenn diese subjektive Klagenhäufung unzulässig sein sollte und die Streitgenossenschaft durch Prozesstrennung beseitigt werden müsste (vgl. § 145 I ZPO, → Rn. 97).

3. Unterschiede zwischen Prozesshandlungen und materiell-rechtlichen Willenserklärungen des BGB

Für alle Arten von Prozesshandlungen – gleich ob Bewirkungs- oder Erwirkungshandlungen – gilt ferner, dass der Bearbeiter die *Verschiedenheit der Prozesshandlungen gegenüber den materiell-rechtlichen Willenserklärungen des BGB* kennen und dementsprechend die prozessuale Terminologie verwenden muss. Die Beachtung dieser Terminologie wäre nicht weiter bedeutsam, wenn sich hinter ihr nicht schwerwiegende sachliche Unterschiede verbergen würden.[8]   256

Prozesshandlungen werden regelmäßig gegenüber dem Gericht vorgenommen (zB § 269 II 1 ZPO). Sie verlangen meist die *Schriftform* (zB § 253 ZPO) oder das Vorbringen in der mündlichen Verhandlung (zB § 269 II 2 ZPO), bisweilen sogar beides (zB § 297 ZPO). Neben der Form spielt die *Frist* für die Prozesshandlung eine große Rolle (zB § 339 I ZPO). Zahlreiche Prozesshandlungen können nicht mehr vorgenommen werden, wenn sie nicht rechtzeitig erfolgen (zB §§ 39, 43, 267, 282 III, 296 III, 295 ZPO). Manche Prozesshandlungen knüpfen sich an die Parteistellung als *Kläger* (zB §§ 281 I 1, 306, 510b ZPO) oder als *Beklagter* (zB §§ 39, 263, 267, 269 ZPO). Die *Prozesshandlungsvoraussetzungen*[9] richten sich nach dem Prozessrecht, sodass zB der Minderjährige auch für sich vorteilhafte Prozesshandlungen nicht vornehmen kann. Eine „Anfechtung" von Prozesshandlungen wegen Irrtums ist nicht zulässig, was zu besonderer Vorsicht bei der Vornahme von Prozesshandlungen zwingt. Andererseits lässt das Prozessrecht vielfach die Rücknahme (zB §§ 269, 346 ZPO) oder den Widerruf (§ 290 ZPO) von Prozesshandlungen zu, wenn etwa die Voraussetzungen für eine Restitutionsklage nach § 580 ZPO vorliegen.[10] Bei Vorliegen eines Restitutionsgrundes könnte ein rechtskräftiges Urteil im Wege der Wiederaufnahmeklage beseitigt werden. Daher ist es – auch im Hinblick auf die Prozessökonomie – konsequent, einen solchen Grund auch im laufenden Prozess zu berücksichtigen und daher die Anfechtung der Prozesshandlung zuzulassen.

Solche Regelungen müssen sich aber aus der ZPO ergeben – ein Rückgriff auf das BGB ist regelmäßig unstatthaft! Oftmals ist dieser „actus contrarius" an die Zustimmung des Gegners gebunden (zB § 269 ZPO). Aber auch die fehlerhafte Prozessführung kalkuliert das Prozessrecht dadurch ein, dass es Berichtigungen (zB § 264 Nr. 1 ZPO), Antragsänderungen (§§ 263 ff. ZPO), Parteiänderungen oder weitere Rechtsinstitute kennt, mit denen die Wirkung falscher, lückenhafter oder unrichtig gewordener Prozesshandlungen korrigiert werden kann – jedoch auch nur in ihnen geregelten Fällen. Letztlich können Prozesshandlungen ausgelegt (§§ 133, 157 BGB analog) oder *umgedeutet* werden, wenn sich ergibt, dass etwas anderes gewollt ist, als erklärt wurde *und* wenn dies aus der Erklärung oder sonstigen objektivierbaren Umständen ersichtlich ist (→ Rn. 183).

Fehler bei der Bearbeitung von Prozesshandlungen lassen sich nur durch Kenntnis   257
und durch Beachten der *Terminologie des Prozessrechts* verhindern. Der Bearbeiter

---

[8] Grundlegend zu den Prozesshandlungen: Rosenberg/Schwab/Gottwald ZivilProzR §§ 63 ff.; Musielak/Voit/Musielak ZPO Einleitung Rn. 58 ff.
[9] Zur teilweisen Identität von Prozess*handlungs*voraussetzungen mit den Sachurteilsvoraussetzungen Anders/Gehle/Anders ZPO Vor § 253 Rn. 16.
[10] BGH NJW 1981, 2193.

hat sich an den jeweils vom Gesetz verwendeten Ausdrücken zu orientieren (zB „Klage", „Gesuch", „Antrag", „Widerklage", „Einwilligung", „Widerspruch", „Einspruch") und soll also nicht von den „Erklärungen" des Klägers reden, wenn er den Klageantrag meint, oder darf nicht von der „Widerklage" des Beklagten sprechen, wo doch nur eine Aufrechnung vorliegt. Damit wird keiner Beckmesserei das Wort geredet; sicher ist es kein Fehler, wenn der Verfasser in der Eile der Fallbearbeitung von „Genehmigung" oder „Einwilligung" redet, wenn die ZPO von „Zustimmung" (zB § 436 ZPO) spricht.[11] Der *Ratschlag, sich der gesetzlichen Begriffe* zu bedienen, soll den Verfasser zwingen, immer wieder einen Blick in die Vorschriften der ZPO zu werfen und die spezifische Ausgestaltung stets von neuem *genau* zu lesen. Dieser Zwang zum Blick in die ZPO führt ganz von selbst über die terminologischen Unterschiede hinein in die sachlichen Verschiedenheiten.

> **Beispiel 98:** Auf Antrag des *Pech* erlässt das *AG* Mahnbescheid gegen *Fahrer*, der dieser zugestellt wird. Noch am selben Tage legt *Fahrer* „Einspruch" ein. *Pech* möchte wissen, was er tun muss.
>
> Wenn der Bearbeiter sich dazu erzogen hat, genau auf die gesetzliche Terminologie der Prozesshandlungen zu achten, merkt er sofort, dass der von *Lenker* eingelegte „Einspruch" nicht den gesetzlichen Voraussetzungen entspricht: Ein Einspruch ist nur gegen den Vollstreckungsbescheid möglich. Sogleich kommt der Bearbeiter zur Umdeutung (→ Rn. 183): *Fahrers* Einspruch ist ein „Widerspruch". Die Antwort an *Pech* lautet: Es ist Antrag auf Durchführung des streitigen Verfahrens (§ 696 I 1 ZPO) zu stellen, wenn dieser Antrag nicht schon von *Fahrer* oder sogar formularmäßig bereits im Mahnantrag von *Pech* gestellt wurde (§ 696 I 2 ZPO).

§ 52. Bedeutung der Prozesshandlungen für den Klausuraufbau

I. Ausgangspunkt jeder Fallbearbeitung ist die in der Klausur oder Hausarbeit gestellte Frage „Bearbeitervermerk"

258 Dieser Hinweis auf den Bearbeitervermerk ist in jeder juristischen Fallbearbeitung peinlich genau zu beachten Seine Einhaltung bereitet in prozessualen Fällen häufig Schwierigkeiten.

Bei gemischten Klausuren findet sich nicht selten zuerst eine Frage nach der materiell-rechtlichen Rechtslage, dann die Frage nach den einzuleitenden prozessualen Schritten. Dass hier zunächst das materielle Recht zu betrachten ist, kann nicht oft genug wiederholt werden.

Probleme ergeben sich vielfach wegen der umfangreichen Darstellung der „Prozessgeschichte", die den Fall oft nur veranschaulichen soll. Hier ist es besonders wichtig, dass der Bearbeiter genau den Lösungsvermerk beachtet.

> **Beispiel 99:** *Klein* klagt gegen Frau *Herz* auf Herausgabe „eines" Rasenmähers.[1] Im ersten Termin wird Herr *Saubermann* als Zeuge (§§ 373 ff. ZPO) vernommen. Aus der Aussage geht hervor, dass *Saubermann* den Rasenmäher entgegen der Weisung von *Herz* nicht an *Klein* zurückgegeben, sondern an *Sanft* verkauft hat. *Klein* ändert daraufhin die Klage auf Schadensersatz. *Herz* stimmt der Klageänderung nicht zu (§ 263 Alt. 1 ZPO).

---

[11] Zum ungenauen Sprachgebrauch der ZPO → Rn. 80. Zu den Begriffen *Einrede* und *Einwendung* näher → Rn. 358 ff.

[1] Dieser Klageantrag ist unbestimmt! Die Klage müsste abgewiesen werden, wenn *Klein* an diesem Antrag festhält und ihn nicht präzisiert, → Rn. 59 und besonders Beispiel 63 (→ Rn. 140).

> Der **Bearbeitervermerk** lautet: „Wie ist die materielle Rechtslage? Wie wird das Gericht über den neuen Antrag entscheiden, wenn es die Sachdienlichkeit im Sinn von § 263 Alt. 2 ZPO verneint?"
>
> Der Bearbeiter geht – nachdem er die erste Frage bearbeitet hat – bei seiner *Antwort* auf die zweite Frage nur auf die „Klageänderung" ein (auch ohne Sachdienlichkeitserklärung durch das Gericht zulässig: § 264 Nr. 3 ZPO „Interesse" = Schadensersatz) und empfiehlt sodann die dem materiellen Recht entsprechende Entscheidung. Ein Eingehen auf den ursprünglichen Klageantrag ist bei dieser Fragestellung nicht erforderlich – ebenso wenig wie eine Erörterung, ob nun eigentlich doch eine „Klageänderung" vorliegt und ob das Gericht die Sachdienlichkeit nicht hätte bejahen müssen.[2]

II. Ein historischer Aufbau ist auch beim Prozessrechtsfall unzulässig

An dieser Stelle muss noch einmal (→ Rn. 11) nachdrücklich vor einem historischen Aufbau gewarnt werden. 259

> **Beispiel 100:** Herr *Klein* erhebt gegen Frau *Herz* vor dem LG Köln Klage auf Rückgabe des geliehenen Rasenmähers (vgl. Beispiel 12, → Rn. 27). In der mündlichen Verhandlung ist *Herz* säumig; *Kleins* Rechtsanwalt beantragt Versäumnisurteil. Das Gericht erlässt dieses Urteil, wobei es seine sachliche Unzuständigkeit (§§ 71 I, 23 Nr. 1 GVG) übersieht. Drei Wochen nach Zustellung des Urteils legt der Rechtsanwalt von *Herz* Einspruch ein.
>
> **Frage:** Wie wird das Gericht entscheiden?
>
> **Lösung:** Der Bearbeiter muss zunächst die Zulässigkeit des Einspruchs prüfen. Er erkennt dabei schnell, dass der Einspruch verspätet und damit unzulässig ist (§§ 339 I, 341 I ZPO). Das Gericht wird also den Einspruch als unzulässig verwerfen (§ 341 I 2 ZPO). Falsch wäre es, wenn der Bearbeiter historisch vorgehen würde und zunächst das Verfahren bis zum Erlass des Versäumnisurteils prüfen würde. Darauf ist – nur soweit der Bearbeitervermerk dies verlangt – im Rahmen eines Hilfsgutachtens einzugehen. Näher zum Versäumnisverfahren → Rn. 336–367.

III. Wenn sich aus dem Bearbeitervermerk nichts anderes ergibt, muss man von den Anträgen der Parteien ausgehen

Wegen des Antragsgrundsatzes kommt es für den Streitgegenstand und die Parteien 260 auf den Klageantrag des Klägers an. Ist also nach dem *Streitgegenstand* gefragt oder sind Probleme zu untersuchen, die mit ihm zusammenhängen (Rechtshängigkeit, Rechtskraft, Anspruchshäufung, Anspruchsänderung) oder geht es um die Stellung von Prozessbeteiligten,[3] ist der Klageantrag maßgebend; von ihm ist im Aufbau auszugehen.

Dass die gestellten Anträge insbes. vollständig behandelt („verbeschieden") werden müssen, gegebenenfalls durch Abweisung oder Teilabweisung, wird nochmals betont (→ Rn. 52).

---

[2] Würde der Bearbeitervermerk nicht die Beschränkung auf eine Aussage zur gerichtlichen Entscheidung über den *neuen* Klageantrag enthalten, wäre eine Stellungnahme auch zum ursprünglichen Klageantrag notwendig, wenn der Bearbeiter der Ansicht folgt, dass § 264 ZPO nicht auch eine in der Klageänderung liegende Klagerücknahme regelt, da Frau *Herz* keine Einwilligung in die Zurücknahme des ursprünglichen Antrags (§ 269 I ZPO) erklärt. Zu diesem Problem → Rn. 272.

[3] Wer ist Partei? Ist die Person Streitgenosse oder Nebenintervenient? Vgl. → Rn. 89.

Geht man von dem gestellten Antrag aus, werden vor allem die Fehler vermieden, die sich bei einer historischen Darstellung zwangsläufig ergeben, nämlich die Erörterung überholter und überflüssiger Dinge. Der Verfasser ordnet dann seine Darstellung streng unter die im Antrag begehrte Rechtsfolge.

IV. Oftmals ist nicht der Klageantrag entscheidend, sondern ein sonstiger Antrag der Parteien. Dann ist Ausgangspunkt der Bearbeitung dieser Antrag

261 Da der prozessuale Ablauf durch eine Vielzahl von Prozesshandlungen beeinflusst wird, spielt nicht selten die Beurteilung solcher Handlungen eine Rolle. Oftmals kommt es dann überhaupt nicht auf den geltend gemachten Klageantrag an.

Im soeben besprochenen Beispiel 100 wird dies deutlich: *Klein* verklagt Frau *Herz* vor dem LG Köln auf Rückgabe des geliehenen Rasenmähers. Der Klageantrag des *Klein* ist für die Frage „Wie wird das Gericht entscheiden"? unerheblich. Entscheidend ist lediglich, durch welche Prozesshandlung *Klein* den Einwand der fehlenden sachlichen Zuständigkeit des LG Köln beantwortet: entweder Klagerücknahme oder Antrag auf Verweisung.

V. Hilfsanträge (Eventualanträge) dürfen nur geprüft werden, wenn die Bedingung eingetreten ist. Prozesshandlungen können aber nicht ohne weiteres bedingt werden

262 Einer der wesentlichsten Unterschiede zwischen der materiell-rechtlichen Willenserklärung und der Prozesshandlung besteht in der *Bedingungsfeindlichkeit*:[4] Im Grundsatz können *Prozesshandlungen nicht bedingt* werden. Das Schicksal des Rechtsstreits kann nicht vom Eintritt ungewisser Ereignisse abhängig gemacht werden. Ausnahmen gelten jedoch für die *innerprozessualen* Bedingungen. Sie sind zulässig, um ein schnelleres Prozessieren zu ermöglichen. Durch innerprozessuale Bedingungen ist dem Antragsteller die Möglichkeit eröffnet, dem Gericht eine *Reihenfolge der Prüfung* vorzuschreiben. Erst wenn die Bedingung für den Hilfsantrag eingetreten ist, darf auf ihn eingegangen werden. Fehlt der Bedingungseintritt, darf der Hilfsantrag nicht behandelt werden, es sei denn in einem Hilfsgutachten.

Die falsche Behandlung der Hilfsanträge ist häufig. Besonders das Erörtern von Hilfsanträgen, obwohl die Bedingung *nicht* vorliegt, ist eine typische Examenssünde.

Beispiel 101: *Klein* klagt gegen Sohn *Sanft* auf Herausgabe des Rasenmähers (vgl. Beispiel 12, → Rn. 27). Da er befürchtet, dass Sohn *Sanft* den Rasenmäher weiterverkauft hat, klagt er „hilfsweise" auf Schadensersatz für den Fall, dass der Prozess ergibt, dass Sohn *Sanft* nicht Besitzer und deshalb nach § 985 BGB nicht mehr zur Herausgabe in der Lage ist. Stellt sich im Prozess heraus, dass Sohn *Sanft* im Besitz des Rasenmähers ist, darf auf den Schadensersatzanspruch nicht eingegangen werden. Dies wäre ein schwerer Verstoß gegen den Antragsgrundsatz!

Immer wieder übersehen Bearbeiter, dass nicht nur Klageanträge (→ Rn. 61) innerprozessual bedingt sein können. Insbesondere gilt dies für die Aufrechnung („Eventualaufrechnung" → Rn. 281); ebenso können *Verweisungsantrag* und *Beweisantrag* eventualiter gestellt werden.

Beispiel 102: Der von *Fahrer* angefahrene *Pech* (vgl. Beispiel 1, → Rn. 4) hat jahrelang mit dem Prozess gezögert. Jetzt verklagt er endlich *Fahrer*. Dieser erhebt die Verjährungseinrede (§§ 199 II, III, 214 I BGB, § 14 StVG) und beantragt Klageabweisung.

---

[4] Rosenberg/Schwab/Gottwald ZivilProzR § 65 Rn. 26–41; Stein/Jonas/Kern ZPO Vor § 128 Rn. 293 ff.

> Außerdem stellt er Hilfsbeweisantrag[5] dahin, den Zeugen *Wahrhaftig* zu vernehmen, der aussagen werde, dass er *(Fahrer) Pech* nicht angefahren habe.[6]

§ 53. Arten der Prozesshandlungen

Auch die verschiedenen Arten von Prozesshandlungen bereiten Schwierigkeiten. Die einseitigen Parteihandlungen führen seltener zu Fehlern. Häufig wird aber übersehen, dass einseitige Handlungen der *einen* Partei mit anderen einseitigen Handlungen der Gegenseite zu prozessualen *Gesamtakten* verbunden sein können: Dann ist zum Eintritt der Rechtsfolge Voraussetzung, dass *sämtliche* notwendigen Prozesshandlungen wirksam vorliegen. Gesamtakte benutzt das Prozessrecht vor allem, um zu verhindern, dass die Stellung des Beklagten[1] durch einseitiges Verhalten des Klägers beeinträchtigt wird.

263

So ist die Klagerücknahme nach dem Beginn der mündlichen Verhandlung des Beklagten zur Hauptsache nur mit dessen Einwilligung zulässig (§ 269 I ZPO). Die Klageänderung ist ebenfalls an die Zustimmung des Beklagten geknüpft (§ 263 Alt. 1 ZPO), wenn nicht das Gericht die Sachdienlichkeit bejaht (§ 263 Alt. 2 ZPO). Die Parteiänderung wird in ähnlicher Weise abgewickelt. Die beiderseitige Erklärung der Erledigung der Hauptsache ist als Gesamtakt konstruiert.[2]

Von diesen Gesamtakten sind die *Prozessverträge*[3] abzugrenzen. Hier handelt es sich um vertragliche Vereinbarungen des Prozessrechts, bei denen die Reihenfolge nicht kraft Gesetzes durch das Zusammentreffen zweier paralleler Prozesshandlungen eintritt, sondern bei denen der Rechtserfolg bewirkt wird, weil sich die Parteien durch Angebot und Annahme auf den Eintritt der Rechtsfolge geeinigt haben. Während bei den Gesamtakten regelmäßig[4] eine genauere gesetzliche Regelung vorliegt, sind die Prozessverträge nur teilweise in der ZPO geregelt. Der Bearbeiter steht bei ihnen immer wieder vor der Frage, ob die Parteien überhaupt die Verfügungsmacht über die Rechtsfolge hatten (vgl. zB § 38 ZPO und § 1030 I 2 ZPO).[5*] Fehlt sie ihnen, ist der Vertrag unwirksam und im Prozess unbeachtlich.

Um nicht die Vorhersehbarkeit des Prozessablaufs zu beeinträchtigen und um nicht einen Konventionalprozess[6*] einzuführen, lässt man Prozessverträge nur dort zu, wo die Parteien die Dispositionsbefugnis haben oder wo das Gesetz die Vertragsfreiheit ausdrücklich anerkennt: Prozessvergleich (wird als Rechtsinstitut von § 794 I Nr. 1 ZPO vorausgesetzt), Prorogationsvertrag (§ 38 I, II, III ZPO), Schiedsvertrag (§ 1025 ZPO), Klagerücknahmeversprechen (→ Rn. 376 aE), Rechtsmittelzurücknahmeversprechen, Beweismittelverträge im Verfahren mit Verhandlungsgrundsatz, Musterprozessvereinbarungen.

---

[5] Die „Domäne" des Hilfsbeweisantrags ist der Strafprozess: Der Verteidiger beantragt Freispruch, hilfsweise die Vernehmung von Zeugen. Vgl. Roxin/Schünemann, Strafverfahrensrecht, 30. Aufl. 2022, § 45 Rn. 39.
[6] Weitere Beispiele für bedingte Prozesshandlungen: §§ 331 III 2, 696 I 2 ZPO.
[1] Zur Prozessrechtsstellung des Beklagten Beispiel 66 (→ Rn. 164) bei „*Folge*".
[2] Zur beiderseitigen Erledigung der Hauptsache → Rn. 380.
[3] Hierzu: Thomas/Putzo/Seiler ZPO Einl. III Rn. 6–9.
[4] Die prozessualen Gesamtakte der *Parteiänderung* und der *einseitigen Erledigungserklärung* sind durch Analogie zu § 269 ZPO und § 263 ZPO entwickelt worden und deshalb nicht präzise der ZPO zu entnehmen, Schumann JuS 1966, 26 ff.
[5*] Zum Grundsatz des Prorogationsverbots → Rn. 226; zur erheblichen Einschränkung von Schiedsverträgen in der Arbeitsgerichtsbarkeit § 101 ArbGG.
[6*] Hierzu → Rn. 252 Fn. 1.

12. Kapitel. Klageänderung

§ 54. Probleme bei der Bearbeitung der Klageänderung
I. Vor allem: Anpassen des Antrags an Änderungen im materiellen Recht

264 Die Klageänderung (§§ 263 ff. ZPO) ermöglicht dem Kläger vor allem das Anpassen der Anträge an Änderungen im materiellen Recht, zB das Umstellen von Herausgabeansprüchen (zB §§ 985, 812 BGB) auf Schadensersatzansprüche (zB §§ 989, 990, 992, 823 BGB) oder von Erfüllungsansprüchen auf Herausgabe des Surrogats (zB §§ 285, 816 BGB). Gemischte Aufgaben verbinden deshalb nicht selten diese Probleme des BGB mit Fragen der Klageänderung. Für die Behandlung der prozessualen Fragen sind besonders folgende Gesichtspunkte wichtig:

Ob die Prozessprobleme *vor* oder *nach* den BGB-Erörterungen darzustellen sind, hängt von der Klausurart ab. Bei der *Anwaltsklausur* muss der Bearbeiter fast immer erst das materielle Recht betrachten, um den richtigen Weg empfehlen zu können. Bei der *Richterklausur* ist der Klageantrag in aller Regel gestellt, sodass zunächst von den prozessualen Problemen auszugehen ist. Wo immer der prozessuale Teil behandelt wird, an seine *Spitze* gehören die Ausführungen über die Klageänderung. Erst danach kann auf die Sachurteilsvoraussetzungen des (erst jetzt feststehenden) Antrags eingegangen werden.[1]

II. Klageänderung: Streitgegenstandsänderung – Anspruchsänderung

265 Die Klageänderung müsste eigentlich „Streitgegenstandsänderung" oder wenigstens „Anspruchsänderung" heißen. Aber die Verwendung des ZPO-Ausdrucks „Klageänderung" bereitet keine Schwierigkeiten, wenn man diese Ungenauigkeit der Terminologie[2] kennt. Die Klageänderung wird in folgender Reihenfolge geprüft:

1. Liegt eine Änderung des Streitgegenstands vor?

266 Die Kenntnis der Streitgegenstandsfragen ist für die Klageänderung notwendig. Freilich ist selten erforderlich, auf Streitgegenstandsprobleme in der schriftlichen Ausarbeitung näher einzugehen, weil die Fälle meist Antragsänderungen und damit schon Streitgegenstandsänderungen enthalten. Das Nachschieben von Gründen kann aber doch einmal eine Rolle spielen.[3]

2. Welche Art der Änderung?

267 (1) Häufig wird bei der Klageänderung nur an das *Fallenlassen* des ursprünglichen Antrags und das *Stellen eines neuen Antrags*[4] gedacht (Schadensersatz statt Herausgabe).

---

[1] Zu diesem Aufbauprinzip → Rn. 164.
[2] Zum uneinheitlichen Sprachgebrauch der ZPO → Rn. 80.
[3] Zu den Fragen des Streitgegenstands und der Veränderung des Streitgegenstandes → Rn. 73 ff. Keine Veränderung des Streitgegenstandes ist jedenfalls eine Änderung der rechtlichen Beurteilung durch den Kläger (BGH NJW 2000, 1958).
[4] Bei neuen Anträgen ist die Frist des § 132 ZPO zu beachten, dies kann bei Säumnis des Gegners wichtig werden (näher → Rn. 348 und → Rn. 351).

§ 54. Probleme bei der Bearbeitung der Klageänderung

(2) Eine Klageänderung liegt nach hM[5] auch in der *nachträglichen Häufung* von Streitgegenständen (§§ 260, 261 II ZPO). Dies ist eine Kombination von Klageänderung und Anspruchshäufung. Eine Klageänderung liegt deshalb vor, weil der Prozess einen anderen (weiteren) Streitgegenstand erhält. Im Aufbau ist bei solchen Fällen erst zu prüfen, ob die *Klageänderung zulässig ist* (§§ 263, 264, 267 ZPO). Wenn nicht, wird der neue Antrag als unzulässig abgewiesen. Wenn ja, muss geprüft werden, ob die *Anspruchshäufung zulässig* ist (§ 260 ZPO). Wenn nicht: Abtrennung nach § 145 ZPO. Erst wenn Klageänderung *und* Anspruchshäufung als zulässig angesehen worden sind, kann jetzt die Zulässigkeit des prozessualen Begehrens (Sachurteilsvoraussetzungen) und seine Begründetheit (hier: Schadensersatz) geprüft werden. Jeder andere Aufbau ist fehlerhaft und führt fast regelmäßig zu falschen Entscheidungen!

> **Beispiel 103:** Nach Lieferung einer Maschine klagt *Anton* im Urkundenprozess (§§ 592 ff. ZPO) gegen *Benjamin* auf Zahlung des Kaufpreises. Während des Prozesses erweitert er die Klage auf Herausgabe einer Briefmarkensammlung, die er *Benjamin* geliehen haben will. Weil er zum Nachweis des Vertragsschlusses einen Zeugen anbietet, solle dieser Prozess „nach den normalen Vorschriften ablaufen". *Benjamin* willigt ein (§ 263 Alt. 1 ZPO). *Rechtsfolge?* Die Klageänderung ist zulässig, aber die Anspruchshäufung nicht, da nicht dieselbe Prozessart vorliegt (vgl. § 260 ZPO). Damit wird der erhobene neue Anspruch (§ 261 II ZPO) vom Gericht abgetrennt werden müssen (§ 145 I ZPO).

(3) Eine Klageänderung kann aber auch in der *Beschränkung des Antrags* liegen, ohne dass etwas Neues gefordert wird. Hier liegt die schwierige Abgrenzungsfrage zur teilweisen Klagerücknahme, die bei der Siebten Frage (→ Rn. 272) sogleich gesondert besprochen wird. Wichtig ist nur, dass der Bearbeiter durch die hier gestellte Frage darauf aufmerksam wird, dass unter Umständen noch Gesichtspunkte *außerhalb der §§ 263 ff. ZPO* eine Rolle spielen können.

3. Liegt eine Änderung im Sinne von § 264 ZPO vor?

§ 264 Nr. 1 ZPO stellt klar, dass die dort genannten Fälle „keine Klageänderungen" sind; § 264 Nr. 2 und Nr. 3 ZPO beziehen sich tatsächlich aber auf Streitgegenstandsänderungen, die von der ZPO lediglich *nicht* als Klageänderung angesehen werden. Weder die Zustimmung des Beklagten (§ 263 Alt. 1 ZPO) noch die Sachdienlicherklärung (§ 263 Alt. 2 ZPO) durch das Gericht sind erforderlich, wenn die Voraussetzungen einer dieser drei Ziffern erfüllt sind, Beispiel 16, → Rn. 33.

268

4. Hat der Beklagte ausdrücklich eingewilligt?

Im Anschluss an § 264 ZPO kommt man zu § 263 ZPO: Die Einwilligung des Beklagten macht die Klageänderung zulässig. Dabei ist „Einwilligung" nicht die Willenserklärung des § 183 S. 1 BGB; sie kann und wird regelmäßig gerade nachträglich erteilt werden. An die Warnung vor der Übernahme von BGB-Begriffen auf die Prozesshandlungen wird erinnert.

269

---

[5] BGH NJW 1985, 1841 (1842); 2015, 3576 Rn. 24; 2017; 491 Rn. 18; vgl. MüKoZPO/Becker-Eberhard § 263 Rn. 21. Die Mindermeinung wickelt die nachträgliche objektive Anspruchshäufung nur nach § 260 ZPO ab (vgl. Musielak/Voit/Foerste ZPO § 263 Rn. 4; Wieczorek/Schütze/Assmann ZPO § 263 Rn. 42); dann ist in der *ersten* Instanz die nachträgliche Anspruchshäufung leichter möglich, weil nur die Voraussetzungen des § 260 ZPO vorliegen müssen.

5. Hat sich der Beklagte eingelassen (§ 267 ZPO)?

270 Das rügelose Einlassen des Beklagten auf die Klageänderung bewirkt die Vermutung der Einwilligung (§ 267 ZPO). Wieder einmal ist dann – wie etwa bei der Einlassung des Beklagten vor dem unzuständigen Gericht, § 39 ZPO (→ Rn. 231) – eine neue „Stufe" im Prozessgeschehen erreicht (→ Rn. 251). Der Beklagte kann nicht erst im übernächsten Termin mit seiner Rüge gegen die Klageänderung aufwarten.

6. Ist die Klageänderung sachdienlich (§ 263 Alt. 2 ZPO)?

271 Erst wenn der Beklagte der Änderung widersprochen hat, taucht die Frage auf, ob das Gericht die Klageänderung als sachdienlich erklären kann. Der Beginn eines völlig neuen Prozesses mit neuem Prozessstoff ist niemals sachdienlich[6], Beispiel 66, → Rn. 164.

7. Liegt in der Klageänderung eine Klagerücknahme?

272 Eine besonders wichtige Frage ist das Verhältnis von Klageänderung[7] zur Klagerücknahme (§ 269 ZPO). Vertritt man die Ansicht, dass bei jeder auch nur teilweisen Preisgabe des Antrags nicht nur eine Klageänderung, sondern zugleich *auch eine teilweise Klagerücknahme* vorliegt, muss – nach Beginn der mündlichen Verhandlung des Beklagten zur Hauptsache – dessen Einwilligung (§ 269 I ZPO) vorliegen.[8] Dann kann zwar das Gericht die Einführung eines *neuen* Antrags auch gegen den Willen des Beklagten über die Sachdienlicherklärung (§ 263 Alt. 2 ZPO) ermöglichen. Da aber das Erfordernis der Einwilligung bei der Klagerücknahme nicht vom Gericht ersetzt werden kann, bleibt der *ursprüngliche* Klageantrag weiterhin anhängig.

Die letztgenannte Ansicht erscheint wegen der deutlichen *Wertung des § 269 ZPO* als richtig. Die Frage ist aber sehr *umstritten*. Deshalb muss der Bearbeiter die von ihm vertretene Meinung begründen. Der *Streitstand*, der nicht nur das Verhältnis von § 269 ZPO zu § 263 ZPO, sondern auch von § 269 ZPO zu § 264 ZPO umfasst, stellt sich wie folgt dar: Die eine Ansicht[9] wendet § 269 ZPO sowohl bei § 263 ZPO als auch bei § 264 Nr. 2 und Nr. 3 ZPO an. Wer diese Ansicht für richtig hält, muss in jedem Fall einer Antragsänderung prüfen, ob auch die Voraussetzungen des § 269 ZPO, insbes. also die Einwilligung des Beklagten, eingehalten worden sind. Ist dies nicht der Fall, muss das Gericht sowohl über den zulässigerweise in den Prozess eingeführten *neuen* Antrag befinden als auch den *alten* Antrag beurteilen, der mangels Zustimmung zur Klagerücknahme weiterhin anhängig geblieben ist. Nach der Gegenmeinung[10] verdrängen § 263 ZPO sowie § 264 Nr. 2 *und* Nr. 3 ZPO als leges speciales den § 269 ZPO, sodass für die Anhänger dieser Ansicht eine Zustimmung des Beklagten nicht erforderlich ist. Der Anwendungsbereich von § 269 ZPO beschränkt sich bei dieser Auffassung auf Fälle, in denen die Klage ganz oder teilweise zurückgenommen wird, niemals aber auf Antragsänderungen.

---

[6] BGHZ 143, 189 (197 f.) = NJW 2000, 800 (802 f.).
[7] Dies gilt ebenso für das Verhältnis von Parteiänderung und Klagerücknahme, → Rn. 283 ff.
[8] Hierzu Stein/Jonas/Roth ZPO § 264 Rn. 16 ff. und ZPO § 263 Rn. 31; Die Auslegung kann allerdings im Einzelfall auch ergeben, dass anstelle einer Klagerücknahme ein teilweiser Verzicht oder eine Erledigungserklärung vorliegt, vgl. Thomas/Putzo/Seiler ZPO § 264 Rn. 6.
[9] BGH NJW 1990, 2682; Stein/Jonas/Roth ZPO § 264 Rn. 15, 17; Thomas/Putzo/Seiler ZPO § 264 Rn. 6; Zöller/Greger ZPO § 264 Rn. 4a; zumindest bei § 264 Nr. 2 ZPO ebenso Bernreuther JuS 1999, 478 (479).
[10] Vgl. Zöller/Greger ZPO § 269 Rn. 6 und § 263 Rn. 5, der § 269 ZPO lediglich auf die Klagebeschränkung anwenden will; ähnlich Musielak/Voit/Foerste ZPO § 264 Rn. 6 aE, falls durch eine scheinbare Klagebeschränkung § 269 ZPO umgangen werden sollte.

13. Kapitel. Prozessaufrechnung

§ 55. Probleme bei der Prozessaufrechnung

Eine weitere Verzahnung zwischen materiellem Recht und Prozessrecht bietet die an mehreren Stellen der ZPO geregelte Prozessaufrechnung.

273

Wenn in einer Prozessrechtsklausur der Begriff „Aufrechnung" fällt, muss klar unterschieden werden: Einerseits kann damit die Geltendmachung einer bereits *außerhalb des Prozesses* erfolgten Aufrechnung gemeint sein; dann handelt es sich nur um das Vorbringen des Erfüllungseinwandes, vergleichbar anderen materiell-rechtlichen Einwendungen oder Einreden (Stundung, Erlass, Verjährung). Andererseits kann es sich aber auch um die Abgabe der materiell-rechtlichen Gestaltungserklärung der Aufrechnung *im Prozess* handeln; dann tritt die materiell-rechtliche Rechtsänderung erst im Zeitpunkt ihrer Abgabe im Prozess ein. Nur in diesem zweiten Fall spricht man von *Prozessaufrechnung*. Die Prozessaufrechnung stellt somit eine Verbindung von materiell-rechtlicher Aufrechnungserklärung nach § 388 BGB und deren prozessualer Geltendmachung als Verteidigungsmittel dar, sog. „Doppeltatbestand".

Hier muss der Bearbeiter die Regelungen kennen: §§ 145 III, 302 I–IV, 322 II, 533 ZPO.[1]

I. Die Vorrangprüfung des Bestehens der Klageforderung

Die Reihenfolge der Prüfung kann bei der Prozessaufrechnung von der bei einer außergerichtlichen Aufrechnung abweichen.

274

> **Beispiel 104:** *Michaela Maus* und *Georg Gebauer* liegen im Streit wegen eines Motorradkaufs. *Maus* fordert von *Gebauer* einen Restkaufpreis von 250 EUR (§ 433 II BGB), *Gebauer* wendet ein, dass er wegen eines Sachmangels gemindert habe (§§ 437 Nr. 2, 441 BGB) und deshalb nichts mehr schulde. Gleichzeitig verlangt er von *Maus* 250 EUR Schadensersatz (§§ 437 Nr. 3, 280 I BGB), weil er durch den von ihr arglistig verschwiegenen Sachmangel (vgl. § 438 III BGB) einen Unfall und dadurch einen Schaden in Höhe von 250 EUR erlitten habe. Als *Gebauer* gegenüber *Maus* mit dem Gericht droht, antwortet sie: „Gegen den Schadensersatzanspruch des *Gebauer* rechne ich mit meinem Kaufpreisanspruch auf."
>
> In einer rein materiell-rechtlichen Bearbeitung wird man untersuchen, ob ein Kaufvertrag, und danach, ob ein Sachmangel vorlag, ob die Minderung (auch der Höhe nach) berechtigt ist, und sodann, ob der Schadensersatzanspruch besteht. Zuletzt ergibt sich schließlich, ob die Aufrechnung wirksam ist. Zu einer anderen Reihenfolge nötigt aber die Prozessaufrechnung, wenn *Gebauer* seinen Schadensersatzanspruch gegen *Maus* mit Klage auf Zahlung von 250 EUR geltend macht und *Maus* aufrechnet. Jetzt muss zunächst einmal die Klageforderung des *Gebauer* auf ihr Bestehen hin untersucht werden. Mit anderen Worten: Es wird jetzt *zuerst* der Schadensersatzanspruch geprüft. Besteht er nicht, kommt es nicht mehr darauf an, ob *Maus* von *Gebauer* noch einen Restkaufpreis zu fordern hat: Die Klage ist als unbegründet abzuweisen. Es hängt vom Bearbeitervermerk ab, ob noch auf den Restkaufpreis einzugehen ist. Jedenfalls ist aber die Prüfungsreihenfolge durch den Klageantrag geprägt.

Ein weiteres wichtiges Aufbauprinzip ergibt sich ebenfalls aus der gesetzlichen Regelung. Obwohl bei der Richterklausur im Allgemeinen die prozessualen Fragen vorab zu erörtern sind, muss *vor* der Behandlung der prozessualen Probleme der Prozessaufrechnung erst einmal die Klageforderung materiell-rechtlich untersucht

---

[1] Stein/Jonas/Althammer ZPO § 145 Rn. 27 f. Zur Prozessaufrechnung insgesamt: Musielak JuS 1994, 817–824 oder Buß JuS 1994, 147–153.

werden. Zwar wird bei ihr auch erst einmal die Zulässigkeit geprüft, sodann muss aber ihre *Begründetheit* abgehandelt werden. Ist die Klageforderung unbegründet, muss die Klage abgewiesen werden, und die Prozessaufrechnung ist „ins Leere gegangen": Eine Aufrechnung gegen eine nicht vorhandene Forderung ist unbeachtlich. Wenn die Klageforderung aber besteht, muss jetzt zunächst auf die Zulässigkeit der Prozessaufrechnung, sodann auf das Bestehen der Aufrechnungsforderung eingegangen werden.

II. Prozessprobleme der Aufrechnung
1. Ziel der Aufrechnung – Abgrenzung zur Widerklage

275 Die Prozessaufrechnung als Einwendung ist nur ein Verteidigungsmittel; ihr höchstes Ziel ist die Abweisung der Klage, nicht aber die Verurteilung des Klägers wegen der Gegenforderung. Eine solche Verurteilung kann der Beklagte durch Erheben der *Widerklage* (§ 33 ZPO) erreichen (→ Rn. 296 ff.). Bildhaft gesprochen, will sich der Beklagte mit der Aufrechnung nur *verteidigen,* während er mit der Widerklage zum *Gegenangriff* übergeht. Dementsprechend ist auch die Wahl zwischen Aufrechnung und Widerklage zu treffen. Es kommt auf das Ziel an. Die Aufrechnung kann prozessual leichter zulässig sein als die Widerklage. Die Sachurteilsvoraussetzungen sind nämlich bei der Aufrechnungsforderung grds. nicht zu prüfen.

Manchmal kann es sich anbieten, für eine Forderung eine Aufrechnung mit einer Widerklage zu verbinden und beide durch Bedingungen zu staffeln; wenn die Forderung für die Verteidigung nicht verbraucht wurde, kann sie dann zum Angriff genutzt werden, → Rn. 311

276 Da die Aufrechnung nur eine Verteidigung ist, kann auch mit Gegenforderungen aufgerechnet werden, für die ein *anderes Gericht* örtlich, sachlich oder funktionell *zuständig* wäre. Dann muss das Gericht auch über die Aufrechnungsforderung entscheiden.[2]

277 Über *rechtswegfremde* Forderungen jedoch darf das Gericht nach hM[3] keine Entscheidungen treffen (die gemäß § 322 II ZPO rechtskräftig wäre!), außer die jeweilige Forderung ist unbestritten oder rechtskräftig festgestellt. Vielmehr muss es nach § 148 ZPO aussetzen und gegebenenfalls eine Frist zur Erhebung der Klage vor dem Arbeits-, Verwaltungs-, Sozial- oder Finanzgericht setzen. Eine Literaturansicht will den Gerichten der Zivil- und der Arbeitsgerichtsbarkeit allerdings die Befugnis einräumen, über Forderungen aus dem jeweils anderen Rechtsweg auch ohne Aussetzung zu entscheiden.

Hierfür sprechen die Verwandtschaft der beiden Rechtswege, die Zusammenhangszuständigkeit des § 2 III ArbGG und die frühere Rechtslage, nach der das Verhältnis zwischen der Zivil- und der Arbeitsgerichtsbarkeit eine Frage der sachlichen Zuständigkeit war.[4] Dieser Meinung sollte der Bearbeiter einer Klausur folgen, weil er auf diese Weise meistens die Möglichkeit hat, eine endgültige Aussage über den Prozess zu treffen und nicht mit einem Aussetzungsbeschluss (und einem Hilfsgutachten über die Aufrechnungsforderung) endet.

2. Verfahren ohne Trennung

278 Da die Geltendmachung der erklärten Aufrechnung ein Verteidigungsmittel und keine Klage (Widerklage) ist, kann frühestens über sie befunden werden, wenn über die Klageforderung entschieden wird. Dies ist der Grund für das oben (→ Rn. 274)

---

[2] BGH NJW-RR 1989, 173.
[3] Näher zu dieser Problematik: Stein/Jonas/Althammer ZPO § 145 Rn. 35 ff.; Thomas/Putzo/Seiler ZPO § 145 Rn. 22 ff.
[4] Vgl. dazu Leipold ZZP 107 (1994) 219 f.

§ 55. Probleme bei der Prozessaufrechnung

genannte Aufbauprinzip. In derselben Zeitfolge ist eine Entscheidung von der ZPO zugelassen:

Das *Vorbehaltsurteil* (§ 302 I ZPO) ermöglicht die Entscheidung zunächst über das Bestehen der Klageforderung und verweist die Aufrechnungsfrage in das Nachverfahren (§ 302 IV ZPO): es ist ein auflösend bedingtes Endurteil.[5] Ein Vorbehaltsurteil darf aber nicht ergehen, wenn die Klageforderung *nicht* besteht. Dann muss die Klage abgewiesen werden; auf die Prozessaufrechnung kommt es nicht mehr an.

3. Trennung der Verhandlung

Die Regelung der Prozessaufrechnung in der ZPO birgt bei der Fallbearbeitung eine Reihe von Gefahren in sich. Häufig nehmen Bearbeiter an, dass die Folge der Trennung nach § 145 III ZPO der Erlass von zwei parallelen Urteilen ist, eines über die Klageforderung, eines über die Aufrechnungsforderung. Die Aufspaltung in zwei selbständige Prozesse tritt aber nicht ein. Es findet lediglich eine zeitlich und gegenständlich *getrennte Verhandlung* statt; die Aufrechnung bleibt inhaltlich abhängig von der Klageforderung. Der Erlass zweier Urteile in einem solchen Fall wäre ein schwerer Verstoß gegen den Antragsgrundsatz, weil der Beklagte mit seiner Aufrechnung gerade *keine Klage* erhebt.[6] Deshalb gestaltet sich bei einer Trennung gemäß § 145 III ZPO das weitere Verfahren folgendermaßen: Ist die Verhandlung über die *Klageforderung spruchreif,* erfolgt *(bei Bejahung des Bestehens der Klageforderung)* Vorbehaltsurteil (§ 302 ZPO) und die Verhandlung über die Aufrechnung wird zum Nachverfahren (§ 302 IV 1 ZPO) oder *(bei Unbegründetheit der Klageforderung)* ergeht Sachabweisung durch Endurteil und die Verhandlung über die Aufrechnung erübrigt sich (da die Aufrechnungserklärung gegenstandslos geworden ist). Ist jedoch die Verhandlung über *die Aufrechnung spruchreif,* muss die Trennung aufgehoben werden (§ 150 ZPO), ein Urteil nur über die Aufrechnung ergeht nicht!

Da die Erklärung der Aufrechnung ein Verteidigungsmittel und keine Klageerhebung ist, wird durch die Aufrechnungserklärung im Prozess die zur Aufrechnung gestellte Forderung (also die Gegenforderung) nach herrschender Ansicht nicht als rechtshängig angesehen.[7] Eine abweichende Ansicht nimmt an, dass die Gegenforderung durch die Aufrechnungserklärung rechtshängig wird.[8] Die Kontroverse ist insofern bedeutsam, als nach dieser Auffassung einer späteren Leistungsklage, mit der die Aufrechnungsforderung geltend gemacht wird, der Einwand der Rechtshängigkeit entgegensteht; konsequenterweise hält es diese Auffassung auch nicht für zulässig, dieselbe Gegenforderung in einem zweiten Prozess zur Aufrechnung zu stellen. Ebenso wenig kann, nach dieser Ansicht, eine schon in einer Klage geltend gemachte Forderung in einem anderen Prozess zur Aufrechnung gestellt werden. Die herrschende Meinung lässt in allen diesen Fällen ohne weiteres die nochmalige Aufrechnung zu.[9]

---

[5] Zu dieser Urteilsart sowie allgemein zum Vorbehaltsurteil Jauernig/Hess ZivilProzR § 45 IV; Rosenberg/Schwab/Gottwald ZivilProzR § 59 Rn. 70 ff.; zum Schadensersatz nach § 302 IV 4 ZPO → Rn. 309.

[6] Zu Problemen der Trennung nach § 145 ZPO: Stein/Jonas/Althammer ZPO § 145 Rn. 71 ff.; Rosenberg/Schwab/Gottwald ZivilProzR § 104 Rn. 26.

[7] BGH NJW-RR 2004, 1000 = ZZP 117 (2004) 497 (Anm. Althammer).

[8] So Eike Schmidt ZZP 87 (1974) 29 (39 ff.); Schreiber Festgabe 50 Jahre BGH Band III, 2000, 227 (243 ff.).

[9] Vgl. Thomas/Putzo/Seiler ZPO § 145 Rn. 20; zulässige Doppelaufrechnung: BGH NJW-RR 2004, 1000 = ZZP 117 (2004) 497 (Anm. Althammer).

4. Eventualaufrechnung

281 Unter „Eventualaufrechnung" versteht man die Erklärung einer Aufrechnung im Prozess, deren Wirksamkeit unter eine Bedingung gestellt wird, regelmäßig unter der Bedingung, dass das Gericht das Bestehen der Klageforderung festgestellt hat. Nach den Vorschriften des materiellen Rechts ist eine solche Bedingung auf den ersten Blick nicht möglich; denn die Aufrechnung ist bedingungsfeindlich (§ 388 S. 2 BGB). Die bedingte Aufrechnungserklärung ist daher unwirksam. Dieses bekannte Problem[10] der Eventualaufrechnung braucht den Bearbeiter nicht zu schrecken. *Jede* Aufrechnung hängt von der „Rechtsbedingung" ab, dass ihr eine Forderung gegenübersteht (§§ 387, 389 BGB). Wenn der Beklagte die Aufrechnung „für den Fall" erklärt, dass die Klageforderung besteht, ist dies keine Bedingung.[11] Wie auch sonst darf das Gericht über den Hilfsantrag (Aufrechnung) erst entscheiden, wenn der Hauptantrag (Abweisung der Klage wegen Nichtbestehens der Klageforderung) erfolglos war (→ Rn. 262).

Problematisch sind deshalb nur diejenigen Fälle, in denen eine Klageforderung besteht *und* im Prozess die Aufrechnung erklärt, aber vom Gericht nicht behandelt wird, etwa weil sie nach § 296 II ZPO als verspätet zurückgewiesen wurde (vgl. auch § 533 ZPO). Dann ist sie materiell-rechtlich eigentlich wirksam und bringt die Klageforderung zum Erlöschen (§ 389 BGB). Da aber das Gericht die verspätete Aufrechnung nicht behandelt und daher als unbeachtlich ansieht, verurteilt es den Beklagten zur Zahlung der Klageforderung, die materiell-rechtlich durch die Aufrechnung an sich erloschen ist. Ein solches Ergebnis ist offenkundig ungerecht und von dem, der die Aufrechnung erklärt hat, nicht gewollt. Deswegen bietet es sich an, im Wege der Auslegung davon auszugehen, dass der Beklagte die Aufrechnung nur unter der Bedingung erklärt, dass sie vom Gericht auch behandelt wird; § 388 S. 2 BGB wird insoweit teleologisch reduziert. Bei vom Gericht nicht beachteter Aufrechnungserklärung kommt es daher nicht zum Erlöschen gemäß § 389 BGB, sodass der Beklagte seine Gegenforderung behält. Dann fehlt es auch an der Rechtskraftwirkung des § 322 II ZPO.[12]

5. Vollstreckungsabwehrklage

282 Einen weiteren Problemkreis – aus dem Bereich der *Vollstreckungsabwehrklage* (§ 767 ZPO, → Rn. 501) – bildet die Frage, ob die im Vorprozess mögliche, aber nicht vorgenommene Aufrechnung nach Rechtskraft des Urteils noch zulässig ist. Nach § 767 II ZPO können nämlich nur diejenigen Einwendungen mit der Vollstreckungsabwehrklage geltend gemacht werden, die nach der letzten mündlichen Verhandlung entstanden sind. Sehr strittig ist die Frage, wie Einwendungen nach § 767 II ZPO zu behandeln sind, die sich erst nach Ausübung eines Gestaltungsrechts (zB Aufrechnung, Rücktritt, Anfechtung, Widerruf) ergeben. Es fragt sich, ob bereits auf die *Gestaltungslage* oder erst auf die *Gestaltungserklärung* abzustellen ist. Die Rechtsprechung und Teile der Literatur stellen auf die *Gestaltungslage* ab, also auf den Zeitpunkt der *Entstehung des Gestaltungsrechts* (dh wann Aufrechnung, Anfechtung, Rücktritt, Widerruf erstmals hätten erklärt werden können).[13] Eine

---

[10] Buß JuS 1994, 147 (151 f.); Musielak JuS 1994, 817 ff. und Stein/Jonas/Leipold ZPO § 145 Rn. 58 ff.
[11] Ähnlich ist der Fall des Verweisungsantrags für den Fall der Unzuständigkeit, Rn. 262 und Rn. 61.
[12] Vgl. Thomas/Putzo/Seiler ZPO § 322 Rn. 48b.
[13] Vgl. für die Aufrechnung BGHZ 163, 339 (342); BGH (Hinweisbeschluss) NJW-RR 2010, 1598 Rn. 6 f.; eingehend MüKoZPO/Schmidt/Brinkmann § 767 Rn. 84, Rn. 85 „Gegenansicht", Rn. 86 diff. (lesenswert).

§ 55. Probleme bei der Prozessaufrechnung

Auffassung im Schrifttum hält die *Gestaltungserklärung* für maßgebend, also den Zeitpunkt der *Ausübung* des Gestaltungsrechts (dh die tatsächliche *Erklärung* der Aufrechnung (§ 388 S. 1 BGB) sowie der anderen Gestaltungsrechte ist entscheidend).[14] Bei der Antwort auf diese Streitfrage, sollte sich der Bearbeiter von klausurtaktischen Gesichtspunkten leiten lassen (→ Rn. 40).

> **Beispiel 105:** *Michaela Maus* und *Georg Gebauer* liegen wie gehabt (Beispiel 104, → Rn. 274) im Streit wegen eines Motorradkaufs. *Maus* klagt auf Zahlung des Restkaufpreises von 250 EUR, *Gebauer* verteidigt sich mit der Minderung. Die Schadensersatzforderung bringt er im Prozess nicht vor, die will er gesondert zu einem späteren Zeitpunkt durchsetzen. *Gebauer* verliert den Prozess, mit der Minderung konnte er nicht durchdringen. *Maus* schreitet zur Vollstreckung. Triumphierend erklärt diesmal *Gebauer* die Aufrechnung mit der Schadensersatzforderung, um die Vollstreckung der Kaufpreisforderung zu Fall zu bringen. Er erhebt Vollstreckungsabwehrklage, um die Vollstreckung aus der „nunmehr erloschenen Forderung" für unzulässig erklären zu lassen.
>
> **Frage:** Hat die Vollstreckungsabwehrklage (§ 767 ZPO) Erfolg?
>
> **Antwort:** Die Aufrechnungslage (§ 387 BGB) bestand bereits während des Prozesses: Der Anspruch auf den Restkaufpreis und die Schadensersatzforderung existierten beide bereits während des Prozesses. Folgt man der vor allem von der Rechtsprechung vertretenen Ansicht, kommt es auf das Bestehen der Gestaltung*lage* an; nach dieser Ansicht hat die Vollstreckungsabwehrklage des *Gebauer* keinen Erfolg.
>
> Anders lautet die Antwort aufgrund einer in der Literatur verbreiteten Auffassung. Maßgebend ist für sie die Gestaltungs*erklärung*. *Gebauer* gab die Aufrechnungserklärung (§ 388 BGB) nach der letzten mündlichen Verhandlung ab; erst zu diesem Zeitpunkt sind beide Forderungen erloschen (§ 389 BGB). Nach dieser Meinung hat *Gebauer* mit der Vollstreckungsabwehrklage Erfolg.

---

[14] Vgl. Baur/Stürner/Bruns ZVR Rn. 45.16.; Gaul/Schilken/Becker-Eberhard ZVR/Gaul § 40 Rn. 61 ff.

14. Kapitel. Die Parteiänderung

§ 56. Die Motive zur Parteiänderung

283 Die Bedeutung der Parteiänderung für die prozessuale Fallbearbeitung ist bereits mehrfach erwähnt worden (Beispiele 67 (→ Rn. 164), 71 und 72 (→ Rn. 172) sowie 79 (→ Rn. 184). Die Parteiänderung ist ein vorzügliches Mittel, um Fehler der Klageerhebung in einer prozessökonomisch sinnvollen Weise zu korrigieren. Sie kann aus prozessualen oder materiell-rechtlichen Gründen vorgenommen werden.[1]

> **Beispiel 106:** *Behebung eines prozessualen Mangels: Anna Fink* und *Stefan Fink* leben im Güterstand der Gütergemeinschaft und verwalten das Gesamtgut gemeinschaftlich (§ 1450 I BGB). Nur gemeinsam sind sie prozessführungsbefugt. *Anna Fink* klagt gegen Untermieter *Listig* (Beispiel 48, → Rn. 99). Ihr fehlt die Prozessführungsbefugnis (§ 62 I Alt. 2 ZPO). Die Einzelklage ist unzulässig. Eine Prozessabweisung wäre aber nur die ultima ratio. Sinnvoll ist der Beitritt des *Stefan Fink* auf der Klägerseite.

> **Beispiel 107:** *Behebung eines materiell-rechtlichen Mangels: Klein* verklagt Vater *Sanft* auf Herausgabe des Rasenmähers (vgl. Beispiel 12, → Rn. 27 und Beispiel 67, → Rn. 164). Vater *Sanft* sagt, er sei nicht mehr Besitzer; sein Sohn habe den Rasenmäher. Mit Zustimmung von *Klein*, Vater und Sohn *Sanft* wird eine Parteiänderung vorgenommen, dass Sohn *Sanft* statt Vater *Sanft* Partei ist.

Wenn bei einer Richterklausur der Bearbeiter derartige prozessuale oder materiell-rechtliche Fehler im Prozess entdeckt, darf er aber nicht einfach eine Parteiänderung vornehmen. Auch in der Praxis darf ein Richter eine Partei nicht in der Weise beraten, dass er ihr sagt, jetzt müsse eine Parteiänderung vorgenommen werden. Vielmehr muss er mit solchen Hinweisen äußerst vorsichtig sein, um nicht wegen Befangenheit abgelehnt zu werden. In der Richterklausur spielt deshalb weniger eine Rolle, wie ein Mangel behoben werden kann, sondern ob durch eine Parteiänderung der Mangel behoben ist. Anders ist es wiederum in der Anwaltsklausur: Hier ist es ohne weiteres möglich, ja oft erforderlich, solche Empfehlungen zu erteilen.

§ 57. Die Probleme bei der Parteiänderung

I. Parteiänderung oder Parteiberichtigung?

284 Um keinen Fehler zu begehen, muss immer erst gefragt werden, ob trotz der Ausdrücke „Parteiänderung" oder ähnlicher Begriffe von den Parteien möglicherweise nur eine *Berichtigung* oder *Klarstellung* gemeint ist, die gemäß § 264 Nr. 1 ZPO ohne weiteres zulässig ist.[1*] Ohne eine genaue Untersuchung, wer Partei ist, kommt man auch hier nicht aus (zur Frage, wer Partei ist, → Rn. 89, → Rn. 164, → Rn. 169).

---

[1] Zur Parteiänderung: Rosenberg/Schwab/Gottwald ZivilProzR § 42; Jauernig/Hess ZivilProzR § 86; Thomas/Putzo/Hüßtege ZPO Vor § 50 Rn. 11–31; BGH NJW-RR 2010, 1726.
[1*] Stein/Jonas/Roth ZPO § 264 Rn. 6 f.; BAG NZA 2014, 725, Rn. 19 ff.

II. Parteistellung?

Wenn keine Berichtigung oder Klarstellung vorliegt, muss in der *Richterklausur* geprüft werden, ob wirklich eine Veränderung in der Parteistellung gewollt ist. Nicht selten werden vor allem Streitverkündung (§§ 72 ff. ZPO) und die Nebenintervention (§§ 66 ff. ZPO) mit der Parteiänderung durcheinandergebracht. Auch hier kommt es auf das Ziel an, das erreicht werden soll. Bei der *Anwaltsklausur* müssen die verschiedenen Beteiligungsmöglichkeiten beurteilt werden. Vielfach ist eine Streitverkündung der Parteiänderung vorzuziehen.

> **Beispiel 108:** Nachts stolpert *Faller* auf kaum beleuchteter Straße über einen Kanaldeckel, der 5 cm über den Straßenrand herausragt. *Faller* verklagt die *Gemeinde* auf Schadensersatz. Im Prozess trägt die *Gemeinde* vor, sie habe die Straße ordnungsgemäß angelegt. Schuld trage die *Wasserversorgungs-AG*, die den Kanaldeckel nicht ordnungsgemäß angebracht habe.
>
> **Frage:** Was ist *Faller* nach dieser Klageerwiderung zu raten?
>
> **Antwort:** Keinesfalls angeraten sind der Parteiwechsel (*Wasserversorgungs-AG* statt der *Gemeinde*) oder der Parteibeitritt (*Wasserversorgungs-AG* zusätzlich zur *Gemeinde* in den Prozess). Der *Parteiwechsel* ist gefährlich, weil nicht auszuschließen ist, dass die neue Beklagte (die *Wasserversorgungs-AG*) umgekehrt argumentiert: Sie habe den richtigen Deckel angebracht; die Straße habe sich aber gesenkt. Aber auch der *Parteibeitritt* ist falsch, weil *Faller* nur *entweder* von der *Gemeinde* oder von der *Wasserversorgungs-AG* den Schadensersatz beanspruchen kann – einer seiner Ansprüche müsste auf jeden Fall kostenpflichtig (§ 91 ZPO) abgewiesen werden. *Richtiger Rat:* Nicht Parteiänderung, sondern Streitverkündung (§§ 72 ff. ZPO) gegenüber der *Wasserversorgungs-AG* – Zur Streitverkündung → Rn. 101 und speziell bei *alternativer* Haftung → Rn. 102 (Beispiel 55).

III. Parteiwechsel oder Parteibeitritt?

Schon die letzten drei Beispiele zeigen, dass die Parteiänderung als Parteiwechsel oder als Parteibeitritt vorkommt. *Parteiwechsel* ist der Austausch einer Partei; *Parteibeitritt* ist das Hinzutreten einer weiteren Partei: die nachträgliche Streitgenossenschaft. Der Bearbeiter muss sich deshalb die Frage stellen, ob eine Partei ausscheidet und ersetzt wird oder ob eine weitere Partei hinzutritt.

IV. Gesetzliche, gesetzlich geregelte oder gewillkürte Parteiänderung?

Beim Tod einer Partei tritt *gesetzlicher* Parteiwechsel ein (§ 239 ZPO); daneben gibt es vom Gesetz *ermöglichte* Parteiänderungen (§§ 265 II 2, 266, 240 ZPO iVm §§ 85, 86 InsO, §§ 75 S. 1, 76 III, 77 ZPO). Von großer Bedeutung ist schließlich die *gewillkürte* Parteiänderung, für die eine eigene gesetzliche Regelung fehlt.

V. Die gewillkürte Parteiänderung

Zur *gewillkürten Parteiänderung* werden im Wesentlichen drei Theorien vertreten:[2] Die Rechtsprechung folgt der *Klageänderungstheorie*. Sie fasst die Parteiänderung als Klageänderung auf, mit der Folge der Anwendbarkeit der §§ 263 f. ZPO und §§ 267 f. ZPO. Die *Klagerücknahmetheorie* sieht in der Parteiänderung eine Rücknahme der Klage (§ 269 ZPO), verbunden mit einer neuen Klage gegen die neue Partei (§ 253 ZPO). Nach einer dritten Ansicht stellt die gewillkürte Parteiänderung ein *prozessuales Institut eigener Art* dar, das kraft Gewohnheitsrechts gilt und weit-

---

[2] Stein/Jonas/Roth ZPO § 263 Rn. 43 ff.; Köhler JuS 1993, 315.

gehend den Wertungen der Klageänderungstheorie folgt³. Es ist aber nicht ratsam, sich im Rahmen der Fallbearbeitung an dieser Stelle in einem Theorienstreit zu ergehen. Es sollte vielmehr mit den Wertungen der §§ 269, 263 f. ZPO sowie mit dem Justizgewährungsanspruch argumentiert werden.

289 Die Behandlung der gewillkürten Parteiänderung ist nur richtig, wenn der Bearbeiter vom Antragsgrundsatz ausgeht und ferner nicht vergisst, dass der Beklagte nach dem Beginn seiner mündlichen Verhandlung zur Hauptsache (§ 137 I ZPO) eine feste Verfahrensposition besitzt, die er – unabhängig davon, auf welcher Seite der Parteiwechsel erfolgt – nur mit seiner Zustimmung verlieren kann (§ 269 I ZPO).⁴ *Das zentrale Problem der Parteiänderung ist deshalb immer wieder die Frage der Zustimmung.* Sofern sämtliche Parteien mit der Parteiänderung einverstanden sind, ergeben sich meist keine Schwierigkeiten (vgl. Beispiel 107, → Rn. 283). Schwierig ist aber die Fallbearbeitung, wenn die Parteiänderung nicht von der Zustimmung sämtlicher Prozessbeteiligter getragen wird.

1. Die Zustimmung des (bisherigen) Klägers ist fast immer notwendig

290 Fehlt die Zustimmung des (bisherigen) Klägers, kann ein Partei*wechsel* nicht durchgeführt werden, und zwar gleichgültig, ob auf der Kläger- oder Beklagtenseite; denn der Kläger bestimmt, wer Partei des Rechtsstreits ist (vgl. → Rn. 89, → Rn. 283). Ein Partei*beitritt* auf der *Beklagtenseite* – so etwa, wenn in Beispiel 108 (→ Rn. 285) neben der von *Faller* verklagten *Gemeinde* die *Wasserversorgungs-AG* im Termin als „weitere Partei" auftritt – ist ohne Klägerzustimmung ebenfalls unwirksam.⁵ Ein *neuer* Kläger muss stets einverstanden sein, in einen Prozess einzutreten;⁶ denn niemand wird Kläger gegen seinen Willen (vgl. → Rn. 89). So könnte in Beispiel 106 (→ Rn. 283) *Anna Fink* daher nicht gegen *Stefan Finks* Willen erklären, auch dieser sei nunmehr Partei.

Allerdings kann ein Kläger*beitritt* auch gegen den Willen des *bisherigen* Klägers erfolgen:⁷

> **Beispiel 109:** Als *Stefan Fink* erfährt, dass *Anna Fink* allein gegen *Listig* geklagt hat, tritt er (Beispiel 106, → Rn. 283) dem Prozess bei. *Anna Fink* widerspricht, weil sie aus Rache an ihrem Mann eine Prozessabweisung will: Ihr Widerspruch ist unbeachtlich, weil er gegen das Verbot widersprüchlichen Verhaltens (venire contra factum proprium) verstößt. Da *Stefan Fink* und *Anna Fink* gemäß § 1450 I BGB einen Rechtsstreit nur gemeinsam führen dürfen, ist es *Anna Fink* verwehrt, einerseits allein einen Prozess anzustrengen und andererseits dem Beitritt des *Stefan Fink* zu widersprechen, der zur Heilung des von ihr selbst verursachten Fehlers führt.⁸
>
> So problematisch dies auf den ersten Eindruck auch erscheint, es ist sogar das Hinzutreten von solchen Beklagten möglich, gegen die sich der Antrag des bisherigen

---

³ Vgl. Stein/Jonas/Roth ZPO § 263 Rn. 43 ff.
⁴ Es ist hier ähnlich wie bei der Klageänderung, bei der ebenfalls häufig nicht beachtet wird, dass die in einer Klageänderung enthaltene Klagerücknahme möglicherweise der Zustimmung des Beklagten bedarf (→ Rn. 272 Fn. 7 und 8). Es empfiehlt sich deshalb bei der Fallbearbeitung, dass der Bearbeiter auch bei der Parteiänderung auf diese Problematik näher eingeht. Hierzu Stein/Jonas/Roth ZPO § 263 Rn. 49 ff., 54 ff.; Eicker JA 2018, 529.
⁵ Stein/Jonas/Roth ZPO § 263 Rn. 71.
⁶ Hierzu Stein/Jonas/Roth ZPO § 263 Rn. 49 f.; Eicker JA 2018, 529.
⁷ Stein/Jonas/Roth ZPO § 263 Rn. 69 f.
⁸ Singer NZA 1998, 1309 ff.; dies berührt auch das schwierige Problem des widersprüchlichen Verhaltens notwendiger Streitgenossen, vgl. Zöller/Althammer ZPO § 62 Rn. 24 ff.; Stein/Jonas/Bork ZPO § 62 Rn. 37.

> Klägers nicht wendet.⁹ Das Beispiel könnte man dahin fortführen, dass der (dem Prozess der *Anna Fink* beigetretene weitere) Kläger *Stefan Fink* nicht nur gegen *Listig*, sondern gleichzeitig auch noch Klage gegen die *Schwester* von *Listig* auf Widerruf einer ehrenkränkenden Behauptung erhebt. An diesem Prozessverhältnis ist die bisherige Klägerin (*Anna Fink*) überhaupt nicht beteiligt. Falls die *Schwester* von *Listig* einwilligt oder nicht widerspricht, ist diese Parteierweiterung zulässig (§§ 263 Alt. 1, 267 ZPO). Ist dies nicht der Fall, ist sie allerdings unzulässig; denn mangels Verwertbarkeit der bisherigen Prozessergebnisse für den neuen Streitgegenstand besteht keine Sachdienlichkeit (§ 263 Alt. 2 ZPO).¹⁰

2. Die Zustimmung des Beklagten ist nicht immer erforderlich

Gegen einen *Kläger- oder Beklagtenwechsel* vor Beginn seiner mündlichen Verhandlung zur Hauptsache kann sich der *bisherige Beklagte* nicht wehren; gegen eine Klagerücknahme wäre er ja auch machtlos (§ 269 I ZPO). Nach diesem Zeitpunkt kann er aber gegen seinen Willen weder aus dem Prozess geworfen,¹¹ noch kann ihm ein *anderer* Kläger aufgezwungen werden (→ Rn. 289).¹² Da der Beklagte in erster Instanz allerdings jederzeit verklagt werden kann, kann er sich nicht gegen einen *weiteren* Kläger wehren (Beispiel 106, → Rn. 283). 291

Da jedermann verklagt werden kann, ist die Zustimmung des neuen Beklagten bei einer Parteiänderung nicht erforderlich; auch gegen den *Beklagtenbeitritt* kann sich der *bisherige Beklagte* nicht mit Erfolg wehren. Ebenso wenig gegen einen *Klägerbeitritt*.¹³ Falls *Stefan Fink* der *Anna Fink* in erster Instanz im Prozess gegen *Listig* beitritt (Beispiel 106, → Rn. 283) kann sich *Listig* dagegen nicht mit Erfolg wehren; denn er muss nicht zustimmen! Anders ist dies jedoch, wenn die Parteiänderung in der nächsten Instanz erfolgt.

3. In höherer Instanz müssen grds. alle Parteien zustimmen

Sind die Parteien einverstanden, kann auch in höherer Instanz eine Parteiänderung vorgenommen werden. Problematisch ist auch hier wieder das fehlende Einverständnis einzelner Beteiligter. Da niemand in der 2. Instanz verklagt werden kann (Fehlen der funktionellen Zuständigkeit, Verlust einer Instanz!), versperrt hier regelmäßig der Widerspruch des neuen Beklagten die Parteiänderung auf der Beklagtenseite. Aber auch auf der Klägerseite ist ohne Zustimmung eine Parteiänderung unzulässig. 292

---

⁹ Stein/Jonas/Roth ZPO § 263 Rn. 71.
¹⁰ Stein/Jonas/Roth ZPO § 263 Rn. 24; insgesamt hierzu Musielak/Voit/Foerste ZPO § 263 Rn. 23 ff.
¹¹ BGH NJW 2007, 769; BGH NJW 2006, 1351; Eicker JA 2018, 529. In der Rspr., soweit sie die Parteiänderung als Form der Klageänderung auffasst (eine Zusammenfassung gibt BGH NJW 1976, 240), wird nicht selten der Fehler gemacht, dass über die „Sachdienlicherklärung" des § 263 Alt. 2 ZPO auch ohne die im Einzelfall erforderliche Einwilligung des Beklagten ein Parteiwechsel vorgenommen wird. Das bedeutet einen schweren Verstoß gegen die Wertung des § 269 I ZPO, weil ein anderer Kläger auftritt oder der Beklagte aus dem Prozess „geworfen" wird. In der Fallbearbeitung soll aber der Bearbeiter nicht vergessen, dass dieser Fehler in der Praxis verbreitet ist (→ Rn. 289 Fn. 4) und deshalb möglicherweise auch einem Prüfer unterläuft. *Aus diesem Grunde muss er deutlich auf die Wertung des § 269 I ZPO hinweisen.*
¹² Eicker JA 2018, 529.
¹³ Hierzu Stein/Jonas/Roth ZPO § 263 Rn. 54, 69, 71.

Nur bei Prozessmissbrauch kann man die fehlende Zustimmung in die Parteiänderung als unbeachtlich ansehen.[14]

4. Die bisherigen Prozessergebnisse binden nicht ohne weiteres die neue Partei

293 In Wissenschaft und Praxis ist der Streit um die Erhaltung der bisherigen Prozessergebnisse (Beweisaufnahmen, Geständnisse, Heilung durch rügeloses Einlassen: § 295 ZPO)[15] noch immer nicht geklärt. In der Fallbearbeitung kann eine Übernahme der bisherigen Ergebnisse gegenüber den neuen Beteiligten jedenfalls dann vertreten werden, wenn sämtliche Beteiligten zugestimmt hatten oder wenn die neue Partei am bisherigen Prozessgeschehen wenigstens in einer anderen Weise (zB als gesetzlicher Vertreter, als Nebenintervenient) beteiligt war.

> **Beispiel 110:** So etwa, wenn Eltern statt des Kindes als Partei klagen (Beispiele 71 und 72 [→ Rn. 172] und 79 [→ Rn. 184]). Dann wird man den Widerspruch gegen die Ergebnisse des bisherigen Prozessgeschehens als prozessmissbräuchlich ansehen müssen.[16]

Eine im Wege der gewillkürten Parteiänderung gegen ihren Willen wirksam in den Prozess einbezogene Partei wird man jedoch nicht an die bisherigen Prozessergebnisse binden dürfen.

5. Bedingungsfeindlichkeit des Parteiwechsels

294 Anders als die Klageänderung kann die Parteiänderung nicht bedingt (etwa für den Fall des Unterliegens), mithin nicht als subjektive Eventualklagehäufung erklärt werden. Das Bestehen eines Prozessrechtsverhältnisses darf nicht aufgrund einer außerprozessualen Bedingung – die „neue" Partei ist gerade noch nicht am Prozess beteiligt – in der Schwebe stehen (→ Rn. 262).

6. Kostenfrage nicht vergessen

295 Die Kosten des ausscheidenden Beklagten hat der Kläger in entsprechender Anwendung des § 269 III 2 ZPO zu tragen.[17] Damit ist sichergestellt, dass der Beklagte nicht mit den Verfahrenskosten eines Rechtsstreits belastet wird, der erfolglos gegen ihn endete.

---

[14] Hierzu Stein/Jonas/Roth ZPO § 263 Rn. 49, 59 ff., 72 ff.; Eicker JA 2018, 529; BGH NJW 2011, 1453; BGH NZBau 2007, 721. In BGH NJW 1976, 239 ließ der BGH einen Klägerbeitritt in der Berufungsinstanz ohne Zustimmung des Beklagten zu, weil sich der Streitstoff hierdurch nicht änderte (nicht unbedenklich).

[15] Dafür: Rosenberg/Schwab/Gottwald ZivilProzR § 42 Rn. 26 f.; diff.: Stein/Jonas/Roth ZPO § 263 Rn. 52, 55, 69 ff., BGH NJW 1996, 196 f.; s. auch Thomas/Putzo/Hüßtege ZPO Vor § 50 Rn. 20 ff.

[16] Vgl. BGH NJW 1956, 1598 (1599).

[17] Zu den Verfahrenskosten bei der Parteiänderung: Zöller/Greger ZPO § 263 Rn. 31; Stein/Jonas/Roth ZPO § 263 Rn. 53, 57.

15. Kapitel. Die Widerklage

§ 58. Die Regelung der Widerklage – Waffengleichheit

I. Die lückenhafte Regelung der Widerklage

Als vielfach unterschätzte, gefährliche Klippe erweist sich immer wieder die unübersichtliche und – vor allem – lückenhafte Regelung der Widerklage. Der Examenskandidat sollte deshalb erst einmal die für das Erkenntnisverfahren in der 1. Instanz vorhandenen Paragraphen lesen, um das Gebiet der Widerklage kennenzulernen:

a) § 33 ZPO: *zusätzliche (!) örtliche Zuständigkeit* für die Widerklage (dies ist die zentrale Vorschrift);
b) § 5 Hs. 2 ZPO: *kein Zusammenrechnen des Streitwerts* von Klage und Widerklage (wichtig für die streitwertabhängige sachliche Zuständigkeit);
c) § 256 II ZPO: *Zwischenfeststellungswiderklage;*
d) § 506 ZPO: *Verweisung* des Rechtsstreits *vom AG an das LG;*
e) § 145 II ZPO: *Trennungsmöglichkeit* der (nicht-konnexen) Widerklage von der Klage;
f) § 347 ZPO: Anwendbarkeit des *Versäumnisverfahrens* auch auf die Widerklage;
g) § 81 ZPO: Umfang der *Prozessvollmacht* auch für die Widerklage;
h) § 301 ZPO: *Teilurteil,* wenn nur die Klage oder die Widerklage entscheidungsreif ist;
i) § 322 ZPO: *Materielle Rechtskraft* des Urteils, in dem über den mit der Widerklage verfolgten Anspruch entschieden wird;
j) § 12 II Nr. 1 GKG: Kein *Gerichtskostenvorschuss* erforderlich;
k) § 45 I 1 GKG: Zusammenrechnung von Klage und Widerklage bzgl. *Gerichtsgebühren;*
l) für das *Berufungsverfahren* sei schließlich noch auf § 533 ZPO hingewiesen.

II. Widerklage als Ausdruck prozessualer Waffengleichheit

§ 33 ZPO dient dem prozessualen Gleichheitssatz („Waffengleichheit").[1] Der mit der Klage überzogene Beklagte ist durch § 33 ZPO in die Lage versetzt, einen mit der Klage zusammenhängenden (in Konnexität stehenden) Gegenanspruch *trotz örtlicher Unzuständigkeit* geltend zu machen. Der Beklagte darf also einen Anspruch in den Prozess einführen, für den das Gericht örtlich unzuständig wäre, falls er ihn als eine selbständige Klage anhängig machen würde. Ist freilich für die Widerklage das Gericht ohnehin örtlich zuständig, weil der Kläger (Widerbeklagte) zB im Gerichtsbezirk seinen allgemeinen Gerichtsstand hat und ein ausschließlicher Gerichtsstand für den Streitgegenstand nicht in Frage kommt, bedarf es insoweit nicht des Eingehens auf § 33 ZPO. Besteht allerdings offenkundig ein Zusammenhang zwischen Klage und Widerklage und ist die örtliche Zuständigkeit für den Widerklageanspruch nicht schnell zu begründen, kann der Verfasser dahingestellt lassen, ob für den Widerklageanspruch an sich das Gericht örtlich zuständig ist; jedenfalls ist es nach § 33 ZPO örtlich berufen. Vor allem aber muss § 33 ZPO herangezogen werden, wenn für den Widerklageanspruch jede örtliche Zuständigkeit bei dem betreffenden Gericht fehlt; dann ist es für ihn kompetent, sofern die „Konnexität" besteht.

Zwei allgemeine Voraussetzungen einer zulässigen Widerklage sind unkompliziert:
(1) Die *Hauptklage* (so wird in diesem Zusammenhang die Klage bezeichnet) muss erhoben und noch *rechtshängig* sein. Sobald die Widerklage rechtshängig gewor-

---

[1] Vgl. BVerfG NJW 2021, 2020 Rn. 19 ff.; NJW 2022, 1083 Rn. 24 ff. (hierzu Hufen JuS 2022, 893); Schumann JZ 2019, 398 ff.; weiterführend Möller https://rsw.beck.de/arbeitshilfe-moeller.

den ist, ist sie jedoch vom Fortbestand der Rechtshängigkeit der Hauptklage unabhängig *(sog. Sprungbrettfunktion der Hauptklage).*

(2) Die *Widerklage* muss einen *anderen Streitgegenstand* (→ Rn. 72 ff.) als die Hauptklage haben. Der bloßen Negierung der Hauptklage steht der Einwand der Rechtshängigkeit (§ 261 III Nr. 1 ZPO) entgegen (→ Rn. 243).

§ 59. Typische Examensfehler bei der Widerklage

I. Klage und Widerklage werden nicht strikt getrennt

298 *Widerklage* und *Klage* sind schon beim ersten Durchdenken des Falles und später in der schriftlichen Lösung *strikt zu trennen.* Es empfiehlt sich daher, die Klage – sofern eine Widerklage erhoben wurde – als *„Hauptklage"* zu bezeichnen, um Verwechslungen zu vermeiden. Aus demselben Grunde sollte der Beklagte *„Widerkläger",* der Kläger *„Widerbeklagter"* genannt werden, sobald die Widerklage erörtert wird; bei der ersten Verwendung dieser Begriffe in der Lösung ist es angebracht, vom *„Beklagten und Widerkläger"* und vom *„Kläger und Widerbeklagten"* zu sprechen. Diese terminologische Klarheit hilft dem Bearbeiter, das durch die Widerklage begründete selbständige Prozessrechtsverhältnis von der Hauptklage gedanklich streng zu trennen, sodann gesondert zu prüfen und schriftlich zu bearbeiten.

Von ebenso großer Bedeutung für die Klausur ist die *Einhaltung der richtigen Prüfungsreihenfolge.* Zulässigkeit und Begründetheit der *Eventualwiderklage* dürfen zwingend erst *nach* Prüfung von Zulässigkeit und Begründetheit der Hauptklage geprüft werden. Denn erst dann ist geklärt, ob die jeweilige Bedingung des Eventualwiderklägers eingetreten ist (§ 308 I ZPO). Dieses Prüfungsschema empfiehlt sich aus Gründen der Übersichtlichkeit – wenngleich nicht zwingend – auch im Falle einer unbedingten Widerklage.

II. Widerklage und Aufrechnung werden verwechselt

299 Da Aufrechnung und Widerklage verschiedene Prozessziele haben (→ Rn. 296 ff.), darf nicht jedes Geltendmachen eines Gegenanspruchs durch den Beklagten als „Widerklage" angesehen werden. Entscheidend ist, was der Beklagte will (auch an einer falschen Bezeichnung darf man nicht haften bleiben): Genügt ihm die Abweisung der Klage, dann will er nur aufrechnen. Möchte er aber die Verurteilung des Klägers zur Zahlung des Gegenanspruchs, dann liegt eine Widerklage vor. Unter Umständen verbindet der Beklagte auch Aufrechnung und (Eventual-)Widerklage.

III. Die allgemeinen Sachurteilsvoraussetzungen der Widerklage werden nicht geprüft

300 Häufig trifft man auf Lösungen, in denen der Bearbeiter übersieht, die allgemeinen Sachurteilsvoraussetzungen der Widerklage zu prüfen; in aller Regel ist dies ein Folgefehler aus der fehlenden Trennung von Klage und Widerklage (→ Rn. 298). Da die Widerklage eine echte Klage ist (nur die „Parteirollen" sind umgekehrt), müssen auch bei ihr die allgemeinen Sachurteilsvoraussetzungen vorliegen (→ Rn. 160–250). Fehlt nur *eine* von ihnen, ist die Widerklage unzulässig und (mit Prozessurteil) abzuweisen (zur Verweisung in solch einem Fall → Rn. 305 aE).

IV. Die sachliche Zuständigkeit wird falsch behandelt

301 Das Gericht muss für die Widerklage *sachlich zuständig* sein. Bei streitwertabhängiger sachlicher Zuständigkeit (→ Rn. 190) ist § 5 ZPO zu beachten (→ Rn. 296 sub b): Die *Klage* in Höhe von 2.900 EUR und die *Widerklage* in Höhe von 2.300 EUR

§ 59. Typische Examensfehler bei der Widerklage

werden also *nicht zusammengerechnet;* dadurch bleibt bei einem Amtsgerichtsprozess die *amtsgerichtliche* sachliche Zuständigkeit erhalten, da keiner der Streitwerte über dem Zuständigkeitsstreitwert von (derzeit) 5.000 EUR (§§ 23 Nr. 1, 71 I GVG) liegt. Übersteigt jedoch der *Streitwert der Widerklage* die Grenze des amtsgerichtlichen Zuständigkeitsstreitwertes, darf § 506 I ZPO keinesfalls übersehen werden.

> **Beispiel 111:** Nach einem Verkehrsunfall klagt *Pech* beim AG gegen *Fahrer* auf Ersatz seines Schadens in Höhe von 1.000 EUR. *Fahrer*, der umgekehrt dem *Pech* die Schuld gibt und daher für ersatzpflichtig hält, erhebt Widerklage auf Zahlung von 8.500 EUR Schadensersatz.
>
> **Frage:** Was wird das AG tun?
>
> **Lösung:** Das AG muss nach § 504 ZPO den *Pech* als Widerbeklagten belehren, dass es sachlich unzuständig ist, weil der Streitwert der Widerklage in Höhe von 8.500 EUR die amtsgerichtliche Streitwertgrenze von 5.000 EUR (§ 1 ZPO iVm § 23 Nr. 1 GVG, → Rn. 190) übersteigt. Wenn sich *Pech* gleichwohl auf die Widerklage einlässt, ist das AG sachlich zuständig geworden, § 39 S. 1 ZPO (→ Rn. 210 sowie → Rn. 231) und es kann, sofern auch die übrigen Sachurteilsvoraussetzungen vorliegen, durch Sachurteil entscheiden. Rügt jedoch *Pech* die fehlende sachliche Zuständigkeit des AG für die Widerklage, müsste sie das AG als unzulässig abweisen. Doch kann sowohl *Fahrer* als auch *Pech* Verweisungsantrag stellen, um den *gesamten* Rechtsstreit an das zuständige LG zu verweisen (§ 506 I ZPO), also auch die Klage mit einem amtsgerichtlichen Streitwert von 1.000 EUR.
>
> **Hinweis:** Im umgekehrten Fall (die landgerichtliche Zuständigkeit besteht für die Hauptklage, aber für die Widerklage die amtsgerichtliche Zuständigkeit) kommt es nicht etwa zur Verweisung der Widerklage an das AG, falls der Widerbeklagte die fehlende landgerichtliche Zuständigkeit rügt. Wie § 506 I ZPO zeigt, dürfen Zuständigkeitsmängel nicht zu einer Zersplitterung von Haupt- und Widerklage führen, und dann hat das LG den *Vorrang* und entscheidet auch über die Widerklage.[1]

V. Gerichtsstand und Konnexität der Widerklage werden nicht auseinandergehalten

Unverzichtbar ist auch hier *terminologische Klarheit:* „*Gerichtsstand*" der Widerklage bezieht sich auf die örtliche Zuständigkeit; „*Konnexität*" meint den „*Zusammenhang*" zwischen Klage und Widerklage, von dem §§ 33 I, 145 II ZPO sprechen: Eine „konnexe" Widerklage steht in diesem Zusammenhang, einer „nicht-konnexen" Widerklage fehlt er. Welche Bedeutung haben nun diese Begriffe?

302

1. Zum Gerichtsstand der Widerklage

Da die Widerklage eine echte Klage ist, muss das Gericht für sie auch *örtlich* zuständig sein. Die örtliche Zuständigkeit (der Gerichtsstand) kann sich aus den allgemeinen Vorschriften ergeben, zB der Kläger hat am eigenen Wohnsitz (§§ 12, 13 ZPO) geklagt; dann ergibt sich für die Widerklage der Gerichtsstand aus dem Wohnsitz des Widerbeklagten.

303

§ 33 I ZPO gewährt nach hM (→ Rn. 305 f.) einen *zusätzlichen* Gerichtsstand: Für konnexe Widerklagen besteht eine weitere örtliche Zuständigkeit am Gericht der Hauptklage. Examenstechnisch bedeutet dies, dass der Bearbeiter bei einer konnexen Klage nicht weiter untersuchen muss, ob das Gericht auch sonst örtlich kompetent

---

[1] Koch JA 2013, 95 (96 f.); Stein/Jonas/Roth ZPO § 33 Rn. 14.

ist: Die Konnexität begründet den Gerichtsstand. Zum Gerichtsstand im Falle von Drittwiderklagen → Rn. 314.

2. Zur Konnexität

304 Der Begriff des Zusammenhangs ist weit zu interpretieren, etwa wie beim Streitgegenstand der „Lebenssachverhalt" (→ Rn. 82). Konnexität ist – in Anlehnung an die Auslegung des § 273 I BGB – gegeben, wenn die Ansprüche einem einheitlichen innerlich zusammengehörigen Lebenssachverhalt entstammen. Konnexität besteht daher zB zwischen Kaufpreisklage und Widerklage auf Schadensersatz wegen Nichterfüllung, zwischen Mietzinsklage und Widerklage auf Feststellung, dass kein Mietverhältnis bestehe, zwischen Klage auf Erfüllung und Widerklage aus ungerechtfertigter Bereicherung[2]. Daneben kann die Konnexität gemäß § 33 I Alt. 2 ZPO auch mit *Verteidigungsmitteln* des Beklagten bestehen. So etwa, wenn der Beklagte zunächst mit einer nicht-konnexen Teilforderung gegen die Klageforderung *aufrechnet* und sodann hinsichtlich des überschießenden Teils dieser Aktivforderung Widerklage erhebt. Zwischen der Forderung der Widerklage und dem Verteidigungsmittel „Prozessaufrechnung" besteht sodann Konnexität, § 33 I Alt. 2 ZPO.[3]

3. Die Klausurbearbeitung bei fehlender Konnexität aufgrund der herrschenden Lehre

305 Schwierigkeiten bereitet häufig die fehlende Konnexität. Fehlt dann der Gerichtsstand? Wie ist die Widerklage zu behandeln?

Schuld an der häufigen Unsicherheit der Bearbeiter ist der Theorienstreit um die Bedeutung von § 33 ZPO. Nach heute herrschender Ansicht regelt diese Bestimmung *nur den Gerichtsstand der Widerklage.*[4] Aus dieser Auffassung folgt, dass für die *konnexe* Widerklage ein zusätzlicher Gerichtsstand bereitgestellt wird. Der *nicht-konnexen* Widerklage fehlt er. Jetzt kommt aber der entscheidende Gedanke: Wenn sich für die nicht-konnexe Widerklage aus *anderen* Vorschriften die örtliche Zuständigkeit des Gerichts ergibt (zB aus §§ 12, 13 ZPO), dann ist die fehlende Konnexität unschädlich; allenfalls trennt das Gericht gemäß § 145 II ZPO. Zu beachten ist in diesem Zusammenhang vor allem § 39 ZPO: Wenn sich der Widerbeklagte auf die Widerklage rügelos eingelassen hat, ist schon deshalb der Gerichtsstand gegeben – im Amtsgerichtsprozess freilich nur nach Belehrung (§ 504 ZPO). Folgt ein Bearbeiter der herrschenden Auffassung, kann er deshalb – vor allem wenn ihm unklar ist, ob die Konnexität besteht – auch das Vorliegen des Zusammenhangs dahinstellen und die örtliche Zuständigkeit aus anderen Gerichtsstandsvorschriften oder etwa aus § 39 ZPO ableiten. Lässt sich für eine nicht-konnexe Widerklage kein Gerichtsstand finden und auch nicht § 39 ZPO anwenden (weil der Widerbeklagte sogleich den fehlenden Gerichtsstand rügte), fehlt die örtliche Zuständigkeit für die Widerklage. Dann ist allerdings – auch bei der Widerklage – nicht etwa die Prozessabweisung die sofortige Folge (→ Rn. 225 aE): Die *Verweisung* der Widerklage auf Antrag des Widerklägers *an das örtlich zuständige Gericht* wird in aller Regel (gegebenenfalls nach Belehrung durch das Gericht) der zutreffende Weg sein (§ 281 ZPO, → Rn. 232).

---

[2] Weitere Beispiele bei Zöller/Schultzky ZPO § 33 Rn. 4; Stein/Jonas/Roth ZPO § 33 Rn. 26 ff.; Koch JA 2013, 95 (97 f.).

[3] Zöller/Schultzky ZPO § 33 Rn. 5; Stein/Jonas/Roth ZPO § 33 Rn. 29.

[4] Stein/Jonas/Roth ZPO § 33 Rn. 2–5; Rosenberg/Schwab/Gottwald ZivilProzR § 97 Rn. 21; s. auch Thomas/Putzo/Hüßtege ZPO § 33 Rn. 1; Koch JA 2013, 95.

4. Fehlende Konnexität aus der Sicht der Rechtsprechung

Auch bei dem Theorienstreit um die Bedeutung von § 33 ZPO gilt der Satz, dass der Bearbeiter 306 derjenigen Ansicht folgen sollte, die ihm für die *konkrete Klausurlösung* die besseren Entfaltungsmöglichkeiten gibt (zur Klausurtaktik in kontroversen Fragen → Rn. 40). So kann es sich durchaus einmal empfehlen, der Rechtsprechung des BGH zu folgen, dass § 33 ZPO als besondere Sachurteilsvoraussetzung die Zulässigkeit der Widerklage regelt.[5] Freilich hat das Erörtern des Theorienstreits nur dann einen Sinn, wenn eine *nicht-konnexe* Widerklage vorliegt; denn bei der konnexen Widerklage kommen beide Auffassungen zu demselben Ergebnis. *Nach der Rechtsprechung des BGH ist eine nicht-konnexe Widerklage stets unzulässig.* Dass das Gericht vielleicht ohnehin örtlich für die Widerklage zuständig ist, ändert an dieser Unzulässigkeit nichts, weil es sich nach dieser Meinung ja um eine Frage der Zulässigkeit der Widerklage, nicht (nur) um ein Gerichtsstandsproblem handelt; deshalb hilft über die fehlende Konnexität auch § 39 ZPO nicht hinweg. Doch greift eine andere Heilungsvorschrift ein, wenn der Widerbeklagte die fehlende Konnexität nicht rügt: § 295 ZPO. Falls jedoch der Widerbeklagte den Mangel des Zusammenhangs *rechtzeitig* (§ 295 I ZPO!) rügt, ist die Widerklage unzulässig. Eine Verweisung (wie bei der herrschenden Meinung) scheidet aus, weil die Unzulässigkeit der Klage nicht auf einem Mangel des Gerichtsstands, sondern auf dem Fehlen einer (besonderen) Zulässigkeitsvoraussetzung beruht. Es erfolgt daher die harte Konsequenz der Prozessabweisung im Falle fehlender Konnexität. Dies ist ein weiterer Grund, die Rechtsprechung abzulehnen. Diese sollte wenigstens § 145 II ZPO analog anwenden, dh die nicht-konnexe Widerklage abtrennen und dann untersuchen lassen, ob nicht das Gericht für die (abgetrennte) Widerklage zuständig ist und gegebenenfalls dann auf Antrag des Widerklägers verweisen.

VI. Die Sonderformen der Widerklage sind unbekannt

Die verschiedenen Arten der Widerklage[6] müssen bekannt sein. Insbesondere bei 307 einer Anwaltsklausur kann im Aufzeigen der unterschiedlichen Verteidigungsstrategien des Beklagten eine wesentliche Klausurleistung liegen.

1. Zwischenfeststellungswiderklage

Der Klageform der (→ Rn. 69) schon behandelten *Zwischenfeststellungsklage* des 308 § 256 II ZPO kann sich auch der Beklagte bedienen. Überzieht ihn der Kläger mit einer Teilklage, „kontert" er diesen Angriff mit der negativen Zwischenfeststellungswiderklage. In den Worten des BGH „stellt es einen typischen Anwendungsfall der Zwischenfeststellungsklage dar, dass der Kläger von einer Forderung nur einen Teil einklagt und der Beklagte widerklagend die Feststellung eines sie hindernden Rechtsverhältnisses auch mit Wirkung für den nicht rechtshängigen Teil erstrebt"[7].

2. Inzidentanträge auf Schadensersatz

Eine Art Widerklage bilden die Inzidentanträge auf Schadensersatz, die der Beklagte 309 geltend machen kann, auch wenn dem Kläger kein Verschulden nachzuweisen ist (§§ 302 IV 4, 717 II 2 ZPO).[8] Diese Anträge sind ohne Rücksicht auf Zuständigkeitsvorschriften im anhängigen Rechtsstreit möglich; ihre Zulässigkeit richtet sich daher nicht nach § 33 ZPO, sondern allein nach den genannten Vorschriften.

3. Wider-Widerklage

Stellt der Kläger nach Erhebung der Widerklage seinerseits weitere Anträge, muss 310 sich der Klausurbearbeiter fragen, ob es sich um eine übliche Klageänderung handelt

---

[5] Vgl. BGH NJW 1975, 1228; BGH NJW 1964, 44; bestätigt durch BGH NJW 2001, 2094 (2095): § 33 als „besondere Prozessvoraussetzungen für die Widerklage".
[6] Zu ihnen Stein/Jonas/Roth ZPO § 33 Rn. 34–51; Wagner JA 2014, 655.
[7] BGH NJW 1977, 1637.
[8] *Weitere* Fälle verschuldensunabhängiger Schadensersatzansprüche der ZPO sind in → Rn. 128 Fn. 6 genannt.

(dann ist gemäß §§ 263 ff. ZPO zu verfahren → Rn. 264 ff.) oder ob ein Gegenangriff auf die Widerklage hin, also eine Wider-Widerklage vorliegt, die wie die Widerklage nach § 33 ZPO abzuwickeln ist. Die Wider-Widerklage kann dabei unter leichteren Voraussetzungen als eine Klageerweiterung – die nur bei Einwilligung des Beklagten oder Sachdienlichkeit zulässig ist (→ Rn. 269, → Rn. 271) – erhoben werden, es sei denn, man folgt der Mindermeinung (→ Rn. 267 Fn. 5), dass eine nachträgliche Häufung von Streitgegenständen keine Klageänderung sei.

4. Eventualwiderklage (Hilfswiderklage)

311 Eine große Rolle spielt in Praxis und Prüfung die Eventualwiderklage: Der Beklagte erhebt die Widerklage nur für den Fall, dass die Klage unbegründet ist; insoweit handelt es sich um eine zulässige innerprozessuale Bedingung (→ Rn. 262).[9] Zeigt sich die Unbegründetheit der Klage, ist nunmehr die Widerklage zu behandeln.

> **Beispiel 112:** *Tom* klagt gegen *Harry* auf Ausschluss aus der OHG (§§ 134, 130 I Nr. 5 HGB). *Harry* beantragt Klagabweisung und erhebt für diesen Fall Eventualwiderklage auf Ausschluss von *Harry.* Dann ist die Widerklage nur zu behandeln, wenn das Gericht zur Abweisung der Klage gelangt ist.

Hat jedoch die Klage Erfolg, fehlt es am Bedingungseintritt für die Widerklage: Sie gilt als nicht anhängig und ist daher vom Gericht nicht zu behandeln. In der Klausurbearbeitung ist die nicht erhobene Widerklage gegebenenfalls – abhängig vom jeweiligen Bearbeitervermerk – in einem *Hilfsgutachten* (→ Rn. 38) zu bearbeiten.

Mit der Eventualwiderklage und mit weiteren innerprozessualen Bedingungen kann sich der Beklagte geschickt verteidigen: Gegenüber dem Klageanspruch rechnet er „hilfsweise" (→ Rn. 281) für den Fall auf, dass dieser Anspruch besteht; dessen Bestehen leugnet er entschieden. Ferner erhebt er *Eventualwiderklage* für den Fall, dass die Klageforderung (wovon er ja überzeugt ist) nicht existiert. Das Gericht (und der Bearbeiter einer entsprechenden Klausur) steht dann vor folgender Prüfungsreihenfolge: Zuerst wird der Klageanspruch untersucht. Besteht er, muss die Aufrechnung geprüft werden; besteht er nicht, muss auf die Widerklage eingegangen werden. Vier Entscheidungsmöglichkeiten des Gerichts gibt es: Klageforderung existiert und Aufrechnung dringt durch *(Abweisung der Klage);* Klageforderung besteht und Aufrechnungsforderung besteht nicht *(Verurteilung des Beklagten);* Klageforderung besteht nicht und Widerklageforderung besteht *(Abweisung der Klage und Verurteilung des Klägers auf Widerklage hin);* Klageforderung und Widerklageforderung bestehen nicht *(Abweisung von Klage und Widerklage).* Die Wider-Widerklage (→ Rn. 310) eröffnet weitere Möglichkeiten: Für den Fall der Begründetheit der Widerklage des Beklagten erhebt der Kläger *Eventualwider-Widerklage!*[10]

5. Parteierweiternde Widerklage (Drittwiderklage)

Schließlich sollte der Examenskandidat auch die *parteierweiternde Widerklage (Drittwiderklage)* kennen. Hierbei handelt es sich um eine Widerklage gegen einen *noch nicht* am Prozess als Partei beteiligten Dritten. In zwei Varianten tritt diese Widerklage auf.

a) Streitgenössische parteierweiternde Widerklage (Drittwiderklage)

312 Mit dieser Widerklage geht der Beklagte sowohl gegen den Kläger als auch gegen einen bisher nicht beteiligten Dritten vor. Wie auch sonst (→ Rn. 96) sind die Prozessrechtsverhältnisse strikt zu trennen. Im Verhältnis zum *Kläger* liegt eine „nor-

---

[9] Stein/Jonas/Roth ZPO § 33 Rn. 36 ff.
[10] Vgl. BGH NJW 1996, 2165; Stein/Jonas/Roth ZPO § 33 Rn. 35.

§ 59. Typische Examensfehler bei der Widerklage

male" Widerklage vor. Anders ist es gegenüber dem *Dritten*. Hier handelt es sich um eine Parteiänderung in der Form des Parteibeitritts (→ Rn. 286). Da die herrschende Meinung die Parteiänderung als Klageänderung ansieht (→ Rn. 288), muss entweder der Widerbeklagte (= Kläger) einwilligen oder das Gericht die Widerklage gegen den Dritten als sachdienlich ansehen (§ 263 ZPO).[11]

Beispiel 113: *Driver* und *Fahrer* sind mit ihren Wagen an einer Kreuzung zusammengestoßen. Jeder behauptet, „grün" gehabt zu haben. Nach vergeblichen Vorgesprächen klagt *Driver* gegen *Fahrer* auf Zahlung von 7.340 EUR. *Fahrer* erhebt Widerklage auf 6.750 EUR und richtet sie gegen *Driver* sowie gemäß § 115 I VVG gegen dessen Haftpflichtversicherung, die *Insolventia AG* (Beispiel 4, → Rn. 20). *Driver* und die *Insolventia AG* halten das Vorgehen von *Fahrer* für prozessordnungswidrig.
Frage: Haben sie recht?
Antwort: Nein. Es ist durchaus sachdienlich (§ 263 ZPO), dass die Haftpflichtversicherung am Unfallprozess beteiligt ist, sodass die durch die Widerklage bewirkte Parteiänderung zulässig ist. Gegen die dadurch entstandene einfache Streitgenossenschaft auf der Widerbeklagtenseite ergeben sich ebenfalls keine Bedenken (§§ 59 f. ZPO).

b) Isolierte parteierweiternde Widerklage (Drittwiderklage)

Die isolierte Widerklage richtet sich ausschließlich gegen einen bisher am Prozess nichtbeteiligten Dritten und wird grds. als unzulässig angesehen. Wenn allerdings zwei Voraussetzungen vorliegen – eine in tatsächlicher und rechtlicher Hinsicht enge Verknüpfung der Streitgegenstände von Klage und Drittwiderklage sowie eine fehlende Beeinträchtigung schutzwürdiger Interessen des Drittwiderbeklagten –,[12] wird sie vom BGH ausnahmsweise zugelassen. 313

Beispiel 114: Anders als soeben im Beispiel 113 (→ Rn. 312) klagt nicht *Driver*, sondern die *Werkstatt GmbH*, nachdem sie sich von *Driver* die Schadensersatzforderung gegen *Fahrer* hat abtreten lassen. Da *Fahrer* gegen die *Werkstatt GmbH* keine Ansprüche hat, erhebt er die Widerklage nicht gegen sie; Widerbeklagte sind nur zwei Dritte: *Driver* und die *Insolventia AG.* Obwohl die isolierte Drittwiderklage grds. unzulässig ist, zeigt sich hier ein typischer Fall ihrer Zulässigkeit, weil durch die Widerklage das gesamte Unfallgeschehen in einem einzigen Prozess geklärt werden kann und schutzwürdige Interessen der Drittwiderbeklagten *Driver* und *Insolventia AG* nicht entgegenstehen.

c) Grundsatz: Keine Gerichtsstandsbegründung gemäß § 33 ZPO

Während § 33 ZPO einen (zusätzlichen) Gerichtsstand für die „normale" Widerklage begründet (→ Rn. 303), gilt dies keineswegs bei den beiden Varianten der Drittwiderklage. Dies ist selbstverständlich. Die Regelung des § 33 ZPO ist Ausfluss der Waffengleichheit (→ Rn. 297): Der angegriffene Beklagte soll in Gestalt der Widerklage eine der Klage entsprechende Waffe gegen den Kläger haben. Die Drittwiderklage richtet sich jedoch gegen einen *Prozessfremden;* er hat den Beklagten nicht angegriffen. Deshalb ist § 33 ZPO gegenüber dem Drittwiderbeklagten unanwendbar, und der Bearbeiter muss prüfen, ob für die Drittwiderklage eine örtliche Zuständigkeit besteht. 314

---

[11] Hierzu Koch JA 2013, 95 (98 ff.).
[12] BGHZ 228, 1 = NJW 2021, 1093 Rn. 28; vgl. Koch JA 2013, 95 (99); Fischer JuS 2021, 507 (509 f.).

d) Die Ausnahme: Bei der Drittwiderklage gegen einen Zedenten gilt § 33 ZPO analog

315 Ausnahmsweise ist § 33 ZPO aber analog anwendbar, falls sich die Drittwiderklage gegen einen Zedenten richtet.[13] Diese Analogie stellt die Waffengleichheit (→ Rn. 297) wieder her: Vor der Zession hätte der Inhaber der Forderung selbst klagen müssen und der Beklagte als sein Schuldner wäre ohne weiteres befugt gewesen, Widerklage zu erheben. Diese Prozesslage ändert sich, falls die Forderung von deren Inhaber (Zedent) abgetreten wird und der neue Inhaber (Zessionar) die Forderung gegen den Beklagten geltend macht. Dann zeigt sich folgendes Ergebnis: Eine Widerklage des Beklagten gegen den Zessionar ist sinnlos, weil gegen ihn keine Ansprüche bestehen, und gegen den früheren Inhaber der Forderung (Zedent) scheidet eine Widerklage immer dann aus, wenn der Zedent am Gerichtsort keinen Gerichtstand hat, weil § 33 ZPO für die Drittwiderklage nicht gilt. Doch dieses Ergebnis widerspricht dem Sinn des § 33 ZPO. Durch die Zession könnte sich der Zedent dem Gegenangriff in ein und demselben Prozess entziehen. Im Übrigen entspricht diese analoge Anwendung des § 33 ZPO der Prozessökonomie, weil der meist einheitliche Lebenssachverhalt in ein und demselben Prozess behandelt werden kann. Ob nicht nur bei der Widerklage gegen einen Zedenten, sondern auch in anderen Fällen materiell-rechtlicher Zusammenhänge § 33 ZPO eingreift, hat der BGH bisher nicht entschieden.[14]

> **Beispiel 115:** In Berlin waren die Wagen von *Ella Rostocker* und *Ida Berliner* auf einer Kreuzung zusammengestoßen. *Berliner* betraute die Potsdamer *Werkstatt GmbH* mit der Reparatur. Auf deren Wunsch hin trat *Berliner* ihre zukünftigen Schadensersatzansprüche gegen *Rostocker* an sie ab. *Rostocker* zahlte nicht. Gegen sie erhob daraufhin vor ihrem Wohnsitzgericht in Rostock die *Werkstatt GmbH* Klage auf Zahlung von 6.700 EUR. Doch die beklagte *Rostocker* gibt hingegen *Berliner* die Schuld an dem Unfall und verlangt von ihr 8.690 EUR Schadensersatz. Daher möchte *Rostocker* von ihrer *Rechtsanwältin* wissen, ob es sinnvoll sei, dass sie im Prozess in Rostock eine Widerklage gegen die in Berlin wohnende *Berliner* sowie gegen deren *Haftpflichtversicherer* mit Sitz in Leipzig erhebt.
>
> **Frage:** Was wird die Rechtsanwältin antworten?
>
> **Lösung:** Die *Rechtsanwältin* wird antworten: *Berliner* ist am Prozess in Rostock nicht beteiligt, sodass eine (normale) Widerklage der dort beklagten *Rostocker* gegen sie nicht möglich ist; dasselbe gilt für den *Haftpflichtversicherer*. Da aber das Verlangen der *Rostocker* eng mit dem Sachverhalt dieses Prozesses zusammenhängt (derselbe Unfall), ist eine isolierte Drittwiderklage gegen die bisher am Prozess nicht beteiligten *Berliner* und *Haftpflichtversicherer* zulässig (→ Rn. 313). Fraglich ist jedoch, ob in Rostock ein Gerichtsstand gegenüber *Berliner* und *Haftpflichtversicherer* besteht. Für die Drittwiderklage greift § 33 ZPO nicht ein (→ Rn. 314), also muss nach einem allgemeinen oder besonderen Gerichtsstand gesucht werden. Weil *Berliner* in Berlin wohnt (§ 13 ZPO) und *Haftpflichtversicher*den Sitz in Leipzig hat (§ 17 ZPO) fehlt es in Rostock an einem allgemeinen Gerichtsstand. Die besonderen Gerichtsstände des § 32 ZPO und des § 20 StVG bestehen auch nicht; der Unfall geschah in Berlin. Danach gibt es für diese Drittwiderklage keinen Gerichtsstand in Rostock. Doch hier liegt die Ausnahme vor, dass *Rostocker* gegen *Berliner* als der Zedentin vorgehen will (→ Rn. 315). Denn die von der *Werkstatt GmbH* vor dem Rostocker Gericht eingeklagte Forderung stand bis zur Abtretung der Zedentin *Berliner* zu.

---

[13] Vgl. BGH NJW 2011, 460.
[14] Dafür: Zöller/Schultzky ZPO § 33 Rn. 28.

16. Kapitel. Beweisfragen

§ 60. Das Beweisrecht in der Fallbearbeitung

I. Prüfungsordnungen

In den Prüfungsordnungen wird das Beweisrecht häufig als Pflichtfachstoff ausdrücklich angegeben oder aus dem erstinstanziellen Verfahren lediglich die Beweiswürdigung ausgenommen (→ Rn. 2). Dies überrascht die Examenskandidaten; sie glauben nicht selten, dass Fragen des Beweisrechts erst in der Zweiten Juristischen Staatsprüfung eine Rolle spielen. An dieser Ansicht ist lediglich richtig, dass *Einzelprobleme* aus dem Beweisrecht, etwa Fragen der Beweiserhebung oder der Beweiswürdigung, regelmäßig nicht im Ersten Staatsexamen verlangt werden. Angesichts der großen Bedeutung, die der Beweis in der Prozesspraxis spielt, wäre aber eine juristische Ausbildung fragwürdig, die ein solch wichtiges Gebiet nicht frühzeitig behandelte. Deshalb werden Grundkenntnisse des Beweisrechts (und dabei nicht nur die Grundregeln der Beweislastverteilung!) bereits im Ersten Staatsexamen gefordert.[1]

II. Beweis und Verhandlungsgrundsatz

Im Zivilprozess darf vor allem nicht übersehen werden, dass durch die in fast allen zivilprozessualen Verfahren (und im Urteilsverfahren der Arbeitsgerichtsbarkeit) bestehende Geltung des *Verhandlungsgrundsatzes*[2] in vielen Fällen eine Beweiserhebung nicht notwendig ist. Während die Verfahren mit *Untersuchungsgrundsatz* selbst dann zu einer Beweisaufnahme kommen, wenn zwischen den Parteien keinerlei Uneinigkeit über das vergangene Geschehen besteht, bewirkt eine solche Übereinstimmung regelmäßig im Zivilprozess die Überflüssigkeit des Beweises. Es gehört zu den typischen Fehlern der zivilprozessualen Praxis, dass Beweise erhoben werden, wo die Tatsache *nicht beweisdürftig* ist; mit diesen Fehlern sollte nicht schon im Examen begonnen werden.

> **Beispiel 116:** Im Prozess *Klein* gegen Sohn *Sanft* auf Herausgabe (§ 985 BGB) des von dem Besitzdiener Mitarbeiter *Saubermann* (§ 855 BGB) unterschlagenen Rasenmähers (Beispiel 12, → Rn. 27) hat Sohn *Sanft* die Behauptung des *Klein* nicht bestritten (§§ 138 III, 288 I ZPO), dass Mitarbeiter *Saubermann* den Rasenmäher nicht an *Klein* zurückgab, sondern – entgegen der Weisung der unmittelbaren Besitzerin, der Frau *Herz* – an Vater *Sanft* verkaufte und übergab.
>
> *Klein* stellt nunmehr zwei Beweisanträge: Zeugenvernehmung (§§ 373 ff. ZPO) von Mitarbeiter *Saubermann* zum Beweis, dass Vater *Sanft* nicht gutgläubig war, als er den Rasenmäher erwarb, und Zeugenvernehmung (§§ 373 ff. ZPO) von Frau *Herz* zum Beweis, dass Mitarbeiter *Saubermann* weisungswidrig handelte.
>
> **Frage:** Was ist zu den Beweisanträgen zu sagen?

---

[1] Einen Überblick gibt Muthorst JuS 2014, 686.
[2] Der Verhandlungsgrundsatz wird, ebenso wie der Antragsgrundsatz und die Dispositionsmaxime (→ Rn. 45), zu den sog. Prozessmaximen gezählt. Rosenberg/Schwab/Gottwald ZivilProzR § 77 Rn. 8 ff.; Jauernig/Hess ZivilProzR § 25.

> **Antwort:** Das Gericht wird den Beweisanträgen *nicht* stattgeben.[3]
>
> **Begründung:** Die Tatsache der fehlenden Gutgläubigkeit des Vaters *Sanft* ist unerheblich, weil bei abhandengekommenen Sachen ein guter Glaube ohnehin nichts helfen würde (§ 935 I 1 BGB). Die Tatsache des weisungswidrigen Verhaltens der Besitzdienerin ist infolge des Nichtbestreitens des Beklagten nicht beweisbedürftig (§§ 288 I, 138 III ZPO).[4]
>
> Da allerdings die ZPO – anders als § 244 VI StPO – keinen besonderen Zurückweisungsbeschluss kennt, wird die Zurückweisung von Beweisanträgen in der Regel – so auch hier – *erst in den Entscheidungsgründen des Urteils* begründet, soweit sich der Beweisantrag auf erhebliche Tatsachen bezog. Beweisanträge zu nicht erheblichen Tatsachen werden überhaupt nicht in den Entscheidungsgründen erwähnt.[5]

III. Beweis und Rechtsfolge

318 Im Beweisrecht ist es unerlässlich, dass sich der Bearbeiter über die von den Parteien begehrten Rechtsfolgen – vor allem auch hier wieder: über den Klageantrag[6] – Klarheit verschafft. Er muss dabei immer die Normen des *materiellen*[7] *Rechts* im Auge behalten, weil aus ihnen hervorgeht, auf welche Tatsachen es ankommt (§ 935 I 1 BGB: Abhandenkommen [Beispiel 116, → Rn. 317]) und welche Tatsachen unerheblich sind (§ 932 I 1, II BGB: guter Glaube [Beispiel 116, → Rn. 317]). Erst wenn eine Tatsache erheblich ist, stellt sich die Frage, ob sie bereits vom Gegner zugestanden worden ist – sei es ausdrücklich durch ein Geständnis (§§ 288 ff. ZPO),[8] sei es durch Nichtbestreiten (§ 138 III ZPO),[9] sei es durch unzulässige Erklärung mit Nichtwissen (§ 138 IV ZPO)[10] – oder sonst nicht beweisbedürftig ist, so zB im Falle von § 291 ZPO; dabei muss der Bearbeiter jedoch deutlich unterscheiden, ob es sich um eine Tatsache handelt, die allgemein bekannt – „gerichtsnotorisch" – ist

---

[3] Zu der wichtigen Frage, wann Beweisanträge zurückzuweisen sind: Stein/Jonas/Thole ZPO § 284 Rn. 40 ff.; s. auch Thomas/Putzo/Seiler ZPO § 284 Rn. 4 ff.; Stöhr JA 2020, 688; Ullenboom ZZP 133 (2020) 103. – Allerdings kennt der Zivilprozess nicht wie § 244 VI StPO einen besonderen Zurückweisungsbeschluss. Vielmehr wird die Zurückweisung von Beweisanträgen in der Regel *erst im Urteil* (in dessen Entscheidungsgründen) begründet, soweit sich der Beweisantrag auf erhebliche Tatsachen bezog. Beweisanträge, die zu nicht erheblichen Tatsachen gestellt wurden, werden überhaupt nicht in den Entscheidungsgründen erwähnt (näher Störmer JuS 1994, 243 ff.). Diese Praxis ist unerlässlich, weil viele Anwälte eine Fülle von nebensächlichen Tatsachen vortragen und immer wieder Beweisanträge stellen, die nichts zur Sache beitragen.

[4] Stein/Jonas/Kern ZPO § 138 Rn. 36 ff.

[5] Störmer JuS 1994, 243 ff.

[6] Nicht allein entscheidend ist der Klageantrag, wenn zB der *Beklagte* eine Tatsache behauptet, die ihm günstig ist, etwa die Genehmigung des Klägers bei schwebend unwirksamem Erwerb (§ 185 II 1 Var. 1 BGB). Hier will der Beklagte, dass diese Tatsachenbehauptung bewiesen wird, und wird seine Verteidigungstaktik auf den Beweis dieser Tatsache konzentrieren.

[7] Es gibt aber auch Prozesse, die *prozessuale* Rechtsfragen zum Gegenstand haben; dann sind selbstverständlich diese Normen des Prozessrechts maßgeblich.

[8] Das gerichtliche Geständnis bezieht sich auf *Tatsachen;* Anerkenntnis (§ 307 ZPO) und Verzicht (§ 306 ZPO) betreffen den *Streitgegenstand.* Weiterführend M. Huber JuS 2021, 1016.

[9] Offenkundig unwahre Behauptungen können nicht durch Nichtbestreiten zugestanden werden.

[10] Dazu Nicoli JuS 2000, 584 ff.; Rosenberg/Schwab/Gottwald ZivilProzR § 113 Rn. 23.

oder ob die Tatsache zum sog. „privaten Wissen" des Richters gehört.[11] Bisweilen zeigt sich bei dieser Frage, dass die Partei die ihr günstigen Tatsache (noch) gar nicht *behauptet* hat.

IV. Beweis und Behauptung

> **Beispiel 117:** *Klein* klagt (wie soeben im Beispiel 116, → Rn. 317) gegen Sohn *Sanft* auf Herausgabe (§ 985 BGB). Sohn *Sanft* stellt den Antrag auf Klageabweisung, weil er Eigentümer sei. Das Gericht verurteilt ihn entsprechend dem Klageantrag. Als Vater *Sanft* das Urteil liest, entdeckt er, dass sein Sohn eine wichtige Tatsache vorzutragen vergaß: *Klein* hatte am Tage vor dem Gerichtstermin von Mitarbeiter *Saubermann* den Erlös aus dem Rechtsgeschäft mit Vater *Sanft* verlangt (§ 816 I 1 BGB). Diese Tatsache hätte aufgrund der darin liegenden stillschweigenden Genehmigung (§ 185 II 1 Var. 1 BGB) des bis dahin schwebend unwirksamen Rechtsgeschäfts zur *Klageabweisung* geführt, wenn Sohn *Sanft* sie vorgetragen hätte und wenn sie entweder von *Klein* nicht bestritten worden wäre oder von Sohn *Sanft* hätte bewiesen werden können.

319

An diesem Beispiel werden drei wichtige Fragen des Beweisrechts deutlich:

1. Behauptungslast (Beweisführungslast, Darlegungslast, subjektive Beweislast)

Es zeigen sich die *Behauptungslast* und zugleich der *Verhandlungsgrundsatz* (→ Rn. 317); wenn Sohn *Sanft* die Tatsache nicht vorträgt, muss er selbst die Folgen tragen.

320

Die *Behauptungslast* ist eine typische Folge des Verhandlungsgrundsatzes, weil sie den Parteien die „Last" aufbürdet, die für sie günstigen Tatsachen zu *behaupten*. Erst durch die Behauptung wird die Tatsache in den Prozess eingeführt. Anders ist es beim Untersuchungsgrundsatz, wo das Gericht von selbst die einzelnen Tatsachen in den Prozess einführen kann. Die Behauptungslast kann also in Verfahren nicht gelten, in denen der Untersuchungsgrundsatz herrscht.[12]

Von der Behauptungslast ist die „*Beweislast*", die man auch als *objektive* oder *materielle Beweislast* bezeichnen kann, deutlich zu trennen. Die Beweislast regelt das Risiko der Unaufklärbarkeit des Sachverhalts und überbürdet einer der Prozessparteien dieses Risiko. Deutlichstes Beispiel ist im *Strafprozessrecht* der Satz „*in dubio pro reo*", nach dem der Angeklagte freizusprechen ist, wenn der Sachverhalt unaufgeklärt ist. Man kann hier davon sprechen, dass „der Staatsanwalt die Beweislast für die Tat des Angeklagten trägt". Das zeigt, dass die Beweislast in allen Verfahren und *unabhängig von Verhandlungsgrundsatz und Untersuchungsgrundsatz* gilt. Sie bedeutet nichts anderes als die Erkenntnis, dass im Prozess oftmals nicht der ganze Sachverhalt aufgeklärt werden kann. Die Beweislast bestimmt die Rechtsfolgen, die eintreten, wenn eine Tatsachenbehauptung nicht aufgeklärt werden kann, wenn also ein „*non liquet*" besteht.

2. Belastete Partei

Beweislast und Behauptungslast treffen nicht nur den Kläger. Zugestehen kann auch der Kläger, wenn der Beklagte eine Tatsache (hier im Beispiel 117: die Genehmigung nach § 185 II 1 Var. 1 BGB) behauptet (→ Rn. 318 Fn. 6). Die Last hängt *nicht von der Parteirolle ab,* wie schon das Ende des Beispiels 75 (→ Rn. 179) sowie Beispiel 118 (→ Rn. 323) zeigten.[13]

321

---

[11] Pantle MDR 1993, 1167; Stackmann NJW 2014, 1409; BGH NJW 1987, 1021; mit weiteren Beispielen Bachmeier DAR 2012, 557.

[12] Zur Vertiefung: Rosenberg/Schwab/Gottwald ZivilProzR § 116 Rn. 37 ff.; K. Schmidt JuS 1995, 551; ders. JuS 2003, 1007; s. auch Thomas/Putzo/Seiler ZPO Vor § 284, Rn. 17 ff.

[13] Hierzu Rosenberg/Schwab/Gottwald ZivilProzR § 116 Rn. 7 ff.

3. Verhandlungsgrundsatz

322 Der Bearbeiter muss deutlich *trennen,* was im Gerichtssaal vorgetragen wurde, von dem, was tatsächlich geschah. Auf diese *Sachverhaltsproblematik* wurde bereits zu Beginn dieses Buches hingewiesen (→ Rn. 32 beim Beispiel 14). Sie zeigt ihre Gefährlichkeit, wenn etwa im soeben behandelten Beispiel 117 im Aufgabentext zunächst der Sachverhalt unabhängig vom Prozess dargestellt und sodann die Klage *Kleins* gegen Sohn *Sanft* geschildert wird. Wenn im Prozess Sohn *Sanft* vergisst, die Tatsache der Genehmigung zu behaupten, darf der Bearbeiter unter keinen Umständen von dieser Tatsache ausgehen! Im Prozess kann nur von *dem* Sachverhalt ausgegangen werden, der dem Gericht vorliegt. Es wäre ein schwerer Verstoß gegen prozessuales Denken, wenn der Bearbeiter außerprozessuale Tatsachen verwerten würde!

In der Praxis wird allerdings ein Richter in Erfüllung seiner Hinweispflicht gemäß § 139 ZPO (→ Rn. 154) auf vollständige Klärung des Sachverhalts hinwirken, wenn er derartige Lücken erkennt. Im Examen muss der Bearbeiter aber in solchen Fällen davon ausgehen, dass Hinweise gemäß § 139 ZPO erfolglos geblieben sind.

V. Beweis und einfaches oder substantiiertes Bestreiten

323 Bestreitet der Gegner eine Behauptung nicht, bedarf es keines Beweises (§§ 138 III, IV, 288 I ZPO). Bestreitet er, muss man sich die Frage stellen, wer im Falle des „non liquet" (→ Rn. 320 aE) eigentlich die *Beweislast* trägt. Möglicherweise ist dies gerade der Gegner. Dann wäre es prozessual töricht, einen Beweis anzubieten, der möglicherweise dem Gegner hilft, weil das „non liquet" beseitigt wird und die für den Gegner günstige Tatsache beweisen wird.

> **Beispiel 118:** Im Prozess der Uhrmacherin *Zeiger* gegen *Frosch* (Beispiele 13 und 14, → Rn. 31 und 32) nimmt *Zeiger* den *Frosch* aus § 179 I BGB in Anspruch, weil dieser ohne Vertretungsmacht für *Schön* eine Uhr gekauft und noch nicht bezahlt habe. *Frosch* gesteht den Kauf im Namen des *Schön* zu, bestreitet aber das Handeln ohne Vertretungsmacht. Damit ist unklar, ob *Frosch* Vertretungsmacht hatte oder nicht. Jetzt muss sich *Zeiger* fragen, wer das Risiko trägt, wenn sich diese Unklarheit nicht beseitigen lässt. Dies ist *Frosch*: Er muss nachweisen, dass er Vollmacht hatte (vgl. den Wortlaut des § 179 I BGB: „sofern er nicht seine Vertretungsmacht nachweist"). Kann er dies nicht, haftet er der *Zeiger*. Deshalb wird *Zeiger* keinen Beweisantrag stellen.

Eine ähnliche Regelung enthält auch § 164 II BGB: Wer sich darauf beruft, für einen anderen als Vertreter gehandelt zu haben, muss beweisen, dass er tatsächlich im Namen eines anderen auftrat. Gelingt *Frosch* auch dieser Beweis nicht, kommt es nicht einmal zur Anwendung der Vorschriften über den Vertreter ohne Vertretungsmacht, sondern er haftet aus einem Eigengeschäft. Dies sind typische Fälle, in denen sogar ein Beklagter die Beweislast zu tragen hat.

Wann ein beachtliches „Bestreiten" vorliegt, hängt von der jeweiligen Prozesslage ab. So genügt einfaches (pauschales) Bestreiten, wenn der betreffenden Partei der Geschehensablauf nahezu unbekannt ist (Kunstfehler bei Operation unter Vollnarkose). Ist dies nicht der Fall, muss das Bestreiten umso substantiierter sein, je eingehender der Gegner die für ihn sprechenden Tatsachen dargelegt hat. Wenn in einer solchen Situation die Partei nur erklärt zu bestreiten, ohne hierzu eine nähere Begründung zu geben, liegt kein „ausdrückliches Bestreiten" vor und der gegnerische Vortrag ist nach § 138 III ZPO zugestanden.

VI. Beweislast und Beweiserleichterungen
1. Die Verteilung der Beweislast durch Gesetz und Rechtsprechung

Es wurde bereits erwähnt: Die Zuweisung der Beweislast an den Kläger oder an den Beklagten entscheidet darüber, wer das Risiko der Unaufklärbarkeit der betreffenden Tatsache zu tragen hat – und dementsprechend zu wessen Lasten das Gericht eine non liquet-Entscheidung trifft (→ Rn. 320). Dabei entspricht es einem typischen Anfängerfehler, dass die Regeln über die Beweislastverteilung in der ZPO gesucht werden. Die Beweislast ist – zumindest im deutschen Recht – eine Frage des materiellen Rechts; sie ist folglich den Regeln zu entnehmen, die für den konkreten Fall die materielle Rechtslage bestimmen, dh in aller Regel dem BGB oder etwa in Verkehrsunfallsachen dem StVG.

324

Eine weitere Schwierigkeit tritt dadurch auf, dass der Gesetzgeber des BGB eine Grundregel zur Beweislastverteilung nicht normiert hat. Eine entsprechende Entwurfsfassung ist nicht Gesetz geworden, weil man meinte, das Selbstverständliche nicht regeln zu müssen. Dementsprechend finden sich Aussagen zur Beweislastverteilung nur, wenn von dem ungeschriebenen Grundsatz abgewichen werden soll, wie zB in § 280 I 2 BGB: Abweichend von der Grundregel hat hiernach der Schuldner zu beweisen, dass er die Pflichtverletzung nicht zu vertreten hat. Nur, was ist die Grundregel? Nach der sog. Normentheorie oder Rosenberg'schen Formel (auch Günstigkeitstheorie)[14] trägt jede Partei die Beweislast für die ihr im Rechtssinn günstigen Tatsachen. Hiernach ergibt sich: Der Kläger muss die Tatsachen beweisen, die den Anspruch begründen; der Beklagte muss dagegen die Tatsachen beweisen, die anspruchshindernde, anspruchshemmende und anspruchsvernichtende Tatbestände begründen. Hier sieht man sogleich, warum § 280 I 2 BGB eine Ausnahme von diesem Grundsatz normiert: Das Vertretenmüssen im Rahmen des Schadensersatzanspruchs aus § 280 I BGB ist dem Kläger günstig; es gehört zum Anspruchsgrund. Ohne die Regelung des § 280 I 2 BGB müsste der Kläger die Tatsachen beweisen, die vorsätzliches oder fahrlässiges Verhalten des Schuldners (vgl. § 276 BGB) begründen; das Gesetz will dem Kläger diese Last aber im Rahmen bestehender schuldrechtlicher Verbindungen nehmen. Gegenteilig ist die Rechtslage bei § 823 I BGB; das Verschulden gehört auch hier zum anspruchsbegründenden Tatbestand und ist nach der Grundregel vom Kläger zu beweisen. Eine gesetzliche Beweislastzuweisung an den Beklagten vergleichbar § 280 I 2 BGB existiert hier nicht.

§ 280 I 2 BGB wird allerdings in seinem Anwendungsbereich von den meisten Klausurbearbeitern und auch von vielen Gerichten missverstanden. Wer das Gesetz unbefangen liest, meint, dass sich der Schuldner, wenn die Pflichtverletzung und deren Kausalität für den eingetretenen Schaden feststeht, stets exkulpieren, dh beweisen müsste, dass er weder vorsätzlich noch fahrlässig gehandelt hat. Aber diese Annahme ist viel zu pauschal und ein schwerer Fehler. In den meisten Fällen muss der Gläubiger tatsächlich auch das Vertretenmüssen beweisen. Es kommt auf die Art der verletzten Pflicht an:

§ 280 I 2 BGB kommt praktisch nur dann zur Anwendung, wenn die Verletzung einer *erfolgsbezogenen* Pflicht in Rede steht (zB Nichtleistung). Steht die Nichtleistung fest, ist es nach § 280 I 2 BGB am Schuldner zu beweisen, dass er diese nicht zu vertreten, also vorsätzlich oder fahrlässig verursacht hat. Gegenteilig ist die Lage bei der Verletzung *verhaltensbezogener* Pflichten. Hier kommt § 280 I 2 BGB praktisch keine Bedeutung zu, denn die Feststellung der Pflichtverletzung enthält bereits den Vorwurf objektiver Fahrlässigkeit und damit zugleich die Feststellung des Verschuldens.[15] Wenn zB der Sanitärunternehmer *Bruno* beim Liefern einer

---

[14] Vgl. Rosenberg/Schwab/Gottwald ZivilProzR § 116 Rn. 7 ff.
[15] Vgl. MüKoBGB/Ernst § 280 Rn. 159 und eingehend Heese, Beratungspflichten, 2015, S. 271 ff.

neuen Waschmaschine einen Kratzer im Türrahmen des Kunden *Klobig* hinterlässt, entspricht die Beschreibung der von *Bruno* verletzten Rücksichtnahmepflicht nach § 241 II BGB zugleich dem objektiven Fahrlässigkeitsmaßstab des § 276 II BGB. Bei verhaltensbezogenen Pflichtverletzungen bleiben deshalb für § 280 I 2 BGB nur die seltenen und kaum klausurrelevanten Fälle der „subjektiven Fahrlässigkeit", insbes. der unvermeidbare Verbotsirrtum.

Das gesetzliche System aus nicht normierter Grundregel und normierten Ausnahmen ist lückenhaft. Die Rechtsprechung ist im Bereich der Beweislast deshalb sehr aktiv; eine ungeschriebene, richterlich entwickelte Sonderregel aus dem Mietrecht hat in der Praxis und auch bereits im Ersten Staatsexamen große Bedeutung.

> **Beispiel 119:** Mieter *Mahler* wendet sich wegen eines Feuchtigkeitsschadens der Wohnzimmerwand an seine Vermieterin *Häuslein* und macht eine Mietminderung geltend sowie Schadensatz wegen eines ruinierten Ölgemäldes iHv 1.000 EUR. Häuslein ist der Auffassung, mit dem Feuchtigkeitsauftritt nichts zu tun zu haben, und meint, die Ursache müssen in einem falschen Lüftungsverhalten des *Mahler* liegen. *Mahler* geht daraufhin zu seiner Rechtsanwältin und fragt, wie er sich verhalten soll.
>
> *Mahlers* Rechtsanwältin wird zunächst die materielle Rechtslage begutachten: Handelt es sich bei dem Feuchtigkeitsschaden um einen Mangel der Mietsache, wäre der Mietzins für die Dauer der Mangelhaftigkeit „angemessen" herabzusetzen, es sei denn, die Minderung der Gebrauchstauglichkeit ist als unerheblich anzusehen (§ 536 I BGB). Von einer Unerheblichkeit ist vorliegend schon deshalb nicht auszugehen, weil der Feuchtigkeitsschaden immerhin so gravierend war, dass ein Wandbild angegriffen wurde. Für diesen Schaden ist *Häuslein* nach § 536a I BGB dem *Mahler* ersatzpflichtig, wenn sie den Mangel zu vertreten hat.
>
> Auf dieser Grundlage wird *Mahlers* Rechtsanwältin versuchen, die Prozessrisiken einzuschätzen, und sich hierzu die Beweislastverteilung klarmachen: Nach der ungeschriebenen Grundregel der Beweislast müsste *Mahler* im Rahmen seiner Ansprüche an sich darlegen und beweisen, dass ein Mangel vorliegt und nicht ein unsachgemäßer Umgang mit der Mietsache durch ihn selbst. Weiterhin müsste *Mahler* im Rahmen seines Schadenersatzverlangens darlegen und beweisen, dass Häuslein den Mangel zu vertreten hat. Die Rechtsprechung verteilt die Darlegungs- und Beweislast im Rahmen eines Mietverhältnisses jedoch abweichend von der gesetzlichen Ausgangslage nach „beiderseitigen Verantwortungsbereichen". Hiernach muss der Vermieter zunächst darlegen und beweisen, dass die Ursache eines potenziellen Mangels nicht aus seinem Pflichten- und Verantwortungsbereich stammt, sondern aus dem Herrschafts- und Obhutsbereich des Mieters.[16] Bleibt der Vermieter beweisfällig, ergeht eine non liquet-Entscheidung (→ Rn. 331) zu seinen Lasten.
>
> Folglich müsste Vermieterin *Häuslein* bei einer Klage des *Mahler* auf Schadensersatz zunächst darlegen, dass der (unstreitige) Feuchtigkeitsschaden nicht aus ihrem Verantwortungsbereich stammt, insb. nicht auf baulichen Defiziten wie einer fehlerhaften Überdachung oder einer fehlerhaften Isolierung beruht. Wenn *Mahler* dies bestreitet, müsste *Häuslein* Beweis anbieten, zB käme dann die Einholung eines Sachverständigengutachtens in Betracht. Nur wenn ein Sachverständiger die im Verantwortungsbereich der *Häuslein* liegenden Ursachen sämtlich zur Überzeugung des Gerichts ausschließen kann, würde *Mahler* mit seiner Klage scheitern.
>
> Das Beispiel zeigt: Die „prozessualen Spielregeln" der Beweislastverteilung sind, wenn man Gesetz und Rechtsprechung kennt, zuverlässig vorhersehbar, der Ausgang einer Beweisaufnahme aber nur in Grenzen. Die Rechtsanwältin wird *Mahler* diese Regeln erläutern und raten, es auf einen Prozess ankommen zu lassen, wenn in casu nicht davon auszugehen ist, dass *Mahler* den Feuchtigkeitsschaden durch sein Lüftungsverhalten verursacht haben kann.

---

[16] Vgl. BGH NJW 2000, 2344 (2345).

2. Beweislastumkehr

Regelungen der Beweislastumkehr greifen in die Verteilung der Beweislast nach der Normentheorie (→ Rn. 324) ein. Regelungen der Beweislastumkehr gelten nicht voraussetzungslos; sie haben einen Tatbestand. Nur wenn dieser erfüllt ist, greift die Beweislastumkehr ein. Ein klausurrelevantes Beispiel ist die Beweislastumkehr bei Annahme als Erfüllung (§ 363 BGB).

> **Beispiel 120:** Bei der *Allerlei GmbH* hat *Anna Fink* ein Porzellanservice für 12 Personen bestellt. Das Paket wird ihr am nächsten Tag geliefert. Als sie es eine Woche später öffnet, war in ihm ein Service für nur 10 Personen enthalten. *Fink* beschwert sich bei der *Allerlei GmbH,* die aber widerspricht: Sie habe genau die bestellte Zahl geliefert.
>
> **Frage:** Wen trifft die Beweislast für die aufgestellte Behauptung?
>
> **Antwort:** *Fink* – wegen § 363 Alt. 2 BGB.

Eine Beweislastumkehr kann sich, wie im Fall des § 363 BGB aus dem Gesetz ergeben (weiteres Beispiel: § 477 BGB (Beispiel 124, → Rn. 331), oder das Ergebnis richterlicher Rechtsfortbildung sein. Examenskandidaten müssen hier unbedingt die Rechtsprechung zur Beweislastumkehr bei der deliktischen Produkthaftung kennen: Nach der ungeschriebenen Grundregel der Beweislastverteilung (→ Rn. 324) müsste der im Zuge der Verwendung eines Industrieprodukts Geschädigte nach § 823 I BGB den vollen Haftungstatbestand beweisen, dh neben dem Vorliegen eines Produktfehlers auch das Herstellerverschulden. Der BGH geht auf der Grundlage des sog. Hühnerpestfalls[17] aber davon aus, dass der Hersteller beweisen muss, dass ihn hinsichtlich des Fehlers kein Verschulden trifft, wenn der Geschädigte beweisen kann, dass das Produkt fehlerhaft hergestellt wurde und der Schaden aus der bestimmungsgemäßen Verwendung des Produkts resultiert.

3. Gesetzliche und tatsächliche Vermutungen
a) Grundlagen

Eine der Beweislastumkehr vergleichbare beweisrechtliche Wirkung haben die widerlegbaren gesetzlichen Vermutungstatbestände.[18] Terminologisch muss der Bearbeiter einer Klausur allerdings beachten, dass derjenige, den eine Beweislastumkehr trifft, den *Hauptbeweis* zu erbringen hat und die jeweils andere Partei diesen im Wege des *Gegenbeweises* erschüttern kann. Bei den gesetzlichen Vermutungen spricht das Gesetz bei der Beweisführung der Partei, zu dessen Lasten die Vermutung greift, vom *Beweis des Gegenteils* (§ 292 ZPO). Der Beweis des Gegenteils ist ein Unterfall des Hauptbeweises, weil die betreffende Partei auch hier Beweis zur vollen richterlichen Überzeugung erbringen muss (→ Rn. 335). Die Beweisführung ist hier aber gem. § 292 ZPO erleichtert: auch durch den Antrag auf Vernehmung des Gegners als Partei (§ 445 II ZPO greift nicht!).

Bei den gesetzlichen Vermutungen ist zu unterscheiden zwischen *Tatsachenvermutungen* und *Rechtsvermutungen*. Im Hinblick auf die Eröffnung des Beweises des Gegenteils überdies zwischen *widerlegbaren* und *unwiderlegbaren* gesetzlichen Vermutungen. Unwiderlegbare Vermutungen sind aber eher selten und haben dogmatisch gesehen keine Beweis- oder Beweislastwirkung. Es handelt sich vielmehr um Normen mit einer rein materiellen Rechtsfolge. Nach § 1566 I BGB wird zB unwiderlegbar vermutet, dass die Ehe gescheitert ist, wenn die Ehegatten seit einem

---

[17] BGH NJW 1969, 269.
[18] Näher M. Huber JuS 2022, 208.

Jahr getrennt leben und beide Ehegatten die Scheidung beantragen oder der Antragsgegner der Scheidung zustimmt.

b) Tatsachenvermutungen

327 Tatsachenvermutungen zeichnen sich dadurch aus, dass in einem Rechtssatz das Vorliegen einer tatbestandlichen Tatsache aus dem Vorliegen einer anderen Tatsache oder eines Umstands geschlossen wird. Nach § 1253 II BGB wird zB (widerlegbar) vermutet, dass das Pfand dem Verpfänder von dem Pfandgläubiger zurückgegeben wurde, wenn sich der Pfandgegenstand wieder im Besitz des Verpfänders befindet. Kann der Pfandgläubiger den Beweis des Gegenteils im Prozess nicht führen, wird das Gericht das Erlöschen des Pfandrechts feststellen, § 1252 I BGB.

c) Rechtsvermutungen

328 Rechtsvermutungen verbinden eine Beweislastregel mit einer Rechtsanwendungsregel. Hier wird in einem Rechtssatz aus dem Vorliegen einer Tatsache oder eines Umstandes auf das Bestehen oder Nichtbestehen eines Rechts geschlossen. Der für Examenskandidaten wichtigste Beispielfall ist § 1006 BGB, der überdies vielfach missverstanden und falsch angewendet wird.

Beispiel 121: In der Wohnung der Mieterin *Mahler* steht ein (nicht benutztes) Klavier. Als eines Tages *Mahler* das Klavier zu ihrer Schwester transportieren lassen will, widerspricht ihr Vermieter *Häuslein*. Seit einigen Monaten habe *Mahler* die Miete nicht gezahlt; er lasse daher nicht zu, dass das Klavier entfernt werde. *Mahler* erwidert, das Klavier gehöre ihrer Schwester, die es jetzt in ihrem Neubau gut unterbringen könne. *Mahler* und ihre *Schwester* verklagen daraufhin *Häuslein*. Nach einer Beweisaufnahme bleibt für das Gericht unklar, wem das Klavier gehört.

Frage: Zu wessen Gunsten wir das Gericht entscheiden?

Antwort: *Häuslein* darf dem Abtransport des Klaviers widersprechen, wenn Mietrückstände bestehen, die Sache unpfändbar ist und sie *Mahler* gehört (§§ 562b I, 562 I BGB). Die ersten beiden Voraussetzungen sind erfüllt; da das Klavier nicht benutzt wird, scheidet eine etwaige Unpfändbarkeit (wie etwa bei einem Klavierlehrer, § 811 I 1 lit. b ZPO) aus. Problematisch ist die Eigentumslage. Zugunsten *Häuslein* greift § 1006 I 1 BGB ein.[19] Das Gericht wird die Klage der Schwestern *Mahler* abweisen.

Zusatzfrage: Hätten *Mahler* und ihre *Schwester* die Vermutung des § 1006 I BGB entkräften können, wenn sie wenigstens einige Indizien für das Eigentum der *Schwester* (etwa Fotos mit der *Schwester* am Klavier) gehabt hätten?

Antwort: Nein. § 292 S. 1 ZPO lässt eine Widerlegung von Vermutungen zu, aber nur durch den vollen Gegenbeweis (→ Rn. 335), nicht durch Indizien.

Wichtig: Nach hM wird nach § 1006 I BGB nicht, wie es der Wortlaut nahelegt, vermutet, dass der unmittelbare Besitzer einer beweglichen Sache ihr Eigentümer sei. Vielmehr geht die Vermutung dahin, dass der unmittelbare Besitzer einer beweglichen Sache bei Erwerb des Besitzes Eigenbesitz begründete und zugleich das (unbedingte) Eigentum an der Sache erworben hat.[20] Dass der unmittelbare Besitzer überdies auch noch gegenwärtig Eigentümer ist, leitet die Rechtsprechung sodann aus der allgemeinen

---

[19] BGH NJW-RR 2017, 1097 Rn. 10 und 15 f. mwN. Diese Rspr. ist umstr., abl. zB MüKo-BGB/Raff § 1006 Rn. 27.
[20] Vgl. BGHZ 64, 395 f.; BGH NJW 1994, 939 f.

Rechtsfortdauervermutung her[21]. Hiernach wird folglich weiter vermutet, dass der unmittelbare Besitzer während der Fortdauer seines Besitzes das Eigentum an der beweglichen Sache nicht verloren hat. Was sich kompliziert anhört hat einen guten Grund. Denn auf diese Weise begründet die Rechtsprechung eine zeitlich lückenlose, an den unmittelbaren Besitz anknüpfende Eigentumsvermutung.

§ 1006 BGB wird von Klausurbearbeitern häufig schon im Rahmen der chronologischen Prüfung der Eigentumslage, wie sie für sachenrechtliche Klausuren typisch ist, fehlerhaft herangezogen. Ständig liest man als Prüfer den folgenden, die chronologische Prüfung einleitenden Satz: „Ursprünglich war A Eigentümer der Kette, denn er war nach dem Sachverhalt ursprünglich unmittelbarer Besitzer (§ 1006 I BGB)". Diese rechtliche Ausführung ist in mindestens 50% der Fälle schlicht falsch und in allen übrigen Fällen zumindest ungenau: Schlicht falsch ist die Feststellung, wenn die Eigentumslage nach dem Sachverhalt gerade nicht ungeklärt ist, wenn also nach dem Wortlaut des Sachverhalts die Eigentumslage durch die Verwendung von Possessivpronomen – die grammatische Fachterminologie kennt den Unterschied zwischen Eigentum und Besitz nicht! – als feststehend beschrieben: „Die bzw. eine Kette *des A*". In diesen Fällen, die wohl die Mehrheit der Klausuraufgaben ausmacht, braucht es keines Rückgriffs auf die Eigentumsvermutung. Wenn die Eigentumslage nach dem Sachverhalt tatsächlich einmal unklar ist, ist die Feststellung zumindest ungenau, weil § 1006 I BGB – entgegen seinem Wortlaut – nun einmal nicht die Vermutung begründet, dass der unmittelbare Besitzer einer beweglichen Sache ihr Eigentümer sei, sondern: dass der unmittelbare Besitzer einer beweglichen Sache bei Erwerb des Besitzes Eigenbesitz begründete und zugleich das (unbedingte) Eigentum an der Sache erworben hat. Der Klausurbearbeiter sollte hier auch deshalb präzise sein, um Flüchtigkeitsfehler zu vermeiden: § 1006 I BGB greift nicht zugunsten des unmittelbaren Fremdbesitzers, vgl. § 1006 III BGB.

d) Tatsächliche Vermutungen

Tatsächliche Vermutungen (praesumtiones facti) – die terminologisch nicht mit den gesetzlichen Tatsachenvermutungen verwechselt werden dürfen! – beruhen nicht auf einer gesetzlichen Anordnung, sondern auf allgemeinen Erfahrungssätzen, mit denen der Richter Beweisschwierigkeiten einer Partei begegnet. In der Literatur wird bisweilen ganz bestritten, dass es tatsächliche Vermutungen gibt.[22] Angesichts ihrer überragenden Bedeutung in der Rechtsprechung sollte der Klausurbearbeiter sich auf derlei Diskussionen aber nicht einlassen. Unter dem Begriff der tatsächlichen Vermutungen werden zudem eine ganze Reihe von Beweiserleichterungen zusammengefasst, die in ihrer Wirkung dem Anscheinsbeweis (→ Rn. 330) nahekommen können oder sogar die gesetzliche Beweislastverteilung abändern. 329

Wie fließend die Grenzen zwischen tatsächlicher Vermutung und Anscheinsbeweis (→ Rn. 330) sein können, zeigt die Rechtsprechung am Beispiel der deliktischen Herstellerhaftung für manipulierte Dieselkraftfahrzeuge: Nach Auffassung des BGH ist nach allgemeiner Lebenserfahrung die Annahme gerechtfertigt, dass ein Käufer, der ein Fahrzeug zur eigenen Nutzung erwirbt, von dem Erwerb des Fahrzeugs abgesehen hätte, wenn ihm zu diesem Zeitpunkt bekannt gewesen wäre, dass aufgrund einer in dem Abgasrückführungssystem des Fahrzeug verbauten unzulässigen Abschalteinrichtung die Gefahr einer behördlichen Betriebsbeschränkung oder -untersagung besteht.[23] Auf der Grundlage dieser tatsächlichen Vermutung kann der Tatrichter die volle Überzeugung (§ 286 ZPO) von der Kausalität zwischen Täuschung und Erwerb gewinnen. Mit ihr wird also der Hauptbeweis geführt; zu einer Beweislastumkehr führt die tatsächliche Vermutung im konkreten Fall aber nicht.[24] Das ist beweisrechtlich wichtig,

---

[21] Vgl. MüKoBGB/Raff § 1006 Rn. 45.
[22] Krit. zB MüKoZPO/Prütting § 292 Rn. 30.
[23] Vgl. BGH NJW 2020, 1962 f.; Hierzu schon eingehender Heese JZ 2020, 178 (182).
[24] AA Heese JZ 2020, 178 (182), aber auf der Grundlage der Anwendung der Vermutung aufklärungsrichtigen Verhaltens.

denn der Gegner kann sich dann damit begnügen, den Gegenbeweis zu führen, dh er muss lediglich die aufgrund der tatsächlichen Vermutung gewonnene volle Überzeugung des Tatrichters erschüttern. Wegen der Nähe zur Beweiswürdigung müssen Klausurbearbeiter mit der tatsächlichen Vermutung eher im Zweiten Staatsexamens rechnen.

4. Anscheinsbeweis

330 Der Anscheinsbeweis (auch prima facie-Beweis) ist eine weitere Beweiserleichterung, die in der Praxis überragende Bedeutung hat. Der Anscheinsbeweis lässt die Beweislastverteilung unberührt; er erleichtert der beweisbelasteten Partei aber die Führung des Hauptbeweises. Der Anscheinsbeweis greift bei Vorliegen eines „typischen" Geschehensablaufs, der nach der Lebenserfahrung auf eine bestimmte Ursache oder Folge hinweist und derart gewöhnlich und üblich erscheint, dass besondere individuelle Umstände an Bedeutung verlieren.[25] Diese Voraussetzungen hat zunächst derjenige zu beweisen, der den Hauptbeweis zu erbringen hat. Greift der Anscheinsbeweis hiernach ein, ist der Hauptbeweis geführt. Der Gegner kann diesen sodann erschüttern, indem er die Möglichkeit von Tatsachen behauptet und beweist, aus denen sich im konkreten Fall die ernsthafte Möglichkeit eines abweichenden (atypischen) Geschehensablaufs ergibt. Ob es einen Erfahrungssatz als Grundlage für die Anwendung des Anscheinsbeweises überhaupt gibt, ist eine Wertungsfrage.

Die Kasuistik der Rechtsprechung hierzu ist reichhaltig. ZB greift der Anscheinsbeweis zu Lasten des EC-Karteninhabers, wenn es an einem Geldautomaten unter Benutzung einer gestohlenen Original-EC-Karte und unter Eingabe der richtigen PIN zu einer Barabhebung kommt. Nach dem typischen Geschehensablauf ist hier entweder davon auszugehen, dass der Karteninhaber die Abhebungen selbst vorgenommen hat oder dass ein Dritter nach der Entwendung der Karte von der Geheimnummer nur wegen ihrer Verwahrung gemeinsam mit der Karte Kenntnis erlangen konnte.[26]

Der Anscheinsbeweis kommt in der Praxis vor allem im Verkehrsunfallrecht zum Tragen:

> **Beispiel 122:** *Traveller* ist auf den Wagen von *Fahrer* aufgefahren, nachdem die Ampel „rot" zeigte und *Fahrer* deshalb anhielt. An beiden Fahrzeugen entstanden Schäden in der Höhe von jeweils etwa 6.000 EUR. Ihre Anwälte streiten über den nach § 7 I StVG zu zahlenden Schadensersatz. Der Anwalt von *Traveller* beruft sich auf § 17 II StVG. Beide Fahrzeuge hätten dieselbe Betriebsgefahr. Daher schlage er vor, dass jeder Beteiligte die Hälfte des Schadens tragen und dieser Betrag von dem jeweiligen Haftpflichtversicherer erstattet erhalten soll.
>
> **Frage:** Was wird die Anwältin von *Fahrer* hierauf antworten?
>
> **Antwort:** Sie wird diesen Vorschlag entschieden ablehnen: Es sei ein Unfall, der typischerweise durch ein Verschulden des Auffahrenden verursacht worden sei. Damit sprechen die Grundsätze des Anscheinsbeweises für ein Verschulden des *Traveller*. Daher trete dessen Betriebsgefahr hinter der Betriebsgefahr des *Fahrer* vollständig zurück. *Fahrer* schulde daher nichts, hingegen müsse die Haftpflichtversicherung von *Traveller* den gesamten Schaden des *Fahrer* tragen – *Traveller* bleibe auf seinen Schaden sitzen.

> **Beispiel 123:** In Abwandlung des vorstehenden Beispiels kam es zum Unfall, weil *Traveller* von der rechten auf den linken Fahrstreifen wechselte und hierbei mit dem Wagen

---

[25] Vgl. BGH NJW-RR 2007, 680 f. zum Fallklassiker des Auffahrens auf den Vorausfahrenden im Straßenverkehr.
[26] Vgl. BGH NJW 2012, 1277.

von *Fahrer* kollidierte. Auch hier spricht der Anscheinsbeweis für ein Verschulden des *Traveller* (vgl. § 7 V StVO).

Frage: Der Anwalt von *Traveller* wendet sich gegen die Anwendung des Anscheinsbeweises im vorliegenden Fall. Muss er – wie bei der Widerlegung einer Vermutung (§ 292 ZPO) – einen Gegenbeweis führen?

Antwort: Nein, der Anscheinsbeweis führt – anders als bei einer Vermutung – nicht zu einer Beweislastumkehr. Zur Erschütterung eines Anscheinsbeweises reicht es, wenn die ernsthafte Möglichkeit eines abweichenden Verlaufs bewiesen ist. Bei einem Wechsel des Fahrstreifens besteht etwa diese Möglichkeit, falls vor der Unfallstelle das Gefahrzeichen Nr. 121 gemäß § 40 VI StVO [einseitig verengte Fahrbahn] aufgestellt war. Dann ist der Wechsel möglicherweise als Reißverschlussverfahren anzusehen (vgl. § 7 IV StVO).

Hinweis zur Terminologie: Wenn der Anscheinsbeweis (der ja kein „Beweis" ist) vom Gegner entkräftet wird, sagt man, er sei „erschüttert" worden. Man spricht also nicht von einer „Widerlegung". Diesen Ausdruck benutzt man, falls ein Gegenbeweis geführt wurde (Beispiel 121 aE, → Rn. 328).

Wichtig ist, dass der Examenskandidat nicht nur eine Reihe typischer Anscheinsbeweisfälle kennt, sondern auch Fälle, in denen an einen Anscheinsbeweis gedacht werden kann, die Rechtsprechung diesen aber ablehnt. So streitet zB kein Anscheinsbeweis für den Nachweis des Zugangs eines abgesandten einfachen Briefs. Denn „nach den Erfahrungen des täglichen Lebens", so der BGH,[27] „kommt es auch unter normalen Postverhältnissen immer wieder vor, daß abgeschickte Briefe [...] den Empfänger nicht erreichen". Es gibt auch keinen Anscheinsbeweis dafür, dass der Fahrzeughalter auch tatsächlich mit dem Fahrzeug gefahren sei[28] (→ Rn. 332).

5. Hinweise zur Fallbearbeitung

Klausuren, in denen die Regeln über die Beweislast anzuwenden sind und eine Beweislastentscheidung zu treffen ist, eignen sich vortrefflich bereits im Ersten Staatsexamen. Viele Bearbeiter sind von solchen Klausuren irritiert, weil im Sachverhalt nicht, wie sonst üblich, alle entscheidungsrelevanten Tatsachen feststehen. Wenn sich der Bearbeiter dann dazu verleiten lässt, den Sachverhalt umzuinterpretieren und das Vorliegen oder das Nichtvorliegen der betreffenden Tatsache einfach zu unterstellen, wäre das ein schwerer Fehler, ganz zu schweigen, dass man sich dadurch das prozessuale Problem der Aufgabe abschneiden würde.

Richtig geht vor, wer an der betreffenden Stelle der Anspruchsprüfung zunächst einmal ausführt, dass die für den konkreten Subsumtionsschluss relevante Tatsache nach dem Sachverhalt nicht feststeht. Auf dieser Grundlage muss der Bearbeiter klären, wer die Beweislast trägt. Dabei sollte der Bearbeiter immer von der ungeschriebenen gesetzlichen Grundregel ausgehen (→ Rn. 324), diese kurz erläutern und erst dann auf etwaige im konkreten Fall abweichende Beweislastregeln bzw. in Betracht kommende Beweiserleichterungen eingehen. Im Anschluss ist die Beweisfälligkeit festzustellen und die Beweislastentscheidung zu treffen (vgl. schon Beispiel 118, → Rn. 323).

331

---

[27] BGHZ 24, 308. AA inzwischen aber für das Einwurfeinschreiben AG Erfurt MDR 2007, 1338.
[28] Vgl. BGH NJW 2020, 755 (757).

Fragen der Beweislast und der Beweislastentscheidung können sich im Rahmen einer prozessualen Anwalts- oder Richterklausur stellen. Nicht selten enthalten solche Klausuren dann einen besonderen Bearbeiterhinweis, im Fall einer Richterklausur zB: „Wenn der Sachverhalt nach Ansicht des Bearbeiters für die Entscheidung nicht ausreicht, ist zu unterstellen, dass trotz Wahrnehmung der richterlichen Aufklärungspflicht keine weitere Aufklärung zu erzielen ist." Die Aufgabe muss aber nicht einmal zwingend prozessual eingekleidet sein:

> **Beispiel 124:** *Ulrich Unger* hat bei der *Allerlei GmbH* ein Smartphone gekauft. 11 Monate lang funktioniert es, dann bleibt das Display „schwarz". *Unger* verlangt ein fehlerfreies Gerät, was die *Allerlei GmbH* ablehnt, weil *Unger* mit dem Smartphone sichtlich unsachgemäß umgegangen sei, was sie aber nicht beweisen kann.
>
> **Frage:** Wer hat Recht?
>
> **Antwort:** *Unger* kann sich auf den ausdrücklich als „Beweislastumkehr" bezeichneten § 477 I 1 BGB berufen: Es wird vermutet, dass dieser Mangel bereits bei Gefahrübergang bestand.

VII. Sekundäre Darlegungslast

332 Dem Bearbeiter von ZPO-Klausuren muss schließlich der Unterschied zwischen Beweiserleichterungen und Darlegungserleichterungen geläufig sein. Es wurde bereits erwähnt, dass die Darlegungs- und Beweislastverteilung grds. synchron läuft: Wer die Darlegungslast trägt (wem es also obliegt, die für den Rechtsstreit erheblichen Tatsachen in den Prozess einzuführen), der trägt auch die Beweislast, wenn die eingeführten Tatsachen im weiteren Verlauf des Prozesses streitig bleiben. Allerdings steht eine darlegungs- und beweisbelastete Partei häufig nicht erst im Rahmen der Beweisführung vor Schwierigkeiten, sondern bereits bei der Darlegung der Tatsachen, vor allem dann, wenn sich diese in der Sphäre der gegnerischen Partei befinden, in die die darlegungsbelastete Partei naturgemäß keinen Einblick hat. In solchen Fällen hilft die Rechtsprechung der darlegungsbelasteten Partei häufig dadurch, dass der jeweils anderen Partei eine sekundäre Darlegungslast auferlegt wird.

Nach der Rechtsprechung greift diese sekundäre Darlegungslast vor allem dann, wenn die darlegungsbelastete Partei „außerhalb des für seinen Anspruch erheblichen Geschehensablaufs" steht, die Gegenpartei aber „alle wesentlichen Tatsachen kennt" und ihr „nähere Angaben zumutbar sind"[29]. In diesem Fall muss die darlegungsbelastete Partei die für sie günstige Tatsache zunächst einmal nur behaupten. Sodann ist es an der gegnerischen Partei, zur Tatsache konkret vorzutragen und den Sachverhalt damit weiter aufzuklären. Unterlässt sie dies, findet § 138 III ZPO Anwendung; die von der darlegungsbelasteten Partei aufgestellte Behauptung gilt als zugestanden. Dann kommt es schon nicht zu einer non liquet-Situation und eine Beweislastentscheidung zu Lasten der darlegungs- und beweisbelasteten Partei wäre falsch.

> **Beispiel 125:** Auf dem Parkplatz der *Allerlei GmbH* hat der Pkw von *Ulrich Unger* viele Stunden ohne ausgelegte Parkscheibe gestanden. Große Schilder erlauben das Parken, aber nur für eine Stunde und außerdem nur mit Parkscheibe. Wer zuwiderhandelt, sei mit einem erhöhtes Parkentgelt einverstanden, das an die *Allerlei Park GmbH* zu entrich-

---

[29] BGH in stRspr; vgl. NJW 1983, 687 (688); NJW-RR 2004, 989 f.

§ 60. Das Beweisrecht in der Fallbearbeitung

> ten sei.[30] Die *Allerlei Park GmbH* klagt gegen *Unger* und verlangt von ihm das Parkentgelt. *Unger* bestreitet, seinen Pkw dort abgestellt zu haben; zu der angegebenen Zeit sei er im Urlaub gewesen.
> **Frage:** Non liquet?
> **Antwort:** Nein. Sicher kann sich die *Allerlei Park GmbH* nicht darauf berufen, es spreche der Anscheinsbeweis dafür, dass ein PKW von seinem Eigentümer und nicht von einer anderen Person geparkt worden sei; einen solchen typischen Geschehensablauf gibt es nicht (→ Rn. 330). Aber der *Allerlei Park GmbH* hilft, dass *Unger* die sekundäre Darlegungslast trägt; sie selbst steht dem Geschehensablauf fern. Da feststeht, dass sein PKW auf dem Parkplatz abgestellt war, ist es ihm möglich und zumutbar, Angaben darüber zu machen, wer an diesem Tag den PKW benutzt hat. Wenn er etwa vorträgt, er sei einverstanden gewesen, dass seine Söhne den PKW benutzen, genügt er dieser Darlegungslast.[31]

Die sekundäre Darlegungslast hat in der Praxis eine überragende Bedeutung. Wichtig ist auch, dass die sekundäre Darlegungslast noch in anderen Fällen zur Anwendung kommt, insbes. wenn es um negative Tatbestandsmerkmale geht,[32] zB bei § 812 I BGB: „ohne rechtlichen Grund". Nur weil der Tatbestand ein negatives Tatbestandsmerkmal enthält, ändert sich nichts an der Beweislastverteilung (negativa sunt probanda). Der Kläger muss im Fall des § 812 I 1 Alt. 1 BGB daher darlegen, dass der Beklagte eine streitgegenständliche Sache ohne rechtlichen Grund erworben hat. Hierzu genügt es, wenn er zunächst eine entsprechende Behauptung aufstellt. Sodann muss der Beklagte die Umstände darlegen, aus denen er seinen Rechtsgrund ableitet. Bleiben diese sodann zwischen den Parteien streitig, kommt die Beweislast ins Spiel: Der Kläger muss beweisen, dass der von dem Beklagten in Anspruch genommene Rechtsgrund nicht besteht.

VIII. Beweismittel – Beweisarten

Dass der Beweis nicht nur durch *Zeugen* (§§ 373 ff. ZPO),[33] sondern auch durch *Augenschein* (§§ 371 ff. ZPO), *Sachverständige* (§§ 402 ff. ZPO)[34] und *Urkunden* (§§ 415 ff. ZPO) geführt werden kann, weiß jedermann. Beim Studium des Prozessrechts wird häufig aber die *Parteivernehmung* (§§ 445 ff. ZPO) übersehen, weil man glaubt, man könne niemals in eigener Sache Beweismittel sein (vgl. aber die genaue gesetzliche Regelung!). Zur Abgrenzung von Zeugenbeweis und Parteivernehmung muss man wissen, wer Partei ist; die Vernehmungen des einfachen Streitgenossen[35] und des Nebenintervenienten[36] sind zulässig, bereiten hierbei aber immer wieder Schwierigkeiten.

333

---

[30] Vgl. BGH NJW 2020, 755 f.
[31] Vgl. BGH NJW 2018, 68 Rn. 13.
[32] Vgl. BGH NJW 1999, 2887 f.
[33] Der Zeugenbeweis erfolgt nur auf Antrag, während die anderen drei Beweise von Amts wegen erhoben werden dürfen.
[34] Gerichtlich eingeholte Sachverständigengutachten aus anderen Verfahren (zB aus einem Strafprozess) können nach § 411a ZPO als *Sachverständigen*beweis verwertet werden, nicht etwa (wie früher) nur als *Urkunden*beweis.
[35] Über nur ihn betreffende Tatsachen, vgl. Rosenberg/Schwab/Gottwald ZivilProzR § 48 Rn. 17; BGH NJW 1983, 2508. Bedeutsam wird hier wieder die notwendige Streitgenossenschaft, weil bei ihr die Vernehmung eines Streitgenossen als Zeuge nach keiner Ansicht zulässig ist.
[36] Näher Stein/Jonas/Jacoby ZPO § 67 Rn. 23, § 74 Rn. 1 (zur Vernehmung des Streitverkündungsempfängers), § 69 Rn. 15 und Rosenberg/Schwab/Gottwald ZivilProzR § 50 Rn. 71 (zur Vernehmung des streitgenössischen Nebenintervenienten).

Bei der Parteivernehmung besteht die wichtige Besonderheit, dass diese der beweisbelasteten Partei nicht ohne weiteres zugänglich ist. Der Gesetzgeber lässt die Parteivernehmung als solche zwar zu, ist aber misstrauisch, weil der Beweiswert einer Partei in eigener Sache typischerweise als gering anzusehen ist. Dieses Misstrauen findet Ausdruck in den § 445 I ZPO und §§ 447 f. ZPO: Die beweisbelastete Partei kann den ihr obliegenden Beweis durch die Parteivernehmung des Gegners nach § 445 I ZPO nur erbringen, wenn sie den ihr obliegenden Beweis mit anderen Beweismitteln „nicht vollständig geführt hat". Mit dieser sog. Anbeweishürde will das Gesetz erreichen, dass der Richter die für den Beweis erforderliche volle Überzeugung von der Wahrheit der streitigen Tatsache nicht allein aus der Parteivernehmung gewinnt. Die beweisbelastete Partei müsste also zB bereits einen Zeugen benannt haben, dessen Aussage zur vollen Überzeugung des Gerichts noch nicht ausgereicht hat. Die Parteivernehmung der beweisbelasteten Partei auf ihren Antrag hin hängt sogar immer von der Zustimmung des Gegners ab (§ 447 ZPO). Selbst eine amtswegige Vernehmung der beweisbelasteten Partei darf nur erfolgen, wenn das bisherige Verhandlungsergebnis nicht ausreicht, damit sich das Gericht von der Wahrheit der betreffenden Tatsache überzeugen kann (§ 448 ZPO).

Die Regelungen der §§ 445 ff. ZPO sind durchaus eine deutsche Eigenart. Andere Rechtsordnungen „diskriminieren" die Parteivernehmung im Vergleich zum Zeugenbeweis nicht, sondern überlassen es dem Richter zu beurteilen, ob ihn die Aussage einer Partei in eigener Sache voll überzeugen kann. Die „Anbeweishürde" des § 445 I ZPO und das Blockaderecht der Gegenpartei in § 447 ZPO verstoßen in bestimmten Fällen überdies gegen das Grundrecht auf prozessuale Waffengleichheit (→ Rn. 297). Hierbei handelt es sich um die Fälle der Vier-Augen-Gespräche in denen typischerweise nur eine der beiden Parteien einen Zeugen zum Inhalt des Gesprächs benennen kann. Das Grundrecht auf prozessuale Waffengleichheit gebietet es dann, den strukturellen Beweisschwierigkeiten der anderen Partei abzuhelfen. Umstritten ist aber, auf welchem Wege diese Abhilfe erfolgen soll:

Beispiel 126: *Marie, Benjamin* und *Ulrich Unger* sind die Erben ihre vermögenden Mutter *Amtul Unger.* Sie haben *Franz Hilf* auf Zahlung von 62.000 EUR mit der Begründung verklagt, er habe vom Girokonto von *Amtul Unger* zu deren Lebzeiten und mit deren Einverständnis diesen Betrag abgehoben, aber nicht an sie weitergegeben. Der Beklagte *Hilf* bestreitet diesen Vorwurf entschieden. Er habe ihnen doch das Geld in mehreren Geldtaschen mit dem Logo der Bank übergeben. Als Zeugen benenne er zwei Bekannte, die dabei gewesen seien. Tatsächlich bestätigten beide Zeugen die Übergabe. Was in den Geldtaschen enthalten sei, wüssten sie nicht – allerdings sei über Gelddinge gesprochen worden und *Hilf* habe überdies die Kläger ermahnt, die Geldtaschen „wegzustecken".[37]

Frage: Wie wird das Gericht verfahren?

Antwort: Zwar haben die Zeugenaussage keinen Beweis einer Übergabe der Geldscheine erbracht, aber die im Übrigen von ihnen geschilderten Umstände[38] haben einen *Anbeweis* in dem Sinn ergeben, dass eine „Wahrscheinlichkeit für die Richtigkeit der Behauptungen der beweisbelasteten Partei" besteht. In solchen non liquet-Situationen wird das Gericht gemäß § 448 ZPO von Amts wegen die Parteivernehmung des *Hilf* anordnen.

---

[37] Fall nachgebildet BGH NJW 2020, 776 (Anm. Tolani).
[38] Vgl. BGH NJW 2020, 776 Rn. 13.

IX. Beweisvereitelung und Beweisverbote

Von einer Beweisvereitelung spricht man, wenn eine Partei ihrem Gegner die Beweisführung unmöglich macht, indem sie vorprozessual oder während des Prozesses vorsätzlich oder fahrlässig vorhandene Beweismittel vernichtet oder vorenthält. Die ZPO enthält zu diesem Problemkreis nur unvollständige Regelungen, sodass die Grundlinien der Rechtsprechung von zentraler Bedeutung sind: Eine Beweisverteilung hat prozessuale Konsequenzen überhaupt nur dann, wenn sie schuldhaft erfolgt. Wenn das Gesetz, anders als im Fall des § 427 ZPO, keine prozessuale Sanktion normiert, bedient sich die Rechtsprechung keiner starren Rechtsfolge, sondern gewährt im Einzelfall Beweiserleichterungen bis hin zur Beweislastumkehr. Im Ersten Staatsexamen müssen einige typische Fälle bekannt sein, zB der Tupfer-Fall des BGH:[39] Der Chirurg wirft den in der ersten Operation vergessenen und in der Nachoperation entfernten Tupfer weg; im Schadensersatzprozess wird die Beschaffenheit und die Größe des Tupfers für den beweisbelasteten Patienten relevant. Die Unaufklärbarkeit geht vorliegend nicht zu Lasten des beweispflichtigen Patienten (keine non liquet-Entscheidung!); vielmehr geht sie zu Lasten des nicht beweisbelasteten Chirurgen, der aufgrund seines schuldhaften Verhaltens sanktioniert wird.

334

Die Beweiserhebung kann im Einzelfall verboten sein, weil sie mit einem rechtswidrigen Eingriff in fremde Rechtsgüter oder Interessen einhergeht, zB das heimlich mitgeschnittene Telefongespräch oder die heimliche DNA-Analyse. In der Fallbearbeitung stellt sich dann die Frage, ob das Gericht das Beweismittel zulassen darf und verwerten muss. Zu den Beweis(verwertungs)verboten schweigt die ZPO vollständig; der Bearbeiter einer Klausur muss auch hier die Grundlinien der Rechtsprechung kennen. Schwierig werden solche Klausuren auch dadurch, weil der Bearbeiter zwischen der Justizgewährung mit dem Recht auf Beweis (Art. 103 I GG) auf der einen Seite und dem durch die rechtswidrige Beweiserhebung betroffenen Grundrecht (zumeist das allgemeine Persönlichkeitsrecht) abwägen muss.

In der Regel lassen sich mit entsprechender Begründung verschiedene Auffassungen vertreten. Auch die Autoren dieses Buchs sind sich nicht immer einig. So folgt *Ekkehard Schumann* dem BGH darin, dass eine unter Verstoß gegen das Datenschutzrecht erstelle Dashcam-Aufzeichnung im Verkehrsunfallprozess gleichwohl verwertbar ist.[40] *Michael Heese* hält dagegen die beweisrechtliche Verwertung von datenschutzrechtswidrig angefertigten permanenten und anlasslosen Aufzeichnungen des Straßenverkehrsgeschehens für ausgeschlossen, wenn dies unter Außerachtlassung des privacy by design-Mindeststandards des Datenschutzrechts erfolgt.[41] Was denken Sie?

X. Strengbeweis, Freibeweis, Vollbeweis und Glaubhaftmachung

Dem Bearbeiter von Prozessrechtsfällen müssen die Begriffe des Strengbeweises und des Freibeweises geläufig sein. Das Verfahren des Strengbeweises bezieht sich auf das formalisierte Beweisverfahren der ZPO (§§ 355 ff. ZPO) und den abschließenden Katalog der zur Beweisführung zugelassenen Mittel, die „Strengbeweismittel": Augenschein, Zeugenbeweis, Beweis durch Sachverständige, Beweis durch Urkunden, §§ 371 ff. ZPO (→ Rn. 333). Beim Freibeweis ist der Richter dagegen von den Förmlichkeiten der ZPO bei der Beweiserhebung befreit und kann sich überdies

335

---

[39] Vgl. BGH VersR 1955, 344.
[40] Vgl. Schumann JURA 2019, 3 ff. im Anschl. an BGH NJW 2018, 2883; vgl. auch OLG Saarbrücken NJW 2023, 1065 Rn. 32 ff.
[41] Vgl. Heese JZ 2018, 942 ff.

auch anderer Beweismittel bedienen, zB der telefonischen Auskunft. Die Regeln des Strengbeweises gelten im Rahmen der Sachprüfung, also der Begründetheit der Klage. Nur die Sachentscheidungsvoraussetzungen im Rahmen der Zulässigkeit können im unförmlichen Freibeweisverfahren festgestellt werden.

Obwohl die Beweiswürdigung im Ersten Staatexamen noch nicht Prüfungsgegenstand ist, müssen schließlich die Grundlagen der richterlichen Überzeugungsbildung bekannt sein: Nach § 286 I ZPO entscheidet der Tatrichter über die Wahrheit einer behaupteten Tatsache nach freier Überzeugung. Er ist also an Beweiswürdigungsregeln grds. nicht gebunden (Ausnahmen gibt es nur beim Urkundenbeweis, vgl. §§ 415 ff. ZPO). Mit dem Begriff der Überzeugung ist das Regelbeweismaß angesprochen.[42] Der Richter darf sich hier mit einer bloßen Wahrscheinlichkeit nicht begnügen; von ihm wird die volle Überzeugung verlangt. Ein herabgesetztes Beweismaß sieht die ZPO im Verfahren des einstweiligen Rechtsschutzes vor (§§ 916 ff. ZPO). Wenn es zum Zweck der Justizgewährleistung einmal schnell gehen muss, genügt es grds. (vgl. aber § 921 S. 1 ZPO), wenn die beweisbelastete Partei die zu beweisende Tatsache glaubhaft macht, dh wenn der Richter diese für überwiegend wahrscheinlich hält. Ergänzend wird als Beweismittel dann die eidesstattliche Versicherung zugelassen (§ 294 ZPO).

---

[42] Näher Effer-Uhe ZZP 133 (2020) 329.

17. Kapitel. Versäumnisverfahren

Ist eine Partei *in einem Termin* säumig, so darf das Gericht gegen den Abwesenden gerade wegen seiner Säumnis ein Urteil erlassen. Die Säumnis einer Partei hat deshalb regelmäßig zur Folge, dass über die Klage durch Versäumnisurteil entschieden wird. Versäumt hingegen eine Partei eine *Frist,* ist sie mit dem befristeten Rechtsbehelf ausgeschlossen; allenfalls steht ihr die Wiedereinsetzung in den vorigen Stand offen (→ Rn. 530). Mit *Angriffs-* und *Verteidigungsmitteln,* die sie nicht fristgerecht vorgetragen hat, kann sie nach § 296 I ZPO präkludiert werden (→ Rn. 159). 336

§ 61. Säumnis des Klägers im Prozess (§ 330 ZPO)

Die Säumnis des Klägers wirkt nach § 330 ZPO wie ein Anspruchsverzicht: Auf Antrag des Beklagten wird der Kläger mit der Klage durch Sachurteil abgewiesen. Die Vorschrift des § 330 ZPO ist nicht ohne Schwierigkeiten. Zweckmäßigerweise geht man in folgender Reihenfolge vor: 337

I. Antrag des Beklagten?

Er kann im Klageabweisungsantrag liegen, muss also nicht ausdrücklich gestellt sein. Erklärt der Beklagte jedoch, dass er kein Versäumnisurteil haben will, darf es nicht trotzdem erlassen werden. Denn der erschienene Teil zieht vielfach eine streitige Entscheidung einem Versäumnisurteil, das dem Einspruch unterliegt, vor. Diesen Weg wird er vor allem dann wählen, falls gegen das streitige Urteil kein Rechtsmittel statthaft ist, also wenn zB gemäß § 511 II Nr. 1 ZPO weder die Berufungssumme von 600 EUR erreicht noch die Berufung nach § 511 II Nr. 2 ZPO vom AG zugelassen ist (dann ist das erstinstanzliche Urteil des AG mit Erlass rechtskräftig und nicht anfechtbar). 338

II. Säumnis?

Säumig ist eine Partei, wenn im *Anwaltsprozess* die Partei ohne einen Rechtsanwalt erscheint (→ Rn. 173). Säumig ist eine Partei auch, die zwar erscheint, aber sich nicht am Verfahrensgeschehen beteiligt (dh nicht verhandelt: §§ 333 f. ZPO). Bei notwendiger Streitgenossenschaft (→ Rn. 98 ff.) vertritt der „fleißige" Streitgenosse den säumigen (§ 62 I ZPO).[1] 339

III. Ordnungsgemäße Ladung?

Einer Partei kann man ihre Säumnis nicht anlasten, wenn sie vom Termin nichts wusste. Deshalb muss geprüft werden, ob sie ordnungsgemäß geladen worden ist (§ 335 I Nr. 2 ZPO), insbes. ob die Zustellung wirksam erfolgt ist. Liegt keine wirksame Zustellung vor, muss untersucht werden, ob die Möglichkeit des § 218 ZPO (Terminsbestimmung in verkündeter Entscheidung) in Betracht kommt; denn die Verkündung des Termins in einer früheren mündlichen Verhandlung ersetzt die Ladung. Fehlt auch diese Möglichkeit, darf kein Versäumnisurteil ergehen: Dem Antrag des Beklagten (→ Rn. 338) kann deshalb nicht entsprochen werden; er ist zurückzuweisen (§ 335 I ZPO). 340

---

[1] Vgl. Petzold JuS 2021, 646 (647 f.); vertiefend Schumann, Lebendiges Zivilprozessrecht, 2016, S. 576 ff.

IV. Einhaltung der Ladungsfrist?

341 Ist der Kläger geladen, wird noch die Einhaltung der Ladungsfrist geprüft (§ 217 ZPO). Wenn die Frist nicht gewahrt wurde, muss ebenfalls der Antrag auf Erlass eines Versäumnisurteils zurückgewiesen werden (§ 335 I Nr. 2 ZPO).

V. Zulässigkeit der Klage

342 Liegen die soeben aufgeführten vier Voraussetzungen vor, sind nunmehr die *Sachurteilsvoraussetzungen* (→ Rn. 160 ff.) zu prüfen. Da das Versäumnisurteil ein *Sachurteil* ist, müssen nämlich sämtliche Sachurteilsvoraussetzungen gegeben sein. Die Säumnis des Klägers ändert hieran nichts, insbes. entbindet sie das Gericht nicht von der Prüfung der Zulässigkeit der Klage.

1. Behebbarer Mangel?

343 Stellt das Gericht fest, dass eine Sachurteilsvoraussetzung fehlt, darf es nicht sogleich den Erlass eines Versäumnisurteils ablehnen und zur Prozessabweisung schreiten. Vielmehr muss es sich fragen, ob dieser prozessuale Mangel behoben werden kann oder nicht. Diese Frage hat das Gericht im Interesse des erschienenen Beklagten zu stellen, weil eine *Sach*abweisung für den Beklagten günstiger ist als eine *Prozess*abweisung.

> **Beispiel 127:** *Klein* klagt (Beispiel 12, → Rn. 27) gegen Sohn *Sanft* auf Feststellung des Eigentums an dem Rasenmäher. Über diese Klage ist Sohn *Sanft* so empört, dass er seinerseits am Wohnsitzgericht des *Klein* (§§ 12, 13 ZPO) gegen diesen Klage auf Feststellung erhebt, dass nicht *Klein*, sondern er (Sohn *Sanft*) der Eigentümer dieses Rasenmähers sei. In dem zweiten Prozess kommt es schnell zu einem Termin (während im Erstverfahren der Termin noch lange aussteht); in dem Termin im Zweitprozess ist der Kläger (Sohn *Sanft*) säumig. Der Beklagte *(Klein)* beantragt Versäumnisurteil. Das Gericht weist auf die Bedenken aus dem Gesichtspunkt der Rechtshängigkeit hin (§ 261 III Nr. 1 ZPO, → Rn. 74): Die zweite Klage habe denselben Streitgegenstand wie die erste Klage (kontradiktorisches Gegenteil, → Rn. 74) und sei deshalb unzulässig, es sei denn, der hiesige Beklagte *(Klein)* nehme seine eigene Klage bei dem anderen Gericht zurück (§ 269 III 1 ZPO). Wenn jetzt *Klein* erklärt, er werde seine dortige Klage zurücknehmen, zeichnet sich für das Zweitgericht ab, dass der Mangel der Rechtshängigkeit beseitigt werden kann: Also liegt in diesem Augenblick ein *behebbarer* Zulässigkeitsmangel vor. Das Gericht wird deshalb keine *Prozessabweisung* vornehmen. Bevor die erste Klage aber nicht bei dem dortigen Gericht zurückgenommen ist, darf das Gericht *kein Versäumnisurteil* erlassen. Es wird daher den Antrag des *Klein* auf Erlass eines Versäumnisurteils gemäß § 335 I Nr. 1 ZPO zurückweisen und die Verhandlung unter Bestimmung eines neuen Termins vertagen.

2. Nichtbehebbarer Mangel?

344 Anders ist es, wenn sich zeigt, dass der Zulässigkeitsmangel nicht behoben wird oder werden kann. In diesen Fällen erfolgt *Prozessabweisung der Klage* (als *unzulässig*). Dies ist kein Versäumnisurteil, sondern ein streitiges (kontradiktorisches) Urteil: Denn es ergeht nicht aufgrund der Säumnis des *Klägers*, sondern *aufgrund des Fehlens einer Sachurteilsvoraussetzung* („*trotz Säumnis* des Klägers"). Immer wieder wird dieses Urteil als „unechtes Versäumnisurteil" bezeichnet. Dies ist gleichermaßen verwirrend wie unrichtig. Versäumnisurteil ist nur die aufgrund der Säumnis ergangene Entscheidung, keinesfalls der nicht aufgrund einer Säumnis gefällte Richterspruch.

An eine *Prozess*abweisung bei Säumnis des *Klägers* knüpfen sich beliebte **Examensfragen:**
- Welches Rechtsmittel ist gegen dieses Urteil gegeben? Berufung (§ 511 ZPO), nicht Einspruch!
- Kann es der Kläger angreifen, auch wenn er prozessunfähig ist? Ja, weil er für das Verfahren als prozessfähig angesehen wird (→ Rn. 172).
- Kann auch der Beklagte das abweisende (für ihn eigentlich günstige) Urteil angreifen? Ja, weil er kein Sachurteil erhalten hat und dadurch beschwert ist (zur Beschwer → Rn. 405).
- Welches Rechtsmittel ist gegeben, wenn das Gericht dieses Urteil als „Versäumnisurteil" bezeichnet? Einspruch oder Berufung? *Antwort:* Beides: Es gilt die *Meistbegünstigungstheorie* (→ Rn. 408): Der Kläger kann *entweder* Einspruch *oder* Berufung einlegen.

VI. Keine Prüfung der „Begründetheit der Klage" bei Klägersäumnis

Wenn sich bei der Untersuchung der Voraussetzungen für ein Versäumnisurteil 345 (→ Rn. 338–341) und der Zulässigkeit der Klage (→ Rn. 342) keine Mängel gezeigt haben, findet keine Prüfung der Begründetheit statt. *Vielmehr bewirkt die Säumnis des Klägers die Sachabweisung.* Es ergeht Versäumnisurteil, das auf Abweisung der Klage (als unbegründet) lautet.

Zwei Fehlerquellen gibt es hierbei:

(1) *Erste Fehlerquelle: Unterschiede der Säumnis:* Viele Bearbeiter stellen eine „Schlüssigkeitsprüfung" an. Sie verwechseln die Säumnis des *Klägers* mit der Säumnis des *Beklagten.* Nur bei Säumnis des *Beklagten* ist eine solche Prüfung erforderlich (→ Rn. 350 f.). Da der säumige Kläger seinen eigenen Prozess nicht betreibt und daher sein Vorbringen nicht berücksichtigt wird, ist unerheblich, ob das angekündigte Vorbringen schlüssig war oder nicht. Das die Klage abweisende Versäumnisurteil hat die gleiche Rechtskraftwirkung wie jedes andere abweisende Sachurteil.

(2) *Zweite Fehlerquelle: Ausnahmeregelungen:* Manche Bearbeiter übersehen, dass in gewissen Verfahren die gerichtliche Entscheidung anders lautet: So etwa in bestimmten familienrechtlichen Verfahren sowie im Zwangsvollstreckungsrecht bei der Widerspruchsklage gegen den Verteilungsplan (§ 881 ZPO), bei denen eine Fiktion der Antrags- bzw. Widerspruchsrücknahme eintritt. Der Sinn dieser Ausnahmen liegt darin, dass die Säumnis des Klägers gerade nicht zu einem Sachurteil führen soll.

§ 62. Säumnis des Beklagten im Prozess (§ 331 ZPO)

Die Säumnis des Beklagten wirkt nach § 331 I ZPO wie ein Geständnis. Die Prüfung 346 bei Säumnis des Beklagten folgt im Wesentlichen denselben Grundsätzen wie bei der Klägersäumnis. Zu unterscheiden ist jedoch, ob die Säumnis in einem *Termin zur mündlichen Verhandlung* eintrat (→ Rn. 347 ff.) oder während des *schriftlichen Vorverfahrens* (→ Rn. 352).

I. Säumnis des Beklagten in einem Termin zur mündlichen Verhandlung
1. Antrag des Klägers

Der Antrag des Klägers auf Erlass eines Versäumnisurteils muss im Termin gestellt 347 werden (→ Rn. 338).

2. Säumnis des Beklagten

Die Säumnis des Beklagten muss gegeben sein (→ Rn. 339).

3. Ordnungsgemäße Ladung

Der Beklagte muss zum Termin ordnungsgemäß geladen sein (→ Rn. 340). Auch hier kann dem Antrag auf Erlass des Versäumnisurteils nicht entsprochen werden, wenn der Beklagte nicht ordnungsgemäß geladen worden ist oder der neue Termin nicht wenigstens in der vorhergegangenen mündlichen Verhandlung verkündet (§ 218 ZPO) wurde.

4. Ladungsfrist

Auch bei Säumnis des Beklagten ist die Einhaltung der Ladungsfrist zu beachten (→ Rn. 341).

5. Einlassungsfrist

Ist die Ladungsfrist eingehalten, muss ferner noch geprüft werden, ob auch die Einlassungsfrist (§ 274 III ZPO) gewahrt ist.

Ladungsfrist ist nämlich nur derjenige Mindestzeitraum, der zwischen der Zustellung der Ladung zu einem Termin und dem Termin liegt, während die *Einlassungsfrist* den Zeitraum zwischen der Zustellung der Klageschrift und dem Termin betrifft. Ladungsfristen gelten sowohl für den *Kläger* als auch für den *Beklagten;* die Einlassungsfrist gibt es hingegen immer *nur zugunsten des Beklagten,* weshalb sie nicht bei Säumnis des Klägers, aber immer bei Säumnis des Beklagten zu prüfen ist. Ladungsfristen bestehen, um beiden Parteien eine Terminplanung und das rechtzeitige Erscheinen im Termin zu ermöglichen; Einlassungsfristen dienen der sachlichen Vorbereitung des Beklagten auf die Klage.

> **Beispiel 128:** Der Beklagte *Fahrer* erhält am Montag zugestellt: die Klage des *Pech* sowie Ladung zum Termin am Freitag derselben Woche vor dem *AG München.*
>
> **Frage:** Darf gegen *Fahrer* Versäumnisurteil ergehen, wenn er am Freitag nicht vor dem *AG München* erscheint?
>
> **Antwort:** Nein.
>
> **Begründung:**
> (a) Die *Ladungsfrist* des § 217 ZPO ist gewahrt. Sie beträgt, da kein Anwaltsprozess vorliegt, *drei Tage.* Bei der Berechnung dieser „Zwischenfrist" werden Zustellungstag (Montag) und Terminstag (Freitag) nicht mitgerechnet. Übrig bleiben Dienstag, Mittwoch, Donnerstag; also ist die Ladungsfrist eingehalten worden.
>
> (b) Die *Einlassungsfrist* des § 274 III 1 ZPO beträgt bei amts- wie bei landgerichtlichen Prozessen grds. *zwei Wochen.* Bei der Berechnung wird der Zustellungstag (Montag) nicht mitgerechnet. Die zweiwöchige Einlassungsfrist beginnt hier somit am folgenden Dienstag zu laufen und endet am Montag in zwei Wochen um 24.00 Uhr (§ 222 I ZPO, §§ 187 I, 188 II BGB). Ein Verhandlungstermin wäre deshalb frühestens am Dienstag in zwei Wochen möglich. Da der Termin bereits auf den folgenden Freitag anberaumt wurde, ist die Einlassungsfrist nicht eingehalten. Somit muss der Antrag des Klägers auf Erlass des Versäumnisurteils zurückgewiesen werden (§ 335 I Nr. 3 ZPO).

348 Im Versäumnisverfahren ist ferner wichtig, dass die Nichteinhaltung von Ladungsfristen unter eine *andere* Bestimmung fällt als die Nichteinhaltung der Einlassungsfrist. Ist die *Ladungsfrist* nicht gewahrt, gilt § 335 I Nr. 2 ZPO (→ Rn. 341). Wenn jedoch die *Einlassungsfrist* nicht beachtet wurde, ist § 335 I Nr. 3 ZPO maßgeblich; diese Bestimmung kann grds. nur bei Säumnis des Beklagten eingreifen. Nur bei ihm läuft ja die Einlassungsfrist und nur bei ihm kommt es zu einer Schlüssigkeitsprüfung.

§ 62. Säumnis des Beklagten im Prozess (§ 331 ZPO)

Ist die Einlassungsfrist des § 274 III ZPO auf die ursprüngliche Klage gewahrt, hat aber der Kläger (zB durch Klageerweiterung, → Rn. 267 sub (1) und (2)) einen *neuen Antrag* gestellt, ist die Frist des § 132 ZPO zu beachten (Beispiel 131, → Rn. 351).

6. Zulässigkeit der Klage

Die Zulässigkeit der Klage (→ Rn. 342 ff.) wird im Anschluss an die Fristen geprüft. 349 Auch hier muss das Gericht trotz der Säumnis des Beklagten diejenigen Sachurteilsvoraussetzungen untersuchen, die von Amts wegen zu prüfen sind (→ Rn. 160 ff.). Von besonderer Wichtigkeit ist der Satz 2 des § 331 I ZPO. Auch wenn der Kläger Tatsachen behauptet, aus denen sich die sachliche, örtliche oder internationale Zuständigkeit des Gerichts aufgrund einer Parteivereinbarung ergibt, gelten diese Tatsachen nicht als durch die Säumnis des Beklagten zugestanden. *Solche* (aber auch nur diese) *Tatsachen bedürfen also trotz der Säumnis des Beklagten des Beweises.*

Ergibt sich im Rahmen der Zulässigkeitsprüfung der Klage ein Mangel, kommt es auch bei der Säumnis des Beklagten zu denselben beiden Fragestellungen wie in → Rn. 343 f.:

a) Behebbarer Mangel?

Liegt ein behebbarer Mangel vor, ist der Antrag auf Erlass des Versäumnisurteils zurückzuweisen (§ 335 I Nr. 1 ZPO). Diese Entscheidung liegt im Interesse des erschienenen Klägers, weil er sonst mit Prozessurteil abgewiesen werden müsste.

Als behebbarer Mangel ist zB auch die Unklarheit über das Vorliegen einer Sachurteilsvoraussetzung anzusehen, falls die erschienene Partei (hier: der Kläger) den Nachweis über deren Vorliegen im Termin nicht zu erbringen vermag, zB wenn der Kläger *Jung* erschienen, der Beklagte säumig ist und das Gericht bezweifelt, ob *Jung* schon volljährig und damit prozessfähig ist (→ Rn. 172). Da *Jung* keinen Ausweis bei sich hat und auch sonst nicht in der Lage ist, das AG von seiner Volljährigkeit zu überzeugen, wird das Gericht seinen Antrag auf Erlass eines Versäumnisurteils gegen den Beklagten zurückweisen. In solch einem Fall wäre eine Prozessabweisung des AG, weil *Jung* seine Prozessfähigkeit nicht habe beweisen können, der sichtbar falsche Weg.

b) Nichtbehebbarer Mangel?

In diesem Fall erfolgt die Abweisung der Klage als unzulässig durch Prozessurteil. *Auch dieses Urteil ist kein Versäumnisurteil,* sondern ein kontradiktorisches Urteil. Es ergeht, obwohl der Kläger anwesend und obwohl der Beklagte säumig ist („*trotz Säumnis des Beklagten*"); es beendet die Instanz und kann *nicht mit Einspruch,* sondern nur durch *Berufung* (§ 511 ZPO) angegriffen werden.

> **Beispiel 129:** Uhrmacherin *Zeiger* (Beispiel 118, → Rn. 323) hat gegen *Schön* den Prozess verloren, weil *Frosch* nicht im Namen des *Schön* handelte. Das Urteil ist rechtskräftig. Als *Zeiger* erfährt, dass *Schön* für einige Monate auf Weltreise unterwegs ist, probiert sie es nochmals und reicht Klage gegen *Schön* ein. Im frühen ersten Termin (§ 275 ZPO) ist *Schön* säumig, obwohl er ordnungsgemäß durch Ersatzzustellung (§ 178 I Nr. 1 ZPO) an seine Frau geladen ist. *Zeiger* beantragt den Erlass eines Versäumnisurteils gegen *Schön* (§ 331 ZPO). Richterin am AG *Eifrig* entsinnt sich aber des früheren Prozesses und stellt von Amts wegen durch eine Rückfrage bei der Geschäftsstelle fest, dass die Sache schon rechtskräftig entschieden ist (§§ 322 I, 325 I ZPO).
> **Folge:** Abweisung der Klage durch Prozessurteil als unzulässig.

Auch bei diesem Prozessurteil *trotz Säumnis des Beklagten* ergeben sich immer wieder dieselben Probleme wie bei der Prozessabweisung trotz Säumnis des Klägers (→ Rn. 344 aE).

7. „Schlüssigkeit der Klage" (§ 331 I, II ZPO)

Erst wenn sich gegen den Erlass eines Versäumnisurteils und gegen die Zulässigkeit der Klage keine Bedenken ergeben, kann die Klage nunmehr *sachlich* geprüft werden. Dabei geht es *nur* um die Prüfung, ob die tatsächlichen Behauptungen des Klägers den Klageantrag rechtfertigen, dh nur um die *Schlüssigkeit der Klage*, nicht um ihre Begründetheit. Deshalb muss stets von der „Schlüssigkeit" der Klage oder von der „Schlüssigkeitsprüfung" gesprochen werden; die Ausdrücke „Begründetheit" oder „begründet" sind zu vermeiden.

a) Fehlende Schlüssigkeit der Klage (§ 331 II Alt. 2 ZPO)

350 Nur bei Säumnis des Beklagten und auch nur, wenn Antrag auf Erlass des Versäumnisurteils durch den Kläger sowie Säumnis des Beklagten trotz ordnungsgemäßer Ladung unter Einhaltung der Ladungs- und Einlassungsfrist und die Sachurteilsvoraussetzungen vorliegen, kommt es zur *Schlüssigkeitsprüfung:* Es wird die vom Kläger in der Klage beantragte Rechtsfolge daraufhin geprüft, ob sie sich aus dem Gesetz ergibt, wobei unterstellt wird, dass die vom Kläger vorgetragenen Tatsachen richtig sind. Die ZPO kleidet dies in die Form der Fiktion des Zugestehens des tatsächlichen Vorbringens des Klägers (zur Grenze des möglichen Zugestehens → Rn. 318 Fn. 8). Es ist zu verfahren, *als ob* der Beklagte die tatsächlichen klägerischen Behauptungen nicht bestritten hätte. Welche typischen Fragen sich hierbei ergeben, wird näher in → Rn. 353 ff. dargestellt.

> **Beispiel 130:** (Beispiel 12, → Rn. 27): *Klein* verlangt von Sohn *Sanft* die Herausgabe des Rasenmähers (§ 985 BGB) und trägt hierzu vor, dass der Rasenmäher der unmittelbaren Besitzerin abhandengekommen sei (§ 935 I BGB). Von dem Besitzdiener, Herrn *Saubermann*, (§ 855 BGB) habe er, *Klein*, den Erlös verlangt (§ 816 I 1 BGB), aber nur einen Bruchteil erhalten. Deshalb müsse er jetzt doch noch auf seinem Herausgabeanspruch gegen Sohn *Sanft* beharren. Im Termin ist der ordnungsgemäß geladene Sohn *Sanft* säumig. *Klein* beantragt Versäumnisurteil.
> **Frage:** Wie wird das Gericht entscheiden?
> **Antwort:** Es erfolgt Sachabweisung der Klage. Die Klage ist unschlüssig. *Klein* hat die schwebend unwirksame Verfügung des nichtberechtigten *Saubermann* dadurch nach § 185 II 1 Var. 1 BGB genehmigt, dass er von ihm den Erlös verlangte. Selbst wenn er überhaupt nichts von dem Erlangten erhalten hätte, ist durch die Genehmigung des *Klein* der Vater *Sanft* Eigentümer geworden. Dessen schwebend unwirksame Verfügung ist nach § 185 II 1 [Var. 2: Erwerb des Gegenstandes] BGB seinerseits wirksam geworden. Sohn *Sanft* ist *Eigentümer*. Selbst die vom Kläger vorgetragenen Tatsachen unterstellt, fehlt der Klage die Schlüssigkeit.
> **Folge:** Es muss *trotz Säumnis des Beklagten* eine Sachabweisung erfolgen.

Das wegen Unschlüssigkeit ergehende Sachurteil ist *kein Versäumnisurteil*, sondern streitiges Endurteil. Deshalb ist auch kein Einspruch statthaft, obwohl es im Versäumnisverfahren erging, sondern Berufung (§ 511 ZPO).

b) Schlüssigkeit der Klage (§ 331 II Alt. 1 ZPO)

351 Einen anderen Fortgang nimmt das Verfahren, wenn die Prüfung des Klageantrags ergibt, dass die Klage schlüssig ist. Es ist aber ein Fehler, wenn der Bearbeiter hier *sofort* zur Verurteilung des Beklagten kommt. Ein Versäumnisurteil darf nur dann ergehen, wenn die Klage *rechtzeitig* (vgl. § 132 ZPO) schlüssig gemacht worden ist.

§ 62. Säumnis des Beklagten im Prozess (§ 331 ZPO)   175

> **Beispiel 131:** Uhrmacherin *Zeiger* klagt gegen Frau *Gold* auf Herausgabe der an sie unter Eigentumsvorbehalt (§§ 929, 158 I, 433, 449 BGB) verkauften Uhr. Am Tag vor dem Termin „ergänzt" sie ihre Klage dahin, dass sie wegen zweier ausstehender Raten vom Vertrag zurückgetreten sei (§§ 449 II, 323, 286, 346 I BGB). Im Termin erscheint *Gold* nicht. *Zeiger* beantragt Versäumnisurteil.
> **Frage:** Wie wird das Gericht entscheiden?
> **Antwort:** Die Klage ist schlüssig; deshalb kann keine Sachabweisung nach § 331 II Alt. 2 ZPO ergehen. Nach dem Rücktritt vom Kaufvertrag kann *Zeiger* gegen *Gold* dinglich vorgehen. Aber die Schlüssigkeit ist verspätet (§ 132 ZPO) hergestellt worden. Die Klage war unschlüssig, weil ein dingliches Vorgehen bei Weiterbestehen des Kaufvertrages unzulässig ist. Durch die Ergänzung des Vortrags, dass *Zeiger* zurückgetreten sei, ist die Schlüssigkeit zwar erreicht, aber dies ist zu spät geschehen (§ 335 I Nr. 3 ZPO).
> **Folge:** Zurückweisung des Antrags auf Erlass eines Versäumnisurteils (§ 335 ZPO).
> **Hinweis:** In der Praxis wird das Gericht pflichtgemäß nach § 139 ZPO (→ Rn. 154) auf diesen Mangel hinweisen und der Kläger wird deshalb regelmäßig nicht den Antrag auf Erlass eines Versäumnisurteils stellen, sondern Vertagung beantragen.
> **Zusatzfrage:** Warum hat das Gericht hinsichtlich der Klageergänzung nicht die Frist des § 274 III ZPO einzuhalten?
> **Zusatzantwort:** Die Einlassungsfrist ist der Zeitraum zwischen der Zustellung der Klage an den Beklagten und dem *ersten* Termin zur mündlichen Verhandlung. Für neue Tatsachen und neue Anträge (zB Klageänderung, Klageerweiterung), die nach Klagezustellung vorgetragen werden, gilt nur noch die Frist des § 132 ZPO.

Die „verspätete Schlüssigkeit" ist Anlass häufiger Fehler. Manche Bearbeiter kommen in solchen Fällen zur Klageabweisung – aber eine schlüssige Klage darf bei Säumnis des Beklagten nicht abgewiesen werden: § 331 II Alt. 1 ZPO. Andere Bearbeiter verurteilen den Beklagten, aber auch dies ist unzutreffend, weil der Beklagte aufgrund der Klageschrift mit der Abweisung als unschlüssig rechnen durfte und deshalb „zu Hause" bleiben konnte! Richtig ist allein die Zurückweisung des Antrags nach § 335 I Nr. 3 ZPO. Nur wenn die Klage schlüssig ist *und* wenn die Schlüssigkeit rechtzeitig bestand, ergeht somit das Versäumnisurteil gegen den Beklagten.

II. Voraussetzungen für den Erlass eines Versäumnisurteils bei „Säumnis" des Beklagten im schriftlichen Vorverfahren

Der Untätigkeit des Beklagten im schriftlichen Vorverfahren (→ Rn. 147 ff., 150) begegnet die ZPO ebenfalls mit einem Versäumnisurteil (§ 331 III ZPO). 352

1. Der *Antrag des Klägers* auf Erlass des Versäumnisurteils muss vorliegen; er wird üblicherweise *schon in der Klageschrift* gestellt (vgl. § 331 III 2 ZPO). Wurde kein entsprechender Antrag gestellt, wird Termin zur mündlichen Verhandlung anberaumt (§ 272 III ZPO).

2. Die *„Säumnis"* des Beklagten muss eingetreten sein. Im schriftlichen Vorverfahren ist der Beklagte bereits säumig, wenn er nicht innerhalb der zweiwöchigen Notfrist (§ 276 I 1 ZPO) schriftlich seine Verteidigungsabsicht anzeigt (→ Rn. 148 sub 2., 150). Schon diese Anzeige, die von der Klageerwiderung (§§ 276 I 2, 277 ZPO) zu unterscheiden ist, hat im *Anwaltsprozess* (→ Rn. 173) durch einen Rechtsanwalt zu erfolgen.

3. Die *Notfrist* des § 276 I 1 ZPO muss *bestimmt* worden und die *Belehrungen* gemäß § 276 II ZPO (→ Rn. 148 sub 3.) müssen erfolgt sein. Wurde diese Frist vom Richter nicht bestimmt oder unterblieben die notwendigen Belehrungen, so darf kein Versäumnisurteil gegen den Beklagten ergehen (§ 335 I Nr. 4 ZPO). Das Ge-

richt kann hier in zweierlei Weise vorgehen. *Entweder* kann es die unterlassenen Handlungen von Amts wegen nachholen und damit diese Mängel beseitigen *oder* den Antrag auf Versäumnisurteil durch Beschluss zurückweisen und Termin zur mündlichen Verhandlung anberaumen. Im Amtsgerichtsprozess ist die Belehrung über die Notwendigkeit der Rechtsanwaltsbestellung (§ 276 II ZPO) nicht nötig (arg. §§ 495, 78 ZPO).

4. Die soeben genannte *Notfrist* muss *abgelaufen* sein. Im schriftlichen Vorverfahren entspricht der Einlassungsfrist die Notfrist zur schriftlichen Anzeige der Verteidigungsabsicht. Diese Notfrist beträgt zwei Wochen (§ 276 I 1 ZPO) und kann weder durch Parteivereinbarung noch durch das Gericht verkürzt werden (§ 224 I und II ZPO). Vor Ablauf der Frist darf ein Versäumnisurteil nicht ergehen.

5. Für die *Prüfung der Zulässigkeit* der Klage sind dieselben Gesichtspunkte zu beachten, die im ersten Absatz der → Rn. 349 dargestellt wurden.

6. Zeigen sich jedoch *Zulässigkeitsmängel*, kann nicht etwa genauso wie in einem Termin verfahren werden. Ein *prozessabweisendes Urteil* ist *im schriftlichen Vorverfahren* unzulässig. *Erstens* wäre es gar kein Versäumnisurteil (→ Rn. 349 sub b), sondern ein kontradiktorisches Endurteil. *Zweitens* verlangt die ZPO für derartige instanzbeendende Urteile die mündliche Verhandlung (§ 128 I ZPO). *Drittens* würde es gegen das Recht auf Gehör (Art. 103 I GG) verstoßen, falls ein Kläger verurteilt werden könnte, ohne dass ihm vorher Gelegenheit zur Stellungnahme in einer mündlichen Verhandlung und damit die Möglichkeit zur Heilung des prozessualen Mangels gegeben wurde. Wenn also im Falle der „Säumnis" des Beklagten im schriftlichen Vorverfahren eine Prozessvoraussetzung fehlt, muss vielmehr Termin zur mündlichen Verhandlung bestimmt werden. Um diese Situation von vornherein zu vermeiden, sollte der Richter bei unzulässiger Klage von der Durchführung des schriftlichen Vorverfahrens absehen und sogleich den frühen ersten Termin (§§ 272 II, 275 ZPO) anberaumen.

7. *Schlüssigkeit der Klage* (§ 331 II Alt. 1 ZPO). Auch im schriftlichen Vorverfahren ist dieselbe Prüfung vorzunehmen, wie sie in → Rn. 350 f. dargestellt ist. Jedoch darf bei *fehlender Schlüssigkeit der Klage* (→ Rn. 350) aus denselben Überlegungen wie bei der Unzulässigkeit der Klage (→ soeben 6.) kein schriftliches „Versäumnisurteil" (dh ein kontradiktorisches, die Klage sachlich abweisendes Urteil) gegen den Kläger ergehen; es muss Termin zur mündlichen Verhandlung bestimmt werden.

III. Typische Fragen zur Schlüssigkeitsprüfung
1. Drei Fehlergruppen

353 Ein Versäumnisurteil gegen den Beklagten darf nur ergehen, wenn die Klage *schlüssig* ist (→ Rn. 350 f.). An diese Voraussetzung knüpfen sich beliebte Examensfragen:

354 a) Ist die Klage als schlüssig anzusehen, wenn der *Beklagte* in einem *Schriftsatz* bestimmte Tatsachen *bestritt,* die der Kläger behauptet hatte (wenn *Fahrer* im Beispiel 1, → Rn. 4, in seiner Klageerwiderungsschrift bestritt, den *Pech* angefahren zu haben)?

Antwort: Die Klage ist schlüssig, weil es auf die schriftliche Einlassung des Beklagten nicht ankommt.

355 b) Ergibt sich eine andere Antwort, wenn der *Beklagte* in einem früheren *Termin* nicht säumig war und dort die betreffende Tatsache *bestritt* oder wenn sogar eine *Beweisaufnahme* stattfand, in der sich zeigte, dass der Kläger seine Behauptung nicht beweisen kann (zB *Fahrer* war am Unfalltag im fernen Ausland)?

Antwort: Es ändert sich an der Schlüssigkeit der Klage nichts, weil es nicht auf solche prozessuale Vorgänge ankommt, sondern weil nur auf das tatsächliche Vorbringen des Klägers (§ 331 I 1 ZPO, → Rn. 350) abgestellt wird.

c) Ist die Klage schlüssig, wenn sich aus dem Vortrag des Klägers ergibt, dass dem *Beklagten* eine *Einrede* zusteht (zB wie im Beispiel 102, → Rn. 262: Der Anspruch gegen *Fahrer* ist verjährt), dieser sie aber noch nicht erhoben hat? 356

Antwort: Die Klage ist schlüssig, weil Einreden nur berücksichtigt werden, wenn sich der Betreffende auf sie beruft.

d) *Gesamtergebnis:* Bei Säumnis des Beklagten kann also in allen drei soeben genannten Fallgruppen ein Versäumnisurteil ergehen. 357

2. Der Unterschied zwischen Einreden und Einwendungen

Der Bearbeiter eines Prozessrechtsfalles muss wegen der in → Rn. 356 dargestellten Situation unbedingt wissen, nach welchen Gesichtspunkten das materielle Recht zwischen Einreden und Einwendungen unterscheidet: *Rechtshindernde Einwände* („Der Anspruch ist nicht entstanden", zB wegen Nichtigkeit des Rechtsgeschäfts, § 134 BGB oder § 138 BGB) und *rechtsvernichtende Einwände* („Der Anspruch ist untergegangen", zB durch Erfüllung, § 362 BGB) sind *Einwendungen* und müssen vom Gericht beachtet werden, auch wenn sich der durch sie Begünstigte nicht auf sie beruft; im Rahmen der Schlüssigkeitsprüfung sind sie daher vom Gericht zu berücksichtigen. Deshalb muss im Beispiel 130, → Rn. 350, Sachabweisung (und kein Versäumnisurteil) ergehen, weil der dem *Klein* zustehende Herausgabeanspruch durch seine Genehmigung untergegangen ist. Allerdings sind für das Gericht bei seiner Schlüssigkeitsprüfung nur solche Einwendungen beachtlich, die sich aus dem Vortrag des Klägers ergeben. Schriftliche oder auch mündliche Einwendungen des Beklagten (in früheren Terminen) sind unbeachtlich (→ Rn. 354 f.). 358

Als *Einreden* werden die *rechtshemmenden Einwände* bezeichnet („Der Anspruch besteht, kann aber nicht durchgesetzt werden"). Hierzu gehören zB die *Verjährungseinrede* (§ 214 I BGB, vgl. zB §§ 195, 196, 197, 199, 203, 852 S. 2 BGB, § 14 StVG, § 11 HPflG), die *Einrede des nichterfüllten Vertrags* (§ 320 BGB), das *Zurückbehaltungsrecht* (§ 273 I BGB). Ausnahmsweise müssen Einreden aber dann vom Gericht berücksichtigt werden (dh sie machen die Klage unschlüssig), wenn sich aus dem eigenen Vortrag des Klägers ergibt, dass sie vom Beklagten *außerhalb des Prozesses* schon erhoben worden sind; denn das Gericht ist an die durch eine solche Einrede bereits außerprozessual gestaltete Rechtslage gebunden. 359

Die im materiellen Recht klare Trennung zwischen Einwendungen und Einreden spiegelt sich in der ZPO nicht wider (auch an dieser Stelle zeigt sich der uneinheitliche Sprachgebrauch der ZPO, → Rn. 80 und → Rn. 364). Sie verwendet die Begriffe „Einwendung", „Einrede" und „Einwand" gleichbedeutend (vgl. zB §§ 146, 282 I, 265 III, 597, 767 I, II, III ZPO). Ferner unterscheidet sie nicht zwischen Einwänden des materiellen Rechts und prozessualen Einwänden (zB spricht § 732 ZPO von „Einwendungen" und meint damit prozessuale Einwände [Beispiel 145, → Rn. 421 und Rn. 496]). Immerhin klingt beim Begriff der „*prozesshindernden Einrede*" (→ Rn. 243 Fn. 1 und Nachw. in → Rn. 242 Fn. 55) die Vorstellung des materiellen Rechts mit; denn solche Einreden sind – wie die materiell-rechtlichen Einreden – *nur auf Einwand durch den Betreffenden* zu berücksichtigen und werden deshalb auch im Versäumnisverfahren bei der Zulässigkeitsprüfung der Klage nicht von Amts wegen berücksichtigt, und zwar weder bei Klägersäumnis (→ Rn. 342 ff.), noch bei Beklagtensäumnis (→ Rn. 349). – Für die Bearbeitung von Prozessrechtsfällen sei hier der Rat wiederholt (→ Rn. 257), sich möglichst an die *Terminologie der jeweils behandelten Vorschrift* zu halten und dementsprechend von „Einwendung", „Einrede" oder „Einwand" zu sprechen. Soweit eine solche Vorschrift fehlt, sollte der neutrale (farblose) Ausdruck „*Einwand*" verwendet werden, wenn eine Prozesspartei nicht (nur) die gegnerischen Tatsachenbehauptungen bestreitet, sondern (auch) Tatsachen behauptet, die zur Anwendung einer (rechtshindernden, rechtsvernichtenden, rechtshemmenden) Gegennorm führen sollen. Das bloße Bestreiten der anspruchsbegründenden Tatsachen sollte nicht als *Einwand* oder *Einwendung* bezeichnet werden. Man spricht hier vielmehr von einem „*Klageleugnen*", zB wenn *Fahrer* bestreitet, den *Pech* angefahren zu haben. Die ZPO selbst ist unscharf und verwendet bisweilen den Begriff „Einwendung" für alle Arten 360 von Verteidigungsvorbringen. Dem sollte der Bearbeiter im Interesse einer klaren Lösung des Falles nicht folgen. Die Einwendungen und Einreden des materiellen Rechts (→ Rn. 358 f.) lassen sich in aller Regel leicht qualifizieren und müssen deshalb auch richtig bezeichnet werden.

§ 63. Einspruch gegen das Versäumnisurteil (§§ 338 ff. ZPO)

361 Der Rechtsbehelf gegen das Versäumnisurteil ist der Einspruch (§ 338 ZPO). Seine Probleme wurden schon mehrfach behandelt (→ Rn. 136, → Rn. 163 und → Rn. 255).

Wichtiger Hinweis: Nicht übersehen werden darf der vom üblichen Aufbau eines Rechtsmittelfalls (→ Rn. 406) abweichende Aufbau. Er lautet: Zulässigkeit des Einspruchs, Zulässigkeit der Klage, Begründetheit der Klage. *Eine Station „Begründetheit des Einspruchs" gibt es nicht.* Daher ist es ein grober Fehler, eine „Begründetheitsprüfung" des Einspruchs vorzunehmen. Der *zulässige Einspruch versetzt vielmehr das Verfahren einfach zurück* (§ 342 ZPO). Diese *Dreiteilung des Aufbaus* in: Zulässigkeit des Einspruchs, Zulässigkeit der Klage und Begründetheit der Klage ist typisch für eine Klausur aus dem Versäumnisverfahren und auch aus dem Verfahren nach Einspruch gegen den Vollstreckungsbescheid (→ Rn. 136). Der Text der ZPO ist aus heutiger Sicht ungenau, weil er in §§ 341 I 2, 342 ZPO von der „Zulässigkeit" des Einspruchs spricht. Da der Einspruch aber eine Bewirkungshandlung ist, müsste es eigentlich „Wirksamkeit" des Einspruchs heißen (zu Bewirkungshandlungen → Rn. 255).

Diese Zulässigkeit des Einspruchs regelt § 341 I ZPO. Hier ist insbes. auf die kurzen Fristen hinzuweisen: § 339 ZPO: zwei Wochen bei *LG* und *AG*, § 59 S. 1 ArbGG: eine Woche beim *ArbG!* Entsprechend der Prozessförderungspflicht (→ Rn. 159) muss der Einspruchsführer in der Einspruchsschrift seine Begründungen und Einwendungen vortragen (§ 340 II ZPO).[1] Die Verwendung des Begriffs „Einspruch" in der Einspruchsschrift ist nicht erforderlich; es genügt, wenn erkennbar ist, dass der Einspruchsführer das Versäumnisurteil anfechten will.[2] Ist der Einspruch unzulässig, verwirft ihn das Gericht durch Urteil (§ 341 S. 2 ZPO).

Die Entscheidung über den zulässigen Einspruch regelt § 343 ZPO: Das Urteil lautet entweder auf Aufrechterhaltung des Versäumnisurteils oder es hebt das Versäumnisurteil auf und trifft eine neue Entscheidung.

§ 64. „Technisch zweites" Versäumnisurteil

I. § 345 ZPO: „Technisch zweites" Versäumnisurteil

362 Da mit dem zulässigen Einspruch der Einspruchsführer eine Zurückversetzung des Prozesses in die frühere Lage (§§ 342 f. ZPO) erreicht, liegt es nahe, dass eine auf Prozessverschleppung zielende Partei durch beständige Säumnis und immer neue Einsprüche den Prozess in die Länge zu ziehen versucht. Dem schiebt § 345 ZPO einen Riegel vor: Wenn auf ein Versäumnisurteil gegen eine Partei *ohne dazwischenliegende Verhandlung dieser Partei zur Klage* ein weiteres Versäumnisurteil gegen sie folgt, ist ein *weiterer Einspruch unzulässig.* Dann steht der säumigen Partei allenfalls die Berufung zur Verfügung (→ Rn. 367).

---

[1] Vorhandene Einwendungen hat er wegen der Präklusion des § 767 II ZPO zu erheben (→ Rn. 527 zweiter Fragenkreis).
[2] Der in § 300 StPO niedergelegte Grundsatz, dass ein Irrtum in der Bezeichnung eines zulässigen Rechtsmittels unschädlich ist, gilt auch in der ZPO, vgl. Stein/Jonas/Bartels ZPO § 340 Rn. 4.

§ 64. „Technisch zweites" Versäumnisurteil

II. Die Voraussetzungen des technisch zweiten Versäumnisurteils
1. Voraussetzung: Zulässiger Einspruch
Zulässiger Einspruch (§ 341 I ZPO, → Rn. 361).　　　　　　　　　　　　　　　　363

2. Voraussetzung: Aufeinanderfolgende Säumnis oder Nichtverhandeln zur Hauptsache
Unmittelbar *aufeinanderfolgende (doppelte)* Säumnis des Einspruchsführers oder　364
dessen *Nichtverhandeln zur Hauptsache* (§ 345 ZPO).

Die in § 345 ZPO verwendete Formulierung „nicht zur Hauptsache verhandelt" bedeutet ein Verhandeln *nur über die Zulässigkeit des Einspruchs* (→ Rn. 363). „Hauptsache" ist in § 345 ZPO also sowohl die Zulässigkeit (→ Rn. 342 ff. und → Rn. 349) als auch die Begründetheit (→ Rn. 345 und → Rn. 350 ff.) der Klage. Es zeigt sich abermals der unklare Sprachgebrauch der ZPO (→ Rn. 80). Mit anderen Worten: Wenn die Partei im Einspruchstermin nur zur Zulässigkeit des Einspruchs verhandelt, ergeht ein technisch zweites Versäumnisurteil. Anders ist es, wenn sie im Einspruchstermin auch wenigstens zur Zulässigkeit der Klage verhandelt hat.

3. Umstrittene Voraussetzung: Gesetzmäßigkeit des ersten Versäumnisurteils
a) Keine Prüfung der Gesetzmäßigkeit des ersten Versäumnisurteils
Der BGH[1] und mit ihm die übrige Praxis beschränken die Prüfungsbefugnis des　365
Gerichts auf die in → Rn. 363 und → Rn. 364 genannten beiden Voraussetzungen. Sind sie erfüllt, ergeht das technisch zweite Versäumnisurteil, auch wenn das erste Versäumnisurteil nicht hätte erlassen werden dürfen.

b) Prüfung der Gesetzmäßigkeit des ersten Versäumnisurteils
Nach der früher wohl überwiegenden gegenteiligen Meinung in der Literatur, die noch immer beachtliche Anhänger findet,[2] hat das Gericht im Einspruchstermin ferner zu prüfen, ob das erste Versäumnisurteil in gesetzlicher Weise ergangen ist, dh das Gericht muss untersuchen, ob es die Zulässigkeit (→ Rn. 342 ff. und → Rn. 349) und (bei einem ersten Versäumnisurteil gegen den Beklagten) die Schlüssigkeit (→ Rn. 350 ff.) der Klage beim ersten Versäumnisurteil richtigerweise bejaht hat. Fehlt es hieran, ist nach dieser Ansicht das erste Versäumnisurteil aufzuheben und die Klage durch kontradiktorisches Urteil abzuweisen. Ein technisch zweites Versäumnisurteil darf dann also *nicht ergehen*.

Der Bearbeiter eines ZPO-Falles muss diese Kontroverse kennen. Welcher Meinung er sich anschließt, sollte er nach *klausurtaktischen* Gesichtspunkten (→ Rn. 40) beantworten:

Die Ansicht des BGH lässt den Bearbeiter zu einer schnellen Lösung kommen. Ihre Argumente sind folgende: Die materiell-rechtlichen und verfahrensrechtlichen Voraussetzungen für die Verurteilung des Beklagten werden bereits beim Erlass des ersten Versäumnisurteils geprüft. Der Grundsatz des rechtlichen Gehörs sei durch die ordnungsgemäße Ladung erfüllt. Angesichts ihrer erstmaligen Säumnis müsse die unterlegene Partei (der Beklagte) auf eine besonders sorgfältige Prozessführung achten, sodass bei erneuter Säumnis die scharfe Sanktion des endgültigen Prozessverlustes ohne nochmalige Überprüfung des ersten Versäumnisurteils gerechtfertigt erschiene. § 345 ZPO sei lex specialis zu § 342 ZPO. Anders als beim Einspruch gegen den Vollstreckungsbescheid in § 700 VI ZPO (→ Rn. 136) enthalte das Versäumnisverfahren keine entsprechende Regelung.

Die Gegenansicht in der Wissenschaft bietet dem Bearbeiter hingegen die Möglichkeit, zusätzliche Probleme zu untersuchen. Sie beruht auf folgenden Erwägungen: Der Umkehrschluss aus

---
[1] BGH NJW 1999, 2599 f.
[2] Vgl. Stein/Jonas/Bartels ZPO § 345 Rn. 6 ff.; Thomas/Putzo/Seiler ZPO § 345 Rn. 4 aE.

§ 700 VI ZPO sei nicht gerechtfertigt, da der Gesetzgeber mit der Einführung des § 700 VI ZPO nur darauf reagiert habe, dass der Mahnantrag eine Angabe des Anspruchsgegenstandes und -grundes nicht mehr erfordert; er habe aber nicht den Problemkreis des technisch zweiten Versäumnisurteils mitregeln wollen. Das Gericht dürfe nicht „sehenden Auges" ein falsches Urteil fällen (müssen). Es bestehe die praktische Notwendigkeit einer Selbstabhilfe in derselben Instanz und diese sei auch zulässig. Die Verantwortung für die Beseitigung eines vom Gericht in fehlerhafter Weise erlassenen ersten Versäumnisurteils könne nicht allein dem Beklagten durch eine „Erscheinenspflicht" im Einspruchstermin auferlegt werden.

III. Der Begriff des „technisch zweiten" Versäumnisurteils

366 Der Begriff des „technisch zweiten" Versäumnisurteils will das Missverständnis verhindern, als ob jedes in einem Rechtsstreit ergangene zweite Versäumnisurteil nicht mehr dem Einspruch unterläge. Es muss vielmehr ein Aufeinanderfolgen der beiden Versäumnisurteile *ohne zwischenzeitliches Verhandeln* zur Hauptsache (→ Rn. 364) im Einspruchstermin vorliegen, und es muss *dieselbe* Partei säumig sein. Fehlt dieses Aufeinanderfolgen, liegt kein „technisch zweites" Versäumnisurteil vor und § 345 ZPO ist unanwendbar.

> **Beispiel 132:** Der Kläger *Klein* ist im ersten Termin im Januar säumig. Auf Antrag des Beklagten *Sanft* ergeht Versäumnisurteil (§ 330 ZPO), das die Klage abweist. Rechtzeitig (§ 339 I ZPO) legt *Klein* Einspruch (§ 338 ZPO) ein. In dem daraufhin anberaumten neuen Termin im März ist nunmehr *Sanft* säumig. Auf Antrag des *Klein* (§ 331 I, II ZPO) ergeht jetzt ein Versäumnisurteil, das unter Aufhebung des 1. Versäumnisurteils (§ 343 S. 2 ZPO) den *Sanft* zur Herausgabe des Rasenmähers verurteilt (Beispiel 12, → Rn. 27). *Sanft* legt dagegen Einspruch (§ 338 ZPO) ein. Im nächsten Termin im Mai sind beide Parteien anwesend und verhandeln zur Zulässigkeit und Begründetheit der Klage. Das Gericht vertagt (§ 227 I ZPO) auf einen neuen Termin. In diesem Termin im Juli fehlt *Klein*. Jetzt beantragt *Sanft* Versäumnisurteil (§ 330 ZPO). Das Gericht erlässt dieses (nunmehr 3.) Versäumnisurteil, das unter Aufhebung des 2. Versäumnisurteils das 1. Versäumnisurteil (das die Klage abwies) wiederherstellt (§ 343 ZPO). Gegen dieses Versäumnisurteil steht dem *Klein* der Einspruch zu; denn es handelt sich um ein „technisch erstes" Versäumnisurteil, weil beide Parteien (und damit auch der säumige *Klein*) im Mai-Termin nicht nur zur Zulässigkeit des Einspruchs verhandelt hatten.

IV. Berufung gegen das technisch zweite Versäumnisurteil (§ 514 II ZPO)

367 Wenn § 345 ZPO sagt, der zweimal unmittelbar nacheinander säumigen Partei steht gegen das technisch zweite Versäumnisurteil „ein weiterer Einspruch nicht zu", bedeutet dies keinesfalls, dass für sie der Prozess beendet ist. Vielmehr lässt § 514 II 1 ZPO gegen das technisch zweite Versäumnisurteil die Berufung zu, und zwar – anders als § 511 II ZPO – ohne Erreichen der Berufungssumme von 600 EUR und ohne Zulassung (§ 514 II 2 ZPO). Allerdings ist diese Berufung auf den Vortrag beschränkt, dass im Einspruchstermin keine „schuldhafte Versäumung" vorgelegen hat.

> **Beispiel 133:** *Georg Gebauer* (Beispiel 104, → Rn. 274) klagt ohne Anwalt gegen *Michaela Maus* vor dem Amtsgericht. Den frühen ersten Termin verpasst *Gebauer*, weil er sich im Fahrplan geirrt hat und bei Gericht erst eintrifft, als bereits auf Antrag von *Maus* gegen ihn Versäumnisurteil ergangen war. *Gebauer* erhebt ordnungsgemäß Einspruch gegen das Versäumnisurteil. Zum Einspruchstermin wählt *Gebauer* einen rechtzeitigen Zug. Doch wegen eines Stromausfalls bleibt der Zug mehrere Stunden auf freier Strecke stehen; auch die Mobilfunkverbindung ist ausgefallen, sodass *Gebauer* das Amtsgericht telefonisch nicht erreichen kann. Als *Gebauer* endlich im Gerichtssaal eintrifft, ist (wiederum auf Antrag von *Maus*) Versäumnisurteil ergangen, das den „Einspruch ver-

worfen" (§ 345 ZPO) hat. *Gebauer* will von RAin *Dr. Klug* wissen, ob gerichtliche Schritte zu unternehmen seien und, wenn ja, welche.

Antwort: RAin *Dr. Klug* wird sagen, dass ein weiterer Einspruch gegen das zuletzt ergangene [technisch zweite] Versäumnisurteil nicht statthaft ist (§ 345 ZPO). Zwar sei auch eine Berufung zum Landgericht gegen Versäumnisurteile im Allgemeinen unzulässig (§ 514 I ZPO), aber hier gegen das [technisch zweite] Versäumnisurteil durchaus zulässig, und zwar mit dem Vorbringen, *Gebauer* habe den Einspruchstermin nicht schuldhaft versäumt (§ 514 II ZPO). Dieser Fall läge vor, weil *Gebauer* ohne Verschulden den Termin versäumt habe und den Erlass des technisch zweiten Versäumnisurteils auch nicht durch einen Telefonanruf habe verhindern können.

18. Kapitel. Beendigung des Rechtsstreits

368 Die im Zivilprozess gültige Dispositionsmaxime (→ Rn. 45) zeigt sich auch in der weithin ermöglichten Prozessbeendigung durch Parteiverhalten.

§ 65. Klagerücknahme und Wegfall des Klageanlasses (§ 269 ZPO)

I. Klagerücknahme

369 Durch die Klagerücknahme wird der Prozess beendet (§ 269 III 1 ZPO). Sie ist mehrfach im Rahmen dieses Buches behandelt worden.[1] Wichtig ist die Notwendigkeit der Einwilligung durch den Beklagten (§ 269 I ZPO), sofern er sich zur Hauptsache in der mündlichen Verhandlung bereits eingelassen hat. Diese Zustimmung wird gemäß § 269 II 4 ZPO fingiert, falls die Zurücknahme durch Einreichung eines Schriftsatzes erfolgte (§ 269 II 2 ZPO) und der Beklagte nicht innerhalb einer Notfrist von zwei Wochen widersprochen hat. Eine scharfe Rechtsfolge der Klagerücknahme ist: Der Kläger trägt grds. die Prozesskosten (§ 269 III 2 ZPO).

II. Klagerücknahme nach Wegfall des „Anlasses zur Einreichung der Klage" (§ 269 III 3 ZPO)

1. Die identischen Begriffe „Wegfall des Klageanlasses" oder „Erledigung der Hauptsache"

370 Wenn der „Anlass zur Einreichung der Klage" (§ 269 III 3 [Hs. 1] ZPO) weggefallen ist und damit eine „Erledigung der Hauptsache" (Überschrift von § 91a ZPO) vorliegt, geht es um die Prozesslage, dass die erfolgreiche Klage unzulässig oder unbegründet geworden ist – typischerweise um die Erfüllung der Klageforderung durch den Beklagten. Die ZPO regelt in unterschiedlicher Weise die verschiedenen Situationen der Erledigung der Hauptsache und kennt für den Wegfall des Klageanlasses kein einheitliches Prozessinstitut.

2. Wegfall des Klageanlasses nach Klageeinreichung, aber vor Rechtshängigkeit („privilegierte Klagerücknahme")

371 Zu einer Erledigung im Zeitraum zwischen Einreichung der Klage und deren Zustellung als dem Beginn der Rechtshängigkeit (§§ 261 I, 253 I ZPO) kann es kommen, wenn der Beklagte zahlt, nachdem der Kläger die Klage eingereicht hat, aber bevor sie dem Beklagten zugestellt wurde. Dann ermöglicht § 269 III 3 ZPO dem Kläger die Klagerücknahme ohne die sonst bestehende Pflicht des § 269 III 2 ZPO zur Kostentragung (daher der Ausdruck: „privilegierte" Klagerücknahme). Wie bei der einseitigen Erklärung der Erledigung der Hauptsache (→ Rn. 383 ff.) muss das Gericht prüfen, ob die Klage zulässig und begründet war und durch den Wegfall des Klageanlasses erfolglos geworden ist. Wenn diese Voraussetzungen gegeben sind, ist die Klagerücknahme wirksam, und das Gericht bestimmt die Kostentragungspflicht wie in § 91a ZPO nach billigem Ermessen und wird sie dem Beklagten auferlegen, weil dieser sich durch die Begleichung der Klagesumme in die Rolle des Unterlegenen begeben hat.[2]

---

[1] Beispiele 66 (→ Rn. 164 sub 1), 68 (→ Rn. 165), 96 (→ Rn. 255), 127 (→ Rn. 343) sowie → Rn. 263.

[2] Zur gerichtlichen Prüfung bei der privilegierten Klagerücknahme näher Schumann, Lebendiges Zivilprozessrecht, 2016, S. 733 ff.

3. Wegfall des Klageanlasses vor Klageeinreichung?

Fraglich ist, ob § 269 III 3 ZPO auch anwendbar ist, wenn der Schuldner zu einem Zeitpunkt gezahlt hat, als die Klage noch nicht eingereicht war. Dies ist etwa die Situation, in der ein Rechtsanwalt, nachdem er die Klage eingereicht hat, von der Mandantschaft erfährt, dass die gegnerische Zahlung zu einem Zeitpunkt *vor* seiner Klageeinreichung einging. Auf eine solche Konstellation kann jedoch § 269 III 3 ZPO nicht angewendet werden. Denn eine solche Klage war bereits bei der Klageeinreichung unbegründet. Der „Anlass zur Einreichung der Klage" ist nämlich nicht – wie § 269 III 3 ZPO verlangt – nach der Einreichung „weggefallen", sondern bestand zu diesem Zeitpunkt nicht mehr. Diese Klage kann auch nicht für erledigt erklärt werden, weil sie von vornherein unbegründet war (→ Rn. 384). In diesem Fall bleiben dem Kläger nur die kostenpflichtige Klagerücknahme und die Möglichkeit, die dadurch verursachten Kosten im Wege des Verzugsschadensersatzes vom Beklagten einzufordern – und notfalls erneut einzuklagen.

4. Wegfall des Klageanlasses nach Rechtshängigkeit

Üblicherweise tritt ein Wegfall des Klageanlasses (eine Erledigung) aber erst nach 373 Zustellung der Klage ein. Mehrere Möglichkeiten stellt die ZPO zur Verfügung:
(1) Auch in dieser Situation kann der Kläger *einseitig* vorgehen, allerdings nicht (wie soeben) durch Klagerücknahme („Klagerücknahmetheorie"), sondern im Wege der Klageänderung („Klageänderungstheorie") durch *Erklärung der Erledigung der Hauptsache* (→ Rn. 381 ff.).
(2) Falls der Beklagte ebenfalls von einer Erledigung ausgeht, steht in § 91a ZPO die Regelung über die (beiderseitigen) *übereinstimmenden Erklärungen der Erledigung der Hauptsache* zur Verfügung (→ Rn. 380).
(3) Schließlich können die Parteien den Rechtsstreit durch den sogleich behandelten Prozessvergleich erledigen.

§ 66. Prozessvergleich (§§ 794 I Nr. 1, 278 VI ZPO)

In der Praxis ist der Prozessvergleich äußerst wichtig.[1] Es gibt häufig eine gerechtere 374 Lösung als das „Alles oder Nichts" der Verurteilung des Beklagten oder der Klageabweisung. Außerdem kann er die verfeindeten Parteien wieder zusammenführen; dies ist besonders wichtig, wenn sie zB als Mieter und Vermieter, Arbeitnehmer und Arbeitgeber oder als Gesellschafter auch in Zukunft miteinander auskommen müssen. Deshalb soll auch das Gericht in jeder Lage des Verfahrens auf eine gütliche Einigung hinwirken (§ 278 I ZPO).

Die Bearbeitung von Rechtsfragen aus dem Gebiet des Prozessvergleichs ist durch das Fehlen einer umfassenden gesetzlichen Regelung erschwert. Relevante Normen sind §§ 794 I Nr. 1, 278 VI, 160 III Nr. 1 ZPO. Wichtig sind ferner §§ 779, 127a, 925 I 3 BGB.

I. Gerichtlicher oder außergerichtlicher Vergleich?

Nicht selten wird von den Bearbeitern übersehen, dass nicht jeder im Zusammen- 375 hang mit einem gerichtlichen Verfahren geschlossener Vergleich ein *Prozess*vergleich ist. Ein Vergleich ist nur Prozessvergleich, wenn *spezifische* Voraussetzungen erfüllt sind. Entweder muss er im Rahmen eines gerichtlichen Verfahrens geschlossen und ordnungsgemäß ins Protokoll aufgenommen werden oder er wird im schriftlichen

---

[1] Einführend zum Prozessvergleich: M. Huber JuS 2017, 1058.

Verfahren (§ 278 VI ZPO) geschlossen; dann muss das Gericht darüber einen Beschluss fassen.[2]

Bisweilen bereitet der Sachverhalt einer Klausur Schwierigkeiten, weil lediglich angegeben ist, dass die Beteiligten einen „Vergleich" abgeschlossen haben. Ob hiermit ein Prozessvergleich oder ein außergerichtlicher Vergleich gemeint ist, hängt von der Fallgestaltung ab. Keineswegs deutet jedoch die Verwendung der Bezeichnung „Vergleich" auf einen *außergerichtlichen* Vergleich hin. Man muss vielmehr differenzieren: Ein rein materiell-rechtlicher Fall, in dem von einem Prozess überhaupt nicht die Rede ist, wird schwerlich einen Prozessvergleich im Auge haben. Eine Prozessrechtsklausur hingegen *kann* beide Arten von Vergleichen meinen. Hier muss der Bearbeiter den Sachverhalt genau durchlesen, ob er Anhaltspunkte entdeckt. Findet sich wirklich kein Hinweis, hilft die Regel (→ Rn. 39), dass *im Zweifel* von einer üblichen, prozessordnungsgemäßen und sinnvollen Prozessabwicklung auszugehen ist. Wenn zwischen den Parteien nur *ein* Verfahren anhängig ist und durch den Vergleich der Streitfall sichtlich beigelegt werden soll, wird ein Prozessvergleich gemeint sein.

Liegt nur ein außergerichtlicher Vergleich vor, lassen sich die Bearbeiter immer wieder dazu verführen, dieser Vereinbarung überhaupt keine Bedeutung für den Prozess beizumessen. Das ist ein schwerer Fehler. Sicher besitzt der außergerichtliche Vergleich keine unmittelbar prozessbeendigende Wirkung, und er ist auch kein Vollstreckungstitel. Aber als vertragliche Vereinbarung zwischen den Prozessparteien muss er vom Gericht genauso wie alle anderen Verträge beachtet werden.

Beispiel 134: *Pech* klagt gegen *Fahrer* und die Haftpflichtversicherung des *Halters* wegen des Unfalls auf dem Fußgängerüberweg (Beispiel 1, → Rn. 4). Noch vor der ersten mündlichen Verhandlung kommt es zu einem Vergleichsgespräch in den Räumen der Versicherung. Es endet mit folgender schriftlicher Vereinbarung: Zur Abgeltung aller Ansprüche aus dem Unfall erhält *Pech* 2.500 EUR. *Pech* verzichtet seinerseits auf sämtliche weitergehenden jetzigen oder künftigen Ansprüche aus dem Schadensfall. Ferner verpflichtet er sich, die Klage nach Eingang der 2.500 EUR zurückzunehmen. Die Versicherung verpflichtet sich, sämtliche Anwalts- und Gerichtskosten dieses Prozesses zu tragen.

Diese Vereinbarung ist *prozessual* von Bedeutung für den anhängigen Prozess. *Pech* hat nämlich ein Klagerücknahmeversprechen abgegeben. Nimmt er nach Zahlung der 2.500 EUR seine Klage nicht zurück, können die Beklagten nach hM die Abweisung der Klage als unzulässig erreichen (näher → Rn. 376 aE). Zu einer materiell-rechtlichen Prüfung durch das Gericht kommt es dann überhaupt nicht.

Aber auch *materiell-rechtlich* kann der Vergleich bedeutungsvoll werden, etwa wenn die Versicherung entgegen der Vereinbarung die 2.500 EUR nicht an *Pech* zahlt. Dann kann er sich nunmehr (neben seinen Ansprüchen aus Delikt nach § 823 BGB und aus Gefährdungshaftung nach § 18 I 1 StVG iVm § 7 I StVG) auf die schriftliche vertragliche Abmachung berufen (§ 781 BGB); beweismäßig ist er dadurch viel günstiger gestellt, weil er nur den Vertragsabschluss und nicht auch die Einzelheiten des Unfalls beweisen muss. Andererseits darf *Pech* keine Ansprüche mehr geltend machen, die über 2.500 EUR hinausgehen, selbst wenn ihm ein höherer Schaden entstanden ist, für den *Fahrer* und die Versicherung haften würden, wenn der Vergleich nicht abgeschlossen worden wäre. Insoweit hat *Pech* seinen Schuldnern die Forderung vertraglich erlassen (§ 397 I BGB).

---

[2] Grüneberg/Sprau BGB § 779 Rn. 30; vgl. auch Thomas/Putzo/Seiler ZPO § 794 Rn. 7 und 11.

II. Prozessvergleich: „Zur Beilegung des Rechtsstreits"

„Zur Beilegung des Rechtsstreits" muss nach § 794 I Nr. 1 ZPO der Prozessvergleich abgeschlossen werden. Die meisten vor Gericht und zu Protokoll abgeschlossenen Vereinbarungen sind auf dieses Ziel gerichtet und daher als Prozessvergleich anzusehen. Aber es gibt Ausnahmen; gerade sie bereiten Schwierigkeiten. Deshalb muss vor dem voreiligen und falschen Umkehrschluss gewarnt werden, es sei jede vor Gericht und zu Protokoll erklärte Vereinbarung nun auch ein den Rechtsstreit beendender Prozessvergleich.

376

1. Die Vereinbarung erledigt ausnahmsweise den anhängigen Streit weder ganz noch teilweise

Beispiel 135: *Anton* klagt gegen *Benjamin* auf Zahlung des Kaufpreises nach Lieferung einer Maschine im Urkundenprozess (§§ 592 ff. ZPO). Dabei kommt auch zur Sprache, dass *Benjamin* die dem *Anton* gehörende Briefmarkensammlung noch im Besitz hat (Beispiel 103, → Rn. 267). *Benjamins* Anwalt möchte vermeiden, dass über dieses Thema weiter gesprochen und dass womöglich noch Herausgabeklage erhoben wird. Großzügig unterbreitet er das Angebot seines Mandanten, die Sammlung für 5.000 EUR zu kaufen. *Antons* Anwalt nimmt die Offerte sogleich an. Das Gericht nimmt Angebot und Annahme in das Protokoll auf.

Frage: Liegt ein Prozessvergleich im Sinne von § 794 I Nr. 1 ZPO vor?

Antwort: Nein. Die Vereinbarung hat nicht zum Ziel, den anhängigen Prozess auch nur teilweise unmittelbar „beizulegen". Es liegen vielmehr nur bürgerlich-rechtliche Rechtsgeschäfte (§§ 433, 929 S. 2 BGB) vor.

Den notwendigen Inhalt des Protokolls regeln § 160 ZPO und § 161 ZPO, für das amtsgerichtliche Verfahren auch § 510a ZPO; das Protokoll ist vom Vorsitzenden und dem Protokollführer zu unterschreiben (§ 163 ZPO). Da es sich im vorliegenden Fall nicht um einen Prozessvergleich handelte, hätten Angebot und Annahme auch nicht in das Protokoll aufgenommen werden müssen. Die Protokollierungspflicht nach § 160 III Nr. 1 ZPO gilt nämlich nur für Prozessvergleiche. Gerade um solch einen Vergleich handelt es sich hier aber nicht.

2. Die Vereinbarung zielt ausnahmsweise nicht auf eine unmittelbare Prozessbeendigung

Besonders schwierig ist die zweite Ausnahmegruppe zu erfassen. Bei ihr wollen die Parteien den anhängigen Rechtsstreit (ganz oder teilweise) beilegen, aber die Vereinbarung zielt nicht auf eine *unmittelbare (automatische, sofortige)* Prozessbeendigung. Häufigster Fall ist die Vereinbarung, dass die Klage zurückgenommen werden soll (§ 269 ZPO), sobald der Beklagte eine bestimmte Leistung erbracht hat (Klagerücknahmeversprechen, s. sogleich den „Hinweis"). Durch eine solche Vergleichsgestaltung behält der Kläger noch die Herrschaft über den Prozess und kann ihn weiter betreiben, wenn der Beklagte nicht leistet. Andererseits riskiert der Beklagte, dass er vorleistet, der Kläger aber die Klage nicht zurücknimmt.

Beispiel 136: In Abwandlung des Beispiels 134 (→ Rn. 375) kommt es zum Vergleichsabschluss zwischen *Pech* und den beiden Beklagten (*Fahrer* und der Versicherung) in der ersten mündlichen Verhandlung. Der Vergleich wird protokolliert.

Frage: Ist der Rechtsstreit noch anhängig?

Antwort: Ja. *Pech* hat sich zur Zurücknahme der Klage verpflichtet. Damit zeigt sich, dass die Parteien keine unmittelbare Prozessbeendigung wollen. Gerade bei der Bearbeitung

> von Prozessvergleichen muss auf den Unterschied geachtet werden zwischen der Verpflichtung zur Vornahme einer Prozesshandlung (zB Klagerücknahmeversprechen) und der Vornahme einer Prozesshandlung (zB Klagerücknahme).

Hinweis: Falls *Pech* trotz seines Klagerücknahmeversprechens die Klage nicht zurücknimmt und den Prozess weiter betreibt, obwohl die Beklagten ihre vereinbarten Verpflichtungen erfüllt haben, begeht er eine Vertragsverletzung.[3] Sie führt zur Unzulässigkeit des anhängigen Prozesses;[4] *Pechs* Klage wird auf Einrede der Beklagten[5] als unzulässig abgewiesen.[6]

III. Prozessuale Voraussetzungen des Prozessvergleichs

377 Prüfung und Praxis beschäftigen sich immer wieder mit den prozessualen Voraussetzungen von Prozessvergleichen. Es empfiehlt sich hierbei, etwa folgende Fragen zu stellen:

1. Ist der Prozessvergleich vor einem Gericht im Rahmen eines bei ihm anhängigen Verfahrens abgeschlossen worden?

Vor dem betreffenden Gericht muss das Verfahren *schon und noch anhängig* sein. Unzulässig ist ein Prozessvergleich, wenn das Verfahren noch nicht begonnen hat oder wenn es abgeschlossen worden ist.[7]

2. Waren die richtigen Parteien am Vergleich beteiligt?

Kläger und Beklagter müssen am Vergleich beteiligt sein. § 794 I Nr. 1 ZPO erlaubt nur scheinbar einen Vergleich *nur* mit einem Dritten, richtigerweise ist das Gesetz so zu verstehen, dass *auch* mit einem Dritten *und* den *beiden* Parteien ein Vergleich geschlossen werden kann.[8]

3. Ist der Prozessvergleich ordnungsgemäß protokolliert worden oder liegen die Anforderungen des § 278 VI ZPO vor?

Dieser Frage kann nicht genau genug nachgegangen werden. Nach überwiegender Meinung stellt der Prozessvergleich nur dann einen Vollstreckungstitel dar und beendet nur dann unmittelbar den Prozess, wenn er ordnungsgemäß protokolliert wird (→ Rn. 375). Entsprechendes gilt für den feststellenden Beschluss nach § 278 VI 2 ZPO.

4. Dient der Prozessvergleich der (wenigstens teilweisen) Beilegung des Rechtsstreits?

Nur bei solcher Zielrichtung ist die Vereinbarung ein Prozessvergleich (→ Rn. 376).

---

[3] Wagner, Prozessverträge, 1998, S. 510. Nach der Rechtsprechung begründet sie die Einrede der Arglist (zB BGH NJW 1964, 549 (550 mwN).
[4] So die hM in Rechtsprechung und Literatur, allerdings mit sehr unterschiedlichen Begründungen, vgl. BGH NJW 2002, 1503 (1504 mwN); Wagner, Prozessverträge, 1998, S. 504 ff.; MüKoZPO/Becker-Eberhard § 269 Rn. 12; Rosenberg/Schwab/Gottwald ZivilProzR § 130 Rn. 8; Schumann, Lebendiges Zivilprozessrecht, 2016, S. 679 ff.
[5] Nicht etwa von Amts wegen, hM vgl. Zöller/Greger ZPO § 269 Rn. 3.
[6] Die Klage wird also nicht (wie in § 113 S. 2 ZPO) für zurückgenommen erklärt.
[7] BGH NJW 1955, 182.
[8] M. Huber JuS 2017, 1058; MüKoBGB/Habersack § 779 Rn. 76.

5. Liegen die Prozesshandlungsvoraussetzungen vor?

Der Prozessvergleich ist ein Prozessvertrag. Er setzt sich aus Prozesshandlungen zusammen. Dementsprechend ist er nur wirksam, wenn sämtliche erforderlichen Prozess*handlungs*voraussetzungen vorliegen. Fehlt bei einer der Vergleichsparteien die Parteifähigkeit oder fehlt der in der mündlichen Verhandlung auftretenden Person die Prozessfähigkeit oder die Prozessvollmacht, ist der Prozessvergleich unwirksam.

6. Liegt gegenseitiges Nachgeben vor?

Wie bei dem in § 779 BGB geregelten materiell-rechtlichen Vergleich erfordert der Prozessvergleich ein gegenseitiges Nachgeben. Der Bearbeiter muss wissen, dass dieses Merkmal sehr weit ausgelegt wird. Auch kleine Opfer genügen, und vor allem ist das Nachgeben aus der *subjektiven Sicht der Parteien* zu sehen; auch der Verzicht auf vermeintlich bestehende, aber objektiv nicht vorliegende Rechtspositionen ist ein Nachgeben. Nach hM liegt allerdings immer dann kein *gegenseitiges* Nachgeben vor, wenn nur *eine* Partei nachgibt. Dies ist etwa der Fall, wenn der Kläger in einem „Prozessvergleich" die Zurücknahme der Klage erklärt und der Beklagte der Zurücknahme zustimmt. Hier ist das *einseitige* Nachgeben des Klägers in einen „Vergleich" gekleidet.

7. Ist der Vergleich form- und fristgerecht widerrufen worden?

Zahlreiche Prozessvergleiche werden unter Widerrufsvorbehalt abgeschlossen. Er lautet etwa, dass die Parteien (oder nur eine von ihnen) den Vergleich bis zu einem bestimmten Termin durch Erklärung gegenüber dem Gericht widerrufen können. Widerruft in einem Prozessrechtsfall eine Partei den abgeschlossenen Prozessvergleich, muss geprüft werden, ob überhaupt ein Widerrufsvorbehalt vereinbart ist sowie ob der Widerruf fristgemäß, formgerecht und dem richtigen Adressaten gegenüber ausgesprochen wurde.[9]

Liegt kein Widerrufsvorbehalt vor und „widerruft" eine Partei trotzdem den Prozessvergleich, darf der Bearbeiter seine Untersuchung nicht ohne Weiteres mit der Feststellung beenden, dass der Widerruf angesichts fehlender Vereinbarung unwirksam ist. Vielmehr (→ Rn. 35 ff.) muss er an die Auslegung und an die Umdeutung (Beispiel 78, → Rn. 183) denken. Der „Widerruf" lässt jedenfalls erkennen, dass diese Partei nicht mehr am Prozessvergleich festhalten will. Dies kann eine Anfechtungs- oder eine Rücktrittserklärung sein. Dementsprechend muss untersucht werden, ob der Vergleich durch derartige Erklärungen beseitigt worden ist.

IV. Folgen des Fehlens der prozessualen Voraussetzungen des Prozessvergleichs

Fehlen die in → Rn. 377 aufgeführten prozessualen Voraussetzungen, ist der Prozessvergleich unwirksam. Er kann dann weder eine prozessbeendigende Wirkung entfalten noch als Vollstreckungstitel dienen. Deshalb geht der Prozess weiter.

378

Dieses Ergebnis folgt ohne weiteres aus der prozessrechtlichen Regelung des Prozessvergleichs und aus seiner Eigenschaft als Prozesshandlung. Viele Bearbeiter übersehen dies immer wieder und glauben, den Theoriestreit zwischen der Lehre von der Doppelnatur und der Lehre vom Doppeltatbestand[10] behandeln zu müssen. Auch die Streitfrage: Fortsetzung des alten Prozesses oder Beginn eines neuen Prozesses[11] interessiert bei *prozessualen* Mängeln nicht. Hier besteht Einigkeit, dass der Prozess nicht beendet wurde. Allerdings kann die Auslegung eines pro-

---

[9] Vgl. Thomas/Putzo/Seiler ZPO § 794 Rn. 19–25.
[10] Vgl. Thomas/Putzo/Seiler ZPO § 794 Rn. 3.
[11] Vgl. hierzu K. Schmidt JuS 2000, 94.

zessual unwirksamen Prozessvergleichs ergeben, dass die Parteien an dessen materiell-rechtlichen Inhalt festhalten wollen.[12]

V. Die materiell-rechtliche Seite des Prozessvergleichs

380 Fast alle Prozessvergleiche enthalten materiell-rechtliche Vereinbarungen der Parteien. Wie auch sonst bei Verträgen müssen die Parteien über den Gegenstand verfügen können.[13] Die erste Frage richtet sich also danach, ob die Parteien die „Vergleichsmacht" besitzen, eine derartige Vereinbarung überhaupt zu treffen. Daran schließt sich die Frage an, ob die Vereinbarung im Übrigen rechtmäßig ist und die Parteien bindet; hier tauchen dann die beliebten Probleme auf, ob der Prozessvergleich durch Anfechtung, Rücktritt oder wegen Wegfalls der Geschäftsgrundlage auch in seiner prozessualen Funktion tangiert wird, dh ob derartige materiell-rechtliche Vorgänge seine prozessbeendigende Wirkung und seine Eigenschaft als Vollstreckungstitel berühren. Wenn überhaupt zu den schon genannten Theorien Stellung zu nehmen ist, dann im Rahmen solcher Fragestellungen.[14] In der Regel wird es empfehlenswert sein, jede Art von materiell-rechtlicher Unwirksamkeit des Vergleichs zur Unwirksamkeit des *gesamten* Prozessvergleichs führen zu lassen; dabei muss der Bearbeiter wissen, dass er sich nicht in jedem Fall mit der Meinung des *BGH* im Einklang befindet. Bisweilen kann es aber auch taktisch günstiger sein, dem Prozessvergleich seine prozessbeendigende Wirkung zu belassen oder trotz fehlender Prozessbeendigung die materiell-rechtlichen Vergleichsvereinbarungen als wirksam anzusehen (→ Rn. 378 aE). Wie schon früher ausgeführt (→ Rn. 40), sollte der Bearbeiter unter keinen Umständen als „Anhänger" einer Theorie die Lösung beginnen, sondern derjenigen Theorie den Vorzug geben, die gerade für die vorliegende Klausur die besten Entfaltungsmöglichkeiten gibt.

§ 67. Erledigung der Hauptsache

I. Beiderseitige (übereinstimmende) Erklärungen der Erledigung (§ 91a ZPO)

380 Wie bereits ausgeführt (→ Rn. 372), regelt § 91a ZPO die beiderseitigen (übereinstimmenden) Erledigungserklärungen der Parteien. Diese Erledigungserklärungen beenden unmittelbar die Rechtshängigkeit der *Hauptsache*.[1] Es kommt daher lediglich zu einer gerichtlichen Entscheidung (Beschluss) über die *Kosten*.

Das Gericht prüft vor der Kostenentscheidung nur die Wirksamkeit der Erledigungserklärungen. Als Prozesshandlungen (→ Rn. 263) setzen sie Partei-, Prozess- und Postulationsfähigkeit voraus.[2] Häufige Examensfehler bei der beiderseitigen Erledigungserklärung[3] sind Untersuchungen, ob sich die Hauptsache wirklich erledigt habe. Dies zeigt fehlendes prozessuales Verständnis: Wenn nämlich beide Parteien den Rechtsstreit nicht mehr wollen, wäre es weder zulässig noch zweckmäßig, wenn das Gericht feststellen würde, die Hauptsache habe sich doch nicht erledigt

---

[12] BGH NJW 1985, 1962; Stein/Jonas/Roth ZPO § 160 Rn. 14; zu den Fehlerfolgen allgemeiner s. BeckOK BGB/Fischer § 779 Rn. 101–106.
[13] → Rn. 263 zur Wirkung eines Prozessvergleichs, der die Forderung gegen einen Gesamtschuldner für erledigt erklärt, auf den Anspruch des Gläubigers gegen einen anderen Gesamtschuldner: BGH NJW 2000, 1942 ff.
[14] Rosenberg/Schwab/Gottwald ZivilProzR § 131 Rn. 38 ff.
[1] BGH NJW 1967, 564 f.
[2] Thomas/Putzo/Hüßtege ZPO § 91a Rn. 9.
[3] Zur beiderseitigen und zur einseitigen Erledigungserklärung vertiefend: Stein/Jonas/Muthorst ZPO § 91a Rn. 14 ff.; Schumann, Lebendiges Zivilprozessrecht, 2016, S. 705 ff.

und deswegen sei der Prozess noch anhängig: Ohne handelnde Parteien (Kläger und Beklagter) findet kein Zivilprozess statt (Dispositionsmaxime, → Rn. 45).

II. Einseitige Erklärung der Erledigung der Hauptsache
1. Keine Regelung im Gesetzestext

Die Behandlung der einseitigen Erklärung der Erledigung der Hauptsache bietet bisweilen große Schwierigkeiten,[4] weil sie – anders als die sonstigen Fälle der Erledigung – nicht im Gesetz geregelt ist, sondern von der Rechtsprechung entwickelt wurde.[5] Die einseitige Erledigungserklärung des Klägers wird als *Klageänderung* behandelt, die nach § 264 Nr. 2 oder Nr. 3 ZPO zulässig ist. Denn der Kläger lässt seinen ursprünglichen Klageantrag fallen und begehrt nur noch die Feststellung, die bei Klageerhebung zulässige und begründete Klage sei durch ein nach Rechtshängigkeit eingetretenes Ereignis unzulässig oder unbegründet geworden und habe sich somit in der Hauptsache erledigt.[6] 381

2. Zweck

Wichtig ist, dass der Bearbeiter den Sinn der einseitigen Erklärung der Erledigung der Hauptsache nicht aus den Augen verliert: Sie will eine gerechte gerichtliche Entscheidung ermöglichen, wenn die *ursprünglich erfolgreiche Klage* während des Prozesses *erfolglos* (unzulässig oder unbegründet) *geworden* ist. Hierfür gibt nämlich der Text der ZPO keine Entscheidungsmöglichkeit. Rechtsprechung und Lehre sind sich aber einig, dass der Kläger weder an seinem Klageantrag festgehalten werden darf (er würde, weil erfolglos geworden, abgewiesen werden müssen), noch auch dem Kläger der Verzicht (§ 306 ZPO) oder die Klagerücknahme (§ 269 ZPO) zugemutet werden kann: Denn seine Klage war ja begründet! Er hätte sie also gewinnen müssen, was nicht zuletzt bedeutet, dass er keine Kosten aus dem Verfahren hat, § 91 ZPO. Die Anerkennung der einseitigen Erledigung als Klageänderung ist auch prozessökonomisch, weil dem Kläger dadurch ein Anschlussprozess auf Geltendmachung der Kosten als Verzugsschaden erspart bleibt (→ Rn. 372). 382

3. Prüfungsreihenfolge

Von diesem Ausgangspunkt aus sind die Einzelprobleme dann konsequent zu bewältigen. Es ergibt sich zugleich folgende Reihenfolge der Prüfung:

a) Klageänderung auf einen Feststellungsantrag

Die Erledigungserklärung des Klägers muss als Prozesshandlung wirksam sein (→ Rn. 380). Grds. ergibt sich aus § 264 Nr. 2 oder Nr. 3 ZPO auch die Zulässigkeit der Änderung der ursprünglichen Klage auf einen Feststellungsantrag. Dieser Antrag richtet sich auf Feststellung eines gegenwärtigen prozessualen Rechtsverhältnisses (§ 256 I ZPO), nämlich der Feststellung der Erledigung des Rechtsstreits mit der Folge der Kostenpflicht des Beklagten (§ 91 ZPO). 383

---

[4] Zur Vertiefung: Pape/Notthoff JuS 1996, 341–345, 538–542.
[5] Vertiefend Schumann, Lebendiges Zivilprozessrecht, 2016, S. 710.
[6] Stein/Jonas/Muthorst ZPO § 91a Rn. 47; Zöller/Althammer ZPO § 91a Rn. 34 mwN; Thomas/Putzo/Hüßtege ZPO § 91a Rn. 32.

b) Entscheidung bei Fehlen einer Erledigung
aa) Ursprüngliche Klage ist unzulässig oder unbegründet

384 Die ursprüngliche Klage muss zulässig *und* begründet gewesen sein. Eine von *vornherein* unzulässige oder unbegründete Klage kann sich nicht in der Hauptsache erledigen; sie war schon immer erfolglos. In diesem Fall fehlender Erledigung ergeben sich drei Entscheidungssituationen:

(1) Wenn die ursprüngliche Klage wegen des Fehlens einer Sachurteilsvoraussetzung (zB fehlende Prozessfähigkeit → Rn. 172) unzulässig war und diese Sachurteilsvoraussetzung nach der Klageänderung weiterhin fehlt, muss auch die Feststellungsklage als *unzulässig* abgewiesen werden.

(2) War die ursprüngliche Klage aus einem Grund unzulässig, der für die Feststellungsklage jedoch nicht (mehr) zutrifft, wird die Feststellungsklage als *unbegründet* abgewiesen. Diese Variante liegt etwa vor, wenn der ursprünglichen Klage der Einwand der Rechtskraft oder der Rechtshängigkeit (→ Rn. 74) entgegenstand, aber gegenüber der Feststellungsklage angesichts deren anderen Streitgegenstandes nicht mehr besteht. Dann kann ein Sachurteil über die Feststellungsklage ergehen und sie mangels eines erledigenden Ereignisses abgewiesen werden.

(3) Nicht anders ist es, falls die ursprüngliche Klage unbegründet war.

bb) Weiterhin erfolgreiche ursprüngliche Klage

385 Die ursprünglich zulässige und begründete Klage darf nicht weiterhin zulässig und begründet sein; denn eine erfolgreiche Klage kann, da sie sich nicht erledigt hat, vom Gericht nicht für erledigt angesehen werden. Allerdings wird es in einem solchen Fall nur selten zur Sachabweisung der Feststellungsklage kommen, weil das Gericht in Ausübung seiner Hinweispflicht (§ 139 ZPO, → Rn. 154) dem Kläger regelmäßig anheimstellen wird, seine Klage wieder (zurück) zu ändern und den ursprünglichen Klageantrag zu verfolgen.

c) Erledigendes Ereignis nach Eintritt der Rechtshängigkeit

386 Die Zulässigkeit oder Begründetheit der Klage muss nach Eintritt der Rechtshängigkeit (also nach Zustellung der Klage, §§ 253 I, 261 I ZPO)[7] weggefallen sein. War sie nach Einreichung der Klage, aber vor Zustellung entfallen, kann der Kläger die Klage gemäß § 269 III 3 ZPO zurücknehmen (privilegierte Klagerücknahme, → Rn. 371). Wie die von vornherein erfolglose Klage behandelt wird, ist bereits dargestellt (→ Rn. 384).

d) Bei Zustimmung des Beklagten zur Erledigung: § 91a ZPO

387 Es kommt nicht zu einer Entscheidung über die Feststellungsklage, wenn der Beklagte der Erledigungserklärung des Klägers zustimmt; dann tritt die Prozessbeendigungswirkung der beiderseitigen Erledigungserklärung ein (→ Rn. 380), und es wird nach § 91a I 1 ZPO nur noch über die Kosten entschieden.

e) Nur der Kläger kann das Verfahren der einseitigen Erledigung betreiben

388 Nur der Kläger, nicht der Beklagte kann das Verfahren der einseitigen Erledigung betreiben, weil nur der Kläger den Streitgegenstand bestimmt. Wenn zunächst der Beklagte die Erledigung erklärt und der Kläger ihr zustimmt, liegt eine *beiderseitige* Erledigungserklärung vor (→ Rn. 380), da in dem Erledigungsantrag des Beklagten

---

[7] BGH NJW-RR 1988, 1151. Zur Vertiefung: Pape/Notthoff JuS 1996, 341 (344).

§ 67. Erledigung der Hauptsache

f) Kostenentscheidung nach § 91 ZPO

Schließlich darf im Anschluss an Beispiel 15 (→ Rn. 33) nicht übersehen werden, dass in der *einseitigen* Erledigungserklärung im Urteilsverfahren eine *Klageänderung* in eine Feststellungsklage vorliegt und daher über die *Kosten* gemäß §§ 91, 92 ZPO und nicht gemäß § 91a ZPO zu entscheiden ist.[8]

389

---

[8] Vgl. Thomas/Putzo/Hüßtege ZPO § 91a Rn. 39. – Zur Vertiefung: Stein/Jonas/Muthorst ZPO § 91a Rn. 50–52.

19. Kapitel. Urteilsarten

§ 68. Versäumnisurteil (§§ 330 ff. ZPO)

390 Eine Fallgruppe der Urteilsarten sind die Versäumnisurteile. Hier kommt zum Klageantrag oder zum Sachabweisungsantrag mindestens das stillschweigende Beantragen (§§ 330, 331 ZPO) des Versäumnisurteils (→ Rn. 336 ff.). Mit dem Versäumnisurteil kann der Prozess in abgekürzter Weise beendet werden.

§ 69. Anerkenntnis- und Verzichtsurteil (§§ 306, 307 ZPO)

391 Dass bisweilen die Versäumnisurteile mit den in § 306 ZPO und § 307 ZPO geregelten Anerkenntnis- und Verzichtsurteilen durcheinandergebracht werden, ist ein unverzeihlicher Fehler. Zwar handelt es sich hier auch um Sonderformen der Gerichtsentscheidungen, aber es sind *streitige* Urteile.[1]

Verzichts- und Anerkenntnisurteile sind Sachurteile, sodass sie nur ergehen dürfen, falls die Sachurteilsvoraussetzungen vorliegen.[2] Aus diesem Grunde muss der Bearbeiter, falls der Aufgabentext hierzu Veranlassung gibt, auch der Frage nachgehen, ob einzelne Sachurteilsvoraussetzungen vorliegen. Fehlen sie, darf kein Verzichts- oder Anerkenntnisurteil erlassen werden. Andererseits ist der Bearbeiter bei wirksam erklärtem Verzicht und bei wirksam erklärtem Anerkenntnis der Untersuchung enthoben, ob die Klage begründet ist, weil durch den Verzicht für das Gericht bindend die Unbegründetheit und durch das Anerkenntnis für das Gericht bindend die Begründetheit der Klage feststeht, selbst wenn das klägerische Vorbringen unschlüssig ist.[3]

Verzicht und Anerkenntnis sind allerdings unwirksam, wenn sie materiell-rechtlich auf eine Rechtsfolge zielen, die gesetzlich verboten oder sittenwidrig ist.[4]

§ 70. Sonstige Urteile

392 Für die sonstigen gerichtlichen Entscheidungen stellt die ZPO eine Reihe von verschiedenen Entscheidungsarten zur Verfügung.[1*] Dabei ist der Unterschied zwischen einem *Sach-* und einem *Prozess*urteil noch einfach (→ Rn. 249). Schwieriger ist die Frage der Zulässigkeit eines Vorbehalts- (§ 302 ZPO) oder eines Grundurteils (§ 304 ZPO); Zwischenurteile sind etwas anderes als Endurteile, das Schlussurteil folgt auf das Teilurteil und hat nichts mit einem Beschluss zu tun.

Bei einem *Teilurteil* (§ 301 ZPO) muss stets geprüft werden, ob über den abgesondert zu beurteilenden Sachverhalt unabhängig vom Ausgang des Streits über den Rest entschieden werden kann (vgl. § 301 I 2 ZPO). Ein Teilurteil ist daher unzuläs-

---

[1] Zu den Urteilsarten → Rn. 392.
[2] Das Feststellungsinteresse als besondere Prozessvoraussetzung der Feststellungsklage (→ Rn. 64 f.) wird durch ein Anerkenntnis der Gegenpartei nicht beseitigt, vgl. Stein/Jonas/Roth ZPO § 256 Rn. 81.
[3] Für den Beklagten hat das sofortige Anerkenntnis den Vorteil, dass dem Kläger gemäß § 93 ZPO die Prozesskosten auferlegt werden können, vgl. K. Schmidt JuS 2023, 271; vgl. auch ders. JuS 2022, 976. Dass der Beklagte sofort auch erfüllt, verlangt § 93 ZPO nicht, OLG Karlsruhe NJW 2022, 2342 Rn. 18 f.
[4] Vgl. Stein/Jonas/Althammer ZPO § 306 Rn. 11, § 307 Rn. 33.
[1*] Zu den einzelnen Urteilsarten und ihrer Bedeutung: Thomas/Putzo/Seiler ZPO Vor § 300 Rn. 4–9.

sig, wenn das Gericht im Schlussurteil über den Rest widersprechend entscheiden könnte.[2]

> **Beispiel 137:** Ein OHG-Gesellschafter klagt gegen die anderen Gesellschafter auf Einräumung seiner Rechte als Gesellschafter. Darauf erheben die anderen Gesellschafter gegen ihn eine Widerklage auf Ausschluss aus der OHG (§ 134 HGB). Der Hauptklage (zum Begriff, → Rn. 298) darf nicht durch Teilurteil stattgegeben werden; denn es könnte ja sein, dass die Widerklage erfolgreich ist.

---

[2] Stein/Jonas/Althammer ZPO § 301 Rn. 14; Schumann, Lebendiges Zivilprozessrecht, 2016, S. 176 (178 f.).

20. Kapitel. Rechtskraft, Rechtsbehelfe

§ 71. Formelle und materielle Rechtskraft; Rechtskraftdurchbrechung

I. Formelle Rechtskraft (§ 705 ZPO)

393 Formelle Rechtskraft (§ 705 ZPO) besitzen gerichtliche Entscheidungen, wenn sie „mit einem ordentlichen Rechtsbehelf nicht mehr angefochten werden können" (§ 19 EGZPO). Mit Eintritt dieser Unanfechtbarkeit ist der Prozess beendet. An das Ende des Prozesses knüpfen außerordentliche Rechtsbehelfe an. So setzen das Bestehen der formellen Rechtskraft voraus, zB die Anhörungsrüge (§ 321a, → Rn. 155), die Wiederaufnahme des Verfahrens durch Nichtigkeits- oder Restitutionsklage (→ Rn. 399) und grds. auch die Verfassungs- und Menschenrechtsbeschwerde (→ Rn. 401).

II. Materielle Rechtskraft (§§ 322, 325 ZPO)

1. Umfang der materiellen Rechtskraft

394 Während die formelle Rechtskraft auf den abgelaufenen Prozess blickt, richtet sich die materielle Rechtskraft auf zukünftige Streitigkeiten. Sie bedeutet die Maßgeblichkeit des Urteils für nachfolgende Prozesse. Der Umfang der materiellen Rechtskraft ist in § 322 I ZPO beschrieben, der dem Anfänger kaum verständlich ist. Hiernach sind Urteile „nur insoweit" der Rechtskraft fähig, „als über den durch die Klage oder durch die Widerklage erhobenen Anspruch entschieden ist". Im Klartext bedeutet dies: In materielle Rechtskraft erwächst der Streitgegenstand, im Fall eines Herausgabeurteils also zB der Ausspruch, dass ein bestimmter Gegenstand herauszugeben ist. Die Vorfragen, auf denen der Urteilsausspruch beruht (zB die Eigentümerstellung des Klägers oder der Abschluss eines Leihvertrags und die Beendigung der Leihzeit) erwachsen nicht in materielle Rechtskraft. Das ist gemeint, wenn der Gesetzestext von „nur insoweit" spricht. Der historische Gesetzgeber gibt mit dieser Formulierung zu erkennen, dass er sich gegen die Rechtskraftlehre Savignys entschieden hat, der mit seiner sog. Elementelehre von der materiellen Rechtskraft auch die den Urteilsausspruch tragenden Vorfragen erfasst wissen wollte.

Einen Ausnahmefall regelt § 322 II ZPO. Wenn der Beklagte die Prozessaufrechnung erklärt, nimmt die Entscheidung darüber, dass die Gegenforderung nicht mehr besteht, als Vorfrage ausnahmsweise an der materiellen Rechtskraft teil (→ Rn. 273). Überdies hat der historische Gesetzgeber mit § 256 II ZPO einen Kompromissweg beschritten: Im Wege der Zwischenfeststellungsklage können die Parteien Vorfragen, die Rechtsverhältnisse iSv § 256 I ZPO sind, gezielt der materiellen Rechtskraft zuführen. Hierzu bedarf es aber eines entsprechenden Antrags (→ Rn. 69).

Dem Bearbeiter einer Klausur muss aber nicht nur das enge Rechtskraftverständnis der ZPO klar sein. Auf dieser Grundlage müssen drei Wirkungsrichtungen der materiellen Rechtskraft streng auseinandergehalten werden: die objektive, die zeitliche und die subjektive Wirkung:

2. Objektive Wirkung der materiellen Rechtskraft: Ne bis in idem und Präjudizialität

395 Die objektive Wirkung der materiellen Rechtskraft wird durch die Begriffe „ne bis in idem" und Präjudizialität beschrieben. Beides darf nicht durcheinandergeworfen werden, weil die prozessualen Rechtsfolgen grundverschieden sind.

„Ne bis in idem" bedeutet, dass über denselben Streitgegenstand zwischen denselben Parteien nicht nochmals ein Prozess geführt werden darf. Die Erhebung der zweiten Klage ist dann bereits unzulässig Die materielle Rechtskraft versperrt also das nochmalige Prozessieren über denselben Streitgegenstrand (→ Rn. 77) und führt zur Unzulässigkeit einer erneuten Klage über die rechtskräftig entschiedene Frage (Beispiel 33 → Rn. 83 sowie → Rn. 243). Nochmals muss also vor dem Missverständnis gewarnt werden, jedes Vorliegen einer rechtskräftigen Entscheidung zwischen denselben Parteien mache den Nachfolgeprozess unzulässig; nur diejenige Klage mit demselben Streitgegenstand unter denselben Parteien ist unzulässig.[1]

Die Faustformel für die Fallbearbeitung enthält die Frage: Lauten die Klageanträge gleich? Wenn nicht, sind die Streitgegenstände und damit der Umfang der materiellen Rechtskraft fast immer unterschiedlich. Wenn die Klageanträge gleich sind, (zB beide auf Zahlung derselben Geldsumme), muss man sich den Lebenssachverhalt ansehen, ob auch dieser sich deckt.[2]

Auch wenn die Streitgegenstände zweier Klagen unterschiedlich sind, kann die materielle Rechtskraft des ersten Urteils auf den zweiten Prozess einwirken. In diesen Fällen spricht man von Präjudizialität oder Vorgreiflichkeit (→ Rn. 86). Sie liegt vor, wenn der Streitgegenstand (also die materiell rechtskräftige Aussage des ersten Urteils) eine Vorfrage des Streitgegenstandes des zweiten Prozesses bildet. Der Richter des zweiten Prozesses ist dann im Rahmen der Begründetheit der Klage an die rechtskräftige Entscheidung über die Vorfrage im ersten Urteil gebunden. Es wäre ein schwerer Fehler, wenn der Richter insoweit in eine eigene Sachprüfung einsteigen und sich wohlmöglich auch noch in Widerspruch zur rechtskräftigen Erstentscheidung setzen würde.

Beispiel 138: *Klein* hat gegen Sohn *Sanft* ein rechtskräftiges Feststellungsurteil dahin erhalten, dass er Eigentümer des Rasenmähers ist. Sohn *Sanft* gibt ihn immer noch nicht heraus. Jetzt klagt *Klein* auf Herausgabe. Die Rechtskraft des Ersturteils bewirkt zwar nicht die Unzulässigkeit des zweiten Verfahrens, weil keine Streitgegenstandsidentität vorliegt. Das Feststellungsurteil ist für den Herausgabeprozess aber präjudiziell, da die rechtskräftige Aussage des Feststellungsurteils (dass *Klein* Eigentümer ist) im anschließenden Herausgabeprozess vorgreiflich ist. Das Gericht der Herausgabeklage muss das Eigentum des *Klein* als rechtskräftig festgestellt zugrunde legen und darf jetzt nur noch prüfen, ob Sohn *Sanft* Besitz hat und ob er kein Recht zum Besitz hat (§ 986 I BGB; Beispiel 38, → Rn. 86).

3. Zeitliche Wirkung der materiellen Rechtskraft und § 767 II ZPO

Die zeitliche Wirkung der materiellen Rechtskraft bedeutet, dass eine Partei mit einem Einwand gegen einen rechtskräftigen Urteilsausspruch insoweit (rechtskräftig) präkludiert ist, als die Beachtung des Einwandes dem rechtskräftigen Ausspruch den Boden entziehen würde. Ein zur Zahlung von 5.000 EUR rechtskräftig verurteilter Beklagter wird also nicht mehr mit dem Einwand gehört, dass Gericht habe in seinem Urteil übersehen, dass er, der Beklagte, die Forderung bereits Wochen zuvor beglichen hatte.

396

Allerdings beschränkt sich die zeitliche Wirkung der materiellen Rechtskraft nur auf die Tatsachengrundlage im Zeitpunkt der letzten mündlichen Verhandlung. Das ergibt sich unausgesprochen bereits aus § 322 I ZPO und wird in § 767 II ZPO

---

[1] → Rn. 86 – Die Rechtskraftwirkung des § 322 ZPO darf nicht mit der Interventionswirkung (§ 68 ZPO) im Falle einer Streitverkündung verwechselt werden, dazu → Rn. 104.
[2] Stein/Jonas/Althammer ZPO § 322 Rn. 104.

nochmals deutlich: Die Vollstreckbarkeit[3] des rechtskräftigen Urteils kann hiernach beseitigt werden, wenn sich ergibt, dass der im Urteil festgestellte Anspruch durch *spätere* Umstände weggefallen ist.

> **Beispiel 139:** *Klein* hat gegen Sohn *Sanft* ein rechtskräftiges Herausgabeurteil über den Rasenmäher. Noch bevor *Klein* den Gerichtsvollzieher zum Sohn *Sanft* schickt, um den Rasenmäher wegzunehmen (§ 883 ZPO), ruft Sohn *Sanft* den *Klein* an und macht dem *Klein* das Angebot, dass er den Rasenmäher dem *Klein* abkauft. Noch am selben Tage bringt er den Kaufpreis zu *Klein*, die beiden einigen sich über den Eigentumsübergang auf Sohn *Sanft*. *Klein* fährt daraufhin in Urlaub; seine Frau weiß nichts von den Vereinbarungen zwischen *Klein* und Sohn *Sanft* und schickt aufgrund ihrer Generalvollmacht den Gerichtsvollzieher zu Sohn *Sanft*, der den Mäher wegnehmen will, aber angesichts der Quittung des *Klein* dann doch ohne ihn wieder geht. Sohn *Sanft* erhebt jetzt Vollstreckungsabwehrklage (§ 767 ZPO) gegen *Klein*.
>
> **Frage:** Hat sie Erfolg?
>
> **Antwort:** Ja. Nach der letzten mündlichen Tatsachenverhandlung ist eine neue Tatsache eingetreten: die Vereinbarung zwischen *Klein* und Sohn *Sanft*, durch die dieser Eigentümer wurde. Das rechtskräftige Urteil konnte diese Tatsache nicht berücksichtigen, sodass Sohn *Sanft* mit seinem Einwand nicht rechtskräftig präkludiert ist.

4. Subjektive Wirkung der materiellen Rechtskraft: §§ 325 ff. ZPO

397 Die Rechtskraft eines Urteils wirkt grds. nur zwischen den Parteien des Prozesses (§ 325 I ZPO), denn nur diese hatten die Gelegenheit, auf das Urteil durch die Ausübung von prozessualen Beteiligungsrechten Einfluss zu nehmen. In bestimmten gesetzlich geregelten Fällen wirkt ein Urteil aber auch gegen Dritte. Der wichtigste Fall ist die Rechtskrafterstreckung für und gegen Personen, die nach dem Eintritt der Rechtshängigkeit Rechtsnachfolger (Einzel- oder Gesamtrechtsnachfolger) der Parteien geworden sind (§ 325 I ZPO). Weitere Fälle betreffen die Nacherbfolge (§ 326 ZPO) und die Testamentsvollstreckung (§ 327 ZPO).

III. Materielle Rechtskraft von Vollstreckungsbescheiden

398 Der materiellen Rechtskraft fähig ist auch der *Vollstreckungsbescheid*,[4] obwohl das Gericht bei seinem Erlass keine Schlüssigkeitsprüfung durchführt (→ Rn. 133, 135). Dies ergibt sich aus der gesetzlichen Regelung des Vollstreckungsbescheids. Dieser wird, wenn nicht rechtzeitig Einspruch eingelegt wird, formell rechtskräftig und unterliegt danach nur noch der Vollstreckungsabwehrklage (§§ 794 I Nr. 4, 795, 767 ZPO). Einwendungen gegen den Anspruch selbst sind hierbei nur noch insoweit zulässig, als die Gründe, auf denen sie beruhen, nach Zustellung des Vollstreckungsbescheids entstanden sind und nicht mehr durch Einspruch geltend gemacht werden können (§ 796 II ZPO).

Weil die §§ 724–793 ZPO auf Urteile als „Urfall" des Vollstreckungstitels gemünzt sind, bestimmt § 795 ZPO deren entsprechende Anwendung auf die weiteren Vollstreckungstitel des § 794 ZPO. § 795 ZPO muss deswegen bei der Anwendung der §§ 724 ff. ZPO auf die weiteren Titel stets mitzitiert werden.

---

[3] → Rn. 71, zur vorläufigen Vollstreckbarkeit: → Rn. 427.
[4] Stein/Jonas/Althammer ZPO § 322 Rn. 62.

IV. Rechtskraftdurchbrechung

Nur unter bestimmten Voraussetzungen ist eine *Durchbrechung der Rechtskraft* möglich:

1. Wiederaufnahme des Verfahrens (§ 578 ff. ZPO)

Einen Fall der Rechtskraftdurchbrechung regeln §§ 578 ff. ZPO. Danach kann eine Partei im Wege der *Nichtigkeits- oder Restitutionsklage* die Wiederaufnahme des Verfahrens betreiben, wenn neben der bloßen Unrichtigkeit des Urteils weitere Voraussetzungen vorliegen (vgl. im Einzelnen §§ 579, 580 ZPO). 399

Zu beachten ist die Prüfungsreihenfolge des Wiederaufnahmegerichts (§ 584 ZPO):

Erste Stufe: Prüfung der Zulässigkeit von Amts wegen (§ 589 I 1 ZPO): allgemeine Sachurteilsvoraussetzungen (§ 585 ZPO), Statthaftigkeit (§§ 578, 583 ZPO), Form- (§ 587 ZPO) und Fristwahrung (§ 586 ZPO). Bei Verneinung nur einer dieser Voraussetzungen erfolgt Abweisung als *unzulässig* durch Prozessurteil (§ 589 I 2 ZPO). Sind sämtliche Voraussetzungen gegeben, so gelangt das Verfahren in die

Zweite Stufe: Prüfung der Wiederaufnahmegründe durch das Gericht. Wiederaufnahmegründe sind in § 579 ZPO *(Nichtigkeitsklage)* und § 580 ZPO *(Restitutionsklage)* verzeichnet. Außerdem ist in dieser Stufe (hM) § 582 ZPO zu prüfen. Fehlt es an diesen Voraussetzungen, so ist die Wiederaufnahmeklage *unbegründet* (Abweisung durch Sachurteil!). Liegen die Voraussetzungen vor, so beginnt die

Dritte Stufe: Neue Verhandlung zur Hauptsache (über den alten Prozess). Als Ergebnis dieser neuen Verhandlung entweder Aufhebung des alten und Erlass eines neuen Urteils oder aber Bestätigung des alten Urteils.

2. Anhörungsrüge, § 321a ZPO

Mit der Anhörungsrüge (→ Rn. 155) können nur Entscheidungen in letzter Instanz angegriffen werden (§ 321a I Nr. 1 ZPO), mithin nur formell und materiell rechtskräftige Entscheidungen. Die begründete Anhörungsrüge führt zur Fortsetzung des Verfahrens und damit zur Rechtskraftdurchbrechung, § 321a V 1 ZPO. 400

3. Verfassungsbeschwerde (§ 90 BVerfGG), Menschenrechtsbeschwerde (Art. 34 EMRK)

Verletzt eine mit Verfassungsbeschwerde angegriffene rechtskräftige Entscheidung ein Grundrecht, kann sie vom BVerfG aufgehoben und die Sache an das zuständige Gericht zur Neuverhandlung zurückverwiesen werden (§ 95 BVerfGG). In den meisten deutschen Ländern steht diese Befugnis auch den jeweiligen Landesverfassungsgerichten zu. Bundes- und Landesverfassungsbeschwerde dürfen im Allgemeinen nebeneinander erhoben werden (vgl. § 90 III BVerfGG). Typische Grundrechtsverstöße im Zivilprozess sind Verletzungen des Rechts auf Gehör (→ Rn. 155), der Gesetzlichkeit des Richters (→ Rn. 186), des Justizgewährungsanspruchs (→ Rn. 46) und der prozessualen Waffengleichheit (→ Rn. 297). Auch der EGMR kann rechtskräftige Entscheidungen überprüfen, insbes. ob Art. 6 EMRK (Recht auf ein faires Verfahren, → Rn. 47) verletzt ist. Er ist aber nicht befugt, eine Entscheidung aufzuheben (vgl. Art. 41 EMRK). Vielmehr ist die siegreiche Partei auf den Weg der soeben behandelten Restitutionsklage angewiesen (§ 580 Nr. 8 ZPO)[5]. Die Verfassungsbeschwerde ist grds. nur zulässig, wenn der Rechtsweg erschöpft ist (§ 90 II 1 BVerfGG). Zur Rechtswegerschöpfung verlangt das BVerfG in jedem Fall die Er- 401

---

[5] Historisch vertiefend Schumann, Lebendiges Zivilprozessrecht, 2016, S. 351 ff.

hebung der Anhörungsrüge (§ 321a ZPO). Genauso muss für die Menschenrechtsbeschwerde der Rechtsweg erschöpft sein (Art. 35 Nr. 1 EMRK).

4. Beseitigung der Rechtskraft aufgrund § 826 BGB

402 Die Rechtsprechung[6] lässt eine Durchbrechung der Rechtskraft darüber hinaus gemäß § 826 BGB zu. Der Anspruch ist auf Unterlassen der Zwangsvollstreckung und Herausgabe des Titels und, wenn bereits vollstreckt worden ist, auf Schadensersatz gerichtet. Voraussetzung für einen Anspruch aus § 826 BGB sind die materielle Unrichtigkeit des Titels, die Kenntnis des Titelgläubigers davon sowie besondere Umstände, aufgrund derer die Erlangung des Titels oder dessen Vollstreckung als sittenwidrig erscheint.

§ 72. Rechtsbehelfe und Rechtsmittel

I. Terminologie
1. Klare prozessuale Begrifflichkeit

403 Begriffliche Verwirrungen finden sich bei prozessualen Fallbearbeitungen, wenn Rechtsbehelfe behandelt werden. Der bei den Prozesshandlungen – und die Rechtsbehelfe sind Prozesshandlungen – betonte Rat (→ Rn. 253 ff.), sich der Terminologie der ZPO zu bedienen, ist leider immer wieder in den Wind gesprochen. Manch einem Bearbeiter ist nicht deutlich, dass die unterschiedlichen Bezeichnungen der Rechtsbehelfe der Klarheit und Schnelligkeit des prozessualen Ablaufs dienen: Gegner und Gericht wissen genau, was eine Partei meint, wenn sie die „Berichtigung" eines Urteils (§§ 319 f. ZPO) oder die „Ergänzung" (§ 321 ZPO) oder die „Abänderung" (§ 323 ZPO) beantragt. Die Vielfalt der Bezeichnungen erspart umständliche Ausführungen; sie erfordert aber ein hohes Maß an prozessualem Wissen.

Der Bearbeiter eines Prozessrechtsfalles muss also auch ähnlich klingende Bezeichnungen sorgsam auseinanderhalten: Widerruf, Widerklage, Wiederaufnahmeklage, Wiedereinsetzung in den vorigen Stand (→ Rn. 530), Wiedereröffnung (§ 156 ZPO), Widerspruch, Widerspruchsklage, Drittwiderspruchsklage, Einspruch (→ Rn. 361), Einrede, Einwand, Einwendung, Erinnerung, Anhörungsrüge (→ Rn. 155), Berufung, Beschwer, Beschwerde, sofortige Beschwerde, Rechtsbeschwerde, Revision, Aufhebungsklage, Abänderungsklage, Ergänzung von Urteilen, Anerkennung von Urteilen (§ 328 ZPO), Berichtigung von Urteilen, Nichtigkeitsklage, Restitutionsklage, Vollstreckungsabwehrklage – all dies sind Begriffe vor allem aus dem Bereich der Überprüfung von gerichtlichen Entscheidungen. Sie sollen nicht „auswendig" gelernt werden. Sie müssen aber verwendet werden, sobald Fragen der Abänderung und Überprüfung gerichtlicher Entscheidungen bearbeitet werden. Ohne den beständigen Blick in die ZPO muss eine Fallbearbeitung zu Fehlern führen.

2. Der Unterschied zwischen „Rechtsbehelf" und „Rechtsmittel". Suspensiv- und Devolutiveffekt

404 „Rechtsmittel" werden nur diejenigen Rechtsbehelfe genannt, die erstens den Eintritt der formellen Rechtskraft (§ 705 ZPO) hemmen *(Suspensiveffekt)* und die zweitens zur Nachprüfung der angefochtenen Entscheidung durch ein höheres Gericht führen *(Devolutiveffekt)*. „Rechtsmittel" sind deshalb nur: Berufung, Revision, sofortige Beschwerde und Rechtsbeschwerde.[1] Die vielfältigen anderen Möglichkeiten, ein Urteil oder einen anderen Hoheitsakt anzugreifen, werden unter dem

---

[6] BGHZ 151, 316 (327) = NJW 2002, 2940; BGH NJW-RR 2012, 304 Rn. 15 mwN; zur Vertiefung: Stein/Jonas/Althammer ZPO § 322 Rn. 268–286; Thomas/Putzo/Seiler ZPO § 322 Rn. 50–56.

[1] Rosenberg/Schwab/Gottwald ZivilProzR § 134 Rn. 1 ff., 14.

§ 72. Rechtsbehelfe und Rechtsmittel

unspezifischen Begriff „Rechtsbehelf" zusammengefasst. „Rechtsmittel" und „Rechtsbehelf" sind kein Gegensatz; vielmehr ist „Rechtsbehelf" der Oberbegriff. Typische Rechtsbehelfe der ZPO, die keine Rechtsmittel darstellen, sind zB der Einspruch gegen das Versäumnisurteil (→ Rn. 361) oder gegen den Vollstreckungsbescheid (→ Rn. 136), die Anhörungsrüge (→ Rn. 155), die Vollstreckungserinnerung nach § 766 ZPO (→ Rn. 494) und die Klauselerinnerung nach § 732 ZPO (→ Rn. 496).

3. Der Begriff der „Beschwer"

Die meisten Rechtsbehelfe verlangen eine Beschwer des Rechtsmittelführers, ohne dass dies die ZPO ausdrücklich anordnet. 405

Formelle Beschwer beim Kläger: Beim Kläger tritt sie als „formelle Beschwer" auf und liegt vor, „wenn das angefochtene Urteil von seinen Anträgen abweicht, seinem Begehren also nicht voll entsprochen worden ist"[2] (Divergenz zwischen Klageantrag und Urteilsinhalt).

Materielle Beschwer beim Beklagten: Beim Beklagten kann auf eine solche Divergenz nicht abgestellt werden, weil er keinen Klageantrag stellt und damit auch den Streitgegenstand sowie den Urteilsinhalt nicht bestimmt. Es wird daher eine „materielle Beschwer" verlangt. Sie liegt vor, sobald und insoweit das Urteil für den Beklagten nachteilig ist. Auf das prozessuale Verhalten des Beklagten kommt es nicht an, sodass der Beklagte auch durch ein Anerkenntnisurteil (§ 307 ZPO) beschwert wird. Ebenfalls ist es für ihn ein Nachteil, falls lediglich eine Prozessabweisung und keine Sachabweisung erfolgten oder wenn die Klage aufgrund einer (Eventual-)Aufrechnung (→ Rn. 281) und nicht wegen Nichtbestehens der Klageforderung abgewiesen wurde.

II. Aufbaufragen bei Rechtsbehelfen

Hinsichtlich des Aufbaus von Rechtsmittel- oder Rechtsbehelfsklausuren[3] und deren Terminologie ergeben sich in der Regel keine Schwierigkeiten.[4] Nach den bereits in diesem Buch behandelten Grundsätzen (→ Rn. 162) steht an der Spitze der Rechtsbehelfsbearbeitung die Frage nach der Zulässigkeit des Rechtsbehelfs; dann folgt im Rahmen der Begründetheitsstation die Prüfung der Begründetheit des Rechtsbehelfs. 406

1. Zulässigkeitsprüfung

Statthaftigkeit: Im Rahmen der Zulässigkeitsprüfung prüft man zunächst die abstrakte Möglichkeit des betreffenden Rechtsbehelfs als „Statthaftigkeit". So ist gegen das normale Versäumnisurteil der Einspruch statthaft, nicht aber die Berufung, gegen das technisch zweite Versäumnisurteil ist die Berufung statthaft, aber nicht der Einspruch (→ Rn. 362).

Sonstige Zulässigkeitsvoraussetzungen: In der zweiten Stufe der Zulässigkeitsprüfung wird die Einhaltung der sonstigen Zulässigkeitsvorrausetzungen untersucht, vor allem der Fristen und der Form.

---

[2] BGH NJW-RR 2022, 205 Rn. 10.
[3] Zu ihnen schon → Rn. 23.
[4] Zur Vertiefung: Jauernig/Hess ZivilProzR § 72.

2. Begründetheitsprüfung

Zulässigkeit der Klage: Die erste Stufe im Rahmen der Begründetheitsprüfung des Berufungsgerichts ist der Zulässigkeit der Klage gewidmet. Dies wird sehr häufig übersehen: Viele Bearbeiter glauben immer wieder, dass alle prozessualen Fragen Zulässigkeitsfragen sind. Ein Rechtsmittel kann aber zB *begründet* sein, wenn das Erstgericht die *Zulässigkeit der Klage* verneint hat, das Rechtsmittelgericht sie aber bejaht.

> **Beispiel 140:** Wegen eines bereits vorliegenden Feststellungsurteils hat das LG die Herausgabeklage des *Klein* gegen Sohn *Sanft* als unzulässig abgewiesen (dies war prozessordnungswidrig, Beispiel 138, → Rn. 395). Gegen dieses Urteil legt *Klein* Berufung ein. Innerhalb der Zulässigkeitsprüfung prüft (und bejaht) das OLG die Zulässigkeit der Berufung. Im Rahmen der *Begründetheitsprüfung* der Berufung untersucht es sodann, ob die Ansicht des LG über die Unzulässigkeit der Klage zutreffend ist. Diese Ansicht wird das OLG ablehnen und – also im Rahmen der Begründetheitsprüfung der Berufung! – die Zulässigkeit der Klage bejahen. Erst danach prüft es (s. sogleich) die Begründetheit der Herausgabeklage.[5]

Begründetheit der Klage: Die letzte Stufe der Begründetheit bildet die Frage, ob die Klage begründet ist.

Vorsorglich sei daran erinnert, dass es Rechtsbehelfe gibt, die *keine Begründetheitsprüfung* kennen, weil sie, wenn sie wirksam erhoben worden sind, unmittelbar das weitere Verfahren eröffnen (→ Rn. 361 zum Einspruch gegen das Versäumnisurteil).

III. Rechtsbehelfsbelehrung (§ 232 ZPO)

407 Jede anfechtbare Gerichtsentscheidung ist mit einer Rechtsbehelfsbelehrung zu versehen. Dies gilt nicht im Anwaltsprozess (→ Rn. 173), es sei denn, das Gericht muss über einen Einspruch oder Widerspruch belehren (§ 232 ZPO). Fehlt die Belehrung oder ist sie unrichtig, beeinträchtigt dies nicht die Wirksamkeit der Entscheidung. Auch die Rechtsbehelfsfrist beginnt zu laufen (wichtiger Unterschied zu § 58 VwGO!). Doch kann die Partei die Wiedereinsetzung (§ 233 S. 2 ZPO, → Rn. 499, → Rn. 530) beantragen, sofern ihre Fristversäumnis auf dem Fehlen oder auf der Unrichtigkeit der Rechtsbehelfsbelehrung beruht.[6]

IV. Meistbegünstigung bei Verlautbarungsmängeln. Inkorrekte Entscheidungen

408 Rechtsbehelfsklausuren beschäftigen sich immer wieder mit *inkorrekten Entscheidungen;* in der Praxis kommen sie häufig vor. Damit sind Entscheidungen gemeint, die das Gericht falsch bezeichnet hat (zB „Endurteil" statt „Versäumnisurteil", „Beschluss" statt „Urteil"). *Solche Verlautbarungsmängel* stellen die Parteien vor die Frage, welcher Rechtsbehelf gegen die betreffende Entscheidung statthaft ist. Die Antwort hierauf muss sich von dem Grundsatz leiten lassen, dass derartige Mängel niemals zulasten der Parteien gehen dürfen. Diesem Grundsatz entspricht die *Meistbegünstigungstheorie.* Der Rechtsbehelfsführer kann der falschen Bezeichnung folgen (das Gericht sozusagen „beim Wort nehmen") und denjenigen Rechtsbehelf einlegen, der dieser Bezeichnung entspricht, etwa Berufung gegen das „Endurteil"

---

[5] Bei der Revision ist somit folgender Aufbau zu beachten: I. Zulässigkeit der Revision / II. Begründetheit der Revision: 1. Zulässigkeit der Berufung / 2. Zulässigkeit der Klage / 3. Begründetheit der Klage.

[6] Vgl. M. Huber JuS 2014, 972 ff.; Brand NJW 2022, 2150; Wieczorek/Schütze/Gerken ZPO § 233 Rn. 180 ff.

einlegen, das eigentlich ein Versäumnisurteil ist *(subjektive Theorie)*. Dem Rechtsbehelfsführer ist aber auch gestattet, den richtigen Rechtsbehelf einzulegen und gegen das „Endurteil" Einspruch zu erheben, weil es bei objektiver Betrachtung ein Versäumnisurteil ist *(objektive Theorie)*.[7]

Zwei Einschränkungen sind bei dieser Meistbegünstigung zu beachten.

Erstens kann der Rechtsbehelfsführer nicht etwa doppelspurig vorgehen und beide Rechtsbehelfe einlegen; er muss sich für einen von ihnen entscheiden.

Zweitens entbindet die Meistbegünstigung nicht von den Zulässigkeitsvorrausetzungen des jeweiligen Rechtsbehelfs. Wenn bei einem Streitwert von nicht mehr als 600 EUR statt des zutreffenden Versäumnisurteils ein „Endurteil" ergangen ist, wäre eine Partei schlecht beraten, die der subjektiven Theorie folgt und Berufung einlegt; sie wäre mangels Zulassung unzulässig (§ 511 II ZPO). Insoweit kann sie nur den Weg der objektiven Theorie gehen und Einspruch einlegen.

---

[7] Vgl. Stein/Jonas/Althammer ZPO Allg. Einleitung vor § 511 Rn. 37 ff.

```
                    ┌──────────────┐          ┌──────────────┐
                    │ Vorbehalts-/ │          │    Dritt-    │
                    │ Sicherungs-  │          │  Schuldner   │
                    │     eig      │          └──────┬───────┘
                    └──────┬───────┘                 │
  Vollstr.                 │            ┌────────────┴──┐   Schu
  Gläubiger  ──────▶  Vollstr.   ──────▶   Vollstr.      │   Sch
                     Gegenstand          Schuldner       │
                          │              └──────┬────────┘
                          ▼                     │
                  ┌───────────────┐      ┌──────┴───────┐
                  │  Vermieter-   │      │  Ehepartn/   │
                  │ Pfandr. §562  │      │   Familie    │
                  └───────────────┘      └──────────────┘
```

3. Teil. Hinweise zur Bearbeitung der Hauptprobleme des Vollstreckungsrechts

1. Kapitel. Schwierigkeiten der Fallbearbeitung

§ 73. Besonderheiten beim Zwangsvollstreckungsrecht

Klausuren aus dem Zwangsvollstreckungsrecht gelten als besonders schwierig. Fragt man nach den Gründen für diese Beurteilung, so hört man am häufigsten zwei Antworten: Erstens seien die Fälle oft sehr „verzwickt"; zweitens sei das Zwangsvollstreckungsrecht so „unübersichtlich". 409

I. Die Vielzahl der Beteiligten

„Verzwickt" werden zahlreiche Fälle aus dem Zwangsvollstreckungsrecht durch die Vielzahl der beteiligten Personen. Neben dem Vollstreckungsgläubiger und dem Vollstreckungsschuldner treten dritte Personen in unterschiedlicher Weise auf: als Vorbehalts- oder Sicherungseigentümer des gepfändeten Gegenstandes oder Inhaber eines Vermieterpfandrechts (§ 562 BGB) an diesem Gegenstand, als Schuldner des Vollstreckungsschuldners oder der Ehepartner und die Kinder des Vollstreckungsschuldners als von den Schuldnerschutzvorschriften der ZPO geschützte Personen. 410

II. Die andere Terminologie

Auch die Terminologie des Zwangsvollstreckungsrechts ist teilweise anders als im Erkenntnisverfahren. Wer die Vollstreckung betreibt, ist der *Vollstreckungsgläubiger*. In der Regel ist es zwar der siegreiche Kläger des Erkenntnisverfahrens, der die Zwangsvollstreckung betreibt. Aber die Parteirolle im Vollstreckungsverhältnis hängt nicht von der Stellung im vorangegangenen Prozess ab. So kann zB der Beklagte Vollstreckungs*gläubiger* sein, wenn seine Widerklage erfolgreich war, oder wenn er gegen den erfolglosen Kläger seinen Kostenerstattungsanspruch (§ 91 ZPO) aufgrund eines Kostenfestsetzungsbeschlusses (§§ 103 I, II, 104 ZPO) vollstreckt. Diejenige Person, gegen die sich die Vollstreckung richtet, heißt *Vollstreckungsschuldner*; sie darf nicht als „Beklagte" bezeichnet werden. Der Schuldner des Vollstreckungsschuldners wird *Drittschuldner* genannt. Wenn beispielsweise der Vollstreckungsschuldner in einem Arbeitsverhältnis steht, ist dessen Arbeitgeber solch ein Drittschuldner (Schuldner des Schuldners), und der Vollstreckungsgläubiger wird versuchen, das Arbeitseinkommen des Vollstreckungsschuldners bei diesem Drittschuldner zu pfänden. 411

> **Beispiel 141:** *Ulrich Unger* zahlt die Raten für das beim Versandhaus *Allerlei GmbH* unter Eigentumsvorbehalt auf Abzahlung gekaufte Fernsehgerät der Marke GL nicht. Aufgrund eines von der *Allerlei GmbH* erwirkten, vollstreckbaren (→ Rn. 427) Urteils auf Zahlung des Kaufpreisrestes soll bei *Unger* gepfändet werden.
> **Frage:** Welche Probleme ergeben sich bei der Pfändung folgender Gegenstände:
> (1) *Spielkonsole*, unter Eigentumsvorbehalt beim Elektrohändler *Blitz* auf Raten gekauft und noch nicht abbezahlt?

> (2) *Kinderbetten und -schränke, Unger* gehörend und von den beiden minderjährigen Kindern benutzt?
> (3) *Briefmarkensammlung* des *Unger*, an der ein Vermieterpfandrecht besteht?
> (4) *Lohnanspruch* des *Ulrich Unger* gegen *Sebastian Metzger*, bei dem er als LKW-Fahrer tätig ist, wenn er Lust zum Arbeiten hat?
> (5) *Neues Fernsehgerät der Marke GL*, das *Unger* bei der *Allerlei GmbH* unter Eigentumsvorbehalt gekauft hat und sich bei *Ungers* befindet?
> (6) *Laptop der Marke Papple*, von Frau *Sabine Unger* vor der Eheschließung erworben?
> (7) *Guthaben* auf dem Girokonto des *Unger* bei der *X-Bank*?
>
> **Bearbeitervermerk:** *Ungers* haben außerdem noch ein drei Jahre altes Fernsehgerät sowie neben dem Laptop noch zwei einfache Computer, die im Eigentum von *Sabine Unger* stehen.

Auch wer sich noch nicht näher mit dem Zwangsvollstreckungsrecht befasst hat, sieht an diesem Beispiel sofort, dass die Schwierigkeiten des Falles nicht nur im Verhältnis zwischen der Vollstreckungsgläubigerin *(Allerlei GmbH)* und dem Vollstreckungsschuldner *(Unger)* liegen, sondern vielmehr bei den Rechten dritter Personen oder in den Rechtsbeziehungen zu ihnen. Ohne auf diese Probleme einzugehen, kann der Fall nicht gelöst werden.

412 Vorbemerkung zur Lösung des Beispiels 141: Wozu dienen die im *Bearbeitervermerk* enthaltenen Ausführungen?

Antwort: Hier spielen die Schutzvorschriften des § 811 ZPO eine Rolle: Nach § 811 I Nr. 1 lit. a ZPO sind Sachen unpfändbar, die der Schuldner für eine bescheidene Lebens- und Haushaltsführung benötigt. Hierzu rechnen Fernsehgerät und ein Laptop, nicht aber zwei weitere einfache Computer *(Frage 6)*. Wenn der Bearbeitervermerk nicht den Hinweis enthielte, dass ein weiteres Fernsehgerät und Laptop vorhanden sind, ergäbe sich bei der Pfändung des neuen Fernsehgeräts und des Laptops das Problem der *Austauschpfändung* (§ 811a ZPO). Dann müsste die *Allerlei GmbH* ein einfaches Fernsehgerät und einen einfachen Computer dem *Unger* überlassen, um das neue Fernsehgerät und den hochwertigen Papple-Laptop verwerten zu können.

> **Lösung des Beispiels 141:**
>
> *Zu Frage 1:* Wenn *Unger* die Spielkonsole in Besitz hat, darf sie der Gerichtsvollzieher pfänden. Problematisch könnte sein, ob der dabei maßgebliche *Alleingewahrsam* des Vollstreckungsschuldners vorliegt, sodass der Gerichtsvollzieher möglicherweise nicht pfänden dürfte (§ 808 I ZPO). Wichtig ist hierbei § 739 ZPO: Er verweist auf die Eigentumsvermutung des § 1362 BGB. Nach dieser Vorschrift wird zugunsten der *Allerlei GmbH* vermutet, dass die Spielkonsole im Alleineigentum des *Ulrich Unger* steht. Diese Eigentumsvermutung des BGB setzt sich als Gewahrsamsvermutung des § 739 ZPO fort, sodass der Gerichtsvollzieher von Alleingewahrsam des *Unger* ausgehen muss, obwohl *Sabine Unger* tatsächlich Mitgewahrsam an den in der gemeinsamen Gewahrsamssphäre (Wohnung) der Eheleute befindlichen Sachen hat. Der Gerichtsvollzieher prüft im Übrigen lediglich, ob *Gewahrsam* des Vollstreckungsschuldners vorliegt; auf die *Eigentumslage* nimmt der Gerichtsvollzieher grds. keine Rücksicht. Eine Ausnahme liegt dann vor, wenn für den Gerichtsvollzieher offenkundig ist, dass der Vollstreckungsschuldner kein Eigentum an der Sache hat. Das ist hier vorliegend aber nicht der Fall. Auch aus § 811 I Nr. 1 ZPO ergeben sich gegen eine Pfändung keine Bedenken. Wird die Spielkonsole gepfändet, kann aber der Vorbehaltseigentümer *Blitz* Drittwiderspruchsklage (§ 771 I ZPO) gegen die *Allerlei GmbH* erheben. Auf diese Klage hin würde das Gericht die Zwangsvollstreckung in die Spielkonsole für unzulässig erklären.

Zu Frage 2: Gewahrsam des Vollstreckungsschuldners (§ 808 I ZPO iVm § 739 I ZPO) liegt vor. Die gepfändeten Teile der Kinderzimmereinrichtung sind aber unpfändbar nach § 811 I Nr. 1 lit. a ZPO. Pfändet der Gerichtsvollzieher trotzdem, steht *Unger* als Vollstreckungsschuldner und seinen Kindern als geschützten Dritten die Erinnerung nach § 766 ZPO (→ Rn. 494) zu.

Zu Frage 3: Gewahrsam des *Unger* liegt vor (§ 808 I ZPO iVm § 739 I ZPO). Deshalb ist die Briefmarkensammlung pfändbar. Auch hier ändert das Bestehen des gesetzlichen Vermieterpfandrechts des Vermieters (§ 562 BGB) nichts an der Zulässigkeit der Pfändung. Besteht ein solches Vermieterpfandrecht, ist dem Vermieter Klage auf vorzugsweise Befriedigung nach § 805 I ZPO gegen die *Allerlei GmbH* zu empfehlen.

Zu Frage 4: Die Pfändung einer Forderung erfolgt nach §§ 828 ff. ZPO. Drittschuldner ist *Sebastian Metzger*, → Rn. 411. *Ulrich Unger* muss aber ein unpfändbarer Betrag bleiben (§§ 850 ff. ZPO). Ebensowenig wie es eine „Kahlpfändung" der körperlichen Sachen gibt (§ 811 ZPO), lässt die ZPO aus sozialen Gründen zu, dass einem Arbeitnehmer das gesamte Arbeitseinkommen weggepfändet wird.

Zu Frage 5: Da es nur auf den Gewahrsam des *Unger* ankommt (bei *Frage 1*), spielt auch hier das Eigentum der *Allerlei GmbH* für den Gerichtsvollzieher keine Rolle. Auch steht § 811 I Nr. 1 lit. a ZPO nicht entgegen (*Vorbemerkung*, → Rn. 412), denn *Ungers* haben noch ein weiteres Fernsehgerät. Wegen der Nichtanwendung des § 811 I ZPO muss man auf das Problem des § 811 II ZPO nicht eingehen (zu dieser Vorschrift → Rn. 477).

Zu Frage 6: Gewahrsam des Vollstreckungsschuldners (§ 808 I ZPO iVm § 739 I ZPO) liegt auch hier vor. Da das etwaige Eigentum der *Ehefrau* für die Pfändung irrelevant ist, wird der Gerichtsvollzieher den Laptop der Marke Papple pfänden, zumal sich auch aus § 811 I Nr. 1 ZPO keine Bedenken ergeben, da in der Wohnung weitere Computer vorhanden sind. *Sabine Unger* kann ihr Eigentum aber im Wege der Drittwiderspruchsklage gegen die *Allerlei GmbH* geltend machen. Um zu siegen, muss es ihr gelingen, die Vermutung des § 1362 I BGB zu widerlegen (zur Rechtsvermutung s. noch → Rn. 328).

Zu Frage 7: Auch die Pfändung dieser Forderung erfolgt nach §§ 828 ff. ZPO durch Pfändungs- und Überweisungsbeschluss. Drittschuldner ist die *X-Bank*. Damit ihm aber wie bei der Pfändung des Lohnanspruchs ein bestimmter Betrag verbleibt, muss *Ulrich Unger* gemäß § 850k II ZPO bei der X-Bank sein Girokonto als Pfändungsschutzkonto führen. Die Einrichtung eines Pfändungsschutzkontos könnte auch noch nachträglich geschehen, da die Umwandlung in ein Pfändungsschutzkonto – und damit der Pfändungsschutz nach §§ 899 ff. ZPO – vor Ablauf von einem Monat seit der Zustellung des Überweisungsbeschlusses an die X-Bank nach § 899 I 2 ZPO auch bereits für den Monat der Pfändung zurückwirkt.

III. Die besondere Bedeutung des materiellen Rechts im Zwangsvollstreckungsfall
1. Der gemischte Fall steht im Vordergrund

Im Beispiel 141 zeigt sich zugleich eine zweite Eigenheit des Zwangsvollstreckungsfalles: Er verbindet häufig Prozessprobleme mit materiell-rechtlichen Fragen, und der „gemischte Fall" steht im Vordergrund. Wer sich mit dem Zwangsvollstreckungsrecht befasst, muss sich deshalb unvermeidlich mit den materiell-rechtlichen Problemen beschäftigen, die typischerweise bei Vollstreckungsmaßnahmen auftreten. Das Einarbeiten in die Zwangsvollstreckung sollte deshalb stets als eine Wiederholung der materiell-rechtlichen Gebiete verstanden werden. Umgekehrt empfiehlt es sich bei der Repetition des materiellen Rechts, niemals die Kontrollfrage zu vergessen, wie wohl die dort gewährten Ansprüche im Wege der Zwangsvollstreckung durchzusetzen sind, wenn über sie ein vollstreckbarer Titel vorliegt. Viele Fälle aus dem Vollstreckungsrecht erscheinen gerade deshalb kompliziert, weil sie

413

materiell-rechtliche Probleme enthalten. Häufig ist es dann nicht so sehr die vollstreckungsrechtliche Seite der Aufgabe, die die Schwierigkeiten bereitet.

> **Beispiel 142:** Das *„Hotel und Restaurant zum Schwanenteich"*[1] gehört der *Deutschen Hotel-AG*. *Sebastian Metzger* liefert seit Jahren die Fleischwaren. Wegen der schlechten Konjunktur der letzten Jahre bezahlt das *„Hotel und Restaurant zum Schwanenteich"* seine Rechnungen nur noch schleppend. Als *Metzger* Forderungen in Höhe von 1.500 EUR hat und keine Zahlung erhält, kommt es zum Prozess. Die *Deutsche Hotel-AG* wird zur Zahlung dieses Betrages verurteilt. Aufgrund des (vollstreckbaren, → Rn. 427) Urteils lässt *Metzger* den Kleinbus pfänden, mit dem die Hotelgäste von Bahnhof und Flughafen abgeholt werden.
> **Frage:** Ergeben sich Bedenken gegen die Pfändung?

Wenn dem Bearbeiter die sachenrechtlichen Kenntnisse fehlen, ist die Frage kaum zu beantworten, vor allem übersieht er dann den vollstreckungsrechtlichen Einstieg in den Fall.

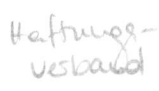

> **Lösung:** Entscheidend ist die Frage, ob der Kleinbus „Zubehör" des Hotelgrundstücks im Sinne von § 97 BGB ist. Diese Frage ist zu bejahen.[2] Aus dieser Antwort ergeben sich vollstreckungsrechtliche Konsequenzen: Zubehör darf nämlich nach § 865 II 1 ZPO nicht gepfändet werden; es unterliegt vielmehr der Zwangsvollstreckung in das unbewegliche Vermögen. Die Pfändung des Kleinbusses ist deshalb unzulässig.[3]

2. Gesamthandsgemeinschaften und Personengesellschaften

414 Besondere Schwierigkeiten bringen Fälle mit sich, in denen Gesamthandsgemeinschaften beteiligt sind. Klausurtechnisch ist zu trennen zwischen dem Zugriff auf das *Vermögen* insgesamt und dem Zugriff auf den *Anteil* des einzelnen Beteiligten an diesem Vermögen. Den Zugriff auf das *Vermögen* insgesamt regeln bei der Erbengemeinschaft § 747 ZPO und bei der Gütergemeinschaft §§ 740–745 ZPO. Den Zugriff auf den *Anteil* an einer Erbengemeinschaft erfasst § 859 S. 1 ZPO, die Vollstreckung in den Anteil am *Gesamtgut* einer Gütergemeinschaft ist nach § 860 ZPO versagt.

> **Beispiel 143:** Im Beispiel 141, → Rn. 411, vollstreckt die *Allerlei GmbH* gegen *Ulrich Unger*. Die Vollstreckungsgläubigerin erfährt, dass vor kurzem die vermögende Mutter des *Unger* gestorben ist. Sie wird beerbt von den drei Geschwistern *Marie*, *Benjamin* und *Ulrich Unger*.
> **Frage:** Kann die *Allerlei GmbH* in diesen Nachlass oder einzelne Teile des Nachlasses vollstrecken? Wenn ja, wie?
> **Lösungsweg:** Bei der Erarbeitung der Antwort kann der Verfasser ohne weiteres davon ausgehen, dass die allgemeinen Voraussetzungen der Zwangsvollstreckung vorliegen. Er wird dann fragen, weswegen vollstreckt wird. Da es eine Zwangsvollstreckung wegen einer Geldforderung ist (Zweiter Abschnitt des Achten Buches: §§ 802a–882i ZPO), muss

---

[1] Der Fall ist RGZ 47, 197 nachgebildet.
[2] So für einen vergleichbaren Fall RGZ 47, 197 (200).
[3] Sehr „bewegliche" Gegenstände wie ein Kleinbus können daher als „unbewegliche" Sachen gelten. Das RG führt eine Reihe derartiger Sachen auf, die als „unbewegliches Vermögen" eines Hotelgrundstücks anzusehen sind: „Flaschen, Gläser, Tonnen, Tische, Stühle" ... „Kronleuchter, Bilder, Dekorationsgegenstände, Schaukeln, Karroussels" ... die auf einem angrenzenden Teich befindlichen „Gondeln, Schwäne, Schwanenhaus" (RGZ 47, 197 [200]).

nunmehr der Vermögensgegenstand betrachtet werden, in den vollstreckt werden soll. Hier sind jetzt erbrechtliche Kenntnisse notwendig, um die Lösung weiter voranzutreiben: *Marie*, *Benjamin* und *Ulrich* bilden eine Erbengemeinschaft. Demgemäß kann nur in den Miterbenanteil des *Ulrich Unger* vollstreckt werden (§§ 859 S. 1 ZPO, § 2033 BGB). Dieser wird durch Beschluss des Vollstreckungsgerichts gepfändet (→ Rn. 453 ff.). In welcher Weise dann die *Allerlei GmbH* ihr Pfandrecht verwerten kann, wird im Ersten Staatsexamen selten gefragt werden[4].

Zur Vertiefung: Mit der Zustellung des Pfändungs- und Überweisungsbeschlusses an die Drittschuldner *Marie* und *Benjamin Unger* erwirbt die *Allerlei GmbH* ein Pfändungspfandrecht am Miterbenanteil des *Ulrich Unger* (§§ 857 I, 829 III, 804 I, II ZPO sowie §§ 1273 ff. BGB). Die *Allerlei GmbH* wird also weder Gesamthänder noch erwirbt sie ein Pfändungspfandrecht an den *einzelnen* Nachlassgegenständen (häufiger Fehler!). Wegen dieser ungesicherten Rechtsposition der *Allerlei GmbH* wird es ihr darauf ankommen, eine Auseinandersetzung der Erbengemeinschaft zu erreichen, um dann auf diejenigen Vermögensgegenstände zugreifen zu können, die dem *Ulrich Unger* zugeteilt werden.

Auch bei der Zwangsvollstreckung in das Gesellschaftsvermögen von Personengesellschaften ist strikt danach zu trennen, ob ein Titel gegen die *Gesellschaft* selbst vorliegt und somit in ihr Vermögen vollstreckt werden soll oder ob aufgrund eines Titels gegen den *Gesellschafter* nur dessen *Anteil* an der Gesellschaft gepfändet werden soll. Den Zugriff auf das *Gesellschaftsvermögen* insgesamt ist bei OHG und KG in §§ 129 I, 161 II HGB geregelt. Für die Vollstreckung in das Gesellschaftsvermögen einer rechtsfähigen BGB-Gesellschaft ist ebenfalls ein gegen die Gesellschaft ergangener Titel erforderlich (§ 722 I BGB). Den Zugriff auf den *Anteil* des Gesellschafters an einer BGB-Gesellschaft wie auch an einer OHG und KG erfolgt nach § 857 I ZPO (vgl. auch § 726 BGB, § 133 HGB).

§ 74. Die „Unübersichtlichkeit" des Zwangsvollstreckungsrechts

Der in → Rn. 409 wiedergegebene Vorwurf der „Unübersichtlichkeit" wird gegen das Zwangsvollstreckungsrecht zu Unrecht erhoben. Er beruht in der Regel darauf, dass ein Bearbeiter versucht hat, einen Zwangsvollstreckungsfall – sei es in der Übungsklausur oder im Examen, sei es in der späteren Praxis – zu lösen, ohne sich über die unterschiedlichen Strukturen dieses Rechtsgebiets vorher Klarheit verschafft zu haben. Wer aber diese Struktur nicht kennt, dem ergeht es mit dem Zwangsvollstreckungsrecht wie mit einem Computer: Einfache Vorgänge kann er vielleicht noch erledigen, schwierige Probleme wird er nicht bewältigen. Um die Struktur zu begreifen, muss man die drei Hauptmaterien kennen, wie sie auch die Prüfungsordnungen aufführen (→ Rn. 2):

415

(1) Allgemeine Vollstreckungsvoraussetzungen,
(2) Arten der Zwangsvollstreckung,
(3) Rechtsbehelfe.

Zwar enthält das Achte Buch der ZPO – Zwangsvollstreckung – noch weitere Materien, doch fallen sie für das Verständnis des Rechtsgebiets nicht ins Gewicht. Ausgehend von den genannten Gebieten lauten die Hauptfragen des Zwangsvollstreckungsrechts:

---

[4] Hierzu: Stein/Jonas/Würdinger ZPO § 859 Rn. 33 f.

I. Liegen die Voraussetzungen für eine Zwangsvollstreckung vor?

416 Die ZPO regelt mit Genauigkeit unter welchen Voraussetzungen wer gegen wen Vollstreckungsmaßnahmen einleiten kann. So darf der Vollstreckungsgläubiger nur dann gegen den Vollstreckungsschuldner vorgehen, wenn ein Vollstreckungs*titel* und eine Vollstreckungs*klausel* vorliegen und der Vollstreckungsschuldner durch die *Zustellung* vor dem bevorstehenden Vollstreckungsakt gewarnt wurde, (§ 750 ZPO. Diese Trias „Titel, Klausel, Zustellung" beschäftigt uns im folgenden § 76 (→ Rn. 425 ff.).

II. Weswegen wird vollstreckt?

417 Liegen die Vollstreckungsvoraussetzungen vor, muss beachtet werden, dass die ZPO unterschiedliche Wege je nach der Art des Anspruchs anbietet, dessentwegen vollstreckt wird. Ein Blick in das Achte Buch zeigt dies: Titel Zwei bis Fünf des Zweiten Abschnitts (§§ 803–882a ZPO) regeln die Vollstreckung „wegen Geldforderungen". Von dieser Vollstreckungsart ist scharf getrennt die Vollstreckung „zur Erwirkung der Herausgabe von Sachen und zur Erwirkung von Handlungen oder Unterlassungen", die im Dritten Abschnitt (§§ 883–898 ZPO) geregelt ist.

> **Beispiel 144:** Wie im Beispiel 141, → Rn. 411, hat *Ulrich Unger* von der *Allerlei GmbH* ein Fernsehgerät[1] gekauft. Auch hier zahlt er die restlichen Raten nicht. Daraufhin ist die *Allerlei GmbH* von dem Kaufvertrag zurückgetreten und hat den *Unger* auf Rückgabe des Fernsehgeräts verklagt (vgl. § 449 II BGB). Nach Vollstreckbarkeit (→ Rn. 427) eines entsprechenden Urteils will die *Allerlei GmbH* im Wege der Zwangsvollstreckung gegen *Unger* vorgehen.
> **Frage:** Welche Vollstreckungsmaßnahmen drohen *Unger*?
> **Lösungsweg:** Zuerst erhebt sich die Frage nach „Titel, Klausel, Zustellung" (→ Rn. 425 aE). Da im Text der Aufgabe nichts Näheres angegeben ist, muss von einem prozessordnungsgemäßen Vorgehen der *Allerlei GmbH* ausgegangen werden (→ Rn. 39, Rn. 428 aE), dh neben dem laut Aufgabe gegebenen vollstreckbaren Titel werden Klausel und Zustellung vorliegen (§ 750 ZPO). Damit kommt die Bearbeitung zur zweiten Frage: Weswegen wird vollstreckt? Im Gegensatz zum Beispiel 141 hat die *Allerlei GmbH* nicht auf Zahlung des Kaufpreises geklagt, sondern auf Herausgabe ihres Fernsehgeräts. Der vollstreckbare Titel lautet demgemäß *nicht* auf Zahlung einer Geldsumme (wie im Beispiel 141), sondern auf „Herausgabe einer Sache". Damit ist nicht etwa der Zweite Abschnitt, sondern der Dritte Abschnitt des Achten Buches einschlägig. Vollstreckt wird deshalb auch *nicht* durch Pfändung, sondern gemäß § 883 ZPO.
> **Antwort:** Der Gerichtsvollzieher wird dem *Ulrich Unger* nach § 883 I ZPO das Fernsehgerät wegnehmen und es der *Allerlei GmbH* übergeben. Findet er das Gerät nicht vor, muss *Unger* eidesstattlich versichern, „dass er die Sache nicht besitze, auch nicht wisse, wo die Sache sich befinde" (§ 883 II ZPO). Die Abgabe einer unrichtigen Versicherung ist gemäß § 156 StGB strafbar.

An diesem Beispiel wird deutlich, dass die *Art des zu vollstreckenden Anspruchs die Weichen für das weitere vollstreckungsrechtliche Vorgehen* stellt: Wer die Herausgabe eines bestimmten Gegenstandes (Fernsehgerät) will und hierüber einen Vollstreckungstitel besitzt, dem würde die Pfändung anderer Gegenstände – etwa einer Briefmarkensammlung – nichts nützen. Dementsprechend enthält das Vollstre-

---

[1] In diesem und in allen folgenden *Beispielen* ist davon auszugehen, dass Unger bereits ein älteres Fernsehgerät besitzt (Beispiel 141, → Rn. 411). Deshalb stellt sich nicht die Frage der Unpfändbarkeit gemäß § 811 I Nr. 1 ZPO (→ Rn. 411). Es erübrigt sich auch die Frage, ob § 811 ZPO analog bei der Vollstreckung nach § 883 ZPO gilt, → Rn. 446.

§ 74. Die „Unübersichtlichkeit" des Zwangsvollstreckungsrechts

ckungsrecht den Weg der zwangsweisen Wegnahme dieses Gegenstandes sowie notfalls die eidesstattliche Versicherung (das ist der frühere „Offenbarungseid").

Die Leser dieser Zeilen werden eine solche rechtliche Regelung wahrscheinlich für selbstverständlich halten. Umso erstaunter werden sie sein, wenn ihnen aus der Examenspraxis gesagt wird, dass das Beispiel 144, wenn es im Ersten Staatsexamen gestellt wird, in der Regel von mehr als der *Hälfte der Bearbeiter falsch* beantwortet wird: Da sie die zweite Frage nach der Art des zu vollstreckenden Anspruchs nicht stellen, wenden sie ohne weiteres die Bestimmungen des *Zweiten* Abschnitts der ZPO an (§§ 802a–882i ZPO). Folgerichtig lassen sie die (herauszugebende) Sache nach § 808 ZPO pfänden. Bis dahin merken sie regelmäßig den Fehler nicht. Dann kommen sie aber zur Verwertung der Sache und – konsequent – zu §§ 814 ff. ZPO: Nach diesen Vorschriften müsste nunmehr die Sache *versteigert* werden! Manche der Bearbeiter merken jetzt den falschen Weg; denn es kann doch wohl nicht Sinn des Vollstreckungsrechts sein, einen an den Vollstreckungsgläubiger herauszugebenden Gegenstand öffentlich versteigern zu lassen. Soll der Vollstreckungsgläubiger jetzt seine eigene Sache ersteigern? Und was geschieht mit dem Erlös, wenn er sie ersteigert? Welche Situation besteht, wenn der Vollstreckungsgläubiger die Sache nicht ersteigert? An dieser Stelle verzweifeln dann viele Bearbeiter, weil sie einerseits die Lebensfremdheit ihres Ergebnisses sehen, andererseits aber den richtigen Weg nicht kennen. Das Nichtstellen der Frage nach der Art des zu vollstreckenden Anspruchs führt zu solchen (vermeidbaren) Katastrophen.

III. In welches Recht des Vollstreckungsschuldners soll durch welche Vollstreckungsmaßnahmen eingegriffen werden, und welches Vollstreckungsorgan ist für sie zuständig?

Schon aus der in → Rn. 417 gestellten zweiten Frage und aus dem dortigen Beispiel 144 wurde deutlich, dass es von der Beantwortung der zweiten Frage abhängt, auf welchem Gleis gegen den Vollstreckungsschuldner vorgegangen wird. Damit wechselt der Blick vom Anspruch des Vollstreckungs*gläubigers* auf die Sphäre des Vollstreckungs*schuldners*. Insbesondere bei der Vollstreckung wegen Geldforderungen muss weiter unterschieden werden, ob ein Zugriff auf das unbewegliche (§§ 864–871 ZPO) oder bewegliche Vermögen erfolgen soll und ob es sich um körperliche Sachen (§§ 808–827 ZPO) handelt oder um Forderungen (§§ 828–863 ZPO). Für die Abgrenzung zwischen der Vollstreckung in das bewegliche Vermögen von derjenigen in das unbewegliche Vermögen sind besonders wichtig § 864 ZPO und § 865 ZPO. Daneben genügt es zu wissen, dass in § 866 I ZPO die drei Arten der Zwangsvollstreckung in das unbewegliche Vermögen aufgezählt sind: *Eintragung einer Sicherungshypothek* (Zwangshypothek), *Zwangsversteigerung* und *Zwangsverwaltung*. Die beiden zuletzt genannten Vollstreckungsarten sind nicht in der ZPO, sondern – wie in § 869 ZPO vorgesehen – im Zwangsversteigerungsgesetz (ZVG) geregelt.

418

Soll ein Verhalten des Vollstreckungsschuldners erzwungen werden, muss eine Differenzierung danach erfolgen, ob es um ein Unterlassen (§ 890 ZPO) oder um ein Handeln geht, wobei im letzten Fall wieder zu untersuchen ist, ob eine vertretbare (§ 887 ZPO) oder eine unvertretbare Handlung (§ 888 ZPO) vorliegt.

Je nach Vollstreckungsmaßnahme und Vollstreckungsgegenstand können verschiedene *Vollstreckungsorgane* zuständig sein. Zuständiges Organ für die Pfändung körperlicher Sachen oder für deren Herausgabe ist in der Regel der *Gerichtsvollzieher*, für die Pfändung von Forderungen das *Vollstreckungsgericht*, das normalerweise durch den *Rechtspfleger* handelt. Bei der Vollstreckung in das unbewegliche Vermögen ist dem *Grundbuchamt* die Eintragung von Sicherungshypotheken übertragen; das *Vollstreckungsgericht* führt die Zwangsversteigerung und die Zwangsverwaltung durch. Bei der Vollstreckung zur Erwirkung von Handlungen und Unterlassungen wird das *Prozessgericht* als Vollstreckungsorgan tätig.

Die Einzelheiten dieser Fragestellungen werden in §§ 78–90 (→ Rn. 432–491) erörtert.

IV. Welche Rechtsbehelfe gegen welche Maßnahmen können von welcher Person erhoben werden?

419 Die Prüfungsordnungen berücksichtigen die große Bedeutung der Rechtsbehelfe, indem sie sie als Prüfungsstoff ausdrücklich aufführen. Tatsächlich kann man sagen, dass das Zwangsvollstreckungsrecht mit seinen Rechtsbehelfen steht und fällt. Die Verbindungslinien zwischen materiellem Recht und Prozessrecht treffen sich in ihnen, und die Hauptschwierigkeiten, die das Vollstreckungsrecht in Prüfung und Praxis bereitet, liegen in der Vielzahl der Rechtsbehelfe und im Problem, sie gegeneinander abzugrenzen. Die Rechtsbehelfe im Vollstreckungsfall werden am Ende dieses Buches behandelt (→ Rn. 492 ff.).

2. Kapitel. Arbeitshinweise

§ 75. Allgemeine Arbeitshinweise für den Vollstreckungsfall

Auch die Bearbeitung eines Vollstreckungsfalls kann nur gelingen, wenn der Verfasser das Trennungsprinzip genauso beachtet wie bei einem Fall aus dem Erkenntnisverfahren (→ Rn. 88). 420

I. Trennung nach Personen; Klarheit über die Parteien

Schon bei den ersten Zeilen für das Konzept und bei der Lösungsskizze (→ Rn. 424) muss der Bearbeiter die Personen nach ihrer Prozessrolle als Vollstreckungsgläubiger, Vollstreckungsschuldner oder dritte Personen unterscheiden (→ Rn. 410). 421

Die bisherigen Beispiele zeigen dies deutlich: Im Beispiel 141, → Rn. 411, muss die Vollstreckungsgläubigerin *(Allerlei GmbH)* vom Vollstreckungsschuldner *(Ulrich Unger)* unterschieden werden. Dritte Personen sind: *Blitz*, die minderjährigen *Kinder Ungers*, der Arbeitgeber *Sebastian Metzger* und *Sabine Unger*.

Wichtig ist, dass der Bearbeiter auch im Zwangsvollstreckungsrecht vom *formellen Parteibegriff* (→ Rn. 89 f.) ausgeht: *Vollstreckungsgläubiger* ist derjenige, der die Zwangsvollstreckung betreibt; *Vollstreckungsschuldner* ist diejenige Person, gegen die sich die Vollstreckung richtet. Ob der Vollstreckungsgläubiger zu dem Vorgehen gegen den Vollstreckungsschuldner berechtigt ist, spielt für die Parteistellung keine Rolle.

> **Beispiel 145:** *Ulrich Unger* ist (wie im Beispiel 141) zur Zahlung an die *Allerlei GmbH* rechtskräftig verurteilt. Durch ein Versehen der Geschäftsstelle enthält die vollstreckbare Ausfertigung nach § 724 ZPO mit ihrer Vollstreckungsklausel (§ 725 ZPO) den Schreibfehler „*Ulrich Ungerer*". Der Fehler wird nicht bemerkt. Eines Tages erscheint bei *Ungerer*, der im selben Haus wie *Unger* wohnt, der Gerichtsvollzieher und pfändet trotz des energischen Protestes von *Ungerer* einige Gegenstände.
>
> *Ungerer* ist Vollstreckungsschuldner, obwohl er der *Allerlei GmbH* nichts schuldet und auch nicht verurteilt wurde. Entscheidend ist das Vorgehen der *Allerlei GmbH* gegen ihn. Auf seinen Rechtsbehelf hin wird jedoch die Zwangsvollstreckung für unzulässig erklärt werden, da für die Erteilung der Klausel gegen *Ungerer* sowohl Antrag als auch Titel fehlen. Verurteilt war *Unger* und nur für die Vollstreckung gegen ihn war die Klauselerteilung beantragt. Mit der Erinnerung nach § 732 ZPO (→ Rn. 496) erreicht *Ungerer*, dass die Zwangsvollstreckung aus der gegen ihn erteilten vollstreckbaren Ausfertigung für unzulässig erklärt wird, mit der Wirkung, dass die Zwangsvollstreckung gegen ihn eingestellt wird (§ 775 Nr. 1 ZPO) und die vollzogenen Vollstreckungsmaßnahmen aufgehoben werden (§ 776 S. 1 ZPO).

II. Trennung der zu vollstreckenden Ansprüche

Mehrere zu vollstreckende Ansprüche müssen in der Bearbeitung scharf unterschieden werden. Weil sich die Vollstreckungsmaßnahmen nach der Art des zu vollstreckenden Anspruchs richten, kann ein einheitliches Behandeln unterschiedlicher Ansprüche zu schweren Fehlern führen. 422

> **Beispiel 146:** Auf Klage von *Franz Engelmann* wurde seine von ihm geschiedene Frau, *Anna Fink*, verurteilt:
> 1. Die Behauptung zu unterlassen, *Engelmann* habe sein Leben lang nicht gearbeitet;

> 2. an *Engelmann* 2.500 EUR zu zahlen;
> 3. die Briefmarkensammlung des *Engelmann* herauszugeben;
> 4. in die Löschung eines zu ihren Gunsten im Grundbuch zu Lasten des Eigentümers *Engelmann* eingetragenen Widerspruchs einzuwilligen.
>
> Dieses Urteil ist vollstreckbar, → Rn. 427.
> **Frage:** *Fink* weigert sich, das Urteil zu befolgen. Wie wird vollstreckt?

Da die allgemeinen Vollstreckungsvoraussetzungen vorliegen (→ Rn. 416), stellt sich die Frage, *weswegen vollstreckt* wird (→ Rn. 417). Wenn der Bearbeiter hierbei nicht die verschiedenen Ansprüche voneinander trennt, gerät er mit Sicherheit auf solche Irrwege, wie sie im Anschluss an das Beispiel 144 schon im letzten Absatz der → Rn. 417 dargestellt wurden.

> **Lösung des Beispiels 146:** Die Vollstreckung der vier Ansprüche geht unterschiedliche Wege:
> 1. Nachdem auf Antrag von *Engelmann* das Gericht die Strafandrohung (§ 890 II ZPO) ausgesprochen hat, verurteilt das Gericht *Fink* bei einer Wiederholung ihrer Behauptung auf Antrag des *Engelmann* gemäß § 890 I ZPO (→ Rn. 438).
> 2. §§ 803 ff. ZPO (Beispiel 141 mit Lösung in → Rn. 412).
> 3. § 883 ZPO (Beispiel 144, → Rn. 417).
> 4. § 894 ZPO: Die Abgabe der Willenserklärung der *Fink* wird fingiert, → Rn. 433.

III. Unterscheiden der Beziehungen im Vollstreckungsverfahren, im Erkenntnisverfahren und nach materiellem Recht

423 Schließlich müssen die verschiedenen rechtlichen Ebenen auseinandergehalten werden. Neben vollstreckungsrechtlichen Gesichtspunkten ist besonders das materielle Recht wichtig; aber auch die Vorschriften des Erkenntnisverfahrens spielen eine Rolle. Untrügliches Zeichen für eine falsche Fallbearbeitung ist immer das Durcheinanderwerfen dieser verschiedenen Ebenen, das sich in einer unklaren Terminologie offenbart: Im Vollstreckungsfall müssen die beiden Hauptbeteiligten des vorangegangenen Prozesses als „*Vollstreckungsgläubiger*" und „*Vollstreckungsschuldner*" bezeichnet werden. Dass daneben zwischen ihnen noch materiell-rechtliche Beziehungen bestehen, ist zwar richtig, sollte aber nicht bei ihrer Bezeichnung berücksichtigt werden.

So ist im Beispiel 141, → Rn. 411, die *Allerlei GmbH* nicht nur „Vollstreckungsgläubiger" sondern auch Verkäufer und Eigentümer (Vorbehaltseigentümer), außerdem noch (ehemaliger) Kläger. *Ulrich Unger* ist „Vollstreckungsschuldner" sowie Käufer, unmittelbarer Besitzer und Inhaber des Anwartschaftsrechts an dem Fernsehgerät, außerdem noch (ehemaliger) Beklagter. Pfändet jetzt die *Allerlei GmbH* einzelne, dem *Unger* gehörende Gegenstände in dessen Wohnung, wird sie außerdem noch Inhaberin eines Pfändungspfandrechts (→ Rn. 463) an den einzelnen Gegenständen. Hinsichtlich seiner Forderungen aus Arbeitseinkommen ist *Ulrich Unger* der Gläubiger des *Sebastian Metzger*, welcher seinerseits (materiellrechtlich) der Schuldner des *Unger* und vollstreckungsrechtlich der „Drittschuldner" ist, wenn die *Allerlei GmbH* gegen *Unger* vollstreckt. Der Elektrohändler *Blitz* ist vollstreckungsrechtlich „Dritter", wenn die *Allerlei GmbH* in seine Spielkonsole vollstreckt; klagt er nunmehr gegen die *Allerlei GmbH* aus § 771 ZPO, ist er prozessrechtlich „Kläger" und die *Allerlei GmbH* ist „Beklagte". Materiell-rechtlich ist *Blitz* Verkäufer und Vorbehaltseigentümer.

Weil jede einzelne Person in verschiedenen Rollen auftreten kann und dementsprechend unterschiedlich bezeichnet werden muss, hält der ungeübte Bearbeiter solche

Fälle für fast unlösbar. Hier hilft dann nur die Regel, dass man in der Fallbearbeitung die vollstreckungsrechtliche oder auch (etwa bei der Drittwiderspruchsklage nach § 771 ZPO) die erkenntnisverfahrensrechtliche Rollenbezeichnung verwendet.

IV. Lösungsskizze

Schon der Fall aus dem Erkenntnisverfahren verlangt regelmäßig eine Skizze (→ Rn. 6). Der übliche Zwangsvollstreckungsfall kann ohne eine Zeichnung noch viel weniger gelöst werden. Wer freilich diesen Rat zum ersten Male im Examen beherzigt, wird erstaunt sein, wie schwierig bereits die zeichnerische Darstellung ist. Mancher Kandidat, der mit dem lobenswerten Vorsatz, eine solche Skizze zu machen, in die Prüfung ging, ist schon daran gescheitert, dass er die Vielzahl der Personen, die unterschiedlichen Rechtsbeziehungen und die zahlreichen Vermögensgegenstände, die gepfändet wurden, nicht zeichnerisch ordnen konnte. Wenn aber schon die Lösungsskizze auf Schwierigkeiten stößt, ist an eine geordnete juristische Bearbeitung nicht zu denken.

424

So seltsam der Rat klingt: Der Bearbeiter sollte sich auch in der Anfertigung der Skizze üben. Hierbei hat sich ein Schema bewährt: *Links* auf dem Blatt wird der *Vollstreckungsgläubiger* angegeben, *rechts* der *Vollstreckungsschuldner*. Auf der Seite des Vollstreckungsgläubigers wird das Vorliegen der allgemeinen Vollstreckungsvoraussetzungen (Titel, Klausel, Zustellung) vermerkt. Nunmehr wird jeder zu vollstreckende Anspruch durch einen Pfeil zum Vollstreckungsschuldner dargestellt. Also etwa im Beispiel 146, → Rn. 422, vier Pfeile. Wenn zwischen diesen Pfeilen genügend Raum gelassen wird, kann jetzt die Art des Anspruchs vermerkt werden. Um ganz sicherzugehen, schreibt der Bearbeiter sogleich den für die jeweilige Anspruchsart zutreffenden Abschnitt des Achten Buches der ZPO dahinter (→ Rn. 417). Nunmehr wendet sich der Blick zum Vollstreckungsschuldner. Es geht um die Frage, in welcher Weise vollstreckungsrechtlich gegen ihn vorgegangen werden kann. Bei der Vollstreckung wegen Geldforderungen – also nach dem Zweiten Abschnitt des Achten Buches – ist jetzt von Interesse, welche Vermögensgegenstände gepfändet werden könnten. Dies sind etwa im Beispiel 141, → Rn. 411, die dort genannten sieben Gegenstände. Sie müssen bei dem jeweiligen Pfeil mit dem Geldforderungsanspruch eingezeichnet werden. Dies ist deshalb wichtig, weil Personen auftreten werden, die bessere Rechte behaupten (im Beispiel 141, → Rn. 411, etwa *Blitz* als Eigentümer der Spielkonsole, *Sabine Unger* als Eigentümerin des Laptops, der *Vermieter* von *Ungers* Wohnung als Inhaber eines Vermieterpfandrechts und die Kinder *Ungers* als durch § 811 I Nr. 1 ZPO geschützte Personen). Auch diese Personen werden nun unter genauer Angabe ihrer materiell-rechtlichen Beziehungen zu dem Gegenstand in der Zeichnung untergebracht. Dabei hat es sich bewährt, Personen in einen *Kreis* zu setzen und für die Gegenstände ein *Kästchen* zu zeichnen. Zur Lösungsskizze gehört häufig eine *Zeittabelle*. Wichtig wird sie vor allem in den Fällen der Heilungsmöglichkeit (→ Rn. 430) sowie zur genauen Feststellung (des Zeitpunkts) der Rechtsinhaberschaft.

Wer ein halbes Dutzend schwierige Fälle aus dem Vollstreckungsrecht mit einer Lösungsskizze vorbereitet hat, kennt die für ihn passende Vorbereitungsform. Er wird vor allem den richtigen Zeitpunkt wissen, wann von dieser Zeichnung in die systematische Erarbeitung der Lösung übergegangen werden muss. Die Lösungsskizze soll dieses Konzept vorbereiten, kann es aber keinesfalls ersetzen (→ Rn. 11 ff.).

3. Kapitel. Voraussetzungen und Arten der Zwangsvollstreckung

§ 76. Die allgemeinen Voraussetzungen der Zwangsvollstreckung

425 Die Zwangsvollstreckung ist ein einschneidender staatlicher Akt. Ihre Zulässigkeit ist deshalb an feste, klar erkennbare allgemeine Voraussetzungen geknüpft: Titel, Klausel, Zustellung (§ 750 I ZPO).

I. Nicht nur gerichtliche Entscheidungen sind Titel

426 Die Vorstellung, dass die Zwangsvollstreckung als Hoheitseingriff klare Voraussetzungen erfordert, lässt manche Bearbeiter übersehen, dass (neben § 704 ZPO) auch aus Urkunden vollstreckt werden kann, die keine gerichtliche Entscheidung darstellen: Der Prozessvergleich des § 794 I Nr. 1 ZPO (→ Rn. 374 ff.) sowie die von einem deutschen Notar gemäß § 794 I Nr. 5 ZPO errichteten vollstreckbaren Urkunden sind Vollstreckungstitel, die in der Praxis eine erhebliche Rolle spielen.[1]

II. Die Vollstreckbarkeit setzt nicht immer die Rechtskraft voraus

427 Aus einer rechtskräftigen Entscheidung kann immer – bis 30 Jahre nach Rechtskraft, § 197 I Nr. 3 BGB – vollstreckt werden. Der Umkehrschluss, dass nur aus einem rechtskräftigen Urteil die Vollstreckung stattfindet, ist aber unzulässig, vgl. § 704 ZPO. Im Gegenteil enthält die ZPO in den §§ 708–720a ZPO eine perfektionistische Regelung der *„vorläufigen Vollstreckbarkeit"*, die so weit und so lange eingreift, als eine gerichtliche Entscheidung vorliegt, die aber (noch) nicht formell rechtskräftig ist. Für das Erste Staatsexamen genügt es, wenn man weiß, dass es dieses Rechtsinstitut gibt, wo es geregelt ist und dass der Ausspruch über die vorläufige Vollstreckbarkeit von Amts wegen erfolgt. Ferner ist es wichtig, die Schadensersatzvorschrift des § 717 ZPO zu kennen, die immer dann eingreift, wenn der Vollstreckungsgläubiger aus einem noch nicht rechtskräftigen Urteil vollstreckt hat und dieses Urteil aufgehoben oder geändert wird. Der dem Vollstreckungsschuldner nach § 717 II ZPO zustehende Ersatzanspruch wird durch die Verpflichtung des Vollstreckungsgläubigers zu einer Sicherheitsleistung im Urteilsausspruch über die vorläufige Vollstreckbarkeit abgedeckt (§§ 709, 711 ZPO). Zur Geltendmachung des Schadensersatzanspruchs → Rn. 309.

III. Vollstreckungsklausel

428 Nach § 724 ZPO wird die Vollstreckung aufgrund einer vollstreckbaren Ausfertigung durchgeführt. Vollstreckbare Ausfertigung ist diejenige Ausfertigung eines Urteils, die die Vollstreckungsklausel gemäß § 725 ZPO enthält. Die Vollstreckungsklausel ist eine amtliche Bescheinigung darüber, dass der Titel auch vollstreckbar ist. Sie dient dem Schutz des Schuldners (denn es gibt grds. immer nur eine vollstreckbare Ausfertigung, vgl. § 733 I ZPO) und der Erleichterung der Vollstreckung, da sie dem nicht über die Prozessakten verfügenden Vollstreckungsorgan die Prüfung der Vollstreckungsreife des Titels abnimmt. Eine Zwangsvollstreckung ohne eine solche vollstreckbare Ausfertigung ist grds. (Ausnahme § 796 I

---

[1] Vgl. Brox/Walker ZwangsVollstrR § 5 Rn. 8 ff.; vertiefend Wolfsteiner, Die vollstreckbare Urkunde, 4. Aufl. 2019.

§ 76. Die allgemeinen Voraussetzungen der Zwangsvollstreckung

ZPO, → Rn. 131 aE) unzulässig, macht den Vollstreckungsakt aber nicht nichtig (→ Rn. 430), sondern nur mit der Erinnerung nach § 766 ZPO anfechtbar.

Bisweilen bereitet es Schwierigkeiten, wenn in einer Aufgabe nur angegeben ist: „X vollstreckt aus dem rechtskräftigen Titel" oder „Y betreibt aus dem vorläufig vollstreckbaren Urteil die Zwangsvollstreckung". Da der Sachverhalt nicht angibt, dass eine vollstreckbare Ausfertigung vorliegt, wird mancher Bearbeiter aufgrund der Formel „Titel, Klausel, Zustellung" zum Schluss verführt, es liege zwar ein Titel vor, aber (angesichts des Schweigens der Aufgabe) keine Klausel. Ein solcher Schluss ist ein typischer Verstoß gegen den Bearbeitungsgrundsatz, dass *im Zweifel* von einem *prozessordnungsgemäßen Vorgehen* auszugehen ist (→ Rn. 39, → Rn. 417). Das Schweigen des Sachverhalts ist (umgekehrt) im Sinne der Einhaltung der ZPO zu interpretieren. Im Zweifel liegt deshalb die Klausel vor.

IV. Zustellung

Das Erfordernis der Zustellung (§ 750 ZPO) dient der Warnung des (zukünftigen) Vollstreckungsschuldners – und auch seiner Unterrichtung darüber, wer aus welchem Grunde vollstreckt – freilich auch nur in den Fällen, in denen nicht gleichzeitig mit der Zustellung der erste Vollstreckungsakt vorgenommen wird.

429

Ein solcher Fall der gleichzeitigen Zustellung ist nur denkbar, wenn der *Gerichtsvollzieher* vollstreckt (zB nach §§ 808 ff. ZPO oder nach § 883 ZPO), weil nur er sowohl zustellen als auch vollstrecken kann. Eine Vollstreckung findet nur nach Zustellung in den Fällen des § 798 ZPO statt, dagegen schon vor Zustellung bei §§ 845, 802a II 1 Nr. 5, 929 III ZPO. Zugestellt wird der Titel, beim Urteil nur die abgekürzte Ausfertigung (§ 317 II 3 ZPO). Der Zustellung auch der Klausel bedarf es nur in den in § 750 II ZPO benannten Fällen.

Sofern in einem Zwangsvollstreckungsfall keine näheren Angaben enthalten sind, ist (wie bei der Vollstreckungsklausel, → Rn. 428) im Zweifel davon auszugehen, dass das Erfordernis der Zustellung eingehalten wurde. Fehlt es jedoch, ist die Zwangsvollstreckung unzulässig, aber der getroffene Vollstreckungsakt nicht nichtig (→ Rn. 430), sondern nur im Wege der Erinnerung (§ 766 ZPO) anfechtbar.

V. Heilungsfragen

Wie bei Fällen aus dem Erkenntnisverfahren spielen auch im Vollstreckungsrecht die Heilungsmöglichkeiten eine Rolle. Im Wege der Verlängerungstechnik (→ Rn. 35) sollte deshalb ein Bearbeiter immer auch überlegen, ob ein Mangel geheilt werden kann. So liegt es auf der Hand, dass der Mangel der Zustellung oder auch der Vollstreckungsklausel einfach dadurch behoben wird, dass man zustellt oder dem Vollstreckungsorgan eine vollstreckbare Ausfertigung übergibt.

430

Eine Heilungsmöglichkeit muss freilich verneint werden, wenn ein *nichtiger* Vollstreckungsakt vorliegt. Wie bei Gerichtsurteilen (Beispiel 92, → Rn. 249) ist die Nichtigkeit jedoch nur anzunehmen, wenn ein *besonders schwerwiegender Fehler* vorliegt (vgl. § 44 I VwVfG). Der BGH[2] geht „davon aus, dass ein Pfändungsbeschluss nichtig ist, wenn der Schuldner nicht der deutschen Gerichtsbarkeit unterliegt, das unzuständige Vollstreckungsorgan gehandelt hat, schon der äußeren Form nach ein Vollstreckungstitel nicht vorliegt, wesentliche Förmlichkeiten des Vollstreckungsaktes nicht eingehalten wurden oder die gepfändete Forderung dem Schuldner gegen den Drittschuldner nicht zusteht".[3] So ist die Nichtbeachtung von Pfän-

---

[2] BGH NJW-RR 2020, 1131 Rn. 15; vgl. grundlegend Gaul/Schilken/Becker-Eberhard ZVR/Gaul § 31 Rn. 17 ff.

[3] Nichtig ist auch ein Vollstreckungsakt, wenn dies gesetzlich bestimmt ist, wie in § 46 VI S. 2 AO.

dungsschutzvorschriften kein besonders schwerer und offenkundiger Fehler des Vollstreckungsverfahrens.[4]

Bei den übrigen – also nur fehlerhaften und daher heilbaren – Mängeln stellt sich weiter die Frage: Zu welchem Zeitpunkt wird dieser fehlerhafte Vollstreckungsakt (*ex tunc*, also rückwirkend, oder *ex nunc*, also mit der Beseitigung des Mangels) geheilt? Diese Frage ist wegen der Bestimmung des Rangs des Pfändungspfandrechts (§ 804 III ZPO) besonders dann wichtig, wenn inzwischen für *andere* Personen hinsichtlich desselben Gegenstandes fehlerfreie Vollstreckungsakte erfolgt sind. Bei der Entscheidung zwischen den zu der Rückwirkung vertretenen Ansichten sollte sich der Bearbeiter vor dem Examen keinesfalls festlegen, sondern vielmehr bei der Lösung des Falles jeweils diejenige Meinung vertreten, die ihm die besseren Entfaltungsmöglichkeiten gibt (→ Rn. 40).

> **Beispiel 147:** Die *Allerlei GmbH* (Beispiel 141, → Rn. 411) ließ bei *Ulrich Unger* am 1.9. durch den Gerichtsvollzieher die Briefmarkensammlung pfänden. Der Gerichtsvollzieher übersah, dass es an der vollstreckbaren Ausfertigung und der Zustellung fehlte. Am 1.10. pfändete der Gerichtsvollzieher im Auftrag des Elektrohändlers *Blitz* unter ordnungsgemäßen Voraussetzungen ebenfalls die Briefmarkensammlung (sog. „Anschlusspfändung", § 826 ZPO). Erst hierbei zeigte sich, dass die *Allerlei GmbH* ohne Klausel und Zustellung vollstreckt hatte. *Blitz* ist der Ansicht, er gehe mit seinem Pfändungspfandrecht dem Pfandrecht der *Allerlei GmbH* vor. Diese ist der gegenteiligen Meinung, weil sie am 15.10. den Mangel behoben hat.
>
> **Frage:** Wer hat Recht?
>
> **Lösungsweg:** Es muss die Rangfolge der Pfändungspfandrechte nach § 804 III ZPO festgestellt werden: Das Fehlen von Klausel und Zustellung ist kein „besonders schwerwiegender Fehler" und macht die Vollstreckung nicht nichtig. Der Mangel konnte also geheilt werden, fraglich ist nur, ob ex tunc (dann hat *Allerlei GmbH* recht) oder ex nunc (dann hat *Blitz* recht). Diese Frage ist umstritten. Die hM geht von einer Heilung ex nunc aus, *Blitz* hat daher Recht. Begründung: Ein fehlerhafter Vollstreckungsakt dürfe gegenüber anderen korrekt vorgehenden Gläubigern keine Vorzugsstellung verschaffen.[5]

§ 77. Die Arten der Zwangsvollstreckung

431 Nachdem die allgemeinen Voraussetzungen der Zwangsvollstreckung geprüft sind, fragt der Bearbeiter nach der Art der Zwangsvollstreckung (→ Rn. 417). Dadurch vermeidet er typische Fehler. Auf die Frage gibt es zwei Antworten, die zugleich die Richtung für die weitere Bearbeitung vorgeben:

(1) Entweder liegt eine „Vollstreckung zur Erwirkung der Herausgabe von Sachen und zur Erwirkung von Handlungen oder Unterlassungen" (Dritter Abschnitt des 8. Buches, §§ 883–898 ZPO) vor,

(2) oder der Vollstreckungsgläubiger will eine Vollstreckung „wegen Geldforderungen" (Zweiter Abschnitt: §§ 802a–882i ZPO).

Klausurtechnisch hat es sich bewährt, wenn man zuerst (wie hier) an den Dritten Abschnitt denkt, also fragt, ob wegen eines Herausgabe-, Handlungs- oder Unterlassungsanspruchs vollstreckt wird. Zwar ist die Vollstreckung eines solchen Anspruchs in der Praxis seltener. Aber gerade deshalb herrscht im Examen das häufige Missverständnis, das Zwangsvollstreckungs-

---

[4] BGH NJW-RR 2020, 1131 Rn. 16.
[5] Hierzu Brox/Walker ZwangsVollstrR § 14 Rn. 52 ff. (mit ausführlichem Bezug zu den Pfändungspfandrechtstheorien, zu diesen → Rn. 463).

recht bestehe nur aus der Vollstreckung wegen Geldforderungen. Allerdings gilt auch für diese wichtige Kontrollfrage die Warnung vor Schablonen (→ Rn. 160): Der Bearbeiter muss zwar die Frage nach der Vollstreckungsart bei der gedanklichen Erarbeitung der Lösung stellen. In die *schriftliche Lösung* jedoch gehören Erörterungen über den Dritten Abschnitt nur dann, wenn wirklich ein Herausgabe-, Handlungs- oder Unterlassungsanspruch vollstreckt werden soll.

4. Kapitel. Die Bearbeitung der Vollstreckung nach dem Dritten Abschnitt des Achten Buches der ZPO: Herausgabe von Sachen und Erwirkungen von Handlungen oder Unterlassungen (Individualvollstreckung)

432 Wird wegen eines Herausgabe-, Handlungs- oder Unterlassungsanspruchs vollstreckt, schließen sich Zusatzfragen an, die in der Regel einfach sind. Es muss jetzt zwischen den verschiedenen Ansprüchen unterschieden werden.

§ 78. Fiktion der Abgabe einer Willenserklärung: § 894 ZPO

433 Am einfachsten ist die Vollstreckung einer Verurteilung des Vollstreckungsschuldners zur Abgabe einer Willenserklärung. Hier wird der Vollstreckungsschuldner nicht etwa durch Strafen oder andere Zwangsmittel gezwungen, seine Erklärung abzugeben. Vielmehr bedient sich die ZPO einer Fiktion: Mit Rechtskraft (vgl. § 705 ZPO) des Urteils wird fingiert, dass die Erklärung abgegeben ist, sie „gilt" als abgegeben (§ 894 S. 1 ZPO).

> **Beispiel 148:** Wie im Beispiel 146, → Rn. 422, weigert sich *Anna Fink* lautstark, dem rechtskräftigen Urteil nachzukommen, das sie u.a. (in Ziffer 4) verurteilte, in die Löschung eines zu ihren Gunsten im Grundbuch zu Lasten des Eigentümers *Franz Engelmann* eingetragenen Widerspruchs einzuwilligen. „Ehe ich diese Erklärung abgebe", sagt sie, „lasse ich mich lieber nach § 888 I ZPO in Haft nehmen".
> **Frage:** Muss *Engelmann* den Weg des § 888 I 1 ZPO beschreiten?
> **Antwort:** Nein! Mit der Rechtskraft des Urteils wird fingiert, dass *Fink* die Einwilligung abgegeben hat. *Engelmann* kann deshalb den Widerspruch, ohne dass *Fink* mitzuwirken braucht, im Grundbuch löschen lassen.
> **Zur Vertiefung:** Wie geschieht dies?
> **Antwort:** *Engelmann* legt eine Abschrift des Urteils mit Rechtskraftzeugnis (§ 706 ZPO) beim Grundbuchamt vor. Das Urteil fingiert die Bewilligung der *Fink* im Sinn von § 19 GBO. Die Formvorschrift des § 29 GBO wird vom Urteil gewahrt, wie die Abgabefiktion überhaupt jede Form der mit dem Urteil fingierten Erklärung ersetzt. Dementsprechend wird das Grundbuchamt einen Löschungsvermerk (§ 46 I GBO) eintragen und ferner den Widerspruch „röten" (§ 17 II 1 Grundbuchverfügung – GBV).

Der Ausdruck „Willenserklärung" in § 894 ZPO ist weit zu interpretieren. Er umfasst auch rechtsgeschäftsähnliche Erklärungen und Prozesshandlungen (zB Klagerücknahme, Bewilligung von Eintragungen im Grundbuch). Nur rein tatsächliche Äußerungen fallen nicht unter § 894 ZPO, zum Beispiel eine Auskunft oder ein Zeugnis. Wichtigster Fall ist der *Widerruf einer unwahren* (beleidigenden) *Behauptung*. Da die hM den Widerruf als rein tatsächliche Handlung ansieht, wird mit Rechtskraft des Widerrufsurteils nicht fingiert, dass der Vollstreckungsschuldner den Widerruf vorgenommen hat. Gegen den Vollstreckungsschuldner kann deshalb nur nach § 888 ZPO vollstreckt werden, also durch Zwangsgeld und Zwangshaft.[1]

Wie der Wortlaut des § 894 ZPO zeigt, setzt er ein *rechtskräftiges Urteil* voraus. Aus einem Prozessvergleich (→ Rn. 374 ff.) kann nicht nach § 894 ZPO vollstreckt werden. Wenn der Vollstreckungsschuldner die Willenserklärung schon im Prozessver-

---

[1] Vgl. MüKoZPO/Gruber § 888 Rn. 10; praktikabel: Stein/Jonas/Bartels ZPO § 888 Rn. 6 f.: Die gerichtlich angeordnete Veröffentlichung des rechtskräftigen Urteils genügt.

gleich abgegeben hat, bedarf es keiner Vollstreckungsmaßnahme; die Erklärung ist ja abgegeben. Das Problem tritt aber auf, wenn er sich nur zur Abgabe einer Willenserklärung *verpflichtet* hat und nunmehr die Erklärung nicht abgibt. In solchen Fällen hilft die ganz hM mit der Vollstreckung nach §§ 887 f. ZPO,[2] wobei streitig ist, ob nach § 887 ZPO oder nach § 888 ZPO zu verfahren ist. Die Gegenmeinung lehnt eine solche Vollstreckung ab und verweist den Vollstreckungsgläubiger auf eine Klage vor dem Prozessgericht auf Abgabe der Erklärung (Anspruchsgrundlage ist dann die Verpflichtung aus dem Prozessvergleich). Mit Rechtskraft des hierauf ergehenden Urteils tritt die Wirkung des § 894 ZPO ein. Um solche umständlichen Wege zu vermeiden, muss der Rechtsanwalt der begünstigten Partei bei der Abfassung des Prozessvergleichs darauf hinwirken, dass die Willenserklärung abgegeben und nicht nur eine Verpflichtung zur Abgabe der Erklärung vereinbart wird.

§ 79. Herausgabe einer bestimmten Sache: § 883 ZPO

Die Vollstreckung eines Anspruchs auf Herausgabe einer beweglichen Sache oder einer Menge beweglicher Sachen (2 Fässer Heizöl aus einer gemeinsam gekauften Sammellieferung) ist ebenfalls einfach geregelt. Der Gerichtsvollzieher nimmt dem Vollstreckungsschuldner den Gegenstand weg und übergibt ihn dem Gläubiger (§ 883 I ZPO, Beispiel 144, → Rn. 417). Findet der Gerichtsvollzieher die herauszugebende Sache nicht vor, muss der Vollstreckungsschuldner die schon früher besprochene eidesstattliche Versicherung abgeben (→ Rn. 417).

434

> **Beispiel 149:** Was ist der *Allerlei GmbH* im Beispiel 144, → Rn. 417, zu raten, wenn *Ulrich Unger* eidesstattlich erklärt, er habe das Fernsehgerät aus Wut über eine Fernsehsendung zerstört?
>
> **Lösung:** § 893 I ZPO präzisiert, dass die Vollstreckungsregelungen des Dritten Abschnitts des 8. Buches der ZPO nicht Schadensersatzansprüche ausschließen („Interesse" = Schadensersatz). Der *Allerlei GmbH* steht der Weg über §§ 280 I, II, 283 BGB offen; einer Fristsetzung bedarf es angesichts der Zerstörung des Fernsehgeräts nicht einmal (vgl. § 283 BGB). Deshalb kann die *Allerlei GmbH* den *Unger* auf Schadensersatz in Anspruch nehmen, notfalls klagen, wobei sie den ausschließlichen Gerichtsstand der §§ 893 II, 802 ZPO beachten muss.

Bei der Vollstreckung des Anspruchs auf Eigentumsverschaffung oder Rechtsbestellung an einer beweglichen Sache kommt es – entsprechend der Zweiaktigkeit des Erwerbs, zB gem. § 929 BGB – zu einer *Kombination der Vollstreckung* nach § 894 ZPO (Einigung) und § 883 ZPO (Wegnahme), → Rn. 440. Dabei gilt die Übergabe bereits mit der Wegnahme durch den Gerichtsvollzieher als erfolgt, vgl. § 897 ZPO, und ein gutgläubiger Erwerb ist möglich, § 898 ZPO.

Da der Begriff der „beweglichen Sache" dem der „unbeweglichen Sache" (Beispiel 142, → Rn. 413) kontradiktorisch gegenübersteht, umfasst die Vollstreckung zur Herausgabe beweglicher Sachen auch solche Sachen, die zur Herausgabe erst beweglich gemacht werden (zB Herausgabe einer fest eingebauten Maschine).

> **Beispiel 150:** Wie geschieht die Vollstreckung eines Urteils auf Herausgabe einer unbeweglichen Sache?
>
> **Antwort:** Der Vollstreckungsschuldner wird nach § 885 ZPO vom Gerichtsvollzieher aus dem Besitz gesetzt (Räumung des Grundstücks) und der Vollstreckungsgläubiger in den Besitz eingewiesen (zB Übergabe der Schlüssel an ihn).

---

[2] Baur/Stürner/Bruns ZVR Rn. 41.7 f.; Brox/Walker ZwangsVollstrR § 36 Rn. 15.

> **Zusatzfrage:** Kann aus einem solchen (Räumungs-)Urteil auch gegen Mitbesitzer vollstreckt werden, die nicht verurteilt wurden?
>
> **Zusatzantwort:** Dies war lange Zeit für den Ehegatten bzw. Lebensgefährten des Schuldners umstritten. Inzwischen ist höchstgerichtlich klargestellt, dass auch gegen den Mitbesitzer ein Titel vorliegen muss.[1] Hierzu Beispiel 43, → Rn. 94.

§ 80. Handlungen und Unterlassungen: §§ 887 ff. ZPO

435 Die Vollstreckung von Ansprüchen auf Handlungen oder Unterlassungen ist in den §§ 887 ff. ZPO geregelt. Diese Bestimmungen dürfen aber nur angewandt werden, wenn eine Vollstreckung nach § 894 ZPO (→ Rn. 433) und nach § 883 ZPO (→ Rn. 434) ausscheidet (vgl. § 887 III ZPO). Aus diesem Grunde empfiehlt sich die hier vorgeschlagene Prüfungsreihenfolge, die auf §§ 887 ff. ZPO erst eingeht, wenn § 894 ZPO und §§ 883 ff. ZPO nicht eingreifen.

Die erste Frage, die sich der Bearbeiter jetzt stellen muss, geht dahin, ob eine Handlung oder eine Unterlassung zu vollstrecken ist. Ob zur Unterlassung oder zur Vornahme einer Handlung verurteilt ist, ergibt sich aus der Urteilsformel.

1. Soll eine *Unterlassung* vollstreckt werden, richtet sich die Vollstreckung nach § 890 ZPO (→ Rn. 438).
2. Wenn eine *Handlung* vorzunehmen ist, muss abermals differenziert werden: Der *Schlüssel* ist hierbei die Unterscheidung, ob der Schuldner verpflichtet ist, „eine Handlung vorzunehmen, deren Vornahme durch einen Dritten" (§ 887 I ZPO) oder nur durch ihn selbst erfolgen kann (§ 888 I 1 ZPO). Die Unterscheidung knüpft also an die *Möglichkeit der Vornahme durch einen Dritten* an. Die Überschriften der genannten Vorschriften sprechen von „*vertretbaren Handlungen*"[2], wenn sie ein Dritter vorzunehmen vermag. Falls dies unmöglich ist, wird von „*nicht vertretbaren Handlungen*" gesprochen. Diese Unterscheidung stiftet jedoch immer wieder Verwirrung, weil man an § 91 BGB denkt („vertretbare Sachen"); mit dieser Vorschrift haben aber § 887 ZPO und § 888 ZPO nichts zu tun. Zur Vermeidung von Fehlern ist es deshalb ratsam, sich dem Gesetzestext anzuschließen und danach zu fragen, ob die Handlung „durch einen Dritten" vorgenommen werden kann (so der Wortlaut von § 887 ZPO und § 888 ZPO); damit wird von selbst der Gesichtspunkt der *Ersetzbarkeit* (Austauschbarkeit) der handelnden Person in den Vordergrund gerückt und die falsche Assoziation zu den vertretbaren Sachen vermieden. Entscheidend für die Abgrenzung zwischen § 887 ZPO und § 888 ZPO ist die Stellung des *Vollstreckungsgläubigers:* ob es nämlich von seinem Standpunkt aus wirtschaftlich gleichgültig ist, ob der Vollstreckungsschuldner oder ein Dritter die Handlung vornimmt.

RGZ 55, 59[3] formulierte dies klar: „Maßgebend für die Beurteilung" ... „bleibt hiernach allein das Interesse des Gläubigers. Er darf zur Erzwingung der Handlung den in § 887 ZPO bestimmten Weg einschlagen, wenn die Handlung dadurch, dass der Dritte sie vornimmt, keine Einbuße in ihrem Wesen erleidet, sondern vollgültigen Ersatz einer vom Schuldner selbst ausgehenden Urteilserfüllung darstellt."

---

[1] BGHZ 159, 383 (385) = NJW 2004, 3041 f.; vgl. auch MüKoZPO/Gruber § 885 Rn. 17 ff.
[2] Zur Abgrenzung der vertretbaren von der nicht vertretbaren (unvertretbaren) Handlung Musielak/Voit/Lackmann ZPO § 887 Rn. 8 ff. Zur Einordnung der Übertragung von Bitcoin als kein Geld, sondern als vertretbare Handlung OLG Düsseldorf MDR 2021, 643 = BeckRS 2021, 10405; vertiefend hierzu K. Schmidt JuS 2022, 77.
[3] BeckRS 1903, 100483.

I. Vollstreckung nach § 887 ZPO: Die Handlung kann durch Dritte erfolgen („vertretbare Handlungen")

> **Beispiel 151:** Uhrmacherin *Zeiger* hat sich ihrer Kirchengemeinde gegenüber verpflichtet, die Kirchturmuhr wöchentlich einmal zu warten. Hierfür wohnt sie unentgeltlich in einem der Kirchengemeinde gehörenden Haus. Aus Ärger über eine Predigt des Pfarrers tritt sie, wie sie sagt, in den „Streik". Eine gütliche Einigung kommt nicht zustande. Die Kirchengemeinde verklagt sie deshalb auf wöchentliche Wartung der Uhr. *Zeiger* wird verurteilt. Trotz der Vollstreckbarkeit des Urteils (→ Rn. 427) weigert sich *Zeiger*, irgendetwas an der Kirchturmuhr zu tun.
>
> **Frage:** Nach welcher Vorschrift wird das Urteil gegen *Zeiger* vollstreckt?
>
> **Lösungsweg:** Da hinsichtlich der allgemeinen Vollstreckungsvoraussetzungen keine Bedenken bestehen (→ Rn. 416 und → 425–429), erhebt sich als nächstes die Frage: Weswegen wird vollstreckt (→ Rn. 417), und zwar in der Frageform: Liegt eine Vollstreckung nach dem Dritten Abschnitt des 8. Buches der ZPO vor (→ Rn. 431)? *Zeiger* ist zu einer Handlung (Wartung der Kirchturmuhr) verurteilt; also soll zur Erwirkung einer Handlung vollstreckt werden. Über die Merkposten des § 894 ZPO und § 883 ZPO (→ Rn. 435) kommt die Untersuchung zum Problem, ob die Wartung durch einen Dritten vorgenommen werden kann. Dies ist zu bejahen.
>
> **Antwort:** Das Urteil wird nach § 887 ZPO vollstreckt.

436

Bejaht man die Schlüsselfrage nach der Ersetzbarkeit durch einen Dritten, ist der weitere Weg folgerichtig: *„Ersatzvornahme"* auf Kosten des Vollstreckungsschuldners aufgrund gerichtlichen Ermächtigungsbeschlusses. Hierbei ist für den weiteren Ablauf des Vollstreckungsgeschehens von Bedeutung, dass § 887 II ZPO die Anordnung einer Vorauszahlungsverpflichtung ermöglicht: Der Vollstreckungsgläubiger (die Kirchengemeinde) kann zunächst den Vollstreckungsschuldner *(Zeiger)* zur Vorauszahlung der Kosten der Ersatzvornahme (Wartung der Kirchturmuhr) durch Beschluss (vgl. § 891 S. 1 ZPO) verurteilen und notfalls den Betrag beitreiben lassen. Hierbei handelt es sich um die Vollstreckung wegen einer Geldforderung, also sind die Vorschriften des Zweiten Abschnitts des 8. Buches der ZPO anzuwenden. Damit schiebt sich in die Vollstreckung nach dem Dritten Abschnitt eine Zwangsvollstreckung wegen einer Geldforderung nach dem Zweiten Abschnitt, (Beispiel 154, → Rn. 441). Dem Vollstreckungsgläubiger steht es allerdings frei, *sogleich* die Ersatzvornahme durchzuführen und erst danach deren Kosten gegenüber dem Vollstreckungsschuldner geltend zu machen (als Vollstreckungskosten nach § 788 ZPO).

Häufig wird übersehen, dass sowohl die Ermächtigung zur Ersatzvornahme (§ 887 I ZPO), als auch die Verurteilung zur Vorauszahlung der Kosten (§ 887 II ZPO) durch das *Prozessgericht* zu erfolgen haben. Hierbei ist der Vollstreckungsschuldner zu hören (§ 891 S. 2 ZPO). Weshalb ist das *Prozessgericht* und nicht das Vollstreckungsgericht zuständig? Weil hier neue Entscheidungen getroffen werden und es nicht um die Vollstreckung bereits gefällter Entscheidungen geht.

II. Vollstreckung nach § 888 ZPO: Die Handlung kann durch Dritte nicht erfolgen („nicht vertretbare Handlungen")

Wenn die Handlung nicht durch einen Dritten vorgenommen werden kann, müssen *Beugemaßnahmen* gegen die verpflichtete Person eingeleitet werden, damit sie die (nur ihr allein mögliche) Handlung vornimmt. § 888 I ZPO nennt als solche Maßnahmen Zwangsgeld (bis 25.000 EUR) und Zwangshaft. Dies sind keine strafrechtsähnlichen Vergeltungsmittel zur Ahndung eines *vergangenen* Tuns, sondern Vollstreckungs-(Beuge-)maßnahmen, um ein *zukünftiges* Handeln zu erreichen. Deshalb ist es kein Verstoß gegen das Verbot der Doppelbestrafung nach Art. 103 III GG,

437

wenn bei andauernder Weigerung wiederholt Maßnahmen verhängt werden. Auch hier entscheidet das *Prozessgericht* nach Anhörung des Schuldners (§§ 888 I 1, 891 S. 2 ZPO). Eine Zwangsmittelandrohung findet nicht statt, § 888 II ZPO. Die Vollstreckung des Zwangsgeldes geschieht wie eine sonstige Vollstreckung wegen einer Geldforderung nach dem Zweiten Abschnitt des 8. Buches der ZPO (§§ 803 ff. ZPO); Vollstreckungstitel ist der Beschluss des Prozessgerichts nach § 888 I 1 ZPO (§ 794 I Nr. 3 ZPO). Für den Vollzug der Zwangshaft gelten gemäß § 888 I 3 ZPO die §§ 802g ff. ZPO entsprechend.

Bisweilen bereitet dem Bearbeiter die Abgrenzung zwischen Handlungen, die durch einen Dritten vorgenommen werden können, und den nur persönlich möglichen Handlungen Schwierigkeiten. Sie werden am besten mit der Frage überwunden: Kann durch eine *Ersatzvornahme* dieselbe Handlung vorgenommen werden? Meistens zeigt sich dann schon eine deutliche Antwort.

Beispiel 152: Der Vollstreckungsschuldner ist verurteilt worden: eine Auskunft zu erteilen, eine Bilanz zu erstellen, Rechnung zu legen oder ein Zeugnis zu erteilen. Die Kontrollfrage nach möglicher Ersatzvornahme wird stets mit „Nein" zu beantworten sein. Also muss nach § 888 ZPO vollstreckt werden. Bei diesen Antworten hat sich der Bearbeiter vor Augen zu halten, dass die Tendenz besteht, die Möglichkeit der Ersatzvornahme *weit* zu interpretieren, und damit das Merkmal einer nur persönlich vornehmbaren Handlung *eng* auszulegen. Es gibt zwei Gründe für diese Tendenz. *Erstens* ist mit Zwangsgeld und Zwangshaft das Vollstreckungsziel nur sehr umständlich zu erreichen. So muss der Vollstreckungsgläubiger das Zwangsgeld nach dem Zweiten Abschnitt des 8. Buches der ZPO (zB durch Pfändung und Versteigerung), die Zwangshaft nach §§ 802g ff. ZPO vollstrecken lassen. Hat der Schuldner kein Vermögen, empfiehlt sich ohnehin nur die Zwangshaft. Mit einer Ersatzvornahme erreicht der Vollstreckungsgläubiger hingegen schneller sein Ziel, mag er auch bei ihr auf den Kosten der Ersatzvornahme „sitzen" bleiben, wenn der Schuldner vermögenslos ist. *Zweitens* stellt die Zwangshaft einen so starken Eingriff in die persönliche Freiheit dar, dass man allgemein starke Zurückhaltung übt, sie zur Durchsetzung zu benutzen.

III. § 890 ZPO: Unterlassungen und Duldungen

438 Wer zur Unterlassung oder Duldung verurteilt worden ist und diese Verpflichtung nicht befolgt, kann auf Antrag des Vollstreckungsschuldners zu Ordnungsgeld oder Ordnungshaft verurteilt werden (§ 890 I 1 ZPO). Bei diesen Ordnungsmitteln handelt es sich nicht um Beugemaßnahmen wie bei § 888 ZPO (→ Rn. 437), sondern um strafähnliche Maßnahmen.[4] Zuständig ist auch hier das Prozessgericht (Kleindruck vor → Rn. 437).

Beispiel 153: Uhrmacherin *Zeiger* beschimpft wiederholt in der Öffentlichkeit den Pastor *Salb* der Kirchengemeinde. Auf den Antrag des *Salb* wird durch einstweilige Verfügung der *Zeiger* unter Androhung von Ordnungsmitteln für jeden Fall der Zuwiderhandlung untersagt, die Behauptung aufzustellen, *Salb* sei „ein korrupter Bursche", der sie, *Zeiger*, nur „deshalb mit dem Gericht schikaniert, weil sie ihm einmal beim Schafkopfspiel einen schönen Batzen Geld abgeknöpft" habe. Entgegen dem gerichtlichen Unterlassungsverbot wettert *Zeiger* weiterhin gegen *Salb*, der daraufhin einen Antrag auf Verurteilung mit Ordnungsmitteln gegen seine Verleumderin stellt. Noch bevor das Gericht entscheidet, verstirbt *Salb* infolge der übermächtigen Aufregung um die gerichtliche Auseinandersetzung mit *Zeiger*, die daraufhin zerknirscht von ihren Anwürfen ablässt. *Salbs* Erben fordern dennoch vor Gericht *Zeigers* Bestrafung. Zu Recht?

---

[4] Vgl. BVerfGE 110, 1 (14) = NJW 2004, 2073 (2074).

> **Lösung:** *Zeiger* kann wegen jeder Zuwiderhandlung gegen ihre Unterlassungspflicht aus der einstweiligen Verfügung (Beschluss oder Urteil, vgl. §§ 936, 922 I ZPO = *Vollstreckungstitel*) zu Ordnungsgeld oder -haft verurteilt werden, § 890 I ZPO. Die nach § 890 II ZPO erforderliche *Androhung* der Ordnungsmittel ist, wie hier, gewöhnlich bereits im Vollstreckungstitel enthalten. Das Ordnungsmittel wird auf *Antrag* des Vollstreckungsgläubigers durch Beschluss des Prozessgerichts erster Instanz verhängt. Allerdings könnte ein Bedürfnis (das „Ahndungsinteresse") für die von den Erben weiterverfolgte Bestrafung fehlen, da *Zeiger* infolge des Todes von *Salb* ihre abfälligen Äußerungen eingestellt hat. Ob *Zeiger* trotzdem mit einem Ordnungsmittel belegt werden muss, hängt davon ab, welchen Charakter man den Ordnungsmitteln beimisst. Im Gegensatz zu den Zwangsmitteln gemäß § 888 ZPO, die lediglich der privaten Durchsetzung eines Handlungsanspruches dienen, kommt den Ordnungsmitteln nach § 890 ZPO zusätzlich auch eine echte „Strafqualität" zu. Es handelt sich bei § 890 ZPO um echte *strafrechtsähnliche Vergeltungsmittel*, die wegen Ungehorsams des Vollstreckungsschuldners gegenüber dem gerichtlichen Unterlassungsgebot angewandt werden. Infolgedessen gelangen strafrechtliche Grundsätze zur Anwendung, insbes. ist *Verschulden* des Vollstreckungsschuldners erforderlich. *Ergebnis:* Da im Zeitpunkt der Zuwiderhandlung und der Antragstellung des *Salb* alle Voraussetzungen für eine Verurteilung vorlagen, muss *Zeiger* zu Ordnungsgeld oder zu Ordnungshaft verurteilt werden. Zwar ist das private Interesse an der Ahndung mittlerweile erloschen, das künftige Wohlverhalten der *Zeiger* hat aber das staatliche Ahndungsinteresse nicht entfallen lassen.

§ 81. Verbindungslinien zwischen verschiedenen Vollstreckungsarten

Schwierigkeiten bereiten Vollstreckungsfälle, die verschiedene Vollstreckungsarten enthalten. Drei Fallgruppen stiften hierbei manchmal Verwirrung:

I. Mehrere Ansprüche – gleichzeitig verschiedene Vollstreckungsarten

Das Beispiel 146, → Rn. 422, enthält diese Fallgruppe: Ein und derselbe Vollstreckungstitel verurteilt den Vollstreckungsschuldner *(Anna Fink)* zugunsten des Vollstreckungsgläubigers *(Franz Engelmann)* 439

1. zur Unterlassung,
2. zur Zahlung,
3. zur Herausgabe und
4. zur Abgabe einer Willenserklärung.

Bei dieser Fallkategorie handelt es sich also um *verschiedene* Vollstreckungsverfahren, die gleichzeitig und parallel nebeneinander ablaufen. Hier werden ernsthafte Schwierigkeiten verhindert, wenn der Bearbeiter die Trennungsempfehlung beherzigt (→ Rn. 422) und für jeden einzelnen zu vollstreckenden Anspruch *gesondert* prüft, um welche Art der Zwangsvollstreckung es sich handelt.

II. Ineinandergreifen der Vollstreckungsverfahren – hintereinandergeschaltete verschiedene Vollstreckungsverfahren

1. Der Anspruch auf Eigentumsverschaffung

Der Anspruch auf Eigentumsverschaffung wird kombiniert vollstreckt (→ Rn. 434 aE): Mit Rechtskraft des Urteils gilt die *Willenserklärung* (Einigungserklärung) als abgegeben (§ 894 ZPO). Die *Wegnahme der Sache* wird nach § 883 ZPO vollstreckt. 440

2. Vollstreckung bei Ermächtigung zur Ersatzvornahme

441 Schwierig sind Aufgaben aus dem Vollstreckungsrecht, in denen bei der Vollstreckung eines *einzigen Anspruchs* der Dritte *und* der Zweite Abschnitt des 8. Buches der ZPO einschlägig sind.

> **Beispiel 154:** Im Beispiel 151 (→ Rn. 436) hat die Kirchengemeinde einen vollstreckbaren (→ Rn. 427) Titel gegen Uhrmacherin *Zeiger* auf wöchentliche Wartung der Kirchturmuhr. Durch das Prozessgericht hat sich die Kirchengemeinde nicht nur nach § 887 I ZPO ermächtigen lassen, die Handlung (im Wege der Ersatzvornahme) durch einen Dritten vorzunehmen, sondern zugleich nach § 887 II ZPO *Zeiger* verurteilen lassen, eine Vorauszahlung in Höhe von 325 EUR an die Kirchengemeinde zu leisten. Da *Zeiger* diesen Betrag nicht freiwillig zahlt, geht die Kirchengemeinde jetzt erst einmal nach dem Zweiten Abschnitt des 8. Buches der ZPO im Wege der Vollstreckung wegen einer Geldforderung vor. Nachdem der Gerichtsvollzieher das Geld beigetrieben hat, lässt die Kirchengemeinde (nunmehr wieder nach dem Dritten Abschnitt: § 887 I ZPO) die Wartung durch einen anderen Uhrmacher vornehmen.
>
> **Zur Vertiefung:** Gegen den Beschluss des Prozessgerichts nach §§ 887 I, II, 891 S. 1 ZPO ist die sofortige Beschwerde (§ 793 ZPO) gegeben. Behauptet *Zeiger* Erfüllung, so steht ihr die Vollstreckungsabwehrklage (§ 767 ZPO) zu. Diesen Einwand kann sie auch im Rechtsmittelverfahren zur Hauptsache (Beschwerdeverfahren) geltend machen.

3. Herausgabevollstreckung in einen Herausgabeanspruch

442 Komplizierter ist die Verzahnung bei der Vollstreckung wegen der Herausgabe bestimmter Sachen (hierzu allgemein → Rn. 434). Falls nämlich der Vollstreckungsschuldner die Sache an einen Dritten und dieser sie an einen Vierten weitergibt, kommt es zu einem beständigen Wechsel zwischen den Vollstreckungsarten:

> **Beispiel 155:** Wie im Beispiel 146, → Rn. 422, ist *Anna Fink* zur Herausgabe der Briefmarkensammlung an *Franz Engelmann* verurteilt worden (Ziffer 3). Da sich *Fink* auch nach Rechtskraft des Urteils weigert, die Sammlung herauszugeben, leitet *Engelmann* die Zwangsvollstreckung ein. Maßgeblich ist § 883 ZPO. Deshalb wird der Gerichtsvollzieher versuchen, die Sammlung *Fink* wegzunehmen und *Engelmann* zurückzugeben.
>
> **Frage:** Wie geht die Zwangsvollstreckung weiter, wenn der Gerichtsvollzieher bei *Fink* die Briefmarkensammlung nicht findet und diese daraufhin die eidesstattliche Versicherung (→ Rn. 417; Beispiel 149, → Rn. 434) abgibt, sie habe die Sammlung ihrem Freund *Felix Fuchs* geliehen, der sie unter keinen Umständen freiwillig herausgeben werde?
>
> **Antwort:** Einschlägig ist § 886 ZPO. Nach dieser Vorschrift ist auf Antrag von *Engelmann* ihm der Anspruch der *Fink* gegen *Fuchs* durch Pfändungs- und Überweisungsbeschluss zu überweisen. Dies muss nach den Vorschriften des Zweiten Abschnitts des 8. Buches der ZPO geschehen. Durch den Pfändungs- und Überweisungsbeschluss lässt demgemäß *Engelmann* den der *Fink* gegen *Fuchs* aus Leihvertrag zustehenden Anspruch auf Rückgabe (§ 604 BGB) pfänden und sich zur Einziehung überweisen. Damit ist jetzt *Engelmann* ermächtigt, gegen *Fuchs* den (*Fink* zustehenden) Herausgabeanspruch geltend zu machen (§ 836 I ZPO). Wenn allerdings *Fuchs* immer noch nicht freiwillig leistet, muss *Engelmann* ihn auf Herausgabe verklagen. Aus einem den *Fuchs* zur Herausgabe verpflichtenden Urteil kann dann *Engelmann* wiederum nach § 883 ZPO vollstrecken. Dann wird der Gerichtsvollzieher dem *Fuchs* die Briefmarkensammlung wegnehmen und *Engelmann* übergeben.
>
> Anspruchsgrundlage des in der Klage gegen *Fuchs* verfolgten Begehrens ist der schuldrechtliche Herausgabeanspruch der *Fink* (Vollstreckungsschuldner) gegen *Fuchs* (Drittschuldner) nach § 604 BGB, den *Engelmann* (Vollstreckungsgläubiger) gemäß § 836 ZPO aufgrund des Pfändungs- und Überweisungsbeschlusses (→ Rn. 455) nunmehr im

§ 81. Verbindungslinien zwischen verschiedenen Vollstreckungsarten

eigenen Namen geltend machen kann. Sogleich erhebt sich die materiell-rechtliche *Frage*, ob *Engelmann* denn nicht auch einen *eigenen* Herausgabeanspruch gegen *Fuchs* hat. Dies ist zu bejahen (§ 985 BGB). Diesem Anspruch gegenüber kann sich *Fuchs* auch nicht auf ein Recht zum Besitz nach § 986 BGB berufen, weil *Fink* dem *Engelmann* gegenüber nicht zur Überlassung des unmittelbaren Besitzes an *Fuchs* berechtigt war (§ 986 I 2 BGB). In seiner Klage wird sich also *Engelmann* zusätzlich auf diesen unmittelbaren (eigenen) Anspruch berufen. Der Leser wird von selbst eine weitere *Frage* stellen: Wenn also *Engelmann* auch einen *eigenen* Anspruch hat, ist es dann eigentlich sinnvoll, einen Pfändungs- und Überweisungsbeschluss zu beantragen oder zu erlassen? Die *Antwort* hierauf hängt vom einzelnen Fall ab. Es gibt Situationen, in denen der Weg über einen Pfändungs- und Überweisungsbeschluss überflüssig ist, etwa bei offenkundigem Vorliegen der Voraussetzungen des § 986 I 2 BGB, wenn der Gläubiger also auf jeden Fall über § 985 BGB zu seinem Recht kommt. In der Regel bringt jedoch der Erlass des Beschlusses für den Vollstreckungsgläubiger eine deutliche Verstärkung seiner Position, weil er sowohl sachenrechtlich (§§ 985, 986 I 2 BGB) als auch zugleich schuldrechtlich (§ 604 BGB, § 836 ZPO) angreifen kann und seine Klage bereits erfolgreich ist, wenn nur eine der beiden Anspruchsgrundlagen zutrifft. Mit dem Pfändungsbeschluss gelingt ihm ferner über §§ 886, 829 I 1, 2 ZPO ein Eingriff in die Rechtsbeziehung zwischen Schuldner *(Fink)* und Drittschuldner *(Fuchs)*, der mit der bloßen Klage aus §§ 985, 986 I 2 BGB nicht ermöglicht wird.

Zur Vertiefung: Bei allen Klausuren mit Herausgabeansprüchen darf die Rechtskrafterstreckung des § 325 I ZPO nicht übersehen werden. Danach wirkt das Urteil Rechtskraft zB auch gegen den neuen unmittelbaren Besitzer, wenn die bisherige Partei mittelbarer Besitzer geworden ist und keine Gutgläubigkeit nach § 325 II ZPO vorliegt. Im Beispiel 155 ist von einer solchen Rechtskrafterstreckung auszugehen, wenn *Fuchs* bei Besitzerlangung von der Rechtshängigkeit wusste. In diesem Fall hat *Engelmann* die Möglichkeit, gemäß § 727 ZPO die vollstreckbare Ausfertigung gegen *Fuchs* umschreiben zu lassen, sofern er die dort genannten schwierigen Nachweise zu erbringen vermag. Nach Umschreibung der Klausel kann *Engelmann* direkt gemäß § 883 ZPO gegen *Fuchs* den Herausgabeanspruch vollstrecken lassen. Damit erübrigt sich sowohl der Erlass eines Pfändungs- und Überweisungsbeschlusses gemäß § 886 ZPO als auch eine Klage gegen *Fuchs*. Einer derartigen Klage steht im Gegenteil die Rechtskraft des (auf *Fuchs* erstreckten) Urteils entgegen. Aus diesem Grunde muss *vor* dem Erlass des Pfändungs- und Überweisungsbeschlusses und insbes. *vor* einer Klage aus dem gepfändeten und überwiesenen Anspruch gegen den neuen unmittelbaren Besitzer *(Fuchs)* geprüft werden, ob nicht wegen der Rechtskrafterstreckung des § 325 ZPO eine Umschreibung der vollstreckbaren Ausfertigung nach § 727 ZPO möglich ist. Erst wenn dies (zB mangels der dort geforderten Nachweise) nicht möglich ist, darf der Weg über § 886 ZPO und über eine direkte Klage gegen den Drittschuldner beschritten werden.

4. Geldvollstreckung in einen Herausgabeanspruch

Wird im Rahmen der Zwangsvollstreckung wegen einer *Geldforderung* (nach dem Zweiten Abschnitt des 8. Buches der ZPO) ein dem Vollstreckungsschuldner zustehender Anspruch auf Herausgabe einer Sache gegen einen Dritten gepfändet (durch Pfändungs- und Überweisungsbeschluss), so zielt das weitere Vorgehen darauf, die Verwertung der Sache zu ermöglichen, um die Geldforderungen des Vollstreckungsgläubigers tilgen zu können. Folgerichtig wird nach § 847 I ZPO die Sache vom Dritten an den Gerichtsvollzieher herausgegeben; dann entstehen Verstrickung und Pfändungspfandrecht an der Sache. Der Gerichtsvollzieher lässt anschließend gemäß § 847 II ZPO die Sache nach den Vorschriften der §§ 814 ff. ZPO verwerten.

443

Häufig wird übersehen, dass die §§ 846–849 ZPO zwar die Vollstreckung *in Herausgabeansprüche* betreffen, nicht aber die Vollstreckung *eines Herausgabeanspruchs*. Mit anderen Worten: Die Anwendung der §§ 846 ff. ZPO auf das Beispiel 155 würde zur *Versteigerung* der

Briefmarkensammlung des *Franz Engelmann* führen (zum vergleichbar fehlerhaften Ergebnis Beispiel 144, → Rn. 417). Da das Ziel der Vollstreckung eines Urteils auf Herausgabe einer bestimmten Sache nicht auf Pfändung und Verwertung gerichtet ist, sondern auf Übergabe der Sache (Briefmarkensammlung) an den Vollstreckungsgläubiger (*Engelmann*), können die Vorschriften der §§ 846–848 ZPO bei einer über § 886 ZPO durch einen Pfändungs- und Überweisungsbeschluss vorgenommenen Pfändung nicht anwendbar sein. Bei den §§ 846 ff. ZPO handelt es sich mithin um den umgekehrten Fall. *Wegen* einer *Geldforderung* wird hier in einen Herausgabeanspruch vollstreckt, während Beispiel 155 als Ausgangspunkt die Herausgabevollstreckung hatte und dann die Vollstreckung (*wegen* dieses *Herausgabeanspruchs*) in den Herausgabeanspruch folgte.

III. Analoge Anwendung von Vorschriften aus dem Zweiten Abschnitt
1. Analoge Anwendung des § 809 ZPO auf die Herausgabevollstreckung?

444 An dem Beispiel 155 kann auch ein Lückenproblem deutlich gemacht werden, das oft Schwierigkeiten bereitet. § 886 ZPO geht offensichtlich von einem Dritten (*Fuchs*) aus, der nicht zur Herausgabe der Sache bereit ist. Eine Regelung für den Dritten, der Gewahrsam hat und auch zur Herausgabe der Sache bereit ist, fehlt. Dies ist deshalb erstaunlich, weil § 809 ZPO für den vergleichbaren Fall der Pfändung wegen einer Geldforderung eine ausdrückliche Regelung trifft. Kann man nun den Gedanken des § 809 ZPO (aus dem Zweiten Abschnitt des 8. Buches der ZPO) analog auch auf die Vollstreckung zur Herausgabe einer bestimmten Sache (nach dem Dritten Abschnitt) anwenden? Diese Frage wird einhellig bejaht. Das hat zur Folge, dass die §§ 883–885 ZPO genauso auf den zur Herausgabe bereiten Dritten anzuwenden sind, wie es § 808 ZPO über § 809 ZPO ist: *Engelmann* kann gegen *Fuchs* direkt nach § 883 ZPO vorgehen, wenn er zur Herausgabe bereit ist. Der Weg über § 886 ZPO scheidet dann aus.

2. Analoge Anwendung der Pfändungsschutzvorschrift des § 811 ZPO?

445 Der BGH lehnt eine analoge Anwendung der Pfändungsschutzvorschrift des § 811 ZPO ab; sie sei eine „Ausnahmevorschrift", „die nicht entsprechend angewandt oder zu weit ausgelegt werden darf"[1]. Da aber Ausnahmevorschriften durchaus der Analogie zugänglich sind,[2] ist diese Begründung nicht überzeugend.[3]

3. Analoge Anwendung des § 811 ZPO auf die Herausgabevollstreckung?

446 **Beispiel 156:** Die *Allerlei GmbH* hat ein Herausgabeurteil gegen *Ulrich Unger* auf Herausgabe des ihr gehörenden, nicht abbezahlten Rundfunkapparates.

Frage: Kann sich *Unger* auf § 811 I ZPO (analog) berufen?

Antwort: Die hM verneint dies.[4]

4. Nichtanwendung des § 811 ZPO bei Pfändung der eigenen Sache?

447 Durch das in § 811 II ZPO geregelte Privileg des Vorbehaltsverkäufers entfällt der Pfändungsschutz in den Fällen des § 811 I Nr. 1 lit. a, b, 2, 8 lit. b ZPO. Der

---

[1] BGH NJW-RR 2022, 1651 Rn. 25; Thomas/Putzo/Seiler ZPO § 811 Rn. 1.
[2] Würdinger NJW 2023, 189 (lesenswert).
[3] Tatsächlich lässt dann doch der BGH (etwa bei § 811 I 1 lit. c ZPO [„aus gesundheitlichen Gründen"] eine weite Interpretation zu und kommt zB zur Unpfändbarkeit des Pkw eines gebehinderten Vollstreckungsschuldners (BGH NJW-RR 2022, 1651 Rn. 28).
[4] Näher: Brox/Walker ZwangsVollstrR § 35 Rn. 26.

vollstreckbare Anspruch, für den gepfändet wird, muss die Kaufpreisforderung (§ 433 II BGB) sein, welche durch einfachen Eigentumsvorbehalt (§ 449 I BGB) gesichert ist. Eine entsprechende Anwendung auf die anderen Fälle des § 811 I ZPO scheidet wegen der klaren Beschränkung des § 811 II ZPO auf die genannten Situationen aus.

5. Kapitel. Die Bearbeitung der Vollstreckung nach dem Zweiten Abschnitt des Achten Buches der ZPO: „wegen Geldforderungen"

1. Unterkapitel. Allgemeine Fragestellungen

§ 82. Der Zweck der Vollstreckungsart „wegen Geldforderungen"

448 Die Vollstreckung wegen Geldforderungen unterscheidet sich von der Vollstreckung nach dem Dritten Abschnitt des 8. Buches der ZPO grundlegend. Bei ihr begehrt der Vollstreckungsgläubiger nicht eine bestimmte Sache oder Handlung oder Unterlassung bzw. Duldung, sondern er will auf das gesamte Vermögen des Schuldners zugreifen, um es – in der Regel durch „Versilberung" in der Versteigerung – zu verwerten und so zu seinem Geld zu kommen.

Immer wieder verlieren Bearbeiter dieses Ziel der Zwangsvollstreckung aus den Augen. Sie begnügen sich dann mit dem Ergebnis, dass zugunsten des Vollstreckungsgläubigers Sachen gepfändet wurden oder hinsichtlich einer Forderung ein Pfändungs- und Überweisungsbeschluss erlassen wurde. Doch mit der durch solche Maßnahmen bewirkten *Verstrickung* (→ Rn. 455) ist dem Vollstreckungsgläubiger nur dann geholfen, wenn unter ihrem Eindruck der Vollstreckungsschuldner endlich zahlt. Hiervon darf aber nicht ohne weiteres ausgegangen werden, sodass überlegt werden muss, in welcher Weise eine *Verwertung* des Gegenstandes erfolgt, die zur *Befriedigung des Vollstreckungsgläubigers* führt.

§ 83. Zugriff auf bewegliches oder unbewegliches Vermögen?

449 Wenn auch das gesamte (bewegliche und unbewegliche) Vermögen des Vollstreckungsschuldners dem Zugriff des Vollstreckungsgläubigers offensteht, so unterscheidet sich die Zwangsvollstreckung in das bewegliche Vermögen (§§ 803–863 ZPO) scharf von der Vollstreckung in das unbewegliche Vermögen (§§ 864–871 ZPO). Als (häufig übersehene) *Eingangsfrage* ergibt sich deshalb immer das Problem, ob der zu pfändende Vermögensgegenstand zum *beweglichen* oder *unbeweglichen* Vermögen des Vollstreckungsschuldners zählt. Lautet die Antwort, dass es sich um *unbewegliches* Vermögen handelt, ist die Zwangsvollstreckung in der Regel nur nach Maßgabe der Vorschriften über die Vollstreckung in das unbewegliche Vermögen zulässig (→ Rn. 418).

Umgekehrt ist nicht jede bewegliche Sache nach den Vorschriften über die Vollstreckung in bewegliche Sachen zu pfänden. Dem Leser ist schon aus dem Beispiel 142, → Rn. 413, bekannt, dass selbst ein so beweglicher Gegenstand wie ein Kleinbus als „unbewegliches" Vermögen zählen kann, § 865 I ZPO, §§ 1120, 97 BGB. Es kommt also nicht auf die tatsächliche Beweglichkeit an, sondern auf die Zugehörigkeit zum Haftungsverband Grundstück. Zu ihm gehört zB auch die Forderung des Hauseigentümers gegen die Brandversicherung (§ 865 I ZPO iVm § 1127 BGB), nachdem sein Haus niedergebrannt ist. Wirtschaftlich ist dies selbstverständlich: Meist hat der Eigentümer mit dem Geld des Hypotheken- oder Grundschuldgläubiger sein Haus gebaut. Brennt es ab, tritt an seine Stelle die Versicherungsforderung, die notfalls zur Befriedigung der Grundpfandrechtsgläubiger dient. Die Pfändung in eine solche Forderung nach §§ 828 f. ZPO ist demnach unzulässig. *Unpfändbar* sind die der Hypothekenhaftung unterliegenden Gegenstände erst nach der Beschlagnahme (§ 865 II 2 ZPO), stets unpfändbar ist jedoch *Zubehör* (§ 865 II 1 ZPO, §§ 97 f. BGB), wie schon in → Rn. 413 dargestellt.

Bei der Zwangsvollstreckung wegen Geldforderungen muss folglich an erster Stelle untersucht werden, welche Vermögensgegenstände von der Zwangsvollstreckung

§ 84. Zugriff auf körperliche Sachen

erfasst werden (→ Rn. 418). Erst wenn feststeht, dass der Vermögensgegenstand zum beweglichen Vermögen gehört, kann auf die Vorschriften der §§ 803–807 ZPO eingegangen werden.

Diese Bestimmungen werden bisweilen in ihrer Bedeutung unterschätzt. Sie gelten, wie sich bereits aus der Überschrift zu § 803 ZPO ergibt, für die *gesamte* Geldforderungsvollstreckung in das bewegliche Vermögen, sodass nicht nur körperliche Sachen (§§ 808–827 ZPO), sondern auch Forderungen und andere Vermögensrechte (§§ 828–863 ZPO) gepfändet werden (§ 803 I 1 ZPO). Freilich kann bei diesen der Gerichtsvollzieher nicht das Pfandsiegel des § 808 II 2 ZPO (den „Kuckuck") anlegen; dafür erlässt das Vollstreckungsgericht den Pfändungsbeschluss (→ Rn. 414, → Rn. 455). So ist nur der *Weg*, wie die Pfändung bewirkt wird, unterschiedlich; gleich bleibt jedoch die Notwendigkeit einer Pfändung, wenn wegen einer Geldforderung vollstreckt wird. Die Pfändung führt auch gleichermaßen zum Pfändungspfandrecht (§ 804 ZPO), sowohl bei körperlichen Sachen als auch bei Forderungen und anderen Vermögensrechten. Verschieden sind dann nur wieder die *Wege*, auf denen das Pfändungspfandrecht zur *Verwertung* führt: *Körperliche Sachen* werden nach §§ 814ff., 825 ZPO verwertet; *Geldforderungen* nach §§ 835, 839, 844 ZPO; *Sachforderungen* nach §§ 846, 847 ZPO in Verbindung mit §§ 814–825 ZPO bzw. §§ 847a III, 848 III ZPO iVm § 866 I ZPO; *andere Vermögensrechte* nach § 857 ZPO in Verbindung mit §§ 835, 844 ZPO bzw. § 857 IV, V ZPO.

§ 84. Zugriff auf körperliche Sachen

Wird in das bewegliche Vermögen vollstreckt, ist zu fragen, ob es sich um eine Sache handelt. Ist dies der Fall, sind §§ 808–827 ZPO anzuwenden. Dabei muss der Bearbeiter strikt zwischen den Problemen der Pfändung (§§ 808–813, 826 ZPO) und der Verwertung der gepfändeten Sache (§§ 814–825, 827 ZPO) unterscheiden. 450

I. Die Pfändung körperlicher Sachen

Die Pfändung von Sachen prüft man am besten in dieser Reihenfolge: Vollstreckungs*organ*, Vollstreckungs*maßnahme*, Vollstreckungs*beteiligte*, Vollstreckungs*gegenstand*: 451

1. Vollstreckungsorgan

Organ ist der *Gerichtsvollzieher*. Es gilt allerdings die Besonderheit, dass die *Austauschpfändung* (§ 811a II 1 ZPO) der Zulassung durch das Vollstreckungsgericht (= Rechtspfleger, § 20 Nr. 17 RPflG) bedarf. Falls diese zu erwarten ist, darf der Gerichtsvollzieher auch ohne vorherige Zulassung durch das Vollstreckungsgericht eine Austauschpfändung vornehmen (§ 811b ZPO: *vorläufige Austauschpfändung*).

2. Vollstreckungsmaßnahme

Die Maßnahmen des Gerichtsvollziehers sind die *Pfändung der Sache* (Beschlagnahme)
a) entweder durch das *Anbringen des Pfandsiegels an der Sache* unter Belassung des unmittelbaren Besitzes (oder sonstige Formen der Kenntlichmachung der Pfändung, etwa das Aufstellen von Tafeln, Anbringen von Beschriftungen) gemäß § 808 II 1, 2 ZPO (sog. Siegelung).
b) oder durch *Wegnahme der Sache ohne Anbringen eines Pfandsiegels* (insbes. von „Geld, Kostbarkeiten und Wertpapieren") gemäß § 808 II 1 ZPO.

Außerdem kann der Gerichtsvollzieher die *Anschlusspfändung* nach § 826 ZPO durchführen.

Soweit der Gerichtsvollzieher im Rahmen des § 758 ZPO Durchsuchungen in der Wohnung des Vollstreckungsschuldners vornimmt, ist wegen des Richtervorbehalts in Art. 13 II GG nach § 758a I ZPO eine *richterliche Durchsuchungsanordnung* notwendig (außer bei Gefahr im

Verzug).[1] Zuständig für deren Erlass ist das Amtsgericht, in dessen Bezirk die Durchsuchung erfolgen soll.

3. Vollstreckungsbeteiligte

sind Vollstreckungsgläubiger und -schuldner und auch Dritte, zB wer die körperliche Sache freiwillig herausgibt (§ 809 ZPO) oder die Person, mit der der Vollstreckungsschuldner in einem gemeinsamen Haushalt zusammenlebt (§ 811 I Nr. 1 ZPO).

4. Gegenstand der Vollstreckung

ist die gepfändete Sache.

> **Beispiel 157:** Die *Allerlei GmbH* (Beispiel 141, → Rn. 411) hat gegen *Ulrich Unger* einen vollstreckbaren Titel auf Zahlung von 500 EUR. Im Auftrag der *Allerlei GmbH* erscheint der Gerichtsvollzieher *Streng* bei *Unger*. Er nimmt die goldenen Manschettenknöpfe und eine silberne Uhrenkette des *Unger* mit. Das Pfandsiegel befestigt er an der Spielkonsole (Beispiel 141 Frage 1), an den Kinderbetten und -schränken (Beispiel 141 Frage 2), an der Briefmarkensammlung (Beispiel 141 Frage 3), an dem Fernsehgerät (Beispiel 141 Frage 5) und an dem Laptop (Beispiel 141 Frage 6). Sämtliche Gegenstände schätzt er auf ihren Wert und trägt den Betrag in das Pfändungsprotokoll (§ 762 ZPO) ein. Anschließend geht *Streng* zu *Ungers* Nachbarn, dem Rentnerehepaar *Ruhig*, und pfändet dort – trotz des heftigen Protestes der *Ruhigs* – durch Anlegen eines Pfandsiegels ein Tonbandgerät, von dem er annimmt, es gehöre *Unger*. Wenige Tage später läuft bei *Streng* ein Vollstreckungsauftrag des Elektrohändlers *Blitz* ein; *Blitz* hat einen vollstreckbaren Titel über 1.000 EUR gegen *Unger*. *Streng* spart sich den Weg zu *Unger* und vermerkt lediglich die „zusätzliche Pfändung" der bereits bei *Unger* und *Ruhigs* gepfändeten Gegenstände „auch für den Elektrohändler *Blitz*" in dem Pfändungsprotokoll.
>
> **Frage:** Wie ist die Zulässigkeit der Vollstreckungsmaßnahmen zu beurteilen?
>
> **Lösungsweg:**
>
> *I. Die Zulässigkeit der Pfändungen nach (formellem) Zwangsvollstreckungsrecht*
>
> Die Reihenfolge der Prüfung entspricht dem schon eingangs dieser Randnummer dargestellten Viertakt: Organ, Maßnahme, Beteiligte, Gegenstand:
>
> 1. Das zuständige Vollstreckungs*organ* muss gehandelt haben. Dieses handelt nur auf Antrag, denn die Zwangsvollstreckung wird nicht von Amts wegen eingeleitet. Ähnlich dem Erkenntnisverfahren unterliegt auch das Vollstreckungsverfahren der Disposition des Gläubigers, der auch jederzeit den Vollstreckungsauftrag zurücknehmen kann („wo kein Kläger, da kein Richter", → Rn. 45 für das Erkenntnisverfahren). Für den Antrag gilt auf der Grundlage von § 753 III ZPO iVm der Gerichtsvollzieherformular-Verordnung Formularzwang. Sämtliche von *Streng* gepfändeten Gegenstände sind körperliche Sachen. Also ist der Gerichtsvollzieher zuständig (§§ 753, 808–813 ZPO). Dies gilt im Allgemeinen auch für die Schätzung (§ 813 I 1 ZPO). Die Schätzung des Wertes der Manschettenknöpfe, der Uhrenkette und der Briefmarkensammlung hätte jedoch durch einen *Sachverständigen* erfolgen müssen (§ 813 I 2 ZPO). Rechtsbehelfe von *Allerlei GmbH* und *Unger*: Antrag gemäß § 813 I 3 ZPO auf Anordnung der Schätzung.

---

[1] Wie im Erkenntnisverfahren dürfen die Bearbeiter auch in der Zwangsvollstreckung die Bedeutung der Grundrechte nicht übersehen. Neben dem soeben genannten Grundrecht auf Unverletzlichkeit der Wohnung (Art. 13 GG) ist in vielen Situationen das Recht auf Gehör des Art. 103 I GG (→ Rn. 158) bedeutsam, außerdem weitere Grundrechte, etwa das Grundrecht auf Leben und körperliche Unversehrtheit des Art. 2 II 1 GG bei einer Räumungsvollstreckung (→ Rn. 434 Beispiel 150, zB BVerfG WM 2022, 2444). Umfassend zu den Grundrechten in der Zwangsvollstreckung Gaul/Schilken/Becker-Eberhard ZVR/Gaul § 3.

§ 84. Zugriff auf körperliche Sachen

2. Drei verschiedene Arten von Vollstreckungs*maßnahmen* wurden vorgenommen:
   a) Die *Wegnahme* der goldenen Manschettenknöpfe und der silbernen Uhrenkette erfolgte zu Recht, da sie als Kostbarkeiten nicht im Gewahrsam des Schuldners zu belassen sind (§ 808 I und II 1 ZPO).
   b) Die Anbringung des *Pfandsiegels* an den übrigen Sachen ist gemäß § 808 II 2 ZPO in Ordnung. Die Briefmarkensammlung hätte aber weggenommen werden müssen, da die einzelnen Marken nicht alle in das Pfändungsprotokoll aufgenommen werden können und dadurch die Gefahr besteht, dass die Entnahme wertvoller Stücke die Befriedigung des Vollstreckungsgläubigers verhindert.
   c) Der *Vermerk zusätzlicher Pfändung* für *Blitz* im Pfändungsprotokoll genügt (§ 826 I ZPO).
3. *Beteiligte* sind der Vollstreckungsschuldner *Unger,* für dessen Gewahrsam zumindest eine Vermutung besteht (§§ 808 I, 739 ZPO; Lösung des Beispiels 141 Frage 1, → Rn. 412), und die *Ruhigs*. Diese sind „Dritte" und waren zur Herausgabe des Tonbandgeräts nicht bereit. *Folge:* Unzulässigkeit von Pfändung (§ 809 ZPO) und Anschlusspfändung (§ 826 I ZPO) des Tonbandgeräts. Rechtsbehelfe der *Ruhigs* gegen die *formelle* Unzulässigkeit der Zwangsvollstreckung: Erinnerung nach § 766 ZPO.
4. Bei den *Gegenständen,* in die *Streng* vollstreckte, muss unterschieden werden:
   a) Die goldenen Manschettenknöpfe und die silberne Uhrenkette benötigt *Unger* zu einer bescheidenen Lebensführung nicht. § 811 I Nr. 1 lit. a ZPO steht der Pfändung also nicht entgegen.
   b) Gegen die Pfändung von Spielkonsole, Briefmarkensammlung, Fernsehgerät und Laptop bestehen ebenfalls keine Bedenken aus § 811 I Nr. 1 ZPO (Lösung des Beispiels 141 Fragen 1, 3, 5 und 6, → Rn. 412 und → Rn. 417 Fn. 1). Dasselbe gilt für das Tonbandgerät.
   c) Anders verhält es sich mit den Kinderbetten und -schränken, die dem Haushalt des *Unger* dienen und deren er auch zu einer bescheidenen Lebensführung seiner Familie bedarf. Den Verstoß gegen § 811 I Nr. 1 lit. a ZPO können *Unger* oder seine Kinder mit der Erinnerung nach § 766 ZPO rügen (Lösung des Beispiels 141 Frage 2, → Rn. 412). Derselbe Rechtsbehelf steht insoweit auch gegen die Anschlusspfändung zur Verfügung.

Ergebnis: Das richtige Vollstreckungs*organ* hat nur zum Teil zulässige *Maßnahmen* ergriffen. Fehler: die Schätzung der Kostbarkeiten fehlt, und die Briefmarkensammlung hätte *Streng* wegnehmen müssen; Pfändung und Anschlusspfändung gegen die Beteiligten *Ruhig* hätten unterlassen werden müssen; die Kinderbetten und -schränke sind unpfändbare *Gegenstände*.

II. Rechtfertigung der Pfändungen nach materiellem Recht (Sind sie in ihrem Erfolg zulässig?)

Wenn Frau *Unger, Blitz,* die *Allerlei GmbH* oder die *Ruhigs* ihr Eigentumsrecht an den gepfändeten Gegenständen geltend machen wollen, müssen sie Drittwiderspruchsklage (§ 771 ZPO) erheben (Lösung des Beispiels 141 Fragen 1, 6 → Rn. 412).

II. Die Verwertung körperlicher Sachen

Als Regelfall der Verwertung sieht die ZPO die Versteigerung des Gegenstandes am Ort der Pfändung vor (§§ 814, 816 II ZPO). Alternativ kann die Versteigerung auch in Form einer Internetversteigerung stattfinden (§ 814 II Nr. 2 ZPO). Häufig werden die Ausnahmen übersehen: *Gepfändetes Geld* wird nicht versteigert, sondern (nach der Wegnahme beim Vollstreckungsschuldner: § 808 II ZPO) dem Vollstreckungsgläubiger abgeliefert (§ 815 I ZPO). Über § 825 ZPO kann auch sonst auf die Versteigerung oder zumindest auf die Einhaltung einzelner Versteigerungsvorschriften verzichtet werden. Die anderweitige Verwertung kann sich auf die Modalitäten der Versteigerung – anderer Ort, andere Person (zB Auktionator, Kunsthändler) –

452

oder auf die Verwertungsart beziehen (zB freihändiger Verkauf, Übereignung der Sache an den Vollstreckungsgläubiger zu einem bestimmten Preis, Fortsetzung des Ausverkaufs im Laden, Übereignung ohne Barzahlung)². Gold- und Silbersachen *können* (§ 817a III 2 ZPO), gepfändete Wertpapiere, die einen Börsen- oder Marktpreis haben, *müssen* sogar freihändig veräußert werden (§ 821 ZPO).

Streiten sich mehrere Personen über den bei der Verwertung erzielten Erlös, findet ein Verteilungsverfahren zwischen diesen Personen statt. Es ist in den §§ 827 II, III, 872–882 ZPO geregelt und sollte dem Examenskandidaten in groben Zügen bekannt sein³.

§ 85. Zugriff auf Forderungen und andere Vermögensrechte

453 Andere Wege geht das Vollstreckungsverfahren, wenn der Zugriff nicht auf bewegliche Sachen, sondern auf Forderungen und andere Vermögensrechte zielt, §§ 828–863 ZPO.

I. Der Umkreis der unter §§ 828–863 ZPO fallenden Rechte

454 Bei der Vollstreckung in Forderungen steht der Zugriff auf *Geldforderungen* (§ 829 ZPO) im Vordergrund, wovon die Vollstreckung in dingliche oder schuldrechtliche *Ansprüche auf Herausgabe* einer körperlichen Sache (§ 846 ZPO) zu unterscheiden ist. Unter die *anderen Vermögensrechte* (§ 857 ZPO) fällt neben den Gesamthandsanteilen (vgl. § 859 ZPO) vor allem auch das *Anwartschaftsrecht* (→ Rn. 464–475).

II. Die Pfändung von Forderungen und anderen Vermögensrechten

455 Wie bei der Pfändung von Sachen (→ Rn. 451) soll man auch hier die Frage nach Vollstreckungs*organ*, Vollstreckungs*maßnahme*, Vollstreckungs*beteiligten* und Vollstreckungs*gegenstand* stellen:

(1) Als *Vollstreckungsorgan* handelt nicht der Gerichtsvollzieher, sondern das Vollstreckungsgericht (§ 828 ZPO). Das Vollstreckungsgericht (AG), vgl. § 828 II ZPO, entscheidet in der Regel durch den Rechtspfleger (§ 20 Nr. 17 RPflG).

(2) Seine *Maßnahme* ist der Erlass eines Pfändungs- und Überweisungsbeschlusses (§§ 829, 835 ZPO). Dieser Beschluss besteht eigentlich aus zwei Beschlüssen: Der Pfändungsbeschluss bewirkt die Verstrickung, der Überweisungsbeschluss dient der Verwertung; nur der Einfachheit halber werden beide Beschlüsse in einem Beschluss zusammengefasst. Mit der Verstrickung ist dem Vollstreckungsschuldner die Verfügungsbefugnis über den Vollstreckungsgegenstand entzogen (§§ 136, 135 BGB, § 829 I 2 ZPO), um die Befriedigung des Vollstreckungsgläubigers sicherzustellen (vgl. auch § 136 StGB). Die Verstrickung ist die Rechtsgrundlage für die Verwertung.
Der Pfändungs- und Überweisungsbeschluss bildet die Grundlage für eine mögliche Befriedigung des Vollstreckungsgläubigers. Er muss gemäß §§ 829 II, III, 835 III ZPO zugestellt werden. Wichtig ist § 829 III ZPO: *Dem Drittschuldner muss der Beschluss zugestellt sein*, andernfalls ist die Pfändung unwirksam. Auf eine Zustellung an den Vollstreckungsschuldner und auf eine Mitteilung an den Vollstreckungsgläubiger kommt es nicht an. – Der Erlass eines Pfändungs- und Überweisungsbeschlusses dauert regelmäßig einige Zeit. Um *sofort zuzugreifen*, gibt es die Möglichkeit, dass der Gläubiger den Schuldner und Drittschuldner von der bevorstehenden Pfändung benachrichtigt (§ 845 I ZPO, *„Vorpfändung"*). Dies ist vor allem wegen der Wahrung des Ranges vorteilhaft; nach § 845 II ZPO hat nämlich diese Benachrichtigung die Wirkung eines Arrestes (§ 930 ZPO), sofern die gerichtliche Pfändung innerhalb eines Monats bewirkt wird.

---

² *Beispiele:* Versteigerung in der Großstadt bei Pfändung eines Kunstwerks im Dorf, einer Landmaschine im dörflichen Gebiet und nicht in der Industriestadt; freihändiger Verkauf zB einer wertvollen Schmetterlingssammlung oder seltenen Gesteinssammlung.
³ Zur Vertiefung: Brox/Walker ZwangsVollstrR § 17 Rn. 34–74.

§ 85. Zugriff auf Forderungen und andere Vermögensrechte

(3) Die *Beteiligten* sind Vollstreckungsgläubiger und Vollstreckungsschuldner sowie derjenige Dritte, gegen den sich der gepfändete Anspruch wendet: der Drittschuldner (→ Rn. 411).
(4) *Gegenstand* der Vollstreckungsmaßnahme ist die (angebliche) Forderung des Vollstreckungsschuldners gegen den Drittschuldner; sozialpolitisch wichtig sind hierbei die Pfändungsfreigrenzen (§§ 850 ff. ZPO), um eine „Kahlpfändung" des Vollstreckungsschuldners zu vermeiden.

Beispiel 158: Im Beispiel 157, → Rn. 451, haben die Vollstreckungsmaßnahmen des Gerichtsvollziehers *Streng* nicht zur vollen Befriedigung der *Allerlei GmbH* geführt: *Unger* schuldet immer noch den Restbetrag von 175 EUR. Die *Allerlei GmbH* möchte wissen, in welcher Weise sie einen Lohnanspruch des *Unger* gegen *Sebastian Metzger* oder das Guthaben auf dem Lohnkonto des *Unger* bei der *X-Bank* pfänden kann (Beispiel 141 Fragen 4 und 7, → Rn. 411).

Antwort: Die *Allerlei GmbH* stellt beim Vollstreckungsgericht (AG) den Antrag, aufgrund des (in vollstreckbarer Ausfertigung mit Zustellungsnachweis) beigefügten Urteils zu ihren Gunsten einen Pfändungs- und Überweisungsbeschluss zu erlassen. Dabei hat sie die zu pfändende Forderung nach Gläubiger, Schuldner und Entstehungsgrund genau zu bezeichnen. Auf der Grundlage von § 829 IV ZPO besteht Formularzwang. Die *Allerlei GmbH* muss im amtlichen Antragsvordruck angeben, dass die *Lohnforderung* des *Unger* gegen *Metzger* aus dem Arbeitsverhältnis unter Berücksichtigung der Freigrenzen in Höhe des Restbetrages von 175 EUR gepfändet werden soll. (§§ 850 ff. ZPO: *Unger* ist seiner Frau und den zwei Kindern unterhaltspflichtig! Da dem Gläubiger oft die Unterhaltsverpflichtungen des Schuldners unbekannt sind, lässt § 850c V 3 ZPO es genügen, dass im Pfändungsbeschluss lediglich auf die dem Gesetz beigefügte Pfändungstabelle verwiesen und die Ermittlung des pfändbaren Teils des Arbeitseinkommens dem Drittschuldner überlassen wird, sog. *„Blankettbeschluss"*. Dem Drittschuldner ist dies in der Regel durch Befragung des Schuldners und Aufgrund der Lohnsteuerkarte, die die Unterhaltsverpflichtungen nachweist, möglich.) Der zu erlassende Pfändungsbeschluss enthält neben der Anordnung der Pfändung der genau bezeichneten Lohnforderung *Ungers* das Verbot für den Drittschuldner *Metzger*, an *Unger* zu zahlen (§ 829 I 1 ZPO: *„arrestatorium"*) und das Gebot an *Unger*, sich jeder Verfügung über die Lohnforderung zu enthalten (§ 829 I 2 ZPO: *„inhibitorium"*); der Beschluss ergeht ohne Anhörung des Vollstreckungsschuldners *Unger* (vgl. § 834 ZPO). Die *Allerlei GmbH* beantragt weiterhin die Überweisung zur *Einziehung* (§ 835 I ZPO) und zweckmäßigerweise die Weitergabe des Pfändungs- und Überweisungsbeschlusses an den Gerichtsvollzieher (§§ 191, 192 S. 2, 3 ZPO), der ihn dem Drittschuldner *Metzger* und dem Vollstreckungsschuldner *Unger* zustellt (§§ 829 II, III, 835 III ZPO). Die Überweisung der Forderung an *Zahlungs statt* ist der *Allerlei GmbH* nicht zu empfehlen, da diese Art der Überweisung Erfüllungswirkung hat (§ 835 II ZPO) und die *Allerlei GmbH* dann das Risiko trägt, die Forderung nicht realisieren zu können.

Wenn die *Allerlei GmbH* den Anspruch aus dem Guthaben auf dem Lohnkonto des *Unger* bei der *X-Bank* pfänden und sich zur Einziehung überweisen lässt, dann muss *Unger*, wenn er in Höhe des unpfändbaren Teils des Arbeitslohns über das Konto verfügen will, von der *X-Bank* die Führung des Kontos als Pfändungsschutzkonto verlangen, § 850 k II, I ZPO. Die *X-Bank* darf frühestens nach einem Monat an die *Allerlei GmbH* aus dem Guthaben zahlen, § 835 III 2 ZPO.

III. Die Verwertung gepfändeter Forderungen und anderer Vermögensrechte

Durch den Pfändungs- und Überweisungsbeschluss wird der Vollstreckungsgläubiger ermächtigt, anstelle des Vollstreckungsschuldners die Forderung (das andere Vermögensrecht) gegenüber dem Drittschuldner geltend zu machen (§ 836 I ZPO). Eine „Versteigerung" der Forderung findet also nicht statt.

Beispiel 159: Im soeben behandelten Beispiel 158 hat die *Allerlei GmbH* den Lohnanspruch des *Unger* gegen *Sebastian Metzger* pfänden und sich zur Einziehung überweisen lassen.

Fragen: Welche Maßnahmen wird die *Allerlei GmbH* jetzt ergreifen? Was macht sie, wenn *Metzger* sich nicht meldet? Welche Gefahren bestehen für *Metzger*, falls er dem *Unger* nichts schuldet und er sich gegenüber der *Allerlei GmbH* überhaupt nicht äußert?

Antworten: Die *Allerlei GmbH* wird an den Drittschuldner *Metzger* herantreten und Zahlung an sich verlangen (§ 836 I ZPO). Meldet sich *Metzger* auf die Zahlungsaufforderung nicht, kann die *Allerlei GmbH* von *Metzger* durch nachträgliche, gesonderte Zustellung durch den Gerichtsvollzieher die Auskunft verlangen, ob er die Forderung als begründet anerkenne und zur Zahlung bereit sei (§ 840 I ZPO), sofern das Auskunftsverlangen nicht schon in der Zustellungsurkunde enthalten war, § 840 II 1 ZPO. Lässt *Metzger* weiterhin nichts von sich hören, kann ihn die *Allerlei GmbH* allerdings nicht auf Auskunft verklagen[1]. Auch eine direkte Vollstreckung der *Allerlei GmbH* gegen *Metzger* auf Zahlung des gepfändeten Arbeitslohns ist nicht möglich, da ihm gegenüber kein Titel besteht (§ 750 ZPO). Die *Allerlei GmbH* kann aber im Wege des Mahnverfahrens (§§ 688 ff. ZPO) oder sogleich auf dem Klageweg (vor dem Arbeitsgericht, § 2 I Nr. 3 lit. a ArbGG – durch eine Pfändung werden der Rechtsweg und die Zuständigkeit nicht berührt) gegen *Metzger* vorgehen und den gepfändeten und ihr überwiesenen Anspruch des *Unger* im eigenen Namen geltend machen; sie ist aber nicht Inhaberin der Forderung geworden (→ Rn. 460), nur Prozessstandschafterin (→ Rn. 178). Dem *Unger* muss bei einer Klage der Streit verkündet werden (§ 841 ZPO; zur Streitverkündung schon → Rn. 101 ff.). Schuldet *Metzger* dem *Unger* nichts und schweigt er dennoch, läuft er Gefahr, nach § 840 II 2 ZPO auf Schadensersatz in Anspruch genommen zu werden, zB wegen der Kosten der von der *Allerlei GmbH* gegen ihn vergeblich erhobenen Zahlungsklage.

2. Unterkapitel. Typische Fragestellungen und Schwierigkeiten bei der Vollstreckung wegen Geldforderungen

457 Bei der Vollstreckung wegen Geldforderungen gibt es eine Reihe von immer wiederkehrenden Fragen und einige typische Schwierigkeiten. Mit ihnen sollte man sich rechtzeitig vertraut machen.

§ 86. Die Rechtszuständigkeiten in der Zwangsvollstreckung

458 Fünf Fragen gehören zu diesem Problemkreis:
a) Wer ist Eigentümer der Sache nach der Pfändung?
b) Wer ist Inhaber der Forderung (des Vermögensrechtes) nach Pfändung und Überweisung?
c) Wer ist Eigentümer der Sache nach dem Zuschlag?
d) Wer ist es nach Ablieferung der Sache an den Ersteher?
e) Wer ist Eigentümer des bei der Versteigerung erzielten Erlöses?

459 a) Am häufigsten übersehen die Bearbeiter, dass sich durch die Pfändung an der *Eigentumslage nichts ändert*. Eigentümer bleibt diejenige Person, die es schon vorher war; das Eigentum wird lediglich mit einem Pfändungspfandrecht (§ 804 I ZPO) belastet, aber nicht übertragen.

---

[1] BGH NJW-RR 2006, 1566; Stein/Jonas/Würdinger ZPO § 840 Rn. 19. Der Vollstreckungsgläubiger ist auf die direkte Leistungsklage gegen den Drittschuldner verwiesen.

> **Beispiel 160:** Die vielen Fehler, die im Anschluss an die Pfändung immer wieder gemacht werden, kann der Leser am besten selbst einmal feststellen, wenn er im Bekanntenkreis das Beispiel 141 (→ Rn. 411) schildert und hinzufügt, dass vom Gerichtsvollzieher sämtliche dort aufgeführten Sachen gepfändet wurden. Auf seine Frage, wem wohl die Sachen „jetzt gehören", wird er immer wieder hören: „Der *Allerlei GmbH:* Sie hat doch die Sachen pfänden lassen!" Aber selbst diejenigen, die diese falsche Antwort nicht geben, erwidern häufig: „Die Sachen gehören weiterhin dem *Ulrich Unger*." Freilich ist auch dies falsch.
>
> Die **richtige Antwort** kann nur lauten, dass die Sachen weiterhin denjenigen Personen gehören, in deren Eigentum sie *vor* der Pfändung standen: Die Spielkonsole also dem Elektrohändler *Blitz*, die Kinderzimmereinrichtung und die Briefmarkensammlung dem *Ulrich Unger*, das unter Eigentumsvorbehalt gelieferte Fernsehgerät der *Allerlei GmbH*, der Laptop Frau *Unger*.

b) Auch die *Inhaberschaft an der Forderung* wird durch den Pfändungs- und Überweisungsbeschluss bei der regelmäßig vorliegenden Überweisung zur Einziehung nicht geändert. 460

Wenn im Beispiel 158 (→ Rn. 455) die *Allerlei GmbH* die Forderungen des *Unger* gegen *Metzger* aus dem Arbeitsverhältnis gepfändet hat, kann sie nicht etwa dem *Metzger* gegenüber den Erlass der Forderung (§ 397 BGB) aussprechen. Der *Allerlei GmbH* ist dies deshalb verwehrt, weil Inhaber der Forderung weiterhin *Unger* ist und die *Allerlei GmbH* nach § 835 ZPO nur zur Einziehung, nicht aber zum Erlass oder zu einer anderen Verfügung über die Forderung berechtigt ist. Weder die *Pfändung* (§ 829 ZPO) noch die Überweisung (die bereits eine Verwertung darstellt) machen die *Allerlei GmbH* zur Inhaberin der Forderung.

c) Über die Eigentumsverhältnisse *nach dem Zuschlag* (§ 817 I ZPO) herrscht nicht selten Unklarheit. Anders als bei der Versteigerung von Grundstücken (§ 90 I ZVG) erwirbt der Ersteher bei der Versteigerung von körperlichen Sachen das Eigentum nicht schon mit dem Zuschlag.[1] 461

d)–e) Erst mit der *Ablieferung der ersteigerten Sache* durch den Gerichtsvollzieher an den Ersteher (§ 817 II ZPO) erwirbt dieser das Eigentum an der Sache. Dies geschieht nicht gemäß §§ 929 ff. BGB, sondern *kraft Hoheitsaktes*. 462

Die damit zusammenhängenden Probleme sind ein *beliebter Examensstoff*. Kraft des hoheitlichen Rechtserwerbs spielt es keine Rolle, ob der Vollstreckungsschuldner Eigentümer war. Auch die schuldnerfremde Sache geht ins Eigentum des Erstehers über, und zwar selbst dann, wenn er „bösgläubig" ist, also weiß, dass der Vollstreckungsschuldner nicht Eigentümer der Sache ist.[2]

Der frühere Eigentümer verliert sein Eigentum, sodass er keinen Herausgabeanspruch gemäß § 985 BGB gegen den *Ersteher* hat. Da der Ersteher mit Rechtsgrund (Zuschlag) Eigentum erwirbt, scheidet gegen ihn auch ein Kondiktionsanspruch (§ 812 BGB) des früheren Eigentümers aus. Da der frühere Eigentümer durch den einheitlichen Vorgang der Auszahlung des Erlöses an den Vollstreckungsgläubiger sein Recht (das sich gemäß § 1247 S. 2 BGB am Erlös fortsetzte) verloren hat, kann er vom *Vollstreckungsgläubiger* nach den Grundsätzen der Eingriffskondiktion den Erlös herausverlangen (§ 812 I 1 Alt. 2 BGB), notfalls mittels Leistungsklage. Bisweilen wird eine solche Klage als „*verlängerte Drittwiderspruchsklage*" bezeichnet.[3] Dies ist verwirrend, denn die Drittwiderspruchsklage (§ 771 ZPO) ist keine Leistungs-, sondern eine (prozessuale) Gestaltungsklage (→ Rn. 70). Immerhin kann man diese Leistungs-

---

[1] Jauernig/Berger/Kern ZwangsVollstrR § 18 D I und zur Vertiefung: Stein/Jonas/Würdinger ZPO § 817 Rn. 19–28.
[2] Zur Vertiefung: Stein/Jonas/Würdinger ZPO § 817 Rn. 21.
[3] Vgl. Saenger/Pietsch JA 2022, 32.

klage als „Verlängerung der Drittwiderspruchsklage" bezeichnen, weil der (frühere) Eigentümer bis zur Ablieferung der Sache an den Ersteher die Drittwiderspruchsklage gehabt hätte. Gegen den *Vollstreckungsschuldner* besteht regelmäßig kein Anspruch aus ungerechtfertigter Bereicherung, selbst wenn durch die Herausgabe des Erlöses der versteigerten schuldnerfremden Sache an den *Vollstreckungsgläubiger* seine Schuld getilgt wurde, weil das erlangte „Etwas" (§ 812 I 1 BGB) des Vollstreckungsschuldners (Befreiung von Verbindlichkeit) nicht „auf Kosten" des früheren Eigentümers erlangt wurde; es fehlt an der Unmittelbarkeit der Bereicherung.

> **Beispiel 161:** Im Beispiel 157 (→ Rn. 451) wird die Spielkonsole versteigert. Den Zuschlag erhält bei 160 EUR Herr *Wurm*; er bezahlt diese Summe an den Gerichtsvollzieher und verlässt daraufhin mit der Spielkonsole den Versteigerungssaal.
> **Frage:** Wem gehört der Erlös? Wem gehört die Sache?
> **Antwort:** Da der Erlös an die Stelle der Sache tritt (Surrogation, vgl. §§ 1247 S. 2, 1287 BGB) und diese dem Elektrohändler *Blitz* gehörte, ist Eigentümer des Erlöses *Blitz*. Eigentümer der Spielkonsole ist *Wurm* durch Ablieferung der Sache an ihn geworden.
> **Zusatzfrage:** Wem gehört der Erlös, wenn er vom Gerichtsvollzieher *Streng* dem Geschäftsführer der *Allerlei GmbH* (als Vollstreckungsgläubigerin) übergeben wurde?
> **Antwort:** Erst jetzt erwirbt die *Allerlei GmbH* das Eigentum an dem Erlös.[4] Auch hierbei wird, wie bei der Ablieferung der Sache an den Ersteher, das Eigentum am Erlös hoheitlich bei der *Allerlei GmbH* begründet, und zwar unabhängig davon, wer zuvor Eigentümer war.

§ 87. Die Pfändungspfandrechtstheorien

463 Einen der bekanntesten Streitpunkte aus dem Vollstreckungsrecht bilden die Theorien über das Pfändungspfandrecht. Es geht um die Frage, unter welchen Voraussetzungen die Pfändung an dem gepfändeten Gegenstand ein Pfandrecht entstehen lässt. Zwei Theorien stehen sich gegenüber: Die *öffentlich-rechtliche Theorie* und die *gemischte Theorie* (die rein privatrechtliche Theorie wird heute nirgends mehr vertreten).

Das Gesetz gibt keine eindeutige Auskunft. Nach § 804 I ZPO erwirbt der Vollstreckungsgläubiger „durch die Pfändung" ... „ein Pfandrecht". Soll das heißen, dass die *bloße (wirksame) Beschlagnahme* der körperlichen Sache (§§ 808 I, II, 809 ZPO), der Forderung (§§ 829 I, 846 ZPO) oder des anderen Vermögensrechts (§§ 857 I, 829 I ZPO) ausreicht, wie die Vertreter der *öffentlich-rechtlichen Theorie* meinen?

Oder ist den Anhängern der *gemischten* (privatrechtlich/öffentlich-rechtlichen) *Theorie* zu folgen, die sich auf den Wortlaut des § 804 II ZPO berufen: Das Pfandrecht „gewährt dem Gläubiger im Verhältnis zu anderen Gläubigern dieselben Rechte wie ein durch Vertrag erworbenes Faustpfandrecht"? Nach dieser Meinung ist für die Entstehung eines Pfändungspfandrechtes *zusätzlich zur wirksamen Beschlagnahme* vor allem eine Forderung des Vollstreckungsgläubigers (§§ 1204, 1250, 1252 BGB) und die Zugehörigkeit des Pfandgegenstandes zum Vermögen des Vollstreckungsschuldners erforderlich (vgl. §§ 1205, 1207 BGB).

In der Praxis hat dieser Streit keine große Bedeutung, obgleich die Theorien im Einzelfall entscheidungserheblich sein können. Da die überwiegende Meinung der

---

[4] Näher hierzu: Jauernig/Berger/Kern ZwangsVollstrR § 18 D I; Stein/Jonas/Würdinger ZPO § 819 Rn. 9.

gemischten Theorie und auch der BGH ihr folgt,[1] sollte sich auch die Klausurlösung von der gemischt-öffentlich-rechtlich-privatrechtlichen Theorie leiten lassen.

§ 88. Anwartschaftsrecht

In Praxis und Prüfung bereitet die vollstreckungsrechtliche Behandlung von Anwartschaftsrecht, Vorbehalts- und Sicherungseigentum sowie die Pfändung der eigenen Sache Schwierigkeiten. Ein Blick auf die wirtschaftliche Ausgangslage erleichtert das Verständnis: 464

Der Käufer teurer Güter verfügt vielfach nicht über die zur Bezahlung notwendigen Geldmittel. Will er trotzdem das Wirtschaftsgut erwerben, bietet sich als „klassischer Weg" an, die Anschaffung erst einmal zurückzustellen und den erforderlichen Kapitalbetrag anzusparen. Dieser Weg ist allerdings mit Nachteilen verknüpft: Der Käufer kommt erst später in den Besitz der Kaufsache, obwohl er sie vielleicht dringend benötigt (zB den neuen Wagen, nachdem der alte unbrauchbar geworden ist, oder eine Maschine, die dringend für die Produktion neuer Waren gebraucht wird). Außerdem bereitet es psychologisch immer wieder Schwierigkeiten, eine feste Summe freiwillig zu sparen und nicht für andere Anschaffungen sofort zu verwenden. Handel und Industrie mit ihrem Absatzinteresse verlangen andererseits nach kauflustigen und kaufkräftigen Kunden, die nicht nur mit Eigenmitteln ihre Anschaffungen finanzieren. Seit vielen Jahrzehnten haben sich deshalb Rechtsformen entwickelt, in denen sich der Käufer verschuldet, um sofort die Nutzung des Kaufgegenstandes zu erhalten. Dieser Vorteil ist freilich mit einem großen wirtschaftlichen Risiko verbunden: Die Verschuldung ist größer als die Leistungsfähigkeit, dh Verpflichtungen werden eingegangen, die später nicht mehr erfüllt werden können. Dabei ist es häufig nicht nur der eine einzige Vollstreckungsgläubiger, dessen Ansprüche der Vollstreckungsschuldner nicht mehr zu befriedigen vermag; der Verpflichtete kommt vielmehr allseits in Verzug. Jetzt beginnt ein „Krieg aller gegen alle". Jeder Vollstreckungsgläubiger versucht, eine möglichst günstige vollstreckungsrechtliche Position zu erhalten.

Beispiel 162: Am Ausgangsbeispiel 141 (→ Rn. 411) lässt sich die rechtliche Problematik eines solchen Konfliktfalles aufzeigen: Die *Allerlei GmbH* wird durch den Zugriff auf möglichst viele Gegenstände versuchen, ihren Zahlungsanspruch zu realisieren. Pfändet sie hierbei das von ihr unter Eigentumsvorbehalt an *Unger* gelieferte Fernsehgerät, entsteht die typische Vollstreckungsfrage der Pfändung der eigenen Sache (→ Rn. 476). In Widerstreit mit anderen Gläubigern des *Ungers* gerät die *Allerlei GmbH* sofort, wenn sie Sachen pfändet, die von diesen Personen unter Eigentumsvorbehalt geliefert wurden, etwa die Spielkonsole, die dem Elektrohändler *Blitz* gehört. Jetzt erhebt sich die Frage, ob das Vorbehaltseigentum des *Blitz* der *Allerlei GmbH* entgegengehalten werden kann (→ Rn. 411 Lösung des Beispiels 141, Frage 1).

Unter Fortführung der Lösung des Beispiels 141 ist aber auch an das *Anwartschaftsrecht* zu denken. Die *Allerlei GmbH* wird sich überlegen, ob sie nicht das dem *Unger* zustehende Anwartschaftsrecht an der Spielkonsole pfänden sollte. *Blitz* wird daran denken, das dem *Unger* zustehende Anwartschaftsrecht an dem von der *Allerlei GmbH* gelieferten Fernsehgerät pfänden zu lassen.

---

[1] Ausführlich: BGHZ 119, 75 (82 ff.) = NJW 1992, 2570 (2573) sub 2a); vertiefend auch MüKoZPO/Gruber § 804 Rn. 6.

I. Klarheit über die schuld- und sachenrechtliche Lage

465 Die Probleme aus notleidenden Kaufverträgen lassen sich auch im vollstreckungsrechtlichen Bereich nur lösen, wenn sich der Verfasser über die materiell-rechtliche Lage klar geworden ist: Ein Anwartschaftsrecht kann er nur bejahen, wenn ein Eigentumsvorbehalt vorliegt oder (sehr selten!) ein auflösend bedingtes Sicherungseigentum vereinbart worden ist (→ Rn. 470). Das Sicherungseigentum der Bank darf der Bearbeiter nicht mit dem Eigentumsvorbehalt des Verkäufers verwechseln.

II. Der Unterschied zwischen Ratenkauf und fremdfinanziertem Kauf

466 Entscheidend für die richtige schuldrechtliche Beurteilung vieler vollstreckungsrechtlicher Fälle ist die Klarheit über die zwei Grundtypen: Ratenkauf (→ Rn. 467) bei dem typischerweise nur zwei Parteien beteiligt sind und fremdfinanzierter Kauf (→ Rn. 469) bei dem in der Regel noch ein Dritter hinzutritt. Liegt ein Ratenkauf vor, muss vom Bearbeiter zusätzlich geprüft werden, ob ein Teilzahlungskauf (→ Rn. 468) gegeben ist.

1. Ratenkauf

467 a) *Schuldrechtliche* Komponente:[1] Der Käufer verschuldet sich beim Verkäufer, indem er (mit dessen Einverständnis: § 266 BGB) den Kaufpreis nur teilweise entrichtet.

b) *Sachenrechtliche* Komponente: Das Eigentum geht regelmäßig noch nicht über; der Verkäufer behält es sich vielmehr bis zur vollständigen Bezahlung des Kaufpreises vor, § 449 I BGB *(Eigentumsvorbehalt, Vorbehaltseigentum)*. Der Käufer erlangt jedoch eine (bei eigener Vertragstreue unentziehbare, §§ 160 I, 161 I BGB) Rechtsposition, die als Anwartschaftsrecht bezeichnet wird. Ratenweise zahlt der Käufer den Kaufpreis ab; der Wert des Anwartschaftsrechts wird hierdurch immer höher. Mit Zahlung der letzten Rate (erlischt und) erstarkt das Anwartschaftsrecht zum Vollrecht, dh das Eigentum geht *automatisch* auf den Käufer über, weil die aufschiebende Bedingung für den Eigentumserwerb (§§ 449 I, 929 S. 1, 158 I BGB) eingetreten ist.

2. Teilzahlungskauf als Unterfall des Ratenkaufes

468 Ein Unterfall des Ratenkaufes ist der Teilzahlungskauf – eine Form des Ratenkaufs zwischen Unternehmern und Verbrauchern, bei dem im Gesetz besondere Schutzvorschriften vorgesehen sind. Ein solcher Teilzahlungskauf liegt vor, wenn der Kauf ein Teilzahlungsgeschäft im Sinn des § 506 III BGB ist. Die Regeln dazu sind näher geregelt in § 507 BGB und § 508 BGB. Dass es sich um einen Vertrag zwischen einem Unternehmer und einem Verbraucher (oder Existenzgründer, vgl. § 513 BGB) handeln muss, ergibt sich nicht aus dem Wortlaut von § 506 III BGB, aber aus der systematischen Stellung der Norm im Untertitel 2: „Finanzierungshilfen zwischen einem Unternehmer und einem Verbraucher" (§§ 506–509 BGB).

3. Fremdfinanzierter Kauf

469 a) *Schuldrechtliche* Komponente: Der Käufer verschuldet sich bei einem Kreditinstitut, das ihm ein (Verbraucher-)Darlehen (§§ 488, 491 BGB) gewährt. Dieses Darlehen dient der sofortigen und vollständigen Bezahlung des Kaufpreises. Ratenweise zahlt der Käufer (in seiner Eigenschaft als Kreditnehmer) dieses Darlehen ab.

---

[1] Zur Vertiefung: Fikentscher/Heinemann, Schuldrecht, 12. Aufl. 2022, Rn. 47, 265.

b) *Sachenrechtliche* Komponente: Zur Sicherung des Rückzahlungsanspruches aus dem Darlehen wird der Bank häufig gemäß §§ 929, 930, 868 BGB *Sicherungseigentum* an der gekauften Sache eingeräumt; dieses Sicherungseigentum kann auf zusätzlichen Vereinbarungen zwischen Kreditinstitut und Verkäufer hinsichtlich eines unmittelbaren Eigentumsübergangs vom Verkäufer auf das Institut beruhen (Folge: kein Durchgangseigentum des Käufers) oder es entsteht, wie beim Kleinkredit bei der eigenen Bank, durch Übertragung des Eigentums, sobald es der Käufer vom Verkäufer erworben hat (Folge: Durchgangseigentum des Käufers). Mit Zahlung der letzten Darlehensrate geht je nach Vereinbarung das Eigentum entweder *automatisch* auf den Käufer über (dann besteht *vor* der Zahlung des Kaufpreisrestes ein Anwartschaftsrecht des Käufers) oder er hat nunmehr einen (Rück-)Übereignungsanspruch aus dem Sicherungsgeschäft gegen das Kreditinstitut (dann hat der Käufer kein Anwartschaftsrecht; dies ist der Regelfall in der Praxis).

III. Die Pfändung des Anwartschaftsrechts

Das beim Kauf unter Eigentumsvorbehalt und bei der auflösend bedingten Sicherungsübereignung[2] entstandene Anwartschaftsrecht des Käufers (bzw. des Darlehensnehmers)[3] wird von der hM als echtes Vermögensrecht angesehen. Es ist deshalb übertragbar[4] und pfändbar. 470

Umstritten ist aber die Durchführung der Pfändung, da das Schrifttum vier verschiedene Wege anbietet. Hintergrund der verschiedenen Lösungen ist die fehlende gesetzliche Regelung. Das Anwartschaftsrecht wird als wesensgleiches Minus zum Eigentum angesehen[5] und regelmäßig wie dieses behandelt – etwa bei der Übertragung des Anwartschaftsrechts an einer beweglichen Sache, die gemäß §§ 929 ff. BGB analog vollzogen wird und nicht nach den §§ 413, 398 BGB (für andere Vermögensrechte). Entsprechend ist es grds. plausibel, auch in der Zwangsvollstreckung die Vorschriften zur Pfändung des Eigentums entsprechend anzuwenden. Allerdings ist das Anwartschaftsrecht nicht identisch mit dem Eigentum, sodass es insofern ebenfalls auch einleuchtend ist, über die Rechtspfändung vorzugehen.

Dominierend ist die in der Praxis geübte *Doppelpfändung* (→ Rn. 471), die beide Ansätze kombiniert; von dieser Lehre sollte sich ein Bearbeiter nicht ohne gute Gründe und Begründungen abwenden. Sie berücksichtigt die Besonderheiten des Anwartschaftsrechts.

1. *Doppelpfändung* heißt: Es wird vorgegangen sowohl im Wege der Rechtspfändung nach §§ 857 I, 829, 835 ZPO (sogleich a) als auch im Wege der Sachpfändung nach §§ 808 ff. ZPO (sodann b). 471

a) Die *Rechtspfändung* (→ Rn. 453 ff.) ist notwendig, um vom Drittschuldner (Vorbehalts- oder Sicherungseigentümer) Auskünfte über die Höhe der noch ausstehenden Zahlungen nach § 840 ZPO zu erhalten und um den etwaigen Widerspruch des Anwartschaftsrechtsinhabers nach § 267 II BGB gegen eine Zahlung des Restkaufpreises durch den Vollstreckungsgläubiger an den Dritten zu unterbinden (denn der Widerspruch wäre eine Verfügung im Sinne von § 829 I 2 ZPO). Der Restkaufpreis muss gezahlt werden, damit der Vorbehaltsverkäufer bzw. der Sicherungseigentümer sein Eigentum verliert und damit die

---

[2] Lesenswert: Medicus/Petersen BürgerlR Rn. 458, 498, 504 und Baur/Stürner, Sachenrecht, 18. Aufl. 2009, § 57 Rn. 10, 45.
[3] Bei einem fremdfinanzierten Kauf erfüllt der Käufer seine Verpflichtungen aus dem Kaufvertrag sofort. Die Raten dienen der Tilgung des Darlehens, nicht der Kaufpreisschuld, → Rn. 469 sub a).
[4] Hierzu: MüKoBGB/Westermann § 161 Rn. 3.
[5] BGHZ 28, 16 (21): „Kein aliud, sondern ein wesensgleiches minus" im Vergleich zum Eigentum.

Möglichkeit zur Drittwiderspruchsklage aufgrund dieses Eigentums (§ 771 ZPO) einbüßt.

b) Die *Sachpfändung* (→ Rn. 450 ff.) ist erforderlich, da es keine dingliche Surrogation in dem Sinne gibt, dass ein Pfändungspfandrecht am Anwartschaftsrecht zum Pfändungspfandrecht am Vollrecht erstarkt, wenn der Vollstreckungsschuldner das Eigentum erwirbt.

Demgemäß muss, wenn der Vollstreckungsgläubiger geschützt sein soll, sowohl ein Pfändungs- und Überweisungsbeschluss erlassen werden als auch der Gerichtsvollzieher die Sache pfänden.[6]

472 2. *Reine Rechtspfändung* bedeutet: Es wird *nur* im Wege der Rechtspfändung nach §§ 857 I, 829, 835 ZPO vorgegangen. Kraft dinglicher Surrogation verwandelt sich nach dieser Ansicht das Pfändungspfandrecht am Recht in ein Pfändungspfandrecht an der Sache, wenn der Vollstreckungsschuldner das Eigentum erwirbt (und das Anwartschaftsrecht erlischt).[7]

473 3. Bei der *analogen Anwendung der Sachpfändung* wird ebenfalls nur *ein* Weg gegangen; es wird (wie bei der reinen Rechtspfändung) nur das Anwartschaftsrecht gepfändet, jedoch unter analoger Anwendung der Vorschriften über die Sachpfändung (§§ 808 ff. ZPO).[8]

474 4. *Reine Sachpfändung* bedeutet: Es wird nur die Sache gepfändet (nach §§ 808 ff. ZPO). Die Pfändung der Sache ergreift auch das Anwartschaftsrecht.

475 **Beispiel 163:** Am 1.2. erlässt das Vollstreckungsgericht einen Pfändungs- und Überweisungsbeschluss, mit dem das Anwartschaftsrecht des *Unger* an der Spielkonsole, die er unter Eigentumsvorbehalt bei *Blitz* gekauft und noch nicht abbezahlt hat, zugunsten der *Allerlei GmbH* gepfändet und ihr zur Einziehung überwiesen wird (Beispiel 162, → Rn. 464). Am 15.2. pfändet der Gerichtsvollzieher durch Anlegen eines Pfandsiegels im Auftrage der Uhrmacherin *Zeiger* die Spielkonsole. Am 1.3. wird für die *Allerlei GmbH* die Spielkonsole im Wege der Anschlusspfändung gepfändet (§ 826 ZPO). Am 1.5. zahlt *Unger* an *Blitz* den Restkaufpreis für die Spielkonsole.

Aufgrund der Pfändung der *Allerlei GmbH* wird die Spielkonsole versteigert. Der erzielte Erlös reicht nicht aus, um sowohl die *Allerlei GmbH* als auch *Zeiger* zu befriedigen (§ 827 II ZPO). Im Verteilungsverfahren über den Erlös (§§ 872 ff. ZPO) beansprucht *Zeiger* den Vorrang vor der *Allerlei GmbH*.

Frage: Mit Recht?

Lösung: Die Lösung nach der Doppelpfändungslehre (→ Rn. 471) ist eindeutig: Die Pfändung des Rechts zugunsten der *Allerlei GmbH* am 1.2. setzt sich nicht dinglich an der Sache fort. Als am 1.5. *Unger* das Eigentum (durch Zahlung des Restkaufpreises) erwarb, ging das Anwartschaftsrecht unter; die Rechtspfändung wurde gegenstandslos. An der Sache sind (spätestens[9]) mit ihrem Erwerb durch *Unger* zwei Pfändungspfandrechte (Pfändungen am 15.2. und 1.3.) entstanden. Ihr Rang richtet sich gemäß dem Prioritätsprinzip des § 804 III ZPO nach der zeitlichen Reihenfolge der Pfändungen. *Zeiger* geht deshalb der *Allerlei GmbH* vor. Anders wäre es nur, wenn die *Allerlei GmbH* schon am 1.2. und nicht erst am 1.3. auch die Sache gepfändet hätte. *Zeiger* hat also recht.

---

[6] Die hM folgt dieser Lehre: Instruktiv hierzu und auch heute noch gültig: BGH NJW 1954, 1325–1328. Einen guten Einstieg bieten Haas/Beiner JA 1998, 846 (848); vertiefend zur Doppelpfändungslehre: Jauernig/Berger/Kern ZwangsVollstrR § 20 C Rn. 24.

[7] Zu dieser Ansicht: Baur/Stürner, Sachenrecht, 18. Aufl. 2009, § 59 Rn. 41 und Medicus/Petersen BürgerlR Rn. 485 f.

[8] So Leible/Sosnitza JuS 2001, 344.

[9] Das hängt von der Pfändungspfandrechtstheorie ab, die der Bearbeiter vertritt. Nach der öffentlich-rechtlichen Theorie bestand auch an der schuldnerfremden Sache ein Pfändungspfandrecht, nach den anderen Lehren ist es erst mit dem Eigentumserwerb des *Unger* entstanden (→ Rn. 463).

§ 89. Die Pfändung der eigenen Sache des Vollstreckungsgläubigers

I. Ausgangslage

Häufig bildet eine im eigenen Eigentum stehende Sache, die etwa unter Eigentumsvorbehalt geliefert oder zur Sicherheit übereignet wurde, für den Vollstreckungsgläubiger den einzigen Vermögenswert beim Vollstreckungsschuldner. Der Gerichtsvollzieher wird also nicht selten auf diesen Gegenstand zugreifen, zumal wenn er einen Vollstreckungsauftrag des Vollstreckungsgläubigers als Eigentümer dieses Gegenstands ausführt und möglicherweise sogar ausdrücklich die Weisung erhalten hat, in diese Sache zu vollstrecken.

476

Die Pfändung der eigenen Sache kann sinnvoll sein, auch wenn sie zunächst seltsam erscheinen mag. Aufgrund der Verstrickung kann der Vollstreckungsgläubiger seine eigenen Sachen verwerten lassen. Den Erlös kann er danach an sich nehmen, weil dieser gemäß § 1247 S. 2 BGB analog iVm § 804 II ZPO an die Stelle des Gegenstandes tritt – und damit im Eigentum des Vollstreckungsgläubigers steht. Wirtschaftlich gesehen erlaubt ihm diese Verwertung, sofort Geld zu erlangen, wohingegen er, um seine Sache zurückzuerlangen, zunächst auf Herausgabe klagen und sodann möglicherweise ein Urteil vollstrecken müsste (→ Rn. 483).

Beispiel 164: *Unger* hat bei der *Allerlei GmbH* ein Fahrrad für 3.000 EUR unter Eigentumsvorbehalt gekauft. Die Anzahlung und eine erste Rate jeweils in Höhe von 500 EUR entrichtet *Unger;* dann stellt er die Zahlungen ein. Die *Allerlei GmbH* klagt auf Zahlung des Restkaufpreises von 2.000 EUR, erwirkt einen entsprechenden Titel und betreibt nach Eintritt der formellen Rechtskraft (§ 705 ZPO, → Rn. 393) die Zwangsvollstreckung. Da *Unger* keinerlei pfändbares Vermögen hat, weist sie den Gerichtsvollzieher an, das Fahrrad zu pfänden; zwar sei ein Fahrrad an sich unpfändbar (§ 811 I Nr. 1 lit. a ZPO), aber hier bestehe die Ausnahme, dass ein Verkäufer wegen einer durch Eigentumsvorbehalt gesicherten Kaufpreisforderung vollstreckt (§ 811 II 1 ZPO, → Rn. 481). Das Fahrrad wird gepfändet und versteigert (Erlös: 2.200 EUR). Dieser Erlös steht der *Allerlei GmbH* als Eigentümerin zu (§ 1247 S. 2 BGB), und wird vom Gerichtsvollzieher an sie als Vollstreckungsgläubigerin – nach Abzug der Verwertungskosten – ausgekehrt.

Die Versteigerung des Fahrrads auf Weisung der *Allerlei GmbH* gilt kraft der Fiktion des § 508 S. 5 BGB (→ Rn. 477 ff.) als Ausübung des Rücktrittsrechts der *Allerlei GmbH,* sodass sie die von *Unger* gezahlten 1.000 EUR zurückzugewähren hat (§ 346 I BGB). Immerhin sind der *Allerlei GmbH* auf diesem Weg 1.200 EUR geblieben. Hätte sie hingegen nicht auf das Fahrrad zugegriffen, wäre sie mangels pfändbaren Vermögens leer ausgegangen. Zwar hätte sie dann noch das Eigentum am Fahrrad. Aber in dessen Besitz wäre sie möglicherweise erst gekommen, wenn sie nach einem Prozess auf Herausgabe (§ 985 BGB) die Herausgabevollstreckung (→ Rn. 483) gegen *Unger* betrieben hätte. Der Wert des Fahrrads wäre in dieser Zeit weiter gesunken, und die *Allerlei GmbH* müsste sich um den Verkauf des gebrauchten Fahrrads bemühen. Dieser Probleme ist sie hingegen enthoben, wenn sie den Gerichtsvollzieher zur Pfändung und Versteigerung ihrer eigenen Sache anweist.

II. Die versteckte Zentralnorm des § 508 S. 5 BGB: Rücktrittsfiktion bei Wiederansichnahme

Während die Bearbeiter die allgemeinen Aspekte der Pfändung der eigenen Sache in der Regel erkennen, beachten sie häufig die in § 508 S. 5 BGB enthaltene Rücktrittsfiktion nicht. Hierbei handelt es sich um ein Sonderproblem des Teilzahlungsgeschäfts für das Unternehmer-Verbraucher-Verhältnis. Nach dieser Vorschrift gilt

477

die Wiederansichnahme der Sache durch den Verkäufer als Rücktrittserklärung. Hier liegen die *schwierigeren Seiten dieses Pfändungsproblems*, weil der Wortlaut des § 508 S. 5 BGB nicht erkennen lässt, dass eine „Wiederansichnahme" auch in Vollstreckungsmaßnahmen liegen kann. Zusätzlich ist zu beachten, dass zu einem wirksamen Rücktritt auch ein Rücktritts*grund* nach §§ 508 S. 1, 498 I BGB vorliegen muss, da die Fiktion des § 508 S. 5 BGB nur die Rücktritts*erklärung* ersetzt.[1]

Hinweis: § 508 BGB ist (leider) nicht mehr in allen Bundesländern Prüfungsstoff. Der Blick in die Landesprüfungsordnung ist deshalb sinnvoll. Unabhängig davon lohnt es sich die hier geschilderten Probleme zu kennen; es sind praktisch wichtige Klassiker des Zwangsvollstreckungsrechts.

1. Pfändung der Sache bei Belassung beim Schuldner

478 Die *bloße Pfändung (Beschlagnahme) der Sache unter Belassung des unmittelbaren Besitzes* (→ Rn. 451 sub 2a) löst die Rücktrittsfiktion des § 508 S. 5 BGB nicht aus.

Beispiel 165: Im Beispiel 162 (→ Rn. 464) pfändet der Gerichtsvollzieher bei *Unger* im Auftrag der *Allerlei GmbH* das (von ihr gelieferte und ihr gehörende) Fernsehgerät. Daraufhin schreibt *Unger* an die *Allerlei GmbH*, dass die *Allerlei GmbH* mit der Pfändung den Rücktritt (nach § 508 S. 5 BGB) ausgeübt habe. Die im rechtskräftigen Titel zugesprochene Kaufpreisforderung sei hiermit erloschen. Schon aus diesem Grunde dürfe die *Allerlei GmbH* nicht weiter die Vollstreckung betreiben. Im Übrigen werde er, *Unger*, nunmehr Vollstreckungsabwehrklage gemäß § 767 ZPO erheben.

Frage: Was ist zu den Ausführungen *Ungers* zu sagen?

Antwort: Richtig ist, dass bei Erlöschen der Kaufpreisforderung die Vollstreckungsabwehrklage gemäß § 767 ZPO (→ Rn. 501) statthaft ist; richtig ist auch, dass eine Rücktritts*erklärung* oder auch die Rücktritts*fiktion* des § 508 S. 5 BGB zum Erlöschen der Kaufpreisforderung führen würde, sofern ein Rücktrittsgrund besteht.[2] Eine Rücktrittserklärung der *Allerlei GmbH* liegt aber nicht vor, sodass nur die Rücktrittsfiktion nach § 508 S. 5 BGB eingreifen könnte. Die bloße Pfändung unter Belassung des unmittelbaren Besitzes (§ 808 II 2 ZPO) löst aber die Wirkung des § 508 S. 5 BGB nicht aus[3]. Sie ist ohnehin eine vorbereitende, nicht endgültige Maßnahme; sie soll nur die Verwertung vorbereiten. Jederzeit kann sie vom Vollstreckungsgläubiger aufgegeben oder auch vom Vollstreckungsgericht aufgehoben werden. Sie ist in derartigen Fällen häufig nur ein Druckmittel, um den Vollstreckungsschuldner *(Unger)* zur weiteren Ratenzahlung anzuhalten. Eine vorschnelle Anwendung des § 508 S. 5 BGB würde dem Vollstreckungsschuldner schaden, weil ihm die Möglichkeit versperrt wäre, durch Zahlung des Restkaufpreises doch noch das Eigentum zu erwerben; § 508 S. 5 BGB (der den Verbraucher schützen soll) wäre in sein Gegenteil verkehrt. *Unger* hat also unrecht. Die Kaufpreisforderung ist nicht erloschen und dementsprechend scheidet die Vollstreckungsabwehrklage aus.

2. Pfändung unter Wegnahme der Sache

479 Die *Pfändung unter Wegnahme der Sache* (→ Rn. 451 sub 2b) schafft gleichfalls keine vollendeten Tatsachen. Dem Vollstreckungsschuldner (Teilzahlungskäufer) soll nämlich immer noch die vertragsgemäße Zahlung des Restkaufpreises möglich

---

[1] BGH WM 1976, 583 (585) = BeckRS 1976, 31118051 zu § 5 AbzG (= Vorläufervorschrift zu § 508 S. 5 BGB); anders MüKoBGB/Weber § 508 Rn. 45–47.
[2] Vgl. Gaul/Schilken/Becker-Eberhard ZVR/Gaul § 40 V Rn. 41 ff.
[3] Vgl. Medicus/Petersen BürgerlR Rn. 310; vgl. auch Artz in Bülow/Artz, Verbraucherkreditrecht, 10. Aufl. 2019, 821 f. Rn. 40.

sein. Deshalb kann auch in diesem Stadium die Anwendung des § 508 S. 5 BGB nicht bejaht werden.[4]

3. Versteigerung (Verwertung) der Sache

Mit der *Versteigerung der Sache und dem Eigentumserwerb des Erstehers* ist ein Eigentumserwerb des Vollstreckungsschuldners an der gekauften Sache nicht mehr möglich. Jetzt ist eine *endgültige* Situation entstanden, die die Wirkung des § 508 S. 5 BGB auslöst, sofern der betreibende Vollstreckungsgläubiger der Kreditgeber ist.[5] Auf die vollstreckungsrechtliche Verwertung der Sache ist § 508 S. 5 BGB also analog anzuwenden.[6] Auch wenn die Sache nicht versteigert wird, sondern gemäß § 825 ZPO (→ Rn. 452) eine andere Verwertungsart gewählt wird, liegt ein Fall der Endgültigkeit vor, sodass auch hier § 508 S. 5 BGB eingreift. Insbesondere der freihändige Verkauf an Dritte oder an den Vollstreckungsgläubiger fällt hierunter.[7] Um auf das Beispiel 165 (→ Rn. 478) zurückzukommen: Die rechtskräftig der *Allerlei GmbH* zugesprochene Kaufpreisforderung besteht nunmehr nicht mehr; *Unger* kann erfolgreich die Vollstreckungsabwehrklage (§ 767 ZPO) erheben.[8]

480

III. Sonderprobleme

Mit den vorstehenden Problemen der Pfändung der eigenen Sache werden nicht selten folgende Fallgestaltungen verbunden, auf die man vorbereitet sein sollte:

1. § 811 ZPO bei Pfändung der eigenen Sache durch den Vollstreckungsgläubiger?

Grds. kann sich der Vollstreckungsschuldner auf die Unpfändbarkeit gemäß § 811 ZPO berufen, selbst wenn der Vollstreckungsgläubiger in seine eigene Sache vollstreckt. Keinen Pfändungsschutz hat der Vollstreckungsschuldner aber in den im § 811 II 1 ZPO genannten Fällen, sofern der Vollstreckungsgläubiger (Verkäufer einer Sache) wegen einer durch (einfachen) Eigentumsvorbehalt gesicherten Geldforderung aus dem Verkauf der Sache in diese Sache vollstreckt (die entsprechende Anwendung des § 811 II ZPO auf weitere Fälle des § 811 I ZPO oder auf Sicherungseigentum ist allerdings nicht zulässig). Eine solche Pfändung und nachfolgende Versteigerung der unter Eigentumsvorbehalt verkauften Sache kann für den Vorbehaltsverkäufer wirtschaftlich sinnvoll sein (Beispiel 164, → Rn. 476).

481

2. § 508 S. 5 BGB bei Eigentumsverzicht des Vorbehaltseigentümers (Vorbehaltsverkäufers)?

Der Vollstreckungsgläubiger (Kreditgeber, Verkäufer) erklärt, bevor er Vollstreckungsmaßnahmen einleitet, den Verzicht auf das Vorbehaltseigentum und lässt anschließend den verkauften Gegenstand pfänden und verwerten. Auch jetzt tritt die Rücktrittsfiktion des § 508 S. 5 BGB ein.[9] Jede Art von Wegnahme löst den Rücktritt aus, auch wenn zB überhaupt kein Eigentumsvorbehalt bestand.

482

---

[4] BGHZ 39, 97 (103) = NJW 1963, 763 (765) zu § 5 AbzG. Für eine Anwendung des § 508 S. 5 BGB bereits auf dieser Stufe Grüneberg/Weidenkaff BGB § 508 Rn. 7 und MüKoBGB/Weber § 508 Rn. 55.
[5] Lesenswert die grundlegende Entscheidung BGH NJW 1963, 763 zu § 5 AbzG; vgl. auch MüKoBGB/Weber § 508 Rn. 55.
[6] Dazu BGH NJW 1955, 64; NJW 1955, 139 zu § 5 AbzG.
[7] So im Fall BGH NJW 1955, 139 zu § 5 AbzG, vgl. auch MüKoZPO/Schmidt/Brinkmann § 767 Rn. 65.
[8] Vgl. Medicus/Petersen BürgerlR Rn. 310.
[9] BGH NJW 1956, 338; BGHZ 55, 59 (60) = NJW 1971, 191 jeweils zu § 5 AbzG.

3. § 508 S. 5 BGB bei Herausgabevollstreckung?

483 Bei Vollstreckungen im Zusammenhang mit Kreditgeschäften ist besonders wichtig, dass sich der Bearbeiter an die Eingangsfrage erinnert, weswegen vollstreckt wird (→ Rn. 417). Das Problem der Pfändung der eigenen Sache tritt nämlich nur dann auf, wenn der Verkäufer (Vorbehaltseigentümer) die Kaufpreisklage erhoben hat und aus dem Urteil auf Zahlung des Kaufpreises („wegen einer Geldforderung") vollstreckt. Nicht selten ist der Käufer aber so vermögenslos oder die Sache ist so neuwertig, dass eine Kaufpreisklage wenig sinnvoll erscheint. Dann wird der Verkäufer die *Herausgabe der Sache* verlangen. Jetzt stellt sich zwar nicht das Problem der Pfändung der eigenen Sache, wohl aber die Frage des § 508 S. 5 BGB, ob nämlich bereits die Erhebung der Herausgabeklage die Wirkung des § 508 S. 5 BGB auslöst (so die hM)[10] oder erst die Herausgabevollstreckung (so die Gegenmeinung). Folgt der Bearbeiter nicht der hM muss er sich fragen, ob etwa im Herausgabeverlangen die schlüssige Rücktrittserklärung liegt.

§ 90. Das Treuhandverhältnis in der Zwangsvollstreckung

484 Beim Treuhandverhältnis ist zu unterscheiden zwischen der eigennützigen (Sicherungs-)Treuhand und der uneigennützigen (Verwaltungs-)Treuhand.[1] Dabei entscheidet die *Sicht des Treuhänders* (nicht des Treugebers); es kommt darauf an, ob die Treuhand im Interesse des Treuhänders (dann eigennützig) oder des Treugebers (dann uneigennützig) besteht. So ist das Sicherungseigentum einer Bank, mit der sie sich einen Kredit sichert, im Interesse der Bank (= Treuhänder) eingerichtet; das Sicherungseigentum ist also eine eigennützige Treuhand. Hingegen stellt das Anderkonto eines Rechtsanwalts eine Treuhand zu Gunsten des Treugebers (des Mandanten) dar; das Anderkonto ist also eine uneigennützige Treuhand.

Bei der Lösung von Aufgaben aus diesem Bereich muss sich der Bearbeiter vor Augen halten, dass in allen Treuhandfällen der Treuhänder im Außenverhältnis eine größere Rechtsmacht hat, als er sie nach den Parteivereinbarungen im Innenverhältnis auszuüben berechtigt ist: Er ist Eigentümer (Inhaber), aber eben doch nur „Sicherungseigentümer", der bei Wegfall des Sicherungszwecks das Eigentum zurückzugeben hat.[2] Diese Beschränkung des formalen Vollrechts wirkt sich in aller Regel bei der Pfändung des Treuguts (Sicherungseigentums) in der Weise aus, dass sich nicht die abstrakte Rechtsposition, sondern der wirtschaftliche Gehalt durchsetzt. Um hierbei richtig zu entscheiden, sind drei Fragen zu überprüfen:

1. Befindet sich der Vollstreckungsgegenstand (das Treugut) in eigennütziger oder uneigennütziger Treuhand?
2. Wer betreibt die Vollstreckung: Ein Vollstreckungsgläubiger des Treugebers oder des Treuhänders?
3. Bei eigennütziger Treuhand: In welchem *Stadium* befindet sich das Treuhandverhältnis: Ist *erstens* der Sicherungszweck noch gegeben oder ist er *zweitens* weggefallen oder ist *drittens* der Verwertungsfall eingetreten?

---

[10] RGZ 144, 62 (64); BGH NJW 1965, 2399 f. und (die strafrechtliche Entscheidung) BGH NJW 1955, 638 (639), sämtliche zu § 5 AbzG; MüKoBGB/Weber § 508 Rn. 50.

[1] Brox/Walker ZwangsVollstrR § 45 Rn. 29 ff.; Gaul/Schilken/Becker-Eberhard ZVR/Gaul § 41, 57 ff.; Neuhöfer JuS 2022, 204, und allgemein zur Treuhandproblematik Medicus/Petersen BürgerlR Rn. 488 ff.

[2] Wenn das Eigentum bei Tilgung der gesicherten Forderung nicht schon *automatisch* an den Sicherungsgeber zurückfällt, → Rn. 470.

§ 90. Das Treuhandverhältnis in der Zwangsvollstreckung

I. Uneigennützige Treuhand (Verwaltungstreuhand)

Beispiel 166: RAin *Dr. Klug* unterhält ein Girokonto für ihre Mandantengelder. Das Guthaben des Mandanten *Victor* wird von *Klobig*, einem Gläubiger *Klugs*, und von *Vitus*, einem Gläubiger *Victors*, gepfändet[3].

Frage: Welche Rechtsbehelfe stehen RAin *Dr. Klug* und *Victor* gegen die Pfändungen zu?

Antwort: Das gepfändete Guthaben *(Vollstreckungsgegenstand)* gehört wirtschaftlich nicht zum Vermögen der RAin *Dr. Klug*; es wird nur von RAin *Dr. Klug* treuhänderisch verwaltet, weil ein Anwalt zwar Inhaber der Forderung gegen die Bank, aber nicht *wirtschaftlich* Berechtigter ist. Die Treuhand dient dem Mandanten *Victor*, aber nicht der Treuhänderin RAin *Dr. Klug*; sie ist also *uneigennützig*; denn es entscheidet die Sicht der *Treuhänderin*: RAin *Dr. Klug* ist Treuhänderin nicht im eigenen, sondern im fremden Interesse.

Für die Frage nach dem Rechtsbehelf kommt es darauf an, *wer* die Pfändung vorgenommen hat. Gegenüber der Pfändung durch *Klobig* als Gläubiger der *Treuhänderin* RAin *Dr. Klug* ergibt sich der Einwand, dass RAin *Dr. Klug* wirtschaftlich nicht die Inhaberin der Forderung ist. Aus diesem Grunde wird dem „wahren" Forderungsinhaber, dem Mandanten *Victor*, die Drittwiderspruchsklage (§ 771 ZPO)[4] zugebilligt.

Gegen die Pfändung durch *Vitus* als Gläubiger des *Treugebers Victor* besteht das Bedenken, dass die „formal" betroffene Anwältin *Dr. Klug* nicht Schuldnerin des Vollstreckungsgläubigers *Vitus* ist. Denn im Regelfall ist die Pfändung schuldnerfremden Vermögens unzulässig, sodass RAin *Dr. Klug* Erinnerung nach § 766 ZPO und die Klage aus § 771 ZPO erheben könnte. Jedoch kommt es hier darauf an, dass RAin *Dr. Klug* als uneigennützige Treuhänderin wirtschaftlich betrachtet nicht Inhaberin der Forderung ist. Also gibt es keinen Rechtsbehelf für RAin *Dr. Klug*.[5]

II. Eigennützige Treuhand (Sicherungstreuhand)

Beispiel 167: Uhrmacherin *Zeiger* benötigt einen Kredit für die Finanzierung des Ladenumbaus. Von der *Glocken AG* erhält sie ein günstiges Darlehen. Zur Sicherung des Rückzahlungsanspruchs übergibt und übereignet sie der *Glocken AG* eine Sammlung kostbarer alter Taschenuhren. Die *Glocken AG* ist zur Rückübereignung der Sammlung verpflichtet, sobald *Zeiger* das Darlehen zurückgezahlt hat. Die *Glocken AG* gerät in finanzielle Schwierigkeiten. Eines Tages erscheint in ihren Geschäftsräumen der Gerichtsvollzieher *Streng* und pfändet aufgrund eines vollstreckbaren[6] Titels gegen die *Glocken AG* die Uhrensammlung. *Zeiger* ist der Ansicht, dass sie mit Erfolg die Klage nach § 771 ZPO erheben kann.

Frage: Hat *Zeiger* recht, wenn

(1) sie *vor* der Pfändung das Darlehen zurückgezahlt hatte?
(2) sie das noch *nicht fällige* Darlehen noch nicht zurückgezahlt hat?
(3) das Darlehen *längst fällig* ist, aber *Zeiger* kein Geld besaß, es zurückzuzahlen?

Antwort: Die Uhrensammlung (Vollstreckungsgegenstand) dient dem Sicherungsinteresse der *Glocken AG*. Also liegt eine *eigennützige* (eine Sicherungs-)Treuhand (da es auf

---

[3] Gepfändet wird der Anspruch der *Klug* gegen die Bank auf Gutschrift aus einem Girovertrag (§ 675t I 1 BGB) nach §§ 829, 835 ZPO (zur Forderungspfändung → Rn. 453 ff.).
[4] Näher: Baur/Stürner/Bruns ZVR Rn. 46.7.
[5] Näher: Baur/Stürner/Bruns ZVR Rn. 46.7. Anders nur, wenn der Vollstreckungstitel nicht gegen den Treugeber *Victor*, sondern gegen einen Dritten gerichtet ist, denn dann verteidigt RAin *Dr. Klug* das Treugut.
[6] Nicht vergessen: Die Vollstreckbarkeit hängt nicht von der Rechtskraft des Titels ab, → Rn. 427!

die Sicht des Treuhänders ankommt) vor. Die Vollstreckung wird von einem *Vollstreckungsgläubiger* des *Treuhänders* (nicht der Treugeberin *Zeiger*) betrieben. Die Frage nach der Zulässigkeit der Vollstreckung beantwortet sich verschieden, je nachdem in *welchem Stadium* sich das Treuhandverhältnis befindet:
Zu *Frage (1):* Der Sicherungszweck ist durch die Rückzahlung des Darlehens entfallen. *Zeiger* ist als die wirtschaftlich Berechtigte zur Klage nach § 771 ZPO befugt.[7]
Zu *Frage (2):* In diesem Fall besteht das Sicherungsbedürfnis noch. Da *Zeiger* ihrer Rückzahlungsverpflichtung genügen und somit wieder Eigentümer werden kann, steht ihr auch hier die Klage nach § 771 ZPO zur Verfügung.
Zu *Frage (3):* Hier ist der Verwertungsfall eingetreten. Da jetzt die *Glocken AG* berechtigt wäre, den Wert der Sammlung zu realisieren, steht *Zeiger* kein die Veräußerung hinderndes Recht mehr zu. Nach dem Sicherungsvertrag ist die *Glocken AG* mit Eintritt der Verwertungsreife nicht mehr in ihrem Verwertungsrecht gegenüber *Zeiger* eingeschränkt. *Zeiger* hat damit keine Aussicht, über § 771 ZPO zum Erfolg zu kommen.[8]

Nicht viel anders gestaltet sich der Fall, wenn ein *Vollstreckungsgläubiger des Treugebers* in das eigennützige *Treuhandeigentum* vollstreckt. Im Regelfall wird dies allerdings nur dann möglich sein, wenn das Sicherungsgut dem Treugeber belassen wurde (§ 808 ZPO):

Beispiel 168: In Abwandlung des soeben besprochenen Beispiels 167 ist davon auszugehen, dass die Uhrensammlung bei *Zeiger* verblieben ist. Ein Vollstreckungsgläubiger der *Zeiger* pfändet die Sammlung.
Frage: In welchen Stadien (Beispiel 167 Ziffern 1–3, → Rn. 486) ist der *Glocken AG* Drittwiderspruchsklage nach § 771 ZPO anzuraten?

Antwort:
Zu (1): Das Sicherungseigentum muss nach Erfüllung des Sicherungszwecks zurückübertragen werden. Der *Glocken AG* steht ein die Veräußerung hinderndes Recht wirtschaftlich nicht mehr zu; § 771 ZPO scheidet aus. Die *Glocken AG* darf nicht besser stehen, als wenn das Eigentum an der Uhrensammlung mit der Tilgung des Darlehens automatisch an *Zeiger* zurückgefallen wäre.
Zu (2): Das Sicherungsbedürfnis besteht noch; der Verwertungsfall kann noch eintreten. Die *Glocken AG* ist berechtigt, nach § 771 ZPO vorzugehen.
Zu (3): Der Verwertungsfall ist eingetreten. Die *Glocken AG* vermag ihr nunmehr auch wirtschaftlich vollgültiges Eigentum über § 771 ZPO geltend zu machen.

An den Beispielen 167 und 168 wird folgendes Prinzip deutlich: Sobald sich das Treuhandverhältnis endgültig stabilisiert hat, setzt sich die *wirtschaftliche* Position, ohne Rücksicht auf die formale Zuordnung, durch. Ist der Sicherungszweck weggefallen, kann der Treugeber das Treugut als sein Eigentum verteidigen, oben jeweils (1). Ist der Verwertungsfall eingetreten, vermag der Treuhänder das Treugut als sein Eigentum durchzusetzen, oben jeweils (3). Hingegen können beide (Treugeber und Treuhänder) in der *labilen* Situation des noch nicht endgültig abgewickelten Treuhandverhältnisses das Treugut jeweils gegenüber den Gläubigern des anderen Partners für sich reklamieren.[9]

---

[7] Zu dieser ganz hM Jauernig/Berger/Kern ZwangsVollstrR § 13 E Rn. 19; Baur/Stürner/Bruns ZVR Rn. 46.8.
[8] Sehr lesenswert: BGHZ 72, 141 = NJW 1978, 1859.
[9] Wittschier JuS 1998, 926 (928 f.).

Die zu § 771 ZPO dargestellte Rechtslage entspricht der hM. Nach der Gegenauffassung[10] soll der *Glocken AG* lediglich ein Recht auf vorzugsweise Befriedigung nach § 805 ZPO zustehen. Hintergrund ist die Annahme, dass das Sicherungseigentum als Funktionsäquivalent an die Stelle eines besitzlosen Vertragspfandrechts tritt, dass die Parteien aufgrund des sachenrechtlichen numerus clausus nach hM nicht wirksam vereinbaren können. Dem Sicherungseigentümer könne deshalb folgerichtig – wie beim Pfandrecht – kein Substanzinteresse, sondern nur ein Sachwertinteresse zugesprochen werden. Dieser Meinungsstreit ist ein Klassiker in vollstreckungsrechtlichen Klausuren und sollte unbedingt bekannt sein!

Aus dem gleichen Grund wird die geltende Rechtslage beim Eigentumsvorbehalt kritisiert: Die hM sieht den Vorbehaltseigentümer als „Volleigentümer" und billigt ihm die Drittwiderspruchsklage zu (§ 771 ZPO). Die Gegenansicht lehnt auch dies ab und spricht sich zumindest de lege ferenda für § 805 ZPO aus: Es sei nur der Zufälligkeit der Eigentumsausgangslage geschuldet, ob im Rechtsverkehr entweder ein Eigentumsvorbehalt (der Kreditnehmer ist noch nicht Eigentümer des Sicherungsguts) oder eine Sicherungsübereignung (der Kreditnehmer ist bereits Eigentümer des Sicherungsguts) vereinbart wird. Auch dem Vorbehaltseigentümer sei kein Substanzinteresse, sondern gleich dem Pfandgläubiger lediglich ein Sachwertinteresse zuzubilligen. Diese Sichtweise entspricht der Rechtslage im geltenden U.S.-amerikanischen Kreditsicherungsrecht, das den Eigentumsvorbehalt nicht anerkennt und eine solche Vereinbarung kraft Gesetzes als besitzloses Pfandrecht qualifiziert.[11]

III. Der Rückübertragungsanspruch als Pfändungsobjekt

Im Blickpunkt des Pfändungszugriffs stand bisher die zur Sicherung übereignete Sache. Nunmehr muss auch an diejenige Position gedacht werden, die dem Sicherungsgeber schon während des Sicherungsverhältnisses zusteht. 487

1. Der Zugriff bei Bestehen eines Anwartschaftsrechts

Keine Besonderheiten treten auf, wenn ein *automatischer* Rückfall des Sicherungseigentums bei Wegfall des Sicherungszwecks (zB bei Zahlung der letzten Darlehensrate) vereinbart worden ist. Denn dann hat der Sicherungsgeber einen derartig unentziehbaren Rückübertragungsanspruch, dass man von einem *Anwartschaftsrecht* spricht (→ Rn. 469 aE und → Rn. 470). Solch ein automatischer Rückfall wird äußerst selten vereinbart; aber es ist nicht ausgeschlossen, dass er in einer Klausur vorkommt. 488

2. Der Zugriff bei Fehlen eines Anwartschaftsrechts

In der Praxis vereinbaren die Parteien (mindestens stillschweigend) zugunsten des Sicherungsgebers einen aufschiebend bedingten *Rückübertragungsanspruch (Rückübereignungsanspruch)*. Rechtsgrundlage für den Rückübertragungsanspruch ist der *Sicherungsvertrag*. Der Anspruch hat einen eigenen wirtschaftlichen Wert (= Wert des Sicherungsgegenstandes abzüglich ausstehende Kreditraten) und ist deshalb als Zugriffsgegenstand in der Zwangsvollstreckung von Interesse. 489

Ein vollstreckungsrechtlicher Zugriff auf diesen Anspruch ist möglich und vielfach sehr sinnvoll, wobei die Drittwiderspruchsklage des Sicherungsnehmers dann nicht befürchtet werden muss, wenn das Sicherungsinteresse entfällt oder in absehbarer Zeit entfallen wird. Es fragt sich nur, wie ein Vollstreckungsgläubiger vorgehen muss, um diesen Rückübertragungsanspruch zu pfänden. Dies hängt von der Gewahrsams-(Besitz-)lage ab:

---

[10] Vgl. Heese FS Karsten Schmidt, 2019, 409 (412, 416 f. mwN zum Streitstand).
[11] Zum Ganzen Heese FS Karsten Schmidt, 2019, 409 (416 ff.).

a) Der Sicherungsnehmer hat den Gewahrsam

490 Wenn – wie im Beispiel 167 (→ Rn. 486) – die Sicherungsgeberin (Uhrmacherin *Zeiger*) den Gegenstand (ihre Uhrensammlung) dem Sicherungsnehmer *(Glocken AG)* übergeben hat, kann ein Gläubiger der *Zeiger* deren Rückübertragungsanspruch gegen die *Glocken AG* im Wege der Herausgabeanspruch-Pfändung nach §§ 846, 829, 835, 847 ZPO pfänden. In einem Pfändungs- und Überweisungsbeschluss wird der Herausgabeanspruch des Sicherungsgebers (= Vollstreckungsschuldners, hier: *Zeiger*) gegen den Sicherungsnehmer (= Drittschuldner, hier *Glocken AG*) gepfändet und dem Vollstreckungsgläubiger zur Einziehung überwiesen (eine Überweisung an Zahlungs statt ist nach § 849 ZPO nicht zulässig). Gleichzeitig wird angeordnet, dass die herauszugebende Sache (Uhrensammlung) an den Gerichtsvollzieher herauszugeben (§ 847 I ZPO) ist. Mit der Übergabe der Sache an den Gerichtsvollzieher entsteht an ihr das Pfändungspfandrecht; jetzt kann die Verwertung beginnen, als ob die Sache von vornherein beim Vollstreckungsschuldner gepfändet worden sei (§ 847 II ZPO). Ist der Dritte hingegen nicht zur Herausgabe bereit, muss die Einziehungsklage geführt und durchgesetzt werden (Beispiel 155, → Rn. 442). Eine Doppelpfändung ist nicht notwendig; die Pfandrechte bestehen vielmehr (nicht nebeneinander, sondern) hintereinander: Zunächst existiert das Pfändungspfandrecht am Herausgabeanspruch, dann an der Sache.

Hinweis: Bei dieser Vollstreckung handelt es sich *nicht* um die Vollstreckung zur Herausgabe einer bestimmten Sache gemäß § 883 ZPO (→ Rn. 434); denn der Vollstreckungsgläubiger will nicht von der Vollstreckungsschuldnerin (Uhrmacherin *Zeiger*), dass sie ihm eine bestimmte Sache herausgibt. Sondern *wegen einer Geldforderung* nimmt der Vollstreckungsgläubiger Zugriff auf einen Herausgabeanspruch der Vollstreckungsschuldnerin (= Sicherungsgeberin, hier: Uhrmacherin *Zeiger*), den diese gegen eine andere Person (= Drittschuldner, hier: *Glocken AG*) hat, damit diese Sache an den Gerichtsvollzieher herausgegeben wird und vom Gerichtsvollzieher so verwertet werden kann, als ob sie von vornherein bei der Vollstreckungsschuldnerin (Uhrmacherin *Zeiger*) vorgefunden und gepfändet worden wäre. Es wird also, um dies noch einmal deutlich zu betonen, bei *dieser* Vollstreckung kein Anspruch auf Herausgabe einer bestimmten Sache vollstreckt, sondern ein solcher Anspruch wird gepfändet, um eine *Geldforderung* zu vollstrecken. Die Rechtslage ist also ganz anders als bei der Briefmarkensammlung des *Franz Engelmann* (Beispiel 155, → Rn. 442), die *Engelmann* von *Anna Fink* herausverlangen darf und die sich nicht bei ihr befindet (→ Rn. 443).

Erneut (→ Rn. 441) zeigt es sich auch hier, dass die Vollstreckungsarten ineinandergreifen können. Hier ist es einmal (bei dem herausgabebereiten Dritten) der Wechsel *innerhalb* der Vollstreckung „wegen Geldforderungen" (§§ 802a–882i ZPO), und zwar von der Vollstreckung „in Forderungen und andere Vermögensrechte" (§§ 828 –863 ZPO) zur Vollstreckung „in körperliche Sachen" (§§ 808–827 ZPO).

Daneben kommt es (beim nicht herausgabebereiten Dritten) zu einer Verknüpfung der Vollstreckung „wegen Geldforderungen" (§§ 802a–882i ZPO) mit einer Vollstreckung „zur Erwirkung der Herausgabe von Sachen und zur Erwirkung von Handlungen oder Unterlassungen" (§§ 883–898 ZPO) – auf eine mögliche Einziehungsklage hin ergeht ein Titel des Vollstreckungsgläubigers gegen den Dritten auf Herausgabe an den Gerichtsvollzieher. Weigert sich die *Glocken AG,* die Sache herauszugeben und die Rückübereignung zu erklären, dann kann sie vom Vollstreckungsgläubiger aufgrund des Pfändungs- und Überweisungsbeschlusses (bzgl. des Herausgabeanspruchs) zur Abgabe der Willenserklärung (Vollstreckung nach § 894 ZPO, → Rn. 433) und Herausgabe gemäß § 847 I ZPO an den Gerichtsvollzieher verklagt werden. *Dieser* Titel wird nunmehr nach § 883 ZPO (→ Rn. 434) vollstreckt.

§ 90. Das Treuhandverhältnis in der Zwangsvollstreckung

b) Der Sicherungsgeber hat den Gewahrsam behalten

Der Praxis der Sicherungsübereignung entspricht es, dass der Sicherungsgeber im Besitz der Sache bleibt, wie dies im Beispiel 168 (→ Rn. 486) angenommen wurde. Ein „Herausgabeanspruch auf eine bewegliche Sache" iSv § 847 ZPO besteht dann nicht (*Zeiger* ist ja im Besitz der *Uhrensammlung*). Der wiederum aber auch hier bestehende (aufschiebend bedingte) Anspruch auf Rück*übereignung* kann von einem Gläubiger der *Zeiger* im Wege der Rechtspfändung nach §§ 857 I, 829, 835 ZPO gepfändet werden; Drittschuldner ist auch hier der Sicherungsnehmer, also die *Glocken AG*. Da die Rechtspfändung nach hM aber nicht auch die Sache ergreift (→ Rn. 471), ist der Vollstreckungsgläubiger (Gläubiger der *Zeiger*) gehalten, auch die Sache selbst zu pfänden.[12] So zeigt sich ein verblüffendes Ergebnis: *Auch bei fehlendem Anwartschaftsrecht ist im Wege der Doppelpfändung* vorzugehen, sofern die sicherungsübereignete Sache beim Sicherungsgeber verblieb.[13] Die Sachpfändung ist möglich, da der Vollstreckungsschuldner Gewahrsamsinhaber ist (§ 808 I ZPO).

491

Ob gegen die Pfändung der Sache (*Uhrensammlung*) der Sicherungsnehmer (*Glocken AG*) im Wege der Drittwiderspruchsklage gegen den Gläubiger der *Zeiger* vorgehen kann, hängt vom Stand des Sicherungsverhältnisses ab (→ Rn. 486, Beispiel 168): Die *Glocken AG* hat mit ihrer Klage jedenfalls dann Erfolg, wenn das *Sicherungsinteresse* noch besteht, wenn also *Zeiger* das Darlehen noch nicht in voller Höhe zurückgezahlt hat. Dabei darf aber nicht übersehen werden, dass es einem *Vollstreckungsgläubiger* möglich ist, das Ende des Sicherungsverhältnisses durch Zahlung des noch ausstehenden Restbetrags herbeizuführen. Denn in entsprechender Anwendung der Grundsätze zur Doppelpfändung des Anwartschaftsrechts (→ Rn. 471) kann ein etwaiger Widerspruch der *Zeiger* gegen diese Zahlung (§ 267 II BGB) durch die Rechtspfändung (§ 829 I 2 ZPO!) unterbunden werden. Eine Drittwiderspruchsklage der *Glocken AG* ist damit nur dann erfolgreich, wenn eine Rückzahlung des Darlehensbetrages weder vorliegt noch in absehbarer Zeit zu erwarten ist (Vollstreckungsgläubiger ist nicht bereit, den restlichen Darlehensbetrag zu zahlen).

---

[12] So zutr. die auch heute noch aktuelle Entscheidung OLG Celle NJW 1960, 2196.
[13] Zur Vertiefung: Stein/Jonas/Würdinger ZPO § 847 Rn. 11–17.

6. Kapitel. Die Rechtsbehelfe im Vollstreckungsfall

§ 91. Die Bedeutung der Rechtsbehelfe

492 Die Rechtsbehelfe des Zwangsvollstreckungsrechts haben eine außergewöhnlich große Bedeutung.[1] In den Prüfungsordnungen wird dieser Tatsache dadurch Rechnung getragen, dass sie ausdrücklich als Prüfungsstoff angeführt sind (→ Rn. 2, → Rn. 415 und → Rn. 419). Fälle aus dem Vollstreckungsrecht treten deshalb sehr häufig in Form einer Rechtsbehelfsklausur auf.

§ 92. Die einzelnen Rechtsbehelfe

493 Examenskandidaten sollten sich rechtzeitig einen Überblick verschaffen, in welchen Situationen die einzelnen Rechtsbehelfe möglich sind. Am leichtesten gewinnt man diesen Überblick, wenn man die einzelnen Vollstreckungssituationen in verschiedene Fallgruppen unterteilt und die dann jeweils möglichen Rechtsbehelfe betrachtet:

I. Fehlen der Vollstreckungsvoraussetzungen. Vollstreckungserinnerung (§ 766 I ZPO)

494 Fehlt auch nur eine der allgemeinen Vollstreckungsvoraussetzungen des § 750 I ZPO – Titel, Klausel und Zustellung (→ Rn. 425 ff.) – und nimmt das Vollstreckungsorgan trotzdem Vollstreckungsakte vor, steht dem Vollstreckungsschuldner (Beispiel 145, → Rn. 421 und → Rn. 411) und eventuell betroffenen Dritten die *Erinnerung nach § 766 I ZPO* zu.

Die in § 766 I ZPO genannten „Anträge, Einwendungen und Erinnerungen" werden von der ZPO als „Erinnerung" bezeichnet. Funktionell zuständig für die Entscheidung ist das Vollstreckungsgericht und dort der Richter, nicht der Rechtspfleger (§ 20 I Nr. 17 S. 2 RPflG). Dieser Rechtsbehelf ist eine Art Gegenvorstellung und an keine Frist gebunden, allerdings erst zulässig, wenn ein Vollstreckungsakt vorgenommen wurde oder wenigstens unmittelbar droht. Unzulässig ist er, wenn die Zwangsvollstreckung beendet ist, es sei denn, Vollstreckungsmaßnahmen können noch aufgehoben werden (zB Kostenansatz des Gerichtsvollziehers, § 766 II ZPO).

Als „verzwickt" wird das Verhältnis der Erinnerung zu anderen Rechtsbehelfen empfunden. Hier muss man deutlich unterscheiden:
1. Geht die Vollstreckungsmaßnahme ausnahmsweise vom *Prozessgericht* oder vom *Grundbuchamt* aus, sind spezielle Rechtsbehelfe eingeräumt. Dem *Prozessgericht* sind Vollstreckungsmaßnahmen bei der Vollstreckung zur Erwirkung von Handlungen und Unterlassungen nach §§ 887, 888 ZPO und § 890 ZPO übertragen (→ Rn. 435–438). Gegen die hierbei vom *Prozessgericht* erlassenen Beschlüsse (§ 891 S. 1 ZPO) ist nur die sofortige Beschwerde statthaft (§ 793 ZPO), also § 567 I Nr. 1 ZPO anzuwenden. Dem *Grundbuchamt* ist in § 867 ZPO die Vollstreckung übertragen.
2. Selbst wenn aber diese Ausnahme nicht eingreift, ist nicht immer § 766 ZPO gegeben. Die Erinnerung *scheidet aus* gegen alle *Entscheidungen* des Richters oder Rechtspflegers (sogleich näher 4.).
3. Damit ist die Erinnerung *möglich* gegen:
    a) alle Handlungen des Gerichtsvollziehers (vgl. § 766 ZPO),
    b) alle Unterlassungen, Ablehnungen, Verzögerungen des Gerichtsvollziehers (vgl. § 766 II ZPO),
    c) die Pfändungs- und Überweisungsbeschlüsse des Vollstreckungsgerichts (→ Rn. 455). Pfändungs- und Überweisungsbeschlüsse sind nur dann „Entscheidungen", wenn sie aus-

---

[1] Vgl. Kindl/Sondhof JURA 2022, 263 und 407.

§ 92. Die einzelnen Rechtsbehelfe

nahmsweise (§ 834 ZPO!) nach Anhörung des Vollstreckungsschuldners ergehen, zB bei §§ 850b III, 844 II ZPO (sogleich Ziffer 4): Dann scheidet die Erinnerung aus.
4. Unproblematisch ist also der Angriff gegen Maßnahmen des *Gerichtsvollziehers;* er wird ohne jede Einschränkung im Wege des § 766 ZPO geführt. Anders ist es gegenüber dem Vollstreckungsrichter (Rechtspfleger). Der maßgebliche Abgrenzungsbegriff ist hierbei die „Entscheidung" (oben 2.), weil gegen sie *keine* Erinnerung eingelegt werden darf, sondern nur die sofortige Beschwerde eingeräumt ist (§ 793 ZPO, evtl. in Verbindung mit § 11 I RPflG). Die hM grenzt die Vollstreckungserinnerung von der sofortigen Beschwerde nach Maßgabe des rechtlichen Gehörs ab. Als eine „Entscheidung" sind folgende drei Maßnahmen anzusehen:
a) Die Entscheidung, die *nach tatsächlicher Anhörung des Gegners* erfolgt, auch wenn er nicht angehört werden musste (hier wird zwischen verschiedenen Standpunkten „entschieden").
b) Die Entscheidung, die erst nach Anhörung des Gegners getroffen werden darf, auch wenn er nicht angehört wurde.
c) Die *Ablehnung* von Vollstreckungsmaßnahmen durch den Richter oder den Rechtspfleger. Da die sofortige Beschwerde Devolutiveffekt hat (§ 572 I ZPO), wird es als sinnvoll angesehen, dass in diesen Fällen einer Entscheidung sogleich eine Überprüfung in der nächsten Instanz durchgeführt wird.
Falls keine Entscheidung vorliegt, ist die Erinnerung zulässig, zB also gegen (in der Regel) ohne Anhörung des Vollstreckungsschuldners (§ 834 ZPO) ergangene Pfändungs- und Überweisungsbeschlüsse des Rechtspflegers.[1]

II. Beseitigung der Vollstreckungsvoraussetzungen

Anders gestalten sich die Rechtsbehelfe, wenn der *Vollstreckungsschuldner* die Vollstreckungsvoraussetzungen beseitigen will. Hier bieten sich *Klausel* und *Titel* als Angriffsobjekt an.

1. Angriff gegen die Klausel. Klauselerinnerung (§ 732 ZPO)

Gegen die Erteilung der Vollstreckungsklausel gibt es den speziellen Rechtsbehelf der *Klauselerinnerung nach § 732 ZPO.* Sie wird der *Vollstreckungsschuldner* einlegen, wenn er der Ansicht ist, dass die Voraussetzungen für die Erteilung der Klausel gefehlt haben (Beispiel 145, → Rn. 421).

Bisweilen wird bei der Klauselerinnerung des § 732 ZPO übersehen, dass über sie das *Prozessgericht* entscheidet. Denn § 732 I 1 ZPO benennt als zuständig dasjenige Gericht, dessen Geschäftsstelle die Klausel erteilt hat. Dies kann also nur das Prozessgericht sein (vgl. § 724 II ZPO). Dieses Ergebnis folgt auch aus der Systematik des Zivilprozessrechts: Die Klauselerteilung gehört – auch wenn sie im Achten Buch geregelt ist – noch nicht zur Zwangsvollstreckung, also muss das Prozessgericht zuständig sein. Als Rechtsbehelf gegen die Entscheidung des *Prozessgerichts* über die Klauselerinnerung darf deshalb auch keinesfalls ein vollstreckungsrechtlicher Rechtsbehelf (etwa § 793 ZPO) empfohlen werden (häufiger Fehler!). Insofern unterscheidet sich diese Klauselerinnerung von der soeben in → Rn. 494 behandelten Vollstreckungserinnerung (§ 766 ZPO) erheblich; über letztere entscheidet das Vollstreckungsgericht (§ 766 I 1 ZPO).

Nur selten wird die *Klauselabwehrklage* (§ 768 ZPO) im Ersten Staatsexamen behandelt. In diesen Fällen wendet der in der vollstreckbaren Ausfertigung genannte Schuldner ein, dass die vom Rechtspfleger auf formeller Grundlage bejahten besonderen Voraussetzungen einer qualifizierten Vollstreckungsklausel (insbes. §§ 726 I, 727 ZPO) tatsächlich nicht gegeben sind.[2]

---

[1] Die Erinnerung nach *§ 766 I ZPO* findet also nicht nur gegen *Vollstreckungsmaßnahmen* des Richters statt, sondern auch gegen solche *des Rechtspflegers. Gegen Entscheidungen* des Rechtspflegers wäre dagegen die sofortige Beschwerde nach *§ 11 I RPflG, § 793 ZPO* der statthafte Rechtsbehelf (vgl. dazu: Zöller/Herget ZPO § 766 Rn. 3).

[2] Näher zu ihr MüKoZPO/Schmidt/Brinkmann § 768 Rn. 1–14; Brox/Walker Zwangs-VollstR § 8 Rn. 21 ff.

2. Angriff gegen den Titel

Es gibt beim Angriff gegen den Titel vier verschiedene Ziele auf sehr unterschiedlichen prozessualen Wegen:

a) Beseitigung des noch nicht rechtskräftigen Titels. Einspruch und Rechtsmittel

497 Da aus einem noch nicht rechtskräftigen Titel vollstreckt werden kann (→ Rn. 427), bieten sich bei der Vollstreckung aus einem solchen Titel als Rechtsbehelfe für den *Vollstreckungsschuldner* diejenigen Möglichkeiten an, mit denen der Eintritt der formellen Rechtskraft (→ Rn. 393) verhindert und – im Rahmen des weiteren Prozesses – eine Beseitigung des Titels erreicht werden kann. Bei einer Vollstreckung aus einem Versäumnisurteil oder einem Vollstreckungsbescheid ist der *Einspruch* (→ Rn. 361 und 136) gegeben; bei einem Endurteil kommen, soweit statthaft, die *Berufung* (§ 511 ZPO) und die *Revision* (§ 542 ZPO) in Betracht.

b) Beseitigung eines rechtskräftigen Titels. Anhörungsrüge, Wiederaufnahme und Wiedereinsetzung (§§ 321a, 578, 233 ZPO)

498 Von großer praktischer Bedeutung ist die in § 321a ZPO verankerte *Anhörungsrüge*. Sie setzt die Unanfechtbarkeit der angegriffenen Entscheidung voraus (→ Rn. 155).

499 Seltener ist an die *Wiederaufnahmeklage* (§§ 578ff. ZPO, → Rn. 399) und an die Durchbrechung der Rechtskraft über § 826 BGB zu denken (→ Rn. 402). Wichtig und häufig ist hingegen die *Wiedereinsetzung in den vorigen Stand* (§ 233 ZPO), mit der (rückwirkend) die formelle Rechtskraft beseitigt werden kann, sodass eine Änderung in der Prozesssituation eintritt: Die Vollstreckung aus einem bislang *rechtskräftigen* Titel wird zu einer Vollstreckung aus einem *noch nicht rechtskräftigen* Richterspruch, und aus dem hier behandelten Verfahrensziel springt die Bearbeitung zu dem zuvor unter a) besprochenen Verfahrensziel über (→ Rn. 530).

c) Änderung des Wiederkehrtitels für die Zukunft. Abänderungsklage (§ 323 ZPO)

500 Titel, die zu wiederkehrenden Leistungen verurteilen, können für die Zukunft vom Vollstreckungsschuldner über die *Abänderungsklage* (§ 323 ZPO) beseitigt werden, wenn wesentliche Änderungen der der Entscheidung zugrunde liegenden tatsächlichen und rechtlichen Umstände seit der letzten mündlichen Tatsachenverhandlung eingetreten sind. In der Regel wird ein solcher Titel rechtskräftig sein; wenn er es jedoch nicht ist, ergibt sich bisweilen das Problem der Wahl zwischen dem normalen Rechtsbehelf und der Abänderungsklage. § 323 II ZPO zwingt den durch Versäumnisurteil oder Vollstreckungsbescheid Verurteilten zur Einlegung des Einspruchs (die Hinweise im Beispiel 174, → Rn. 527 gelten auch hier). Daneben tritt die Abgrenzungsfrage zwischen § 323 ZPO und § 767 ZPO auf (→ Rn. 529).

§ 323 ZPO darf aber nicht nur aus der Perspektive des verurteilten Beklagten (und späteren *Vollstreckungsschuldners*) gesehen werden. Im Gegensatz zu § 767 ZPO ist § 323 ZPO auch dem früheren Kläger (und späteren *Vollstreckungsgläubiger*) eingeräumt. In Zeiten einer Geldentwertung ist sogar eine Abänderungsklage des früheren Klägers (zB auf Erhöhung seiner Unfallrente) typischer als eine Klage des früheren Beklagten.

d) Beseitigung der Vollstreckbarkeit eines Titels. Vollstreckungsabwehrklage (§ 767 ZPO)

501 Einer der wichtigsten Rechtsbehelfe des Vollstreckungsschuldners ist die Vollstreckungsabwehrklage (Vollstreckungsgegenklage). Mit dieser Klage kann der Vollstreckungsschuldner die nach der letzten mündlichen Tatsachenverhandlung eingetretenen Umstände zur Geltung bringen, die im Urteil nicht mehr berücksichtigt werden

§ 92. Die einzelnen Rechtsbehelfe 253

konnten (§ 767 II ZPO). Solche Umstände sind insbes. die Zahlung der Klageforderung durch den Vollstreckungsschuldner oder deren Stundung durch den Vollstreckungsgläubiger sowie zB der Eintritt der Rücktrittsfiktion des § 508 S. 5 BGB (Beispiel 165, → Rn. 478), wenn sie nach der letzten mündlichen Tatsachenverhandlung eingetreten sind (Beispiel 174, → Rn. 527).[3] Ob auch Gestaltungsrechte hierunter fallen, die der Vollstreckungsschuldner im Vorprozess hätte geltend machen können, ist bekanntlich umstritten (→ Rn. 282). Im Gegensatz zur Abänderungsklage (§ 323 ZPO) ist die Vollstreckungsabwehrklage *nur dem Vollstreckungsschuldner* eingeräumt. Wird während der Anhängigkeit der Vollstreckungsabwehrklage die Zwangsvollstreckung beendet, ist sie unzulässig geworden; der Vollstreckungsschuldner darf aber die Klage in eine Klage auf Herausgabe des Erlöses (§ 812 I 1 Alt. 2 BGB, → Rn. 462) ändern *("verlängerte Vollstreckungsabwehrklage")*.[4]

Auch im sofortigen Beschwerdeverfahren gegen Beschlüsse des Prozessgerichts nach § 887 I ZPO (§§ 891, 793 ZPO) kann der Vollstreckungsschuldner einwenden, zwischenzeitlich erfüllt zu haben (§ 362 BGB). In diesem Fall ist er nicht auf die Vollstreckungsabwehrklage angewiesen. Umgekehrt wird aber die Vollstreckungsabwehrklage nicht dadurch unzulässig, dass der Vollstreckungsschuldner den Erfüllungseinwand auch beim Angriff gegen Einzelmaßnahmen vortragen kann.[5]

III. Angriff gegen einzelne Vollstreckungsmaßnahmen

In den in → Rn. 494 und → Rn. 495 ff. dargestellten Fallgruppen soll *die Vollstreckung insgesamt* unterbunden werden. Häufig ist jedoch gegen die Vollstreckung als solche nichts einzuwenden; nur die *Einzelmaßnahme* wird bekämpft. Der Grund hierfür kann *entweder* in prozessualen (vollstreckungsrechtlichen) Mängeln bestehen *oder* auf materiell-rechtlichen Vorschriften beruhen. 502

1. Vollstreckungsrechtliche Unzulässigkeit. Vollstreckungserinnerung und sofortige Beschwerde (§§ 766, 793 ZPO)

Nimmt ein Organ des Vollstreckungsgerichts (nicht: Maßnahmen des *Prozessgerichts*, → Rn. 494) eine Handlung vor, die unzulässig erscheint, stehen die sofortige Beschwerde nach § 793 ZPO (bei Handeln des Rechtspflegers in Verbindung mit § 11 I RPflG, → Rn. 494) und die Erinnerung nach § 766 ZPO zur Verfügung. 503

Für die Abgrenzung der Erinnerung (§ 766 ZPO) von der sofortigen Beschwerde (§ 793 ZPO) gelten auf der Grundlage der hM die schon bekannten Kriterien:

(1) Alle Handlungen des *Gerichtsvollziehers* (auch Unterlassungen!) und alle *Vollstreckungsakte* des Vollstreckungsgerichts, also alle Maßnahmen, die *keine „Entscheidungen"* sind, sind mit der Erinnerung angreifbar (→ Rn. 494 aE). Gegen die Pfändung von Gegenständen durch den Gerichtsvollzieher (zB Kinderzimmereinrichtung) ist deshalb die Erinnerung gegeben, mit der die Unpfändbarkeit nach § 811 I Nr. 1 lit. a ZPO geltend gemacht werden kann (Lösung des Beispiels 141 Frage 2, → Rn. 412). Dieser Rechtsbehelf ist ferner einge-

---

[3] Zur Vertiefung: Soweit der Titel unbestimmt oder unwirksam ist (zB Verstoß gegen § 134 BGB) kann gegen ihn der Vollstreckungsschuldner mit der *Titelabwehrklage* (Titelgegenklage) vorgehen (analog zu § 767 ZPO, vgl. eingehend BGHZ 124, 164 (170 f.) = NJW 1994, 460 (462); Musielak/Voit/Lackmann ZPO § 767 Rn. 9b).

[4] Vgl. BGHZ 163, 339 (340) = NJW 2005, 2926; Thomale ZZP 132 (2019) 139 (167 ff.); Hein JuS 2022, 928; Thomas/Putzo/Seiler ZPO § 767 Rn. 7. Wie die verlängerte Drittwiderspruchsklage ist auch sie eine Leistungsklage → Rn. 462 vor Beispiel 161. Für vergleichbare Situationen nach unterlassener Vollstreckungserinnerung kann man von einer *„verlängerten Vollstreckungserinnerung"* sprechen; der Begriff findet sich bisher aber nur in der Ausbildungsliteratur für das Zweite Staatsexamen, näher Scheuch ZZP 134 (2021) 169 (170 Fn. 6).

[5] Vgl. BGH NJW-RR 2023, 66 Rn. 15; hierzu K. Schmidt JuS 2023, 367.

räumt, wenn der *Vollstreckungsschuldner* einen Pfändungs- und Überweisungsbeschluss aus dem Grund angreift, weil die gepfändete Forderung unpfändbar sei (→ Rn. 494). Für den *Vollstreckungsgläubiger* ist die Erinnerung gegeben, wenn zB der Gerichtsvollzieher einen pfändbaren Gegenstand nicht pfändet, weil er diesen für unpfändbar hält (vgl. § 766 II ZPO).

(2) Besteht die *Vollstreckungsmaßnahme des Richters oder Rechtspflegers* dagegen in einer „Entscheidung" (dh wird sie nach gebotener oder tatsächlicher Anhörung des Gegners erlassen, → Rn. 494 sub 4), darf die Erinnerung nach hM nicht eingeräumt werden (häufiger Fehler!). Statthafter Rechtsbehelf ist vielmehr die *sofortige Beschwerde* (§ 793 ZPO). So ist die Zulassung der Austauschpfändung nach § 811a II ZPO eine solche Entscheidung des Vollstreckungsgerichts (Beispiel 172, → Rn. 522). Sehr wichtig ist ferner, dass gegen die *Ablehnung des Vollstreckungsakts* durch den Richter oder Rechtspfleger keinesfalls die Erinnerung (§ 766 ZPO) gegeben ist (→ Rn. 494). Daher wird zB die *Ablehnung eines Pfändungs- und Überweisungsbeschlusses* durch den Rechtspfleger gemäß § 793 ZPO, § 11 I RPflG angegriffen, während der *Erlass* dieses Beschlusses in der Regel keine Entscheidung ist und mit der Erinnerung (§ 766 ZPO) bekämpft wird (→ Rn. 494 sub 3).

2. Materiell-rechtliche Einwendungen. Drittwiderspruchsklage und Vorzugsklage (§§ 771, 805 ZPO)

504 Da der Zugriff auf die beim Vollstreckungsschuldner vorhandenen Vermögenswerte ohne Rücksicht auf die sachenrechtliche Zuordnung (insbes. ohne Rücksicht auf die Eigentumslage; Ausnahme: Offenkundigkeit des fehlenden Eigentums, → Rn. 411 f.) erfolgt, entstehen immer wieder Situationen, in denen die Vollstreckungsorgane zwar prozessual (vollstreckungsrechtlich, also nach der ZPO) einwandfrei vorgehen, jedoch dritte Personen materiell-rechtliche Einwendungen erheben können. Sie machen entweder ihr Eigentum (zB auch als Treuhand- oder Vorbehaltseigentum, → Rn. 484) geltend oder beanspruchen ein besseres Recht an der Sache. Die Wege hierzu sind die *Drittwiderspruchsklage* (§ 771 ZPO) und die *Klage auf vorzugsweise Befriedigung* (§ 805 ZPO), die schon angesprochen wurden (Lösung des Beispiels 141 Fragen 1 und 3, → Rn. 412, sowie Beispiele 162, 166, 167 und 168, → Rn. 464, → Rn. 485 f.).[6] Es sind die typischen Rechtsbehelfe *dritter Personen,* nicht etwa des Vollstreckungsschuldners.

Bearbeiter sollen auch das bei der Pfändung einer Sache durch mehrere Vollstreckungsgläubiger stattfindende *Verteilungsverfahren* (§§ 872 ff. ZPO) kennen (Beispiel 163, → Rn. 475).

IV. Rechtsbehelfe zur Herbeiführung der Vollstreckungsvoraussetzungen und einzelner Vollstreckungsmaßnahmen

505 Wie in der Praxis, so stehen auch in der Prüfung die Rechtsbehelfe des Vollstreckungsschuldners und dritter Personen im Vordergrund. Immer wieder muss sich aber auch der *Vollstreckungsgläubiger* mit einem Rechtsbehelf wehren, wenn sich seinem Ziel (der Vollstreckung) Hindernisse in den Weg stellen. Hier sollte man zwischen zwei Unterfällen differenzieren:

1. Rechtsbehelfe zur Herbeiführung der Vollstreckungsvoraussetzungen. Klauselerteilungsklage (§ 731 ZPO)

506 Erwähnenswert für das Examen ist hier nur die *Klauselerteilungsklage* des § 731 ZPO, mit der der *Vollstreckungsgläubiger* im Wege des Verfahrens vor dem *Prozessgericht* die Erteilung der zur Vollstreckung erforderlichen (§ 750 I ZPO) Klausel zu erreichen versucht.

---

[6] Lesenswert zur Klage auf vorzugsweise Befriedigung Brox/Walker ZwangsVollstrR § 46 Rn. 1 ff.

2. Rechtsbehelfe zur Herbeiführung von Einzelmaßnahmen. Vollstreckungserinnerung und sofortige Beschwerde (§§ 766, 793 ZPO)

Wenn der Gerichtsvollzieher eine Einzelmaßnahme unterlässt, ist immer die Erinnerung statthaft. Anders ist es jedoch beim Unterlassen durch den Rechtspfleger oder Richter. Die Ablehnung des Vollstreckungsakts wird, da sie eine „Entscheidung" darstellt, nicht durch Erinnerung, sondern durch sofortige Beschwerde bekämpft (→ Rn. 494 aE und → Rn. 503).

507

§ 93. Allgemeine Ratschläge zur Behandlung der einzelnen Rechtsbehelfe

Die Vielzahl der Rechtsbehelfe führt von selbst zu der Frage, in welcher Weise der Bearbeiter vorgehen soll, wenn er einen Vollstreckungsfall untersucht. Zwei Arbeitsweisen sind möglich: Entweder man prüft den Fall aus der Sicht der Rechtsbehelfe *(„von den Rechtsbehelfen her")*, dh die – nicht schon offensichtlich erfolglosen – Rechtsbehelfe werden nacheinander erwogen. Oder der Bearbeiter geht von der jeweiligen Verfahrenssituation und den vorhandenen (behaupteten) Mängeln aus und fragt, welcher Rechtsbehelf in dieser Situation eingreift *(„von den Mängeln her")*.

508

Die erstgenannte Technik ist bei Vollstreckungsfällen sehr verbreitet. Sie fällt dem Anfänger leichter, weil sie sich an die Darstellungen in den Lehrbüchern anlehnt, die ja auch die Rechtsbehelfe nacheinander abhandeln. Dieser Arbeitsweise haften aber erhebliche Nachteile an. Sie verführt zu Langatmigkeit und zur Erörterung überflüssiger Probleme, weil der Bearbeiter all sein Wissen über die „zur Hand genommenen Werkzeuge" in der Regel auch schriftlich an den Mann bringen will, selbst wenn dies für die Lösung nebensächlich oder abwegig ist. Weiterhin begünstigt diese Arbeitsweise den gefährlichen Schema-Kult (→ Rn. 42 und → Rn. 517) und verführt zur einseitigen Konzentration auf vollstreckungsrechtliche Fragen und damit zum Übersehen allgemeiner Rechtsbehelfe. Letztlich haftet ihr der große Nachteil an, dass in der Praxis nur die zweite Arbeitsweise üblich ist; denn sie ist schnell und treffsicher. Trotzdem sollte derjenige Bearbeiter der erstgenannten Technik folgen, der im Vollstreckungsrecht kaum zuhause ist; lieber diese Technik als gar keine Methode! Ferner eignet sie sich als *Kontrollprogramm*, dh wenn der Bearbeiter den Lösungsweg und das Ergebnis konzipiert hat, sollte er jetzt (aber möglichst erst jetzt) noch einmal alle Rechtsbehelfe an seinem geistigen Auge vorbeiziehen lassen.

Wegen der geschilderten Nachteile kann nur dringend empfohlen werden, der zweiten Arbeitsweise zu folgen, dh *„von den Mängeln her"* zu prüfen. Dabei wird die Darstellung der vier Fallgruppen des vorhergehenden Paragraphen als Richtschnur für die gedankliche Arbeit gewählt.

Daher sollte man zwischen den typischen Verfahrenssituationen unterscheiden:
(1) Es wird die *Vollstreckung bekämpft*, weil die allgemeinen Voraussetzungen für eine Vollstreckung fehlen (→ Rn. 494).
(2) Die (vorhandenen) *Vollstreckungsgrundlagen* sollen *beseitigt* werden mit dem Ziel der Beendigung der Vollstreckung (→ Rn. 495–501).
(3) *Einzelne* Vollstreckungsmaßnahmen werden *bekämpft*, weil zwar die allgemeinen Vollstreckungsvoraussetzungen vorliegen, die Einzelmaßnahme aber mit der ZPO oder dem materiellen Recht unvereinbar ist (→ Rn. 502–504).
(4) Die Vollstreckung soll nicht – wie in den Fällen (1) – (3) – bekämpft werden, sondern die Vollstreckung soll
   a) *eingeleitet* werden, indem die (fehlenden) Vollstreckungsgrundlagen vervollständigt werden (→ Rn. 506).
   b) *durchgeführt* werden, weil die Unterlassung der ZPO widerspricht (→ Rn. 507).

§ 94. Die Arbeitstechnik bei Rechtsbehelfen im Vollstreckungsrecht

509 Eine *besondere* Arbeitstechnik verlangen Rechtsbehelfsfälle aus dem Vollstreckungsrecht nicht. Nicht die Methode, wohl aber die Materie ist anders. Die Schwierigkeiten derartiger Fälle liegen vor allem in der Vielzahl der vollstreckungsrechtlichen Rechtsbehelfe und in der Grenzziehung zwischen den verschiedenen Rechtsbehelfen.

I. Schwierigkeiten bei der Richterklausur

510 Tritt der vollstreckungsrechtliche Rechtsbehelfsfall als Richterklausur auf, muss der Bearbeiter die Zulässigkeit und Begründetheit von eingelegten Rechtsbehelfen untersuchen.

> **Beispiel 169:** *Unger* schuldet der *Allerlei GmbH* den Restkaufpreis aus dem Kauf eines Fernsehgeräts und ist deshalb zur Zahlung verurteilt worden (Beispiel 141, → Rn. 411). Die *Allerlei GmbH* hat bei *Unger* aufgrund des vollstreckbaren Urteils eine Reihe von Gegenständen durch den Gerichtsvollzieher pfänden lassen. Gegen diese Pfändungen haben mehrere Personen Rechtsbehelfe eingelegt.
> **Frage:** Welche der folgenden Rechtsbehelfe sind erfolgreich:
> (1) *Drittwiderspruchsklage* (§ 771 ZPO) des Elektrohändlers *Blitz*, in dessen Vorbehaltseigentum die gepfändete Spielkonsole steht?
> (2) *Erinnerung* (§ 766 ZPO) des *Unger* und seiner Kinder wegen Pfändung der Kinderzimmereinrichtung, die nach § 811 I Nr. 1 lit. a ZPO unpfändbar sei?
> (3) *Klage auf vorzugsweise Befriedigung* (§ 805 ZPO) des Vermieters von *Unger*, da er wegen der noch ausstehenden und wegen künftiger Mietzahlungen ein vorrangiges Pfandrecht (§ 562 BGB) an der gepfändeten Briefmarkensammlung des *Unger* habe?
> (4) *Vollstreckungsabwehrklage* (§ 767 ZPO) des *Unger* gegen die *Allerlei GmbH*, weil durch die Pfändung des von der *Allerlei GmbH* gelieferten Fernsehgeräts die Rücktrittsfiktion des § 508 S. 5 BGB ausgelöst worden und damit der Kaufvertrag mitsamt der Kaufpreisrestforderung nach der letzten mündlichen Tatsachenverhandlung weggefallen sei?
> (5) *Drittwiderspruchsklage* (§ 771 ZPO) der Frau *Unger* wegen der Pfändung des ihr gehörenden Laptops?
>
> **Lösung:**
> (1) Die *Drittwiderspruchsklage* des *Blitz* ist erfolgreich, da sein Vorbehaltseigentum nach hM „ein die Veräußerung hinderndes Recht" im Sinne des § 771 I ZPO darstellt.
> (2) Die *Erinnerung* des *Unger* und der Kinder *Ungers* ist zulässig und begründet, weil der Gerichtsvollzieher die Vollstreckungsschutzvorschrift des § 811 I Nr. 1 lit. a ZPO nicht beachtet hat, § 766 I ZPO (Lösung des Beispiels 141 Frage 2, → Rn. 412).
> (3) Die *Klage auf vorzugsweise Befriedigung* (§ 805 ZPO) des Vermieters, der keinen Besitz an der Briefmarkensammlung hat, ist erfolgreich (Lösung des Beispiels 141 Frage 3, → Rn. 412).
> (4) Die *Vollstreckungsabwehrklage* (§ 767 ZPO) des *Unger* ist zwar zulässig, aber nicht begründet. Die Pfändung der eigenen Sache durch den Vorbehaltsverkäufer *(Allerlei GmbH)* löst (noch) nicht die Rücktrittsfiktion des § 508 S. 5 BGB aus (Beispiel 165, → Rn. 478). Aus diesem Grunde besteht der Kaufvertrag noch. Nach der letzten mündlichen Tatsachenverhandlung (§ 767 II ZPO) ist also kein Ereignis eingetreten, das den im Urteil zuerkannten Kaufpreisanspruch berührt.
> (5) Die *Drittwiderspruchsklage* (§ 771 ZPO) von Frau *Unger* ist zulässig. Sie ist begründet, wenn es ihr gelingt, die Eigentumsvermutung des § 1362 BGB zu widerlegen (Lösung des Beispiels 141 Frage 6, → Rn. 412).

Solch ein einfacher Fall lässt sich relativ schnell und ohne Spezialkenntnisse lösen. Schwieriger hingegen sind Richterklausuren, in denen der Aufgabentext den einge-

§ 94. Die Arbeitstechnik bei Rechtsbehelfen im Vollstreckungsrecht

legten Rechtsbehelf nicht beim Namen nennt und die erste Prüfungsleistung darin besteht, den Rechtsbehelf richtig zu qualifizieren. So könnte das Beispiel 169 dadurch schwieriger gestaltet werden, dass bei den einzelnen Anträgen (Fragen 1–5) jede Bezeichnung und Paragraphenangabe weggelassen würde. Als komplizierter gelten auch Fälle, in denen zB der Kläger zwar einen erfolgversprechenden Rechtsbehelf erhebt, jedoch die von ihm hierzu vorgetragenen Gründe falsch sind. Der Weg zur zutreffenden Klausurlösung führt hierbei über das „Hindernis" unrichtiger Argumentation innerhalb des Aufgabentextes:

> **Beispiel 170:** In Abwandlung des Beispiels 169 Frage 1 klagt der Elektrohändler *Blitz* gegen die *Allerlei GmbH* mit folgender Begründung: Sein Vorbehaltseigentum an der Spielkonsole werde durch die Pfändung der *Allerlei GmbH* beeinträchtigt. Er gehe deshalb aus § 1004 I 1 BGB vor.
> **Frage:** Ist die Klage erfolgreich?
> **Lösungsweg:** Der Bearbeiter muss in den Vordergrund stellen, dass gegen die Pfändung eines nicht im Eigentum des Vollstreckungsschuldners stehenden Gegenstandes der Eigentümer nur gemäß § 771 ZPO vorgehen kann.[1] Der (in seinem Eigentum durch die Pfändung beeinträchtigte) Dritte (→ Rn. 411) kann deshalb nur mit dieser prozessualen Rechtsgestaltungsklage vorgehen, nicht aber mit Klagen aus dem Eigentum, etwa aus § 1004 I 1 BGB. Aus diesem Grunde versagt die Berufung des *Blitz* auf diese Vorschrift.
> Doch mit diesem Ergebnis darf sich die Lösung nicht begnügen. Das Begehren des *Blitz* muss – wie auch sonstige Klagen – unter allen rechtlichen Gesichtspunkten geprüft werden: *iura novit curia*. Es reicht, wenn der Kläger die seine Klage rechtfertigenden Tatsachen vorträgt; es schadet ihm nicht einmal, wenn er diese Tatsachen rechtlich falsch würdigt, zB also eine Drittwiderspruchsklage als „Vollstreckungsabwehrklage" bezeichnet. Es zeigt sich dann, dass die Klage des *Blitz* als Drittwiderspruchsklage nach § 771 ZPO zu qualifizieren ist. Diese Klage wird erfolgreich sein.

An diesem Beispiel wird deutlich, dass sich der Verfasser unter keinen Umständen in die Rechtsansichten der Fallbeteiligten verbeißen darf. Oft geben zwar solche Rechtsmeinungen einen gewissen Hinweis auf den richtigen Lösungsweg. Nicht selten sind sie aber auch böse Fallgruben, in die diejenigen Bearbeiter fallen, die nicht gelernt haben, eine Aufgabe unabhängig von den Rechtsansichten der Beteiligten zu lösen. Aus dem Katalog solcher „Fallgruben" sind hier etwa zu nennen:

(1) Bei der Pfändung eines mit einem vorrangigen Pfandrecht belasteten Gegenstandes enthält der Aufgabentext nur Argumente aus dem Bereich des § 771 ZPO; viele Bearbeiter übersehen deshalb den zutreffenden, aber nicht erwähnten § 805 ZPO.

(2) Ein Vollstreckungsschuldner wendet sich mit einer Klage gegen die Vollstreckung und beruft sich hierzu auf die Lehre von der „Durchbrechung der materiellen Rechtskraft gemäß § 826 BGB" (→ Rn. 402): Er habe nach Rechtskraft gezahlt und daher sei die Vollstreckung sittenwidrig. Sein Gegner spricht von einer nicht zulässigen „Wiederaufnahmeklage". Die nicht erwähnte und sogar erfolgreiche Vollstreckungsabwehrklage nach § 767 ZPO wird von zahlreichen Bearbeitern übersehen!

(3) Ein Vollstreckungsschuldner macht mit der Erinnerung nach § 766 ZPO geltend, dass die bei ihm gepfändete Kücheneinrichtung nicht ihm gehöre; der Vollstreckungsgläubiger erwidert, zur Klärung der Eigentumsverhältnisse sei § 766 ZPO nicht geeignet: hierzu sei § 771 ZPO eingeräumt (dieser Einwand ist an sich richtig, Lösung des Beispiels 141 Frage 1, → Rn. 412). Die richtige Lösung wird häufig übersehen: Die Erinnerung ist aus einem anderen Grund erfolgreich. Die Kücheneinrichtung ist nach § 811 I Nr. 1 lit. a ZPO unpfändbar.

---

[1] Zur Konkurrenz des § 771 ZPO mit anderen Rechtsbehelfen: MüKoZPO/Schmidt/Brinkmann § 771 Rn. 9–16. Zur Vertiefung: Baur/Stürner/Bruns ZVR Rn. 46.27 ff.

II. Schwierigkeiten bei der Anwaltsklausur

515 Examenskandidaten halten die Anwaltsklausur für schwieriger als eine Richterklausur. Im Allgemeinen haben sie damit recht (→ Rn. 21).

Der Unterschied zwischen den Klausurtypen zeigt sich bei einem Vergleich: Die *Richterklausur* des Beispiels 169, → Rn. 510, ist deutlich leichter zu bearbeiten als das Ausgangsbeispiel 141, → Rn. 412, das in der Art einer *Anwaltsklausur* gestaltet ist. Zwar sind in beiden Beispielen die vollstreckungsrechtlichen Probleme identisch. Doch stehen bei der Richterklausur des Beispiels 169 die eingelegten Rechtsbehelfe, die am Verfahren beteiligten Personen und die zu überprüfenden Vollstreckungsmaßnahmen fest. Damit bewegt sich die Fallbearbeitung in einem festen Rahmen. Anders ist es bei einer Anwaltsklausur wie im Beispiel 141: Hier muss der Bearbeiter selbst den Rahmen finden: Welche Vollstreckungsmaßnahmen sollen angegriffen werden? Welcher Rechtsbehelf kommt in Betracht? Wer sind die zu beteiligenden Personen?

Die besondere Gefahr bei einer Anwaltsklausur liegt darin, dass der Bearbeiter den Einstieg in den Fall nicht findet. Häufig ist nämlich der Aufgabentext mit Anhaltspunkten sehr zurückhaltend. Er schildert den Fall nur so, wie ihn der Nicht-Jurist sieht und überlässt – vergleichbar der späteren Anwaltstätigkeit – jede juristische Bewertung dem Bearbeiter.

Beispiel 171: Bei RAin *Dr. Klug* erscheint *Sabine Unger*. Sie erzählt, ihr Mann sei vom AG vor zwei Tagen zur Zahlung von 1.000 EUR an die *Allerlei GmbH* verurteilt worden. Dies sei der Rest des Kaufpreises für ein von ihrem Mann bei der *Allerlei GmbH* unter Eigentumsvorbehalt gekauftes Fernsehgerät. Heute früh sei der Gerichtsvollzieher erschienen, habe ihr das Urteil übergeben und sodann Zahlung verlangt. Als sie (Frau *Unger*) nicht gezahlt habe, habe er eine Reihe von Sachen gepfändet, darunter die Kinderzimmereinrichtung und das Fernsehgerät. Soeben habe sie bei der *Allerlei GmbH* die 1.000 EUR einschließlich der Verfahrenskosten gezahlt. Der Geschäftsführer der *Allerlei GmbH* habe ihr danach gesagt, dass die *Allerlei GmbH* trotzdem die Zwangsvollstreckung weiter aus dem amtsgerichtlichen Urteil betreiben und den Gerichtsvollzieher dementsprechend anweisen werde. Als sie dagegen protestiert habe, sei sie aus den Geschäftsräumen „geworfen" worden. Zum Glück habe sie aber noch eine vom Geschäftsführer unterzeichnete Quittung erhalten.

Frage: Welche prozessualen Schritte wird RAin *Dr. Klug* erwägen und welche sind erfolgversprechend?

Lösung: RAin *Dr. Klug* wird folgende Rechtsbehelfe erwägen:

I. Rechtsbehelfe wegen fehlender allgemeiner Voraussetzungen der Zwangsvollstreckung

Die gegen *Unger* durchgeführte Zwangsvollstreckung ist nur zulässig, wenn die allgemeinen Vollstreckungsvoraussetzungen (§ 750 I ZPO) vorgelegen haben (Titel, Klausel, Zustellung, → Rn. 425 ff.). Fehlt auch nur *eine* dieser Voraussetzungen, ist die Erinnerung nach § 766 ZPO erfolgreich. Da im Zweifel ein prozessordnungsgemäßes Verhalten des Gerichtsvollziehers anzunehmen ist (→ Rn. 39), muss davon ausgegangen werden, dass der Gerichtsvollzieher Titel und Klausel vorliegen hatte. Über die Zustellung spricht der Sachverhalt: Aus ihm geht hervor, dass das Urteil *vor* den Vollstreckungsmaßnahmen im Wege der Ersatzzustellung nach § 178 I Nr. 1 ZPO durch Übergabe an die Ehefrau zugestellt wurde. Die Zustellung kurz vor Beginn der Vollstreckung ist zulässig (→ Rn. 429). Somit verspricht eine Erinnerung wegen fehlender allgemeiner Voraussetzungen der Zwangsvollstreckung keinen Erfolg.

II. Rechtsbehelfe wegen der Mängel einzelner Vollstreckungshandlungen

RAin *Dr. Klug* wird nunmehr prüfen, ob die einzelnen vom Gerichtsvollzieher vorgenommenen Vollstreckungsmaßnahmen fehlerhaft sind:

1. Pfändung der Kinderzimmereinrichtung

Die Kinderzimmereinrichtung gehört zu den nach § 811 I Nr. 1 lit. a ZPO unpfändbaren Gegenständen. Ihre Pfändung bekämpft RAin *Dr. Klug* durch Erinnerung gemäß § 766 ZPO. Sie wird sie zweckmäßigerweise einlegen, sowohl im Namen des Vollstreckungsschuldners *Unger* als auch im Namen der Kinder, die durch die Schuldnerschutzvorschriften geschützt und zu Rechtsbehelfen im *eigenen* Namen berechtigt sind (→ Rn. 411).

2. Pfändung des Fernsehgeräts

a) Das Fernsehgerät steht nicht im Eigentum des *Unger*. Die Überlegung von RAin *Dr. Klug* wird sich also auf die Möglichkeit richten, wegen der Pfändung einer schuldnerfremden Sache einen Rechtsbehelf einzulegen. Dabei käme nicht die Erinnerung in Betracht, wohl aber die Drittwiderspruchsklage nach § 771 ZPO. Diese Klage ist jedoch nur dem Dritten, nicht dem Vollstreckungsschuldner eingeräumt (näher zu diesen Fragen Beispiel 172, → Rn. 522), sodass *Unger* nicht in der Lage ist, sich wegen der Schuldnerfremdheit der gepfändeten Sache gegen die Pfändung einer ihm nicht gehörenden Sache zu verwehren.

b) Damit kommt die Bearbeitung zum Problemkreis der Pfändung der eigenen Sache (→ Rn. 476). Eine solche Pfändung ist zulässig, sodass sich wegen der Pfändung des Fernsehgeräts durch den Eigentümer keine Fehlerhaftigkeit der Vollstreckungsmaßnahme feststellen lässt, § 766 I ZPO.

c) Letztlich erhebt sich die Frage der Unpfändbarkeit des Fernsehgeräts (§ 811 I Nr. 1 lit. a ZPO). Diese wird aber von § 811 II ZPO beantwortet, sodass RAin *Dr. Klug* keine Erinnerung nach § 766 ZPO erheben wird. § 811 II ZPO macht eine bedeutende Ausnahme von dem Grundsatz, dass es bei § 811 ZPO auf die Eigentumslage nicht ankommt.

III. Rechtsbehelfe zur Beseitigung der Vollstreckungsvoraussetzungen

Da die allgemeinen Vollstreckungsvoraussetzungen gegeben sind, wird sich RAin *Dr. Klug* überlegen, ob *Unger* Rechtsbehelfe zur Verfügung stehen, die die Vollstreckung insgesamt unterbinden können. An zwei Möglichkeiten wird sie hierbei denken: An das Rechtsmittel der Berufung sowie an den Rechtsbehelf der Vollstreckungsabwehrklage.

1. Berufung gegen das amtsgerichtliche Urteil

Die Berufungsfrist (§ 517 ZPO) gegen das erst vor zwei Tagen ergangene amtsgerichtliche Urteil ist noch nicht abgelaufen. Mit einer erfolgreichen Berufung würde es RAin *Dr. Klug* gelingen, den Titel gegen *Unger* zu beseitigen. Eine Berufung wäre erfolgreich, wenn *Unger* der *Allerlei GmbH* nichts schulden würde. Im Zeitpunkt der Klageerhebung schuldete *Unger* aber den Kaufpreis; erst jetzt ist er (durch Zahlung an die *Allerlei GmbH*) nichts mehr schuldig. So kann zwar *Unger* nicht mehr verurteilt werden, aber an eine Klageabweisung oder gar eine Zurücknahme der Klage durch die *Allerlei GmbH* ist deshalb nicht zu denken, weil diese in der Berufungsinstanz die Hauptsache für erledigt erklären wird (→ Rn. 381). *Unger* müsste nicht nur die Kosten für die erste Instanz, sondern auch für die Berufungsinstanz tragen, sodass RAin *Dr. Klug* diesen Weg nicht beschreiten wird.

2. Vollstreckungsabwehrklage

Da nach der letzten mündlichen Tatsachenverhandlung Umstände (die Tilgung der Forderung) eingetreten sind, die den Bestand der Kaufpreisforderung betreffen, wird RAin *Dr. Klug* § 767 ZPO prüfen. Aus der Äußerung des Geschäftsführers der Vollstreckungsgläubigerin (*Allerlei GmbH*) geht hervor, dass sie auch weiterhin die Vollstreckung betreiben will. Angesichts dieser Äußerung wird RAin *Dr. Klug* die Vollstreckungsabwehrklage mit Aussicht auf Erfolg erheben.

3. Einstellung nach § 775 ZPO

Gleichzeitig wird RAin *Dr. Klug* überlegen, ob sie nicht unter Vorlage der Quittung nach § 775 Nr. 4 ZPO direkt beim Gerichtsvollzieher die einstweilige Einstellung der Zwangsvollstreckung zu erreichen vermag. Dies ist zu verneinen, da bei § 775 Nr. 4 und Nr. 5 ZPO auf Antrag des Gläubigers weiter vollstreckt werden muss.[2] Der richtige Behelf ist § 769 ZPO (→ Rn. 527).

---

[2] Vgl. MüKoZPO/Schmidt/Brinkmann § 775 Rn. 28.

> **IV. Ergebnis**
>
> RAin *Dr. Klug* wird Vollstreckungsabwehrklage (§ 767 ZPO) erheben und gemäß § 769 I ZPO beim Prozessgericht die einstweilige Einstellung der Vollstreckung erreichen. Eine endgültige Entscheidung ergeht auf die Vollstreckungsabwehrklage hin. Über die Erinnerung (§ 766 ZPO) wegen der Pfändung der Kinderzimmereinrichtung wird wahrscheinlich sehr schnell entschieden werden, sodass RAin *Dr. Klug* auch diesen Rechtsbehelf einlegen wird, um jedenfalls die Pfändung der Kinderzimmereinrichtung beseitigt zu erhalten.

Bei der gedanklichen Vorbereitung der Lösung muss der Bearbeiter zwei Regeln im Auge behalten:

1. Auch naheliegende Rechtsbehelfe, die nicht erfolgversprechend sind, müssen bei einer Anwaltsklausur erörtert werden

516 Der Bearbeitervermerk (→ Rn. 3) weist den Verfasser auf diese erste Regel ausdrücklich hin, wenn es etwa heißt: „Welche prozessualen Schritte wird RAin *Dr. Klug* erwägen und welche sind erfolgversprechend?" Doch auch ohne einen solchen Vermerk darf in aller Regel eine Lösung nicht zu Rechtsbehelfen schweigen, die jedenfalls nicht schon auf den ersten Blick erfolglos sind. In diesem Punkt unterscheidet sich die Richterklausur deutlich von der Anwaltsklausur. Die Lösung einer Richterklausur wird nur selten Anlass haben, andere Rechtsbehelfe zu behandeln, als von den Parteien eingelegt wurden; eine solche Lösung folgt ja der Arbeitsweise des Richters, der ebenfalls nur die Erfolgsaussichten des erhobenen Rechtsbehelfs prüft. Anders ist es jedoch in der *Anwaltsklausur:* Hier soll der Bearbeiter die einschlägigen Rechtsbehelfe erörtern und ferner begründen, aus welchen Gesichtspunkten bestimmte Rechtsbehelfe nicht eingelegt werden sollen, andere aber zu erheben sind. Der Leser sieht sogleich, welche Schwierigkeiten dieses Arbeitsprinzip im Examen mit sich bringt. Einerseits sind auch Rechtsbehelfe zu behandeln, die nicht erfolgversprechend sind; andererseits soll die Lösung über offensichtlich erfolglose Rechtsbehelfe schweigen. Wo liegt die Grenze? Die Antwort auf diese Frage wird den Leser nicht befriedigen. Sie lautet nämlich: Die Grenze ergibt sich aus der jeweiligen Fallgestaltung.

517 Mit dieser Antwort steht vor allem fest, dass auch bei der vollstreckungsrechtlichen Anwaltsklausur vor der geistlosen Verwendung von *Klausurschablonen dringend gewarnt* werden muss. Solche Schema-Listen können hilfreich sein, um in die gedankliche Bearbeitung hineinzufinden, oder sind bisweilen als Kontrolle („Checkliste") gegenüber dem gefundenen Ergebnis sinnvoll (→ Rn. 160). Die endgültige schriftliche Bearbeitung darf sich aber unter keinen Umständen inhaltlich oder auch nur im Aufbau an solchen Listen orientieren, weil sonst in den meisten Fällen nebensächliche oder sogar abwegige Fragen erörtert werden (dies ist nicht nur ein Fehler, sondern kostet auch wertvolle Zeit!). Im Vollstreckungsrecht sind ferner die Fallgestaltungen so variabel, dass ihre Vielfalt in derartigen Listen nicht untergebracht werden kann. Wer dann das Arbeiten mit solch einem Schema gewohnt ist, gerät vor unüberwindliche Hindernisse, wenn der Fall einen unüblichen Verlauf nimmt. So wird in derartigen Schablonen die im Beispiel 171, → Rn. 515, enthaltene Konkurrenz von Berufung und Vollstreckungsabwehrklage kaum angesprochen. Ähnlich ist es, wenn der Aufgabentext neben oder anstelle von vollstreckungsrechtlichen Argumenten mit Gesichtspunkten des BGB arbeitet, wie im Beispiel 170, → Rn. 510. Statt sich an solche Schablonen zu klammern, sollte der Bearbeiter einige Faustregeln kennen, die ihm in vielen Fällen sagen, ob er Rechtsbehelfe erörtern soll.

§ 94. Die Arbeitstechnik bei Rechtsbehelfen im Vollstreckungsrecht

a) Vier Faustregeln

Erste Faustregel: Wenn der Aufgabentext einen Rechtsbehelf ausdrücklich nennt, geht der Aufgabensteller sichtlich davon aus, dass sich der Bearbeiter in der schriftlichen Lösung mit ihm beschäftigen sollte, selbst wenn es sich um einen erfolglosen Rechtsbehelf handelt.

518

Zweite Faustregel: Rechtsbehelfe, die zulässig und begründet sind, müssen immer erörtert werden, auch wenn sie vom Bearbeiter aus bestimmten Gründen nicht empfohlen werden – der Bearbeiter darf aber nicht dem Fehler verfallen, *jeden* erfolgversprechenden Rechtsbehelf auch zu empfehlen. So lässt sich häufig über die Erinnerung nach § 766 ZPO ein so schneller Sieg erringen, dass die gleichzeitig erfolgversprechende Vollstreckungsabwehrklage nur anzuraten ist, wenn der Vollstreckungsgläubiger mit weiteren Pfändungsmaßnahmen droht (Beispiel 171, → Rn. 515, insbes. die Lösung sub III 2).

519

Dritte Faustregel: Befristete Rechtsbehelfe, deren Frist noch nicht abgelaufen ist, sollten immer behandelt werden, weil auch in der Praxis wegen des bevorstehenden Fristablaufs immer gefragt werden muss, ob noch ein Rechtsbehelf einzulegen ist (→ Rn. 497 f.).

520

Vierte Faustregel: Eine Reihe von Rechtsbehelfen wird sozusagen immer „in einem Atemzug" genannt. Dies geschieht deshalb auch in der Fallbearbeitung: Wer die Klage nach § 805 ZPO empfiehlt, geht regelmäßig vorher (bzw. inzidenter) auf § 771 ZPO ein. Wenn bei einer Verurteilung zu wiederkehrenden Leistungen die Vollstreckungsabwehrklage (§ 767 ZPO) empfohlen wird, sollte vorher § 323 ZPO erörtert werden und umgekehrt (Beispiel 176, → Rn. 529): Wer bei einer solchen Verurteilung § 323 ZPO bejaht, hat vorher § 767 ZPO zu behandeln. Bei der Pfändung einer dem Ehegatten des Vollstreckungsschuldners gehörenden Sache ist zweckmäßigerweise die Drittwiderspruchsklage (§ 771 ZPO) erst zu erörtern, nachdem die Aussichtslosigkeit der Erinnerung (§ 766 ZPO) des Ehegatten dargelegt wurde (Lösung des Beispiels 141 Frage 6, → Rn. 412).

521

b) Das Arbeitsprinzip: „Wo kein Kläger, da kein Richter"

Zu diesen vier Faustregeln gesellt sich ein weiteres wichtiges Arbeitsprinzip: Der Bearbeiter darf nur die Erfolgsaussichten zugunsten solcher Personen untersuchen, die Rechtsschutz haben wollen. Der Satz: „Wo kein Kläger, da kein Richter" (→ Rn. 45) gilt auch hier. Deshalb darf der Verfasser niemals den Bearbeitervermerk aus dem Auge lassen. Bisweilen fragt der Vermerk ganz allgemein nach möglichen Rechtsbehelfen, ohne die Personen einzugrenzen (Beispiel 141, → Rn. 411). Häufiger jedoch sind Vermerke, die nur Rechtsbehelfe zugunsten bestimmter Personen betreffen; dann ist es fehlerhaft, Rechtsbehelfe von Personen zu erörtern, die gar nicht Rechtsschutz beanspruchen.

522

Dieser Fehler wird besonders im Verhältnis zwischen einem Dritten und dem Vollstreckungsschuldner begangen: Wurde das Vorbehaltseigentum des *Dritten* gepfändet und nach dessen Rechtsbehelfen gefragt, ist es unerheblich, dass der Vollstreckungsschuldner inzwischen die Forderung beglichen hat (und deshalb mit Erfolg nach § 767 ZPO vorgehen könnte). Es wäre ein Fehler, in der Lösung darzulegen, dass der *Vollstreckungsschuldner* mit diesem Rechtsbehelf erfolgreich wäre. Umgekehrt gilt dasselbe: Wenn in einem solchen Fall nach den Rechtsbehelfen des *Vollstreckungsschuldners* gefragt wird, darf nicht auch ausgeführt werden, dass eine Drittwiderspruchsklage (§ 771 ZPO) des *Dritten* erfolgversprechend ist.

> **Beispiel 172:** Die *Allerlei GmbH* hat bei *Ulrich Unger* den Laptop gepfändet, der *Sabine Unger* gehört.
> **Frage:** *Ulrich Unger* möchte wissen, welche Rechtsbehelfe er gegen die Pfändung ergreifen soll.
> Bei der *Antwort* darf auf etwaige Rechtsbehelfe der *Sabine Unger* nicht eingegangen werden; nach ihnen ist nicht gefragt. Zweckmäßigerweise empfiehlt es sich sogar, zu Beginn kurz auf die eingegrenzte Fragestellung hinzuweisen.
> Bei der Behandlung möglicher Schritte des *Ulrich Unger* sollte mit seinem fehlenden Eigentum begonnen werden. Jetzt wird die Drittwiderspruchsklage (§ 771 ZPO) erörtert, die in solchen Situationen der typische Rechtsbehelf ist. Sie ist aber nur dem Dritten, nicht dem Vollstreckungsschuldner eingeräumt. *Unger* als Vollstreckungsschuldner wird mit ihr keinen Erfolg haben.
> Deshalb kommt die Lösung nunmehr auf die Frage der Unpfändbarkeit zu sprechen (→ Rn. 412). Der Laptop ist unpfändbar (§ 811 I Nr. 1 lit. a ZPO), wenn kein Computer in der Wohnung vorhanden ist; dann hat eine Erinnerung *Ungers* (§ 766 ZPO) Aussicht auf Erfolg. Eine (mögliche) Austauschpfändung muss die *Allerlei GmbH* beantragen (§ 811a II ZPO), nicht *Unger*. Bis zu ihrer Zulassung durch den Rechtspfleger (§ 20 Nr. 17 RPflG) ist Unpfändbarkeit gegeben. Sollte jedoch in der Wohnung ein Computer vorhanden sein, hat eine Erinnerung des *Unger* keine Aussicht auf Erfolg.

An diesem Beispiel wird deutlich, dass solche Erörterungen nur zulässig sind aus der Sicht der „rechtsbehelfswilligen" Partei. Jetzt wird die feine Grenze zwischen fehlerhafter und richtiger Bearbeitung sichtbar: So falsch es wäre, eine von *Sabine Unger* nicht erhobene Drittwiderspruchsklage (§ 771 ZPO) auf ihre Erfolgsaussichten zu untersuchen, so richtig ist es, bei der Erörterung der Rechtsbehelfschancen des *Ulrich Unger* auch die Drittwiderspruchsklage zu erwähnen.

c) Die kontrastierende Arbeitsmethode

523 Sehr viele Rechtsbehelfsklausuren sind darauf angelegt, dass der Bearbeiter den schließlich behandelten (und meist erfolgreichen) Rechtsbehelf vorher kontrastiert mit (erfolglosen) Rechtsbehelfen, die nur einer *bestimmten* Person eingeräumt sind, aber von dieser nicht eingelegt werden.

(1) Bei der Frage nach Rechtsbehelfen für den von der Vollstreckung betroffenen *Dritten* – das sind in der Regel Drittwiderspruchsklage nach § 771 ZPO oder Klage auf vorzugsweise Befriedigung nach § 805 ZPO – ist häufig in den Aufgabentext eingestreut: Der gepfändete Gegenstand sei unpfändbar, der Vollstreckungsschuldner habe inzwischen die Forderung durch Zahlung getilgt oder ihm sei Stundung durch den Vollstreckungsgläubiger gewährt worden. Derartige Angaben offenbaren die Erwartung des Aufgabenstellers, dass sich die Lösung mit ihnen auseinandersetzen wird. Solche Erwartungen sollte ein Examenskandidat zwar nicht enttäuschen. Zugleich sollte er aber dem Aufgabensteller auch nicht dadurch in die Falle laufen, dass er nunmehr Rechtsbehelfe des *Vollstreckungsschuldners* behandelt (→ Rn. 522 Kleindruck). Vielmehr beschränkt sich die Lösung auf die Ausführung, dass bei Unpfändbarkeit bzw. Tilgung oder Stundung dem *Vollstreckungsschuldner* die Erinnerung nach § 766 ZPO bzw. die Vollstreckungsabwehrklage nach § 767 ZPO eingeräumt ist, nicht aber dem *Dritten*. Da nur nach Rechtsbehelfen des *Dritten* gefragt ist, bleibt *dahingestellt*, ob der Vollstreckungsschuldner Erfolg hätte; jedenfalls hat der *Dritte* mit solchen Rechtsbehelfen keinerlei Erfolg. Danach geht die Bearbeitung zur Drittwiderspruchsklage nach § 771 ZPO oder zur Klage auf vorzugsweise Befriedigung nach § 805 ZPO über.

(2) Wie schon das Beispiel 172, → Rn. 522, zeigte, ist auch die umgekehrte Aufgabenstellung möglich: Es ist nach den Rechtsbehelfen des Vollstreckungsschuldners gefragt, zugleich sind Umstände genannt, die nur für Rechtsbehelfe eines Dritten bedeutsam sind (nach dessen Rechtsbehelfen ist aber nicht gefragt).

2. Der Aufbau folgt möglichst der „dramatischen Methode"

Manchmal bereitet es den Verfassern Schwierigkeiten, den richtigen Aufbau einer Anwaltsklausur zu finden. Sind Rechtsbehelfe zugunsten verschiedener Personen zu prüfen, ergibt sich zwar ohne weiteres eine Unterteilung nach Beteiligten. Unproblematisch ist auch die Gliederung, wenn die Mängel von Vollstreckungshandlungen, die mehrere Gegenstände betreffen, zu untersuchen sind; die Unterteilung nach den einzelnen Gegenständen (zB Kinderzimmereinrichtung, Fernsehgerät, Beispiel 171, → Rn. 515) bietet sich von selbst an. Jedoch zeigen sich Unsicherheiten beim Aufbau der Rechtsbehelfe: Erst Erinnerung oder zunächst Vollstreckungsabwehrklage? Soll die Berufung zuletzt geprüft werden? § 805 ZPO vor § 771 ZPO oder umgekehrt? Beginnt man mit § 323 ZPO oder besser mit § 767 ZPO?

Ebenso wenig wie es eine feste Prüfungsreihenfolge der Sachurteilsvoraussetzungen gibt (→ Rn. 247), existiert eine Skala, an der sich die richtige Anordnung der Rechtsbehelfe in der Fallbearbeitung ablesen lässt. Entscheidend ist vielmehr in der Regel die *examenstechnische* Zweckmäßigkeit. Dabei hat sich die *„dramatische Methode"* (→ Rn. 247) sehr bewährt: Der Bearbeiter erörtert zunächst diejenigen Rechtsbehelfe, die *nicht* erfolgversprechend sind. Damit steigert er das Interesse des Lesers. Erst am Schluss wird der schließlich erfolgreiche Rechtsbehelf behandelt.

Mit dieser Technik weicht der Bearbeiter der Prüfungsbemerkung „überflüssig" aus. Dies zeigt ein Beispiel: Hat er die Klage auf vorzugsweise Befriedigung des Vermieters gemäß § 805 ZPO bejaht und kommt er anschließend auf die Drittwiderspruchsklage nach § 771 ZPO zu sprechen, so wirkt die Darstellung besonders gequält, wenn er sagen muss, dass dieser Rechtsbehelf für den Vermieter ausscheidet. Ganz anders ist es aber, wenn er zunächst die Drittwiderspruchsklage untersucht, hierbei deren Erfolglosigkeit feststellt und nunmehr § 805 ZPO prüft. Dies gilt als elegant, obwohl sich gegenüber der erstgenannten Lösung nur der Aufbau, nicht der Inhalt geändert hat. Nicht anders ist es beim Verhältnis von § 323 ZPO zu § 767 ZPO, bei der Konkurrenz zwischen Rechtsmitteln und § 767 ZPO, beim Nebeneinander von Erinnerung des Dritten und seiner Drittwiderspruchsklage. Im Allgemeinen sollte der erfolglose Rechtsbehelf vorrangig bearbeitet werden.

Nachdrücklich muss aber vor einer Verabsolutierung der „dramatischen Methode" gewarnt werden. Sie versagt mit Sicherheit in zwei wichtigen Fallgruppen:

a) Wenn *sämtliche* Rechtsbehelfe erfolglos sind, sollte der Bearbeiter mit dem einfacheren Rechtsbehelf beginnen, also etwa mit der Erinnerung *vor* einer Klage. Bei der Konkurrenz zwischen Rechtsbehelfen im anhängigen Erkenntnisverfahren und vollstreckungsrechtlichen Behelfen sollte zuerst auf die Anfechtungsmöglichkeiten im anhängigen Prozess eingegangen werden: Also Einspruch, Berufung, Revision, Wiedereinsetzung *vor* den vollstreckungsrechtlichen Rechtsbehelfen.

b) Behandelt das Prozessrecht einen Rechtsbehelf als *subsidiär* gegenüber einer anderen verfahrensrechtlichen Möglichkeit, dann ergibt sich aus Rechtsgründen ein klarer Aufbau: Zuerst ist diese andere Möglichkeit zu untersuchen, erst danach der subsidiäre Rechtsbehelf.

> **Beispiel 173:** Gegen den Vollstreckungsschuldner wird aus einem Versäumnisurteil oder aus einem Vollstreckungsbescheid vorgegangen. Die im Titel zugesprochene Forderung hat er inzwischen getilgt. Er möchte wissen, ob er Einspruch oder Vollstreckungsabwehrklage erheben soll.
>
> Der Aufbau ist durch § 767 II (2. Voraussetzung) ZPO vorgezeichnet: Die Vollstreckungsabwehrklage scheidet aus, wenn ein Einspruch zulässig ist (→ Rn. 527). Deshalb muss zuerst der Einspruch (§§ 338, 700 I ZPO) behandelt werden. Hier steht also der erfolgreiche Einspruch im Aufbau *vor* der erfolglosen Vollstreckungsabwehrklage.

Wem dieser Aufbau nicht einleuchtet, verfasst am besten einmal eine Lösung, in der er zuerst die Vollstreckungsabwehrklage behandelt. Er wird sehr schnell merken, dass er eine sog. „Wasserkopflösung" anbietet: Im Rahmen der Vollstreckungsabwehrklage muss nämlich (wegen § 767 II ZPO) die Zulässigkeit des Einspruchs erörtert werden. Damit schiebt sich in die Darstellung der Vollstreckungsabwehrklage ein Fremdkörper ein. Denn wegen der Zulässigkeit des Einspruchs muss die Vollstreckungsabwehrklage abgelehnt werden. Daraufhin kommt die Lösung auf den Einspruch zu sprechen. Aber zu irgendwelchen neuen Ausführungen ist kein Anlass, weil zum Einspruch bereits im Rahmen der Abwehrklage alles gesagt wurde. So wiederholt sich die Lösung (und wirkt langatmig) oder sie verweist auf die bisherigen Ergebnisse (das macht sie nicht nur „dünn", sondern auch unübersichtlich). Im Übrigen wäre ein solcher Aufbau alles andere als „dramatisch". Denn auch bei ihm muss spätestens bei der Behandlung des § 767 II ZPO die „Katze aus dem Sack gelassen werden": Der Einspruch ist erfolgreich, also ist es die Vollstreckungsabwehrklage nicht.

§ 95. Typische Fehler bei Rechtsbehelfsfragen

526 Prüfung und Praxis zeigen immer wieder typische Fehler bei der Antwort auf Rechtsbehelfsfragen.

I. Übersehen der Besonderheiten des Vollstreckungsrechts
1. Übersehen des § 767 ZPO

527 **Beispiel 174:** *Unger* schuldet der *Allerlei GmbH* den Restkaufpreis aus dem Kauf eines Fernsehgeräts (Beispiel 141, → Rn. 411). Die *Allerlei GmbH* verklagt *Unger* auf Zahlung. Am 1.3. ist mündliche Verhandlung vor dem AG. Obwohl das Gericht nicht sofort entscheidet (sondern Termin zur Verkündung einer Entscheidung auf 8.3. bestimmt), ist *Unger* nach dieser mündlichen Verhandlung klar geworden, dass er verurteilt werden wird. Er zahlt daraufhin am 3.3. den Restkaufpreis. Am 8.3. ergeht das Urteil des AG, in dem *Unger* zur Zahlung des Restkaufpreises an die *Allerlei GmbH* verurteilt wird.

Schon wenige Tage nach Urteilserlass erscheint bei *Unger* der Gerichtsvollzieher *Streng* und will aufgrund des für die *Allerlei GmbH* ergangenen Urteils pfänden. Da *Unger* die Quittung der Postbankfiliale vorzeigt, nimmt *Streng* (wie er sagt: „ausnahmsweise") keine Pfändung vor.

Frage 1: Kann die *Allerlei GmbH* aus einem offensichtlich noch nicht rechtskräftigen Urteil vollstrecken?

Antwort: Auch aus einem noch nicht rechtskräftigen, aber für vorläufig vollstreckbar erklärten Urteil findet die Zwangsvollstreckung statt (→ Rn. 427).

Frage 2: Darf der Gerichtsvollzieher hier von der Pfändung absehen?

Antwort: Nach § 775 Nr. 5 ZPO ist bei Vorlage eines Einzahlungs- oder Überweisungsnachweises die Zwangsvollstreckung durch das Vollstreckungsorgan einstweilen einzustellen, wenn die Summe nach Erlass des Urteils (= Verkündung, § 310 ZPO) gezahlt wurde. Dies ist hier nicht der Fall (3.3.: Einzahlung, 8.3.: Urteilserlass). Insofern weicht § 775 Nr. 5 ZPO erheblich von § 767 II ZPO ab, der auf den Zeitpunkt der letzten mündlichen Verhandlung abstellt. Dies erklärt sich wie folgt: Das Prozessgericht, das über die Klage nach § 767 ZPO entscheidet, hat die Akten des Prozesses und kann deshalb den Tag der letzten Tatsachenverhandlung feststellen. Dem Gerichtsvollzieher, der über die Einstellung nach § 775 ZPO befindet, ist dies nicht so leicht möglich. Er benötigt eine „handfeste" Zeitgrenze, dies ist der Urteilserlass. Ergebnis: Der Gerichtsvollzieher hätte pfänden müssen!

Frage 3: Welche Schritte sind *Unger* anzuraten, um weitere Vollstreckungsmaßnahmen zu verhindern, nachdem die *Allerlei GmbH* erklärt hat, sie werde aus dem Urteil ohne

§ 95. Typische Fehler bei Rechtsbehelfsfragen

> Rücksicht auf die Bezahlung auch weiterhin vollstrecken und den Gerichtsvollzieher *Streng* dementsprechend anweisen?
>
> **Hinweis:** Weist die *Allerlei GmbH* den *Streng* an, trotz der vorgelegten Quittung weiterhin zu vollstrecken, so muss er die Weisung befolgen und Vollstreckungsmaßnahmen vornehmen. Ihm steht es nämlich nicht zu, den Streit über eine etwaige Tilgung des Anspruchs zu entscheiden. Hierfür ist das Prozessgericht zuständig. Es muss von *Unger* mit der Vollstreckungsabwehrklage angerufen werden, wobei er die einstweilige Einstellung der Zwangsvollstreckung gemäß § 769 ZPO erlangen kann (Beispiel 171 Lösung sub III 3, → Rn. 515). An dieser Rechtslage würde sich auch nichts ändern, wenn *Unger* erst nach Urteilserlass gezahlt hätte, denn in den Fällen des § 775 Nr. 4 oder 5 ZPO muss dem Antrag des Vollstreckungsgläubigers gefolgt werden, wenn er die Vollstreckung unbedingt betreiben will. Er trägt dann das Risiko der reinen Verursachungshaftung nach § 717 II ZPO.
>
> **Antwort:** Zu den typischen Fehlern bei der Lösung dieses Falles gehört es, *Unger* zu raten, Berufung gegen das Urteil einzulegen. Es folgt dann in der Regel der weitere Hinweis, dass *Unger* in der Berufungsinstanz das Erlöschen des Kaufpreisanspruchs vortragen solle, um zu erreichen, dass die *Allerlei GmbH* die Hauptsache für erledigt erkläre, da die Klage der *Allerlei GmbH* nach Rechtshängigkeit erfolglos (nämlich unbegründet) geworden sei.
>
> Die richtige Lösung besteht aber im Rat, Vollstreckungsabwehrklage gemäß § 767 ZPO zu erheben, da nach der letzten mündlichen Tatsachenverhandlung (§ 767 II ZPO) Gründe entstanden sind, die das Urteil haben unrichtig werden lassen. Diese Klage ist für *Unger* erfolgreich, sodass er auch nicht die Kosten dieses Rechtsstreits zu tragen haben wird, während er bei einer Berufung nicht nur die Kosten erster Instanz, sondern auch die der Berufung tragen müsste. Der Rat lautet deshalb, das Urteil nicht durch Berufung anzufechten, sondern rechtskräftig werden zu lassen (Beispiel 171 Lösung sub III 2, → Rn. 515). Ein Zwang zur Einlegung der Berufung ergibt sich aus § 767 II ZPO nicht.

Zur Vertiefung: Der letzte Teil von § 767 II ZPO: ... „und durch Einspruch nicht mehr geltend gemacht werden können" birgt zwei Fragenkreise:

Erster Fragenkreis: Wird „Einspruch" streng im Sinn der ZPO verwendet? *Antwort:* Ja (dies zeigt der Vergleich mit einer ähnlichen Vorschrift, nämlich § 582 ZPO), sodass also nur der Einspruch gegen das Versäumnisurteil (§ 338 ZPO) und der Einspruch gegen den Vollstreckungsbescheid (§ 700 ZPO) in § 767 II ZPO angesprochen werden; die Berufung oder die Revision sind also keineswegs gemeint (zum Parallelfall des § 323 ZPO → Rn. 500).

Zweiter Fragenkreis: Was heißt „nicht mehr geltend gemacht werden können"? Kommt es darauf an, dass *jetzt* nicht mehr der Einspruch offensteht oder ist (wie bei § 582 ZPO) darauf abzustellen, dass der Vollstreckungsabwehrkläger mit Einspruch diese Einwendungen *hätte geltend machen können*? Anders als beim ersten Fragenkreis kann hier der Bearbeiter zwischen *zwei unterschiedlichen Meinungen* wählen[1]: Ein Teil der *Wissenschaft* stellt auf den Wortlaut ab und schließt nur denjenigen Vollstreckungsabwehrkläger aus, der tatsächlich jetzt noch mit Einspruch diese Gründe geltend machen kann.[2] In der *Rechtsprechung* herrscht hingegen die Ansicht vor, dass die Vollstreckungsabwehrklage gegen einen Vollstreckungsbescheid oder gegen ein Versäumnisurteil ausgeschlossen ist, wenn der Vollstreckungsabwehrkläger Einspruch hätte einlegen können.[3] Der Bearbeiter sollte diejenige Ansicht wählen, die zur Lösung der ihm gestellten Aufgabe prüfungstaktisch am günstigsten ist (zu dieser Arbeitsmethode → Rn. 40).

---

[1] Ähnlich wie bei der Frage, ob es bei § 767 II ZPO auf die Gestaltungs*lage* oder auf die Gestaltungs*erklärung* ankommt, → Rn. 282.

[2] ZB Jauernig/Berger/Kern ZwangsVollstrR § 12 B Rn. 15 f.; vgl. Gaul/Schilken/Becker-Eberhard ZVR/Gaul § 40 Rn. 87.

[3] Der Einspruchsführer muss nach dieser Ansicht in der Einspruchsschrift die Einwendungen vortragen, sonst ist er mit ihnen präkludiert, Thomas/Putzo/Seiler ZPO § 767 Rn. 21a; vgl. auch BGH (Hinweisbeschluss) NJW-RR 2010, 1598 Rn. 6 f.

2. Übersehen des § 805 ZPO

528 Neben der Vollstreckungsabwehrklage gemäß § 767 ZPO wird sehr häufig auch die *Vorzugsklage gemäß § 805 ZPO* übersehen. Dies gilt besonders beim Vermieterpfandrecht:

> **Beispiel 175:** Anders als soeben im Beispiel 174 hat Gerichtsvollzieher *Streng* bei *Unger* trotz dessen Protestes ein Tonbandgerät gepfändet. Das Tonbandgerät gehört *Unger*. Als der Vermieter *Ungers* von der Pfändung erfährt, möchte er wissen, welche Rechtsbehelfe er besitzt, da *Unger* seit mehreren Monaten die Miete nicht gezahlt hat.
>
> Ein solches Beispiel wird immer wieder mit der Bejahung der Drittwiderspruchsklage gemäß § 771 ZPO gelöst. Dies ist ein Fehler. Ein besitzloses Pfandrecht an einer Sache ist kein die Veräußerung hinderndes Recht, wie dies § 771 ZPO voraussetzt. Das Pfandrecht gibt lediglich einen besseren Rang: Deshalb muss der Vermieter gemäß § 805 ZPO vorgehen, nicht nach § 771 ZPO (Beispiel 169 Lösung (3), → Rn. 510 und → Rn. 512).

II. Übersehen anderer als vollstreckungsrechtlicher Rechtsbehelfe

529 Viele Bearbeiter von Vollstreckungsfällen kennen zwar die vollstreckungsrechtlichen Rechtsbehelfe, übersehen aber, dass *andere* (allgemeine) Rechtsbehelfe mit vollstreckungsrechtlichen Rechtsbehelfen konkurrieren können. Daher sollte bei jeder Bearbeitung von Rechtsbehelfen aus dem Zwangsvollstreckungsrecht die Kontrollfrage gestellt werden, ob nicht (auch) Rechtsbehelfe des allgemeinen Prozessrechts eingreifen können. Eine solche Konkurrenz zwischen verschiedenen Rechtsbehelfen zeigten bereits die Beispiele 171 (→ Rn. 515) und 174 (→ Rn. 527): Das (allgemeine) Rechtsmittel der Berufung konkurriert mit dem Rechtsbehelf gemäß § 767 ZPO. In diesen Beispielen war es richtig, die Vollstreckungsabwehrklage (§ 767 ZPO) zu empfehlen. Bisweilen kann aber auch der Rat, die Berufung einzulegen und nicht gemäß § 767 ZPO zu klagen, richtig sein. Eine Veränderung des Beispiels 174 zeigt dies deutlich: Wenn *Unger* noch vor Klageerhebung den Restkaufpreis zahlt, ist die später erhobene Klage der *Allerlei GmbH* von vornherein unbegründet. Wird *Unger* trotzdem verurteilt, ist für ihn nur die *Berufung* hilfreich. Denn sein Ziel ist es ja, ein von *vornherein* unrichtiges Urteil anzufechten, nicht aber Einwendungen anzubringen, die er in der letzten mündlichen Tatsachenverhandlung (§ 767 II ZPO) nicht vortragen konnte, weil sie damals noch nicht bestanden. – Soll ein Urteil als bei der letzten Tatsachenverhandlung unrichtig aufgehoben werden, ist die Berufung anzuraten. Wird jedoch das Urteil als zu diesem Zeitpunkt richtig angesehen, soll aber die weitere Vollstreckung aus ihm verhindert werden (weil zB durch Zahlung nach diesem Zeitpunkt die Klageforderung erloschen ist), dann muss der Verurteilte die Vollstreckungsabwehrklage erheben! Auch bei einer Verurteilung zu wiederkehrenden Leistungen wäre es falsch, nur die Vollstreckungsabwehrklage zu behandeln und nicht auf die Klage nach § 323 ZPO einzugehen.

> **Beispiel 176:** *Fahrer* ist verurteilt worden, an *Pech* eine lebenslange Rente in Höhe von 800 EUR monatlich wegen dessen fünfzigprozentiger Erwerbsminderung zu zahlen. Nach einigen Jahren wird *Pech* durch ein neues medizinisches Verfahren wieder so hergestellt, dass er ohne jede Beeinträchtigung einer Arbeit nachgehen kann. *Pech* verlangt trotzdem von *Fahrer* weiterhin Zahlung, da das Urteil „ja rechtskräftig" sei.
>
> **Frage:** Hat *Fahrer* Rechtsbehelfe?
>
> **Antwort:** Bei Dauerschuldverhältnissen ist auch § 323 ZPO zu prüfen. Dessen Voraussetzungen liegen hier vor, sodass § 767 ZPO als Rechtsbehelf ausscheidet. Dementsprechend ist *Fahrer* die Erhebung der Abänderungsklage nach § 323 ZPO zu empfehlen.

> **Zur Vertiefung:** § 767 ZPO und § 323 ZPO sind nicht leicht abzugrenzen. Empfehlenswert erscheint folgende Fragestellung: Liegt eine rechtsvernichtende (zB Zahlung, Aufrechnung, Erlass) bzw. eine rechtshemmende Einwendung (zB Stundung) vor? Wenn ja, dann ist § 767 ZPO der zutreffende Rechtsbehelf, weil diese Einwendungen die Richtigkeit des Urteils zum Zeitpunkt der letzten Tatsachenverhandlung nicht antasten, sondern nur die weitere Vollstreckbarkeit verhindern wollen. Wendet jedoch der Kläger ein, dass sich der rechtsbegründende Tatbestand durch Änderung der *wirtschaftlichen Verhältnisse* geändert hat, ist stets § 323 ZPO gegeben, so etwa bei einem Mieterhöhungsverlangen bei vereinbarter Indexmiete.[4]

Das Übersehen allgemeiner Rechtsbehelfe ist besonders in denjenigen Fällen zu beobachten, in denen ein Urteil formell rechtskräftig geworden und deshalb mit Rechtsmitteln nicht mehr angreifbar ist.

III. Beispiel zur Wiedereinsetzung in den vorigen Stand (§ 233 ZPO)

> **Beispiel 177:** Im Prozess *Pech* gegen *Fahrer* wird *Fahrer* durch einen Rechtsanwalt vertreten. *Fahrer* wird zur Zahlung von 1.000 EUR verurteilt. Der Rechtsanwalt entschließt sich, Berufung einzulegen. Er diktiert und unterschreibt die Berufungsschrift. Durch ein Versehen seiner sonst sehr ordentlichen Sekretärin wird dieser Berufungsschriftsatz nicht bei Gericht eingereicht. Das Urteil wird rechtskräftig. *Pech* geht nunmehr im Wege der Zwangsvollstreckung gegen *Fahrer* vor. Hat *Fahrer* irgendwelche Rechtsbehelfe?

530

Hier wäre es falsch, nach typisch vollstreckungsrechtlichen Rechtsbehelfen zu fragen. Vielmehr bietet sich für diesen Fall die Wiedereinsetzung in den vorigen Stand an, mit der es *Fahrer* gelingt, die eingetretene Rechtskraft des Urteils zu beseitigen und doch noch fristgemäß Berufung einzulegen (§§ 233 ff. ZPO).[5] Die Wiedereinsetzung ist nur bei Versäumung der in § 233 ZPO genannten Fristen zulässig (vor allem einer Notfrist, → Rn. 148 Fn. 2; nur die im Gesetz als *„Notfrist"* bezeichneten Fristen gehören hierzu, § 224 I 2 ZPO). Ferner muss die Partei *„ohne ihr Verschulden"* (§ 233 ZPO) verhindert gewesen sein, die Frist einzuhalten; das Verschulden ihres Bevollmächtigten wird ihr zugerechnet (§ 85 II ZPO).[6] Schließlich verlangt die Wiedereinsetzung einen (gegebenenfalls stillschweigenden) *Antrag* (§ 233 ZPO) innerhalb der *Frist* des § 234 ZPO und – vor allem! – die *Nachholung der versäumten Prozesshandlung* (§ 236 II [Hs. 1] ZPO). Bei rechtzeitiger Nachholung dieser Prozesshandlung kann das Gericht sogar von Amts wegen die Wiedereinsetzung gewähren (§ 236 II [Hs. 2] ZPO), zB wenn ihm der Wiedereinsetzungsgrund bekannt ist. – Wird die Wiedereinsetzung gewährt, gilt die versäumte Prozesshandlung als rechtzeitig vorgenommen, sodass zB das wegen Fristablaufs formell rechtskräftig gewordene Urteil nicht mehr als rechtskräftig anzusehen ist, weil die (eigentlich verspätete) Berufung nach Gewährung der Wiedereinsetzung jetzt als fristgerecht gilt (→ Rn. 499). Das Gericht kann schon nach Eingang des Wiedereinsetzungsantrags auf Antrag die Vollstreckung einstweilen einstellen (§ 707 I ZPO). Wird über den Wiedereinsetzungsantrag vorab und nicht erst im Urteil über das Rechtsmittel ent-

---

[4] Vgl. BGH NJW-RR 2021, 1098.
[5] Vgl. Rohwetter/Kühl NJW 2022, 1990 zur Rspr. des BGH.
[6] Instruktiv zur anwaltlichen Fristenüberwachung und zur (zweistufigen) Ausgangskontrolle: BGH NJW 2023, 1224 Rn. 14 ff.; vgl. Musielak/Voit/Grandel ZPO § 233 Rn. 22 ff.; Wieczorek/Schütze/Gerken ZPO § 233 Rn. 126–143.

schieden und die Wiedereinsetzung gewährt, kann das Berufungsgericht nach §§ 719 I, 707 I ZPO die Einstellung aufrechterhalten.

531 Neben der Möglichkeit, durch Wiedereinsetzung in den vorigen Stand die formelle Rechtskraft zu beseitigen, ist auch an die *Wiederaufnahmeklage* (§§ 578 ff. ZPO; → Rn. 399) sowie an die von der Rechtsprechung bejahte Möglichkeit zu denken, über *§ 826 BGB* gegen ein rechtskräftig gewordenes Urteil vorzugehen (→ Rn. 399).

Sachverzeichnis

Nur die Hauptfundstellen sind angegeben.
Die Zahlen nennen die Randnummern, „Fn." verweist auf Fußnoten.

Abänderungsklage 500, 501, 529
Abgabe an ein anderes Gericht 233
Abweisung, s. Klageabweisung, Prozessabweisung
Aktivlegitimation, s. auch Sachlegitimation 52, 92, 95, 180
Allgemeine Arbeitshinweise 29–55
Alternativität 114
Alternative Haftung 102
Alternatives Prozessverhalten 37
Amt, von Amts wegen 171, 251, 349, 427, 451, 530
Anerkenntnisurteil 391, 405
– schriftliches 151
Anhörungsrüge 155 ff., 400, 498
Anordnungen, einstweilige, s. einstweiliger Rechtsschutz
Anscheinsbeweis 330
Anschlusspfändung 430, 451, 475
Anspruch, prozessualer 81
Anspruchsänderung, s. auch Klageänderung 164, 265 f.
Anspruchshäufung
– objektive, s. auch Klagenhäufung 76 dort auch Fn. 1, 97
– subjektive, s. auch Streitgenossenschaft 95–96
Anspruchskonkurrenz, Anspruchsnormenkonkurrenz 87
Antragsgrundsatz 45–58; 138, 176, 260
Antrag, Sonderformen des 59 f., 261 f.
Anträge, unbezifferte 59 f.
Antragsänderung 256, 264–272
Anwaltsklausur 20, 27, 43, 49, 94, 130, 285, 515–517, 524
Anwaltsgebühr beim Mahnverfahren 131
Anwaltsprozess 173, 339, 347, 352
Anwaltszwang 145, 173
Anwartschaftsrecht, Pfändung des 464 f., 488
Arbeitsgerichtsbarkeit 191 Fn. 6
Arbeitstechnik (-methode) 29, 246 ff., 509 f.
– kontrastierende 523
Argumente, nachträgliche; Nachschieben von Gründen 84, 266
Arrest 115 ff., 455
Aufklärungsverfügung, s. auch Hinweispflicht 36
Aufbaufragen 27 f., 113 f., 129, 161–165, 524 f.

Aufhebungsklage 403
Aufrechnung, s. auch Prozessaufrechnung 54, 273–282, 529
Aufrechnungslage 282
Augenschein 333
Auslegung 181 f., 252
Außergerichtlicher Vergleich 25, 374 f.
Austauschpfändung 412, 503

Bearbeitungstechnik 29–41, 161–165, 420 ff.
Bearbeitervermerk 3, 38, 258 ff., 516, 522
Bedingungsfeindlichkeit der Prozesshandlungen 262
Beendigung durch Gerichtsentscheidung 392 f.
Befangenheit, Ablehnung wegen 154
Befriedigungsverfügung 20, 118, 126
Begründetheit der Klage, Prüfung der 52, 92, 161, 249, 274, 345
Begründetheit des Rechtsbehelfs, Prüfung der 406, 510
Behauptung 81, 111, 159, 319 ff.
Behauptungslast 320
Beiladung 107
Beklagtenbeitritt 291
Beklagtensäumnis 346–357
Beklagtenwechsel 290
Berichtigung
– der Parteibezeichnung 90, 284
– des Urteils 403
Berufung 162, 344, 497, 515, 527, 529
Beschwer 60, 344, 405
Beschwerde (sofortige) 167 Fn. 4, 503, 507
Besondere Verfahrensarten 245 dort auch Fn. 1
Bestreiten und Beweis 323
– als Klageleugnen 360
Beteiligte in der Zwangsvollstreckung 410, 423, 451, 455
Beugemaßnahmen 437
Bewegliche Sachen, Vollstreckung in 449 f.
Beweis 316–335
Beweisantrag 317 dort auch Fn. 3
Beweisaufnahme 316 f.
Beweisbedürftigkeit 317
Beweis des ersten Anscheins (prima facie-Beweis) 31, 330
Beweisführungslast 320

Beweislast 31, 324 ff.
Beweislastumkehr 325, 330
Beweismittel 333
Beweismittelverträge 263
Beweislastnormen 31
Beweisverbot 334
Beweisverteilung 334
Beweisverfahren, selbstständiges 129
Bewirkungshandlungen 255
Bindungswirkung 86, 232

cessio legis 20, 52, 205
Checklisten, s. Schemata

Dahinstellen von Sachurteilsvoraussetzungen 237, 250
Darlegungslast, s. auch Behauptungslast, Beweislast 320
– sekundäre 332
Dauerschuldverhältnis 529
Deutsche Gerichtsbarkeit, s. Gerichtsbarkeit
Devolutiveffekt 163, 404, 494
Direktanspruch (gegen den Versicherer) 204
Dispositionsbefugnis 263
Dispositionsmaxime 43–58, 252, 380
Doppelnatur des Prozessvergleichs 378
Doppelpfändung 470, 475, 490
Doppelrelevante Tatsachen 239
Doppeltatbestand des Prozessvergleichs 378
Dramatische Methode 235, 247, 524 f.
Drittschuldner 411, 423, 455 f.
Drittwiderspruchsklage 451, 504, 510, 521 ff.
Duldungsansprüche 63
Duplik 152
Durchbrechung der Rechtskraft 399, 499, 513

Ehesachen 241 Fn. 54
Eidesstattliche Versicherung 121, 417, 434, 442
Eigentumsvorbehalt 179, 447, 464 ff., 470 ff.
Einheitliche Entscheidung bei Streitgenossenschaft 100
Einlassen, rügeloses 38, 210, 225 ff., 231, 251, 270
Einlassungsfristen 347
Einreden
– prozesshindernde 242, 360
– materiell-rechtliche 356, 359
Einspruch
– gegen das Versäumnisurteil 163, 361, 525, 527
– gegen den Vollstreckungsbescheid 136, 163
Einstellung der Zwangsvollstreckung 515, 527, 530
Einstweiliger Rechtsschutz, einstweilige Verfügung 20 f., 63, 115 ff., 144, 191, 438
Eintragung, Bewilligung von 433
Einwand 360

Einwendungen
– materiell-rechtliche 137, 358, 504
– prozessuale 360
Einziehung, Überweisung 455 f.
Einziehungsermächtigung 179
Endurteil 392
– auflösend bedingtes 137, 278
Entscheidungen 494, 503
Erinnerung 428 f., 494, 503, 507, 510
– Klausel- 496
Erkenntnisverfahren, summarisches 115
Erlass des Urteils, s. Urteilsverkündung
Erledigung der Hauptsache
– beiderseitige 380
– einseitige 381 f.
Erledigungserklärungen 380
Erlös, Rechtsverhältnisse am 462
Ersatzvornahme 436 f., 441
Ersatzzustellung 349, 515
Erwirkungshandlungen 254
Eventualanträge 61, 262
Eventualaufrechnung 281
Eventualwiderklage 311
Existenz der Parteien 170

Fälligkeit des Anspruchs 63, 243, 486
Fallmethodik, prozessuale Fallbearbeitung 29–32, 42
Feststellungsinteresse 65 f., 248
Feststellungsklage 64–68, 86, 381
Feststellungsurteil 62, 71, 86, 395
Feststellungswiderklage 68
Forderungspfändung 453 ff.
Freibeweis 335
Fremdfinanzierter Kauf 469

Gebot vollständiger Entscheidung 52
Gemeinsame Klage, s. auch Streitgenossenschaft 97 ff.
Gemischte Klausuren, Fälle 26, 413
Gerichtsbarkeit
– deutsche 166
– ordentliche 73, 108, 191 Fn. 6
Gerichtsgebühr beim Mahnverfahren 131
Gerichtshöfe, oberste 108
Gerichtsstand, s. auch örtliche Zuständigkeit 192 ff.
– der unerlaubten Handlung 222, 239
Gerichtsstandsvereinbarung 134, 187 Fn. 4, 236
Gerichtsvollzieher 451, 494, 503, 507
Gesamtakt 263
Gesamthandsgemeinschaften, Beteiligung von – in der Zwangsvollstreckung 99, 414
Gesetzeskonkurrenz 87
Gestaltungserklärung 70, 273, 527 Fn. 1
Gestaltungsklage 70, 99
– prozessuale 510

Sachverzeichnis

Gestaltungsklagen, numerus clausus der 70
Gestaltungsklagerecht 70
Gestaltungsrecht 70, 282
Gestaltungsurteil 62
Geständnis 318 dort auch Fn. 8
Gewahrsam 451, 490 f.
Glaubhaftmachung 121
Grundbuchamt 418, 433, 494
Grundurteil 392
Gutachten (Gutachtenstil) 17
Gütestelle 143, 244
Güteverhandlung 143, 152

Handlungen, Erzwingung von Handlungen und Unterlassungen 435
Hauptantrag 61
Hauptfrage(n) 110, des Vollstreckungsrechts 416 ff.
Hauptklage 298
Haupttermin 138 ff.
Heilung 35, 140, 184, 430
Herausgabeanspruch
– Vollstreckung wegen 434, 442 f.
– Vollstreckung in 443, 490
Herausgabevollstreckung, Verhältnis zur Rücktrittserklärung 483
Hilfsantrag 61, 262
Hilfsgutachten 28, 38, 162, 232
Hilfsmittel 18 f.
Hinweispflicht, richterliche 36, 47, 154, 322
Historischer Aufbau 11, 259

In dubio pro reo 320
Inkorrekte Entscheidung 408
Instanzenweg 108
Interventionswirkung 101, 104
Interventionsklage, s. Drittwiderspruchsklage
Iura novit curia 510

Justizgewährungsanspruch 46
Justizverwaltungsakte 138, 187

Kahlpfändung 412, 455
Kautelarfall 25
Klagbarkeit des Anspruchs 243
Klageabweisung 53
Klageänderung 76, 141, 264–272
Klageänderungstheorie
– bei Erledigungserklärung 373
– bei gewillkürter Parteiänderung 288
Klageanlass, Wegfall des 370 f.
Klageantrag 43–61, 260 f., unbezifferter 60
Klagearten 62 ff.
– und Vollstreckbarkeit 71
Klageberechtigung 243
Klageerhebung 20 Fn. 2, 138 f.
– bedingte 130

Klageerwiderung 145, 148, 152
Klageleugnen 360
Klagenhäufung, s. auch objektive Anspruchshäufung 76, 96
Klagerücknahme 255, 369
– privilegierte 371
– Verhältnis zur Klageänderung 272
Klagerücknahmetheorie
– bei Erledigungserklärung 373
– bei gewillkürter Parteiänderung 288
Klagerücknahmeversprechen 263
Klageschrift 138
Klageverfahren 113 f.
Klage auf vorzugsweise Befriedigung 504, 510, 524
Klägerbeitritt 290 f.
Klägerwechsel 291
Klauselabwehrklage 496
Klauselerteilungsklage 506
Klauselerinnerung 404, 496
Klausurarten 20–28
Klausurtaktik 40, 247
Konnexität der Widerklage 302–306
Konventionalprozess 252 Fn. 1, 263
Konzept 9 f., 424
Kostenentscheidung 57
– bei beiderseitiger Erledigungserklärung 380
Kumulation 114

Ladung, ordnungsgemäße 145, 340, 347
Ladungsfrist 153, 341, 347 f.
Leistungsbefehl 62, 71
Leistungsklage 63
Leistungsurteil 71
Leistungsverfügung 20, 118, 126
Lösungsskizzen 421, 424

Mahnbescheid 131–134
Mahnverfahren 131–136
Meistbegünstigungstheorie 344, 408
Menschenrechtsbeschwerde 401
Mietstreitigkeiten 196
Musterprozessvereinbarung 263

Nachschieben von Gründen und Tatsachen, s. auch Argumente, nachträgliche 84, 266
Nachverfahren 137, 278
Nebenentscheidungen 57
Nebenintervention 105 f., 285
Ne bis in idem 395
Nichtbestreiten 317, 318 dort auch Fn. 9
Nichtigkeitsklage 100, 399, 403
Non liquet 31, 323
Notfrist 148, 150, 352, 530

„Offenbarungseid", s. auch eidesstattliche Versicherung 417
Offizialmaxime 45

Partei 88–94
Parteiänderung 283–295
Parteibegriff, formeller 92
Parteibeitritt 286, 290
Parteiberichtigung 90, 284
Parteibezeichnung 90
Parteibezogene Sachurteilsvoraussetzungen 168–180
Parteifähigkeit 91, 171
Partei kraft Amtes 174 ff., 177 Fn. 16
Parteiprozess 173
Parteistellung 285
Parteiuntätigkeit, s. Untätigkeit der Partei
Parteivernehmung 333
Parteiwechsel 164, 283–295
Passivlegitimation 180
Personen, dritte im Zwangsvollstreckungsrecht 410
Pfandsiegel 449, 451
Pfandverstrickung, s. Verstrickung
Pfandverwertung, s. Verwertung
Pfandrecht 463
– vorrangiges 510, 512
Pfändung
– allgemein 410, 451 ff.
– der eigenen Sache 476 ff., 481, 483
Pfändungs- und Überweisungsbeschluss 455, 494, 503
Pfändungsfreigrenzen 455
Pfändungspfandrecht 463
Pfändungsprotokoll 451
Postulationsfähigkeit 173
Präjudizialität 86, 248, 395
Präklusion 159
Prima-facie-Beweis 330
Prinzip prozessordnungsgemäßen Verhaltens 39
Prioritätsprinzip 475
Privatautonomie 176
Prorogation 226–230
Protokollierung des Prozessvergleiches 377
Prozessabweisung 63, 181, 249, 343, 349; s. auch Prozessurteil
Prozessaufrechnung 273–282
Prozessbeendigung 368–380
Prozessbeendigungsvertrag 377
Prozessermächtigung, s. auch gewillkürte Prozessstandschaft 179
Prozessfähigkeit 172
Prozessförderungspflicht 159
Prozessführungsbefugnis 174–180
Prozessgericht 418, 437, 494, 496
Prozessgrundrecht 46
Prozesshandlungen 251–263
– Arten 263
Prozesshandlungsvoraussetzungen 255 ff.
Prozesshindernde Einreden, s. Einreden
Prozesskostenhilfe 130
Prozessmaximen 56, 317 dort auch Fn. 2

Prozesspartei, s. auch Partei 88 ff.
Prozessskizze 6
Prozessstandschaft 174–180
– gewillkürte 179
Prozessuales Erbrecht 33
Prozessuale Überholung, s. Überholung, prozessuale
Prozessurteil 392; s. auch Prozessabweisung
Prozessvergleich 374–379, 426, 433
Prozessvertrag 263, 377
Prozessvollmacht 173, 251
Prozessvoraussetzungen, s. auch Sachurteilsvoraussetzungen 160–250
Prüfungsordnung 2, 316, 415
Punkteprozess 147
Punktuelle Methode 246

Rang der Pfändungspfandrechte 430, 475
Ratenkauf 467
Räumungsklage 58
Recht auf Gehör 158
Recht auf gesetzlichen Richter 186
Rechtsänderung durch Gestaltungsklage 70
Rechtsbedingungen 281
Rechtsbehelfe
– Arten 403
– Begriff 492
– in der Zwangsvollstreckung 492–531
Rechtsbehelfsbelehrung 407
Rechtsbehelfsklausur, s. Rechtsmittelfall
Rechtshängigkeit 74, 83, 165, 280, 380
Rechtskraft
– formelle 393, 404, 427, 499
– materielle 77, 83, 248, 394 ff.
Rechtskrafterstreckung 100
Rechtskraftzeugnis 433
Rechtslagenfall 24
Rechtsmittel 492
– Begriff 403 f.
Rechtsmittelfall (Rechtsbehelfsfall, Rechtsbehelfsklausur) 23, 162, 492 ff.
Rechtsmittelzurücknahmeversprechen 263
Rechtspfändung, reine 472
Rechtsschutzanspruch 46
Rechtsschutzbedürfnis (Rechtsschutzinteresse) 243
Rechtssicherheit 139
Rechtsvermutungen 328
Rechtsweg 108–112, 167
Regelungsverfügung 126
Reinschrift 16 ff.
Replik 152
Restitutionsklage 399
Revision 406 Fn. 5, 492, 497
Richterklausur 21, 510, 515 ff.
Richters, Gesetzlichkeit des 186
Rücktrittsfiktion 476–483

Sachverzeichnis

Rückübertragungsanspruch (Pfändung) 487–491
Rüge der Unzuständigkeit 165, 231, 246

Sachabweisung 63, 249
Sachbefugnis, s. Sachlegitimation, Aktivlegitimation
Sachlegitimation, Sachbefugnis, s. auch Aktivlegitimation 92, 172, 177
Sachpfändung 450 ff.
– analoge 473
– reine 474
Sachurteil 249, 350
Sachurteilsvoraussetzungen
– allgemeine 160–250
– gerichtsbezogene 185–242
– parteibezogene 168–184
– streitgegenstandsbezogene 243
Sachverhalt 30–32
Sachverständige 333
Säumnis 339
Schablonen, s. Schema
Schema, Schablonen 160, 415, 517
Schema-Kult 508, 517
Scheidungsantrag 70
Schiedsgerichtsbarkeit 242
Schiedsvertrag 242
Schlüssigkeitsprüfung 133, 345, 350 ff, 352, 353–360
Schmerzensgeldanspruch (unbezifferter Klageantrag) 60
Schriftliches Vorverfahren 147–153
Schuldner des Vollstreckungsschuldners, s. Drittschuldner
Schuldnerschutzvorschriften 410, 515
Schuldtitel, s. Vollstreckungstitel
Schutzvorschriften 515
Sekundäre Darlegungslast 332
Sicherheitsleistung
– allgemein 427
– für Prozesskosten 243
Sicherungseigentum 464 ff., 469, 484–491
Sicherungshypothek 418
Sicherungsverfügung 126
Skizze, s. Prozessskizze
Sofortige Beschwerde, s. Beschwerde, sofortige
Staatshaftungsanspruch 73, 102, 112, 167
Statthaftigkeit von Rechtsmitteln 162
Stoff-, Merkzettel (Assoziationskatalog) 4
Streitbeilegung, Versuch der außergerichtlichen 244
Streitgegenstand 72–87
Streitgegenstandsänderung 265–272
– nachträgliche Häufung von Streitgegenständen 267
Streithilfe, Streithelfer 105
Streitgenossenschaft, s. auch subjektive Anspruchshäufung 95–100

– nachträgliche 286
– notwendige 98–100
Streitverkündung 101
Streitverkündungsempfänger 103
Streitwert 188 ff., 301
Streitwertherabsetzung 130 Fn. 1
Strengbeweis 335
Stufenklage 59
Substantiierungs-(Individualisierungs)theorie 138
Suspensiveffekt 404
Systematischer Aufbau 11–15

Tatsachenvermutungen 327
Teilklage 69, 308
Teilurteil 392
Teilzahlungskauf 466, 468, 476–483
Termin, früher erster 143–145
Terminologie 80
Titel, s. Vollstreckungstitel
– auf Herausgabe 434, 442, 483
Trennungsprinzip, Trennungsgrundsatz 13, 96, 196, 420 ff., 439
Treuhand
– eigennützige 486
– uneigennützige 485
Treuhandverhältnis 484–491
Triplik 152

Überholung, prozessuale 34, 164
Überraschungsentscheidung 155
Ultra petita partium 48, 50
Umdeutung 183
Umschreibung der Vollstreckungsklausel 442
Unbewegliche Sachen, Vollstreckung in 449
Unbezifferter Klageantrag 60
Unklagbarkeit des Anspruchs 243
Unpfändbare Gegenstände 451, 515
Unpfändbarer Teil einer Forderung 455
Unterhaltsanspruch 126, 189, 205(unbezifferter Klageantrag) 60
Unterlassungsanspruch 63, 116, 118, Vollstreckung des 435
Unterstellung, Verbot der 36
Untersuchungsgrundsatz 317
Unvertretbare Handlungen 435, 437
Unzuständigkeit 225
Urkundenbeweis 333
Urkunden- und Wechselprozess 137
Urteilserlass, s. Urteilsverkündung
Urteilsgegenstand 81
Urteilsverkündung 527

Verbraucherkredit-Kauf 468, 476 ff.
Verbraucherkredit-Käufer, s. Abzahlungskäufer
Verfahrensart, besondere Verfahren 137 ff.
Verfahrenseinleitung 138 ff.
Verfahrensgegenstand 81

Verfahrenskonkurrenz 114
Verfassungsbeschwerde 186, 401
Vergleich, s. Prozessvergleich
Verhandlung, mündliche 144
Verhandlungsmaxime, -grundsatz 317, 320, 322
Verjährung, Hemmung der 78 ff.
Verjährungseinrede 359
Verlautbarungsmängel, Meistbegünstigung bei 408
Verlängerte Drittwiderspruchsklage 462
Verlängerte Vollstreckungsabwehrklage 502
Verlängerungstechnik, Weiterverfolgen in der Zukunft (Verlängern des Falles), s. auch Heilung 35–37, 162, 181, 232, 430
Vermieterpfandrecht 410, 510, 528
Versäumnisurteil 336 ff., 390, 525, 527
– im schriftlichen Vorverfahren 352
– technisch zweites 362 ff.
Versäumnisverfahren 336–367
Versteigerung 418, 452, 456, 480
Verstrickung 443, 448, 476
Verteilungsverfahren 452, 475, 504
Vertretbare Handlungen 435 ff.
Verursachungshaftung 128, 527
Verweisung 61, 112, 225, 232
Verwertung 417, 443, 449
– beweglicher Sachen 452
– von Forderungen 456
Verzichtsurteil 263, 391
Verzögerungsrüge 47
Vollstreckbare Ausfertigung 428, 430
Vollstreckbare Urkunden 426
Vollstreckbarkeit 71, 396, 427
– vorläufige 57, 427
Vollstreckung aus Versäumnisurteil 525
Vollstreckungsabwehrklage 282, 396, 478, 501, 510, 515, 527, 529
Vollstreckungsakt 416, 428 ff., 503, 507
Vollstreckungsauftrag 451, 477
Vollstreckungsbescheid 131, 135 ff., 398, 525, 527
Vollstreckungsbescheidsverfahren, Aufbau 136, 163
Vollstreckungserinnerung, s. Erinnerung
Vollstreckungsfähiger Titel, s. Vollstreckungstitel
Vollstreckungsgegenklage, s. Vollstreckungsabwehrklage
Vollstreckungsgericht 418, 455. 475, 494, 503
Vollstreckungsgläubiger 410, 416 ff., 421, 462, 500, 505 ff.
Vollstreckungshandlung 515, 524
Vollstreckungsklausel 428, 496
Vollstreckungskosten 436
Vollstreckungsmaßnahmen 417, 422, 451, 476, 494, 507, 515, 527
– Ablehnung von 494, 503

Vollstreckungsschuldner 410, 418, 421, 423, 433, 521 ff.
Vollstreckungstitel 426, 497–501
Vollstreckungsvoraussetzungen 358, 366–371, 416, 425-430, 434 f., 446, 455, 494 ff., 506, 515
Vorbehaltsurteil 128 Fn. 6, 137, 278 ff.
Vorfragenkompetenz 110
Vorgreiflichkeit, s. auch Präjudizialität 69, 86
Vorverfahren, schriftliches 147–153
Vorzugsklage, s. auch Klage auf vorzugsweise Befriedigung 528

Waffengleichheit 297
Wahlfeststellung 238
Wechselprozess, s. Urkundenprozess
Weiterverfolgen der Aufgabe, s. auch Verlängerungstechnik; Überholung, prozessuale; Heilung 34–37, 162, 181, 232, 430
Widerklage 296–315
Widerruf
– einer Prozesshandlung 165, 256
– eines Prozessvergleichs 377, 433
Widerrufsvorbehalt 377
Widerspruch gegen den Mahnbescheid 134
Wiederaufnahmeklage 399, 499, 513, 531, s. auch Nichtigkeitsklage, Restitutionsklage
Wiedereinsetzung in den vorherigen Stand 159, 162, 499, 524, 530 ff.
Wiederkehrtitel, Änderung 500
Willenserklärung, Urteil auf Abgabe einer 433
Wohnsitz (Gerichtsstand) 200

Zeittabelle 7
Zeugenvernehmung 317, 333
Zinsen (Prozesszinsen) 57
Zubehör 413, 449
Zulässigkeit 13, 28, 247
– des Zivilrechtswegs 167
Zurückbehaltungsrecht 54, 359
Zuständigkeit
– allgemein 185–242
– ausschließliche 203, 211, 220, 228
– bei Haustürgeschäften 221
– funktionelle 240
– gespaltene 196
– kraft Sachzusammenhangs 197
– örtliche 192–239
– sachliche 187–191
Zuständigkeitsvereinbarung, s. Prorogation
Zustellung
– der Klageschrift 145, 148, 247, 251, 340
– des Vollstreckungstitels 416, 429 ff., 494, 515
Zwangsgeld 437
Zwangshaft 437

Zwangsvollstreckung
– allgemein 409 ff.
– Arten 431
– in das unbewegliche Vermögen 413, 449
– wegen Geldforderungen 417, 448–491

– zur Erwirkung der Herausgabe von Sachen, zur Erwirkung von Handlungen und Unterlassungen 417, 432–447

Zwischenfeststellungsklage 69, 308

Zwischenfeststellungswiderklage 296, 308